# Resonanz und Lebensqualität

Rechnung und Kohärsagrichr

Edwin Hübner
Leonhard Weiss (Hrsg.)

# Resonanz und Lebensqualität

Weltbeziehungen in Zeiten der Digitalisierung.
Pädagogische Perspektiven

Mit einem Geleitwort von Hartmut Rosa

Verlag Barbara Budrich
Opladen • Berlin • Toronto 2020

Bibliografische Information der Deutschen Nationalbibliothek
Die Deutsche Nationalbibliothek verzeichnet diese Publikation in der Deutschen
Nationalbibliografie; detaillierte bibliografische Daten sind im Internet über
http://dnb.d-nb.de abrufbar.

Gedruckt auf säurefreiem und alterungsbeständigem Papier

Alle Rechte vorbehalten
© 2020 Verlag Barbara Budrich GmbH, Opladen, Berlin & Toronto
www.budrich.de

    ISBN   978-3-8474-2374-4 (Paperback)
    eISBN  978-3-8474-1513-8 (eBook)

Das Werk einschließlich aller seiner Teile ist urheberrechtlich geschützt. Jede Verwertung außerhalb der engen Grenzen des Urheberrechtsgesetzes ist ohne Zustimmung des Verlages unzulässig und strafbar. Das gilt insbesondere für Vervielfältigungen, Übersetzungen, Mikroverfilmungen und die Einspeicherung und Verarbeitung in elektronischen Systemen.

Umschlaggestaltung: Bettina Lehfeldt, Kleinmachnow – www.lehfeldtgraphic.de
Titelbildnachweis: Olga Schiefer, Dozentin im Fachbereich der Bildenden Kunst an der Freien Hochschule Stuttgart
Satz: Ulrike Weingärtner, Gründau – info@textakzente.de
Druck: docupoint GmbH, Barleben
Printed in Europe

# Inhaltsverzeichnis

*Hartmut Rosa*
Von summenden und verstummenden Resonanzachsen im
Zeitalter der Digitalisierung............................................. 9

*Edwin Hübner/Leonhard Weiss*
Auf der Suche nach dem „guten Leben".................................. 13

**Grundlegende Perspektiven**.................................... 19

*Wolfgang Bernhard Nieke*
Lebensqualität als Orientierung für pädagogisches Denken................ 23

*Ingrid Classen-Bauer*
Salutogenese und Lebensqualität........................................ 59

*Jörg Soetebeer*
Zwischen Resonanz und Autonomie – Überlegungen zu Souveränität aus
anthropologischer Sicht im Anschluss an Ernst Cassirer.................. 73

*Leonhard Weiss*
Selbsterkenntnis durch „Interesse am Anderen".
Ein Beitrag zur Lebensqualität......................................... 107

*Thomas Damberger*
Künstliche Intelligenz und der Sinn von Pädagogik....................... 143

## Entwicklungsbezogene Perspektiven ........................... 173

*Edeltraud Röbe*
Frühe Kindheit im Sog der Digitalisierung ................................ 177

*Peter Lutzker*
Die Entwicklung der Sinne als Grundlage von Lebensqualität und
Resonanz ............................................................. 234

*Sebastian P. Suggate*
Die (Fein-)Motorik als Resonanzphänomen zwischen Form und
Handlung ............................................................. 270

*Edwin Hübner*
Gefrorene Vergangenheit
Digitale Medien in ihrem Verhältnis zu den menschlichen Sinnen ................. 287

*Peter Loebell*
Welt-Teilhabe von Kindern und Jugendlichen im Zeitalter
der Digitalisierung ..................................................... 311

*Edwin Hübner*
Jugend und Schule im digitalen Zeitalter ................................. 338

## Didaktische Perspektiven ..................................... 367

*Michael Toepell*
Perspektiven einer kindgerechten mathematischen Bildung ............... 369

*Anna-Maria Schirmer*
In Resonanz mit der sinnlichen Welt – Beiträge der Kunstpädagogik
zu einer welthaltigen Erkenntnis angesichts digitaler
Distanzierungsbewegungen ............................................. 400

*Florian Theilmann*
Versuch über die Tugenden des Naturwissenschaftlichen Lerners .......... 422

Autorenverzeichnis .................................................... 451

# Von summenden und verstummenden Resonanzachsen im Zeitalter der Digitalisierung

*Hartmut Rosa*

Smartphones sind eine Gefahr für unsere Kinder. Nicht unbedingt deshalb, weil sie nicht gut damit umgehen können und süchtig danach werden, sondern weil ihre Eltern oft stundenlang neben ihnen, den Kindern, sitzen und stehen, ohne mit ihnen in Resonanz zu treten. Vollkommen absorbiert in die Chats, Informationen und Kommunikationen der sich auf ihrem Bildschirm digital entfaltenden Welt, haben die Mütter und Väter nicht nur jede Sensibilität für die vielen kleinen leiblichen und kommunikativen Signale – für Blicke und Geräusche, Gesten und Bewegungen –, welche insbesondere, aber nicht nur, ganz kleine Kinder und sogar schon Säuglinge stetig aussenden, verloren. Sie erweisen sich dabei auch selbst als vollständig „resonanzlos" in dem Sinne, dass alle *ihre* Regungen und Bewegungen auf eine andere Welt bezogen sind: Der Resonanzdraht zwischen Kindern und Eltern bleibt stumm. Das starke und unmittelbare Bedürfnis der Kinder nach Zeichen der Verbundenheit und nach leibhaftiger emotionaler und aufmerksamkeitsbezogener Kopräsenz bleibt unerfüllt. Wer einmal die oft stundenlangen verzweifelten Bemühungen kleiner Kinder um die Resonanz, das heißt die spürbare und bewusste Anteilnahme und kommunikative Offenheit, ihrer Bezugsperson beobachtet hat, wird leicht geneigt sein, apokalyptische Visionen für das heraufdämmernde hochdigitale Zeitalter zu entwerfen.

Allein, eine solche Perspektive bleibt natürlich einseitig. Die Prozesse und Möglichkeiten der Digitalisierung unserer Lebenswelt eröffnen ohne Zweifel zugleich viele neue Chancen und Opportunitäten und sogar neue Modi, mit der Welt in Resonanz zu treten oder zu bleiben. Digitale Endgeräte erlauben und ermöglichen kognitive, auditive, visuelle und zum Teil sogar darüberhinausgehende sensuelle Verbindungen zu weit entfernten Weltausschnitten: Zu Menschen, zu Artefakten und Kunstwerken, zu Naturdingen wie Pflanzen und Tiere usw. Mehr noch, Bildschirme sind zu Hauptschauplätzen für das geworden, was man als Bildung in einem weiten Sinne bezeichnen kann: Für Begegnungen mit der Welt der Menschen und Dinge, die Herausforderungen für das Subjekt darstellen, in deren Aneignung und Bearbeitung sie sich entwickeln und verändern. Sie eröffnen damit auch Räume für Resonanzerfahrungen. Diese sind durch vier Elemente gekennzeichnet: Erstens durch Affizierung: Das Subjekt lässt sich von etwas oder von jemandem erreichen und „berühren"; es wird in gewisser Weise ergriffen. Zweitens, es antwortet darauf, indem es dem Berührenden gleichsam entgegengeht, das heißt, auf die Begegnung reagiert und aktiv wird. Eben dadurch erfährt es sich als selbstwirksam und lebendig, als zugleich aktiv und passiv mit der Welt verbunden. In diesem Prozess der selbstwirksamen Verbundenheit kommt es, drittens, zu einer Transformation oder Verwandlung des Subjekts: Es bleibt nicht, wer es war, es verwandelt sich etwas Neues so an, dass es sich selbst dabei verändert. Das kann man als Lernen bezeichnen, doch handelt es sich keineswegs nur um einen kognitiven Prozess oder die (instrumentelle) Aneignung einer Kompetenz. Resonanz meint die Begegnung mit einem genuin Anderen um den Preis der Verwandlung der eigenen Identität. Als solche bleibt freilich, viertens, die Erfahrung in einem doppelten Sinne unverfügbar: Einerseits lässt sich Resonanz nicht erzwingen oder planmäßig herstellen, und andererseits ist sie, wo sie auftritt, konstitutiv ergebnisoffen. Das Resultat der „Anverwandlung" lässt sich nicht vorhersagen. Resonanz, so lautet eine in diesem Band verhandelte Vermutung, ist nichtsdestotrotz oder gerade deshalb ein wesentliches, wenn nicht gar das wesentliche, Moment oder Element des gelingenden Lebensvollzugs. Ob Resonanzbeziehungen und Resonanzerfahrungen auf digitalem Wege bedroht oder befördert werden, oder besser: unter welchen Bedingungen sie bedroht oder befördert werden, ist dann die zentrale Frage, die sich nicht nur der Bildungspolitik, sondern der Gesellschaft überhaupt stellt.

Die Prozesse der Digitalisierung erfassen dabei in der Tat mehr oder minder alle Sphären und Aspekte der spätmodernen Lebenswelt: Sie berühren und verändern die Art und Weise, wie wir spielen und lernen, wie wir kommunizieren und produzieren, wie wir lieben und hassen, wie wir uns informieren und entspannen, unterhalten und engagieren, usw. Sie transformieren gleichsam alle Achsen der Weltbeziehung: Die sozialen Achsen, welche die Beziehungen zu den Mitmenschen beschreiben, die materialen Achsen als Beziehungen zur dinglichen und stofflichen Welt, die Selbstachsen als die Formen, mit denen wir mit uns selbst – unserem Körper, unseren Sinnen und Emotionen, unserer aufgeschichteten Biographie – in Verbindung treten, und schließlich die existentialen Achsen unserer Verbindung mit dem, was wir als letzte Wirklichkeit erfahren: Mit der Natur, dem Leben, der Schöpfung oder dem Kosmos, je nachdem, welches Weltverständnis uns prägt. Damit befindet sich die spätmoderne Gesellschaft als Ganzes in einem gewaltigen, vielleicht beispiellosen Experiment, welches mit hoher Wahrscheinlichkeit die Art und Weise unserer individuellen und kollektiven Existenz in ihrer Gesamtheit transformieren wird – mit freilich ungewissem Ausgang.

Diese Lage führt derzeit zu einem breiten Spektrum an apokalyptischen Zukunftsvisionen einerseits und nahezu techno-eschatologischen Szenarien andererseits; es mangelt weder an Versprechungen des digitalen Heils noch an Warnungen vor der Verdammnis. Was daher dringend nottut, ist der Versuch einer nüchternen, sorgfältigen, umfassenden Analyse der Arten und Weisen, wie Digitalisierung unser Leben und unsere Weltbeziehungen verändert und welche Konsequenzen dies für menschliches Leben haben kann oder haben wird. Um für die Beurteilung der letzteren so etwas wie einen Kompass zu gewinnen, bedarf es freilich einer Konzeption des Gelingens, einer (wenigstens formalen) Vorstellung des guten Lebens. Erst in Bezug auf und vor dem Hintergrund einer solchen Konzeption gewinnt Bildung ihre wahre Bedeutung, lässt sich die Qualität von Bildungsprozessen und von Bildungsinstrumenten wirklich beurteilen. Der vorliegende Band geht diese Aufgabe daher aus eben dieser Perspektive an: Er nähert sich der komplexen Frage der Lebensqualität im ersten Teil zunächst auf psychologischen, philosophischen, soziologischen, erziehungswissenschaftlichen und bildungstheoretischen Pfaden und in Auseinandersetzung mit dem Resonanzkonzept, um dann im zweiten Teil konkret nach den Konsequenzen für kindliche und jugendliche Entwicklungsprozesse im digitalen Zeitalter zu fragen und schließlich im dritten Teil didaktische Möglichkeiten, Gefahren und Grenzen resonanzsensiblen Lernens und Lehrens zu analysieren.

Das Buch stellt damit gewiss nicht das letzte Wort in der Frage nach den Konsequenzen der Digitalisierung einerseits und nach der Möglichkeit einer konsequenten Resonanzpädagogik andererseits dar. Aber es macht ohne Zweifel einen wichtigen Schritt auf der Suche nach Antworten.

# Auf der Suche nach dem „guten Leben" ...
Einleitende Gedanken zur Bedeutung von „Resonanz" und „Lebensqualität" in der Pädagogik

> *„So erweist sich denn offenbar die Glückseligkeit als abschließend und selbstgenügend, und darum als das Endziel für alle Gebiete menschlicher Tätigkeit."*
> (Aristoteles 2013: 15)

Für Aristoteles war es offensichtlich: Ziel und höchstes Gut jedes Menschen ist die „eudaimonia", die „Glückseligkeit", wie der griechische Begriff meist übersetzt wird. Allerdings trifft der Ausdruck „Glückseligkeit" wohl nicht ganz das in der griechischen Antike mit „eudaimonia" Gemeinte. Deswegen führte man in der Philosophie der Neuzeit „einen künstlichen Terminus ein: das ‚gute Leben'" (Fenner 2007: 16). Dieser neue Begriff hat gegenüber dem Ausdruck „Glückseligkeit", wie Dagmar Fenner ausführt, u. a. den Vorteil, dass er nicht so leicht als Beschreibung eines rein passiven Geschehens verstanden werden kann: „Denn mit ‚eudaimonia' sind nicht primär Gefühlszustände angesprochen, sondern Arten des Tätigseins" (ebd.: 17). Den Philosophen der griechischen Antike ging es um Wege einer gelingenden *Lebensführung*. Diese sollten Menschen zu einem „guten Leben" verhelfen; zu einem Leben, das sich wie etwa bei Platon in der Orientierung an Tugenden wie „Tapferkeit", „Gerechtigkeit", „Besonnenheit" und „Klugheit" (vgl. Platon 2000, Buch IV) auszeichnete oder wie bei Epikur durch ein Höchstmaß an „Lust", worunter dieser allerdings „nicht die Gelüste der Zügellosen" verstand, sondern vielmehr „die Freiheit von Körperschmerz und Seelenstörung" (vgl. Diogenes Laertios 2004: 502).

## Die „Privatisierung des guten Lebens"

Mit den kulturellen und weltanschaulichen Veränderungen der Neuzeit zerbrach auch der alle antiken Vorstellungen eines tugendhaften, „guten" Lebens letztlich tragende Konsens eines geteilten Weltbildes und der daraus folgenden Orientierung an gemeinsamen Werten und Zielen. Damit wurde auch die Frage nach dem „guten Leben" individualisiert. Jeder, so könnte in Abwandlung eines bekannten Sprichwortes gesagt werden, ist nicht nur seines Glückes Schmied, sondern auch seiner Vorstellungen vom Glück. Die neuzeitlichen Philosophien – und die sich im Laufe der Jahrhunderte aus ihr herausentwickelnden Wissenschaften – waren daher im Gegensatz zur antiken Philosophie, plakativ gesprochen, nicht mehr bereit,

Wege zum „guten Leben" anzubieten, sondern widmeten sich etwa der Frage nach Regeln für ein moralisch begründbares Handeln in Konfliktsituationen. Was hingegen ein „gutes Leben" als Ganzes ist und ob es ein solches in für alle Menschen *gleicher* Weise überhaupt geben kann, diese Fragen rückten damit deutlich aus dem Fokus philosophisch-wissenschaftlichen Interesses. Doch wie u. a. der seit Jahrzehnten boomende Sektor der Lebensratgeberliteratur zeigt, suchen Menschen immer Anregungen für ein „gutes Leben". So ist mit dem Soziologen Hartmut Rosa zu fragen, ob die „strikte Privatisierung der Frage nach dem guten Leben" in der Neuzeit nicht vielleicht tatsächlich ein, „historischer Fehler" war, welcher zu korrigieren ist (vgl. Rosa 2014: 57). Mit seiner 2016 erschienenen umfangreichen Studie „Resonanz. Eine Soziologie der Weltbeziehungen" legte Rosa selbst den aktuell sicher prominentesten Entwurf für die von ihm eingeforderte Korrektur der „Privatisierung der Frage nach dem guten Leben" vor.

## Resonanz bestimmt die Qualität des menschlichen Lebens

Ausgangspunkt seiner Überlegungen ist dabei die Überzeugung, dass die „Qualität des menschlichen Lebens" abhängig ist von der „Art des Weltverhältnisses oder der Weltbeziehung" (vgl. Rosa 2016: 52). Gewissermaßen als Gegenentwurf zu einem Verständnis des Menschen als, wie es der Philosoph Charles Taylor formuliert hat, „punktförmigem Selbst", welches sich in einer „desengagierten und instrumentellen Lebensweise" scheinbar nur in Abgrenzung zur Welt und auch zu anderen Menschen erleben kann (vgl. Taylor 1994), entwickelt Rosa ein Bild des Menschen als eines primär nur über seine und in seinen Beziehungen verstehbaren Wesens. Qualitätvoll sind diese Beziehungen – und damit sich das in diesen ereignende Leben – nach Rosa, wenn sie mithilfe der Metapher „Resonanz" beschreibbar sind. Menschen brauchen und suchen, so zeigt Rosa in seiner Studie auf vielfältige und komplexe Weise, das Erlebnis, mit anderen Menschen, aber auch mit Dingen in Beziehungen treten zu können, sich von diesen „angesprochen" zu fühlen, aber auch selbst in diesen Beziehungen wirksam sein können. Die immer stärker technologisch geprägte Moderne erschwert aber durch die ihr inhärenten Tendenzen einer grundlegenden Beschleunigung aller Lebensbereiche (vgl. Rosa 2013) für viele Menschen genau die Entwicklung solcher Resonanzbeziehungen – und verleiht diesen damit zugleich immer größere Relevanz. Die Lebensqualität moderner Menschen hängt, so könnte in Anlehnung an Rosa verkürzt wohl gesagt werden, ganz entscheidend davon ab, welche Resonanzmöglichkeiten ihnen offenstehen.

## Das Resonanzkonzept eröffnet pädagogische Fragen, ...

Wie Rosa selbst (vgl. Rosa 2016: 402–420, sowie Rosa/Endres 2016), aber auch andere, an seine resonanztheoretischen Überlegungen anschließende Autoren (u. a. Beljan 2019) deutlich gemacht haben, ist es u. a. gerade das Feld der Pädagogik, im Rahmen dessen die Einsicht in die Bedeutung von Resonanzerfahrungen fruchtbar werden kann – besonders auch vor dem aktuellen Hintergrund einer rasant zunehmenden Digitalisierung und Automatisierung unserer Gesellschaft. Schließlich sind doch gerade Heranwachsende in hohem Maße auf der Suche nach „resonanten" Beziehungen – zu anderen Menschen, zu Dingen, zu Ideen ...

Welche Resonanzräume – und welche möglichen Erweiterungen ihrer gegenwärtigen und zukünftigen Lebensqualität – bieten heute die institutionalisierten Bildungsangebote jungen Menschen an? Welche sollten sie anbieten? Welche Chancen zur Entfaltung von Resonanzbeziehungen kann eine unseres Erachtens immer auf menschlichen Beziehungen beruhende Pädagogik (vgl. Hübner/Weiss 2017) Heranwachsenden eröffnen, die algorithmusgesteuerte Lernprogramme nicht bieten können? Es sind brennende pädagogische Fragen, die sich hier eröffnen und die dazu führten, dass seit 2017 bei den halbjährlichen Treffen des Erziehungswissenschaftlichen Kolloquiums der Freien Hochschule Stuttgart, im Rahmen dessen seit vielen Jahrzehnten ErziehungswissenschaftlerInnen und WaldorfpädagogInnen gemeinsam aktuelle pädagogische Themen diskutieren, Rosas resonanztheoretische Überlegungen immer wieder Thema und Bezugspunkt der Gespräche waren und im Herbst 2018 auch zu einem höchst anregenden persönlichen Austausch des Kreises mit Hartmut Rosa führten.

## ... Ziele und Betrachtungsweisen

Die vorliegende Publikation verdankt sich u. a. der oben erwähnten Auseinandersetzung mit den Überlegungen Hartmut Rosas, greifen doch mehrere der AutorInnen in ihren Beiträgen auf diese zurück, bzw. unterziehen diese einer pädagogischen Relektüre. Dabei ist der im Untertitel genannte Begriff „Perspektiven" durchaus in einer zweifachen Weise zu verstehen: zum einen geht es darum, „Resonanz" und „Lebensqualität" als mögliche *Ziele* pädagogischen Engagements zu betrachten, zum anderen aber auch darum, aus pädagogischen *Sichtweisen* heraus auf die Konzepte „Resonanz" und „Lebensqualität" hinzusehen und ihre Tragweite auch für bildungswissenschaftliche Überlegungen zu befragen. In diesem Sinne untersucht etwa Wolfgang Nieke in seinem den Band eröffnenden Beitrag Möglichkeiten eines Bildungsverständnisses, im Rahmen dessen die beiden zentralen pädagogischen Aufgaben der Enkulturation und Supportivität am Begriff „Lebensqualität" ausgerichtet werden. Nun muss ein derartiges Bildungsverständnis im aktuellen bildungswissenschaftlichen Diskurs, im Rahmen dessen, wie Nieke am Beginn seiner Überlegungen betont, kaum Bezug auf Konzepte eines „guten Lebens" genommen wird, eine gewisse Sonderstellung einnehmen – aber genau das verleiht ihm besondere Attraktivität.

## Entwicklung in Beziehung

Wolfgang Niekes Beitrag leitet in den ersten Teil des Buches ein, in dessen Mittelpunkt grundlegende bildungstheoretische und anthropologische Überlegungen stehen. Dabei zeigt sich an mehreren Stellen, dass Maschinen – und seien sie noch so „intelligent" – eigentlich niemals Resonanz vermitteln können, u. a. weil, wie etwa Thomas Damberger in seinem Beitrag aufzeigt, ihre „Sprache" und damit auch die auf dieser beruhende Beziehung zum Angesprochenen immer nur eine Simulation sein kann. Menschliche Entwicklung kann daher nur im Rahmen menschlicher Beziehungen gelingen. Ausgehend von dieser Tatsache werden im zweiten Teil des Buches grundlegende Entwicklungsphasen und -dimensionen des Menschen vor dem Hintergrund aktueller Digitalisierungstendenzen untersucht, deren Einfluss auf die Veränderungen von Kindheit und Jugend diskutiert und Konsequenzen für eine sich dieser Veränderungen bewusste Schule gezogen. Dabei werden etwa im Beitrag von Edwin Hübner über Jugend und Schule im digitalen Zeitalter Grundmotive einer Pädagogik entwickelt, wie etwa die Förderung eines Bewusstseins davon, was es heißt, Mensch zu sein, die Entwicklung von Beziehungsfähigkeit und die Bedeutung sich selbst bildender Lehrerpersönlichkeiten. Möglichkeiten der Realisation dieser Grundmotive zeigen sich in den den dritten Teil des Buches bildenden eher fachdidaktisch ausgerichteten Beiträgen, im Rahmen derer etwa Anna-Maria Schirmer darstellt, wie Kunstunterricht, sowohl durch Kunstbetrachtung wie durch künstlerische Praxis, die Entwicklung resonanter Weltbeziehungen bei Heranwachsender unterstützen kann – und ihnen damit vielleicht auch neue Möglichkeiten eines gelingenden, „guten" Lebens eröffnen kann. Denn neue Perspektiven auf die Welt eröffnen immer auch neue Perspektiven in der Welt.

## Literatur

Aristoteles (2013): Nikomachische Ethik. Berlin: Holzinger.
Beljan, Jens (2019): Schule als Resonanzraum und Entfremdungszone. Eine neue Perspektive auf Bildung. Weinheim/Basel: Beltz.
Diogenes Laertios (2004): Leben und Lehre der Philosophen. Stuttgart: Reclam.
Fenner, Dagmar (2007): Das gute Leben. Berlin: De Gruyter.
Hübner, Edwin/Weiss, Leonhard (Hrsg.) (2017): Personalität in Schule und Lehrerbildung. Perspektiven in Zeiten der Ökonomisierung und Digitalisierung. Opladen/Berlin/Toronto: Verlag Barbara Budrich.
Platon (2000): Der Staat (Politeia). Stuttgart: Reclam.
Rosa, Hartmut (2013): Beschleunigung und Entfremdung. Entwurf einer Kritischen Theorie spätmoderner Zeitlichkeit. Berlin: Suhrkamp.
Rosa, Hartmut (2014): Was ist das gute Leben? In: Heinemann, Ilka (Hrsg.): Wie soll ich leben? Philosophen der Gegenwart geben Antwort. München: Pattloch, S. 51–58.
Rosa, Hartmut (2016): Resonanz. Eine Soziologie der Weltbeziehungen. Berlin: Suhrkamp.
Rosa, Hartmut/Endres, Wolfgang (2016): Resonanzpädagogik. Wenn es im Klassenzimmer knistert. Weinheim/Basel: Beltz.
Taylor, Charles (1994): Quellen des Selbst. Die Entstehung der neuzeitlichen Identität. Frankfurt a. M.: Suhrkamp.

# Grundlegende Perspektiven

Wie schon erwähnt, spielen im aktuellen bildungswissenschaftlichen Diskurs Konzepte eines „guten Lebens" kaum eine Rolle. Eine der wenigen Ausnahmen stellt dabei der auf die amerikanische Philosophin Martha Nussbaum zurückgehende „capabilities approach" dar, demzufolge Menschen bestimmte Fähigkeiten benötigen, um ein gelingendes Leben führen zu können. Pädagogik kann, so die auf diesen Ansatz rekurrierenden bildungswissenschaftlichen Überlegungen, versuchen, Heranwachsende bei der Entwicklung dieser Fähigkeiten zu unterstützen, und hat sich dabei, so betont **Wolfgang Nieke** im ersten Beitrag dieses Buches, an einer „Normvorstellung vom guten Leben" zu orientieren, die als „Lebensqualität" zu bezeichnen ist (vgl. S. 25). Ausgehend von diesem Hinweis auf eine, wenn auch geringe bildungswissenschaftliche Präsenz des Themas „Lebensqualität" untersucht Nieke im Folgenden Verwendung und Dimensionen des Begriffs „Lebensqualität" bzw. befragt aktuelle Gesellschaftsanalysen auf die ihnen impliziten Vorstellungen eines gelingenden Lebens. Darauf aufbauend erläutert Nieke, dass der Gedanke eines „guten Lebens" prinzipiell drei verschiedene Zielsetzungen inkludieren kann: das hedonistisch gedachte „gute Leben *für mich*", das altruistisch begründete „gute Leben *für alle*" oder das von Nieke als „*reflexive Eudaimonia*" bezeichnete „gute Leben für mich und alle" (vgl. S. 44). Letztlich kann es, so macht Nieke deutlich, nur die Erfahrung einer Kohärenz des eigenen Lebens mit einem übergeordneten Ganzen sein, die es Menschen ermöglicht, ihr Leben als „sinnvoll" zu verstehen. Die damit angesprochene Integration individueller Existenz etwa in einen kulturellen Zusammenhang, u. a. durch eine „individuelle Verarbeitung der Welteinflüsse", d. h. durch „Enkulturation durch Bildung" (S. 53), bezeichnet Nieke, im Anschluss an Hegels und Diltheys Begriff des „objektiven Geistes", als „*Vergeistigung*" (S. 54). Ein sich daran orientierendes Konzept von „Lebensqualität" kann, so betont Nieke abschließend, auch für die Pädagogik relevant sein, etwa als Grundlage von Didaktiken, die sich „an der Herstellung einer Weltorientierung beteiligen, in welcher nicht einfach nur tradierte Stoffe vermittelt werden, sondern auf solche Traditionsbestände intensiver zurückgegriffen wird, die einen denkenden Aufschluss der eigenen Lage in ihrer jeweiligen und grundsätzlich darüber hinaus möglichen Lebensqualität geben können" (S. 55).

Die Erfahrung, das eigene Leben in einen Sinnzusammenhang einordnen zu können, sah Wolfgang Nieke als wesentlich an, um Lebensqualität zu erreichen. Sie kann offensichtlich auch eine Voraussetzung der von Hartmut Rosa skizzierten Resonanzerfahrungen darstellen. **Ingrid Classen-Bauer** knüpft in ihrem Beitrag die Frage nach dem Zusammenhang von Resonanz und Lebensqualität an ein literarisches Beispiel an. Anhand des Romans „Der Hals der Giraffe" von Judith Schalansky zeigt sie, dass „[e]ine Welt, in der wir nicht beteiligt sind, wo wir nichts zu sagen haben, die wir als gleichgültig gegenüber unseren Handlungen erleben und in der wir zu Objekten reduziert werden", letztlich eine „Welt ohne Bedeutung" ist (vgl. S. 66). Eine solche bedeutungslose Welt ist für den in ihr Lebenden eine Welt ohne Resonanz, auch weil ihr jene drei Komponenten von Lebensqualität abgehen, die Classen-Bauer im Anschluss an Aaron Antonovsky als „Verstehbarkeit", „Handhabbarkeit" und „Bedeutsamkeit" bezeichnet und deren Förderung bei Kindern sie als zentrale Aufgabe einer Pädagogik versteht, die einen Beitrag zur Lebensqualität heranwachsender Menschen leisten möchte. Denn Lebensqualität wird, so betont Classen-Bauer, „nicht durch immer höhere Anforderungen, bessere Noten und erhöhte Leistungen erzielt […], auch nicht durch mehr Spielzeug, mehr Konsummöglichkeiten oder einen besseren Zugang zum Internet, sondern durch die Art und die Qualität des Weltverhältnisses, das die Kinder aufbauen. Worauf es ankommt, ist der Grad der Verbundenheit und Offenheit gegenüber anderen Menschen und Dingen, gegenüber der Natur und den geistigen Welterfahrungen" (S. 72). Schulpädagogisch entscheidend sind dabei Lehrer, die ihre „vorrangige Aufgabe darin sehen, dem Kind in der Gemeinschaft mit Mitmenschlichkeit und Interesse gegenüberzutreten" (S. 72). Technische Hilfsmittel, etwa elektronische Medien, können dabei von den LehrerInnen zwar genutzt werden, entscheidend ist ihr Einsatz aber nicht, so macht Classen-Bauer zum Abschluss ihrer Beitrags deutlich und führt damit zugleich jenes Thema ein, welches im Laufe der folgenden Beiträge noch vielfältig aufgegriffen wird: mögliche Veränderungen von (schulischer) Bildung durch aktuelle technologische Entwicklungen.

Zum Abschluss seiner umfangreichen Studie zu Resonanzbeziehungen geht Hartmut Rosa explizit auf Einwände ein, die seines Erachtens gegen seine Theorie erhoben werden können, u. a. auf die mögliche Kritik, die Resonanztheorie könnte sich als „antiemanzipatorisch" erweisen, „indem sie ständig die passive Qualität des Sich-berühren-Lassens als Kardinaltugend herausstellt und die Autonomie als Maßstab kategorial abwertet". Obwohl er den Einwand im Folgenden u. a. durch den Hinweis zu widerlegen versucht, dass Resonanz keineswegs nur darin bestünde, „berührt, bewegt, ergriffen" zu werden, sondern ebenso darin, „selbstwirksam" zu sein, anerkennt Rosa den damit angesprochenen Einwand ausdrücklich als „gewichtig" (vgl. Rosa 2016: 755). Offensichtlich berührt die Frage nach der möglicherweise zu stark passiv wirkenden Charakterisierung von Resonanzerfahrungen also einen durchaus auch für ihren Entwickler sensiblen Punkt der Resonanztheorie, nämlich die Verortung und Gewichtung von Autonomie und Selbstbestimmung innerhalb einer resonanztheoretisch gedachten Konzeption des „guten Lebens". Die Beiträge von **Jörg Soetebeer** und **Leonhard Weiss** widmen sich auf unterschiedliche Weise dem damit angesprochenen Themenfeld. Weiss macht dabei, u. a. unter Rückgriff auf Überlegungen G.W.F. Hegels und R. Steiners, besonders das Motiv eines Differenzen anerkennenden Interesses am anderen Menschen stark, Soetebeer entwickelt, ausgehend von E. Cassirer, einen Begriff der Souveränität, den er in der Mitte des seines Erachtens wahrzunehmenden Gegensatzes von „Autonomie" und „Resonanz" verortet. Denn während der Begriff „Autonomie" „vorzüglich eine widerständige, meist vernunftbasierte Unabhängigkeit neben oder gegen einen Kontext" und „Resonanz" „eine dominant empathisch verstandene Bezüglichkeit" fasst, vermag, so Soetebeer, der Souveränitätsbegriff, „das Wechselspiel von Selbstbehauptung und Bezüglichkeit, von Wirksamkeit und Widerfahrnis, in einem triadisch angeordneten Gesamtzusammenhang zu umgreifen" (S. 77), denn Souveränität kann sich immer nur im Umgang mit einem Widerständigen erweisen, dessen Differenz zu sich selbst vom souveränen Subjekt anerkannt werden muss, um handlungsfähig zu sein. Mit Cassirer entwickelt Soetebeer daher eine Lesart der menschlichen Entwicklung, derzufolge „der historische Prozess die Sonderung herbeiführt, welche Freiheit als Bedingung für Souveränität entwickelt" (S. 96). Diese Diagnose trifft sich auf interessante Weise mit Steiners Verständnis der Neuzeit als Epoche des Individualismus, den Steiner als Voraussetzung moderner Freiheit begreift und dabei auch die mit Begriffen wie „Egoismus" und „Fragmentierung" benennbaren Problematiken des Individualismus hervorhebt. Als „Gegenpol" zu diesen negativen Konsequenzen moderner Individualisierungstendenzen empfiehlt Steiner eine Haltung des Interesses am Anderen, das dessen Andersheit anerkennt. Für Steiner ist dies, wie Weiss zeigt, sowohl „Grundlage sozialen Handelns, wie v. a. auch der Möglichkeit, zu einem entfalteten Selbstverständnis zu kommen" (S. 131). Der Aspekt, dass das Interesse am Anderen neue Wege des Selbstverständnisses eröffnet, verleiht der skizzierten sozialtheoretischen Überlegung Steiners auch pädagogische Relevanz, was sich, wie Weiss deutlich macht, in den Grundsätzen der von Steiner begründeten Waldorfpädagogik ausdrückt.

Die im Zentrum des Beitrags von Leonhard Weiss stehende Bedeutung eines Interesses am Anderen zeigt, worin die unumgängliche Relevanz einer auf zwischenmenschliche Begegnungen setzenden Pädagogik liegt, die daher durch keine noch so „intelligent" gewordene Maschine ersetzt werden kann. Denn menschliche Pädagogik hat, wie **Thomas Damberger** in seinem Beitrag zeigt, einen „Sinn", der jeder Künstlichen Intelligenz (KI) abgehen muss: „Der Lehrer, der dem an seinen Fähigkeiten zweifelnden Schüler versichert, dass er an ihn glaubt (und diesen Glauben nicht nur simuliert), unterscheidet sich von dem mit einer KI versehenen Androiden, der dieselben Worte von sich gibt, dadurch, dass seine Worte über das

Gesagte hinaus auf etwas hindeuten" (S. 166). Pädagogik ist ein bedeutsames Geschehen, im Rahmen dessen den Beteiligten immer neue Bedeutungen auch vermeintlich bekannter Dinge bewusst werden können. Dies kann wohl auch durch maschinell erzeugte Worte ausgelöst werden, aber der Maschine selbst bedeutet das von ihr „Gesagte" nichts, denn was der Computer sagt, „ist bedeutungslos und gewinnt seine Bedeutung vielmehr durch uns, die wir dem Gesagten Sinn verleihen oder Unsinn attestieren" (S. 160). Damit aber stellt sich die entscheidende Frage, ob und was Computer zu jener Selbstdeutung beitragen können, die doch entscheidend ist, wenn Lebensqualität mit der Erfahrung der Sinnhaftigkeit des eigenen Lebens verbunden ist – wie von Wolfgang Nieke vorgeschlagen. Denn, wie Damberger betont, „[s]ich selbst entwerfen zu können setzt voraus, dass dieses Selbst zuvor ‚bedeutet' wurde, weil es durch reine Selbstbeobachtung (oder gleichsam durch Datafizierung) nicht in Erfahrung gebracht werden kann" (S. 168). Das angesprochene „Bedeuten" des Selbst kann, so macht Damberger zum Abschluss seiner Überlegungen deutlich, durch „Andere" gelingen, wobei PädagogInnen diese „Anderen" sein können. Damit ist zum Ende dieses ersten Teils des vorliegenden Bandes noch einmal deutlich jene Bedeutung personaler Beziehungen als Grundlage jener menschlichen Bildungs- und Entwicklungsprozesse angesprochen, die dann im weiteren Verlauf des Buches noch ausführlicher behandelt werden.

## Literatur

Rosa, Hartmut (2016): Resonanz. Eine Soziologie der Weltbeziehungen. Berlin: Suhrkamp.

*Wolfgang Bernhard Nieke*

# Lebensqualität als Orientierung für pädagogisches Denken

## 1. Kritik und das gute Leben: Lebensqualität als Orientierung im Diskurs der Bildungswissenschaft

Bildung kann bestimmt werden als intentionale Enkulturation (Nieke 2016a, 2016b). Als solche kann sie nicht auf einen Bezug zum Materialen, zu den Inhalten verzichten, die begründet ausgewählt aus dem kollektiven Menschheitsgedächtnis (der Gesamtheit aller Kulturen) in die Weltorientierung des sich Bildenden übernommen werden sollen.

Bildung in der abendländischen Moderne[1] kann seit der exponenziellen Zunahme des Wissbaren ab dem 16. Jahrhunderts (Dolch 1965) nicht mehr enzyklopädisch-vollständig sein, sondern soll seitdem in einer kategorial zusammenfassenden Gesamtorientierung über alles bestehen (Tenorth 1994).

Deshalb – so die allgemein geteilte Vorstellung – sei den Nachkommen alles in einer didaktisch geeigneten Überblicksform zu präsentieren, damit sie sich selbst das ihnen Relevante aussuchen und vertiefen können. Für die Bestimmung dieser Relevanz bedarf es aber eines übergreifenden Orientierungskonzepts, sonst reproduziert sich die Auswahl ganz aus den unhinterfragten Selbstverständlichkeiten der Lebenswelt[2] und ermöglicht nicht jene Individualisierung, die für die Moderne so wichtig geworden ist. Das ist in der philosophischen Tradition als das

---

1 Die kulturell markierende Selbstbezeichnung der Staaten Europas und ihrer Kolonien als ein kohärenter Orientierungszusammenhang ist derzeit strittig. Jeder Terminus wie etwa *Abendland* wird als grenzsetzend aus einer dekonstruktiv-postkolonialen Attitüde zurückgewiesen. Derselbe Vorwurf impliziter abwertender Dominanz gegenüber allem Vor- und Nichtmodernen wird dem Begriff der *Moderne* gemacht. Aussagen in der Bildungswissenschaft müssen aber fast immer regional beschränkt gemacht werden, können also nicht als zeit- und raumübergreifend universal gelten, weil ihre empirischen Inhalte stets an die Umgebungskulturen oder Lebenswelten gebunden sind, in denen die Forschungsobjekte – die am pädagogischen Prozess Beteiligten – in ihren Orientierungen eingebunden sind – wie übrigens die ForscherInnen selbst auch (womit ich mit dieser – auch strittigen – dualen Gendermarkierung darauf hinweisen möchte, dass gesichert ist, dass die Forscher und die Forscherinnen gruppenspezifisch differente, aber nicht verschieden wertvolle Zugänge zu ihren Lebenswelten und ihren Forschungsfragen haben, während das für alle anderen Ausprägungen von Gender einstweilen unbekannt ist).
2 Hier folge ich dem kultursoziologischen Konzept der Lebenswelt von Alfred Schütz, das sich von den ontologischen Setzungen Edmund Husserls unterscheidet.

*gute Leben* eher benannt als bestimmt worden. Damit werden Orientierungsmuster theoretischer Art mit Lebenspraktiken (*phronesis* in der Diktion des Aristoteles) zusammengedacht. Die philosophische Reflexion versucht, das gute Leben unabhängig von den Traditionen in Lebenswelten systematisch zu begründen und geht dabei verschiedene Wege: anthropologisch, ontologisch, historisch, transzendental.

Bis auf die Ausnahme des *capabilities approach* findet sich im gegenwärtigen deutschsprachigen Diskurs der Bildungswissenschaft über die Frage von Orientierungen und Auswahl von Bildungsinhalten kaum ein Bezug auf Konzepte eines guten Lebens, sondern ganz überwiegend eine Form von Diskursen, die mit der Kategorie der Kritik operieren (Pongratz/Nieke/Masschelein 2004a, 2004b). Das folgt der philosophischen Tradition der Skepsis, die plausible Annahmen und Aussagen in Lebenswelten, Philosophie und Wissenschaft erfolgreich hat als Irrtum oder Lüge dekonstruieren können. Die gegenwärtige Ausformung orientiert sich an zwei anthropologischen Grundannahmen: alle Menschen seien

1. gleich wertvoll (entnommen dem Konzept der **égalité** der Französischen Revolution und der christlich grundierten Vorstellung von Menschenwürde – Nieke 2012, 2013) und
2. vernünftig (Kant), sodass sie grundsätzlich kompetent an allen Entscheidungen des Gemeinwesens mitwirken können und sollen.

Auf dieser Basis kann dann direkte und indirekte Herrschaft und damit erzeugte Aufrechterhaltung von Ungleichheit im Zugang zu knappen Ressourcen kritisiert, dekonstruiert werden. Das Idealbild des von dieser Herrschaft befreiten Menschen ist die mündige, emanzipierte, kritische Persönlichkeit.

Die AkteurInnen in diesen herrschaftsdekonstruierenden kritischen Diskursen sehen es nicht als ihre Aufgabe an, ihrerseits Vorschläge oder Hinweise für inhaltlich richtige, bessere Orientierungen für das individuelle und das gesellschaftliche Leben zu geben, sondern bescheiden sich im Aufweis des Kritikwürdigen.

Hier soll versucht werden, das Erforderliche mit Rückgriff auf den – allerdings zunächst sehr unscharfen und komplexen – Begriff der *Lebensqualität* als Realisierung eines „guten Lebens" zu umreißen.

Der vom Begriff zu unterscheidende Terminus *Lebensqualität* wird deskriptiv zur Beschreibung dessen, was als – relativ – gutes Leben gelten kann und vorkommt, und als normative Orientierung zur Aufstellung von Gelingensbedingungen für eine Lebensführung, die allgemeiner Zustimmung als gutes Leben sicher sein kann, verwendet.

Das soll im Folgenden – einstweilen ohne Anspruch auf Vollständigkeit und Systematik – erkundet werden, um auf dieser vorläufigen Basis einen Vorschlag für einen orientierenden, sowohl analytischen als auch normativ verwendbaren Begriff von Lebensqualität für die Diskurse in der Bildungswissenschaft zu gewinnen.

## 2. Das gute Leben aktuell: *Capabilities Approach*

In der Bildungswissenschaft, zunächst vor allem durch Studien von Hans-Uwe Otto und Holger Ziegler (2010) für die Sozialpädagogik, ist in Deutschland ein Denkansatz bekannt geworden, der den Diskurs über einen gerechten Zugang zu Ressourcen ergänzt um eine Analyse der Voraussetzungen dafür beim Individuum (Nieke 2010). Formal vorhandene Zugangschancen können nur ergriffen werden, wenn die dazu erforderlichen Fähigkeiten beim Individuum vorhanden sind. Diese Fähigkeiten müssen und können durch Bildung erworben werden. Ein Vorschlag für diese capabilities ist von Martha Nussbaum (mit Sen 1993; 2006/2010 u. ö.) unterbreitet worden, und sie orientiert sich dabei an Aristoteles, denkt aber wesentlich über ihn in den zeitgenössischen Diskursraum hinaus: Leben, Gesundheit, körperliche Integrität, Wahrnehmungsfähigkeit und Vorstellungskraft, Gefühlserfahrung, praktische Vernunft (Lebensplanung in Reflexion, Freiheit und religiöser Orientierung), Sozialität und Anerkennung, Beteiligung, Bezug zu anderen Arten von Lebewesen. Offensichtlich können sie nicht den Anspruch auf anthropologische Universalität stellen, sondern sind deutlich abendländisch formuliert. Je nach kulturellem Hintergrund müssten sie verschieden gewichtet, modifiziert oder ergänzt werden. Die Ausbildung dieser capabilities garantiert Teilhabe an der Gesellschaft und eine selbstständige Lebensführung in Menschenwürde. Lebensqualität entsteht in diesem Denkansatz als Resultante aus den gesellschaftlich garantierten formal egalitären Zugangsmöglichkeiten zu den zu knappen Ressourcen (zumeist konkretisiert als finanzielles und kulturelles Kapital als Basis für den Zugang zu privilegierten Positionen in Wirtschaft und Politik) mit den durch Bildung aufgebauten Fähigkeiten, diese Chancen als real und effektiv nutzen zu können.

Diese Fähigkeiten müssen als Kompetenzen mit pädagogischer Unterstützung bei individuellen Ausgangslagen und Leistungsfähigkeiten aufgebaut werden, da das nicht in jeder Lebenswelt selbstverständlich aus sich heraus gelingt, um gleichberechtigten Zugang zu den Ressourcen und Freiheitsmöglichkeiten zu haben, die eine Gesellschaft formal egalitär jedem bereitstellt. Das erfordert einen inhaltlichen Kompetenzaufbau, der sich an einer Normvorstellung vom guten Leben orientiert: Lebensqualität.

## 3. Was ist *Lebensqualität*? – Versuch einer Übersicht zu den Termini und ihren Verwendungen

### 3.1 Das Verfahren zur Gewinnung von vier Ordnungskategorien

Ein nicht unwesentlicher Teil wissenschaftlicher Bemühungen um die Vermeidung von Irrtümern und Lügen – so lässt sich das Projekt der Wissenschaft allgemein bestimmen – besteht in dem Versuch, Ordnung in dem Gesagten, das zumeist das Geschriebene ist, herzustellen, um einen Überblick zu erhalten und Zusammenhänge herzustellen. Das drückt sich in dem oft zitierten Diktum von Max Weber aus, Wissenschaft sei *denkende Ordnung von Tatsachen*. Letztere sind für die Wissenschaften nicht einfach unbedingt und fraglos gegeben, sondern existieren für sie nur als Aussagen über Befunde. Ordnungen, die auf diese Weise präsentiert werden, sind zunächst noch nicht irrtumsfrei begründbar, sondern sind Ergebnis einer intuitiven Mustererkennung. Sie werden der Diskursgemeinschaft in der Absicht präsentiert, die Plausibilität zu prüfen, die dann in einem zweiten Diskursschritt auf Wahrheit, also die Freiheit von Irrtum und Lüge, geprüft werden kann und muss. Dieser Versuch, Ordnungen zu finden und zu erfinden, geschieht erkenntnislogisch auf dem Weg der Abduktion (Reichertz 2013),[3] also im mehrfachen Hin und Her zwischen Induktion und Deduktion, wobei es nicht unwichtig ist, womit begonnen wird. Wird mit einer Deduktion begonnen, entsteht die Gefahr der bloßen Projektion des Vorausgedachten (Vor-Urteils) im herangezogenen Material. Deshalb scheint der möglichst unvoreingenommene, nicht rational vorgedachte, also intuitive Blick auf das gesamte Material, möglichst ohne vorweggenommene, meist kategorial vorgenommene Einschränkungen, der erkenntnissicherere Weg.

Aussagen über Befunde verwenden Kognitionen, d. h. zumeist Wort-Bild-Kombinationen. Das sei hier als *Terminus* bezeichnet. Der Ordnungsversuch bezieht sich also auf Termini, d. h. in Aussagenzusammenhängen verwendete Wörter. Ein Überblick über die Terminusverwendung in einem bestimmten Diskursfeld erzeugt ein implizites Muster, das abhängig ist von der Bildung der Blickenden, was zumeist als deren Kontextwissen bezeichnet wird. Das Muster entsteht wesentlich aus der wahrgenommenen Häufigkeit mit anderen Wörtern, wobei oft auch eine semantische Nähe mehr erlebt als gesehen wird. Termini werden in ganz unterschiedlichen Kontexten verwendet; werden sie mit einer definierten Bedeutung belegt, die in einem umgrenzbaren Kontext gelten sollen, verweist der so definierte Terminus auf einen Begriff. Ziel wissenschaftlicher Ordnungsversuche ist die Bestimmung

---

3 Mein Begriff von Abduktion folgt im Wesentlichen nicht dem von Peirce, der den Begriff der Apagoge von Aristoteles aufgegriffen hat und im Rahmen des Falsifikationismus der Hypothesenprüfung anwendet, sondern betont das Hin und Her von gleichwertigen Polen aus.

von Begriffen, mit denen eine missverständnisarme Kommunikation unter WissenschaftlerInnen möglich werden soll.

So bin ich vorgegangen und schlage als Ergebnis dieser Erkundung folgende Ordnung der Termini im Umkreis von Lebensqualität vor: Drei der Ordnungskategorien sind an den Diskurs in der Philosophie über das Wahre (*Gewissheit*), Gute (*Sinn*) und Schöne (*Schön*) angelehnt. Hinzugefügt wurde eine vierte Kategorie, die sich dort nicht findet: *Sicherheit*. Sie ist für die Diskurse über Lebensqualität ganz zentral. Also verdanken sich die vier von mir verwendeten Ordnungskategorien dem Hin und Her zwischen Deduktion (Philosophie) und Induktion (Erkennung eines neuartigen Musters aus dem Material).

Damit beanspruche ich nur, einen Ordnungsvorschlag zu machen, und erbitte zunächst die Prüfung auf Plausibilität. Die Prüfung auf Wahrheit muss dann ein künftiger Diskurs leisten.

Tabelle 1: Termini im Zusammenhang mit Lebensqualität, geordnet nach vier Kategorien

| Ordnungskategorie | semantisch benachbarte Termini zu Lebensqualität |
|---|---|
| Sicherheit | Lebensstandard, Lebensstil, Lebensbewältigung, Resonanz versus Zwang zur Singularität, digitale Welt |
| Schön | Hedonismus, Glück, Freude, Lust, Wohlbefinden Zeitwohlstand und Ruhe |
| Sinn | Lebensform, Lebensgestaltung, das Ludische |
| Gewissheit | gutes Leben, postmaterielle Werte, Ataraxia, Serenitas |

Die vier Ordnungskategorien stehen in einem Funktionszusammenhang, sind also nicht gleichrangig, sondern interdependent voneinander abhängig. Darin drücken sich elementare menschliche Bedürfnisse nach Existenzsicherheit, Sinn und Wohlbefinden aus. Das lässt sich in erster Annäherung – unter Verzicht auf eine ausführliche Begründung – in diesem Strukturbild darstellen.

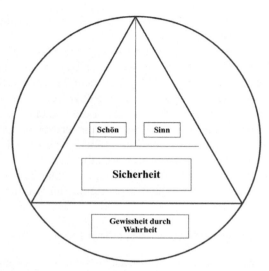

Abb. 1: Der Zusammenhang der vier Ordnungskategorien zu einer Struktur der Bedeutung von Lebensqualität

Lebensqualität ist

(1) basale *Sicherheit* durch Anerkennung (sozial) und Ressourcengewissheit (material)
(2) *schön*: Glück, Lust, Freude, Wohlbefinden
(3) *Sinn*: Orientierung für die Praxis durch Rückbindung an übergreifende Zusammenhänge sozialer und kultureller Art
(4) umgreifende *Gewissheit*: Das Wahre in Abwehr von Irrtum und Lüge

## 3.2 Sicherheit

In den letzten Jahren ist das Thema Sicherheit wieder vorrangig geworden, nachdem es lange Zeit ganz im Hintergrund gestanden hatte, weil ein reibungslos funktionierender Staat und eine zuverlässige Daseinsvorsorge des Sozialstaats alle erwartbaren Bedrohungen von außen (Eroberungskrieg) und von innen (Kriminalität) sowie durch Armut wegen Krankheit oder Alter ferngehalten hat. Lebensqualität ist nun basal dadurch definiert, dass eine elementare Sicherheit gegeben ist oder garantiert wird. Dabei ist bemerkt worden, dass die Gefahren früherer Zeiten als akute und unabwendbare Existenzbedrohungen ersetzt worden sind durch Risiken, also abschätzbare Wahrscheinlichkeiten für das Eintreten eines gefährlichen

Ereignisses, verbunden mit einem Wissen über wirksame Abwehr und vor allem über Prävention, ein rechtzeitiges Aus-dem-Wege-Gehen (Luhmann 1991; Bonß 1995).

## (1) Lebensstandard

*Lebensqualität* als Zielbestimmung für gutes und gelingendes Leben ist der Gegenbegriff zu *Lebensstandard*. Das hat Erhard Eppler 1974 mit großem Publikationserfolg ausgeführt. *Lebensstandard* ist definiert[4] durch messbare, ökonomisch zu erzeugende Randbedingungen für ein gutes Leben: Einkommen, Wohnung, Gesundheitsversorgung, Zugang zu institutioneller arbeitsmarktrelevanter Bildung als Qualifikation, institutioneller Einkommensgarantie bei Krankheit und im Alter. Hinzu kommt eine staatlich zu garantierende Existenzsicherheit gegen Bedrohungen von außen und von innen. Eine vereinfachende Betrachtung meint im Bruttoinlandsprodukt einen zuverlässigen Indikator für das Ausmaß des Lebensstandards zu haben, aber das ignoriert die zumeist sehr ungleiche Verteilung des in einem Territorium erzeugten Gesamtwohlstands auf die Personen: extremem Reichtum kann bittere Armut gegenüberstehen, und das Bruttoinlandsprodukt kann dabei auf hohem Niveau sein, sodass der Durchschnittswert aussagelos ist.

*Lebensqualität* ist demgegenüber der individuell zu erlebende Wert der Lebensumstände, und dieser korreliert nicht durchgängig mit dem Lebensstandard. Selbstverständlich ist eine elementare Grundversorgung und die Sicherheit gegen Verhungern und Ausrauben (als elementare Staatsfunktion; die weltweit zunehmenden *failed states*[5] können genau das nicht mehr garantieren und erzeugen damit eine Flucht ihrer Bevölkerungen) notwendig für eine erträgliche Lebensqualität, aber bereits bei relativ geringem Niveau von Lebensstandard entkoppelt sich die Lebensqualität hiervon. Das heißt, hohe Lebensqualität ist grundsätzlich bei niedrigem Lebensstandard möglich, und umgekehrt scheint die Lebensqualität ab einem Niveau mittleren Lebensstandards mit zunehmendem Einkommen nicht mehr zu steigen.

Lebensqualität ist allerdings nicht dasselbe wie individuelle Bedürfnisbefriedigung; denn diese führt leicht und oft in eine zunächst unbemerkte Selbstzerstörung, wie der Missbrauch von Drogen deutlich machen kann. Deshalb kann

---

4   Es gibt keine weltweit einheitliche Definition; hier werden die häufig verwendeten Indikatoren genannt.
5   Der politikwissenschaftliche Diskurs dazu ist stark normativ und daher uneinheitlich. Übereinstimmung besteht darin, einen versagenden, zerfallenen Staat mit den hier aufgeführten Merkmalen zu definieren. Kontrovers wird diskutiert, was darüber hinaus einen *schwachen* oder *zerfallenden* Staat (*failing state*) ausmacht; hierfür werden Bestimmungsmomente von Rechtsstaatlichkeit, repräsentativer Demokratie, Wahrung der Menschenrechte hinzugenommen, was wegen des darin sich ausdrückenden offenkundigen Eurozentrismus nicht unumstritten ist.

Lebensqualität auch nicht einfach durch Konsumfreiheit und Befragungen ermittelt und definiert werden, sondern muss in einem sorgsamen Diskurs zwischen Experten und Betroffenen ermittelt werden.

Das kann am Beispiel der allgemein sehr hochgeschätzten Mobilität gezeigt werden: Durch die erschwingliche Motorisierung mit Personenkraftwagen gehörte das zum Lebensstandard des allgemein Erstrebenswerten und wurde lange Zeit nicht in Frage gestellt, weil die damit gewonnene Freiheit, kleine bis große Distanzen jederzeit und ganz unabhängig zu überwinden, ein offenbar hohes Gut war. Inzwischen stehen Führerschein und eigenes Auto für viele – keineswegs alle – jungen Erwachsenen nicht mehr an der Spitze der Wunschliste wie jahrzehntelang. Mobilität vor allem in Großstädten wird durch den Besitz eines Autos nicht mehr zuverlässig garantiert, wenn die Straßen dauerhaft überlastet sind, und Erwerb und Unterhalt des Fahrzeugs absorbieren einen unangemessen hohen Anteil des Einkommens. Also orientieren sich junge Menschen in der Großstadt auf die hier zur Verfügung stehenden Alternativen der Sammelverkehre, des Fahrrads, der nur zeitweiligen Nutzung von gemieteten Autos etc. Die Hochschätzung von Mobilität ist also weniger an den Konsum von Gegenständen (Autos) gebunden, als es im Blick auf den quantifizierbaren Lebensstandard den Anschein hat.[6]

**(2) Lebensstil**

Die individuelle Gestaltung des Lebens ist durch die zur Verfügung stehenden äußeren – Geld, soziale Beziehungen – und inneren – Bildung, Persönlichkeit als Effekt von Bildung – Ressourcen begrenzt. Die individuelle Gestaltung der Lebensführung ist innerhalb dieses Rahmens bestimmt durch die Orientierungen über die Möglichkeiten und die Wege zu ihrer Realisierung, d. h., sie ist bildungsabhängig. Sie ist nicht frei und beliebig, weil sie zunächst eine Antwort auf die in einer Umgebungskultur (gefasst als das Insgesamt von Gesellschaft, Ökonomie und den Weltorientierungen, die üblicherweise als Kultur bezeichnet werden) gestellten Anforderungen ist, die in von der Mitwelt akzeptierter Weise zu bewältigen sind.

Eine Lebensführung, die kollektiv geteilt wird und in der Außenwahrnehmung zur Differenzierung verwendet werden kann, kennzeichnet den *Lebensstil*. Die zeitgenössische Soziologie erfasst diese Lebensstile als *Milieus* und will damit zum Ausdruck bringen, dass sie weniger die Leistung eines Einzelnen sind als vielmehr eine kollektiv geteilte soziale Praxis (so Reckwitz 2017), die von den übernommenen

---

6 Hier nicht weiter zu erörtern ist, welchen Einfluss der öffentliche Diskurs über die schädlichen Auswirkungen des mit dem Auto verbundenen ökologischen Fußabdrucks auf die Realisierung einer nachhaltigen Weltentwicklung (sustainability) hat und ob das wesentlich auf die neue Verzichtshaltung einwirkt oder ob diese nur die pragmatische Reaktion auf die zwar gewollte, aber offensichtlich dysfunktionale Überverdichtung der großen Städte ist, in der das Fahren mit dem eigenen Auto nicht mehr funktional ist.

gültigen und wegweisenden Weltorientierungen abhängt, die in der Umgebungskultur vorhanden sind und intergenerational tradiert, enkulturiert, sozialisiert werden.

**(3) Lebensbewältigung**

Die üblichen Anforderungen zufriedenstellend zu erfüllen, ist in komplexen Kulturen nicht mehr selbstverständlich und anstrengungslos möglich, sondern braucht nicht wenige Fähigkeiten, die man als *Lebensbewältigungskompetenz* bezeichnen kann.[7] Sie wird weniger individuell erfunden und erzeugt als aus den umgebenden „Bewältigungskulturen" (Böhnisch 2018: 28f.) übernommen.[8]

Das ist für die Meisten immerhin so problemlos, dass die dafür erforderliche Anstrengung – Selbstdisziplin als Affektkontrolle, Empathie als Verständnis für die unausgesprochenen Erwartungen anderer, Lesen, Schreiben, Rechnen, Kenntnisse zur Bewältigung des Alltags – nicht wahrgenommen und nie erfahren wurde. Dennoch erreichen etwa 20% Prozent eines Altersjahrgangs (als Behinderte und als leistungsschwache Schüler) diese Grundfähigkeit nicht auf akzeptiertem Niveau, sodass für diese Gruppe die Anforderung an das Bildungssystem besteht, lebenslang – d. h. über die obligatorische Allgemeinbildung hinaus – Angebote und Stützungen bereitzustellen, um diese Lebenskompetenz zu erreichen und zu erhalten (Beispiel: Alphabetisierungskurse für Erwachsene).

Lebensqualität durch Lebensbewältigung ist ein Ziel und ein Gefühl von Zugehörigkeit für Personen mit objektiven und subjektiven Schwierigkeiten, die üblichen Leistungsanforderungen zu erfüllen: Kinder, Kranke, Funktionseingeschränkte, Alte.

**(4) Lebensqualität als Lebensgestaltung in Resonanzbeziehungen**

Hartmut Rosa arbeitet in seinen Studien (zusammenfassend 2016) zum Resonanzerleben in gegenständlichen und kulturell-sozialen Umwelten heraus, dass eine

---

7 Lothar Böhnisch hat als Grundlegung für die Sozialpädagogik ein Konzept von Lebensbewältigung (2016) vorgelegt, das diese Problematik unter dem Aspekt der Hilfebedürftigkeit durch pädagogische Fachkräfte beleuchtet. In Medizin und Sonderpädagogik werden die Herstellung und Wiederherstellung einer basalen Lebensbewältigung als Alltagsbewältigung thematisiert, und das ist bescheidener als die hier angesprochene Lebensbewältigungskompetenz.

8 Diese Bewältigungskulturen sind nicht als eigenständige gedacht, sondern damit werden von Böhnisch die spezifischen Leistungen der Bewältigung von Leistungsanforderungen in den Umgebungskulturen – etwa Familie, Peers, Schule, Beruf – bezeichnet, für welche diese Kulturen Orientierungsmuster und Praktiken bereitstellen. Böhnisch legt dabei in psychoanalytischer Tradition den Schwerpunkt seiner Konzeptualisierung auf die intrapsychischen Leistungen der Anpassung; Konzepte der Sozialpädagogik und der „Behindertenpädagogik" akzentuieren die Hilfestellungen zur möglichst selbstständigen und basalen Bewältigung der üblichen Anforderungen, auf denen das Zusammenleben in hochkomplexen Kulturen beruht.

elementare Lebensqualität durch ein Gefühl von Sicherheit, gegeben durch eine verlässliche Anerkennung, ermöglicht wird. Rosa stellt das gegen die Möglichkeiten staatlicher Institutionen, Sicherheit zu gewährleisten und zu geben, und führt damit Überlegungen von Charles Taylor fort, wonach die unverzichtbare elementare Sicherheit nur in Gemeinschaften (communities) möglich und erlebbar ist. Rosa erweitert diese Überlegungen auf Resonanzbeziehungen auch zu bestimmten Formen von (gestalteter) Natur und Kulturerzeugnissen wie Musik oder transzendentalen Weltorientierungen (Hauptform Religion).

### (5) Lebensqualität und der Zwang zur Singularität

Andreas Reckwitz (2017) weist in seiner Gesellschaftsanalyse und Gesellschaftstheorie auf kulturtheoretischer Basis im Duktus einer phänomenologischen Erkenntnisgewinnung auf, dass die Postmoderne sich kategorial von der rationalen Moderne dadurch unterscheidet, dass Menschen und Dinge den Charakter der Einzigartigkeit erhalten sollen, um als wertvoll erlebt zu werden. Dieses Qualitätsmerkmal der Einzigartigkeit bezeichnet er als *Singularität*.[9] Es ist mit starken Wertungen verbunden, die in Prozessen der Valorisierung gegeben, aber auch genommen werden können. Diese Einzigartigkeit einer Person unterscheidet sich von dem Einzelfall, welcher Kategorien zugeordnet werden kann, was als *Allgemein-Besonderes* bezeichnet und dem Denkbereich der rationalen Moderne zugewiesen wird.

Kultur in diesem Sinne gründet „in Souveränität, in einer Überschreitung der instrumentellen Praxis durch Distanzierung von den Notwendigkeiten" (Reckwitz 2017: 84); sie konstituiert also eine Freiheit nicht (nur) von den Zwängen der Natur wie die rational-instrumentelle Praxis, sondern von den humanen Selbstfestlegungen eben dieser Praxis.

Menschen streben im Kontext einer Gesamtkultur der Postmoderne nach Singularität für sich als Person wie auch für ihre Dinge, ihre Erlebnisse von Orten und Zeiten. Die Höhe der erreichten und erreichbaren Lebensqualität bemisst sich in dieser Perspektive nach der Singularität dieser Erlebnisse. Das ist nicht nur eine Eigenwertung, sondern führt zugleich zu allgemeiner sozialer Anerkennung, die insgesamt auf die Prämierung von Singularität ausgerichtet ist. Und Anerkennung bietet Existenzsicherheit, wie schon ausgeführt wurde, ist also existenzielle Basis jeder inhaltlichen Ausgestaltung von Lebensqualität.

Die Ursprünge für dieses Streben nach Singularität liegen im modernen Individualismus, der seit der Renaissance orientierend zunächst für die luxuriösen

---

[9] Terminus und Gedanke findet sich bei Lucien Karpik (2011) in Anwendung auf die Ökonomie; Reckwitz generalisiert diesen Befund auf alle Lebensbereiche. Für die Frage der Lebensqualität ist das insbesondere in den Bereichen Konsum und Gestaltung der Arbeitsverhältnisse relevant.

Oberklassen des Adels, des Fernhandelsgroßbürgertums und der Intellektuellen war. Von dort diffundierte dieses Lebensideal in das Bildungsbürgertum (akademisch Qualifizierte wie Juristen, Ärzte, Lehrer, aber auch autodidaktisch gebildete Handelsbürger und Handwerker), und mit einem egalitären Zugang zu Bildung und einem allgemeinen Wohlstand für alle konnte er zum allgemeinen Lebensideal werden. In der Pädagogik drückt sich das mit Rückgriff auf die Aufklärung als Bildungsziel der autonomen, mündigen Persönlichkeit aus, die darin – etwa bei Kant – rückgebunden bleibt an das Allgemeine der Vernunft, in ihrer Freisetzung jedoch auch maximal kreativ sein kann und soll. Die völlige Freisetzung zu allem erfolgt durch den postmodernen Wertrelativismus, der es verbietet, überhaupt noch irgendetwas Allgemeingültiges und Allgemeinverbindliches anzuerkennen. Die Freiheit zur Singularität schlägt um in einen Zwang, um jeden Preis einzigartig sein zu müssen.

Die Feststellung von Reckwitz, dass gegenwärtig die Singularisierung als valorisierende Kulturalisierung quantitativ zunehme und damit qualitative Veränderungen erzeuge, bedeutet, wenn sie in eine große historische Skalierung gestellt wird, die Feststellung einer regressiven Kulturentwicklung: Das Denken in Singularitäten ist keine neue Erfindung, sondern elementar und ubiquitär für alle vormodernen Kulturen. Der Fortschritt der Weltbewältigung in den Hochzivilisationen beruht auf der Erfindung und Ausdifferenzierung von Abstraktionen auf der Basis der jeweils verwendeten Sprachen und Schriften, also das, was Reckwitz Rationalisierung nennt und als Wesensmerkmal der Moderne nimmt. Diese Rationalisierung zeigt sich jedoch nicht erst in der Neuzeit, sondern findet sich in allen Hochzivilisationen, besonders gut dokumentiert in den Schriften der Zweistromlandhochkulturen, für den Hellenismus und das Imperium Romanum, von dort diffundierend in die katholische Theologie. Die Gegenbewegung gegen diese Rationalisierung – die valorisierende Kulturalisierung von Singularitäten – findet sich seit dem Mittelalter in der Mystik,[10] in der Neuzeit in der Romantik. Auf diese mentale Gegenbewegung gegen die Rationalität und auf das vorhochzivilisatorische Denken regrediert also das, was Reckwitz für die Gegenwart konstatiert.

Diese Feststellung ist deskriptiv, nicht wertend gemeint: Beide Bewertungen sind möglich:

(1) Diese Regression sei fragwürdig, weil sie eine erreichte Stufe der Menschheitsentwicklung preisgibt. Das ist das Argument vom linearen, eindeutig positiv zu bewertenden Fortschritt der Weltbewältigung und der dafür erforderlichen Denkform der Rationalität.

---

10 Einige Richtungen der protestantischen Theologie, etwa der Pietismus, schließen – quasi in Protest gegen die rationale, scholastische Theologie des Katholizismus – an die Mystik an.

(2) Diese Regression sei die Rückkehr zum eigentlich Menschlichen in Abkehr von einer nun als inhuman erkannten Fehlentwicklung in Vereinseitigung menschlicher Bildung und Praxis. So wird seit der Romantik gegen den Rationalismus argumentiert, gefühlt und expressiert, und diese Zivilisationskritik hat seitdem stabile Anhängerschaften mit unterschiedlichen Begründungs- und Ausdrucksformen gehabt.

Die Lebensformen der Singularität im Konsum entsprechen dem Luxus der Oberklassen in allen Kulturen. Wenn durch die Verfügung von Ressourcen, die umfangreicher sind als zum einfachen Überleben erforderlich, spielerisch und ausprobierend Verwendungen dafür gesucht und gefunden werden, entsteht eine ornamentierende und damit singularisierende Lebensweise, die als Luxus bezeichnet wird (aktuell philosophisch dazu Wiesing 2015). Dieser Luxus wandert nun in der Singularitäts-Ökonomie in die breite Mittelschicht hinab, die zunächst einfach die Konsummuster der Oberschicht kopiert, dann aber auch eigenständige neue Formen ausprobiert und etabliert. Lediglich eine schmale Unterschicht, deren Arbeitsleistung gering entlohnt werden kann, oder die wegen zu geringer Leistungsfähigkeit gar keinen Platz im Beschäftigungssystem findet und deshalb sozialstaatlich auf knappestem Lebensstandniveau alimentiert wird, kann nicht an diesem luxurierenden Singularitätskonsum teilnehmen. Die Mittelschicht kombiniert nun – anders als die Oberschicht, die dazu nicht genötigt war und ist, weil sie sich leistungslose Einkünfte gesichert hat – einen solchen luxurierenden Singularitätslebensstil mit singularisierenden Beschäftigungsverhältnissen, deren Beginn in dem gewerkschaftlichen Bemühen zu finden ist, die Qualität der Arbeit anzuheben.

Lebensqualität durch Selbstverwirklichung als *erfolgreiche Selbstverwirklichung* sei das Konzept der neuen tonangebenden oberen Mittelklasse, entstanden aus den kulturellen Strömungen der Romantik und der Bürgerlichkeit in Abgrenzung zum Feudaladel (Reckwitz 2017: 289f.). Dieses Konzept stamme aus der Romantik und sei über die Humanistische Psychologie in die Lebensratgeber und in die Pädagogik transportiert worden:

> „Der Selbstverwirklichungsgedanke ist *das* ‚gesunkene Kulturgut' der Kultur der Spätmoderne und ihrer neuen Mittelklasse nach 1968. Das Subjekt setzt sich hier als *befähigt* und *berechtigt* zur Selbstverwirklichung voraus; es sieht sich als Ort von Potenzialen und nimmt für sich gewissermaßen ein moralisches Recht in Anspruch, sich zu so zu entfalten, wie es seiner Besonderheit entspricht. Das spätmoderne Subjekt spricht sich selbst einen Wert als Individuum zu, vor dessen Hintergrund die Legitimität der freien Entfaltung dieses Selbst überhaupt nicht in Zweifel steht, ja sozusagen natürlich zu sein scheint" (ebd.: 290f.).

## 3.3 Das schöne Leben

Oft wird mit *Lebensqualität* die Assoziation verbunden, das sei ein *schönes Leben*. Die Wortgrundbedeutung von *schön* als *ansehnlich* verweist auf die vorgestellte Außenperspektive des Lebensstils und der Lebensführung mit der Erwartung von sozialer Akzeptanz, also eine indirekte Form der Sicherheit durch Anerkennung in der umgebenden Sozietät gegen die existenzbedrohende Gefahr von Missbilligung, Zurückweisung und damit Exklusion.

Eine zweite Assoziation zum schönen Leben verweist auf das damit eng verbundene *Wohlbefinden*. Dieses meint ein *Bei-sich-Sein* und damit eine Freiheit von Schmerz und Beschränkung, und diese *Freiheit von* Bedrängendem und Begrenzendem ist die Basis für eine *Freiheit für* eine Gestaltung, die das Spezifikum menschlicher Existenz ist.

Die angelsächsischen Diskurse über *well-being* führen die Denkform des Epikur fort, nämlich die Zielvorstellung eines möglichst schmerz- und unlustfreien Existierens, seinerzeit in dem Bewusstsein formuliert, dass dies nur selten und kurzfristig zu erreichen sei und dementsprechend kostbar und anzustreben und dann auszukosten sei. Das ist zu unterscheiden von wellness, dem kommerziellen Sektor von Angeboten einer Körperbehandlung und Musikdarbietung, von denen versprochen wird, dass sie den Fühlzustand des well-being hervorrufen können.

Dieses Verständnis von Lebensqualität als Wohlbefinden findet sich auch im Bereich der Gesundheit, weil auch in der Medizin das Bewusstsein davon wächst, dass das Maß erfolgreicher Therapie nicht – wie bisher üblich – allein die Zahl der Überlebenstage im Vergleich zu einem Krankheitsverlauf ohne Therapie sein kann, sondern dass diese Zahl mit der Erträglichkeit, d. h. der Lebensqualität, multipliziert werden muss: wenige Tage mit großer Lebensqualität sind mehr wert als viele Tage, die kaum erträglich sind.[11] Das hat dann zur Konsequenz, dass nicht mehr selbstverständlich jede medizinische Therapie, nur weil sie lebensverlängernd wirkt, unbedingt – und unter Androhung anderenfalls strafbarer unterlassener Hilfeleistung – eingesetzt werden muss, sondern dass die erwartbare Lebensqualität zum Leitindikator für die Therapieentscheidung wird, was entgegen den gegenwärtigen Gepflogenheiten auch bedeuten kann, dass der Arzt nicht behandelt oder zum Verzicht rät und dies mit einer so neu kalibrierten medizinischen Ethik auch begründen kann.

---

11 Das wird derzeit insbesondere für eine Ethik am Lebensende diskutiert. Ralf J. Jox (2018): Aktuelle Herausforderungen der Ethik am Lebensende. In: Ethik in der Medizin. Jox, R.J. Ethik Med (2018) 30: 1. https://doi.org/10.1007/s00481-017-0465-5, Zugriff 21.01.2020. Vgl. auch die umfangreichen Überlegungen des Medizinethikers Urban Wiesing dazu; Wiesing, U. (2017): Indikation. Theoretische Grundlagen und Konsequenzen für die ärztliche Praxis. Stuttgart: Kohlhammer.

In den wohlhabenden Industriegesellschaften ist ein wesentlicher Faktor für erlebte Lebensqualität, für Wohlbefinden der Zeitwohlstand (Rinderspacher 2012; Rosa u. a. 2014), d. h. die frei verfügbare Zeit, die nach Arbeitszeit, Zeit für die Wege zur Arbeit und für die unerlässliche Rekreation noch übrig bleibt. Hinzu kommt das Bedürfnis nach Ruhe, die durch Verkehrslärm und Nachbarn ständig gestört sein kann, weil die überverdichtete Wohnsituation in Städten dieses Grundbedürfnis nicht erfüllen kann. Offenbar sind die üblichen physikalischen Geräuschpegelmessungen[12] ungeeignet, die subjektive – auch unbewusst wirkende – Belästigung und Beeinträchtigung von Lebensqualität (was auf Dauer unvermeidlich gesundheitsschädigende Auswirkungen hat, vor allem durch die Verhinderung von genügend Tiefschlaf) zu erfassen. Die Angaben zur Belästigung korrelieren mit dem gemessenen Schalldruck nur im oberen Bereich, nicht hingegen im mittleren und vor allem nicht unteren Bereich sowie mit fremdsinnaufgeladenen Geräuschen: Besonders störend sind Gespräche, Musik, Motorradlärm.

Eine dritte Assoziation geht auf *Glück*. Hier ist jedoch zu bedenken, dass das deutsche Wort *Glück*, das intensive Freude und zufällig günstige Situationskonstellationen zusammendenkt (der ursprüngliche Wortsinn von *gelücke* bezeichnet die erleichternde Freude darüber, im undurchdringlichen Wald eine Lücke gefunden zu haben), etwas anderes ausdrückt als das englische *happiness*, dessen Bedeutungskern eher bei behaglicher Zufriedenheit mit den Umständen und dem zur Verfügung stehenden Besitz liegt (was sich in der Differenz zu *joy, fun, luck* zeigt). In vielen Texten zu Lebensqualität als Glück findet sich denn auch nur diese irreführende Übersetzung des englischen *happiness* als *Glück*. Ein glückliches Leben meint deshalb sowohl den Hinweis auf günstige Umstände als auch das Gefühl der Freude darüber.

Eine vierte Assoziation geht auf ein von *Lust* und Freude erfülltes Leben. Eine solche Lebensorientierung und Lebensführung wird zumeist als *Hedonismus* bezeichnet. Damit wird gegenwärtig eine Orientierung der Maximierung von Zeiten und meist Ereignissen des sensativen Konsums für Lust, Spaß und Freude bezeichnet, zumeist unterlegt mit Erotik, Musik und stimulierenden Drogen, vor allem Alkohol. Dieses dionysische[13] Element der abendländischen Gegenwartskulturen wird rechtfertigend mit der Natur des Menschen begründet, die gesteuert sei durch den Dual von Lust und Unlust, was eben einfach als gegeben akzeptiert werden müsse. In der hellenistischen Antike wurde *Hedonismus* mit der Lehre des Epikur

---

12 In der theoretischen Anlage noch aktuell, mit Fokus auf die Problematik der Messung subjektiver Verarbeitung: Rohrmann 1984.
13 Die hellenistische Kultur enthält eine rätselhafte Spannung zwischen einem solchen dionysischen Element mit einem Gegenentwurf des Apollinischen, und das scheint entweder fortzuwirken oder Hinweis auf eine Kulturuniversalie zu sein.

verbunden, die uns nur bruchstückhaft überliefert ist. Die hier zu findende Orientierung auf *Lust* ist jedoch von der heutigen kategorial unterschieden, da das gute und schöne Leben eines ist, das von der Abwesenheit des im damaligen Alltag ansonsten ständig und überall vorhandenen Schmerzes bestimmt ist. Das sei zu erreichen durch *Ataraxie*, d. h. einer willentlich zu fördernden Seelenruhe, durch Grundprinzipien zur Ausschaltung individuell beunruhigender Faktoren, „indem sie Unbekanntes verständlich machen, Unerreichbares als irrelevant und Unvermeidbares als akzeptabel erweisen" (Erler 1994). Gelingt dies, kann eine kostbare und insgesamt seltene Lebensform praktiziert werden, die in der römischen Antike als *serenitas* bezeichnet wurde, eine heitere Unbeschwertheit des Lebens, im Bewusstsein, dass diese angesichts der allgegenwärtigen Bedrohungen durch Hunger, Krankheit und Krieg kaum zu erreichen und selten lange zu erleben war. Hier geht also die Orientierung an einem schönen Leben über in eine des *sinnvollen* Lebens.

## 3.4 Sinn

### (1) Lebensform

Der Begriff *Lebensform* verbindet sich in der Bildungswissenschaft mit dem gleichnamigen Werk von Eduard Spranger (1925/1966). Hier werden sechs idealtypische Formen der bewussten und unbewussten Lebensführung, Lebensgestaltung, vor allem aber der weltanschaulichen Orientierung vorgestellt. Die real vorkommenden Lebensformen sind dann aber zumeist nicht Reinformen dieser Idealtypen, sondern Mischformen, wobei auch das wieder äquivalent idealtypisch geschieht, indem unterschiedliche mögliche Mischungsverhältnisse – also eine quantitative Skalierung – außer Betracht bleiben.

Aktuell wird der Terminus wiederverwendet, um den Gegenstand der Sozialpädagogik – von den Autoren als Soziale Arbeit bezeichnet – neu zu bestimmen: Thole/Ziegler (2018).[14]

*Lebensform* ist die Außenansicht einer *Lebensorientierung*. Beobachtbar sind Zeitverwendung, soziale Praktiken (Familie, Verwandtschaft, Freundschaft) und Konsum, einschließlich des wesentlichen demonstrativen Konsums, Erwerbstätigkeit. Das bleibt unverständlich, wenn nicht die sich darin ausdrückende Lebensorientierung rekonstruiert wird.

---

14 Wenn Soziale Arbeit sich von den sozialen Problemen auf die Lebensformen umorientiert (Thole/Ziegler 2018), dann möchte sie ihre Aufgabe der Unterstützung auf eine Orthosozialisation in solchen Lebensformen richten, die im Blick auf Funktionsanforderungen und Erwartungen der Umgebungsgesellschaft dysfunktional und defizient sind. Damit würde sie von angewandter Soziologie zu einem Bestandteil der Orthopädagogik innerhalb der Bildungswissenschaft (dazu gehören noch die Sonderpädagogik und der Erziehungsauftrag der Schule).

## (2) Lebensgestaltung

Die individuelle Ausgestaltung des Lebens innerhalb der Lebensstile oder ganz eigenständig außerhalb dieser sozialen Prägungen und Einbindungen ist *Lebensgestaltung* als Realisierung einer individuellen Freiheit, die nicht einfach gegeben ist, sondern in der Selbst-Bildung durch Distanzierung von den Zumutungen der Milieus und dem Gesamtmilieu des Zeitgeistes aktiv und unter mentaler Anstrengung errungen werden muss. Wenn das gegeben ist, gilt ein solches Leben in freier Gestaltung als höchste Lebensqualität und wirkt als Vorbild für andere. Wenn sie Elemente davon übernehmen, wirkt das so gestaltete und präsentierte Leben kulturbildend und damit manchmal über die Lebenszeit des Gestaltenden hinaus.

Gegenwärtig wird konstatiert (Seith 2018), dass diese Freiheit der Lebensgestaltung durch den Umstand stark eingeschränkt wird, dass ein zumeist durch eine Erwerbstätigkeit erzwungener Wohnort mit seinem Wohnungsmangel Lebensstile und Lebensgestaltungen nicht mehr frei – innerhalb der Ressourcengrenzen – ermöglicht, sondern umgekehrt die Lebensgestaltung stark abhängig wird durch die vorhandene Wohnung, die in einem schnell teurer werdenden Markt nicht mehr beliebig gewechselt werden kann. Das wird schon länger aus den Metropolen der Welt berichtet (etwa New York, Tokio, London) und hat nun auch die für Erwerbstätigkeit und Freiheit der Lebensgestaltung bisher attraktiven Großstädte Deutschlands erreicht. Dem ist nur zu entgehen, wenn in der Erwerbstätigkeit geringere Ansprüche gestellt werden, was einen Umzug in einen in dieser Hinsicht weniger attraktiven Wohnort ermöglichte, oder wenn die Ansprüche an die Wohngröße reduziert werden, was Effekte auf die Lebensgestaltung hat, weil die Wohnung ein wesentliches Element für Wohlfühlen und damit auch für die Erhaltung der Gesundheit (hier wirkt sich vor allem und unbeeinflussbar die Lärmbelastung aus) ist.

Lebensgestaltung muss sich nicht nur auf die Ausgestaltung und Führung des eigenen Lebens beziehen, sondern kann auch die Mitwirkung an der Gesellschaftsgestaltung einbeziehen. Nicht wenige Menschen erleben dadurch einen tieferen Sinn für ihre eigene Existenz. Bildungswissenschaftlich bearbeitet wird diese Mitwirkung etwa durch das Konzept der Gestaltungskompetenz von de Haan (2008), die zunächst aus dem Kontext der Futurologie zur allgemeinen Bewältigung von zukünftigen Aufgaben durch vorausschauendes gesellschaftliches Handeln entwickelt wurde und in letzter Zeit für das Anliegen einer Bildung für Nachhaltige Entwicklung (www.bne-portal.de) einflussreich geworden ist.

## (3) Das *Ludische* als Grundelement der Kultur

Zwar wird in den kulturorientierten Anthropologien[15] oft Schiller referiert, *der Mensch sei nur da ganz Mensch, wo er spiele,* aber das wird nur selten genau in seinen Konsequenzen durchdacht, etwa von Huizinga in seinem Opus *Homo ludens*. Reckwitz (2017: 91) beschreibt in seiner Gegenüberstellung von Rationalität und valorisierender Kultur das von ihm so genannte *Ludische* als Wesensmerkmal dieser Kultur, die er enger fasst als die Kulturwissenschaft üblicherweise, die alle überindividuellen menschlichen Orientierungen als Kultur der Natur gegenüberstellen und damit das von Reckwitz als Rationales und Soziales Juxtapositionierte mitumfassen. Dieses Merkmal des Spielerischen bezeichnet alle Formen des freien Agierens, Ausprobierens und Schaffens in allen Bereichen des Kulturellen, nicht nur im engeren Bereich dessen, was als *Kunst* gilt.

Dieses Spielerische geht einher mit dem intensiven Gefühl, ganz bei sich zu sein, sich zu „verwirklichen",[16] sodass Orte und Zeiten, an und in denen es möglich ist, als besonders hohe Lebensqualität geschätzt werden.

Lebensqualität lässt sich in Anwendung des Ansatzes von Reckwitz beschreiben als das Ergebnis einer durchgehenden Valorisierung aller relevanten Lebensbereiche nach Kategorien wie Sicherheit, Gerechtigkeit, Wohlbefinden, Genuss und Sinn-Verwirklichung.

Die Bewertung geschieht in einem Attraktivitätsmarkt (ebd.: 149f.): Hier finden sich mehrere Angebote, die nicht nach Kosten-Nutzen-Erwägungen ausgewählt werden, wie es im klassischen Marktmodell für standardisierte Güter angenommen wird, sondern nach ihrer Attraktivität hoch bewertet werden.

---

15 Diese werden inzwischen selten und insgesamt zurückgedrängt von den übermächtigen Biologismen, die den Menschen rückstandsfrei als Naturwesen zu beschreiben und zu erklären suchen, einschließlich seiner kulturellen Hervorbringungen als besondere und besonders erfolgreiche Form der Umweltanpassung mit Überlebensvorteilen, indem darauf hingewiesen wird, dass Vorformen der menschlichen Kultur auch bei anderen Spezies nachzuweisen seien. Kulturtheoretische Erklärungen können sich in ihrer Eigenständigkeit in diesem übermächtigen Paradigma der Evolution nur behaupten, wenn sie emergenztheoretisch argumentieren und das Kulturelle als zwar biontisch geprägt, aber in einer neuartigen Existenzform darstellen (etwa Tomasello oder Pinker für die Sprache und das damit möglich werdende Denken).

16 *Verwirklichen* setzt eine Dualität zwischen dem Potenziellen und dem Realen voraus, sei es als Wirkung einer *entelecheia* (immaterielles Gestaltungsprinzip: Aristoteles) oder *eidea* (Idee: Platon) in der an sich formlosen Materie; sei es als inneres Programm eines Lebewesens, das von Anfang an vorhanden ist und sich nur „entwickeln" muss – die Vorstellung der Biologie in der Romantik, die bis heute in Vorstellungen von „Entwicklung" und „Verwirklichung" fortwirkt, ohne dass dies den Verwendern solcher Termini bewusst ist.

## 3.5 Lebensqualität als umgreifende Gewissheit

**(1) Lebensqualität als Realisierung eines *Guten Lebens***

Die Frage: *Was ist als Nächstes zu tun?* beantwortet sich durch die alltäglichen Anforderungen der Lebenswelt. Das bietet so lange Gewissheit, wie keine Konflikte des Handelns mit möglichen oder geforderten Alternativen auftreten, die aus der Mitwelt herangetragen oder im eigenen Nachdenken sowie der subjektiven Intuition entstehen können. Daraus ersteht die Frage: *Wozu soll ich das tun* (oder *unterlassen*, was auch ein Tun ist)?[17] Üblicherweise lässt der elementare Überlebenswille diese Frage gar nicht zu und negiert alles, was dem entgegenstehen könnte, bis es zu solchen Handlungsorientierungskonflikten kommt, welche die bisherige Handlungsroutine existenziell in Frage stellen. Diese Frage führt, wenn sie konsequent verfolgt wird, ins immer Grundsätzlichere bis zu letzten Setzungen, zu Axiomen, die keiner Begründung fähig und bedürftig sind. Sie können und müssen entweder geglaubt werden oder aus ihren Konsequenzen heraus – Widerspruchsfreiheit mit allem für gewiss, d. h. wahr und richtig Gehaltenen – als gewiss angenommen werden. Das führt oft auf die Frage nach dem *Sinn des Lebens*, sowohl individuell als dem Sinn des eigenen Lebens als Individuum wie auch insgesamt nach dem Sinn des Lebens aller und von allem, also der Existenz des Kosmos, so wie er ist. Die anscheinend sehr große Vielfalt der darauf gegebenen Antworten lässt sich auf zwei Grundantworten zurückführen:

(1) *Der Kosmos – und damit der Mensch – wurde von einem höheren Wesen geschaffen.*
Das ist die Antwort aller Religionen bis hin zu dem Konzept eines im Kosmos zu entdeckenden *Intelligent Design*.
(2) *Die Materie als Basis von allem ist als ewig und in ihren Gesetzen unveränderlich anzunehmen.* Das ist die Grundlage aller Naturwissenschaften, die dann auch den Menschen und seine Kultur in den Kategorien der Biologie vollständig zu erklären suchen. Diese Auffassung eines monistischen Materialismus (in dem Sinne: *es existiert nichts anderes als die Materie*) zieht sich seit Demokrit durch die abendländische Denkgeschichte.

In einer Situation der Handlungsverunsicherung und dem Nachdenken über eine dafür zu gewinnende Gewissheit wird versucht, die so bestimmte eigene Situation in eine Konzeption einer durch Handlung zu beeinflussenden Welt einzuordnen, sie in einen übergreifenden Zusammenhang zu stellen, ihr in diesem Sinne einen Sinn zu geben. Eine solche Einordnung in einen übergreifenden Zusammenhang

---

[17] Die Frage Wozu wird in ihren philosophischen Dimensionen ausgeleuchtet von Spaemann/Löw (1991).

relationiert die eigene Existenz und gibt damit Gewissheit für das Handeln durch eine Orientierung, die für wahr (im Sinne von zutreffenden Annahmen) und richtig (im Sinne von begründeten und damit akzeptierbaren Handlungsvorschriften) genommen werden kann. Im Blick auf diesen Vorgang wird von einem bei allen Menschen vorhandenen elementaren Sinn-Bedürfnis gesprochen.

Die vielen Konzeptionen und Vorschläge für ein *gutes Leben* greifen das auf und stellen die Handlungsoptionen in Begründungszusammenhänge, die den RezipientInnen plausibel sind oder sein können. Wer danach leben kann, empfindet sein Leben als „gelungen", „erfüllt", d. h., er/sie realisiert damit die höchstmögliche Lebensqualität.

### (2) Lebensqualität als Realisierung postmaterieller Werte

Der Diskurs über Lebensqualität nahm seinen Ausgang in der Einsicht eines Wertewandels fort von materiellen Werten – Sicherheit, Einkommen, Wohlstand, Lebensstandard – hin zu immateriellen oder postmateriellen Werten – Freiheit, Selbstverwirklichung, sinnvolles Leben. Der Diskurs war zunächst beherrscht von den empirischen Daten, die Ronald Inglehart (1998) dazu erhoben hatte. Seine von Abraham Maslow geprägte Erklärung dafür, wenn die Grundbedürfnisse erfüllt seien, könnten sich die Menschen der Selbstverwirklichung zuwenden, wurde jedoch im Verlaufe differenzierterer Erhebungen nicht bestätigt, sondern widerlegt. Offensichtlich ist eine auf immaterielle Werte orientierte Lebensqualität vom erreichten materiellen Wohlstand weitgehend unabhängig; der konstatierte Wertewandel muss also anders erklärt werden. Das konstatiert Inglehart in aktuellen Äußerungen und verweist auf kulturelle Faktoren und ein elementares Sicherheitsgefühl (2018). Einen Ansatz dazu liefert Andreas Reckwitz mit seiner These von der Singularisierung (2017).

Weitgehend unabhängig davon hat der Psychoanalytiker Erich Fromm 1976 eine Argumentation vorgelegt, wonach ein Lebensstil, der auf Sein statt auf Haben ausgelegt ist, sinnvoller, lebenswerter und gesundheitsförderlicher sei.

Hieran konnte ein Gedankengang anschließen, den philosophisch Hans Jonas (1979) grundgelegt hat, indem er die Verantwortung von der Nächstenliebe, also dem interpersonal naheliegenden sozialen Umkreis, zur *Fernstenliebe* ausgeweitet hat, die auch die noch Ungeborenen einschließt. Das wurde durch ein Bewusstwerden der Grenzen des Wachstums (Meadows 1972, 1992, 2004/2006; aktuell Weizsäcker u. a. 2017) aktuell, da nicht nur katastrophische Systemveränderungen durch den eiligen Raubbau nichtregenerativer Ressourcen und durch vergiftende Emissionen vorausgedacht wurden, sondern auch das später so formulierte

Prinzip der *sustainability* (Hauff 1987; Konferenz von Rio 1992[18]), d. h. einer Verantwortung der gegenwärtig Konsumierenden für die späteren Generationen. Die unausweichliche Konsequenz dieser Einsichten war und ist, dass die bisherige Lebensweise mit ständigem Wachstum von Konsum – und dadurch nachgefragt: Produktion, zusammengefasst also Wirtschaft – unmöglich weiter verfolgt werden kann und darf und dass deshalb an die Stelle von Lebensstandard eine neue Art von Lebensqualität gesetzt werden müsse, die unabhängig von der Menge der konsumierten Ressourcen sein müsse, da ein vollständiger Umstieg auf regenerierbare Güter grundsätzlich und kurzfristig nicht möglich sei. Diese Art von Lebensqualität ist auf Weniger, Wesentliches. Langlebiges ausgerichtet. Das sei nicht einfach nur Askese, sondern eine neuartige Lebensqualität, die auf Entschleunigung und Work-Life-Balance sowie intensivere, aber ressourcenschonendere Erlebnisse ausgerichtet sei.

**(3) Der Verlust der Gewissheit und Wege zu ihrer Wiedergewinnung**

Für die Gegenwart ist der Verlust der Gewissheit auf der elementaren, in allen Lebenswelten vorhandenen und offenbar auch benötigten Basis von Anschauung zu konstatieren. Überlegener scheint eine Weltauffassung zu sein, die mit unalltäglichen Denkmitteln (Exploration, Experiment) und Denkformen (Abstraktion, mathematische Modellierung) arbeitet und dabei überlegene Erfolge in der Voraussage künftiger Systemzustände in der Natur erreicht, welche es erlauben, die anschauungsgebundenen Weltsichten als vormodern und falsch zurückzuweisen. Diese Überlegenheit im Bereich der Naturerklärung wird über die biologisch grundierten Ansätze von Medizin und Psychologie auch auf die Humanwissenschaften bis hin zur Erklärung von Kultur übertragen. Damit entsteht eine szientifische Gesellschaft, deren für alle Bereiche verbindlicher Orientierungsrahmen das wissenschaftliche Denken mit seiner Abstraktion ist.

Dagegen hat sich von Anfang an Widerstand gebildet, der in der Romantik seinen vorläufigen Höhepunkt fand: Das Anschauliche und das Irrationale – das Gefühl, das Leben, die Intuition, das Rauschhafte – werden als genuin menschlich gegen die mentale Einordnung des Menschen in die Natur gesetzt. In der Gegenwart findet sich dieser Widerstand als Ablehnung einer Expertokratie, die wegen ihrer Abstraktionen unverständlich bleibt und bleiben muss, verbunden mit der Hinwendung zu einfachen Welterklärungen wie alternative Medizin und Narrative statt systemischer Erklärungen.

Erkenntnistheoretisch kann eine offensichtliche Überforderung durch den Relativismus des Hypothetismus (Rationaler Kritizismus, vgl. Nieke 1976) der domi-

---

18 http://www.un.org/Depts/german/conf/agenda21/agenda_21.pdf, Zugriff 21.01.2020

nanten Weltorientierung des Szientifismus konstatiert werden. Es scheint schwer möglich, die lebensweltlich gebotene unbedingte Gewissheit der Weltorientierung in Form von grundsätzlich falsifizierbaren Hypothesen, wie sie für jede wissenschaftliche Welterklärung zwingend und selbstverständlich ist, zu erhalten. Es ist jedoch ein weitverbreitetes Missverständnis, aus dem wissenschaftstheoretischen Relativismus abzuleiten, dass damit alle wissenschaftlichen Aussagen dann nurmehr Meinungen seien wie alle anderen auch: konstruiert und basierend auf geglaubten Grundlagen (im Fall der Wissenschaft: die Axiome). Das Bewusstsein von der nicht absoluten Gültigkeit steuert nur innerwissenschaftlich den Prozess der Hypothesenüberprüfung. In der Außenwirkung dürfen die wissenschaftlichen Aussagen wegen ihrer intersubjektiven Überprüfbarkeit einen überlegenen Anspruch auf Wahrheit und Richtigkeit (soweit sie sich argumentativ auf Handlungsorientierungen beziehen) behaupten. Gewissheit ist also in der szientifischen Gesellschaft nur dadurch zu gewinnen und zu erhalten, dass diese Grundannahme wieder erinnert und affirmiert wird.

## 4. Ein Ordnungsvorschlag für das Weiterdenken

### 4.1 Lebensqualität als Konkretisierung des *Guten Lebens*

Wenn Lebensqualität nicht als analytische Kategorie verwendet wird, mit welcher aus einer Beobachterperspektive subjektive und objektive Merkmale einer akzeptablen und erstrebenswerten Lebensführung identifiziert und beschrieben werden, sondern auch die präskriptiv-normative Perspektive von Idealvorstellungen für eine solche Lebensführung einbezogen werden soll, dann kann hierfür an die Tradition des Nachdenkens über das Gute Leben angeknüpft werden.

Das ist, bedingt durch die selektive Rezeption der Fragmente des Epikur, stark mit einem auf sich selbst bezogenen Lebensstil der Schmerzfreiheit und damit möglichen maximalen Lust – heute als Wohlbefinden bezeichnet – verbunden. Dieses Konzept ist aber offensichtlich unvollständig, einseitig und wohl auch falsch gedacht. Deshalb führt die Suche auf umfassendere Konzepte von Lebensführung, die in der philosophischen Tradition mit Hinweisen und Idealvorstellungen eines *Guten Lebens* angesprochen werden. Dabei wird die Orientierung an Lust, Behagen, Freiheit von Schmerz – also der Hedonismus – ersetzt durch eine Einordnung der eigenen Existenz in übergreifende Zusammenhänge, also in einen *Sinn*, der die eigene Existenz relationiert. Dieser Sinn gibt in maximaler Kohärenz von Orientierungsmustern und ihren Relationen zueinander die Antworten auf die in jeder Lebenswelt[19] auftretende und zu beantwortende Frage: *Wozu mache ich das jetzt?*

Das *gute Leben* in dieser Fassung kann drei verschiedene Zielsetzungen beschreiben:

(1) Das gute Leben *für mich* realisiert die elementare egoistische *Gier* von Habenwollen für Sicherheit und Lust und drückt sich in Konzepten von *Hedonismus* aus.

(2) Das gute Leben *für alle* orientiert sich an *Moral* und gelebter *Sittlichkeit* und drückt sich in Konzepten von *Altruismus* aus.

(3) Das gute Leben für mich und für alle beschreibt eine *reflexive Eudaimonia,*[20] eine Stimmung des Glücks als intellektuelle Freude und Zufriedenheit in der Realisierung des als gut Erkannten, eingeordnet in sinngebende übergreifende kognitive Kohärenzen dieser Orientierung. Das gibt akzeptable Antworten auf die drei Kantischen Grundfragen:

1. Was kann ich wissen?
2. Was soll ich tun?
3. Was darf ich hoffen?

So lassen sich die zahlreichen Vorschläge für ein gutes Leben zuordnen und übersichtlich machen, ohne dass damit eine Wertung dieser drei Ausrichtungen verbunden werden muss, da jede Orientierung jeweils gute Gründe für, aber auch gegen sich hat.

### 4.2 Lebensqualität differiert nach Lebensaltern

Lebensqualität kann nicht für alle Lebensalter einheitlich definiert werden, so wenig wie für alle Menschen, da sie kulturgebunden[21] stark variiert. Das kann hier nur kurz angesprochen werden.

Die Lebensqualität in der Kindheit erfordert ein nicht enttäuschtes unbedingtes Vertrauen zu den Erwachsenen, wie die Bindungsforschung (Grossmann/

---

19 Das Konzept der Lebenswelt von Alfred Schütz hat Martin Endreß (2006) aus sehr verstreuten und jüngst erst publizierten Schriften umsichtig rekonstruiert. Dadurch ergibt sich ein klareres und umfassenderes Bild als durch die Lektüre der beiden bisher dafür herangezogenen Hauptwerke von Schütz.
20 Ich folge der Begriffsbestimmung von Aristoteles und dem Gedanken von Pleines, dass es sich lohne, hier gegen die Missverständnisse des Idealismus und vor allem Kants erneut anzuknüpfen: Jürgen-Eckardt Pleines: *Eudaimonia zwischen Kant und Aristoteles*, Würzburg 1984.
21 Hier folge ich dem Kulturbegriff von Andreas Reckwitz (2017) und fasse Kultur als Insgesamt der Orientierungsmuster für eine regelhafte soziale Praxis in identifizierten und identifizierbaren Sozietäten von der Familie bis zum Kulturkreis.

Grossmann 2017) für sonderpädagogische Störungsbilder herausgearbeitet hat. Auf dieser Grundlage kann eine anhaltende und ubiquitäre Lebensfreude in *Exploration* und *Experiment* das Leben erfüllen, was die phänomenologische Kindheitsforschung als Spiel beschreibt.

Lebensqualität im Jugendalter entsteht aus der in dieser Phase maximal zur Verfügung stehenden Lebenskraft und damit einhergehenden Lebensfreude für den elementaren Modus der *Expansion*, ausgedrückt in einem unerschütterlichen Optimismus[22] und dem Wagen von Neuem.

Das Erwachsenenalter definiert seine Lebensqualität aus Reproduktion (Gründen einer Familie) und Expansion (Beruf, Spuren hinterlassen). Beides bringt hohe soziale Anerkennung und damit das Gefühl der Aufgehobenheit, also einer elementaren Existenzsicherheit.

Das frühe Alter vom Eintritt in den gesellschaftlich verordneten, zumeist aber auch gewünschten Ruhestand bis zum hohen Alter ist gekennzeichnet vom Genießen eines sensativen Konsums, für den in der Zeit von Familie und Beruf zu wenig Zeit (und Geld) blieb. Das wird weithin als die Lebensqualität dieser Lebensphase angesehen. Heiko Ernst gibt eine anthropologische Sinngebung für diese Lebensphase als *„Weitergeben"* (2008). Das realisiert sich gegenwärtig in der Mitsorge um die Enkel, weniger im Ratschlagen, da die Lebenserfahrung der Älteren heute kaum noch relevant für die Jüngeren ist und sein kann, weil sich die Lebensumstände intragenerational und intergenerational so schnell ändern, dass die darin gewonnenen Orientierungen belanglos oder dysfunktional werden.

Das hohe Alter (definiert entweder ab 80 oder mit dem Beginn von wesentlichen Funktionseinschränkungen) ist gekennzeichnet von wesentlichen Einschränkungen der Lebensfunktionen. Damit ist auch die Lebensqualität grundlegend in Frage gestellt, was dazu führt, dass nicht wenige Betroffene sich den Tod wünschen, der ihnen aber durch das Suizidhilfe-Tabu im abendländischen Kulturkreis bis auf wenige Ausnahmen verwehrt wird. Jedenfalls ist es aus Sicht der Betroffenen fragwürdig, alles auf maximale Lebenszeitverlängerung zu setzen – wie es das Medizinsystem tun muss, um nicht einer unterlassenen Hilfeleistung bezichtigt zu werden – und dabei die Qualität der mühsam und aufwendig gewonnenen Tage dagegenzusetzen. Die Palliativmedizin greift dieses Dilemma auf und definiert Lebensqualität für die Terminalphase des vergehenden Lebens.

---

22 Selbstverständlich ist das nur der Hauptmodus; daneben und dagegen gibt es die Irritationen, die temporäre Melancholie, exogene und endogene depressive Verstimmungen. Sie sind nicht häufiger als in den folgenden Lebensaltern, werden aber von der besorgten Öffentlichkeit stärker beachtet, z. B. die Suizidversuche, die sowohl im Jugendalter als auch in hohem Alter bei männlichen Personen ansteigen.

Weder im Alter noch im hohen Alter will sich das einstellen, was viele als besondere Lebensqualität erwarten: weder eine heitere Gelassenheit (serenitas) angesichts der Verantwortungslosigkeit bei baldigem Lebensende noch Weisheit in relativierender Einordnung von Person und Situation in sinnvolle große Zusammenhänge.

## 4.3 Das Gute Leben

### 4.3.1 Das Gute Leben für mich

#### 4.3.1.1 Lebensqualität als garantierte Existenz-Sicherheit

Rosa beschreibt das elementare Sicherheitsbedürfnis der Menschen und Möglichkeiten der Sicherung in seiner Theorie der Resonanz (2016). Reckwitz thematisiert es in der Auseinanderentwicklung neuer Sozialformationen jenseits von Klassen unter der Perspektive eines dominierenden Orientierungsmusters der Singularisierung (2017).[23]

Sicherheit kann und muss in folgenden sechs Feldern gewährleistet sein:

(1) Durch den *Staat* nach innen und nach außen. Wie elementar sich die Lebensqualität verschlechtert, wenn das nicht effektiv geschieht, zeigen die failed states.[24]

(2) Die erste und weltweit lebenslang für viele elementare Sicherung bietet die *Familie*, oft erweitert über verzweigte Verwandtschaftslinien als Clan. Sie liefert eine lebenslang verlässliche Geborgenheit, die vor allem dann in ihrer Unentbehrlichkeit in Erscheinung tritt, wenn die staatliche Sicherung versagt oder brüchig wird.

(3) Die zivilisatorische Leistung des *Sozialstaats* besteht in der Loslösung aus den Kontingenzen, auch Gewalttätigkeiten der familiären Eingebundenheit als Preis für die dort gegebene Sicherheit. Jeder hat unabhängig von seiner Persönlichkeit einen gewiss einlösbaren Anspruch auf Hilfen in Lebenslagen, die eine Unterstützung erfordern: Krankheit, Arbeitslosigkeit, Behinderung Alter (das in dieser Hinsicht als Behinderung wahrgenommen wird).

---

23 Auch in der Bildungswissenschaft finden sich neuerdings entsprechende Thematisierungen von Sicherheit als elementarem Orientierungsmuster und Erklärungskategorie für das Pädagogische, naheliegenderweise vor allem in der Sozialpädagogik; etwa Dollinger (2017).

24 Gemeint sind Staaten, welche die elementare Sicherung nach innen und nach außen nicht (mehr) garantieren. Der Terminus wird – etwa von Noam Chomsky – auch dafür verwendet, fehlende Demokratie nach dem abendländischen Muster zu kritisieren. Das verkennt aber, dass Sicherheit sehr wohl auch in nichtdemokratischen Staaten gewährleistet werden kann, auch wenn das nicht notwendig mit der Garantie weitgehender bürgerlicher Freiheiten verbunden sein muss.

(4) Mentale Geborgenheit wird erst in der Gesamtheit und Gewissheit eines *Sinns* für das eigene Leben gefunden. Das liefern zunächst die Religionen und die identitätsstiftenden Mythen für die jeweiligen Kulturen, dann die Philosophie (verstanden als umfassende Weltanschauungen mit Antworten auf alle möglichen Fragen, wie paradigmatisch bei Platon und Aristoteles ausgeführt) und gegenwärtig eine Naturwissenschaft, die alle Fragen als solche eines monistischen Materialismus behandelt (Kosmologie, Evolutionsbiologie die auch alle Kulturphänomene zu erklären beansprucht). Daneben wird die mythologische Tradition durch die fiktionale Literatur als Text und als Theater fortgeführt, mit abnehmender Orientierungswirkung.

(5) Auch die egoistische *Gier*[25] (als Tendenz zu Raub und Betrug, zum Ansammeln von Vorräten, als Sexualität zur maximalen Reproduktion) dient der Überlebenssicherung durch Ansammeln von Lebensmitteln und durch die maximale somatische Reproduktion in die potenziell unendliche Zukunft des eigenen Genoms hinein. Eine Variante ist die Gier zum Nutzen der Sozietät, etwa der Familie; das ist nicht etwa Altruismus, sondern Selbstopferung zum Nutzen der Sozietät.

(6) Die Strebungen von *Exploration* (Erkundung, Reisen, Wandern, Spazierengehen; Experimente zur Sicherung von Bedingungswissen) und *Expansion* (Reproduktion, Ausdehnung des Angeeigneten durch Aufschreiben und Publizieren) haben die Funktion der Sicherung des Kollektivs über die eigene Existenz hinaus.

Die elementare Sicherheit als Ausdruck von Lebensqualität wird durch das Gefühl und die Gewissheit sozialer Anerkennung erzeugt. Diese findet sowohl in den kleinen Elementareinheiten der Familie und der Freundesgruppe statt als auch in einer meritokratischen Gesellschaft (Nieke 2018) durch eine sozial erwünschte Arbeitsleistung.

### 4.3.1.2 Das schöne Leben

Das *schöne Leben* bezeichnet hier nicht das, was in der Allgemeinsprache darunter verstanden wird: ein angenehmes Leben voll happiness (dem Gefühl, genug von den knappen Ressourcen abbekommen zu haben), Spaß, Lust und Unbeschwertheit von Existenzsorgen. Gemeint ist hier das *Leben im Schönen*, und das verweist auf eine anthropologische Bestimmung des Menschen als Homo ludens (Huizinga 1939): Nur der Mensch kann spielen in dem Sinne des zweckfreien Herstellens von

---

25 Dieses Thema ist in der Geistesgeschichte in vielen Varianten thematisiert worden: vom blinden Lebenswillen bei Schopenhauer, Nietzsche, Heidegger, Sartre über das Es in der Libidotheorie von Freud bis zum Überlebensprinzip in Konzepten des Darwinismus.

Gegenständen, Gesten und Illusionen. Daraus besteht ein wesentlicher Teil der tradierten Menschheitskultur. Die Gegenkategorie zum Nutzen ist die des Schönen, das allerdings nicht gebunden ist an die intuitiven Urteile über Wahrnehmungsschönheit, die biontischen Ursprungs sind und Muster von Symmetrie dafür verwenden. Schön ist alles, was erfreut. Das schöne Leben ist also weitaus mehr als die Erholung vom Zwang des Erwerbsalltags und seiner Routine; es ist das *eigentliche* menschliche Leben.

### 4.3.2 Das Gute Leben für alle

Weniger ist mehr

Lebensqualität wird geringer bis unmöglich, wenn zu viele Menschen zu vieles an denselben Orten wollen. Das zeigt sich im zusammenbrechenden Verkehr in überverdichtet gebauten Siedlungen, an der nicht behebbaren Wohnungsknappheit in den urbanen Großsiedlungen, an Tourismuszielen, die unter einer Überlast von Besuchern als solche verschwinden (Venedig etc.), aber auch grundsätzlich daran, dass die endlichen Ressourcen von zu vielen, von denen ein Teil überdies zu viel verbraucht, mit zunehmender Geschwindigkeit zu Ende gehen. Im Kulturkreis des Abendlandes wird derzeit wenig über die Frage der planetaren Gesamtbevölkerung gesprochen, weil sich die ehemaligen Kolonien frühzeitig verbeten haben, dass in die Heiligkeit der Reproduktion ihrer Völker hineinregiert wird. Einige Staaten versuchen sich in einer Regulierung ihrer Staatsbevölkerungen – China, Indien, Malaysia –; ansonsten gilt die Reproduktion in Richtung auf Expansion als grundsätzlich gut und wertvoll, obwohl einfache Überlegungen zeigen können, dass dies ein Irrtum ist (Weizsäcker u. a. 2017; schon früh Eppler 1974: 18).

Lebensqualität lässt sich nur erhalten oder wiedergewinnen, wenn weniger verbraucht wird und die Intensität des Konsums verringert wird (das wird als Entschleunigung für Konsum und Arbeitsleben diskutiert; etwa Schulze 1992; Rosa 2005) und wenn die Überverdichtung in den Siedlungen reduziert wird. Das ist eine Aufgabe der raumordnenden und gestaltenden Politik, aber ebenso der Lebensführung des Einzelnen, und damit wird sie zu einer pädagogischen Aufgabe, nämlich der, die nachfolgende Generation (und die Erwachsenen auch) darauf hinzuweisen und mit dem Aufzeigen von Konsequenzen und möglichen Alternativen handlungs- und entscheidungsfähig zu machen.

Ein solches Konzept von Lebensqualität schaut nicht primär auf das individuelle Wohlergehen, sondern sieht dieses eingebunden in das Schicksal der gesamten Menschheit und leitet daraus die angemessene, richtige, sinnvolle individuelle Lebensführung ab. Das kann nicht durch „Selbstverwirklichung" geschehen; denn im Inneren eines Individuums ist nichts, was eine solche Gesamtresonanz auf die

Menschheit in sich trüge, schon gar nicht im Blick auf neuartige, nur durch Abstraktion zu erfassende Bedrohungslagen.

### 4.3.3 Das Gute Leben für mich und alle: reflexive Eudaimonia

Eine aufhebende Vermittlungsposition zwischen der Orientierung auf das individuelle Wohlergehen und einer die individuellen Bedürfnisse kategorisch zurücknehmenden Orientierung auf das Gesamtwohl kann eine Fassung des Guten Lebens einnehmen, für welche ich die Bezeichnung *reflexive Eudaimonia* vorschlage. Damit schließe ich an die antike Reflexionstradition zu dieser Frage an, nämlich an den Begriff der Eudaimonia des Aristoteles. Die wörtliche Bedeutung wäre *Wohlgestimmtheit durch die willkommene Anwesenheit guter Geister.* Eine solche Wohlgestimmtheit entsteht für Aristoteles aber auch in der *theoreia,* der Anschauung einer Wahrheit, die in der Anschauung selbst gewiss wird und dazu keine Stützungen von außen braucht wie wiederholbare Experimente.

Daran lässt sich auch heute noch anschließen. Eine solche Gewissheit erzeugt ein Existenzgefühl von Sicherheit, das stabiler und zuverlässiger ist als jede äußere Sicherheit vor Hunger, Krankheit oder Tod.

#### 4.3.3.1 Reflexive Freiheit: Die Balance zwischen Fremdanforderung und Selbstbestimmung – Verantwortung versus Freiheit

Höchste Lebensqualität wird oft in einer größtmöglichen individuellen Freiheit vermutet. Das ist aber zu kurz gedacht. Menschen können nicht allein existieren, sondern brauchen dazu die Kooperation mit anderen (Tomasello 2014). Das aber schränkt für die Kooperation die individuelle Freiheit im Sinne von ungehindertem Handeln nach den momentanen Bedürfnissen erheblich ein, und dafür ist ein aufwendiger Prozess der Sozialisation in seiner intentionalen Handlungsform als Erziehung erforderlich, der die überraschungsfreie Zuverlässigkeit der Kooperationsbereitschaft für die Mitglieder einer Handlungsgruppe garantieren muss. Das Ergebnis einer in diesem Sinne unabdingbaren und funktionalen Sozialisation ist Normenkonformität als Bereitschaft, das zu tun und zu unterlassen, was die anderen erwarten – auch wenn sie nicht situativ anwesend sind – und dafür die eigenen Affekte wirksam und ausnahmslos zu kontrollieren. Nur in solchen Sozialsituationen, wo alle sich darauf verlassen können, entsteht das elementare Gefühl der Sicherheit, was als Geborgenheit, Vertrauen oder Resonanz beschrieben wird. Wenn jemand diese Verhaltenserwartungen nicht erfüllt, wird er zur Verantwortung (Nida-Rümelin 2011) gezogen, muss also erklären können, warum er das nicht tat. Dafür werden Ausnahmen akzeptiert, die zu einer nachträglichen situativen Exkulpation führen. In den anderen Fällen besteht die Verantwortung in der Wiedergutmachung des eingetretenen Schadens, und dazu gehört symbolisch auch die Bestrafung, die Rache durch das Kollektiv. Nicht nur entwicklungslogisch und historisch steht dabei die Verantwortung vor und über der individuellen Freiheit. Diese wird im Konzept der Verantwortung allerdings als Willensfreiheit vorausgesetzt, und zwar in dem Sinne, dass es dem Menschen möglich sei, sich aus dem animalischen Zwang des Willens (Schopenhauer), dem Trieb, durch Selbstdisziplin zu befreien und gegen diese Strebung das von der Sozietät Geforderte zu tun.

Lebensqualität kann also nur in einer Balance zwischen dieser elementaren Sicherheit einerseits und der Wahrnehmung von individueller Freiheit innerhalb dieses Rahmens bestehen.

Konkret wird diese Balance zwischen gemeinwohlorientierter Fremdanforderung und Selbstbestimmung als *work-life-balance* herbeigesehnt, als eine erträgliche Verteilung zwischen der Zeit, den die Erwerbsarbeit erfordert (einschließlich der nicht unbeträchtlichen Wegezeiten zwischen Wohnung und Arbeitsplatz), und der selbst verfügbaren davon freien Zeit für Regeneration und Selbstgestaltung.

Dieser Anspruch findet sich schon in der Vision von Karl Marx (Deutsche Ideologie, MEW, 3. 33) über die künftige ideale Gesellschaft, die von der Ausbeutung der Arbeiter durch die Kapitalbesitzer befreit worden ist:

> „Sowie nämlich die Arbeit *naturwüchsig* verteilt zu werden anfängt, hat Jeder einen bestimmten ausschließlichen Kreis der Tätigkeit, der ihm aufgedrängt wird, aus dem er nicht heraus kann; er ist Jäger, Fischer oder Hirt oder kritischer Kritiker und muss es bleiben, wenn er nicht die Mittel zum Leben verlieren will – während in der kommunistischen Gesellschaft, wo Jeder nicht einen ausschließlichen Kreis der Tätigkeit hat, sondern sich in jedem beliebigen Zweige ausbilden kann, die Gesellschaft die allgemeine Produktion regelt und mir eben dadurch möglich macht, heute dies, morgen jenes zu tun, morgens zu jagen, nachmittags zu fischen, abends Viehzucht zu treiben, nach dem Essen zu kritisieren, wie ich gerade Lust habe, ohne je Jäger, Fischer, Hirt oder Kritiker zu werden" (K. Marx, Dt. Ideologie, MEW 3, 33).

Allerdings ließe sich das aus heutiger Sicht nur in einer Arbeitswelt realisieren, in der Arbeitsvorgänge so standardisiert sind, dass problemlos und zuverlässig eine Arbeitskraft durch eine andere vertreten werden kann. Das gilt für die Industriearbeit und die standardisierte Bürotätigkeit. Viele Arbeitsplätze erfüllen heute jedoch nicht mehr diese Bedingung, sondern erfordern in der Kreativ-Ökonomie (Reckwitz 2017) die permanente Verfügbarkeit einer Arbeitskraft, die so individuell qualifiziert ist, dass sie durch niemanden sonst ersetzt oder vertreten werden kann. Das gilt etwa auch für alle Aufgaben im Wissenschaftssystem, auch für die nichtwissenschaftlichen MitarbeiterInnen. Deshalb lässt sich dieser Anspruch an

Lebensqualität nur in den sehr engen Grenzen dieser alten Arbeitsplatzstruktur realisieren. Für die neuen Arbeitsplatzstrukturen wird derzeit noch im Effekt erfolglos um Alternativen gerungen, und auf der Strecke bleiben die Familienmenschen (ob Frauen oder Männer), die sich als chronisch überfordert in beiden Bereichen erleben und keinen Ausweg daraus finden können.

In der gegenwärtig dominant werdenden Kreativ-Ökonomie wird an die Erwerbsarbeit ein anderer Anspruch gestellt als in der vom Markttausch geprägten standardisierten Arbeitswelt (im biblischen Topos des *Jobs* als von Gott als Prüfung erlassene Qual ausgedrückt): Es geht nicht mehr um einen Tausch von Arbeitskraft und Anwesenheitszeit gegen den dafür einhandelbaren Lohn, sondern um die Produktion von etwas Singulärem, mit dem Anerkennung errungen werden kann (Reckwitz 2017). Die Lebensqualität bindet sich nicht mehr an den mit dem Lohn kaufbaren Lebensstandard durch materielle Konsumgüter und ihren Prestigewert, sondern an die flüchtiger werdenden, aber intensiver erlebbaren Anerkennungen der singularen Produkte.

### 4.3.3.2 Lebensqualität als Selbstbegrenzung in Abkehr von Selbstverwirklichung

Der Singularisierungszwang für den Einzelnen erfordert Anstrengungen in der Selbststilisierung („Selbstverwirklichung"), um damit im globalen Wettkampf (soziale Netzwerke) um Anerkennung erfolgreich zu sein: Hier sind Attraktivitätsmärkte entstanden, die nicht nur ökonomisch relevant sind, sondern auch für die Gewinnung von Freunden und Sexualpartnern. Das erzeugt wenige Gewinner und viele Verlierer, und die naheliegende Gegenbewegung einer *Selbstbegrenzung* besteht in einer Abkehr von diesem Wettkampffeld. Reckwitz (2017: 440) weist darauf hin, dass den Singularitätsattraktivitäten allerdings etwas entsprechend stark Valorisierendes entgegengesetzt werden muss.

Das könnte in so etwas wie einer Lebensgestaltung durch Persönlichkeitsbildung bestehen, die an die Stelle einer quasibiologischen Vorstellung einer Selbstverwirklichung (die oft als Rechtfertigung von Egoismus und Gier genommen wird) und von Körperstilisierung zur Attraktivitätserhöhung treten könnte.

Eine weitere Überlegung führt auf die Möglichkeit von Lebensqualität durch Selbstbegrenzung, nämlich die Konsequenz aus den konstatierten Mechanismen einer sich immer mehr steigernden Beschleunigung (Schulze 1992; Rosa 2016). Die Besinnung auf die eigene Relevanzordnung, auf das „Wesentliche", das in seinen Inhalten der Umgebungskultur, die heute problemlos in das Insgesamt des kollektiven Menschheitsgedächtnisses erweitert werden kann, entnommen werden muss, ermöglicht eine Distanzierung von diesen Zwängen aus den Sphären von Ökonomie und sensativem Konsum. Das wird formal und zeittheoretisch als *Entschleunigung* gefasst, ist damit aber nur unzureichend verstanden, weil es auf alternative Relevanzen ankommt und nicht einfach nur auf ein Langsamerwerden in der beruflichen und privaten Lebensführung.

Eine auf eine kollektive Gesamtverantwortung (eine *Fernstenliebe* in der Diktion von Hans Jonas 1979) orientierende Überlegung verbindet sich mit dem oft missverstandenen Konzept der *sustainability,* einer Menschheitsentwicklung im Verbrauch nichterneuerbarer Ressourcen. Die aktuelle Fassung thematisiert die nun erreichte Überfüllung des Planeten mit zu vielen Menschen (Weizsäcker u. a. 2017) und fordert Suffizienz (verantwortlichen Konsum) und die Transformation der wachstumsorientierten Leistungsgesellschaft in eine solche ein, die ein dauerhaftes Überleben aller bei den offensichtlich begrenzten Ressourcen ermöglicht. Dies impliziert eine kompromisslose Zurückweisung anderer Interessen wie das nach weiterem Wirtschaftswachstum zur allgemeinen Wohlstandsermöglichung als Basis für eine höchstmögliche „Selbstverwirklichung" des Individuums in höchstmöglicher Freiheit.

### 4.3.3.3 Selbstverwirklichung als Selbstgestaltung, aber nicht egozentrisch-hedonistisch, sondern kollektivbezogen: Vergeistigung

Selbstverwirklichung gilt als ein zentrales Ziel für die Lebensgestaltung. Dabei lassen sich zwei Auffassungen unterscheiden: eine hedonistisch-romantisch-biologistische und eine an Bildung gebundene.

Die *hedonistisch-romantisch-biologistische* Selbstverwirklichung geht von der möglichst ungehinderten Erfüllung der individuell unterschiedlichen Bedürfnisse aus, die sich in Lustsuchaffekten ausdrücken, und erlaubt es, dieser Strebung intuitiv unter Zurückweisung aller Einwände aus der Sozietät zu folgen. In der Sturm-und-Drang-Romantik erhielt das die Fassung: *Genie bricht sich Bahn* – und das schloss ausdrücklich das Ignorieren der geltenden Moral mit ein. Begründet wird das zumeist mit einer Natur des Menschen, dessen Individualität von Anfang an grundgelegt und sich nur entwickeln müsse und dürfe. Das ist der Biologie der Romantik entnommen, gilt aber offenbar bis heute in dieser Auffassung von Weltverwirklichung weiter, auch wenn die zeitgenössische Biologie in dieser Frage seit langem ganz anders denkt und erklärt, nämlich mit der Modellierung einer Interdependenz von Genom (Anlage) und Umwelt.

Die *sich bildende Selbstverwirklichung* bindet die Lebensgestaltung an Selbstbildung, und hier lassen sich zwei Unterformen unterscheiden:

(1) die *Herausbildung der autonomen, mündigen Persönlichkeit* nach der Ermunterung von Kant, *mutig zu sein und sich des gewiss vorhandenen eigenen Verstandes zu bedienen.* Das führt das ökonomisch und intellektuell erstarkende Bürgertum aus der mentalen Knechtschaft durch Adel und Kirche (Ordo dei) hinaus,

bleibt aber rückgebunden an die universalen Einsichten einer angeborenen Vernunft. Dies garantiert die höchstmögliche mentale Unabhängigkeit als Sicherheit in der reflexiven Existenzvergewisserung, unabhängig von den äußeren Lebensumständen, die noch so bescheiden sein mögen – und das kann als *geistige Lebensqualität* verstanden werden.

(2) die *höchstmögliche Entfaltung der eigenen Potenzialitäten* durch Weltaneignung und damit geschehende Bildung. So definiert Wilhelm von Humboldt sein Bildungsideal (Benner 2003), so lebt und gestaltet Goethe sein Leben (markant herausgearbeitet von Safranski 2013). In den sprachlichen Fassungen von *Entfaltung* drückt sich ebenfalls ein vormodern-romantisches[26] Verständnis von Biologie aus, das von einer an- und eingeborenen Entität des Individuums ausgeht, das sich im Fortgang des Lebensprozesses enthalten kann, wenn die Umstände günstig sind. Diese Entfaltung kann alle Grenzen des Konventionellen ignorieren, wie es der romantische Geniekult dieser ästhetisierenden Intellektuellenkultur fordert und auslebt; denn sie folgt einem inneren Prinzip von unbedingter Geltung. Aus heutiger Sicht wirkt das wie eine Variante des egozentrisch-hedonistischen Lebensprinzips, das der tierischen Natur des Menschen entspringt.

Aus heutiger Sicht ist da nichts, was sich einfach nur entfalten muss und kann – alles, was erscheint, ist Effekt einer synergetischen Interdependenz von Enkulturation und kompetenzaufbauender Persönlichkeit, in der ihrerseits mental generalisierte Enkulturation wirkt und nichts starr Angeborenes.

In Rückbindung an diese Enkulturation gewinnt das Individuum seine Existenzberechtigung, Existenzsicherheit und Weltorientierung nicht aus einem vorhanden gestalteten Inneren heraus, sondern aus der individuellen Verarbeitung der Welteinflüsse, der Enkulturation durch Bildung.[27] Es transzendiert damit die eng gesetzten Grenzen naturaler Lebensformen und lebt im Kulturellen als seinem Bestandteil und seinem Weitergestaltungs-Agens. In der älteren Terminologie des 19. Jahrhunderts – bei Hegel oder Dilthey – wird diese Kultur der *objektive Geist* ge-

---

26 Diese Konzeptualisierung von Biologie hat ihre Ursprünge in den Seelenkonzepten von Platon und Aristoteles, der ja für die gesamte belebte und auch unbelebte Natur je spezielle Seelen (entelechaia) als formgebendes Prinzip für die nach Demokrit als basal ungestaltet existierende Materie vorsah. Deshalb konnten renaissancebasierte und auch idealistische Weltanschauungen mit dieser Biologie und ihrem Entwicklungskonzept viel anfangen. – Im Übrigen hat die zeitgenössische Biologie bis heute die größten Schwierigkeiten, die Morphogenese des Biontischen allein aus physikalischen und chemischen Prinzipien zu erklären, weswegen aktuell Kategorien aus der Informationstheorie für die Prozesse des Lebens als intrazelluläre Kommunikation erprobt werden.

27 Das hat Alfred Schütz umfassend in seiner Theorie der Lebenswelt herausgearbeitet (Endreß 2006).

nannt, weil er sich aus den denkenden Leibern über Sprache und Schrift ins Materielle (Schrift, gestaltende Kunst) so entäußern kann, dass er unabhängig von der temporären Leibexistenz prinzipiell unendlich weiterexistieren kann. Deshalb kann die Existenzform reflexiver Kulturalität auch *Vergeistigung* genannt werden.

Das könnte ein Angebot zur Füllung des präskriptiven, orientierenden Konzepts von Lebensqualität sein.

### 4.3.3.4 Lebensqualität als sinnvolles Leben im Ganzen

Die Frage nach dem *Sinn des Lebens* stellt sich immer in der Perspektive nach dem Sinn des je eigenen Lebens und immer dann, wenn Handlungsentscheidungen nicht mehr getroffen werden können, weil die dafür erforderlichen Weltorientierungen unsicher und zweifelhaft geworden sind. Um die erforderliche Gewissheit wiederzugewinnen, muss die eigene Existenz in eine Kohärenz mit dem Ganzen gebracht werden, eine Einordnung in ein übergreifendes Ganzes vorgenommen werden. Die Umgebungskultur bietet dafür jeweils historisch spezifische Angebote als Religion, Philosophie, Weltanschauung. In manchen Kulturen gibt es nur eine einzige Gesamtdeutung, die mit Macht durchgesetzt wird, während Alternativen als Irrtum und Frevel verfolgt werden. In weltanschaulich pluralen Kulturen wird dem Einzelnen überlassen, welcher Deutung er folgen möchte oder ob er sich aus verschiedenen Deutungsangeboten seine individuelle zusammenstellen möchte.

Im abendländischen Kulturkreis,[28] der sich als pluralistisch versteht, zeigen die Termini *Synkretismus* – bezogen auf Religion – und *Eklektizismus* – bezogen auf Wissenschaft und Philosophie in ihrer pejorativen Konnoation die deutungsmächtige Abwehr dieses kreativ-konstruktiven Neuschöpfens, worin sich der Vernichtungswille gegen Häresien ausdrückt, mit welcher die eigene Weltdeutung als unbedingt richtig geschützt werden soll. Demgegenüber ist darauf hinzuweisen, dass die fortschrittsoptimistische Philosophie des 19. Jahrhundert im neuen Zu-

---

28 Dieser Terminus wird im antirassistischen Diskurs als den Rassismus begründend abgelehnt. Zwar ist unbestritten, dass rassistisch argumentierende Autoren diesen Terminus zur Beschreibung unterschiedlich wertvoller Gruppen verwenden, aber die vorgeschlagenen Alternativen wie *Kulturraum* weisen metaphorisch in die Irre: Ein *Kulturkreis* ist gerade nicht geometrisch und geografisch bestimmt und begrenzt, sondern umfasst Mentalitäten, die räumlich disparat verstreut sein können. Wesentlich ist eine Kohärenz der Selbstdefinition, der kollektiven Identität, was immer mit einer Grenzziehung zwischen Wir und Die einhergehen muss, und diese Grenze wird durch die Metapher der Kreislinie ausgedrückt. Diese Kollektivselbstdefinitionen sind soziale Tatsachen, die von der sie beschreibenden Sozial- und Kulturwissenschaft als solche zu akzeptieren sind, weswegen hier normative Sprachregulierungen kontraproduktiv wirken. Diese Selbstdefinitionen können auch Höherbewertungen der Eigengruppe enthalten – auch solche mit biologischen Argumentationen –, müssen es aber nicht, weswegen die Gleichsetzung des Terminus mit dem Ausdrücken einer rassistischen Grundüberzeugung in diesem analytischen Zusammenhang schlicht unzutreffend ist.

sammendenken, also im Eklektizismus, die Verwendung des jeweils Besten und Gültigen aus allem Vorliegenden empfahl und darin die Möglichkeit zu geistigem Fortschritt sah (vgl. Nieke 1972).

Eine auf diese Weise als sinnvoll angesehene Individualexistenz valorisiert sich als elementar und existenziell gesichert, auch wenn die realen Umstände das genaue Gegenteil androhen können. Diese Eliminierung von Existenzangst ist nichts anderes als die basale Lebensqualität, nach der alle bewusst oder unbewusst streben. Aus Erfahrungen in nationalsozialistischen Konzentrationslagern haben Viktor Frankl die Logotherapie für die Psychotherapie und Antonovsky[29] das Konzept der Salutogenese für die Medizin als Konkretisierungen dieser Grundeinsicht formuliert.

## 5. Konsequenzen für die Pädagogik

Sollte dieser Vorschlag überzeugen, könnte also die so ausdifferenzierte Kategorie der Lebensqualität dazu dienen, die Reflexionen über die Ziele pädagogischen Handelns in seinen beiden Ausprägungen der Enkulturation und der Supportivität (Nieke 2017, 2017a) daran zu orientieren. Das sollte dazu helfen, die Lebenslage und die Bedürfnisse der SchülerInnen nicht nur intuitiv und irgendwie, unter Verwendung einiger Versatzstücke aus Psychologie und den Humanwissenschaften zu verstehen, sondern eingehender in die verschiedenen Dimensionen von Lebensqualität einzuordnen. Daraus wird dann deutlich, was jeweils zu tun ist oder getan werden könnte. In der Enkulturationsaufgabe könnten sich die Didaktiken an der Herstellung einer Weltorientierung beteiligen, in welcher nicht einfach nur tradierte Stoffe vermittelt werden, sondern auf solche Traditionsbestände intensiver zurückgegriffen wird, die einen denkenden Aufschluss der eigenen Lage in ihrer jeweiligen und grundsätzlich darüber hinaus möglichen Lebensqualität geben können. In der Supportivitätsaufgabe kann auf die einzigartige Lebenslage und Lebensqualität eingegangen werden, und dabei können Wege aufgezeigt werden, damit umzugehen und von da aus voranzuschreiten zu selbstbestimmten Lebenszielen – Wege, die ohne eine solche individualisierte Beratung möglicherweise nicht und nie in den Blick der Betroffenen geraten würden und könnten.

---

29 Die Ausführungen basieren auf empirischen Studien, die heutigen Qualitätsansprüchen nicht mehr entsprechen; hier wird nur die Konzeptualisierung der erfolgreich krisenbewältigenden Orientierungsformen als fundierte Hypothesen genommen.

## Literatur

Antonovsky, Aaron (1997): Salutogenese. Zur Entmystifizierung der Gesundheit. Erweiterte deutsche Ausgabe von Alexa Franke, Tübingen: dgvt-Verlag.

Benner, Dietrich (2003): Wilhelm von Humboldts Bildungstheorie. Eine problemgeschichtliche Studie zum Begründungszusammenhang neuzeitlicher Bildungsreform. Weinheim: Juventa, 3. erweiterte Auflage.

Böhnisch, Lothar (2016): Lebensbewältigung. Ein Konzept für die Soziale Arbeit. Weinheim: Beltz.

Böhnisch, Lothar (2018): Sozialpädagogik der Lebensalter. Weinheim: Beltz Juventa.

Bonß, Wolfgang (1995): Vom Risiko – Unsicherheit und Ungewissheit in der Moderne. Hamburg: Hamburger Edition.

Bormann, Inka/de Haan, Gerhard (Hrsg.) (2008): Kompetenzen der Bildung für nachhaltige Entwicklung. Operationalisierung, Messung, Rahmenbedingungen, Befunde. Wiesbaden: Springer.

Dolch, Josef (1965): Lehrplan des Abendlandes. Zweieinhalb Jahrtausende seiner Geschichte. Ratingen: A. Henn Verlag.

Dollinger, Bernd u. a. (2017): Editorial „Sicherheit". In: Soziale Passagen H. 2, S. 205–211.

Dollinger, Bernd (2017): „Sicherheit" als konstitutive Referenz der Sozialpädagogik. Begriffliche und konzeptionelle Annäherungen. In: Soziale Passagen H. 2, S. 213–227.

Endreß, Martin (2006): Alfred Schütz. Konstanz: UVK.

Eppler, Erhard (1974): Maßstäbe für eine humane Gesellschaft. Lebensstandard oder Lebensqualität. Stuttgart: Kohlhammer.

Erler, Michael (1994): Epikur. In: Hellmut Flashar (Hrsg.): Die hellenistische Philosophie (= Grundriss der Geschichte der Philosophie. Die Philosophie der Antike. Band 4). Teilband 1. Basel: Schwabe.

Ernst, Heiko (2008): Weitergeben! Anleitung zum generativen Leben. Hamburg: Hoffmann & Campe.

Fromm, Erich (1976): Haben oder Sein? Die seelischen Grundlagen einer neuen Gesellschaft. München: dtv.

Fuchs, Max (2019): Das gute Leben in einer wohlgeordneten Gesellschaft. Bildung zwischen Kultur und Kritik. Weinheim: Beltz Juventa.

Grossmann, Klaus/Grossmann, Karin (2017): Bindung – das Gefüge psychischer Sicherheit. Stuttgart: Klett-Cotta, 7. Aufl.

de Haan, Gerhard (2008): Gestaltungskompetenz als Kompetenzkonzept der Bildung für nachhaltige Entwicklung. In: Bormann/de Haan, S. 23–43.

Huizinga, Johan (2009): Homo ludens. Vom Ursprung der Kultur im Spiel. Reinbek: Rowohlt Verlag, neu herausgegeben nach der deutschen Erstausgabe 1939 von Andreas Flitner.

Volker Hauff (Hrsg.) (1987): Unsere gemeinsame Zukunft. Der Brundtland-Bericht der Weltkommission für Umwelt und Entwicklung. Greven: Eggenkamp.

Inglehart, Ronald (1998): Modernisierung und Postmodernisierung. Kultureller, wirtschaftlicher und politischer Wandel in 43 Gesellschaften. Frankfurt a. M.: Campus Verlag.

Inglehart, Ronald (2018): Cultural evolution. People's motivations are changing, and reshaping the world. Cambridge: Cambridge University Press.

Jonas, Hans (1979): Das Prinzip Verantwortung. Versuch einer Ethik für die technologische Zivilisation. Frankfurt a. M.: Insel.

Karpik, Lucien (2011): Mehr-Wert. Die Ökonomie des Einzigartigen. Frankfurt a. M.: Campus (franz. Original 1989).
Luhmann, Niklas (1991): Die Soziologie des Risikos. Berlin: de Gruyter.
Meadows. Dennis u. a. (1972) Die Grenzen des Wachstums. Stuttgart: DVA.
Meadows, Dennis (1992): Die neuen Grenzen des Wachstums. Stuttgart: DVA.
Meadows. Dennis (2004/2006): Grenzen des Wachstums, das 30-Jahre-Update. Signal zum Kurswechsel. Stuttgart: Hirzel.
Nida-Rümelin, Julian (2011): Verantwortung. Stuttgart: Reclam.
Nieke, Wolfgang B. (1972): Eklektizismus. In: Ritter, Joachim (Hrsg.): Historisches Wörterbuch der Philosophie. Basel: Schwabe, Bd. 2, Sp. 432f.
Nieke, Wolfgang B. (1976): Kritizismus. In: Joachim Ritter (Hrsg.): Historisches Wörterbuch der Philosophie. Basel: Schwabe.
Nieke, Wolfgang B. (2010): Von der Ausländerpädagogik zum Capability-Approach: die Entwicklung des erziehungswissenschaftlichen Diskurses in Deutschland in Reaktion auf die gesellschaftliche Tatsache von Einwanderung und sozial ungleichen Bildungsmöglichkeiten. In: Baros, Wassilios/Hamburger, Franz/Mecheril, Paul (Hrsg.): Zwischen Praxis, Politik und Wissenschaft. Die vielfältigen Referenzen interkultureller Bildung. Berlin: verlag regener, S. 211-218.
Nieke, Wolfgang B. (2012): Soziale Gerechtigkeit als Bildungsziel. In: Soziale Passagen, H. 2, S. 217–233.
Nieke, Wolfgang B. (2013): Erziehung. In: Gröschner, Rolf/Kapust, Antje/Lembcke, Oliver (Hrsg.): Wörterbuch der Würde. München: Fink, S. 347–349.
Nieke, Wolfgang B. (2016a): Erziehung, Bildung, Lernen. In: Harring, Marius/Witte, Matthias D./Burger, Timo (Hrsg.): Handbuch informelles Lernen. Interdisziplinäre und internationale Perspektiven. Weinheim: Beltz, S. 26–40.
Nieke, Wolfgang B. (2016b): Lernen aus bildungswissenschaftlicher Sicht. In: Schieren, Jost (Hrsg.): Handbuch Waldorfpädagogik und Erziehungswissenschaft. Standortbestimmung und Entwicklungsperspektiven. Weinheim: Beltz Juventa, S. 350-388.
Nieke, Wolfgang B. (2017): Lehrersein als Handwerk, Beruf oder Profession. Die Relevanz der reflexiven Persönlichkeitsbildung. In: Hübner, Edwin/Weiss, Leonhard (Hrsg.): Personalität in Schule und Lehrerbildung. Perspektiven in Zeiten der Ökonomisierung und Digitalisierung. Opladen: Barbara Budrich, S. 119–141.
Nieke, Wolfgang B. (2017a): Lehrerbildung und Kompetenzerwerb. In: Loebell, Peter/Martzog, Philipp (Hrsg.): Wege zur Lehrerpersönlichkeit. Kompetenzerwerb, Persönlichkeitsentwicklung und aktuelle Herausforderungen in der Lehrerbildung. Opladen: Barbara Budrich, S. 15–38.
Nieke, Wolfgang B. (2018): Bildung und Leistung – ein ungeklärtes Verhältnis. In: Weiss, Leonhard/Willmann, Carlo (Hrsg.): Sinnorientiert lernen – zieloffen gestalten. Zum Leistungsverständnis der Waldorfpädagogik. Wien: Lit-Verlag, S. 19–39.
Nussbaum, Martha/Sen, Amartya (ed.) (1993): The quality of life. Oxford: University Press.
Nussbaum, Martha (2006/2010): Frontiers of Justice. dt: Die Grenzen der Gerechtigkeit: Behinderung, Nationalität und Speziezugehörigkeit. Frankfurt a. M.: Suhrkamp.
Otto, Hans-Uwe/Ziegler, Holger (Hrsg.) (2010): Capabilities – Handlungsbefähigung und Verwirklichungschancen in der Erziehungswissenschaft. Wiesbaden: Springer.
Pleines, Jürgen-Eckardt (1984): Eudaimonia zwischen Kant und Aristoteles. Würzburg: Königshausen + Neumann.

Pongratz, Ludwig A./Nieke, Wolfgang/Masschelein, Jan (2004a) (Hrsg.): Kritik der Pädagogik – Pädagogik als Kritik. Opladen: Leske + Budrich.

Pongratz, Ludwig A./Nieke, Wolfgang/Masschelein, Jan (2004b) (Hrsg): Nach Foucault. Diskurs- und machtanalytische Perspektiven der Pädagogik. Wiesbaden: Verlag für Sozialwissenschaften.

Rawls, John (1979): Eine Theorie der Gerechtigkeit. Frankfurt a. M.: Suhrkamp.

Reckwitz, Andreas (2017): Die Gesellschaft der Singularitäten. Zum Strukturwandel der Moderne. Berlin: Suhrkamp.

Reichertz, Jo (2013): Die Abduktion in der qualitativen Sozialforschung. Wiesbaden: Springer Verlag (überarbeitete und deutlich ergänzte Ausgabe von 2003).

Ricken, Norbert (2005): Die Ordnung der Bildung. Wiesbaden: Springer.

Rinderspacher, Jürgen P. (2012): Zeitwohlstand – Kriterien für einen anderen Maßstab von Lebensqualität. In: WISO Nr. 1/2012, S. 11–26.

Rohrmann, Bernd (1984): Psychologische Forschung und umweltpolitische Entscheidungen: das Beispiel Lärm. Opladen: Westdeutscher Verlag.

Rosa, Hartmut (2005): Beschleunigung. Die Veränderung der Zeitstrukturen in der Moderne. Frankfurt a. M.: Suhrkamp.

Rosa, Hartmut/Paech, Nico./Habermann, Frederike./Haug, Frigga./Wittmann, Felix./Kirschenmann, Lena. (2014): Zeitwohlstand. Wie wir anders arbeiten, nachhaltig wirtschaften und besser leben. München: oekom.

Rosa, Hartmut (2016): Resonanz. Eine Soziologie der Weltbeziehung. Berlin: Suhrkamp.

Safranski, Rüdiger (2013): Goethe. Kunstwert des Lebens. München: Hanser.

Schulze, Gerhard (1992): Die Erlebnisgesellschaft. Kultursoziologie der Gegenwart. Frankfurt a. M.: Campus.

Seith, Anne (2018): Raues Pflaster. In: Der Spiegel 28, S. 60–62.

Spaemann, Robert/Löw, Reinhard (1991): Die Frage Wozu? Geschichte und Wiederentdeckung des teleologischen Denkens. München: Piper, 3. erw. Neuaufl.

Spranger, Eduard (1925/1966): Lebensformen. Geisteswissenschaftliche Pädagogik und Ethik der Persönlichkeit. Tübingen: Niemeyer, Nachdruck der letztmalig überarb. 5. Aufl. 1925.

Tenorth, Heinz-Elmar (1994): „Alle alles zu lehren". Möglichkeiten und Perspektiven allgemeiner Bildung. Darmstadt: Wiss. Buchgesellschaft.

Thole, Werner/Ziegler, Holger (2018): Soziale Arbeit als praktische Kritik der Lebensformen. Überlegungen zu einer nicht auf soziale Probleme verengten Konzeption Sozialer Arbeit. In: Soziale Passagen, H. 1, S. 7–28.

Tomasello, Michael (2014): Eine Naturgeschichte des menschlichen Denkens. Berlin: Suhrkamp.

Weizsäcker u. a. (2017): Wir sind dran. Was wir ändern müssen, wenn wir bleiben wollen. Eine neue Aufklärung für eine volle Welt. Gütersloh: Gütersloher Verlagshaus.

Wiesing, Lambert (2015): Luxus. Berlin: Suhrkamp.

*Ingrid Classen-Bauer*

# Salutogenese und Lebensqualität

> *Achte auf Deine Gedanken, denn sie werden Worte,*
> *Achte auf Deine Worte, denn sie werden Handlungen,*
> *Achte auf Deine Handlungen, denn sie werden Gewohnheiten,*
> *Achte auf Deine Gewohnheiten, denn sie werden zu Deinem Charakter,*
> *Achte auf Deinen Charakter, denn er wird zu deinem Schicksal.*
> Talmud

„Inge Lohmark unterrichtet seit Jahren Biologie in einer schrumpfenden Stadt in Hinterpommern. Sie ist eine Lehrerin ‚vom alten Schlag', bewandert in ihrem Fach. ‚Setzen' sagte Inge Lohmark, und die Klasse setzte sich. Sie sagte: ‚Schlagen Sie das Buch auf Seite sieben auf' und sie schlugen das Buch auf Seite sieben auf, und dann begannen sie mit den Ökosystemen, den Naturhaushalten, den Abhängigkeiten und Wechselbeziehungen unter den Arten [...] ‚Sie sehen, niemand – kein Tier, kein Mensch – kann für sich allein existieren. Zwischen den Lebewesen herrscht Konkurrenz. Und manchmal auch so etwas wie Zusammenarbeit. Aber das ist eher selten. Die wichtigsten Formen des Zusammenlebens sind Konkurrenz und Räuber-Beute-Beziehung.'" (Schalansky 2012: 7)

„Im Biologieraum sind nur noch ein paar Plätze belegt, zwölf Schüler – fünf Jungen, sieben Mädchen. Der dreizehnte war wieder zurück auf die Realschule gegangen, obwohl die Schwannecke sich mächtig für ihn ins Zeug gelegt hatte [...] Es lohnt einfach nicht, die Schwachen mitzuschleifen. Sie waren nur Ballast, der das Fortkommen der anderen behinderte. Geborene Wiederholungstäter. Parasiten am gesunden Klassenkörper. Früher oder später würden die Unterbelichteten ohnehin auf der Strecke bleiben [...] Je später man einen Versager loswurde, desto gefährlicher wurde er. Fing an, seine Mitmenschen zu bedrängen und unberechtigte Forderungen zu stellen: nach vorzeigbaren Abschlussnoten, einer positiven Beurteilung, womöglich sogar nach einem gut bezahlten Arbeitsplatz und einem glücklichen Leben [...] Neuerdings pochte ja jeder auf seine Selbstverwirklichung. Es war lächerlich. Nichts und niemand waren gerecht. Eine Gesellschaft schon gar nicht. Nur die Natur vielleicht. Nicht umsonst hatte uns das Prinzip der Auslese zu dem gemacht, was wir heute waren: das Lebewesen mit dem am tiefsten gefurchten Gehirn." (Schalansky 2012: 11f.)

Inge Lohmark kann mit einer solchen Einstellung keine Resonanzachse zu ihren Schülern herstellen. Sie hatte keinen Liebling und sie würde nie einen haben.

„Sie erkannte sie sofort. Schüler wie diese hatte sie schon haufenweise gehabt, klassenweise, Jahr für Jahr. Die brauchten sich nicht einzubilden, sie wären besonders. Nur die Besetzung wechselte. Wer spielte diesmal mit? Ein Blick auf den Sitzplan genügte. Die Benennung war alles. Jeder Organismus hatte einen Ruf- und Familiennamen: Art, Gattung, Ordnung, Klasse. Aber sie wollte sich nur ihre Vornamen merken.

- Jennifer: Blondiertes Haar. Strichmund. Frühreif. Von Geburt an selbstsüchtig. Keine Aussicht auf Besserung.
- Laura: Verwachsener, farbloser Pony über den Schlupflidern. Traniger Blick. Pustelige Haut. Ambitions- und interessenlos. Unauffällig wie Unkraut.
- Ellen: Dumpfes Duldungstier. Gewölbte Stirn und Kaninchenblick. Die Miene weinerlich vom Pausengehänsel. Schon jetzt überflüssig wie eine alte Jungfer. Opfer auf Lebenszeit." (Schalansky 2012: 19f.)

Hartmut Rosa würde die Einstellung zum Leben von Inge Lohmark als einen Zustand bezeichnen, in dem man zwar Beziehungen hat – Inge Lohmark hat eine Familie, eine Arbeitsstelle mit Kollegen und Schülern, bei sich zuhause auch Tiere. Sie alle sind ihr aber gleichgültig, selbst ihr Mann und ihre Tochter Claudia und erst recht ihre Schüler sind ihr bedeutungslos oder gar zuwider geworden. In diesen Beziehungsgeflechten gibt es keine Antwort, keinen Widerhall, keine Resonanz – nichts tönt zurück.

Diese Beziehung der Beziehungslosigkeit bezeichnet Rosa als *Entfremdung* (Rosa 2016: 305). Es ist eine Form der Welterfahrung, in der „das Subjekt den eigenen Körper, die eigenen Gefühle, die dingliche und natürliche Umwelt oder aber die sozialen Interaktionskontexte als äußerlich, unverbunden und nicht responsiv bzw. als *stumm* erfährt" (ebd.: 306). Das bedeutet, dass die Eigenschwingungen der Beteiligten nicht wahrgenommen werden, oder zumindest sehr geschwächt oder in einer gestörten Weise. Die eigene und die fremde Stimme werden in einem Zustand der Entfremdung unhörbar und nichtssagend gemacht.

In dem Roman von Judith Schalansky „Der Hals der Giraffe" führt das zu einer tragischen Situation in der Klasse. Kattner – der Schulleiter – hatte Ellen total verstört auf dem Jungsklo (sic. Schalansky 2012: 206) gefunden. Mitten aus dem Unterricht bittet er Inge Lohmark in sein Büro, wo das Mädchen mit hängenden Armen, unordentlichem Haar und verquollenen Augen wie ein Häufchen Elend auf dem Stuhl vor dem Schreibtisch sitzt. Kattner stellt Inge zur Rede: Wie ist es möglich, dass eine Schülerin aus ihrer Klasse, die seit Wochen, vielleicht sogar Monaten, drangsaliert wurde, bei ihr unbemerkt blieb? Warum hat sie nicht eingegriffen? Die Bemerkungen über Ellen in ihrem Sitzplan – „Dumpfes Duldungstier. Gewölbte Stirn und Kaninchenblick. Die Miene weinerlich vom Pausengehänsel. Schon jetzt überflüssig wie eine alte Jungfer. Opfer auf Lebenszeit" (ebd.: 307) – zeigen, dass sie sehr wohl registriert hatte, dass in ihrer Klasse etwas schief liegt – aber die Beziehung zu ihren Schülern und Schülerinnen war *verdinglicht*. In dem vergifteten Klassenklima wurde Ellen wie „ein stummes Ding" behandelt.[1] Entsprechend reagiert aber auch die Umwelt und Inge erfährt die Welt – selbst das Verhalten ihrer Tochter – als kalt und stumm. Die *„Beziehung der Beziehungslosigkeit"* (ebd.: 316) kommt in diesem Bildungsroman auf tragische Weise zum Ausdruck.

Was ist geschehen? Warum kommt hier keine wirkliche Beziehung, keine Resonanz auf?

Menschlichkeit, Empathie, Verständnis, Mitleid sind Grundbedingungen, um Resonanzbeziehungen aufzubauen. Das war zu jeder Zeit und in jedem gesellschaftlichen oder politischen System auch möglich, denn in der gleichen Schule und zur gleichen Zeit gelingt es „der Schwannecke", positive Beziehungen zu ihren Schülern aufzubauen – selbst zu dem Jungen in Inges Klasse, der in die Realschule zurückversetzt wurde. Für ihn hatte sie sich „mit wiederholten Nachhilfestunden, Hausbesuchen und psychologischen Gutachten" stark gemacht (Schalansky 2012: 11). Für Frau Schwannecke war es ein Schüler ihrer Schule, für den sie Verständnis aufbrachte und dem sie helfen wollte, auch wenn sie nicht dafür „zuständig war", da er nicht ihrer Klasse angehörte. Aber sie hatte Empathie und Verständnis für diesen Jungen und wollte ihn nicht mit seinen Problemen alleine lassen!

Wie zu erwarten, läuft der Unterricht bei Frau Schwannecke in der Klasse ganz anders ab: Sie gestaltet die Sitzordnung so, dass die Kommunikation untereinander besser gelingt; sie bemüht sich, die Atmosphäre in der Schule äußerlich schöner zu gestalten; für das Gespräch und den Austausch unter Kollegen ist Frau Schwannecke offen – das gelingt ihr auch bei vielen ihrer Kollegen, nur nicht mit Frau Lohmark. Dennoch bemüht sie sich, Frau Lohmark eine Brücke zu bauen, indem sie kommentiert, welche Einstellung sie zu den Kindern hat:

> „Das sind schon alles irgendwie meine Kinder [...] Einige von ihnen muss man [...] das ist mir vor kurzem klar geworden – lieben, um sie zu ertragen. Wenn die vor einem stehen, so ganz verzagt und klein, manchmal ein bisschen frech,

---

1 Rosa unterscheidet zwischen „Verdinglichung" – das Wort beschreibt die Bewegung aus dem Subjekt heraus –, und „Entfremdung" – das Wort gibt die Art und Weise an, wie der Welt begegnet oder wie sie erfahren wird.

dann gibt es doch eigentlich nur zwei Möglichkeiten, abhauen oder lieben [...]
und ich habe mich immer für die Liebe entschieden" (ebd: 36).

Inge Lohmark hört nicht hin, was ihre Kollegin ihr eigentlich mitteilen will. Es ist nicht möglich, eine Resonanzbeziehung zu ihrer Kollegin aufzubauen, weil die Schwingung des Anderen nicht ertönt. Man kann eine Beziehung nicht erzwingen, da jeder eine eigene Stimme hat. Bei dem gewünschten Gedankenaustausch wäre eine Antwort nötig gewesen, aber diese kommt nicht.

Das oben angeführte Beispiel von geglückten oder missglückten Weltbeziehungen zeigt, wie wichtig es im Leben ist, dass Resonanzachsen entstehen, in denen es zu einem Schwingen „als ein momenthafter Dreiklang aus konvergierenden Bewegungen von Leib, Geist und erfahrbarer Welt" (Rosa 2016: 290) kommt. Sie führen zu einem tieferen Verständnis der Welt und zu einem innerseelischen Erklingen. Das gilt nicht nur für die eine Seite – es geht immer um *Berühren und Berührt-Werden*. Dabei geht es nicht alleine um die Beziehungen zwischen Personen.

Martin Buber spricht noch andere Sphären an, in denen Resonanzachsen gebildet werden können:

> „Drei sind die Sphären, in denen sich die Welt der Beziehung errichtet:
> Die erste: das Leben mit der Natur [...] Die zweite: das Leben mit den Menschen [...] Die dritte: das Leben mit den geistigen Wesenheiten. Da ist die Beziehung in Wolke gehüllt, aber sich offenbarend, sprachlos, aber spracherzeugend. Wir vernehmen kein Du und fühlen uns doch angerufen, wir antworten – bildend, denkend, handelnd: wir sprechen mit unserem Wesen das Grundwort, ohne mit unserem Munde Du sagen zu können" (Buber 2006: 10).

Was Buber hiermit meint, kann man in Verdis Oper *Simon Boccanegra*[2] erleben. Es gibt in dieser Oper nur ein Liebespaar – Amelia und Gabriele. Doch kommt es an verschiedenen Stellen zu einem Zwiegesang, zu einem Rufen und Antworten, zu einem Austausch zwischen Vater und Tochter, zwischen Freunden, ja sogar zwi-

---

2 Giuseppe Verdi, Simon Boccanegra, Textbuch von Francesco Maria Piave. Worum geht es in dieser Oper? Um „*oro, possanza, onore*" – um Reichtum, Macht und Ehre. Es ist ein Kampf um die begehrten Ressourcen (Rosa 2016: 16). Patrizier und Plebejer der Stadt Genua stehen sich feindlich gegenüber. Die Menschen werden von Begierde getrieben. Pietro, der Repräsentant der Plebejer, ist bereit, für den Preis von „*oro, possanza, onore*" alles zu tun, was von ihm verlangt wird. Aber auch Fiesco, der Führer der Adelspartei, ist von dem Wunsch nach Geld, Einfluss und insbesondere Standesdünkel getrieben. Ganz anders die Welt Amelias, die in der Morgendämmerung über das Meer blickend im Einklang mit der Welt steht – in Resonanz mit der Natur. Sie denkt an Gabriele, ihren Verlobten, der dann auch gleich antwortet und zu ihr kommt. Hier geht es nicht um Streit und Begehrlichkeiten, sondern um die Liebe, was unendlich viel mehr wert ist. „Entbehr dein Herz der Liebe, nie stillen deine Triebe Ehre Gewalt und Gold." („Se manca un cor che t'ama, non empiono tua brama oro, possanza, onore.") (Verdi 1987: 22)

schen Amelia und dem Meer. Diese Duette zeigen verschiedene Resonanzachsen, nicht nur die Resonanzachse zur Natur ist hergestellt, sondern auch die zum Metaphysischen ist präsent. Ein liebender Gedanke verbindet Simon mit Maria, seiner verstorbenen Geliebten, und Maria beschützt aus der geistigen Welt auch ihre Tochter, als Amelia sie um Hilfe bittet. Von großer Wichtigkeit ist es hier, dass Boccanegra, der zum Dogen gewählte Mann des Volkes, in einer von Hass, Neid und Habsucht durchsetzten Umgebung versucht, den Frieden herzustellen. Dabei geht es um Liebe, um Gnade, um Mitgefühl und Empathie – die Grundlagen für resonante Beziehungen. Fiesco – der zum Adel gehörende Gegenspieler Boccanegras – ist dagegen unversöhnlich, von Gefühlen der Rache und Vergeltung getrieben. Auch hier gibt es gelingende und misslingende Weltbeziehungen. Erst als es zur Versöhnung zwischen Simon und Fiesco kommt und beide in einem Resonanzverhältnis zueinander stehen, kann Fiesco auch Mitgefühl empfinden und sich von seinen Fesseln befreien: „Ich weine, weil ich heute höre die Botschaft höchster Gnade" Beide Körper sprechen mit jeweils „eigener Stimme". Resonanz ist also keine Echo-, sondern eine Antwortbeziehung, die voraussetzt, dass beide Seiten mit eigener Stimme sprechen. Sie impliziert demnach auch eine Komponente der Unverfügbarkeit – ich kann die „Eigenstimme" des Gegenübers nicht bestimmen (vgl. Rosa 2016: 282–298).

Resonanzerfahrungen sind mit starken Wertungen verbunden. Sie treten dort auf, wo man mit etwas oder mit jemandem in Berührung kommt, die für einen selbst wichtig oder wertvoll sind. Resonanz ist dabei kein emotionaler Zustand, der nur subjektiv erlebt wird, sondern ein Beziehungsmodus, „in dem sich Subjekt und Welt gegenseitig berühren und zugleich transformieren" (ebd.: 298).

Resonanz ist ein menschliches Grundbedürfnis – aber auch eine Grundfähigkeit (ebd.: 290 und 293). Wenn es eine „Fähigkeit" ist, dann sollte es auch Möglichkeiten geben, diese zu erlernen. Was aber „bringt die Welt (Verdi 1987: 45). Er befreit sich von seinem Standesdünkel, erkennt die Größe des plebejischen Simon Boccanegra und fühlt, dass nur seine Einstellung von Liebe und Versöhnung zu einem inneren Frieden führt. Hier unterstreicht die Musik in bewegender Weise, wie es zu Dumpfheit, Kälte und Isolierung kommt, wenn es keine Resonanzbeziehungen gibt – im Gegensatz dazu zu Befreiung, Erlösung und innerem Frieden, wenn man davon erfüllt ist.

Wenn es so ist, dass sich auf allen Ebenen des menschlichen Zusammenlebens Resonanzbeziehungen ergeben können, dann muss man auch genauer präzisieren, was eigentlich „Resonanz" bedeutet.

Das Wort leitet sich aus dem Lateinischen ab: *re-sonare,* widerhallen, ertönen. Da hier der akustische Raum angesprochen ist, erklärt Rosa diesen Begriff anhand des Beispiels von zwei Stimmgabeln als schwingungsfähigen Körpern, bei denen die

Schwingung des einen Körpers die „*Eigentätigkeit*" oder Eigenschwingung des anderen anregt. Schlägt man eine Stimmgabel an, beginnt eine zweite in der Nähe befindliche Stimmgabel in ihrer Eigenfrequenz mitzuschwingen. Beide Körper sprechen mit jeweils „eigener Stimme". Resonanz ist also keine Echo-, sondern eine Antwortbeziehung, die voraussetzt, dass beide Seiten mit eigener Stimme sprechen. Sie impliziert demnach auch eine Komponente der Unverfügbarkeit – ich kann die „Eigenstimme" des Gegenübers nicht bestimmen (vgl. Rosa 2016: 282–98).

Resonanzerfahrungen sind mit starken Wertungen verbunden. Sie treten dort auf, wo man mit etwas oder mit jemandem in Berührung kommt, die für einen selbst wichtig oder wertvoll sind. Resonanz ist dabei kein emotionaler Zustand, der nur subjektiv erlebt wird, sondern ein Beziehungsmodus, „in dem sich Subjekt und Welt gegenseitig berühren und zugleich transformieren" (ebd.: 298).

Resonanz ist ein menschliches Grundbedürfnis – aber auch eine Grundfähigkeit (ebd.: 290 und 293). Wenn es eine „Fähigkeit" ist, dann sollte es auch Möglichkeiten geben, diese zu erlernen. Was aber „bringt die Welt zum Klingen?" Wie kann man diese Grundfähigkeiten erwerben und anwenden?

Eine wichtige Voraussetzung dafür ist eine *Ressourcenaktivierung*. Für ein positives Weltverständnis und ein gutes Lebensgefühl braucht man Ressourcen wie Gesundheit, Geld, Gemeinschaft, Bildung oder Anerkennung (ebd.: 16ff.), aber nicht im Sinne einer Ressourcenfixierung oder einem steten Streben nach deren Optimierung, sondern als Grundlagen für ein gutes Leben. Ein „*gelingendes Leben*" ist mehr – dieses basiert auf der Qualität der Weltbeziehung. Es ist die Frage nach der *Lebensqualität*. (Siehe den Beitrag von Nieke in diesem Band.) Wenn man in diesem Kontext von Ressourcenaktivierung spricht, dann geht es nicht darum, bessere Noten, mehr Anerkennung oder mehr Geld zu haben, sondern darum, die Grundlagen dafür zu schaffen, dass es zu tönenden Begegnungs- und Interaktionsmustern kommt, die diese Weltbeziehung ermöglicht. Es geht um eine Ressourcenaktivierung im Sinne von Resilienz,[3] d. h. um einen Zugewinn an seelischer Belastbarkeit und die Fähigkeit, Krisen und andere Widrigkeiten zu bewältigen (Strahler 2017: 14). Das Konzept der *Salutogenese* kann behilflich sein, dieses besser zu verstehen.

Ausgangspunkt bei dem von Antonovsky entwickelten Konzept der „Salutogenese" ist, dass in jeder modernen Gesellschaft zumindest ein Drittel der Bevölkerung krank ist. Antonovskys Frage lautet aber nicht „Was macht Menschen krank?", sondern zeigt genau die gegenteilige Sichtweise: „Warum bleiben Menschen gesund?" (Antonovsky 1997: 15ff.) Er geht davon aus, dass jeder Mensch von Lebensstressoren – seien es mikrobiologischer bis hin zu soziokultureller Art –

---

3 Resilienz (lat: resilire = zurückspringen, abprallen) bezeichnet den Prozess und die Fähigkeit der Aufrechterhaltung oder Wiedergewinnung psychischer Gesundheit während oder nach widrigen Umständen (Strahler 2017: 15).

umgeben ist, aber einige Menschen dennoch im Leben damit gut zurechtkommen, während andere die Stressoren nicht gut verarbeiten und organisch oder psychisch erkranken. Woran liegt es, ob man auf diese Stressoren pathologisch, neutral oder gesund reagiert? Welches sind die Faktoren, die die Verarbeitung von Spannung bestimmen oder worauf basiert die Robustheit eines Menschen? Könnte es – um mit Rosa zu fragen – auch daran liegen, ob es zu gelingenden oder misslingenden Weltbeziehungen kommt? (vgl. Rosa 2016: 20)

Antonovskys Antwort auf diese Frage findet sich in dem Begriff der „generalisierten Widerstandsressourcen", die es dem Einzelnen ermöglichen, den vielen ihn umgebenden Stressoren einen Sinn zu geben. Diese sinnhaften Erfahrungen schaffen ein starkes „Kohärenzgefühl"[4] (oder SOC als Abkürzung von „sense of coherence"). Hierunter versteht er „das Maß […], in dem man ein durchdringendes, andauerndes aber dynamisches Gefühl des Vertrauens hat, dass die eigene interne und externe Umwelt vorhersagbar ist und dass es eine hohe Wahrscheinlichkeit gibt, dass sich die Dinge so entwickeln werden, wie vernünftigerweise erwartet werden kann" (Antonovsky 1997: 16).

Die drei Komponenten dieses SOC-Konzeptes sind *Verstehbarkeit, Handhabbarkeit und Bedeutsamkeit.*

*Verstehbarkeit* ist das Ausmaß, in dem man die inneren und äußeren Stimuli kognitiv als geordnete, strukturierte und klare Information wahrnimmt und daher als „sinnhaft" einordnet. Eine Person mit einem hohen Grad an „Verstehbarkeit" geht davon aus, dass Stimuli, mit denen sie konfrontiert wird, eingeordnet und erklärt werden können. Es ist die Fähigkeit, die Realität zu beurteilen und die Erfahrungen, mit denen man konfrontiert wird, als Herausforderungen anzusehen.

*Handhabbarkeit* ist das Ausmaß an Überzeugung, dass man über ausreichende Ressourcen verfügt, um diesen Anforderungen zu begegnen und sie zu bewältigen – seien es eigene Ressourcen oder die von vertrauensvollen Personen wie Eltern, Ehepartner, Freunde, einem Arzt – oder auch Gott. Es ist die innere Überzeugung, dass zwar im Leben immer unerfreuliche Dinge geschehen, wenn sie aber auftreten, wird man mit ihnen umgehen können.

*Bedeutsamkeit* (oder Sinnhaftigkeit) ist für Antonovsky die Fähigkeit, Lebensbereiche, die einem wichtig sind, als so sinnvoll einzuordnen, dass die daraus hervorgehenden Probleme und Anforderungen es wert sind, viel Energie zu investieren und

---

4 Lat: cohaerens = zusammenhängend; co = zusammen, haerere = festhängen, festkleben, hängen. Kohärenz ist ein innerer Zusammenhang. Im Englischen sense of coherence, bei Antonovsky als SOC bezeichnet.

sich ihnen gegenüber verpflichtet zu fühlen. Diese Probleme werden als Herausforderung empfunden und nicht als Last, die man abschütteln möchte (ebd.: 35).

Das Kohärenzgefühl ist also eine *Wahrnehmungsweise der Welt* die uns ermöglicht, das was in unserem Leben geschieht,

- zu verstehen,
- sinnvoll einzuordnen und
- entsprechend beeinflussen oder bewältigen zu können – vielleicht nicht immer alleine, aber doch mit dem Vertrauen, dass uns genügend Ressourcen zur Verfügung stehen, die uns dabei behilflich sein können. Es ist eine Art „Urvertrauen", von dem wir getragen sind.

Wie aber entwickelt sich ein Kohärenzgefühl?

Die Basis für die Verstehbarkeitskomponente sind konsistente Erfahrungen; bestimmte Rituale wie die „Gute-Nacht-Geschichte" oder feste Tages- und Wochenrhythmen gehören dazu. Eine gute Belastungsbalance ist die Voraussetzung für die Handhabbarkeitskomponente und für die Bedeutsamkeit braucht man die Partizipation an der Gestaltung des Handlungsergebnisses (Antonovsky 1997: 93ff.).

Warum Partizipation?

Viele Lebenserfahrungen können konsistent und ausgeglichen sein, ohne aber auf unserem eigenen Tun oder unseren eigenen Entscheidungen zu beruhen. Je mehr wir an der Entscheidung mitwirken, die Spielregeln mit definieren und die Probleme und Aufgaben mit bewältigen, umso bedeutsamer und sinnvoller sind sie für uns. Eine Welt, in der wir nicht mit beteiligt sind, wo wir nichts zu sagen haben, die wir als gleichgültig gegenüber unseren Handlungen erleben und in der wir zu Objekten reduziert werden, wird schließlich eine Welt ohne Bedeutung. Es ist die Welt von Inge Lohmark. Eine Partizipation an den Entscheidungsprozessen ermöglicht es dagegen, dass die Menschen die ihnen gestellten Aufgaben positiv aufnehmen, dass sie eine hohe Verantwortung für die Ausführung der Aufgaben tragen und dass ihr Handeln sich auf das Ergebnis auswirkt. Wir haben das an dem Beispiel von Simon Boccanegra gesehen, der als gewählter Doge eine hohe Verantwortung trägt und sich bis zuletzt für den Frieden einsetzt – den er schließlich auch bewirkt, selbst wenn ihn das sein Leben kostet.

Es ist also eine zentrale Frage für die spätere Lebensqualität eines Menschen, wie Verstehbarkeit, Handhabbarkeit und Bedeutsamkeit in einem Kind gefördert werden.

Wir haben gesehen, dass konsistente Erfahrungen eine Basis für die Verstehbarkeitskomponente ist. Hiermit ist gemeint, dass liebevolle Fürsorge, Geborgenheit und Verlässlichkeit im Kindesalter eine Grundlage zum Entstehen von Widerstandsressourcen sind. Die Sicherheit zu wissen, dass die Mutter oder der Vater für mich da sind, wenn ich sie brauche, dass sie mir zuhören und mich verstehen, dass sie auf meine Bedürfnisse eingehen, stärkt die inneren Ressourcen. Es baut Vertrauen auf und bildet eine Resonanzachse, in der sich in einer dialogischen Beziehung die Gewissheit aufbaut, dass ich umsorgt, angesprochen und auch angehört werde. Natürlich will ein jedes Kind auch mal etwas tun oder sagen, das nicht positiv beantwortet wird, und es erlebt dadurch seine Verletzlichkeit und Abhängigkeit; Verletzlichkeit auch insofern, als Kinder in ihrer Abenteuerfreude oft ein Risiko eingehen. Im Sinne der Resilienz ist das auch wichtig, wenn es sich in einem gewissen Rahmen hält, denn die Annahme von Herausforderungen stärkt die Widerstandsressourcen. Nun kommt es darauf an, wie mit dem Kind umgegangen wird: Je nachdem, ob es ignoriert, abgelehnt, geführt oder ermuntert wird, bekommt es auch ein Gespür dafür, wie solche Situationen gehandhabt werden können. Es erfährt, dass einige Dinge verboten sind und bestraft werden, dass andere gern gesehen und gefördert werden. Wenn es klare Botschaften bekommt, erfährt es selbst, dass nicht alles machbar ist, dass es bestimmte Regeln gibt, an die man sich halten muss, dass es aber auch Situationen gibt, in denen es Alternativen und Selbststeuerung gibt. Worauf es Antonovsky[5] ankommt, ist, dass man sich an *feste Regeln* hält, die jedoch Raum für *flexible Strategien* lassen und von *Feedback* geleitet werden.

Je nach dem Wertesystem und Erziehungsmodus der Eltern wird es eine bestimmte Konsistenz geben, die hilfreich ist, um die Bedeutung der Dinge und Handlungen zu erkennen und die Bandbreite der Wahlmöglichkeiten zu erfahren. Je mehr die Kinder heranwachsen, umso mehr erhöht sich die Möglichkeit der Partizipation an den Entscheidungen und die Identifikation mit den eigenen Handlungen. Es entstehen neue Möglichkeiten, andere Resonanzachsen zu bilden, sei es mit Freunden, mit Lehrern oder mit Dingen, die einem Freude bereiten – wie einem geliebten Spielzeug, einem Instrument oder einem Haustier. Spiel, Zuwendung und Dialog sind für diesen Entwicklungsprozess von größter Wichtigkeit.

Tragen die Eltern in den ersten Jahren die größte Verantwortung für die wichtigen konsistenten Erfahrungen, so wird in der Grundschule auch dem Klassenlehrer ein erheblicher Anteil entsprechender Verantwortung übertragen. Ein Lehrer, der bewusst darauf achtet, dass bei einem Kind *Denken, Fühlen und Wollen* angesprochen werden, wird die Komponenten Verstehbarkeit (Denken), Bedeutsamkeit (Fühlen) und Handhabbarkeit (Wollen) entwickeln. So wünschenswert es auch ist, dass das Kind eine hervorragende Leistung erbringt und selbst motiviert ist, gute

---

5 Antonovsky bezieht sich hier auf die Arbeit von Koestler (1967: 42).

Noten zu erzielen, so ist das doch nicht das Entscheidende im Leben. Viel wichtiger ist es, Kindern die Möglichkeit zu geben, eine positive Weltbeziehung aufzubauen. Viel hängt davon ab, auf welche Weise die Welt erfahren wird – d. h., ob „sie mich anspricht" – oder wie sie angeeignet wird, d. h., wie „ich ihr begegne". Es geht um den Grad der Verbundenheit gegenüber anderen Menschen, der Natur oder anderen Dingen, es geht also um entstehende Resonanzachsen. Dabei unterscheidet Rosa verschiedene Dimensionen; die leibliche, die seelische oder emotionale, die geistige und die evaluative Ebene (vgl. Rosa 2016: 53). Überall können sich gelingende oder misslingende Weltverhältnisse ausbilden, je nachdem, wie diese Bezogenheit ausfällt. Zuerst ist die Beziehung immer eine leibliche, denn die Welt kann man fühlen und wahrnehmen und sie antwortet darauf entweder in einer angenehmen, positiven oder in einer repulsiven, negativen Weise. Der Wald kann für ein Kind ein Ort der Ruhe, des Abenteuers, der Freude sein – für andere ein Ort der Furcht. Es bildet sich eine Resonanz – die Bäume, der Boden, die Tiere, die Stille sprechen das Kind entweder an oder erschrecken es. Die Weltbeziehungen sind also entweder attraktiv oder repulsiv. Aus diesen anziehenden oder repulsiven Qualitäten unseres Weltverhältnisses erwächst ihre *Bedeutsamkeit*, sie geht mit starken Wertungen einher. Dementsprechend ergibt sich unsere Stellungnahme ihnen gegenüber, also ein kognitiv-reflexives Weltverhältnis (*Verstehbarkeit*), das aber auch zu einem evaluativen führt (*Bedeutsamkeit, Sinnhaftigkeit*). Sie schaffen die Basis dafür, wie wir die Welt erkennen und bewerten, sind also ausschlaggebend für die *Beziehungsqualität*. Man kann hier von Qualität sprechen, weil es darum geht, wie wir das Begehrte oder Gefürchtete erfahren und wie wir ihnen aktiv begegnen. Ist die Beziehungsqualität vorwiegend positiv, ergibt sich eine bejahende, offene, emotionale Grundgestimmtheit der Person, die wie ein „vibrierender Draht" wirkt (ebd.: 200) und zu einer lebensbejahenden Lebenseinstellung führt. Ist das nicht der Fall, kann der Draht nicht in Schwingung kommen und ertönen, bildet sich keine Resonanz, sondern eine Entfremdung. Ein Kind, das so eine Erfahrung durchläuft, tritt dann der Welt nicht mehr offen gegenüber, es verliert die Neugierde, die kreative Freude und den Lebensmut und reagiert mit Vermeidungsstrategien aus Furcht vor sozialer Missachtung. Angst wird so zu einem „Resonanzkiller" (ebd.: 206), denn sie macht das Kind begegnungsunfähig und verhindert, dass es sich unbefangen der Welt gegenüberstellt.[6] Das Grundverhältnis zur Welt liegt demnach darin begründet, ob wir uns „in der Welt getragen" oder „in die Welt geworfen" fühlen, d. h., ob wir sie als „responsiv"/antwortend oder als „repulsiv"/abweisend erfahren (ebd.: 235).

---

6 Umgekehrt kann auch das Begehren zu einem Resonanzkiller werden, wenn aus Resonanzbeziehungen ein reines Objektbegehren entsteht: Begehrt man Menschen, Positionen, Erlebnisse oder Dinge nur, um sie selbst unter Kontrolle zu halten und sie sich anzueignen, dann kann kein Resonanzverhältnis entstehen (Rosa 2016: 207).

Berücksichtigen wir diese Erkenntnisse im Kontext der Schule, wird deutlich, dass es hier sehr wichtig ist, gute Bedingungen für die Etablierung von stabilen Resonanzachsen zu schaffen. Das kann dadurch erfolgen, dass man Kinder möglichst lange in stabilen Gruppen hält, wo sich Freundschaften ausbilden und Vertrauen und Kameradschaftlichkeit entstehen können. Natürlich ist das nie eine Garantie dafür, dass sich alle Kinder dort wohlfühlen; jedes Kind hat eine eigene Stimme und reagiert unterschiedlich auf die Gruppe, aber dann ist es wichtig, hier aufmerksam die Situation zu beobachten und entsprechend einzugreifen. Auch eine stabile Beziehung zum Klassenlehrer baut sich eher auf, wenn dieser möglichst lange die Klasse führen kann – auch wenn man hier ebenfalls den Moment der Unverfügbarkeit im Auge behalten muss und entsprechend reagieren sollte. Insgesamt gesehen ist es aber wichtig für Kinder, einen Lehrer zu haben, den sie respektieren, dessen Führung und Anleitung sie gern annehmen, weil sie ihn als eine kompetente Sachautorität und verlässliche Vertrauensperson anerkennen. Natürlich werden dabei auch Situationen entstehen, wo ein Tadel zu einem Frustrationserlebnis führt, wenn dieser aber berechtigt ist, wird die stabile Resonanzachse keinen Schaden erleiden. Im Gegenteil – Heranwachsende müssen eine gewisse Toleranzbreite entwickeln und eigene Bedürfnisse auch hintanstellen können, wenn es die Gemeinschaft erfordert.

Da sich Resonanzachsen nicht nur im zwischenmenschlichen Bereich bilden, sondern auch dort, wo man mit der Welt oder einem Weltausschnitt wie Natur, Musik, Religion oder anderen Bereichen in Berührung kommt, ist die Begegnung mit einem Instrument, mit verschiedenen Materialien beim Malen oder anderen Dingen wichtig. Die Freude, wenn man einen Text gut lesen kann, die Erfahrungen beim Chorsingen – es gibt vielfältige Möglichkeiten, in denen es zu „konvergierenden Begegnungen zwischen Leib, Geist und erfahrbarer Welt" kommen kann (Rosa 2016: 290). Die Angebote sollten sehr vielfältig sein, um den Kindern eine große Bandbreite der Erfahrung geben zu können. Es kommt dabei auf eine echte Begegnung mit der Welt an, nicht mit einer virtuellen Parallelwelt über ein Tablet, denn es geht um die hier ermöglichten responsiven Erfahrungen. Das geht auch nur, wenn diese nicht gleich als Leistungen mit Noten bewertet werden. In diesem Fall ist die Begegnung nicht offen, sondern bereits belastet und es kann zu angsterzeugenden, repulsiven Resonanzbeziehungen kommen. Vielfach werden im Alltag überhöhte Ansprüche an das Kind gestellt. Ein Kind erwartet, dass es bedingungslos angenommen wird, unabhängig von seinen Begabungen und Talenten. Bringt es nicht die erforderlichen Leistungen, wird es nicht anerkannt – sei es im Elternhaus oder in der Schule. Wie soll dann eine positive Resonanz entstehen? Es gibt unterschiedliche Möglichkeiten, ein Kind zu motivieren: Angst, Ehrgeiz oder Liebe. Die ersten beiden gehören eher in den Bereich der „Resonanzkiller", nur die Liebe zu einer Tätigkeit kann zu einer positiven Weltbeziehung und zur Freude am eigenen Tun führen. Es geht nicht darum, im Wettbewerb mit den Anderen zu stehen, sondern die eigene Leistung durch Experimentieren und Üben zu verbessern.

Zu einem salutogenetischen Erziehungskonzept gehört auch, dem in der heutigen Zeit vorherrschenden Trend der Beschleunigung dadurch zu begegnen, dass man den Kindern bewusst einen Raum schafft, in dem sie ihre Kindheit ausleben und kreativ spielen können. Im Spiel eignen sich die Kinder die Welt an und erstellen die entsprechenden Weltbezüge – allerdings nur wenn es mit der eigenen Leiblichkeit geschieht und nicht in virtueller Form. Alle Sinne müssen eingebunden sein, die Hände müssen die Welt ergreifen und sie formen können – Verstehbarkeit und Handhabbarkeit führen dann zu Sinnhaftigkeit. *Learning by doing* ist auch in der Schule besser als eine virtuelle Simulation. Hat man zuerst die Grundlagen der technologischen Entwicklung durch eigene Tätigkeiten verstanden – wie Weben, Tischlern, Metallarbeit – wird man später, unterstützt durch das theoretische Verständnis des Mathematik- und Physikunterrichts, einen anderen Zugang zu der hochentwickelten Informationstechnologie finden. Es ist nicht notwendig, bereits im Kindergarten mit dem Tablet zu arbeiten, um mit der Digitalisierung zurechtzukommen.

Für die weiterführenden Schulen kann uns Martin Buber eine Anregung geben. Auch ihm geht es um Weltbeziehungen:

> „Drei sind die Sphären, in denen sich die Welt der Beziehung errichtet: Die erste: das Leben mit der Natur […] Die zweite: das Leben mit den Menschen […] Die dritte: das Leben mit den geistigen Wesenheiten" (Buber 2006: 10-15).

In allen drei Sphären der Beziehung geht es um mich und mein Gegenüber – um *Ich und Du*. Es geht dabei auch um die Frage: Wer bin ich? Und bei Heranwachsenden natürlich besonders stark auch um die Fragen: Was bin ich *noch* und wozu entwickele ich mich? Was ist in mir verborgen und möchte zur Entfaltung kommen? Diese Frage des Selbstverständnisses besteht einerseits aus dem Selbstgefühl – wie ich mich sehe – und wie Andere mich sehen. Antonovsky spricht hier von *Gefühl des Selbst und Gefühl der Identität* (Antonovsky 1997: 41). Ersteres bezieht sich auf die grundlegenden Schichten der Persönlichkeit, die einen Sinn für Kontinuität, für die unverwechselbare Persönlichkeit geben, während die Identität sich auf die vielfältigen Rollen bezieht, die man im Leben einnimmt. Als Mutter werde ich von meinen Kindern anders wahrgenommen als von den Kollegen am Arbeitsplatz, als Patientin fühle ich mich anders als wenn ich Gastgeberin eines Festes bin. Worauf es Antonovsky ankommt, ist *die Entwicklung eines starken Selbst*, also die kontinuierliche Sichtweise der Persönlichkeit. Ein starkes Selbst im Sinne einer emotionalen Sicherheit ist eine wichtige Widerstandsressource und führt zu einem hohen Kohärenzgefühl (SOC); umgekehrt wird eine Person mit einem schwachen Selbst und einer schwachen Identität nur einen niedrigen oder einen rigiden SOC-Wert aufweisen. Antonovsky macht es am Beispiel streng religiöser Menschen deutlich, die „gerade auf hysterische Weise rigide" handeln (Antonovsky 1997: 42). Der wahre Gläubige dagegen, der eher ein starkes aber kein rigides SOC hat, fühlt sich zwar fundamentalen Prinzipien und festen Regeln verpflichtet und wird durch sie geleitet, aber bezüglich der Strategien, die in unterschiedlichen Kontexten angebracht sind, ist er sehr beweglich. Auch hier kommt es also darauf an, dass man sich an *feste Regeln* hält, die jedoch Raum für *flexible Strategien* lassen und von Feedback geleitet werden.

Im Kontext der Erziehung bedeutet es, dass ein Kind und ein Heranwachsender zwar fester Regeln bedarf, um sich daran zu orientieren, dass aber immer eine Möglichkeit bleiben muss, bestimmte Dinge auszuhandeln, wenn die grundlegenden Prinzipien dadurch nicht gebrochen werden. Das erreicht man durch den Dialog. Nach Buber geschieht im echten Gespräch die Hinwendung zum Partner

> „in aller Wahrheit […] Jeder Sprecher meint hier den Partner […] an den er sich wendet, als diese personenhafte Existenz […] Der Sprecher nimmt aber den ihm so Gegenwärtigen nicht bloß wahr, er nimmt ihn zu seinem Partner an, und das heißt: er bestätigt, soweit Bestätigen an ihm ist, dieses andere Sein. Die wahrhafte Hinwendung seines Wesens zum andern schließt diese Bestätigung, diese Akzeptation ein. Selbstverständlich bedeutet solch eine Bestätigung keineswegs schon eine Billigung; aber worin immer ich wider den andern bin, ich habe damit, dass ich ihn als Partner echten Gesprächs annehme, zu ihm als Person Ja gesagt" (Buber 2006: 293).

In der Adoleszenz ergeben sich viele Schwierigkeiten und Zweifel, selbst Verzweiflung kann die Jugendlichen bedrängen. Im Dialog mit einer Person, die mich ernst nimmt und akzeptiert, wo man die eigenen Zweifel und auch Fehler anspricht, wo die eigene Identität offen dargelegt ist, kann man dazu kommen, die eigene Wahrnehmungsweise kritisch zu hinterfragen. Um diese Zweifel offen anzusprechen, muss man aber sicher sein, dass man von dem Dialogpartner anerkannt wird, dass man durch begangene Fehler nicht entwertet wird, sondern dass der Versuch gemacht wird, gemeinsam und konstruktiv nach Lösungen zu suchen. Im Gespräch mit meinem Dialogpartner erfahre ich meine innere Realität deutlicher, da ich sie anspreche, erfahre aber auch mehr von der inneren Realität meines Gegenübers und kann daran wachsen. Diese Erfahrung der Gegenseite ist auch in der Schule möglich, obgleich hier das Machtgefälle zwischen Lehrer und Schüler deutlicher spürbar ist als im Elternhaus. Aber auch hier ist ein ehrlich und liebevoll geführter Dialog, in dem Kritik und Anleitung zwar deutlich ausgesprochen werden, aber nicht zu einer Erniedrigung führen, besser als eine aufoktroyierte Strafe. Die Strafe wird keine Resonanzachse bilden können, das ehrlich geführte Gespräch, in dem ich mich trotz meiner Unzulänglichkeiten akzeptiert fühle, sehr wohl.

Alle Eltern wünschen sich, dass ihre Kinder glücklich sind und eine hohe Lebensqualität haben. Auch in der Schule wünscht man sich eine Atmosphäre, die wohltuend und anregend ist. Wie das salutogenetische Konzept von Antonovsky und Rosas Resonanztheorie zeigen, wird das nicht durch immer höhere Anforderungen, bessere Noten und erhöhte Leistungen erzielt werden, auch nicht durch mehr Spielzeug, mehr Konsummöglichkeiten oder einen besseren Zugang zum Internet, sondern durch die Art und die Qualität des Weltverhältnisses, das die Kinder aufbauen. Worauf es ankommt, ist der Grad der Verbundenheit und Offenheit gegenüber anderen Menschen und Dingen, gegenüber der Natur und den geistigen Welterfahrungen. Die Existenzweise des Habens, die unsere Welt dominiert, führt nicht zu einem konsistenten Kohärenzgefühl, es ist die Existenzweise des Seins im Sinne von Erich Fromm (1980: 27), nämlich die Liebe zum Leben, die uns zufriedener machen kann. Es ist der Unterschied zwischen dem Geist einer Gesellschaft, die sich um Dinge dreht, und dem Geist einer Gesellschaft, die den Menschen zum Mittelpunkt hat. Hat man dieses im Bewusstsein, wird ein Lehrer die neue Technologie als ein Medium benutzen können, weiterhin aber seine vorrangige Aufgabe darin sehen, dem Kind in der Gemeinschaft mit Mitmenschlichkeit und Interesse gegenüberzutreten.

## Literatur

Antonovsky, Aaron (1997): Salutogenese. Zur Entmystifizierung der Gesundheit. Tübingen: dvt-Verlag.
Buber, Martin (2006): Das dialogische Prinzip. Gütersloh: Gütersloher Verlagshaus.
Fromm, Erich ($^4$1980): Haben oder Sein. Die seelische Grundlage einer neuen Gesellschaft. München: dtv.
Koestler, Arthur (1967): The Ghost in the Machine. New York: Penguin Group.
Postman, Neil (1995): The End of Education. Redefining the Value of School. New York: Alfred Knopf.
Postman, Neil (32000): Die zweite Aufklärung. Vom 18. ins 21. Jahrhundert. Berlin: Berlin Verlag.
Rosa, Hartmut (2016): Resonanz. Eine Soziologie der Weltbeziehung. Berlin: Suhrkamp.
Strahler, Jana (2017): Was die Psyche wachsen lässt. In: Gehirn & Geist, Heft 11/2017, Resilienz. Höchberg: Vogel Druck und Medienservice GmbH.
Schalansky, Judith (2012): Der Hals der Giraffe. Bildungsroman. Berlin: Suhrkamp.
Verdi, Giuseppe (1987): Simon Boccanegra. Oper in einem Vorspiel und drei Aufzügen. Text von Francesco Maria Piave. Stuttgart: Philipp Reclam jun.

*Jörg Soetebeer*

# Zwischen Resonanz und Autonomie – Überlegungen zu Souveränität aus anthropologischer Sicht im Anschluss an Ernst Cassirer

> Zenith und Nadir
> Wo du auch wandelst im Raum, es knüpft dein Zenith und Nadir
> An den Himmel dich an, dich an die Achse der Welt.
> Wie du auch handelst in dir, es berühre den Himmel der Wille,
> Durch die Achse der Welt gehe die Richtung der Tat.
> Friedrich Schiller

## 1. Zum Verhältnis von Resonanz und Souveränität

Leben in schwieriger Zeit: Die Brüche und Widersprüche unserer Gesellschaft werden mit einem zunehmenden Unbehagen erlebt. Eine allgegenwärtig empfundene Ökonomisierung scheint die humanen Versprechen der Moderne zu unterlaufen. Unwägbarkeiten haben alte Gewissheiten verdrängt. Die sich ausdifferenzierenden Verhältnisse erscheinen hyperkomplex und unüberschaubar. Fortschritt wird immer mehr zu einem Problem unterschiedlicher Geschwindigkeiten fragmentierter Lebensbereiche, wobei deren Wahrnehmung auf Beschleunigungen fixiert ist. Die Erosion von Sicherheiten und Werten verlangt neues Orientierungs-, Bedingungs- und Veränderungswissen (Nieke 2017) im Bewusstsein einer Epochenschwelle (Hastedt 2009). Einen Reflexionsraum dieser Art möchte ich durch Überlegungen der philosophischen Anthropologie aufzeigen und diskutieren.

Aktuell bietet die Resonanz-Soziologie Hartmut Rosas (2016) eine solche viel beachtete Orientierung, die der Beschleunigung und Entfremdung partizipative Welterfahrungen gegenüberstellt, welche durch Resonanzsphären möglich seien, in denen der Mensch Sinnprovinzen und Transformationsräume erleben und gestalten könne. Kennzeichen sei grundsätzlich eine personal bedeutsame Beziehung zu den entsprechenden Dingen der Erfahrung: Persönlich Wichtiges und Wesentliches formt sich in der Verbindung mit einem Anderen. Ich denke, dass Rosa bspw. identitätsstiftende Narrative des Lebens im Sinn hat, die er gegen die Imperative ökonomischer Funktionalität setzt.

Rosa zeigt solche Resonanzerfahrungen auf („leuchtende Augen"), diskutiert Aspekte einer „Lebenszufriedenheit" sowie einer „Qualität der Weltbeziehung", differenziert dabei Empathie und Selbstwirksamkeit als Dimensionen von Resonanz (vgl. zusammenfassend Rosa 2016: 751–755), und erläutert, welche Merkmale einer Resonanzfähigkeit auf Seiten des Subjekts (u. a. Neugier, Interesse, Hören) und welche widerständige Bedeutung u. a. Irritationserfahrungen einer Unverfügbarkeit der Dinge der Welt für gelingende Resonanz haben (vgl. Rosas aktuelles Buch *Unverfügbarkeit*, 2018). Dabei entwickelt Rosa *Autonomie* in gewisser Weise als einen Gegenbegriff zu Resonanz. Er versteht unter Autonomie im Sinne Kants moralischer Selbstgesetzgebung eine Selbstwirksamkeit der Person, die aber allein für sich genommen deren komplexer Eingebundenheit in die Welt nicht genüge (Rosa 2016: 755f.), vielmehr gehe es um die „Eröffnung von Resonanzachsen" (ebd.: 408[1]), welche Rosa im Sinne einer Wechselwirkung von Welt und Selbst versteht. Zwar diskutiert Rosa damit Autonomie als eine wesentliche Komponente, doch sei Resonanz das übergreifende und überlegene Konzept einer gelingenden Weltbeziehung, weil sich durch sie Transformationsmöglichkeiten eröffneten, welche durch Autonomie nicht möglich seien (Autonomie als „individualistisch-atomistische Selbstverfeinerung", ebd.: 408) – bspw. *Glück* als positive Erfahrung von Autonomieverlust : „Deshalb plädiere ich für einen normativen Monismus, dessen Leitbegriff die Resonanz und nicht die Autonomie ist" (ebd.: 756).[2]

---

1 Ob die Denkform *Achse*, bei Rosa ein Raumbegriff, mit welchem von ihm Resonanz im Sinnbezirk der Akustik verstanden wird, im Kontext der Geschichtsauffassung im Anschluss an Karl Jaspers' „Achsenzeit" zu diskutieren sein könnte, insbesondere mit dessen besonderer Konzeption einer Zeitachse, um deren Vorher und Nachher sich der gesamte Zeitverlauf mit Ursprung und Ziel orientiert, wäre gesondert zu klären. Während es sich bei der Zeitachse mehr um eine Wende handelt, ist mit einem räumlich begründeten Achsenbegriff mehr eine Achse als Relation von Subjekt und Objekt anvisiert, die horizontal oder vertikal verläuft.

2 Inwieweit Rosa sich damit tatsächlich an Kants Begriff der Autonomie anschließt, wäre zu diskutieren. Kant denkt Autonomie grundsätzlich rückgebunden an allgemeine Gesetze der Vernunft. Letztlich liegt darin auch ein bürgerlicher, emanzipatorischer politisch-gesellschaftlicher Autonomieanspruch begründet (für die Aufklärung: gegen feudale Bevormundung), insofern er mögliche Formen einer vernünftig einsehbaren Gesetzgebung thematisiert, welche sowohl individuelle Freiheit als auch Bindung an eine allgemeine Gesetzgebung diskutiert. (Was von Formen positiven Rechts unterschieden werden muss.) Vielleicht ist es die Vernunftbasierung dieses Autonomiegedankens, welche für Kant ausdrücklich Gefühle als Motiv ausschließt, gegen die sich Rosa mit seiner Resonanz-Idee wendet, welche ihrerseits den in Vernunftkonzepten vernachlässigten psychologischen Komplex (Gefühl, Empathie, Sehnsucht nach Geborgenheit sowie Partizipation) besonders aktiviert. Damit könnte sich Rosa allerdings einer möglichen Kritik aussetzen, seine Resonanz-Idee sei eventuell eine Regression in den Kommunitarismus moderneskeptischer Romantik; eine Anschlussfähigkeit wäre aktuell demgegenüber u. a. durchaus bei Charles Taylor gegeben, der im Rahmen eines seit den 80er Jahren in den USA entwickelten pragmatischen Kommunitarismus Formen der Gemeinschaft (*Community*) gegenüber Gesellschaft (*Society*) diskutiert.

Meine Überlegungen richten den Fokus auf *Weltbeziehung* und *Selbstwirksamkeit* als korrelative Komponenten eines widerständigen, divergierend-antagonistischen Feldes des In-der-Welt-Seins. Selbstwirksamkeit wird dabei nicht als eine bloße Dimension von Resonanz verstanden, sondern als deren notwendiger Gegenpol in einem Differenzzusammenhang. Entscheidende Merkmale der Interdependenzrelation werden durch das Verhältnis von personaler Gesamtverfassung (Böhme 1983) und Teilhabe der Person an deren Außenraum des Weltganzen zu beschreiben sein. Form und Bedeutung einer Wechselwirkung von interpersonaler und intrapersonaler Erfahrung gelangen so in den Blick und ermöglichen, Perspektiven einer entwicklungsoffenen transformatorischen Selbstbildung zu diskutieren. Die gewonnene anthropologische Orientierung eröffnet pragmatische Horizonte.

Eine kritische Betrachtung von Rosas zentraler Metapher für Resonanz – der Stimmgabel – soll zunächst mein Vorhaben verdeutlichen. Für Rosa ist diese eine Verkörperung seines Resonanzbegriffes. Wenn man unter dieser Voraussetzung über die Resonanzmöglichkeiten einer Stimmgabel reflektiert, wird man die Schwingung und die damit einhergehende Resonanz dieses Instrumentes als ein Phänomen der Akustik betrachten müssen, welches physikalischen Gesetzmäßigkeiten unterliegt. Dabei ist die Stimmgabel ein nützliches Instrument für die Bestimmung eines Tones: Sie ist für diesen Zweck auf eine bestimmte Frequenz geeicht und erzeugt dergestalt zwar einen Ton, aber keinen musikalischen Klang und keine rhythmisch-melodische Folge. Handelt es sich im Bereich akustischer Phänomene nun bspw. um das Erleben von Musik, so gehen die damit verbundenen Erfahrungen von Resonanz über die Grenzen des physikalisch Messbaren und des Nützlichen hinaus. Die leiblich-sinnliche Erfahrung („eine der bedeutendsten Quellen von Subjektivität", Böhme 2012: 197) expandiert über die Physik und Chemie der Leibnatur hinaus in ein vielfältig differenziertes Erleben, das auf Amplifikation angelegt ist (Böhme 2012; Fuchs 2000); auch die von Rosa diskutierten interpersonalen Resonanzachsen werden dabei überschritten, insbesondere dann, wenn dem Subjekt eine umbildende Differenzerfahrung widerfährt und das Ganze der Person entsprechende Bewältigungsstrategien praktiziert (Soetebeer 2018). Eine solche Erfahrung liegt gemäß diesen Überlegungen bspw. dann vor, wenn ein Subjekt von einem musikalischen Phänomen ergriffen, ja eventuell überwältigt wird; Rosa diskutiert solche Erfahrungen als Autonomieverlust. Das Andere wirkt dabei auf die Person nun aber in dem Sinne transformatorisch, als ihr nicht nur überraschend Neues widerfährt, sondern sie versucht, dieses Neue aktiv „aus sich heraus" zu bewältigen. Dabei ist über eine duale Beziehung auf einer Resonanzachse hinaus das gesamte intrapersonale Ensemble (Leibnatur, Sinne, Empfindungen, Gefühle, Phantasie, Vernunft) aktiv am Werk und inspiriert die Musikerfahrung zu einem komplexen Ganzen, in welchem Innen und Außen fusionieren, aber dergestalt, dass sich eine expansive Verwandlung der Resonanzerfahrung in eine ganz neue Dimension vollzieht, welche noch nicht in der Ausgangserfahrung veranlagt ist, sondern die sich aus der intrapersonalen Aktivität speist. Anders formuliert: Es kommt innerhalb einer solchen Resonanzerfahrung einerseits zu einer Wirksamkeit von Resonanz, welche nicht nur Echocharakter, sondern echten Antwortcharakter hat, und es kommt dabei andererseits zu intrapersonalen Bildeprozessen, die nicht allein jenseits des physikalischen, sondern auch jenseits des für das Subjekt beherrschbaren emotional-mentalen Aktionsraums liegen – d. h., intrapersonal unverfügbar sind –, und welche inspirierend einen Umbildungsimpuls modellieren, der die Erfahrung in eine ganz andere transformiert. Solche selbstreferenziellen autotelischen Aktivitäten müssen nicht als exklusiver Bereich subjektdominierter Autonomie verstanden werden, sondern können als besondere Instanz in einem Erfahrungsganzen gelten, das grundsätzlich durch Wechselwirkung gekennzeichnet ist.

Ich denke, dass damit die in der Resonanzkonzeption Rosas zu wenig beachteten Dimensionen hinreichend deutlich werden. Die von mir beschriebene zunehmende Komplexität von Resonanz – vom physikalischen Phänomen über interpersonale zu intrapersonalen Erfahrungen – verstehe ich mit Wolfgang Iser als performativ modellierte Emergenzleistung der Person (Iser 1988: 96f.; Iser 2013, vgl. auch Heusser 2014: 108–110), welche durchaus zu Fulguration[3] expandieren kann. Die von Rosa beschriebene duale Beziehung von Resonanzachsen wird unter dieser Perspektive erweitert zu einer triadisch verstandenen transformatorischen Erfahrung, für deren Bewältigung den intrapersonalen Potenzialen eine besondere Leistung zukommt: Sie sind operativer Modus einer Selbsthervorbringung im „Pointillismus der Akte", mit der „Individualisierung als Emergenz" verstanden werden kann (Iser 1988: 97). Ich bezeichne die performative Aktivität dieses triadischen Komplexes mit dem Relationsbegriff der Souveränität: aktiv modellierte Wechselwirkung von Resonanz und Autonomie.

Gernot Böhmes Konzeption von *Ich* und *Selbst* kann für meinen Ansatz als aktuelle Referenztheorie fungieren. Böhme grenzt zur Gewinnung eines über Kant hinaus erweiterten Subjektbegriffs Souveränität von Autonomie ab und hat dabei hauptsächlich intrapersonale Gegebenheiten im Blick: „Der souveräne Mensch lebt aus dem Bewusstsein, sich selbst gegeben zu sein" (Böhme 2012: 7), womit Böhme die Gesamtheit der Person meint: Leib, Gefühle, unbewusste Ressourcen, welchen die Vernunft des bewussten Subjekts als dem Anderen des Eigenen begegnet. Die von mir, ganz im Sinne Rosas, auch anvisierte interpersonale Semantik

---

3 Fulguration (von lat. Blitz), bezeichnet hier in Erweiterung von Emergenz das Entstehen neuer Eigenschaften in einem komplexen System, die nicht aus Eigenschaften der einzelnen Elemente prognostiziert oder abgeleitet werden können.

von Souveränität kann man darüber hinaus im Anschluss an Michel de Montaigne differenziert denken, wenn man den noch aristokratisch-feudalistischen Kontext seines Konzepts und die damit einhergehende, gegenüber heutigen ökonomischen Verhältnissen andersartige gesellschaftliche Eingebundenheit nicht naiv unkritisch ignoriert, sondern bewusst das Denkmuster an sich für die philosophische Reflexion aktiviert.

In seinen *Essais* praktiziert de Montaigne mit seinem Schreiben eine Selbsterkundung seiner personalen Unverwechselbarkeit und ist dabei als ein selbstsorgendes Subjekt (Foucault) auf sich bedacht. Der Horizont dieser Sorge liegt aber über seine Person hinaus und wird durch ein selbstbestimmtes Pflichtbewusstsein für das Ganze geprägt. So führt Montaigne zu Souveränität und gelingendem Leben des Weisen aus:

> „Da er genau weiß, was er sich schuldet, weiß er auch, daß dies ihm vorschreibt, Umgang mit den anderen Menschen und der Welt zu pflegen und zu dem Zweck der Gesellschaft gegenüber seinen Anteil an Pflichten und Diensten wahrzunehmen. Wer überhaupt nicht für andere lebt, der lebt auch kaum für sich. Und umgekehrt: *Wer sich selber freund ist, der ist allen freund.* Die wichtigste Aufgabe aber, die wir haben, ist für jeden die eigene Lebensführung, denn ebendarum sind wir hier" (Montaigne 2004: 507).

Ein, wie ich meine, bemerkenswerter Hinweis auf mögliche Formen von Souveränität in der Moderne, deren rational arrangierte Argumentation nicht als bloß funktionales Kalkül der Vernunft verstanden werden darf. Es geht Montaigne nicht um egoistisch-exklusiv kalkulierte soziale Teilhabe, sondern um eine Form von aufmerksamer Zuwendung (*für* andere leben), die empathisch-aktiv Anteil nimmt und in der Wahrnehmung der Bedürfnisse Anderer in sich ihre persönliche Aufgabe findet.

Während Autonomie vorzüglich eine widerständige, meist vernunftbasierte Unabhängigkeit neben oder gegen einen Kontext betont, Resonanz dagegen eine dominant empathisch verstandene Bezüglichkeit, vermag der Souveränitätsbegriff, das Wechselspiel von Selbstbehauptung und Bezüglichkeit, von Wirksamkeit und Widerfahrnis, in einem triadisch angeordneten Gesamtzusammenhang zu umgreifen: Souveränität ist eine Beziehungsmodalität. Es geht nicht um Verfügungsgewalt in kolonialistischer Absicht, sondern um ein Wechselspiel in einem zentripetal-zentrifugal organisierten Wirkungszusammenhang.

Der anthropologische Begründungszusammenhang meiner Überlegungen zu Souveränität folgt dem philosophischen Menschenbild Ernst Cassirers und den Denkmustern seiner *Philosophie der symbolischen Formen*. Ausgehend von einer

Rekonstruktion der Cassirerschen Philosophie in dieser Hinsicht sollen Bedingungen und Möglichkeiten von Souveränität im Interdependenzverhältnis von Mensch und Welt aufgezeigt werden, die insbesondere die produktiv-konstruktiven Leistungen von Denken und Handeln diskutieren.

## 2. Ernst Cassirers *Versuch über den Menschen*

Ernst Cassirer prägt in seinem Essay die berühmte Formel des Menschen als eines animal symbolicum (Cassirer 1944: 51). Er wendet sich mit diesem Begriff gegen eine rationalistische Tradition einseitiger Betonung von Vernunft und plädiert für ein Menschenbild, das der Diversität und Disparität des menschlichen Selbst- und Weltverhältnisses Ausdruck verleihen kann.[4] Schon in seinem systematischen Hauptwerk, der *Philosophie der symbolischen Formen*, hebt Cassirer in den 20er Jahren hervor, dass der Mensch selbst in seiner spezifischen conditio humana das paradigmatische Muster symbolischer Form ist:

> „Das Verhältnis von Leib und Seele stellt das erste Vorbild und Musterbild für eine reine symbolische Relation dar, die sich weder in eine Dingbeziehung noch in eine Kausalbeziehung umdenken läßt. Hier gibt es ursprünglich weder ein Innen und Außen, noch ein Vorher und Nachher, ein Wirkendes oder Bewirktes" (Cassirer 1929; PhdsF III: 117).

Cassirer wendet sich demnach ausdrücklich gegen das dualistische Konstrukt einer kategorialen ontologischen Kluft zwischen Leib und Seele (weder *Dingbeziehung* noch *Kausalbeziehung*); er betont eine wechselseitige Relation von »Sinnlichkeit und Sinn« (Lauschke 2007: 308), einen immanent verstandenen leiblich-seelischen Erfahrungszusammenhang des Menschen, der sich nach Gestalt und Gehalt, nach Medium und Bedeutung differenziert und als dialektischer Entwicklungsprozess sowohl monistisch als auch dualistisch geprägte Phasen durchläuft.[5]

---

4 Cassirer im Wortlaut: „Der Begriff der Vernunft ist höchst ungeeignet, die Formen der Kultur in ihrer Fülle und Mannigfaltigkeit zu erfassen. Alle diese Formen sind symbolische Formen. Deshalb sollten wir den Menschen nicht als animal rationale, sondern als animal symbolicum definieren" (Cassirer 1944: 51).

5 Vgl. dazu Goethes Gedanken zu Monismus und Dualismus im didaktischen Teil seiner Farbenlehre, die hier ausführlich zitiert werden sollen, weil Ernst Cassirer die PhdsF vielfach an Goethes Denken anschließt: „Treue Beobachter der Natur, wenn sie auch sonst noch so verschieden denken, werden doch darin mit einander übereinkommen, daß alles, was erschienen, was uns als ein Phänomen begegnen solle, müsse entweder eine ursprüngliche Entzweiung, die einer Vereinigung fähig ist oder eine ursprüngliche Einheit, die zur Entzweiung gelangen könnte, andeuten, und sich auf eine solche Weise darstellen. Das Geeinte zu entzweien, das Entzweite zu einigen, ist das Leben der Natur; dies ist die ewige Systole und Diastole, die ewige Synkrisis und

Dabei partizipiert der dergestalt verkörperte ganze Mensch immer schon am Ganzen der Welt-Wirklichkeit und muss nicht erst, wie von Kant postuliert, durch subjektive Konstruktionsleistungen ein interpretatorisch-konstruktivistisches Weltverhältnis aufbauen:[6]

> „Nicht das bloße Bewußtsein, sondern das Tun bildet vielmehr den Mittelpunkt, von dem für den Menschen die geistige Organisation der Wirklichkeit ihren Ausgang nimmt. Hier zuerst beginnen sich die Kreise des Objektiven und Subjektiven, beginnt sich die Welt des Ich von der der Dinge zu scheiden. Je weiter das Bewußtsein des Tuns fortschreitet, um so schärfer prägt sich diese Scheidung aus, um so klarer treten die Grenzen zwischen ‚Ich' und ‚Nicht-Ich' hervor" (Cassirer 1925; PhdsF II: 187).

Der handelnde Mensch formt durch Tätigkeit ein unmittelbares Selbst- und Weltverhältnis. In der Entwicklung der Entfaltung von Bewusstsein steht am Anfang das Handeln, der tätige Mensch. Dabei partizipiert der Mensch nicht nur an der Welt, er ist nicht nur in ihr und ein Teil von ihr, sondern er prägt ihr durch Tätigkeit etwas ein, was in dieser Form vorher nicht da war; er verändert einen Teil der Welt und wird dadurch selbst auch ein anderer mit einem anderen, sich durch Handeln verändernden Weltverhältnis: Eine Sonderung entwickelt sich durch die Veränderbarkeit der Welt einerseits und den Veränderungswillen andererseits, die als selbstorganisierte und durchgeführte Bildung gemäß dem hier postulierten triadischen Muster von Souveränität aufgefasst werden kann, deren widerständiges Handlungsfeld die Welt ist.[7]

Das Veränderung und Entwicklung gestaltende Wirken in der Welt wird damit das zentrale Merkmal des Menschen (Cassirer 1944: 110). Auf dem fortschreitenden Wege des sinnlichen In-der-Welt-Seins differenziert sich sukzessive sein Bewusstsein aus, im triadischen Muster von Souveränität beschrieben: durch zunehmende Selbstwirksamkeit intrapersonaler im Kontext interpersonaler Erfah-

---

Diakrisis, das Ein- und Ausatmen der Welt, in der wir leben, weben und sind" (FA 23/1: 239, § 739).

6  Kant geht bei Erkenntnis davon aus, dass jede Art sinnlicher Empfindung und Wahrnehmung als strukturell unbewusst ablaufende Formung verstanden werden müsse. „Erfahrung ist verstandene Wahrnehmung" (zit. nach Rudolf Eisler: *Erfahrung*, In: ders.: Kantlexikon, https://www.textlog.de/32820.html, Zugriff 21.01.2020). Demnach müssen Wahrnehmung und Empfindung durch Erkenntnisprozeduren des Verstandes bearbeitet werden, um ein Verstehensmuster für den vorbewussten Vorgang der sinnlichen Welterfahrung zu haben. Das Subjekt eines solchen Erkenntnisprozesses würde sich demnach erst durch eine erkenntnispraktische Konstruktionsleistung in ein Weltverhältnis setzen können.

7  Von Helmut Plessner in anthropologischer Perspektive als exzentrische Positionalität bezeichnet.

rungs- und Handlungsfelder und durch Perspektivierung des eigenen Standpunktes in den Grenzen des Horizontes der Welterfahrung.

Bewusstseinsgeschichte findet damit im historisch-kulturellen Prozess ihre Verankerung in der Welt, und in ihrem Verlauf ergreift und differenziert sich das aus, was Cassirer die *geistige Organisation* des Menschen nennt, was gemäß des Grundgedankens der conditio humana als symbolischer Form als ein zentrales Wesensmerkmal zu verstehen ist, welches als selbsterzeugter emergenter Teil in korrelativer Wechselwirkung mit dem Ganzen des Menschen steht.

Der kulturelle Prozess wird von Cassirer als Entwicklung zur Freiheit des Menschen verstanden. Man könne

> „die Kultur als den Prozeß der fortschreitenden Selbstbefreiung des Menschen beschreiben. [...] In [allem] entdeckt und erweist der Mensch eine neue Kraft – die Kraft, sich eine eigene, eine ‚ideale' Welt zu errichten. Die Philosophie kann die Suche nach einer grundlegenden Einheit dieser idealen Welt nicht aufgeben. Sie verwechselt diese Einheit freilich nicht mit Einfachheit. Sie übersieht nicht die Spannungen und Reibungen, die starken Kontraste und tiefen Konflikte zwischen den verschiedenen Kräften des Menschen" (Cassirer 1944: 345f.).

Nach dieser *„Schlußfolgerung"* im *Versuch über den Menschen* meint Cassirer mit der leib-seelischen Verschränkung sowie mit Partizipation und Wirken im Weltganzen keinesfalls eine subsumierend arrangierte und funktionierende Ganzheit, die als solche letztlich einem teleologisch ausgerichteten System nahe käme, sondern er betont ausdrücklich Differenzzusammenhänge, die Verschiedenes, Disparates als solches umgreifen, angetrieben von Antagonismen als Motoren für Bildungen mit evolutionär offener Option. Reflexion und Rationalität formieren Distanzerfahrungen, die aus der Eingebundenheit emanzipieren. Freiheit realisiert sich als Prozess zunehmender Souveränität in den Widerständen der Welt, und Klufterfahrung (Soetebeer 2018) ist das ihr konstitutive Differenzbewusstsein.

## 3. Erkenntnismodalitäten symbolischer Formen

Von der korrelativen Verschränkung von Sinnlichkeit und Sinn als Muster symbolischer Formung leitet Cassirer die symbolischen Formen des Welt- und Selbstverhältnisses des Menschen ab und spricht im Zusammenhang der zuvor skizzierten elementaren Welterfahrung in Hinsicht des sinnlichen Erlebens von Phänomenen zunächst von „symbolischer Prägnanz", welche „eine konkrete Einheit von ‚Präsenz' und ‚Repräsentation'" (Cassirer 1929; PhdsF III: 149) darstelle: Im Augenblick der Wahrnehmung erfahre der Betrachter einen Bedeutungsüberschuss, der auf ein *mehr* des Wahrgenommenen verweise.

> „Unter ‚symbolischer Prägnanz' soll also die Art verstanden werden, in der ein Wahrnehmungserlebnis, als ‚sinnliches' Erlebnis, zugleich einen bestimmten nicht-anschaulichen ‚Sinn' in sich faßt und ihn zur unmittelbaren konkreten Darstellung bringt. Hier handelt es sich nicht um bloß ‚perzeptive' Gegebenheiten, denen später irgendwelche ‚apperzeptive' Akte aufgepfropft wären, durch die sie gedeutet, beurteilt und umgebildet würden. Vielmehr ist es die Wahrnehmung selbst, die kraft ihrer eigenen immanenten Gliederung eine Art von geistiger ‚Artikulation' gewinnt – die, als in sich gefügte, auch einer bestimmten Sinnfügung angehört. In ihrer vollen Aktualität, in ihrer Ganzheit und Lebendigkeit, ist sie zugleich ein Leben ‚im' Sinn. Sie wird nicht erst nachträglich in diese Sphäre aufgenommen, sondern sie erscheint gewissermaßen als in sie hineingeboren. Diese ideelle Verwobenheit, diese Bezogenheit des einzelnen, hier und jetzt gegebenen Wahrnehmungsphänomens auf ein charakteristisches Sinn-Ganzes, soll der Ausdruck der ‚Prägnanz' bezeichnen" (Cassirer 1929; PhdsF III: 235).

Diese Erfahrung der Welt und ihres Sinngehaltes differenziert sich nach Cassirer in eine Vielfalt symbolischer Formen, des Mythos, der Sprache, der Erkenntnis und der Technik.[8] Bevor ausgewählte dieser symbolischen Formen in ihren spezifischen Merkmalen rekonstruiert werden, sei der wahrnehmungstheoretisch basierte Erkenntnisbegriff durch Cassirers Unterscheidung von Mythos als symbolischer Form gegenüber rational-diskursiver Erkenntnis genauer gekennzeichnet:

> „Was die Versenkung in das reine Phänomen der Wahrnehmung uns zeigt, ist jedenfalls das eine: daß die Wahrnehmung des L e b e n s nicht in der bloßen Dingwahrnehmung aufgeht, daß die Erfahrung des ‚Du' niemals einfach in die des bloßen ‚Es' aufgelöst / oder auf sie, durch noch so komplexe begriffliche Vermittlungen, reduziert werden kann. Auch vom rein genetischen Gesichtspunkt aus scheint kein Zweifel zu bestehen, welcher der beiden Wahrnehmungsformen die Priorität zuzusprechen ist. Je weiter wir die Wahrnehmung zurückverfolgen, um so mehr gewinnt in ihr die Form des ‚Du' den Vorrang vor der Form des ‚Es'; um so deutlicher überwiegt ihr reiner Ausdruckscharakter den Sach- und Dingcharakter. Das ‚Verstehen von Ausdruck' ist wesentlich früher als das ‚Wissen von Dingen'" (Cassirer 1929; PhdsF III: 73f.).

---

8   Cassirer zählt noch weitere symbolische Formen auf (vgl. u. a. Cassirer 1944: 109–115).

Die spezifische Besonderheit symbolischer Prägnanz wird mit der genetischen Prämisse in einen weiten bewusstseinsgeschichtlichen Kontext gestellt und gleichzeitig in systematischer Hinsicht weiter ausdifferenziert. In Anknüpfung an den Gedanken des sinnlichen In-der-Welt-Seins des handelnden Menschen impliziert Cassirers Wahrnehmungstheorie im Kontext seiner Überlegungen zu Mythos als Erkenntnisform einen besonderen Begriff sinnlicher Aisthesis, für welchen Wahrnehmung nicht bloß Anlass, sondern schon eine bestimmte Form von Erkenntnis ist. Der physiognomische Ausdruckscharakter des sinnlichen Phänomens in der dergestalt als mythisches Denken verstandenen symbolischen Form lässt sich als expressiv ekstatische Wirkung (Böhme 2013) des Phänomens auf den Betrachter verstehen, der seinerseits über entsprechend korrespondierende vorrationale *vernehmende* Verarbeitungsprozeduren verfügt, und kann in diesem Zusammenhang insofern als eine umbildende Erfahrung des Betrachters interpretiert werden, als dieser schon in der Wahrnehmung ein Sinnpotenzial erfährt, das über den Wahrnehmungsakt hinausweist und hinauswirkt. Nach der Auffassung Cassirers geht, historisch gesehen, eine solche expansive umbildende Wirkung einer diskursiv-klassifizierenden Dingwahrnehmung voraus, welche für das moderne rationale Bewusstsein kennzeichnend ist. Während jene von den Dingen deren Erscheinungsbedingungen erfährt, d. h. im einzelnen besonderen Teil dessen inneren Wirkungszusammenhang in einem Ganzen versteht, vermisst diese die Dinge gemäß konstruktivistischer Erkenntnisbedingungen, welche die Dinge in eine ihnen *äußere* Klassifikation und Taxonomie einordnen und sie damit allein durch die Erkenntniskonzeption gegeben und bedingt erscheinen lassen. Inwieweit beide Betrachtungsmodalitäten für die Erkenntnistheorie interessant sein können, ja als korrespondierende und korrelierende Modi einer differenzierten Erkenntnispraxis angesehen werden können, hat der Verfasser an anderer Stelle für die Bildungspraxis Goethes ausgeführt (Soetebeer 2018). Es bleibt zunächst festzuhalten: Auch in wahrnehmungstheoretischer Hinsicht beschreibt Cassirer ein partizipatives In-der-Welt-Sein. In der historischen Bewusstseinsentwicklung entfaltet sich jedoch eine expansive Dynamik symbolischer Formung, von Cassirer nach Ausdrucks-, Darstellungs- und Bedeutungsfunktion differenziert. Diese Formung umgreift in der Relation von Sinnlichkeit und Sinn verschiedenartige Orientierungen, bspw. im Verständnis aristotelischer Phronesis, sodann phänomenologische Erklärungsmuster – Intuitionsmodelle, Mustererkennung durch Induktion, Deduktion und Abduktion –, weiterhin Narrative rationaler Verarbeitungsstrategien und Reflexion, und rekurriert besonders auf individuell-schöpferische Performationen. Damit setzt sich der Mensch nicht in ein bloß reproduktives, auch nicht in ein nur präsentativ-repräsentatives Resonanzverhältnis, sondern er ist vorzüglich Produzent von

Wirklichkeit: Er emanzipiert sich zunehmend aus der Eingebundenheit in ein freies souveränes Selbst- und Weltverhältnis.

## 4. Mythos, Sprache und Technik als symbolische Formen

Bisher habe ich die ontologischen Bedingungen einer handelnden und erlebenden Partizipation an der Welt, deren erkenntnistheoretische Modalitäten sowie die anthropologischen Grundannahmen der Philosophie der symbolischen Formen rekonstruiert. Danach ist der Mensch selbst mit seiner leib-seelisch-geistigen Verschränkung das Muster symbolischer Form, und der historisch-kulturelle Prozess ist auf Freiheit als Bildungsperspektive des Menschen gerichtet. Ich konzentriere meine Rekonstruktion symbolischer Formen auf Mythos, Sprache und Technik und betrachte andere symbolische Formen wie Sprache und Religion in deren Kontext oder nur randständig. Bei meiner Betrachtung geht es mir besonders um die Fusionen in den jeweiligen symbolischen Formen.

Mythos ist für Ernst Cassirer die vielleicht ursprünglichste symbolische Form und ermöglicht als solche die wohl intensivste Resonanzerfahrung überhaupt. Der Mensch erlebt die Welt als eine physiognomische Erfahrung. Die Dinge sprechen zu ihm und er ist besonders in magisch-mythischen Erfahrung noch ganz Teil dieser Welt, in deren Ganzes er partizipativ und resonant eingebunden ist: Es ist eine weitgehend emotional-emphatische Einheit, in welcher der Mensch lebt und agiert, welche noch kaum ein Differenzbewusstsein kennt. Eine magische Welterfahrung mit ihren Zauberformeln und Ritualen, deren performative Akte alle auf eine unmittelbare Wirkung und Macht zur Veränderung im Natur- und Weltzusammenhang zielen, basiert auf diesen Bedingungen. Die Grenzen zwischen der Welt des *inneren Wunsches* und der Welt der *äußeren Wirklichkeit* sind noch nicht als bewusste Erfahrungstatsache erkannt (vgl. Cassirer 1925: 255f.):

> „[...] die mythische V o r s t e l l u n g s w e l t erscheint [...], gerade in ihren ersten und unmittelbarsten Formen, aufs engste mit / der Welt des W i r - k e n s verknüpft. Hier liegt der Kern der magischen Weltansicht, die mit dieser Atmosphäre des Wirkens ganz gesättigt ist" (Cassirer 1925; PhdsF II: 187).

Diese Art Erfahrung erlebter und praktizierter Ganzheit gehört jedoch nicht nur einer vergangenen Epoche der Menschheitsgeschichte an, sondern bestimmt in allen kulturellen Entwicklungsformen die Partizipation des Menschen in je konkreter historisch-gesellschaftlicher Lage. Cassirer erwähnt in diesem Zusammenhang ausdrücklich John Deweys Pragmatismus als wissenschaftliche Referenz; in der empirischen Erfahrung seien

> „die Dinge ergreifend, tragisch, schön, lustig, beständig, wirr, bequem, lästig, langweilig, unnahbar, tröstlich, prächtig, angsteinflößend" (Cassirer 1944: 125).[9]

Demnach scheint es gewisse Konstanten zu geben, welche zu allen Zeiten einen Teil des Lebens ausmachen und dabei Spuren und Elemente magischer Erfahrung tragen: eine Art magisch-emotionales Gedächtnis der Menschheit. Über diese elementaren Grunderfahrungen hinaus vollzieht sich durch die Praxis symbolischer Formung ein geschichtlicher Prozess mit beschleunigender Dynamik, in welchem das unmittelbare und unreflektierte magische Tun auf seine Sonderung hinarbeitet und mit veränderten Bewältigungsstrategien ein Differenzbewusstsein arrangiert, was eine zunehmende Distanz zwischen erlebter Sinnlichkeit und korrespondierendem Sinnempfinden aufbaut, verbunden mit entsprechenden Auswirkungen auf das Handeln des Menschen. In Dokumenten mythisch-symbolischer Formung lassen sich die Anfänge dieser Entwicklung aufzeigen.[10]

Nach PhdsF II: 111f. zeichnet sich das fortgeschrittene mythische Bewusstsein durch komplexe Denkformen aus, die sehr unterschiedliche Dinge der Erfahrung in eine Beziehung setzen, bspw. im Raummodell sowie im Weltbild der Astrologie; man kann in diesem Kontext etwa an die mythologischen Geschichten von den Sternbildern und ihrer Bedeutung denken. Gleichermaßen werden auch Analogien zwischen Kosmos und Mensch hergestellt; dabei ist der menschliche Leib das Muster des Kosmos im Kleinen, wie der Kosmos ein in sich gegliederter Zusammenhang ist, in welchen alle Teile – auch der Mensch – in einer bestimmten Ordnung stehen:[11]

> „[D]er Leib des Menschen und seine Gliedmaßen ist das Bezugssystem, auf welches mittelbar alle übrigen räumlichen Unterscheidungen übertragen werden [...]. Der Mythos geht hier [den] Weg, [dass] er, wo immer er ein

---

9 Cassirer zitiert hier aus John Dewey: *Experience and Nature*, Chicago 1925: 96.
10 Ein exemplarischer Mythos des von Cassirer Gemeinten ist bspw. die Bhagavad Gita, in deren Gesängen die wahre Wirklichkeit des Scheinbaren (Maja) der sinnlichen Welt in konstitutiven karmischen Rhythmen und Zusammenhängen offengelegt wird. Im Goetheschen Verständnis wird dabei alles Vergängliche zum Gleichnis einer übersinnlichen Wahrheit: Die Erzählung zeigt den Sinnzusammenhang sinnlicher Erfahrung auf.
11 Vgl. zu diesem mythologischen Motiv des menschlichen Leibes als Muster von Welt und Kosmos auch Rudolf Steiner: *Die Geheimwissenschaft im Umriss*, Stuttgart 1955: 159, sowie den Vortrag vom 30. Juni 1924 in GA 354: *Die Schöpfung der Welt und des Menschen. Erdenleben und Sternenwirken*, Dornach 1977: 17ff.

organisch-gegliedertes Ganze erfassen und mit seinen Denkmitteln ‚begreifen' will, dieses Ganze im Bilde des menschlichen Körpers und seiner Organisation anzuschauen pflegt. Die objektive Welt wird ihm erst durchsichtig und teilt sich ihm in bestimmte Bezirke des Daseins ab, indem er sie in dieser Weise analogisch auf die Verhältnisse des eigenen Leibes ‚abbildet'" (Cassirer 1925; PhdsF II: 112).

Das mythische Bewusstsein hat mit derartigen Fusionen die Stufe einer bestimmten Form von Wissen und Symbolik erreicht. Es begreift das Ganze als einen konkreten, in sich geordneten Zusammenhang, in welchem alles seinen Platz hat, in welchem jedes Teil Spuren des Ganzen trägt und umgekehrt.

Wenn mit fortschreitender historischer Entwicklung die magische Eingebundenheit verlorengeht, wird an ihrer Stelle zusehends aktiv eine neue Verbindung durch mythische Denkformen erzeugt. Eine besondere Bedeutung kommt in diesem Prozess den Denkmustern der Analogie zu:[12] der denkend erzeugten Verbindung von unterschiedlichen Sachverhalten zu einem Sinnzusammenhang. Bei derartigen Denkvollzügen wirken letztlich alle symbol-formenden Konstituenten in einer Fusion zusammen, doch Leistung und Ertrag der Konstituenten verschieben sich untereinander. Immer mehr werden die „Reaktionen auf Eindrücke [...] echte geistige Aktionen", die über die „Spiegelung des Seins" (Cassirer 1925: 31) hinaus einen expressiven Überschuss symbolischer Formung zeigen. Die Erfahrung des sinnlich verkörperten In-der-Welt-Seins des magischen Bewusstseins wird in Sinnkonstitutionen des Mythos transformiert, deren Basis und Bezugspunkt die Sinnlichkeit bleibt, nun jedoch in einem sich wechselseitig bedingenden Differenzzusammenhang eines spannungsvollen Gegenüber von Sinn und Sinnlichkeit, das in emanzipatorischer Funktion Überblick, willkürliche Kombination, etc. ermöglicht, aber zusehends auch Ausdruck einer Kluft ist.[13]

*„Sprache und Mythos sind nahe Verwandte"* (Cassirer 1944: 171). Was Cassirer für den Mythos aufzeigt, eine Entwicklung vom magischen Weltbezug zu einer metaphysischen Geographie mythischer Vorstellungswelt, welche den Schritt zu einem symbolischen Denken vollzieht, das sich von der bloßen sinnlichen Anschauung emanzipiert und konstitutive Funktion übernimmt: Das ist auch der Beschreibungsansatz, über Sprachentwicklung zu reflektieren (Cassirer 1923; PhdsF, Bd. 1: *Die Sprache*). Eine „dreifache Stufenfolge [...] des mimischen, des analogischen und des eigentlich symbolischen Ausdrucks" vollziehe sich in der Entwick-

---

12 Zu Analogie als Denkform Böhme (2017).
13 Mythos und Magie heute in der Bedeutung, individuelle Medien der Person sein zu können, die dazu beitragen, aktiv das Projekt *Leben* zu gestalten (vs. Religion, die das Empfinden trägt, dass ein aktives Eingreifen unmöglich sei und sich deshalb an eine höhere Macht wendet, zu Mythos vs. Religion vgl. auch Cassirer).

lung von Sprache als einer selbstständigen symbolischen Form im Rahmen der gesamten kulturellen Entwicklung (Cassirer 1923: 139);[14] mit Heraklit vollziehe sich dieser revolutionäre Schritt vom Mythos zum Logos (Cassirer 1944: 174f.). Im Zuge der sich entfaltenden Sprachphilosophie sei nun aber schon bei Parmenides und Empedokles, und dann bis ins 20. Jahrhundert hinein (Cassirer 1944: 184–198), die für den Logos zu klärende Frage der Bedeutung/Semantik und der Logik als das ontologisch substanzielle Sein der Sprache diskutiert worden, wobei sich die Sprachphilosophie und die Sprachwissenschaft in rationalistischer Tradition von Vernunftkonzepten, wenn sie nicht einen chronologisch-genetischen Untersuchungsansatz hatten, auf die Rekonstruktion einer möglichen mental basierten universellen Grammatik sowie den Werkzeugcharakter für Kommunikation konzentrierten und dabei annahmen, dass zwischen Denken und Sprechen, zwischen Logik und Grammatik eine „grundsätzliche Identität bestehe" (Cassirer 1944: 196).

Nun kannte Cassirer das Sprache-Geist-Paradigma Noam Chomskys noch nicht, das bis in unsere Zeit für die Linguistik bestimmend geblieben ist. Er resümierte 1944, dass man wohl nicht mehr hoffen dürfe, eine substanzielle Universalgrammatik von Sprache philosophisch und linguistisch begründen zu können. Und man kann mit guten Gründen vermuten, dass er eine solche auch gar nicht als erstrebenswert ansah, würde sie doch den von ihm kritisierten einseitigen Vernunftkonzepten entsprechen und nicht dem grundlegenden Differenzzusammenhang von Sinn und Sinnlichkeit der symbolische Form *Sprache* nachspüren. Cassirer folgte einer Spur, die man am ehesten aktuell in den Untersuchungen der gebrauchsbasierten Linguistik finden kann, welche antritt, das ausschließlich mental begründete Sprachparadigma Chomskys abzulösen (Ibbotson/Tomasello 2017: 14ff.). Cassirer sieht, ganz im Sinne der Annahmen gebrauchsbasierter Linguistik, eine fruchtbare Untersuchungsperspektive darin, die funktionale Besonderheit von Sprache als symbolischer Form zu erforschen, was für ihn heißt, dass unter Berücksichtigung aller Antinomie, Verschiedenheit, Divergenz und Vielfalt der Sprachen im Konkreten sowie in ihrem historischen Wandel aufgezeigt werden solle, welches produktiv-konstruktive Vermögen Sprache in ihrer sinnlich-sinnhaften Verschränkung grundsätzlich sei und wie Sprache in Wechselwirkung mit den anderen symbolischen Formen funktioniere und agiere. Über ihre beschreibend-darstellende und kommunikative Funktion hinaus forme und modelliere sie Erfahrung, Orientierung und Handeln durch einen expressiven Überschuss. Sprache sei, wie die anderen symbolischen Funktionen auch, nicht einfach nur ein medialer

---

14 Die Abfolge der Kapitel in PhdsF Bd. I verdeutlicht Cassirers Beschreibungsansatz, die Entwicklung von Sprache als ursprünglich *sinnlichem Ausdruck*, sodann als *anschaulichem Ausdruck* zu Sprache eines *begrifflichen Denkens* und der *logischen Beziehungsformen* zu verstehen.

„Spiegel", sondern „Lichtquelle" (Cassirer 1923: 27) und besitze damit eine konstitutive und verändernde Rolle für den Menschen sowie die gesamte kulturelle Entwicklung. Cassirer schlägt deshalb vor, die „besonderen sozialen Verhältnisse der Sprachgemeinschaft" (Cassirer 1944: 198) zu einem zentralen Untersuchungsfeld zu machen.[15] Mit diesem kulturphilosophisch-holistischen Ansatz wendet sich die Betrachtungsweise nicht allein grammatisch-logischen, mental basierten Strukturen der Sprache zu, sondern Cassirer plädiert dafür, insbesondere auch die konkrete Vielfalt der sprachlichen Ausdrucksformen sowie die konstitutive Funktion von Sprache in der linguistischen Theoriekonzeption zu berücksichtigen. Cassirer kann bei seinen Überlegungen schon auf eine Reihe bahnbrechender sprachwissenschaftlicher Arbeiten dieser Art zurückgreifen.

Cassirer konstatiert u. a., bspw. im Anschluss an Wilhelm Wundt, einen ursprünglichen Wirkungszusammenhang von Gebärdensprache und Lautsprache für die Sprachen der Naturvölker:

> „Überall findet sich hier jene charakteristische Durchdringung, der gemäß die ‚Wortbegriffe' dieser Sprachen nur dann ganz erfaßt und verstanden werden können, wenn man sie zugleich als mimische und als ‚Handgriffe' (*manual concepts*) versteht. Die Gebärde ist mit dem Wort, die Hände sind mit dem Intellekt derart verknüpft, daß sie wahrhaft einen Teil von ihm zu bilden scheinen" (Cassirer 1923; PhdsF I: 132).

Im Rahmen seiner Überlegungen sieht Cassirer bspw. für die Herausbildung der Präpositionen räumlicher Orientierung (vorn, hinten, unten, oben) die sinnliche Leiberfahrung im Raum als Orientierungssystem, auf dem die sprachliche Entwicklung fußt (Cassirer 1923, PhdsF I: 160ff.). Eine Betrachtung der produktiv-konstruktiven Potenziale der Sprache hat demnach eine ursprüngliche Wechselwirkung gemeinsamer Aktivität des menschlichen Denkens, Fühlens, Wollens und Handelns in der Leibesverkörperung im Blick (vgl. dazu aktuell Fuchs 2000), untersucht den Prozess der Sonderung aus der ursprünglichen Einheit in die Differenzierung und versucht zu verstehen, welche besondere – konstitutive – Funktion die Sprache als symbolische Form im gesamten Wirkungszusammenhang mentaler,

---

15 Vgl. dazu aktuell Charles Taylor (2017): *The Language Animal. The Full Shape of the Human Linguistic Capacity*, dt. *Das Sprachbegabte Tier. Grundzüge des menschlichen Sprachvermögens*. Ähnlich wie Cassirer argumentiert Taylor gegen einseitig rationalistische Sprachkonzeptionen und für eine Betrachtungsweise, welche holistisch die konstituierende Funktion von Sprache für den Menschen und ihre formende Bedeutung kultureller und sozialer Kontexte untersucht. (Bei Ludwig Wittgenstein finden sich solche Überlegungen in seinem Begriff des Sprachspiels.)

emotionaler und performativer Aktionsformen des Menschen besitzt und wie diese wiederum Sprache und sprachliches Handeln mit bestimmen.[16] Auch für Spracherwerb und Sprachentwicklung des Kindes, hier im Anschluss an die Untersuchungen von Clara und William Stern (Cassirer 1923: 132), betont Cassirer ursprünglich enge sinnlich basierte Wirkungszusammenhänge: eine Fusion von Intellekt, Sprache, Mimik und Gebärde – besonders von Arm und Hand, die sich in der Individualentwicklung ausdifferenziere und zu spezifischen symbolischen Funktionen gesondert und transformiert werde; er führt dann weiter aus,

> „daß mit dem ersten Begreifen der Symbolik von Sprache im Dasein des Kindes eine wirkliche Revolution stattfindet. Von hier aus gewinnt sein ganzes inneres und intellektuelles Leben eine neue Gestalt. Diese Veränderung beim Kinde ließe sich in etwa als Übergang von einer eher subjektiven zu einer objektiven Haltung, von einer emotionalen zu einer theoretischen Einstellung beschreiben" (Cassirer 1944: 203).

Cassirer versteht demnach auch die Sprachentwicklung beim Kind als einen Prozess, mit welchem sich die Raumorientierung des Leibes, als eine ursprüngliche verkörperte Fusion einer Vielzahl von Funktionen, ausdifferenziert: Auch hier entwickelt sich, wie schon unter kulturellem Gesichtspunkt betont, aus einem aktiven Ganzheitszusammenhang, der alle Momente des Denkens, Fühlens und Wollens auf elementarer Stufe fusioniert, eine Sonderung symbolischer Formen, und eine davon ist die Transformation in Sprache.[17] Ich verstehe Cassirer an dieser Stelle und für das Gesamte seiner Überlegungen zu Sprache als symbolischer Form so, dass er den Schritt von mimischem Ausdruck und analogischer Darstellung zum Symbol mit Bedeutungsfunktion als eine triadische Stufung auffasst, in der das Symbolvermögen emergente Eigenschaften aufweist, die nicht als bloße Weiterentwicklung und Ausdifferenzierung der beiden ersten Stufen zu verstehen sind, sondern als prinzipiell neue Vermögen. Mit diesem transformatorischen Schritt ist eine emanzipatorische Distanz gegenüber der Eingebundenheit des Daseins erreicht, eine Objektivität, die personale Selbstwirksamkeit und Souveränität in sprachlichen Handlungsräumen ermöglicht.

---

16 Der von Cassirer diskutierte enge Zusammenhang von Sprache und Gebärde sowie der Leiberfahrung als Muster von Weltorientierung wird aktuell u. a. dahingehend untersucht, ob und wenn ja welche biologischen Voraussetzungen es für Freiheit und Autonomie gibt. Vgl. u. a. Bernd Rosslenbroich 2014.
17 Vgl. dazu in Schlack 2004: 17–93 unterschiedliche Verfasser zu den Themen *Entwicklung, Motorik, Spielverhalten, Kognition, Sprache, Emotion* und *Sozialverhalten* im Kap. *Normale Entwicklung und Variabilität*.

**Technik als symbolische Form** versteht Cassirer im Zusammenhang menschlicher Produktivität als fundamentale anthropologische Konstante, ganz im Sinne der Überzeugung Goethes:

> „Der Mensch erfährt und genießt nichts, ohne sogleich produktiv zu werden. / Dies ist die innerste Eigenschaft der menschlichen Natur. Ja man kann ohne Übertreibung sagen, es sei die menschliche Natur selbst" (Cassirer 1930: 66; hier zitiert nach FA 18: 782; *Über den Dilettantismus*).

Der Mensch als *homo faber* (Cassirer 1930: 54), als Prometheus, der sich emanzipiert und sein Schicksal fortan selbst bestimmt (Cassirer 1930: 66)![18] Cassirer argumentiert auf der Folie der Ideengeschichte der Philosophie. Bei Platon habe die Frage nach der Technik ihren Ausgangspunkt. Wenn Platon in seinem *Kratylos* (388/389) die Tätigkeit des Benennens von Dingen oder Sachverhalten mit Worten gemäß ihrer inneren Natur – und damit den epistemischen Bezug von Erscheinung und Idee – erläutere, dann greife er auf Werke zurück und der Demiurg sei das Musterbild dafür, dass Werke und Werkzeuge nicht der Nachahmung entspringen und dass ihr Ursprung nicht in irgendeinem Teil der sinnlichen Welt zu finden sei, sondern im Lichte ideeller ursprünglicher Formen von einem Bildner „in die Sinnenwelt eingeführt" worden sind (Cassirer 1930: 44). Damit kommt der Technik für die Art und Weise funktionalen Handelns eine substanzielle Bedeutung zu, Herausforderungen und Probleme methodisch zu lösen; und der *homo faber* realisiert dabei sein praktisches Handeln im Lichte ideeller Sinnzusammenhänge, die als emergent in ihrem Bezug zur konkreten sinnlichen Welt verstanden werden müssen. Diese ideellen und damit konstitutiven Bezüge des Zusammenhangs und der Wechselwirkung zwischen Dingen und Sachverhalten sind als die *natura naturans* der *natura naturata* (Spinoza) zu verstehen; der *homo faber* arbeitet auf der Basis eines Wissens um die Beschaffenheit, Wirkung und Dynamik von Stoffen/Materialien sowie der Systematik und Dynamik von Prozessen, welche er in einen tech-

---

18 Die damit ausgesprochene Sonderung differenziert Cassirer, indem er Magie als mythische symbolische Form in ein bestimmtes Verhältnis zu Technik bringt. Cassirer selbst hebt Fusionsmomente und Differenzentwicklung hervor: „So wenig sich jedoch Magie und Technik rein genetisch voneinander sondern lassen, so wenig sich ein bestimmter Zeitpunkt in der Entwicklung der Menschheit angeben läßt, an dem sie von der magischen zur technischen Beherrschung der Natur übergeht, so schließt doch der Gebrauch des Werkzeugs als solcher schon eine entscheidende Wendung im Fortgang und im Aufbau des geistigen Selbstbewußtseins ein. Der Gegensatz zwischen der ‚inneren' und der ‚äußeren' Welt beginnt jetzt, sich schärfer zu akzentuieren: die Grenzen zwischen der Welt des Wunsches und der Welt der ‚Wirklichkeit' fangen an, klarer herauszutreten. Nicht unmittelbar greift die eine Welt in die andere ein und geht in sie über, sondern an der Anschauung des vermittelnden O b j e k t s, das im Werkzeug gegeben ist, entfaltet sich allmählich das Bewußtsein des vermittelbaren T u n s" (Cassirer 1925: 255f.).

nischen Handlungsplan fusioniert, mit dem eine zielorientierte Prozesssteuerung und Realisierung vollzogen werden kann. Technik behaupte in dieser Bedeutung, so Cassirer, im „Aufbau unserer gegenwärtigen Kultur den ersten Rang" (Cassirer 1930: 39). Für Cassirers Überlegungen spielen die aktuell intensiv diskutierten Fragen von Nutzen oder Nachteil der Technik eine nachgeordnete Rolle.[19] Vielmehr geht es ihm darum, die anthropologischen Perspektiven des *homo faber* herauszuarbeiten: Technik und Werkzeuggebrauch verschaffen eine Distanz, über welche als Handlungsraum verfügt werden kann. Auch die Zeiterfahrung verändert sich in dem Maße, als in aktueller Gegenwart ein erwartetes Ziel in der Ferne der Zukunft anvisiert wird; die Erfahrungen und Erträge der Vergangenheit stehen durch Erinnerungskonzeptionen auch technischer Art für gegenwärtiges Handeln und Entscheiden zur Verfügung. Damit wird Technik zu einem bedeutenden Faktor der Selbstgestaltung und der Emanzipation des Menschen;[20] neben der Sprache habe der Mensch sich mit dem Werkzeug eines der „wichtigsten Mittel der Befreiung" (Cassirer 1930: 64) geschaffen.

Auch Technik und Werkzeuggebrauch weisen zudem Fusionszusammenhänge auf, die im Ganzen der anthropologischen Verfassung des Menschen verankert sind. Denn zunächst einmal sind körperliche Organe und Gliedmaßen die gegebenen Werkzeuge (Cassirer 1930: 61), wobei insbesondere die Hand als Werkzeug der Werkzeuge (Aristoteles, De An. 432A,1) gelten kann. Historisch gesehen vollzieht sich eine Entwicklung vom Greifen zum Begreifen (Cassirer 1930: 61) und damit verbunden von immer ausdifferenzierteren Werkzeugen – nach Aristoteles als „ablegbare Körperteile" (EE H9,1241b,23) verstanden. Technik wird damit zu einer funktionalen Leiberweiterung mit emanzipatorischer Dynamik. In diesem Zusammenhang betont Cassirer im Anschluss an Untersuchungen von Karl Bühler, dass „Urformen der rhythmischen Bewegung des eigenen Körpers" (Cassirer 1930: 75) ihre Weiterentwicklung und Ausdifferenzierung in Arbeitsprozessen finden, ja dass in einigen Sprachen von Naturvölkern bspw. Tanz und Arbeit mit einem Wort bezeichnet werden (ebd.): eine ursprüngliche Verbindung ästhetischer und funktionaler Kategorien. Hier erweist sich Cassirers anthropologische Annahme einer kulturellen Entwicklungsdynamik, welche Partizipation und Sonderung nicht als Alternativen, sondern als korrelative und konvergierende Prozesse in einem antagonistisch widerständigen Handlungsfeld der Welt versteht, als besonders

---

19 Nicht jedoch die möglichen Gefahren, wenn sich das Herrschaftsverhältnis von Mensch zu Technik umkehrt (vgl. Cassirer 1930: 67f., 76f., 86ff.)
20 Ich erinnere in diesem Zusammenhang an die Geschichte von Joseph und seinen Brüdern im AT, welche den technischen Fortschritt der ägyptischen Kultur im Mythos zeigen: Die Gegebenheiten der Furchtbarkeit garantierenden Nil-Natur werden zusehends durch Be- und Entwässerung, durch Mühlen- und Wassertechnik beherrscht, bis dann die Idee des Speichers auch einen regulierenden Umgang mit dem unregelmäßigen landwirtschaftlichen Ertrag ermöglicht.

fruchtbar: Kann sie doch einsichtig machen, dass man auf eine mögliche Rück- und Einbindung der Technik in die conditio humana hoffen darf. Wenn sich des Weiteren Naturforschung/Wissenschaft und Technik in der kulturellen Entwicklung differenzieren und spezialisieren, so sei auch auf diesem Feld prinzipiell ein korrelatives Verhältnis möglich: Die Aristotelischen Konzepte von Praxis, Poiësis und Theorie können sich wechselseitig ergänzen, es gebe keine klaren Grenzen zwischen ihnen, sondern vielmehr Durchdringungen. Leonardo da Vinci ist der Archetypus des korrelativ schaffenden Künstlers, Forschers und Technikers (Cassirer 1930: 79). Ich möchte ergänzen, dass diese Zusammenhänge schon für die ältesten Zeugnisse menschlicher Tätigkeit diskutiert werden. So überlegt Albrecht Schad, ob die Formen von steinzeitlichen Faustkeilen in einer bestimmten Entwicklungsfolge mehr auf eine Funktion als ästhetischer Gegenstand oder als Werkzeug und Waffe hindeuten (Schad 2009: 77–109). Die Fragestellung verdeutlicht, dass eine Sinn- und Funktionsgebung durch den je konkret handelnden und denkenden Menschen erfolgen dürfte, dass sie nicht gegeben und eindimensional festgeschrieben ist, sondern produktiv als sachgerechte Wahl in das Weltgeschehen eingeführt und aktiviert wird: ob nun funktional oder ästhetisch motiviert, ob als Waffe, Werkzeug oder Gegenstand eines ästhetischen Gefallens. Damit ist aber auch deutlich, dass eine Klufterfahrung, welche diese Wahl ermöglicht, und damit einhergehend ein Differenzbewusstsein als anthropologische Konstante zu sehen sind, welche produktive Souveränität des Menschen in einem widerständigen Handlungszusammenhang sicherstellen kann.

## 5. Pragmatische Perspektiven von Souveränität in Zeiten der Ungewissheit

### 5.1 Anthropologische Annahmen

Die Rekonstruktion ausgewählter symbolischer Formen deutet auf eine Reihe von anthropologisch relevanten Merkmalen einer Conditio humana. Von Bedeutung ist zunächst die basierende Annahme einer engen leib-seelischen Verschränkung. Ausgehend von dieser ergeben sich resonante Beziehungsmodalitäten in je spezifischer Weise als Differenzzusammenhang von Sinn und Sinnlichkeit, der sowohl in Fusion als auch Differenzierung aktiv, der sowohl unmittelbare Partizipation als auch wechselseitige Resonanz sowie souveräne Aktionsform im widerständigen Weltzusammenhang sein kann. Dabei bewirken die sich verstärkenden Antagonismen im kulturellen Prozess eine Klufterfahrung, die als Motor einer offenen Entwicklung verstanden werden, die auf Emanzipation angelegt zu sein scheint. Diese basiert auf transformatorischen Bildungsprozessen, mit welchen emergente Eigenschaften zunehmend und expansiv eine Souveränität des Menschen ermöglichen, welche auf eine freie Orientierung und Partizipation im Weltganzen zielen. Dem Verlust ursprünglicher naturhafter Eingebundenheit steht damit auf dem Weg über ein duales Weltverhältnis ein Entwicklungshorizont gegenüber, der selbstbestimmte Teilhabe durch ein triadisches Muster verheißt.

Die verschiedenen symbolischen Formen können als Bewältigungsstrategien aufgefasst werden, die Muster für Problemlösungen formieren. Darüber hinaus generieren sie Produktionsleistungen, welche nicht einfach nur Vorhandenes neu kombinieren und arrangieren, sondern ganz Neues schaffen. Die grundsätzliche Ertragsleistung ist eine Sinngebung, eine Formung, durch welche die Dinge der Erfahrung ihre Zufälligkeit verlieren und in ein morphologisch differenziertes Ganzes orientiert werden.

Neben funktional-effizienten Bewältigungsstrategien im historisch-gesellschaftlichen Kontext der Ökonomie erweist symbolische Formung gerade in Räumen der Unverfügbarkeit ihre besondere Bedeutung, bspw. im Sinne Schillers selbsttätiger Bildungskraft (Soetebeer 2010). Es liegt nahe, dass in Zeiten der Ungewissheit einer hyperkomplexen Ökonomie Entwicklungsperspektiven dieses Gegenraumes Orientierungen erzeugen können. Wenn dort die divergierenden Geschwindigkeiten verschiedener Erfahrungsräume kaum mehr eine Synchronisation zuzulassen scheinen, wären hier die fruchtbaren Wirkungen einer Zusammenhang stiftenden Praxis aufzuzeigen.

Gemäß meines Anliegens werde ich exemplarisch die symbolischen Formen Technik und Mythos als Referenzen für Souveränität befragen, um deren Orientierungs- und Handlungsmuster zu diskutieren.[21]

## 5.2 Das Werk der Hand

Eine gegenüber Cassirer radikal andere Auffassung zu Technik und technischem Handeln findet sich aktuell bei Christian Berg *Handlung als überindividuelles Konzept?* (2010). Ausgehend von dessen Beschreibungsansatz sollen in kontrastiver Weise einige Ertragsperspektiven meiner bisherigen Überlegungen verfolgt werden.

In seinem Geleitwort zu der in Rede stehenden Schrift führt Günter Ropohl aus, dass Handeln heute weitgehend Herstellen meine; das aristotelische Handeln als ein Vollzug, der in sich seinen Sinn findet, sei antiquiert im Zeitalter sich ausdifferenzierender Gesellschaften. An die Stelle persönlichen Handelns seien organisierende Systeme arbeitsteiliger Produktion getreten, in welcher das *animal*

---

21 Es ist zu vermuten, dass die damit aufgezeigten Optionen ergänzungsbedürftig sind und in einem Diskurs ethischer Begründungszusammenhänge menschlichen Denkens und Handelns orientiert werden müssen.

*laborans* (Hannah Arendt) nach Maßgabe zu funktionieren habe. Niemand wird bestreiten, das Ropohl mit dem Begriff der Herstellung die realen Verhältnisse moderner Ökonomie angemessen bezeichnet. Im Zeitalter der Digitalisierung aller technischen Prozesse kommt es extrem verstärkt zu einer ja schon von Friedrich Schiller für das 18. Jahrhundert beschriebenen Fremdbestimmung und Entfremdung (Soetebeer 2010), in welcher der Einzelne immer weniger eine persönliche Ausdifferenzierung selbstbestimmt gestalten kann und diese Lage als destabilisierend und verunsichernd erlebt. Insofern stützt eine solche These das eingangs thematisierte moderne Lebensgefühl einer Fragmentierung ebenso, wie es Hartmut Rosas Resonanztheorie mit ihrer Betonung von Einbindung, Verbindlichkeit und Geborgenheit als kritischen Gegenentwurf zu diesen Verhältnissen plausibel erscheinen lässt. Nun kann aber, anders als von Berg und Ropohl behauptet, gerade ein vormodernes Konzept wie das von Aristoteles als ein Spiegel kritischer Reflexion aktueller Bedingungen fungieren, wie sie im gegenwärtigen philosophischen Denken Ernst Cassirer für Technik als symbolische Form praktiziert, und dabei das Interesse auf reale Momente einer konkreten Unverfügbarkeit lenken (Rosa 2016: 750), welche nicht einer Anpassung und Optimierung gehorchen, sondern als spezifische Erfahrungsqualität gelten können, Souveränität durch sinnhaftes Tun zu veranlagen und zu stärken.

Ich möchte ein solches sinnhaftes Machen zunächst exemplarisch an Michelangelos Deckenfresko zur Genesis in der Sixtinischen Kapelle betrachten, um dann einige konkrete Perspektiven der Aristotelisch-Cassirerschen Idee des Handelns in aktueller Bedeutung aufzuzeigen.

Abb. 1: Michelangelo: Die Erschaffung Adams (Dnalor_01, Wikimedia Commons, CC-BY-SA 3.0 https://commons.wikimedia.org/wiki/File:Rom,_Vatikan,_Sixtinische_Kapelle,_Die_ Erschaffung_des_Adam.jpg, Zugriff 21.01.2020)

Das Bild zeigt schaffende Wirksamkeit und zu Schaffendes – aber als Kluft. In der Dynamik des Geschehens berühren sich die Finger nicht. Es ist die Lücke, die den gesamten Akt der Erschaffung mit einer intensiven Spannung auflädt. Der Blick Adams ruht mit einer gewissen Ergebenheit auf der Lücke, während der Blick Gottes eine Dynamik zu entfalten scheint, die Differenz zwischen Schöpfer und Geschöpf zu überwinden, und diese Dynamik wird für das Geschöpf Leben bedeuten. Vielleicht waren es solche Überlegungen, die Michelangelo bei der Arbeit an dem Genesiszyklus begleiteten (vgl. Hornemann v. Laer 2009): Weicht sein Fresko doch signifikant von der Genesiserzählung ab und verleiht Hand und Auge – Machen und Aisthesis – schaffende Wirksamkeit! Die im Motiv dargestellte Kluft könnte in diesem Fall auch eine widerständige umbildende Erfahrung für den bildenden Künstler Michelangelo gewesen sein, welche Motivation und Motor für ein kreativ modellierendes Handeln geworden ist: Der Künstler als Demiurg oder Prometheus, der Material und Motiv in widerständiger Erfahrung achten lernt und aus ihren Gegebenheiten ästhetisch formt.[22] Tätigkeit ist in diesem Fall ein Handlungsprozess, verstanden als Bewältigungsstrategie, die Kluft zu modellieren. Ein solcher Künstler handelt souverän als ein Meister, gerade weil er die Dinge in *ihrer* Beschaf-

---

22 Dazu aus einem Sonett von Michelangelo: „Der beste Meister kann kein Werk beginnen, / Das nicht der Marmor schon in sich umhüllt, / Gebannt in Stein, jedoch das Werk erfüllt / Die Hand, sie folgt dem Geist und seinem Sinnen."

fenheit erfährt und formt, sein Schaffen sich an ihnen entzündet, ohne dass er die Handhabung selbst im Bewusstsein halten muss. Die Differenzerfahrung regt intrapersonale Inspirationsquellen an, aus denen er kreativ tätig ist; und mit dem Tun verwandeln sich die Dinge der Welt.

Die Bildbetrachtung führt uns zum Aristotelischen Begriffszusammenhang von Prāxis (einem Handeln, das im Tätigsein selbst sein Ziel findet), Poiësis (einem produzierenden Herstellen, das mit Handlungswissen und Technik ein Produkt herstellt) und Theōria (einem epistemischen, auf Handeln bezogenen Denken, welches auf Erklären und Verstehen zielt: Wissenschaft). Damit sind jeweils besondere Arten von Tätigsein in ihrer spezifischen Eigenart beschrieben. Wenn diese Tätigkeiten sich aus den Augen verlieren und sich nicht mehr gegenseitig ergänzen, beschreiben wir das heute als Entfremdung oder Fragmentierung in einer sich rasant ausdifferenzierenden und spezialisierenden Moderne. Dazu widerständig wäre ein Handeln, welches Machen, Können, Methode, Technik, Prozesserfahrung und Reflexion über die Sinnhaftigkeit einer Tätigkeit zusammenzubinden vermag.

Nun gehören Künstler wie Michelangelo und die im Vorherigen erwähnten, Leonardo da Vinci und Goethe, zu den üblichen Verdächtigen eines derartigen Handelns; sie gelten als Genies mit autoreferenzieller Kreativität, exklusiv und noch außerhalb möglicher Lebenserfahrung der Vielen, ähnlich Michel de Montaigne, einer aristokratisch-feudalistischen Ökonomie verhaftet. Doch sollte man sich ob solcher Differenzen zur heutigen Ökonomie nicht die Möglichkeit verbieten, sie als Muster für Handeln überhaupt zu befragen. Es wären zwei Perspektiven eines solchen Fragens denkbar.

Die erste Perspektive betrifft mögliche Formen einer sinnstiftenden Zusammenarbeit im Gegensatz zu einer nahezu unausweichlich erscheinenden Fragmentierung in arbeitsteiligen hochspezialisierten Gesellschaften: Kooperation – gute Zusammenarbeit (Stix 2015; Tomasello 2014) – kann als eine essenzielle Grundbedingung für erfolgreiches Handeln gelten. Handlungsvollzüge kooperativ zu organisieren und dabei gemeinsame Sinnhorizonte zu entwickeln, welche das Evolutionsmuster *Konkurrenz* nicht nur ergänzen, sondern durchaus entscheidend erweitern, ist ein zentrales Argumentationsmuster im aktuell sich ausdifferenzierenden Evolutionsdiskurs (Tomasello 2014, 2019; Rosslenbroich 2014). Im Sinne des eingangs zitierten Gedankens Montaignes, auch des *zoon politikon* Aristoteles', ergänzen sich Kooperation und Souveränität unter solchen Bedingungen: Ich erlebe Sinn in meiner Tätigkeit. Ich kann etwas, was einen Wert hat und gebraucht wird: Entsprechende Maßstäbe einer Wertschätzung werden in kulturellen Kontexten entwickelt und werden von diesen zugesprochen. Ich übernehme Verantwortung für einen Teil und das Ganze; ich bin als Teil wichtig für das Ganze. Diese Art Teilhabe ist mit der Differenz-/Klufterfahrung gegeben; diese bietet mir die

Möglichkeit, der Welt gegenüberzutreten, meinen Erfahrungen einen Sinn zusprechen und souverän handeln zu können.

Mit Cassirer konnte verdeutlicht werden, dass der historische Prozess die Sonderung herbeiführt, welche Freiheit als Bedingung für Souveränität entwickelt. Der vorliegende Begründungszusammenhang schließt an den Gedanken an, dass das Handeln des Menschen sich grundsätzlich in einem gesellschaftlichen Kontext mit seinen Koordinaten von Raum und Zeit vollzieht. Dieser kann nicht hintergangen werden und kann insofern als eine anthropologische Konstante von Handeln gelten, die aktiv zu gestalten ist. Mit dieser Überlegung ist zumindest als Denkoption gegeben, dass eine zunehmende Differenzierung nicht notwendig zu Fragmentierung führen muss, diese stellt nur eine mögliche Variante dar, andere, hoffnungsvollere Optionen können diskutiert werden.

Emanzipation in dieser Perspektive überschreitet die Bedingungen des Kant'schen Autonomiebegriffes ebenso, wie sie über Resonanzbezüge hinausdrängt. Beide Aktionsformen agieren dominant rückgebunden in ihren rahmenden Bedingungsgefügen. Demgegenüber bedarf es Möglichkeiten einer Expansion. Max Weber oder auch Alfred Schütz diskutieren solche Überschreitungen der eigenen kulturellen Rahmung und Lebenswelt und ihren spezifischen Orientierungsmustern. Man denke bspw. an bewusste Aneignung anderer Lebenswelten, an ein Kennenlernen kultureller Vielfalt durch Reisen, historische Erforschung vergangener Kulturen.

Unter anderem Blickwinkel kann man das Denkmuster expansiver Selbstbildung exemplarisch im Pragmatismus von Richard Sennett finden, dessen Überlegungen zum Werk der Hand als besonderer symbolischer Form der Technik entsprechende Ausblicke auf diesbezügliche Muster von Souveränität ermöglicht. Es geht Sennett in *Handwerk* (2008) um die Frage, ob und wie auch bei fortschreitender, sich differenzierender Spezialisierung und zunehmend funktionaler Arbeitsteilung Formen einer sinnstiftenden Defragmentierung möglich sind, welche die Potenziale von Hand und Kopf des *homo faber* fusionieren (Sennett 2008: 16). Das Werk der Hand greift und begreift die Dinge als widerspenstige Objekte in sinnlicher Erfahrung und muss diesen für ein Gelingen die nötige Achtung entgegenbringen. Der Weg der Hand zu einem solchen Können ist Übung als individuelle Praxis (Sennett 2008: 167). Mit Übung arbeitet man sich am Widerstand der Dinge ebenso ab, wie man am Unvermögen erwacht, wächst und reift, es in Fähigkeiten transformiert. Der lange Atem in der Tätigkeit bildet zugleich Widerstandskraft, Belastbarkeit, Verantwortung, Mut und Stärke. Übung ist damit der Weg einer Selbstbildung, die eigenen Fähigkeiten zu kultivieren; Übung ermöglicht eine Reifung zur Routine, zu Können als Meisterschaft. Man denke bspw. daran, dass die Beherrschung eines besonderen Rhythmus, wie er sich bei der Hammerführung eines Schmiedes finden lässt, erst einen effektiven Arbeitsprozess garantiert (Sennett 2008: 384). Ein solches souveränes Können verleiht Selbstwert und Würde. Es ist nicht unbedingt an funktionale Notwendigkeiten gebunden, sondern weist Züge eines *Spiels* im Sinne Friedrich Schillers auf (Sennett 2008: 357f.): Man will nicht bloß produzieren, auch nicht nur gute Dinge machen, sondern – man will die Dinge gut machen!

Der Begriff des *Spieles* mag zunächst verwundern. Doch handwerkliches Können kennt das Geheimnis – das Geheimnis der Werkstatt (Sennett 2008: 104) –, die „Allgegenwart des stillschweigenden, unausgesprochenen und nicht in Worte gefassten Wissens" (Sennett 2008: 108). Damit sprengt es die referenziellen Bezüge zum Kontext als ein oft singuläres implizites Wissen, das besondere Innovationen ermöglicht. Werke dieses Wissens tragen zum Ausdruck ihrer Herkunft persönliche Zeichen (Sennett 2008: 177), Signaturen der Anwesenheit des Machers. Die Zeichen zeugen von Hingabe und Engagement, von einem persönlichen Ethos, eine Sache gut und um ihrer selbst willen machen zu wollen (Sennett 2008: 32f.; 196). Sennett sieht gerade in einem solchen Stolz des Könnens ein Fundament sich wechselseitig ergänzender Kooperation (Sennett 2008: 50, 75): Resonanz braucht die Souveränität aus Unverfügbarkeit! Inwieweit Einzigartigkeit und Singularität Chancen und Gefahren der Postmoderne bedeuten, diskutiert Andreas Reckwitz (2017).

## 5.3 Die souveräne Leserin[23]

Ich betrachte im Folgenden erzählende Literatur als eine spezielle Ausprägung von Mythos als symbolischer Form[24]. Dabei leitet mich die Annahme, dass in Produktion und Rezeption individuelle ästhetische Erfahrungen persönliche sinnstiftende Identitätsmuster gestalten. Mein Ausgangspunkt ist Ernst Cassirers Vergleich von Mythos und Geschichte. Die entsprechende Passage im zweiten Band seiner PhdsF sei hier zitiert:

> „Die Vergangenheit selbst h a t kein ‚Warum' [...]: sie i s t das Warum der Dinge. [...] Wenn die Geschichte das Sein in die stetige Reihe des Werdens auflöst, innerhalb dessen es keinen ausgezeichneten Punkt gibt, in dem vielmehr jeder Punkt auf einen weiter zurückliegenden hinweist, so daß der Regreß in die Vergangenheit zu einem *regressus in infinitum* wird – so vollzieht der Mythos zwar den Schritt zwischen Sein und Gewordensein, zwischen Gegenwart und Vergangenheit, aber er ruht in der letzteren [...]. Die Zeit

---

23 Eine Adaption des Titels der gleichnamigen Novelle von Alan Bennett (2016).
24 Vgl. in Ergänzung dazu für Lyrik und Dramatik Schuhmacher (2018).

nimmt für ihn nicht die Form einer bloßen Relation an, in der die Momente des Gegenwärtigen, des Vergangenen und des Zukünftigen sich ständig verschieben und ineinander / umsetzen, sondern eine feste Schranke trennt die empirische Gegenwart von dem mythischen Ursprung und gibt beiden je einen unvertauschbaren ‚Charakter'" (Cassirer 1925; PhdsF II: 130f.).

Strukturgleich, aber im Gegensatz zu der von Jean-François Lyotard dekonstruierten Denkform großer Erzählungen versteht Cassirer Mythos als Sinngebung des Zeitlaufs. Mythos ist demnach als eine besondere Erzählform zu verstehen, welche weder Chronik noch Geschichtsschreibung sein will, sondern vergangenes Geschehen unter Sinngeschichtspunkten interpretiert und ästhetisch anordnet.

Nun beschreibt Walter Benjamin in seinem Essay *Der Erzähler* schon 1936 eine Beobachtung nach der Jahrhundertwende, dass der Erzähler und mit ihm die erzählte Geschichte als Instanz einer Narration der Moderne fremd geworden seien. Benjamin vermutet einen zunehmenden Verlust von Erfahrung aufgrund der sprichwörtlich unfassbaren Ereignisse des ersten Weltkriegs und der historisch-gesellschaftlichen Umwälzungen, vor denen narrative sinnkonstituierende Formung zunehmend versage; zu beklagen sei ein zunehmender Verlust an Erzählvermögen mündlicher sowie literarischer narrativer Gestaltung von Lebenszusammenhängen. Information über Sachverhalte werde immer dominanter die moderne Form sprachlicher Fassung der Dinge der Welt.

Demgegenüber insistiert Cassirer, Geschichte brauche ein orientierendes Narrativ, das der Zeit eine Gestalt gibt, Ursprung, Verlauf sowie Ziel bedenkt. Je nach Denkansatz und Interesse formulieren bspw. Religionen (Offenbarung der ersten Dinge des Ursprungs, eschatologische Visionen der letzten Dinge) solche Mythen bzw. großen Erzählungen. Die geschichtsphilosophische Idee einer Achsenzeit ca. 800–200 v. Chr. findet sich als eine das Vorher von einem Nachher unterscheidende Zeitenwende bei Karl Jaspers (1949), deren Diskurs neuerdings Jan Assmann nachgezeichnet hat (2018).

Cassirer stützt sich für seine Auffassung auf eine kritische Reflexion. In dem posthum erschienenen *Der Mythus des Staates* (1946) versucht Cassirer die historische Entwicklung politischer Ideen der Neuzeit zu verstehen. Er sieht die Antworten der Politik zur Bewältigung der Herausforderungen der Moderne als Auslöser für die menschheitlichen Katastrophen der ersten Hälfte des 20. Jahrhunderts. Das politische Handeln habe auf Machtmissbrauch sowie suggestive Wirkung irrationaler Mythen nationalistischer und rassistischer Prophetie gesetzt, wo sachkundige wissensbasierte Organisation mit Respekt gegenüber den Bedingungen und Gesetzen sozialer, gesellschaftlicher und politischer Realität das verantwortliche Mittel gewesen wäre (Cassirer 1946: 384f.). Gerade weil nun aber eine politische

Rhetorik mit entsprechender Propagandatechnik eingesetzt wurde, stehe man Mitte des 20. Jahrhunderts vor den Trümmern einer verheerenden zerstörerischen Wirkung; man habe die Macht des Mythos unterschätzt:

> „Ein Mythus ist in gewissem Sinne unverwundbar. Er ist für rationale Argumente undurchdringlich; [...] Aber die Philosophie kann uns einen [...] wichtigen Dienst leisten. Sie kann uns den Gegner verstehen machen. [...] Wir alle sind dafür verantwortlich, seine Stärke unterschätzt zu haben. Als wir zuerst die politischen Mythen hörten, fanden wir sie absurd und unangemessen, so phantastisch und lächerlich, daß wir kaum dazu ermocht werden konnten, sie ernst zu nehmen. Jetzt ist es uns allen klar geworden, daß dies ein großer Fehler war. Wir sollten denselben Irrtum nicht ein zweites Mal begehen. Wir sollten den Ursprung, die Struktur, die Methoden und die Technik der politischen Mythen sorgfältig studieren. Wir sollten dem Gegner ins Angesicht sehen, um zu wissen, wie er zu bekämpfen ist" (Cassirer 1946: 388).

Nun ist hier nicht der Ort, sich auf diesen Kampf einzulassen. Cassirers Reflexion zeigt jedoch, dass Mythos und Narration in ihrer Funktion einer ethischen Gründung und Rückbindung bedürfen, dass sie im Wechselspiel mit anderen symbolischen Formen erst ihren begründeten positiven Sinn finden: die mythologisch formierten Narrative verlangen als Widerlager eine kritisch-rationale Reflexion.

Unter diesen Vorzeichen sollen nun literarische Texte in ihrer symbolischen Funktion als Mythos betrachtet werden. Dabei verlasse ich die bisher verfolgte bewusstseinsgeschichtliche Spur. Was für Mythen als die großen Erzählungen gilt, ist auch auf individuelle literarische Mythen übertragbar. Der Akt des Schreibens und der Akt des Lesens ist individueller performativer Vollzug. Literarische Produktion und Rezeption formieren Sinnhorizonte, die für die jeweiligen Akteure orientierend und identitätsstiftend sind. Goethe ist für Cassirer ein prominentes Beispiel einer produktiven Poetisierung der Biographie als Erinnerungskultur (Aleida und Jan Assmann), die in formierender und normierender Funktion Goethes Selbstbildung gilt. *Dichtung und Wahrheit* ziele nicht, wie manche Lesarten meinen den Titel verstehen zu müssen, auf fiktional-narrative Modi gegenüber der Lebensrealität, sondern Goethe habe deren Wahrheit in ästhetischer Form gestalten wollen:

> „[...] aber diese Wahrheit war nur zu finden, indem er den isolierten, verstreuten Momenten seines Lebens eine poetische, d. h. eine symbolische Gestalt verlieh" (Cassirer 1944: 87).

Dichtung wird damit zu symbolischer Formung mit Reflexionscharakter, in der sich eine narrative Linie des Lebens zeigt. Nach Henrik Ibsen sitze man beim Schreiben über sich selbst zu Gericht (Cassirer 1944: 87). Dabei erfährt und reflektiert Goethe selbst die Möglichkeiten und Grenzen eines solchen Unternehmens. Im zurückgehaltenen Vorwort zum dritten Teil von *Dichtung und Wahrheit* findet sich die widerständig-produktive Einsicht, dass eine Autobiographie, verfasst nach morphologischem Denkmuster, aufgrund von Kontingenz und Inkommensurabilität (vgl. FA 23/1: 613) der realen Welt unvollendet, als Ganze offen bleiben müsse.[25] Angestrebtes narratives Kontinuum und reale Klüfte bilden demnach einen spannungsreichen Differenzzusammenhang; Wirrnisse und Widerfahrnisse des Lebens sind realer Ausgangspunkt und dienen als kritischer Reflexionsmodus souveräner Selbstbildung (Soetebeer 2018: 164ff.). In welcher Weise literarische Ästhetik dabei als Imaginäres einen Bezug zur Realität ästhetisch formiert und damit der Emergenz performativer Individualisierung Ausdruck verleiht, zeigt insbesondere Wolfgang Iser auf (Iser 1988, 2014). Für Goethe selbst lag eine entsprechende Bedeutung produktiver Realitätsverarbeitung (Hurrelmann) darin, die Erfahrungen einzelner lebensweltlicher Zusammenhänge in eine Fusion zu bringen, in der sich seine unterschiedlichen Interessen begegneten. In deren Wechselwirkung moderierte er die Linien seines Lebens. So hielt Goethe immer wieder konkret erlebte Naturerfahrungen in seinen Tagebüchern fest, gab ihnen zeichnerischen Ausdruck, transformierte Bild und Notat in literarischen Texten, zog Verbindungen zu seiner Naturforschung und schloss grundsätzliche Reflexionen der Stellung des Menschen im Weltganzen an. Die einzelnen Bezirke der Erfahrung wurden dabei nicht einfach nur verbunden, sondern in ihrer aktiv betriebenen Fusion zeigt sich eine dynamische Selbstbildung ebenso, wie sie expansiv zu einem vielschichtigen und komplexen Bild des Lebens formiert wird (Soetebeer 2019b).

Gemäß diesen Überlegungen erscheinen analog auch rezeptionsästhetische Erfahrungen als produktive Formen von Souveränität. Lektüre in Refugien der Unverfügbarkeit, abseits gesellschaftlicher Räume, kann zu personalisierten Orientierungshorizonten mit transformativer Wirkung expandieren, wenn sie auf intensiver Resonanzerfahrung basiert, wie der *Malte Laurids Brigge* von Rainer Maria Rilke veranschaulicht. An später Stelle der Erzählung erinnert sich Malte an schicksalhafte Linien seines Lebens:

---

[25] In Paralipomenon 78 zu *Dichtung und Wahrheit* heißt es: „[...] in der nächsten Epoche zu der ich schreiten müßte fallen die Blüten ab, nicht alle Kronen setzen Frucht an und diese selbst, wo sie sich findet, schwillt langsam und die Reife zaudert. Ja wie viele Früchte fallen schon vor der Reife durch mancherlei Zufälligkeiten, und der Genuß, den man schon in der Hand zu haben glaubt, wird vereitelt." (FA 14: 972); vgl. dazu Soetebeer (2018: 163ff.).

„Man wird mich schwer davon überzeugen, daß die Geschichte des verlorenen Sohnes nicht die Legende dessen ist, der nicht geliebt werden wollte. Da er ein Knabe war, liebten ihn alle im Hause. Er wuchs heran, er wußte es nicht anders und gewöhnte sich in ihre Herzweiche, da er ein Kind war. Aber als Knabe wollte er seine Gewohnheiten ablegen. Er hätte es nicht sagen können, aber wenn er draußen herumstrich den ganzen Tag und nicht einmal mehr die Hunde mithaben wollte, so wars, weil auch sie ihn liebten; weil in ihren Blicken Beobachtung war und Teilnahme, Erwartung und Besorgtheit; [...]. Was er aber damals meinte, das war die innige Indifferenz seines Herzens, die ihn manchmal früh in den Feldern mit solcher Reinheit ergriff, daß er zu laufen begann, um nicht Zeit und Atem zu haben, mehr zu sein als ein leichter Moment, in dem der Morgen zum Bewußtsein kommt. Das Geheimnis seines noch nie gewesenen Lebens breitete sich vor ihm aus. [...]: dies alles wurde kein Schicksal und die Himmel gingen wie über Natur. Schließlich kam der Nachmittag mit lauter Einfällen; man war ein Bucanier auf der Insel Tortuga, und es lag keine Verpflichtung darin, es zu sein; man belagerte Campêche, man eroberte Vera-Cruz; es war möglich, das ganze Heer zu sein oder der Anführer zu Pferd oder ein Schiff auf dem Meer: je nachdem man sich fühlte. Fiel es einem aber ein, hinzuknien, so war man rasch Deodat von Gozon und hatte den Drachen erlegt und vernahm, ganz heiß, daß dieses Heldentum hoffärtig war, ohne Gehorsam. Denn man ersparte sich nichts, was zur Sache gehörte. [...] Nur daß der Heimweg dann kam. Mein Gott, was war da alles abzulegen und zu vergessen; denn richtig vergessen, das war nötig, sonst verriet man sich" (Rilke 1996: 629f.).

Man erkennt: Literarische Mythen bilden schon früh im Leben Simulationsräume produktiver Identitätsformung in Refugien der Unverfügbarkeit und schaffen offensichtlich zeit des Lebens personalisierte Orientierungshorizonte, die formative, transformative und kritisch-reflexive Funktion haben können. Der alternde Erzähler reflektiert darüber und ist sich dabei klar, dass die eingeübte Souveränität schon in der Jugend eine Beziehungsrelation ist, deren Wirksamkeit sich im Widerstreit der Wirklichkeit bewähren musste, und dass solche Differenzerfahrungen die brüchige Spur des Lebens bilden.

Folgt man in diesem Sinne Christa Wolf, die einmal feststellt: „Denn ich, ohne Bücher, bin nicht ich" (1985: 23), zeichnen sich Wege einer Identitätsfindung durch Lesen ab, die rezeptionsästhetisch als orientierende Horizonte für Souveränität verstanden werden können (Soetebeer 2019a). Die besonderen Bedingungen einer solchen Lektüre müssten sein:

- Ein Raum der Stille, in welchen nicht die lauten Forderungen funktionaler Verfügbarkeit dringen, der demgegenüber vielmehr Refugium des Rückzugs auf Zeit sein darf;
- eine Umgebung von persönlich verfügbaren und nutzbaren Büchern;
- eine Bibliothek als lebendig genutzte Erinnerungskultur;
- literarische Rezeption von Ganzschriften;
- ein Bleistift produktiv-reflexiver Lektüre (Georg Steiner 2016: 94f.).

Und: Wie viele Gedanken sind leiblichen Ursprungs, sind ein zunächst sinnlich-sinnhaftes Ahnen, an welchem der ganze Mensch in einer besonderen räumlich-zeitlichen Atmosphäre der Lektüre beteiligt ist (Rittelmeyer 2014), was sicherlich verstärkt wird durch den sinnlich-haptischen Umgang mit einem Buch? Lesen wäre, so betrachtet, als eine umfassende ästhetische Erfahrung zu verstehen, aus der sich ein seelisch-geistig tastendes Begreifen von Wort, Satz und Text entwickelt.

Zu diesen Bedingungen und ihren Merkmalen einige abschließende Überlegungen. Man muss sich heute fragen, ob und wo solche Lektürebedingungen überhaupt noch zu finden sind und ob sie ein erstrebenswertes Zukunftsmodell darstellen können, wie von Teilen der Leseforschung und Mediendidaktik kritisch eingewendet wird (Dawidowski 2009: 74–78). Im Zeitalter von Tablet, E-Book, von YouTube als am häufigsten benutztem Lernmedium, muten die Kriterien vielleicht als allzu aus der Zeit gefallen an. Sie bieten kaum Möglichkeiten einer funktionalen Verwertung und Verfügbarkeit; sie eignen sich kaum für eine schulische Bildung, die Literatur zunehmend als Vehikel für Kompetenzerwerb ansieht (Soetebeer 2019a). Aber gerade wegen des unzeitgemäßen Charakters könnte eine solche Lektüre vermutlich als bewusst geformte Kultivierung identitätsstiftend wirken und Chancen reflektierter Erfahrung von Lebensqualität eröffnen.

Um ein Beispiel für eine derartige souveräne Lektüre zu geben, mit welcher die Welt des literarischen Werkes mit der Welt des Lesenden interferiert und beide dabei andere werden, komme ich auf den eben zitierten *Malte* zurück, genauer auf eine Passage, die eine interessante Verschiebung in Erzählverhalten und Perspektive zeigt, welche eine rezeptionsästhetische Wirkung zur Folge hat:

> „Was er aber damals meinte, das war die innige Indifferenz seines Herzens, die ihn manchmal früh in den Feldern mit solcher Reinheit ergriff, daß er zu laufen begann, um nicht Zeit und Atem zu haben, mehr zu sein als ein leichter Moment, in dem der Morgen zum Bewußtsein kommt" (Rilke 1996: 629f.).

Der Satz beginnt noch in der zeitlichen Distanz eines zurückblickenden Erzählers („Was er aber damals meinte"), wandelt sich dann aber fast unmerklich zur Innenperspektive eines scheinbar aktuellen Erlebens („daß er zu laufen begann, um nicht Zeit und Atem zu haben, mehr zu sein als ein leichter Moment, in dem der Morgen zum Bewußtsein kommt"), dessen Atemlosigkeit erzählerisch durch elliptische Satzkonstruktion geformt ist, und man nimmt in der ästhetischen Erfahrung an den Empfindungen, Gefühlen und Gedanken Maltes teil, als würden diese simultan im Erzählen mitvollzogen. Dabei bleibt es aber nicht bei einer passiven Teilhabe, sondern Lesen wird aktiver Mitvollzug in leiblicher und geistiger Weise (Rittelmeyer 2014: 59). Man könnte sagen, dass über die sinnliche Leseerfahrung eine geistige Produktivität angeregt ist, welche in individueller Choreographie die literarische Situation wahrnimmt, anverwandelt und mit persönlichen Mitteln ausmalt: „In der ästhetischen Betrachtung kommt man in ein erlebendes und zugleich geistvolles Betrachten, das allerdings ‚dahinfließt' und als solches nicht in das Bewusstsein tritt" (Rittelmeyer 2014: 60).

Dass ein besonderer Raum ästhetischer Erfahrung mit entsprechender Atmosphäre einer transformatorischen besonnen-reflektierenden Lesepraxis förderlich ist, mag unmittelbar einleuchten. Es muss sicherlich nicht grundsätzlich eine Umgebung von Büchern sein, aber ein individuell gesuchter Raum unverfügbarer widerständiger Einsamkeit, in dem eine konzentriert-innige Verbindung mit dem Buch eingegangen werden kann. Auch die qualitative sinnliche Erfahrung eines Buches gegenüber anderen medialen Formaten spielt dabei vermutlich eine besondere Rolle. Die Haptik des Papiers vermittelt eine ästhetische Empfindung des Materials, die tastende Berührung stellt eine besondere Form leiblichen Kontaktes her. Das Um-, Vor- und Zurückblättern, das Aufschlagen und Zuklappen, Unterstreichungen, Anmerkungen am Rand, Zettel mit Lesenotizen: Es sind motorische Vorgänge einer differenzierten und vertieften Verbindung, die zwischen Ahnung, Identifikation und Reflexion interferiert, anders als es Wischen und Markieren am Bildschirm vermag. Ein solcher Umgang verändert Buch und Leserin/Leser; zu differenzieren wären Anlass und Umstände, welche Handhabung und Buchformate bestimmen (Manguel 1999: 151–175). Die Formen leiblicher Resonanz in der Erfahrung des Buches als einem Ding dürften dabei selbst eine bedeutungstiftende Funktion haben – sie amplifizieren die Imaginationen einer Lektüre. Die Person mit ihren leiblichen und seelisch-geistigen Potenzialen wird sehr viel intensiver tätig. In der Fusion finden wahrscheinlich vergleichbare Transformationen statt, wie eingangs für die Rezeption von Musik beschrieben, die aktuell als Aisthesis diskutiert werden.[26]

---

26 Vgl. zu Aisthesis und zur sogenannten Embodied-Cognition-Forschung, welche Erkenntnis in den Körperprozessen aufsucht – nicht nur denen des neuronalen Systems – und damit ein human-ganzheitliches Verständnis des Menschen anstrebt, Rittelmeyer (2014).

Entscheidende Bedingung für eine derartige gelingende Lektüre scheint mir zu sein, dass literarische Werke als Ganzschrift gelesen werden. Gerade wenn man die Lektüre von Büchern als eine besondere der mannigfaltigen Formen des Lesens versteht – Astronomen lesen am Himmel, „*japanische Architekten lesen die Beschaffenheit des Grundstücks*", Jäger die Fährten der Wildtiere, usw. (Manguel 1999: 15ff.) –, wird einsichtig, dass es immer darum geht, die Erfahrung des Besonderen in einen weiten Horizont zu stellen, den Teil in seiner wechselseitigen Relation zum Ganzen wahrzunehmen und zu bedenken – und dass man als Leser dafür zu den Büchern auch zurückkehrt:

> „Die Eindrücke aus dem *Hamlet* niederzuschreiben, wenn man ihn Jahr für Jahr liest, [...] kommt dem Schreiben der eigenen Biographie gleich, denn während wir immer mehr über das Leben wissen, liefert Shakespeare den Kommentar zu unserem Wissen" (Virginia Woolf, zit. nach Manguel, 1999: 19).

## Literatur

Benjamin, Walter (2007): Der Erzähler. Betrachtungen zum Werk Nikolai Lesskows (1936). In: Ders.: Erzählen. Schriften zur Theorie der Narration und literarischen Prosa, ausgewählt und mit einem Nachwort von Alexander Honold. Frankfurt/M.: Suhrkamp, S. 103–128.
Bennett, Alan (2016): Die souveräne Leserin. Berlin: Wagenbach.
Berg, Christian (2010): Handlung als überindividuelles Konzept? Eine Untersuchung zur Rede vom „technischen Handeln". Münster, Hamburg, Berlin, London: Verlag Dr. W. Hopf.
Böhme, Gernot und Hartmut (1983): Das Andere der Vernunft. Zur Entwicklung von Rationalitätsstrukturen am Beispiel Kants. Frankfurt/M.: Suhrkamp.
Böhme, Gernot (2012): Ich-Selbst. Über die Formation des Subjekts. München: Fink.
Böhme, Gernot (2013): Atmosphäre. Essays zur neuen Ästhetik. Berlin: Suhrkamp.
Böhme, Gernot (2017): Bewusstseinsformen. München: Fink.
Breithaupt, Fritz (2012): Kulturen der Empathie. Frankfurt/M.: Suhrkamp.
Breithaupt, Fritz (2017): Die dunkle Seite der Empathie. Frankfurt/M.: Suhrkamp.
Cassirer, Ernst (1975): Freiheit und Form. Studien zur deutschen Geistesgeschichte (1916). Darmstadt: Wissenschaftliche Buchgesellschaft.
Cassirer, Ernst (1923): Philosophie der symbolischen Formen. Erster Teil. Die Sprache (1923). Darmstadt: Wissenschaftliche Buchgesellschaft, 5/1964.
Cassirer, Ernst (1925): Philosophie der symbolischen Formen. Zweiter Teil. Das mythische Denken (1925). Darmstadt: Wissenschaftliche Buchgesellschaft, 5/1964.
Cassirer, Ernst (1929): Philosophie der symbolischen Formen. Dritter Teil. Phänomenologie der Erkenntnis (1929). Darmstadt: Wissenschaftliche Buchgesellschaft, 4/1964.
Cassirer, Ernst (1930): Form und Technik (1930). In: Ders.: Symbol, Technik, Sprache, hrsg. von Orth, Ernst Wolfgang et al. Hamburg: Meiner, 1985, S. 39–91.

Cassirer, Ernst (1942): Zur Logik der Kulturwissenschaften: fünf Studien (1942). Darmstadt: Wissenschaftliche Buchgesellschaft, 5/1989.
Cassirer, Ernst (1944): Versuch über den Menschen. Einführung in eine Philosophie der Kultur (1944). Hamburg: Meiner, 1996.
Cassirer, Ernst (1946): Der Mythus des Staates. Philosophische Grundlagen politischen Verhaltens (1946). Frankfurt/M.: Fischer, 1985.
Dawidowski, Christian (2009): Literarische Bildung in der heutigen Mediengesellschaft. Eine empirische Studie zur kultursoziologischen Leseforschung. Frankfurt/M.: Peter Lang.
Eilenberger, Wolfram (2018): Zeit der Zauberer. Das große Jahrzehnt der Philosophie 1919–1929. Stuttgart: Klett-Cotta.
Fuchs, Thomas (2000): Leib, Raum, Person. Entwurf einer phänomenologischen Anthropologie. Stuttgart: Klett-Cotta.
Hastedt, Heiner (2009): Moderne Nomaden. Erkundungen. Wien: Passagenverlag.
Heusser, Peter (2014): Geistige Wirkfaktoren im menschlichen Organismus? Vom Einbezug des Immateriellen in die empirische Forschung der Medizin. In: Heusser, Peter/Weinzirl, Johannes (Hrsg.): Rudolf Steiner. Seine Bedeutung für Wissenschaft und Leben heute. Stuttgart: Schattauer, S. 100–117.
Hornemann v. Laer, David (2008): Vom Geschöpf zum Schöpfer. Die Genesisfresken Michelangelos in der Sixtinischen Kapelle. Stuttgart: Freies Geistesleben.
Ibbotson, Paul/Tomasello, Michael (2017): Ein neues Bild der Sprache. In: Spektrum der Wissenschaft 3/2017, S. 12–17.
Iser, Wolfgang (1988): Das Individuum zwischen Evidenzerfahrung und Uneinholbarkeit. In: Frank, Manfred/Haverkamp, Anselm (Hrsg.): Individualität. Poetik und Hermeneutik XIII. München: Fink, S. 95–98.
Iser, Wolfgang (2013): Emergenz. Nachgelassene und verstreut publizierte Essays, hrsg. von Alexander Schmitz. Konstanz: University Press.
Iser, Wolfgang (2014): Das Fiktive und das Imaginäre. Perspektiven literarischer Anthropologie (1991). Frankfurt/M.: Suhrkamp.
Jaspers, Karl (1949): Vom Ursprung und Ziel der Geschichte. München: Piper.
Lauschke, Marion (2007): Ästhetik im Zeichen des Menschen. Die ästhetische Vorgeschichte der Symboltheorie Ernst Cassirers und die symbolische Form der Kunst. Hamburg: Meiner.
Manguel, Alberto (1999): Eine Geschichte des Lesens. Reinbek: Rowohlt.
Montaigne, Michel de (2004): Essais, erste moderne Gesamtübersetzung von Hans Stilett. Darmstadt: Wissenschaftliche Buchgesellschaft.
Nieke, Wolfgang (2017): Lehrersein als Handwerk, Beruf oder Profession – Die Relevanz der reflexiven Persönlichkeitsbildung. In: Hübner, Edwin/Weiss, Leonhard (Hrsg.): Personalität in Schule und Lehrerbildung. Perspektiven in Zeiten der Ökonomisierung und Digitalisierung. Opladen, Berlin, Toronto, Verlag Barbara Budrich, S. 119–141.
Reckwitz, Andreas (2017): Die Gesellschaft der Singularitäten: Zum Strukturwandel der Moderne. Berlin: Suhrkamp.
Rilke, Rainer Maria (1996): Die Aufzeichnungen des Malte Laurids Brigge. In: Ders.: Werke Bd. III, hrsg. von August Stahl. Frankfurt/M. und Leipzig: Insel, S. 453–635.
Rittelmeyer, Christian (2014): Aisthesis. Zur Bedeutung von Körper-Resonanzen für die ästhetische Bildung. München: Kopaed.
Rosa, Hartmut (2016): Resonanz. Eine Soziologie der Weltbeziehung. Berlin: Suhrkamp.
Rosa, Hartmut (2018): Unverfügbarkeit. Wien, Salzburg: Residenzverlag.

Rosslenbroich, Bernd (2014): On the Origin of Autonomy. A New Look at the Major Transitions in Evolution, Cham, Heidelberg, New York, Dordrecht, London, Springer International Publishing.

Schad, Albrecht (2009): Die leibliche und die kulturelle Entwicklung des Menschen. In: Schad, Albrecht/Schmelzer, Albert (Hrsg.): Der Kulturmensch der Urzeit. Kassel: Pädagogische Forschungsstelle, S. 39–109, darin besonders Die Kulturentwicklung in der Urgeschichte anhand der Steinartefakte (S. 77–109).

Schirmer, Anna-Maria (2015): Erkenntnisgestalten. Über die allmähliche Verfertigung der Erkenntnisse im bildnerischen Tun. München: Kopaed.

Schlack, Hans G. (Hrsg.) (2004): Entwicklungspädiatrie. Wichtiges kinderärztliches Wissen über die ersten 6 Lebensjahre. München: Hans Marseille.

Schuhmacher, Rita (2018): Deutsch. In: Sigler, Stephan et al. (Hrsg.): Handbuch Oberstufenunterricht an Waldorfschulen. Weinheim, Basel: Beltz.

Sennett, Richard (2008): Handwerk. Berlin: Berlin-Verlag.

Sennett, Richard (2012): Zusammenarbeit. Was unsere Gesellschaft zusammenhält. Berlin: Berlin-Verlag.

Soetebeer, Jörg (2010): Selbsttätige Bildungskraft heute. Eine innere Biographie Friedrich Schillers. Stuttgart: Edition Waldorf.

Soetebeer, Jörg (2018): Umbildende Erfahrung. Goethes Begriff von Selbstbildung. Köln, Weimar und Wien: Böhlau.

Soetebeer, Jörg (2019a): Rezeptionsästhetik aus der anthropologischen Perspektive von Selbstbildung. Grundlinien fachwissenschaftlicher Basierung des Literaturunterrichtes an Waldorfschulen. In: Albrecht Hüttig (Hrsg.): Wissenschaften im Wandel. Zum Oberstufenunterricht an Waldorfschulen. Berlin: Wissenschaftsverlag, S. 251–294.

Soetebeer, Jörg (2019b): Erfahrung und Bild bei Goethe. Ästhetische Verarbeitung sinnlicher Anschauung und Imagination. In: Bunge, Matthias/Wiehl, Angelika (Hrsg.): Bilderfahrungen im Zwischenraum von Kunst, Philosophie und Pädagogik. Wien, Salzburg: Residenzverlag, i. Vorb.

Steiner, Georg (2016): Ein langer Samstag. Ein Gespräch mit Laure Adler. Hamburg: Hoffmann und Campe.

Stix, Gary (2015): Gute Zusammenarbeit. In: Spektrum der Wissenschaft Nr. 5, Mai 2015, S. 52–59.

Taylor, Charles (2017): Das sprachbegabte Tier. Grundzüge des menschlichen Sprachvermögens. Berlin: Suhrkamp.

Tomasello, Michael (2014): Eine Naturgeschichte des menschlichen Denkens. Berlin: Suhrkamp.

Tomasello, Michael (2019): Becoming human. A Theory of Ontogeny. Cambrigde, Massachusetts: The Belknap Press of Harvard University Press.

Wolf, Christa (1985): Lesen und Schreiben. Tabula rasa. In: Dies.: Lesen und Schreiben. Neue Sammlung. Essays, Aufsätze, Reden. Darmstadt und Neuwied: Luchterhand, S. 18–23.

*Leonhard Weiss*

# Selbsterkenntnis durch „Interesse am Anderen". Ein Beitrag zur Lebensqualität

Sozial- und bildungsphilosophische Überlegungen im Anschluss an Rudolf Steiner[1]

## 1. Der Prolog: Leben in „Echokammern" ...

Seit einiger Zeit bietet Google im Rahmen seines News-Angebotes die Möglichkeit „personalisierter Nachrichten" an. Die Auswahl der gezeigten Nachrichten erfolgt dabei entsprechend den Interessen des jeweiligen Users. Nun ist es zunächst natürlich keine besondere Sache, dass etwa ein HSV-Fan lieber die Berichte aus der Bundesliga zuerst findet und nicht die Kritik der aktuellen Sommernachtstraum-Inszenierung am Wiener Burgtheater und dass, wer die Entwicklung der politischen Situation auf der Halbinsel Krim verfolgen möchte, sich über entsprechende Reportagen mehr freut als über die aktuellen Börsenberichte aus New York und Tokio. Doch wenn nicht nur gespeichert wird, dass ein User Interesse an der Krim hat, sondern ebenso, ob er häufiger russland- oder ukrainefreundliche Berichte anklickt? Ist es dann – natürlich nur im Sinne der „Kundenfreundlichkeit" und „Personalisierung" – nicht naheliegend, dass zukünftig auf „seiner" Nachrichtenseite eben Nachrichten mit der jeweils „entsprechenden" Betrachtungsweise des Krim-Konflikts häufiger und prominenter gelistet werden? Und welchen Einfluss wird dies wohl wiederum auf seine weitere Sichtweise der ukrainischen Situation haben?

In einem wenige Monate vor seinem Tod gegebenen Interview charakterisierte der Soziologe Zygmunt Bauman die Tendenz, dass Menschen im Internet, speziell in den sogenannten „social medias", oft vorwiegend mit „Gleichgesinnten" kommunizieren, mit denen sie „nicht verhandeln müssen, weil sie ohnehin halbwegs einig sind", mit dem Begriff „Echokammern":

> „Alles, was man da hört, sind Echos der eigenen Worte. Mit Leuten zu reden, die wiederholen, was man selber gesagt hat, ist aber kein Dialog. Man kann es auch als Spiegelsaal sehen: Wohin immer man blickt, sieht man sein Ebenbild" (Bauman 2017: 155f.).

---

1 Dieser Beitrag beruht teilweise auf Passagen aus Weiss 2020.

Der von Bauman hier verwendete Begriff „Echo" taucht interessanterweise auch in Hartmut Rosas Diagnose unserer Zeit an prominenter Stelle auf – als negative Folie, vor welcher Rosa sein Konzept „resonanter" Weltbeziehungen entfaltet:

> „Dem Echo fehlt die eigene Stimme, es tritt gleichsam mechanistisch und ohne Varianz auf; im Echo widerhallt nur das je Eigene, nicht das Antwortende" (Rosa 2016: 286).

Auch Rosa weist deutlich auf die oben angesprochene Problematik hin, dass digitale Medienwelten zunehmend zu „Echoräumen" (Rosa 2017: 24) bzw. „Echokammern" (ebd.: 25) werden können, in welchen „Menschen ihre eigene Empörung verstärken, indem sie genau das lesen, worüber sie sich schon immer aufgeregt haben, und das dann noch einmal selbst äußern" (ebd.: 24). Damit ist natürlich nicht gesagt, dass digitale Medien notwendigerweise zu solchen „Echoräumen" werden müssen. Selbstverständlich ermöglichen die neuen Kommunikationsformen auch plurale, kontroversielle Diskurse. Unter anderem rechtspopulistische Bewegungen nützen aber die Möglichkeit, „die Stimme der anderen und des Anderen auszuschalten, sie nicht zu hören, alles, was anders ist, stumm zu machen". Daher ist, so Rosa, in derartigen Bewegungen letztlich nur „eine ‚identitäre' Stimme" – „das Geschrei eines vermeintlich homogenen Wir" – zu hören (ebd.: 24). Per Algorithmen „personalisierte" Nachrichten oder Produktempfehlungen bilden im Grunde ab, was wir an einem früheren Zeitpunkt als unser Interesse, unsere Meinung, unsere Präferenz ausgedrückt haben – und verstärken genau diese Meinung wiederum, sodass hier mit Rosa eindeutig von einer Echo- und keiner Resonanzbeziehung zu sprechen ist. Denn „Resonanz ist keine Echo-, sondern eine Antwortbeziehung; sie setzt voraus, dass beide Seiten mit *eigener Stimme* sprechen" (Rosa 2016: 298; Hervorhebung im Original). Daher aber ist in „Echoräumen" genau jener Prozess einer „doppelseitigen Transformation" von Subjekt und Welt, welcher nach Rosa eine wesentliche Grundstruktur aller Resonanzbeziehungen bildet (ebd.: 396) nicht möglich – höchstens kann sich auf beiden Seiten der Beziehung das im Grunde ohnehin Gleiche transformieren; eine „doppelte" aber keine „doppelseitige" Transformation.

Die damit von Rosa wie von Bauman angesprochene soziale und letztlich auch demokratiepolitische Problematik kommunikativer „Echokammern", die ihren Mitgliedern die Konfrontation mit anderen und deren Überzeugungen und Positionen weitgehend „ersparen", weist auf interessante Weise auf einen Gedanken hin, der sich in Rudolf Steiners Überlegungen zur gesellschaftlichen und kulturellen Situation der Moderne findet und der, wie im Folgenden gezeigt werden soll, auch für ein Verständnis der von Steiner begründeten Waldorfpädagogik von zentraler

Bedeutung ist. Schließlich entwickelte Steiner die Waldorfpädagogik ja auch in Verbindung mit seinen kulturgeschichtlichen und zeitdiagnostischen Überlegungen sowie mit seinen politischen und sozialen Ideen, in deren Mittelgrund das Konzept einer „Sozialen Dreigliederung" (vgl. Steiner 1976) steht (zum historischen Zusammenhang zwischen Dreigliederungsinitiative und Waldorfschulgründung vgl. u. a. Leber 1974: 20ff.).

## 2. Die konzeptionelle Grundlage: Rudolf Steiners Verständnis der Neuzeit

### 2.1 Eine Diagnose: Individualismus und „Absonderung"

„Alles Ständische und Stehende verdampft" (Marx/Engels 1977: 465).

Mit diesen Worten beschreiben Karl Marx und Friedrich Engels im „Kommunistischen Manifest" von 1848 prägnant eine wesentliche durch das Aufkommen des modernen Kapitalismus hervorgerufene soziale Veränderung: das Ende der tradierten wirtschaftlich-kulturellen Institutionen der „Stände" bzw. ihrer sozial stabilisierenden Funktionen im 19. Jahrhundert, bzw. allgemeiner gesprochen: in der Moderne.

Auch nach Ansicht Rudolf Steiners kam es im 19. Jahrhundert zu einer Kulmination der für die gesamte Neuzeit[2] wesentlichen Transformationsprozesse, die seines Erachtens vor allem von Tendenzen der Individualisierung und Befreiung geprägt waren, da „der Mensch aus alten Bindungen überall herausstrebt und lediglich Mensch sein will, freier Mensch sein will" (Steiner 1991: 224). Seit Beginn der Neuzeit hatte sich der Mensch nach Steiner verstärkt aus jenen tradierten „Bindungen […], die sein Denken und Handeln bestimmten" (ebd.), gelöst, weswegen etwa Versuche einer Fortführung alter, ständischer Ordnungen, wie Steiner besonders in einigen in den Wochen unmittelbar nach dem Ende des Ersten Welt-

---

2 Steiner bezeichnet die historische Epoche ab dem 15. Jahrhundert meist als „Bewusstseinszeitalter". Nachdem eine Darstellung und Diskussion des dahinterstehenden Geschichtsverständnisses Steiners sowie dessen Zusammenhang mit verschiedenen Aspekten des Weltbildes der Steiner'schen Anthroposophie (vgl. u. a. Lindenberg 1984; Heisterkamp 1989; Zander 2007; Bartoniczek 2009; Zech 2012) den Rahmen des vorliegenden Beitrags sprengen würde, verzichte ich bewusst auf eine Verwendung des Terminus „Bewusstseinszeitalter" und nutze die in der allgemeinen Geschichtswissenschaft üblichen Begriffe „Neuzeit" bzw. „Moderne". Mit letzterem bezeichne ich die Zeit ab dem späten 18. Jahrhundert. Dass dies durchaus mit Steiners eigenem Verständnis vereinbar ist, darauf weist m. E. die Tatsache hin, dass Steiner ja etwa den in seiner „Philosophie der Freiheit" (Steiner 1995) stark in Auseinandersetzung mit philosophischen und wissenschaftlichen Positionen des 19. Jahrhunderts entfalteten „Ethischen Individualismus" explizit als „moderne" Weltanschauung bezeichnet.

kriegs gehaltenen Vorträgen ausdrücklich betonte, „Chaos in unsere gegenwärtige soziale Struktur" hineintragen würden (Steiner 1990: 11). Soziales Handeln wurde im Laufe der Neuzeit immer weniger davon bestimmt, wie man als Angehöriger einer gesellschaftlichen Gruppe zu agieren hatte, wodurch verstärkt „alles auf die menschliche Individualität gestellt" war (Steiner 1991: 225). Die Neuzeit wird damit zugleich aber auch eine Zeit der „Absonderung des einen Menschen vom andern", weil es die „Individualität", die „Persönlichkeit" bedinge, „daß sich auch innerlich ein Mensch von dem anderen absondert" (vgl. Steiner 1982a: 96), sodass für Steiner die verstärkte Individualisierung auch dazu führte, dass „die Menschen eigentlich nur für ihre eigene werte Persönlichkeit in Bezug auf soziale Impulse Interesse entwickel[te]n" (Steiner 1990: 47). Die Individualisierungsbewegung der Neuzeit inkludierte daher für Steiner immer auch Tendenzen eines sozial problematischen, weil zu Fragmentierungen führenden Egoismus. Ausdruck dieses Egoismus ist, so macht Steiner in diesem Kontext deutlich, seinem Verständnis nach besonders das kapitalistische System der Erwerbsarbeit, denn „[a]lles, was der Mensch so erwirbt, daß er es für seine Arbeit im sozialen Zusammenhang erhält, das wird zum Unheil" (Steiner 1990: 49). Die damit angeklungene Kritik am Prinzip egoistisch-profitorientierten Wirtschaftens bildet eine wesentliche Grundlage des von Steiner propagierten Modells einer „sozialen Dreigliederung" (Steiner 1976), im Rahmen dessen eine von „Brüderlichkeit" getragene gemeinsame Steuerung der Warenproduktion und -zirkulation das Ziel des Wirtschaftslebens darstellt und demzufolge die offensichtlich für jedes Wirtschaftssystem grundlegende Motivation ihrer Mitglieder zu arbeiten nicht aus der Hoffnung auf Bezahlung oder individuellen Erfolg erwächst, sondern aus ihrer Einsicht in die Bedeutung ihrer Arbeit „im Gefüge der ganzen gesellschaftlichen Ordnung" (Steiner 1982b: 51). Denn gesellschaftliche Arbeitsleistung entsteht nach Steiner, wo Menschen ihre individuellen Fähigkeiten initiativ und engagiert realisieren, ohne dabei jedoch primär ihren eigenen Nutzen zu verfolgen. Von zentraler Bedeutung ist für Steiner dabei ein „freies Geistesleben", im Rahmen dessen Menschen ihre individuellen Fähigkeiten entwickeln und entfalten können und so jene Innovationskräfte entstehen können, die auch entscheidend für das Wirtschaftsleben sind. Gerade Bildungseinrichtungen kommt dabei für Steiner eine wichtige Rolle bei der Entwicklung eines entsprechenden Verständnisses von Arbeit zu, weswegen etwa das an Waldorfschulen gelebte Leistungsverständnis in enger Beziehung zu Steiners Arbeitsbegriff steht (vgl. Weiss 2018).

## 2.2 Ein möglicher „Gegenpol": Das „Interesse am anderen Menschen"

Eine „günstige Wendung in der sozialen Bewegung" kann nach Steiner angesichts des modernen Individualismus „nur dadurch eintreten [...], daß das Interesse wächst, das der einzelne Mensch an dem andern Menschen hat" (Steiner 1990: 39), denn „was der Menschheit einzig und allein Heil bringen kann gegen die Zukunft hin – ich meine der Menschheit, also dem sozialen Zusammenleben –, muß sein ein ehrliches Interesse des einen Menschen an dem anderen" (Steiner 1982a: 96).

Im Blick auf Steiners Verständnis der Neuzeit und speziell der Moderne ist interessant, dass Steiner die hier skizzierte Entfaltung eines solchen zwischenmenschlichen Interesses als Grundforderung der Gegenwart und Zukunft darstellt und dabei explizit von der antiken Forderung „Erkenne dich selbst" abgrenzt. Anders als in der Antike lerne man sich in der Moderne als Mensch „kaum noch irgendwie erheblich kennen durch das Hineinbrüten in sich selbst" (ebd: 97), so Steiner. Selbsterkenntnis ist in der Moderne nur noch über ein Verständnis *anderer* Menschen möglich.

In diesem Interesse am anderen Menschen, einem „regen Interesse von Mensch zu Mensch" (ebd.), muss daher die mit der neuzeitlichen Individualisierung verbundene egoistische Vereinzelung und soziale Fragmentierung für Steiner ihren notwendigen „Gegenpol" (ebd.: 96) haben, der sich jedoch, nicht aus dem „billige[n] theosophische[n] Grundsatz: Ich liebe alle Menschen, ich habe schon Interesse an allen Menschen" (Steiner 1990: 39) entwickeln könne, sondern nur aus einem bewussten Verständnis sozialer Zusammenhänge und eben in einem konkreten Interesse am einzelnen anderen Menschen. Besonders weist Steiner in diesem Zusammenhang auf die Notwendigkeit hin, ein „volles gegenseitiges Verständnis anzustreben" (ebd.: 294), welches sich nicht in einer aus Gefühlen der Sympathie bzw. Antipathie resultierenden Kritik oder Beurteilung des Anderen realisieren dürfe. Das von ihm geforderte Interesse am Anderen kann sich daher nicht darin zeigen, dass Menschen, „wenn sie an dem anderen Menschen etwas bemerken, das ihnen nur nicht paßt", sofort beginnen, dies „ohne Interesse dafür zu entwickeln, abzuurteilen" (Steiner 1982a: 96). Denn:

> „Es ist im höchsten Grade antisozial – vielleicht klingt es paradox, aber richtig ist es doch – für die zukünftige Menschheitsentwicklung, solche Eigenschaften an sich zu haben, in unmittelbarer Sympathie und Antipathie an den anderen Menschen heranzugehen. Dagegen wird es die schönste, bedeutendste soziale Eigenschaft für die Zukunftsentwicklung sein, wenn man gerade ein naturwissenschaftliches, objektives Interesse für Fehler anderer

Menschen entwickelt, wenn einen die Fehler anderer Menschen viel mehr interessieren, als daß man sie versucht zu kritisieren." (ebd.: 96f.)

Im Weiteren beschreibt Steiner dieses Interesse – das er ausdrücklich Formen eines „von obenherein Enthusiasmiert- oder Abgestoßensein von dem anderen Menschen" (ebd.: 98) gegenüberstellt – auch als ein „liebevolles" Befassen mit den „Fehlern des anderen Menschen" (vgl. ebd.: 97) bzw. als die Fähigkeit, „[l]iebevoll hinblicken [zu] können auf die Menschen, sich interessieren für die Eigenart der Menschen" (ebd.: 101). Sehr deutlich zeigt Steiner damit, dass das von ihm für notwendig erachtete „Interesse am Anderen" sich nicht in einem quasisymbiotischen Gefühl des Verbunden-Seins mit anderen Menschen verwirklicht, sondern in einem bewussten offenen Blick für das Anderssein des Anderen. Gerade der verwendete Begriff „Eigenart" weist darauf hin, dass es hier auch um ein Wahrnehmen jener Eigenschaften eines anderen Menschen geht, durch die er sich etwa von dem ihn Wahrnehmenden unterscheidet, an denen sich zeigt, dass es sich eben wirklich um einen anderen, differenten Menschen handelt, dem ein möglichst urteilsfreies Verständnis entgegengebracht werden sollte. Mit der Aufforderung, einen Menschen nicht „abzuurteilen", d. h. nicht etwa nach den Wertvorstellungen eines anderen zu beurteilen, weist Steiner dabei indirekt auf einen von ihm in seiner „Philosophie der Freiheit" betonten Gedanken hin: Der Mensch ist ein Individuum, „das nur durch sich selbst erklärt werden kann" (Steiner 1995: 238). Das Verständnis eines anderen Menschen verlangt es in bestimmter Weise immer, die eigene Perspektive (des Betrachtens, des Verstehens, ...) zu überschreiten und zu versuchen, die des Anderen einzunehmen, um so den Anderen als Anderen verstehen zu können – wohl wissend, dass dies natürlich nie vollkommen möglich sein wird, da die Perspektive des Anderen eben immer auch eine andere bleiben muss.

## 2.3 Drei Dimensionen des „Interesses": Sozialität, Ethik, Individualentwicklung

Anschließend an die obige Skizze eines „Interesses am anderen Menschen" kann die Frage nach der Relevanz dieses Motivs der Steiner'schen Diagnose der Moderne im Kontext von Überlegungen zu Formen des „Aufwachsens" im Rahmen einer „digitalisierten Welt" gestellt werden. Dabei ist zunächst zu beachten, dass sich ausgehend von Steiners Werk eine zumindest dreifache Begründung eines solchen zwischenmenschlichen Interesses geben lässt, bzw. dass die betreffenden Überlegungen Steiners a) eine sozialtheoretische, b) eine ethische und c) eine entwicklungsdynamische Dimension aufweisen.

Ad a) Wie sich schon aus dem oben Skizzierten zeigt, ist die Entwicklung eines „objektiven", d. h. nicht unmittelbar von Gefühlen der Sympathie bzw. Antipathie bestimmten Interesses am anderen Menschen für Steiner gerade im Kontext einer individualisierten und damit auch pluralen Gesellschaft von entscheidender Bedeutung. Die damit von Steiner geforderte urteilsfreie Wahrnehmung auch von Besonderheiten, Differenzen anderer kann durchaus in Bezug gesetzt werden zu Formen einer „Politik der Anerkennung", wie sie etwa Charles Taylor als wesentliche Basis des Zusammenlebens in modernen, pluralen Gesellschaften beschreibt (Taylor 2012).

Geht es Taylor dabei vor allem um die Notwendigkeit des Respekts vor den Differenzen kulturell unterschiedlicher Lebensweisen, so kann uns die aktuell immer stärkere Digitalisierung der Informations- und Kommunikationsformen, wie bereits im Prolog dieses Beitrags angesprochen, auch noch auf einen anderen Aspekt der gegenwärtig, wie mir scheint, immer größer werdenden Bedeutung des von Steiner eingeforderten Interesses am Anderen *als Anderen*, d. h. auch an seinem Anderssein, hinweisen. Die „Blasenbildung" der medialen „Echokammern" verhindert die Konfrontation mit fremden Perspektiven und führt damit in bestimmter Weise zu einer neuen Form des von Steiner mit der antiken Art der Selbsterkenntnis verknüpften „Hineinbrütens in sich selbst". Nur dass der Einzelne nun nicht mehr „in sich selbst", sondern in den Konsens der geteilten Gruppenmeinung, der von den „Freunden" „gelikten" Inhalte, „hineinbrütet" – und darin aber eben, wie Bauman betont, doch nur seinem eigenen „Ebenbild" (Bauman 2017: 155) begegnen kann. Mit Steiner könnte wohl auch dies als (neue) Form einer sozialen „Absonderung" bezeichnet werden, der mit einer Kultivierung von „Interesse" entgegenzuarbeiten ist.

Ad b) In seinem philosophischen Hauptwerk „Philosophie der Freiheit" skizziert Steiner das Konzept eines „ethischen Individualismus", in dessen Zentrum die freie, d. h. die sich sowohl von einer unmittelbaren Steuerung durch Triebe und Gefühle wie auch einer unhinterfragten Bestimmung durch moralische „Autoritäten" (Familie, politische Herrschaft, religiöse Autorität etc.) lösende Persönlichkeit des Menschen steht, der sein Tun nicht von ihm vorgegebenen moralischen Regeln, sondern von seiner situativ geforderten „sittlichen Einsicht" her bestimmt und aus seiner individuellen „Liebe zur Handlung" agiert. Interessanterweise stellt Steiner in der von ihm formulierten „Grundmaxime der freien Menschen" dem damit skizzierten stark individualistischen Motiv („Leben in der Liebe zum Handeln") auch ein intersubjektives Motiv („Lebenlassen im Verständnis [...] des fremden Wollens") (vgl. Steiner 1995: 166) zur Seite. Dies hat vor allem mit der Bedeutung einer grundsätzlichen Möglichkeit zwischenmenschlichen „Verstehens" bzw. „Vertrauens" als Grundlage individueller Freiheit aber auch sozialer Entwicklung zu tun (vgl. Weiss 2015a). Die Entwicklung zwischenmenschlichen Vertrauens stellt für Steiner eine entscheidende Forderung der Zeit dar:

> „Das große Vertrauen, das muß das wichtigste Sozialmotiv der Zukunft werden. Die Menschen müssen aufeinander bauen können. Anders gehen die Dinge nicht vorwärts" (Steiner 1992a: 71).

Im Blick auf die uns beschäftigende Relevanz eines „Interesses am anderen Menschen" ist an dieser Stelle zu bemerken, dass Steiner in der „Grundmaxime" ausdrücklich vom Verständnis eines fremden Wollens spricht. Wofür Verständnis aufzubringen ist, sind die Intentionen eines anderen Menschen, die nur aus der Perspektive dieses Anderen nachzuvollziehen sind, was zunächst die Anerkennung der Differenz dieser Perspektive von jener des Verständnis aufbringenden Menschen erfordert. Zugleich ist „Verständnis" nur möglich, wo eine dem Verstehenden wie dem Verstandenen gemeinsame Begrifflichkeit besteht, mit deren Hilfe die Intentionen des Zweiten artikuliert und vom Ersten rekonstruiert und interpretiert werden können. Kommunikation erfordert immer die Möglichkeit eines Bezuges auf ein gemeinsames Begriffssystem.[3] Gäbe es ein solches geteiltes Bezugssystem, welches mit Steiner als gemeinsame Begriffs- bzw. „einige Ideenwelt" (vgl. Steiner 1995: 168) bezeichnet werden könnte, nicht, dann wäre auch ein Verständnis eines fremden Wollens wohl kaum möglich.

Ad c) Selbsterkenntnis stellt, so macht Steiner in seiner „Philosophie der Freiheit" mehrfach deutlich, eine grundlegende Basis menschlicher Freiheit dar, denn, „[f]rei ist nur der Mensch, insofern er in jedem Augenblicke seines Lebens sich selbst zu folgen in der Lage ist" (Steiner 1995: 164), und sich selbst folgen kann nur, wer sich seiner selbst und seiner eigenen Handlungsintentionen bewusst ist. Daher stellt sich Steiner in der „Philosophie der Freiheit", bevor er noch die oben zitierte „Grundmaxime der freien Menschen" formuliert, die Frage, von welchen Triebkräften und Motiven das Handeln eines Menschen bestimmt sein kann und weist damit auf die Notwendigkeit einer reflexiven Auseinandersetzung mit diesen Handlungsgründen hin. Gerade im Blick auf dieses Zentralmotiv des philosophischen Werkes Steiners ist es bemerkenswert, dass Steiner in seinen zeitdiagnostischen Ausführungen auch darauf hinweist, dass das von ihm hervorgehobene „Interesse am anderen Menschen" – welches wir bisher hauptsächlich im Blick

---

3 Zugleich kann gerade im kommunikativen Prozess die Erfahrung eines solchen gemeinsamen Bezugssystems deutlich werden. Darauf weist Steiner in einem der Neuauflage der „Philosophie der Freiheit" hinzugefügten Anhang hin (vgl. Weiss 2015a: 69-73).

auf die Bedeutung einer solchen Haltung im Kontext einer pluralen Gesellschaft betrachtet haben – auch für denjenigen Menschen, der es aufbringt, selbst von eminenter Bedeutung ist, wie etwa das folgende, nochmals auf die oben erwähnte Differenz zwischen Moderne und griechischer Antike verweisende Zitat deutlich macht:

> „Man lernt sich heute kaum noch irgendwie erheblich kennen durch das Hineinbrüten in sich selbst. Weil die Menschen nur in sich selbst hineinbrüten, deshalb kennen sie sich im Grunde genommen so wenig, und weil sie wenig hinschauen auf andere Menschen, namentlich auf das, was sie Fehler der anderen Menschen nennen" (Steiner 1982: 97).

Es geht Steiner also auch um eine – vom antiken „Erkenne dich selbst" unterschiedene – spezielle Form der Selbsterkenntnis, die seines Erachtens aus dem Interesse am anderen Menschen und seinen „Fehlern" bzw. „Eigenarten" resultiert. Ohne dies dann konkreter auszuführen, deutet Steiner damit einen Weg zur Entwicklung echter Selbst(er)kenntnis an, im Zuge dessen über das Interesse an einem Anderen und das daraus resultierende Bild dieses Anderen auch der sich Interessierende zu einer (vertieften) für die eigene Freiheitsmöglichkeit relevanten Selbsterkenntnis gelangen kann, welche gewissermaßen vielfältiger und chancenreicher ist als ein reines „Hineinbrüten in sich selbst".[4]

Bedenkt man, dass mit dem Begriff „Identität" nicht nur die „einzigartige Persönlichkeitsstruktur, verbunden mit dem Bild, das andere von dieser Persönlichkeitsstruktur haben", sondern v. a. auch „die Selbsterkenntnis und der Sinn für das, was man ist bzw. sein will" bezeichnet wird (vgl. Oerter/Montada 1995: 346), dann zeigt sich, dass wir uns, wo wir uns der Steiner'schen Betonung der Notwendigkeit eines solchen Interesses am Anderen widmen, zugleich auch mit einer Möglichkeit von Identitätsbildung beschäftigen – und damit mit einem Aspekt jener Form der „Lebensqualität", die Wolfgang Nieke in seinem Beitrag zum vorliegenden Band als „reflexive Kulturalität" bzw. als „Vergeistigung" (vgl. Nieke, S. 54 in diesem Band) bezeichnet und deren pädagogische Konsequenz nach Nieke darin liegen kann, Heranwachsende dabei unterstützen zu wollen, durch die Auseinandersetzung mit bestimmten Aspekten der sie umgebenden Welt zu einem „denkenden Aufschluss der eigenen Lage" (ebd.: 55) zu gelangen, d. h., durch Weltbezüge neue Selbstbezüge herstellen zu können. Nieke plädiert dabei ja für ein „nicht egozen-

---

4 Als eine bemerkenswerte Form eines solchen „Hineinbrütens in sich selbst" kann vielleicht auch der aktuell sehr moderne Trend einer zunehmenden Selbstvermessung („Quantified Self") mittels technisch erhobener Daten, wie ihn Thomas Damberger in seinem Beitrag zum vorliegenden Band beschreibt, verstanden werden.

trisch-hedonistisches" Verständnis von „Selbstverwirklichung" als Grundlage echter „Lebensqualität". Als Beitrag zu einer solchen Form der „Selbstverwirklichung" verstehe ich auch das in diesem Beitrag skizzierte Verständnis einer Identitätsbildung über ein „Interesse am anderen Menschen", welches ich zunächst im Kontext sozialwissenschaftlicher und -philosophischer Beiträge zum Identitätsdiskurs entwickle, um es anschließend in seiner entwicklungsdynamischen und (waldorf) pädagogischen Relevanz darstellen zu können.

## 3. Das sozialwissenschaftliche Problemfeld: „Identität" in einer pluralen Gesellschaft

### 3.1 Eine Grundlage: „Gleichheit" einer Person

Etymologisch verweist der Begriff „Identität" bekanntlich auf das lateinische „identitas", dem Abstraktum zu „idem" (dt.: „derselbe") (Kluge 2002: 432) und wird in diesem Sinne etwa in einem Psychologie-Wörterbuch nicht nur als „vollständige Übereinstimmung in allen Einzelheiten" beschrieben, sondern v. a. auch als „Bezeichnung für eine auf relativer Konstanz von Einstellungen und Verhaltenszielen beruhende, relativ überdauernde Einheitlichkeit in der Betrachtung seiner selbst oder anderer" (Fröhlich 2000: 233). Zunächst kann „Identität" daher als Verweis auf eine biografisch konstant bestehende „Gleichheit" einer Person verstanden werden, bzw. genauer als *Bewusstsein* dieser Gleichheit, oder als der „anthropologische Titel für das Resultat wiederkehrender menschlicher Selbst- und Fremdbeziehungen" (Zirfas 2014: 567).

So beschreibt etwa Erik Erikson das „Gefühl der Ich-Identität" als das „angesammelte Vertrauen darauf, dass der Einheitlichkeit und Kontinuität, die man in den Augen anderer hat, eine Fähigkeit entspricht, eine innere Einheitlichkeit und Kontinuität (also das Ich im Sinne der Psychologie) aufrecht zu erhalten" (Erikson 1973: 107). Die nach Erikson von bedeutsamen Krisen geprägte Identitätsentwicklung ist in diesem Sinne als Prozess der Entfaltung eines komplexen, kontinuierlichen, d. h. stabilen Verhältnisses zu sich, zu seinen Seinsweisen, Handlungen und Möglichkeiten zu verstehen.

Deutlich weist Erikson darauf hin, dass die im Begriff „Identität" angesprochene „Gleichheit" in zweifacher Weise verstanden werden kann, bzw. muss; als Form der im obigen Zitat genannten *inneren Einheitlichkeit* einer Person und als Ausdruck einer *Identifikation einer Person mit einer sozialen Gruppe*, Rolle, also als personale und soziale Identität:

„Der Begriff ‚Identität' drückt also insofern eine wechselseitige Beziehung aus, als er sowohl ein dauerndes inneres Sich-Selbst-Gleichsein wie ein dauerndes Teilhaben an bestimmten gruppenspezifischen Charakterzügen umfaßt" (ebd.: 124).

Dabei sind beide Formen der „Identität" offensichtlich auch verbunden, da wir uns dort in unserer persönlichen Identität gefestigt und gesichert erleben, wo wir diese auch als von einer Gemeinschaft getragen erfahren können, weswegen, wie Erikson betont, „ein Gefühl der Identität zu haben, heißt, sich mit sich selbst – so wie man wächst und sich entwickelt – eins fühlen; und es heißt ferner, mit dem Gefühl einer Gemeinschaft, die mit ihrer Zukunft wie mit ihrer Geschichte (oder Mythologie) im Reinen ist, im Einklang zu sein" (Erikson 1975: 29).

## 3.2 Eine (post)moderne Erkenntnis: Konstruierte Einheitlichkeit

Bekanntlich hat im Rahmen des sozialwissenschaftlichen Identitätsdiskurses „die Vorstellung von einer klar abgegrenzten Person [...] in den letzten Jahrzehnten viele Kritiker gefunden" (vgl. Keupp/Ahbe/Gmür et al. 2006: 95). Dahinter stehen nicht nur die oft unter dem Terminus „Postmoderne" subsumierten philosophischen Kritiken vermeintlich überzogener „moderner" Begriffe individueller Subjektivität (Zima 2000), sondern v. a. die mit Begriffen wie „Individualisierung" (Beck 1986), „Entbettung" (Giddens 1996), „Fragmentierung" (Taylor 1997), „Globalisierung" (Beck 1998), „Flexibilisierung" (Sennett 2010) und „Beschleunigung" (Rosa 2013) zu beschreiben bzw. zu fassen versuchten sozialen und kulturellen Transformationen. Viele der damit schlagwortartig angedeuteten Phänomene haben dazu beigetragen, dass im sozialwissenschaftlichen Diskurs über Identität wohl kaum noch jemand bezweifelt, dass Identität in den pluralen Gesellschaften der Gegenwart immer *konstruiert* wird „angesichts vielfältiger Selbsterfahrungen in unterschiedlichen sozialen Lebenswelten und Rollen und angesichts der Erwartungen der sozialen Umwelt", dass sich die „Produktion von Sinn, Identität und Gesellschaft [...] in der Interaktion der Subjekte" vollzieht (Keupp/Ahbe/Gmür et al. 2006: 95). Nun ist das damit deutlich gemachte Bewusstsein der Fragwürdigkeit des Konzeptes einer konstanten Identität einer Person wohl nicht so neu, wie es manchmal im Rahmen sogenannter „postmoderner" Debattenbeiträge erscheint. U. a. Erik Erikson wies – allerdings letztlich v. a. kritisch – bereits in den frühen 70er Jahren ausdrücklich darauf hin, dass seiner Beobachtung nach v. a. junge Menschen „dem ganzen Konzept der Identität [misstrauen]" (Erikson 1975: 119), „das Spiel mit verschiedenen Rollen zum Selbstzweck" machen (ebd.: 121) und damit „mehrfache Identitäten" zu verkörpern versuchen (ebd.: 122).

Trotzdem ist, so scheint mir, nicht zu bezweifeln, dass die Frage und Aufgabe einer individuellen Identitätsbildung, d. h. einer Selbst-Bestimmung, gerade angesichts der zunehmenden sozialen und kulturellen Fragmentierung sowie der damit teilweise verbundenen „Relativierung und hybride[n] Vermischung aller Lebensentwürfe" (Hettlage 2000: 27), im Zuge derer Menschen durchaus bewusst mehrere „Identitäten" haben können, besonders im pädagogischen Kontext, von hoher Relevanz ist. Denn gerade weil die „Identität" eines Menschen, wie etwa Klaus Mollenhauer schon in den frühen 80er Jahren deutlich gemacht hat, nicht als Substanz, sondern nur als „Verhältnis des Menschen, der ‚ich' sagt, zu dem, was dieses Ich über sich aussagt" (Mollenhauer 1991: 156), also als „Selbstbild" (ebd.: 158) zu verstehen ist, kann sie nicht als „empirisch zu sichernde[r] Sachverhalt" (ebd.) beschrieben werden. Wesentliche Elemente des Selbstbildes eines Menschen sind, so betont Mollenhauer in diesem Zusammenhang, nicht nur die vielfältigen von einem Menschen bereits gemachten Erfahrungen sowie jene Situationen und Zusammenhänge, in denen er sich aktuell befindet, sondern auch die ihm bewussten Möglichkeiten seiner Entwicklung, seine „Entwürfe" seiner selbst. Die damit in das Selbstbild inkludierte Zukunftsdimension macht die Identität (im Sinne einer durchgehenden Gleichheit meines Selbstbildes) nach Mollenhauer notwendigerweise zur „Fiktion, weil mein Verhältnis zu meinem Selbstbild in die Zukunft hinein offen" sein muss. Weil aber das „Charakteristische eines Bildungsprozesses" in seiner „Dynamik" (ebd.: 157) liegt, im Rahmen derer gegenwärtige und zukünftige Ereignisse, z. B. Lernprozesse; aufeinander bezogen werden, kann Pädagogik, nach Mollenhauer auf die „Fiktion" der Identität nicht verzichten, ja stellt diese sogar eine „notwendige Bedingung des Bildungsprozesses" dar (ebd.: 158). Wenn Bildung als Prozess der Entwicklung und Ausdifferenzierung eines Selbstbildes verstanden wird, kann es daher „Identität in Fragen der Bildung des Menschen nur als Problem, nicht aber als Tatsache" geben (ebd.: 159), so Mollenhauer. Als ein solches „Problem" bildet die Frage der Identität, also des Selbst-Bildes, einen wesentlichen Teil der Phänomenlage des Aufwachsens von Kindern und speziell Jugendlichen im Rahmen einer „digitalisierten Welt", die in diesem Band an verschiedenen Stellen thematisiert wird. Schließlich stellt, wie Edwin Hübner darstellt, der Aufbau einer eigenen Identität eines der großen Entwicklungsfelder von Jugendlichen dar (vgl. Hübner, S. 342ff. in diesem Band) und stehen Jugendliche, wie Hübner aus der „Shell-Studie" von 2015 zitiert, heute verstärkt vor der Herausforderung, „in einer sich wandelnden und zunehmend ausdifferenzierenden Gesellschaft mit einer starken Tendenz zur Individualisierung eine stabile Persönlichkeit herauszubilden", was „[a]ngesichts der vielfachen Handlungsanforderungen und Handlungsalternativen" keine einfache Aufgabe ist (Albert et al. 2015:

377) – aber wohl einen wesentlichen Teil der im Zentrum des vorliegenden Bandes stehenden „Lebensqualität" ausmacht.

### 3.3 Grundlegende Gedanken: „I" und „me" als Elemente von „Identität"

Die oben bereits u. a. ausgehend von Erik Erikson angesprochene Bedeutung des sozialen Bezugs für das Identitätsgefühl eines Menschen steht besonders im Zentrum der Identitätstheorie George Herbert Meads. Nach Mead besteht das „self" eines Menschen – welches in der deutschen Übersetzung von Meads Werk „Geist, Identität und Gesellschaft" (Mead 1991) als „Identität" wiedergegeben wird[5] – aus „I" und „me". Das „I" stellt nach Mead dabei die jeder Handlung zugrundeliegende Instanz dar, die sich aber immer nur in einzelnen Handlungen und Situationen zeigt und sich darin selbst zum Objekt werden kann. Was immer ein Mensch tut, kann von anderen, vor allem aber auch von sich selbst, als Ausdruck seiner selbst, seines „I" verstanden werden. Dabei gehört es zu den Besonderheiten dieses „I", sich, sobald es sich selbst zum Thema seines Bewusstseins zu machen versucht, notwendigerweise zu entziehen; nur im „me", d. h. seiner realisierten Handlung kann es sich seiner selbst bewusst werden. Wobei – und dies stellt ja eine der wesentliche Pointen der Meadschen Überlegungen dar – das „me" immer sozial gefärbt ist, da sich jede menschliche Handlung in einem sozialen Rahmen verortet und damit auch Reaktionen anderer hervorruft, die wesentlichen Einfluss auf die Wahrnehmung des „me" durch das „I" haben. Daher beinhaltet das „me" also „die organisierte Gesamtheit dessen, was das Individuum aufgrund der in seiner Gesellschaft jeweils vorhandenen Kategorien, Begriffe, Werte etc. von sich weiß" (Jörissen 2010: 101). Das „self", d. h. die „Identität" eines Menschen, ist nach Mead daher als Einheit von „I" and „me" zu verstehen.

Jede Handlung in einem sozialen Kontext ist, so macht Mead deutlich, immer auch als Form einer Übernahme einer gesellschaftlichen „Rolle" (z. B. „der Lehrer", „der Familienvater", „der Fußballfan" oder auch „der Nonkonformist", …) zu verstehen. Dabei wird das geltende Konzept einer „Rolle" aber natürlich nicht einfach tradiert, sondern kann ebenso immer auch modifiziert wie negiert werden. Entscheidende Grundlage jeder Rollenübernahme ist die Fähigkeit, sich selbst nicht nur an der Stelle eines Anderen vorstellen zu können, sondern auch zu wissen, wie andere einen selbst sehen, d. h. sich auch aus der Perspektive eines Anderen betrachten zu können, sich selbst also in bestimmter Weise zu einem „Fremden" machen zu können. Damit dient die Rollenübernahme nach Mead auch einem Prozess der Selbstbewusstwerdung – der Identitätsbildung.

---

5  Zur Problematik der deutschen Übersetzung einiger Meadscher Termini vgl. Jörissen 2010: 91f.

## 3.4 Vertiefende Überlegungen: Verbindung und Differenz im Anerkennungsverhältnis

Mead entwickelte seine grundlegenden sozialphilosophischen Überlegungen in Anlehnung an bzw. in Auseinandersetzung mit Hegels dialektischer Philosophie (vgl. Nagl 1998: 89f.), die er u. a. auf ihre Bedeutung für ein Konzept menschlicher Identitätsbildung hin befragte. In diesem Sinn gleicht Meads Hegelinterpretation in einigen Zügen der v. a. in den letzten Jahrzehnten des 20. Jahrhunderts entwickelten „Theorie der Anerkennung", im Rahmen derer teilweise explizit auch auf Meads Denken zurückgegriffen wurde (Honneth 1994). Stellt es doch einen Grundgedanken anerkennungstheoretischer Ansätze dar, dass Menschen anhand des ihnen von anderen Menschen entgegengebrachten Verständnisses ihrer selbst zu einem erweiterten Selbstbild kommen können, ja, dass die von anderen entgegengebrachte Anerkennung ein wesentliches Element menschlicher Identitätsbildung darstellt, welche sich daher letztlich nur im Rahmen von Anerkennungsbeziehungen ereignen kann.[6] Denn in Beziehungen gegenseitiger Anerkennung steht einem Menschen die Möglichkeit offen, dass er, wie es bei Hegel heißt, „im freien Anderen sich anerkannt weiß" (Hegel 2015: 432). Wobei nicht zu übersehen ist, dass die Formulierung eines Sich-im-Anderen-Wissens bei Hegel eine doppelte Bedeutung hat. Zum einen verweist sie darauf, dass, wie oben angesprochen, die einem Subjekt entgegengebrachte Anerkennung Einfluss auf sein Selbstverständnis hat und dass das Subjekt sich in und durch diese Anerkennung selbst wissen kann. Wobei es an dieser Stelle wesentlich ist, dass die entgegengebrachte Anerkennung in Freiheit erbracht sein muss, um tatsächlich als für die Entwicklung eines Selbstverständnisses bedeutsame Anerkennung verstanden werden zu können. Dies bedeutet aber auch, dass Anerkennung nur möglich ist, wo Unabhängigkeit zwischen den Akteuren der Anerkennungsbeziehung besteht und diese Unabhängigkeit auch bewusst ist. Dies führt zur scheinbar paradoxen Figur, dass eine Beziehung gegenseitiger Anerkennung dann die stärkste Form gegenseitiger Bindung entwickeln kann, wenn sie auf einer Form von Differenz beruht. Denn als besonders wertvoll kann einem Subjekt jene Anerkennung gelten, die von einem Anderen erbracht wird, der vom Subjekt als frei anerkannt wird.[7]

---

6 Auf Grund der damit verbundenen Einsicht in die Bedeutung intersubjektiver Strukturen für die Entwicklung von Subjektivität und Individualität bieten anerkennungstheoretische Konzepte interessante Bezugspunkte für pädagogische Überlegungen dar; vgl. dazu aus allgemein-pädagogischer Perspektive: Stojanov 2006; Hafeneger/Henkenborg/Scherr 2002; aus waldorfpädagogischer Perspektive: Weiss 2015b; Weiss 2017.

7 Es ist die hier angesprochene unbedingte Notwendigkeit der vom Anerkennungsempfänger erbrachten Anerkennung des Anerkennungsgebers als freien Wesens, die ein Kriterium zur Bestimmung und Kritik von Anerkennungsverhältnissen darstellt, das meines Erachtens einer Resonanztheorie in bestimmter Weise fehlt. Natürlich kann aus der Perspektive einer Resonanz-

Damit verbunden ist aber zugleich die zweite Bedeutung der von Hegel ins Spiel gebrachten Figur eines Sich-im-Anderen-Wissens: In der Anerkennung des Anderen als eines freien Subjekts setzte ich diesen mir gleich, sehe mich also in bestimmter Weise „im Anderen" selbst. Was ich im Anderen anerkenne – Freiheit, Bewusstheit, Verantwortung, ... – anerkenne ich auch an mir selbst.

Im Blick auf die uns in diesem Beitrag beschäftigende Möglichkeit einer Selbsterkenntnis durch das Interesse an anderen zeigen uns anerkennungstheoretische Überlegungen damit zwei Möglichkeiten einer solchen Selbsterkenntnis:

1. ermöglicht durch die Identifikation mit dem anerkannten Anderen.
2. vermittelt durch die vom Anderen entgegengebrachte Anerkennung,

Beide Varianten inkludieren dabei ein spannungsreiches Verhältnis von Differenz und Gemeinsamkeit:

Ad 1) Wie dargestellt beruht die zweite Variante eines Sich-im-Anderen-Wissens auf einer Form der *Identifikation* des Subjekts mit dem Anderem, im Rahmen derer aber der jeweils Andere als frei, d. h. wiederum als *unabhängig* verstanden wird.

Ad 2) Zunächst drückt sich im Bestreben des Subjekts, vom Anderen anerkannt zu werden, und in der Bedeutung dieser Anerkennung für das Selbstverständnis des Subjekts offensichtlich eine enge *Verbindung* der beiden Akteure aus. Zugleich stellt jedoch, wie erwähnt, gerade die Unabhängigkeit des Anderen vom Subjekt der Selbsterkenntnis, d. h. also die Differenz zwischen beiden, die Grundlage der Möglichkeit echter Anerkennung dar.

In beiden Anerkennungsrelationen realisieren sich also Bindung *und* Unabhängigkeit der Beteiligten.

Die damit skizzierte Differenzierung unterschiedlicher Anerkennungsrelationen kann, so scheint mir, auch deutlich machen, worin ein Unterschied der von Steiners Forderung nach einem Interesse am anderen Menschen hergeleiteten Möglichkeit der Identitätsbildung zu der im aktuellen Diskurs weitgehend vor-

---

theorie kritisiert werden, wenn Verhältnisse die Ausbildung von Resonanzverhältnissen verhindern, doch bin ich mir nicht sicher, ob eine solche Theorie tatsächlich auch dafür ausreicht, etwa Beziehungen zu kritisieren, die beispielsweise einseitige Resonanzerlebnisse bevorzugen oder Resonanzerlebnisse mit dem Verlust von individueller Selbstbestimmung zu verbinden drohen. Beispielsweise können Menschen, wie mir scheint, das Erlebnis starker Resonanz im emotionalen Aufgehen in einer von einer gemeinsamen Begeisterung getragenen Menschenmasse haben. Anerkennungstheoretisch gesprochen können solche Situationen keine wirklichen Anerkennungserfahrungen ermöglichen, weil die Freiheit der Beteiligten in Frage gestellt ist. Ich bin mir nicht sicher, ob eine Theorie der Resonanz eine ähnliche Differenzierung begründen kann.

herrschenden Diagnose liegt, wonach das Selbstbild, die Identität eines Menschen immer Ergebnis eines, u. a. mit Hilfe der Meadschen Termini „I" and „me" beschreibbaren, Prozesses *sozialer Konstruktion* ist: Steiner verweist an dieser Stelle primär nicht auf – die natürlich unbestrittene – Bedeutung sozialer Strukturen, Rollenbilder und Anerkennungsformen für das Selbstbild jedes Menschen, welche hier im Rahmen der zweiten Anerkennungsrelation angesprochen ist, sondern darauf, dass ich, indem ich mich mit einem anderen Menschen *als Mensch* identifiziere, zugleich in den vom Anderen entwickelten und gezeigten Aspekten unseres geteilten Menschseins sowohl vielleicht bisher von mir selbst übersehene Seiten meines Wesens als auch von mir noch nicht ausgebildete Möglichkeiten desselben kennenlernen kann. Ausgehend von der oben zitierten Bestimmung Klaus Mollenhauers von Identität als „Verhältnis des Menschen, der ‚ich' sagt, zu dem, was dieses Ich über sich aussagt", kann damit an dieser Stelle nochmals deutlich werden, dass sich durch die interessierte Zuwendung zu einem Anderen tatsächlich die Identität eines Menschen verändern kann, weil ihm am Anderen eben auch neue aktuelle oder auch potenzielle Bestimmungen seiner selbst, welche sowohl positiv wie negativ gefasst sein können, deutlich werden können. Dies kann umso besser gelingen, als ein Mensch in der Lage ist, sich auf ein ihm zunächst fremdes Handeln eines Anderen einzulassen, um daran auch etwas über sich selbst zu erfahren. Wer die Fähigkeit besitzt, auch für ihn ungewöhnliche Perspektiven nachzuvollziehen, einzunehmen, kann zu einem deutlich komplexeren Welt- und Selbstbild gelangen. Diese Tatsache kann uns vor die Frage stellen, wie sich das Selbstverständnis sowie die Fähigkeit zur Perspektivenübernahme im Laufe der menschlichen Individualentwicklung ausbildet, bzw. welche Beiträge Pädagogik dazu leisten kann.

Wenn dabei im Folgenden primär der Fokus darauf gelegt wird, wie sich bei Heranwachsenden die Fähigkeit den Anderen *als Anderen* zu verstehen, d. h. das Differenzbewusstsein, entwickelt wird, dann soll damit allerdings nicht gesagt sein, dass kindliche Entwicklung hauptsächlich vom Thema der Differenz zu anderen Menschen bestimmt wird. Natürlich lebt diese Entwicklung primär zweifellos von Formen der *Verbindung mit Anderen*, welche etwa mit Thomas Fuchs als „zwischenleibliche Resonanz" bezeichnet werden können und die es bereits einem Säugling ermöglichen, auf den Gesichtsausdruck eines Erwachsenen mimetisch zu reagieren (Fuchs 2013: 190). Wodurch sich, so Fuchs, „das Grundgefühl des Kindes [entwickelt], mit Anderen in einer gemeinsamen emotionalen Welt zu leben und mit ihnen verbunden zu sein" (ebd.: 192).

Die entwicklungsdynamische Bedeutung der hier angesprochenen Bindung an die Welt ist gerade im Kontext der Waldorfpädagogik nur zu betonen. Schließlich weist Steiner immer wieder darauf hin, wie eng die Bindung kleiner Kinder zu der sie umgebenden Welt ist, zu der sie in einem stark nachahmenden Verhältnis stehen:

> „Das ganze Leben des Kindes bis zum 7. Jahre ist ein fortwährendes Imitieren desjenigen, was in der Umgebung vor sich geht" (Steiner, 1991: 17).

Aus waldorfpädagogischer Perspektive stellt die enge Bindung des Kindes zur Welt die entscheidende Grundlage seiner weiteren Entwicklung dar, die dabei immer wieder von Erfahrungen der Bindung, der Sozialität *und* auch von krisenhaften Differenzerlebnissen geprägt ist, sodass sich auch die im Folgenden thematisierte Fähigkeit zur Perspektivenübernahme nur im Kontext stabiler Beziehungen entwickeln kann. Das Bewusstsein der Differenz zum Anderen erfordert zunächst das Erlebnis einer Verbindung mit ihm – kann letztlich aber auch zu einer neuen, komplexeren, vertieften Form der Beziehung zu ihm führen.

## 4. Die entwicklungsdynamische Basis: Selbst- und Fremdverstehen

### 4.1 Entwicklungsdynamische Befunde I.: Selbsterkennen und Selber-machen-Wollen

Ungefähr in der Mitte ihres zweiten Lebensjahres entwickeln Kinder die Fähigkeit, sich selbst im Spiegel zu erkennen. Wobei dies interessanterweise unabhängig davon ist, ob Kinder davor schon oft mit dem Phänomen „Spiegel" konfrontiert waren oder nicht. So konnte etwa mittels einer Vergleichsstudie gezeigt werden, dass auch ohne Spiegel aufgewachsene Kinder aus Nomadenkulturen in der Lage sind, ihr Spiegelbild zu erkennen (vgl. Bischof-Köhler 1998: 345f.). Die Entwicklung der für das Selbsterkennen im Spiegel notwendigen Fähigkeit zur Selbstobjektivation, zur Bildung eines „Selbstkonzeptes" ist also offensichtlich von anderen Faktoren abhängig als einer häufigen Konfrontation mit dem eigenen Spiegelbild.[8]

---

[8] Forschungen mit Schimpansen haben ergeben, dass bei diesen die Fähigkeit, sich selbst im Spiegel zu erkennen, davon abhängt, ob die Tiere gemeinsam mit Artgenossen aufgewachsen sind (vgl. Gallup 1970). In Isolation großgezogene Tiere sind auch nach längerer Zeit mit einem Spiegel nicht in der Lage, sich selbst darin zu erkennen, und versuchen, mit dem Spiegelbild wie mit einem anderen Lebewesen zu interagieren (Gallup 1977). Nun sind Interpretationen von Beobachtungen tierischen Verhaltens grundsätzlich schwierig und schon gar nicht direkt auf menschliches Handeln zu übertragen. Trotzdem können die Forschungen Gallups vielleicht als Hinweis auf einen möglichen Zusammenhang zwischen der Entwicklung eines Selbstbildes und der Existenz sozialer Interaktion gedeutet werden. In diesem Sinne betont etwa Doris Bischof-Köhler, dass „die Interaktion mit dem Artgenossen unabdinglich zu sein [scheint], um das erforderliche Ausgangsmaterial zu liefern, aus dem das Bild des Selbst konstruiert werden kann" (Bischof-Köhler 2011: 273). Zugleich können die Forschungen Gallups nochmals an die am Beginn dieses Beitrags erwähnte Problematik von reinen „Echo-Beziehungen" erinnern. Denn,

Mit diesem neuen Selbstverhältnis des Kindes verändert sich auch sein Verhältnis zu seiner Umwelt. So wird in dieser Zeit bei Kindern verstärkt ein „Selbermachen-Wollen" beobachtbar. Unter Verweis auf ein Experiment von Geppert und Küster beschreibt Bischof-Köhler dies prägnant anhand kindlichen Spielverhaltens: Baut ein Kind, das sich noch nicht selbst im Spiegel erkennt, mit einem Erwachsenen einen Turm aus Bauklötzen, so freut es sich über einen Abschluss des Turms, unabhängig davon, wer den letzten Stein auf den Turm gesetzt hat, ein Kind, das sich bereits im Spiegel erkennt, „will unbedingt den letzten Klotz aufsetzen" (Bischof-Köhler 2011: 159). Zugleich vergrößert sich damit auch die psychische Distanz des Kindes zur Bezugsperson, die sich eben einerseits im „Selber-machen-Wollen" manifestiert, die zugleich aber auch Unsicherheit beim Kind hervorruft, weswegen in der kindlichen Entwicklung nun oft „eine Phase [folgt], in der das Kind zwischen übersteigertem Autonomieanspruch und reaktivem Sicherheitsbedürfnis oszilliert" (ebd.: 161). Diese entwicklungspsychologische Diagnose weist eine interessante Parallele zu den von Axel Honneth entfalteten Überlegungen zur Bedeutung von Anerkennungsbeziehungen für die Entwicklung eines positiven Selbstbildes auf.

### 4.2 Anerkennungstheoretische Überlegungen: Die fragile „Balance" von „Symbiose" und „Selbstbehauptung"

Unter Rückgriff auf Hegel und Mead hat Honneth ein Modell dreier differenter Anerkennungsformen entwickelt, die er mit den Begriffen „Liebe", „Recht" und „soziale Wertschätzung" bezeichnet. „Liebe" versteht Honneth in einem weiten Sinne als Verhältnis primär emotionaler Zuwendung zwischen Menschen, im Rahmen dessen Menschen u. a. die Erfahrung machen können, von einem geliebten Anderen auch als bedürftiges Wesen wahr- und angenommen zu werden. Liebesbeziehungen sind dabei für Honneth immer Beziehungen zwischen wenigen, einander vertrauten Personen. Die in Liebesbeziehungen mögliche Form der Anerkennung trägt nach Ansicht Honneths wesentlich dazu bei, dass Menschen Selbstvertrauen entwickeln können. Dagegen kann der in Rechtsverhältnissen erlebbare Respekt vor der grundsätzlichen Handlungsfähigkeit, vor der „Zurechnungsfähigkeit" zur

---

wie Gallup selbst betont, kann eine Begründung dafür, dass die in Isolation aufgewachsenen Affen ihr Spiegelbild durchgehend als „Fremden" behandelten, darin liegen, dass sie noch nie erfahren hatten, dass andere Artgenossen eigentlich eben nicht einfach Verhalten spiegeln, sondern vielmehr jeweils unterschiedlich aber entsprechend darauf reagieren. Ohne diese Erfahrung bestand für die Affen kein Anlass, das Verhalten des Spiegelbildes als „curious and atypical" (Gallup 1977: 336) wahrzunehmen. Man könnte also – stark spekulativ interpretierend – sagen: nur vor dem Hintergrund anderer, nicht-echohafter Begegnungen mit anderen ist es möglich, sich selbst als ein von den anderen unterschiedenes Wesen zu erleben. Spiegelbilder allein sind für die Entwicklung eines Selbstbildes daher zu wenig.

Selbstachtung eines Menschen beitragen. Denn im Recht drückt sich die Achtung vor einem Menschen aus – unabhängig und unter Absicht seiner konkreten Leistungen und Fähigkeiten. Die Anerkennung dieser, der individuellen Leistungen und Fähigkeiten eines Menschen, sieht Honneth in jenen sozialen und intersubjektiven Praktiken, etwa Arbeitsverhältnissen verwirklicht, die er unter dem Begriff „Soziale Wertschätzung" subsumiert und die wesentlich zum Selbstwertgefühl, bzw. wie Honneth es nennt, der Selbstschätzung eines Menschen beitragen können.

Während er in seinem ersten Entwurf einer anerkennungstheoretischen Darstellung menschlicher Beziehungsformen (Honneth 1994) primär die Anerkennungsform „Liebe" im Blick auf ihre entwicklungsdynamischen Aspekte untersucht hat, hat Honneth in einer späteren Arbeit alle drei Formen der Anerkennung mit der frühkindlichen Entwicklung in Beziehung gebracht. Ausgangspunkt war für Honneth dabei seine anerkennungstheoretische Grundüberlegung, dass ein Kleinkind, „dadurch, daß es schrittweise die zustimmenden, ermutigenden und bekräftigenden Haltungen seiner Interaktionspartner auf seine eigenen noch unorganisierten Erlebnisvollzüge bezieht, einen inneren Persönlichkeitskern auszubilden [lernt], der gewissermaßen aus Schichten einer positiven Selbstbeziehung besteht" (Honneth 2010: 265). Drei in Anerkennungsbeziehungen mit anderen Menschen ausgestaltete „Stufen der positiven Selbstbeziehung" stellt Honneth in diesem Zusammenhang dar, betont aber zugleich, dass diese nicht „im starken Sinne einer ontogenetischen Sequenz", d. h. einer linearen Entwicklungsform verstanden werden sollten, da sie zunächst durchaus zeitgleich und „noch ungeschieden" aufträten (ebd.: 266f.). In liebevollen Zuwendungsbeziehungen können Kleinkinder nach Honneth „die innerlich erlebten Bedürfnisse und Wünsche als artikulationsfähigen Teil der eigenen Person begreifen", „eine zusätzliche Form der positiven Selbstbeziehung aus[…]bilden, die im elementaren Bewußtsein besteht, in den Augen der anderen als zurechnungsfähiges Wesen zu gelten" und auch „zu einem Bewußtsein des Werts seiner eigenen leiblichen und geistigen Fähigkeiten […] gelangen". Das heißt, in solchen Beziehungen entwickeln Kinder nach Honneth „Selbstvertrauen", „Selbstachtung" und „Selbstwertgefühl" (ebd.: 265f.).

Unsere kurze Auseinandersetzung mit der Hegelschen Bestimmung von Anerkennung als Form eines „Sich-im-Anderen-Wissens" hat uns gezeigt, dass dabei zwei unterschiedliche Beziehungsformen von Relevanz für das Selbstverständnis sind. Nicht nur die einem Menschen von einem anderen entgegengebrachte Anerkennung prägt sein Selbstbild, sondern auch die im anderen, mit sich identifizierten, Menschen wahrgenommenen Möglichkeiten eines Menschseins. Dies gilt offensichtlich gerade auch für die Beziehung eines Kindes zu den ihm vertrauten Erwachsenen. Unter anderem auf die Forschungen von René Spitz zur Mutter-Kind-Beziehung verweisend, betont Honneth daher, dass „der heranwachsende Mensch ursprünglich im Gesichtsausdruck seiner Bezugsperson einen Spiegel der eigenen intelligiblen Potentiale erblickt" und dabei „an seinen Interaktionspartnern unterschiedliche Werte zu erschließen" lernt (Honneth 2003: 26). Bereits als Säugling bzw. Kleinkind lernen Menschen, so könnte man Honneth hier interpretieren, an ihnen verbundenen Menschen, immer auch neue Potenziale, Seiten ihres Menschseins kennen. Grundlage dafür ist die enge Verbindung, in der kleine Kinder mit von ihnen geliebten und sie liebenden Menschen leben, die Honneth, der in diesem Kontext besonders auf die Arbeiten Donald W. Winnicotts zur „Objektbeziehungstheorie" zurückgreift, als „Erleben[...] einer Einheit, einer Differenzlosigkeit von Subjekt und Wirklichkeit" beschreibt (Honneth 2010: 271), allerdings darauf hinweisend, dass auch „für die frühe Phase des Säuglingsalters nicht ein[...] dauerhafte[r] Zustand der Fusion, sondern nur gravierende Episoden der Verschmelzung mit dem Bezugsobjekt" zu vermuten sind (vgl. ebd.: 393). Schließlich zeigen sich ja, wie besonders Daniel Stern untersucht hat, schon sehr früh bei Kindern erste Formen eines Selbstempfindens, die auch basale Weisen der Selbst-Welt-Differenz inkludieren, aber sich in Beziehungen mit anderen entwickeln (Stern 2007). Auf Stern verweisend kann Honneth daher etwa in einem Aufsatz über die „Facetten des vorsozialen Selbst" die anerkennungstheoretisch zentrale Überlegung, dass „der intersubjektiven Begegnung [...] immer eine Art von elementarer Selbstempfindung vorausgehen muß, um die Tatsache zu erklären, daß das Individuum sich als Adressat von Zuwendung oder Anerkennung zu begreifen vermag" (Honneth 2010: 291), auch auf die frühe Kindheit beziehen. Dies trotz der von Honneth selbst in anderen Kontexten immer wieder auch betonten Tatsache, „daß sich das Kleinkind erst mit der Bezugsperson emotional identifiziert haben muß, bevor es deren Einstellung als korrektive Instanz gelten lassen kann" (Honneth 2015: 48). Was zunächst als Widerspruch zwischen der alternativen entwicklungsdynamischen Priorität *entweder* der „elementaren Selbstempfindung" *oder* der emotionalen Identifikation mit der Bezugsperson erscheinen kann, ist letztlich wohl tatsächlich als Ausdruck der von Honneth diagnostizierten Tatsache zu verstehen, dass bereits „am Anfang des individuellen Reifungsprozesses" eine „Stufe des Nebeneinanders von keimhafter Selbstabgrenzung und dazwischentretenden Fusionserlebnissen" steht (ebd.: 295). Denn anerkennungstheoretisch betrachtet muss die Entwicklung von Formen positiver Selbstbeziehungen wie erwähnt eben sowohl Momente enger Verbindung wie auch erlebter Differenz inkludieren. Im Blick auf Liebesbeziehungen spricht Honneth in diesem Zusammenhang von einer „frühkindlich erworbenen Fähigkeit zur Balance zwischen Symbiose und Selbstbehauptung" (Honneth 1994: 157) bzw. einer „Balance zwischen Verschmelzung und Ablösung" (Honneth 2010: 268). In einem Prozess einer solchen fragilen Balance gelangt das Kind nach Honneth also zu einer (positiven) Selbstbeziehung, indem es, wie mit

Honneth formuliert werden könnte, im Gesichtsausdruck eines anderen Menschen einen Spiegel seiner eigenen Potenziale findet – und daher mit seiner von Interesse getragenen Zuwendung zu diesem Gesicht sich in bestimmter Weise selbst findet.

## 4.3 Entwicklungsdynamische Befunde II: „Theory of Mind" und Perspektivenübernahme

Wie unter anderem Ergebnisse einer Forschungsgruppe um Doris Bischof-Köhler gezeigt haben, besteht ein enger Zusammenhang zwischen der oben angesprochenen Fähigkeit, sich im Spiegel selbst zu erkennen, d. h. der Selbstobjektivierung und der Entwicklung von Empathie. Im Zuge der dabei relevanten Untersuchungen spielten Kinder im zweiten Lebensjahr einige Zeit gemeinsam mit einem Erwachsenen mit einem von diesem mitgebrachten Teddybär, welcher dabei, entsprechend präpariert, kaputt ging, worauf der Erwachsene sichtbar Trauer zeigte. Einige Kinder reagierten darauf kaum und spielten mit anderem Spielzeug weiter, andere wurden selbst traurig und begannen zu weinen, einige waren verwirrt und agierten in Folge kaum noch, einige Kindern aber bemühten sich darum, den Erwachsenen zu trösten, etwa indem sie ein Ersatzspielzeug anboten oder die im Raum anwesende Mutter zur Hilfe holten. Die Forscher untersuchten daraufhin mögliche Korrelationen des Auftretens dieser unterschiedlichen Verhaltensweisen mit Faktoren wie Alter, Geschwisterzahl u. a., konnten aber keine relevanten Übereinstimmungen finden – außer mit den Ergebnissen eines Anderen mit den gleichen Kindern in anderer Situation gemachten Tests zur Fähigkeit, sich selbst im Spiegel zu erkennen: Alle empathisch helfenden Kinder konnten sich selbst im Spiegel erkennen, während die überwiegende Zahl derer, die eher unbeteiligt auf den Kummer des Erwachsenden reagierten, ihr Spiegelbild nicht erkennen konnten.

Die Ausbildung eines Selbstkonzeptes steht demnach in einem engen Verhältnis zur Empathiefähigkeit. Dabei wird Empathie als die Fähigkeit verstanden, Gefühle eines anderen Menschen wahrzunehmen, nachzuempfinden und angemessen, etwa bei wahrgenommenem Kummer eben helfend, zu reagieren. Das heißt, Ausdruck einer in diesem Sinne verstandenen „Empathie" ist es nicht, sich etwa selbst vom Gefühl eines Anderen anstecken zu lassen, sondern das Gefühl trotz aller emotionalen Anteilnahme weiterhin auf den Anderen beziehen zu können. Eine Fähigkeit, die wohl ein zumindest rudimentäres Bewusstsein um den Anderen als Anderen verlangt.

In diesem Kontext hat sich in den letzten Jahrzehnten die Entwicklung einer sogenannten „Theory of Mind" bei Kindern als wichtiges Forschungsthema der Entwicklungspsychologie gezeigt.

Als „Theory of Mind" bezeichnet man „eine spezielle geistige Leistung, nämlich die Fähigkeit bzw. den Versuch eines Individuums, sich in andere hineinzuversetzen, um deren Wahrnehmungen, Gedanken und Absichten zu verstehen" und damit u. a. zu einem „differenzierte[n] Verständnis seiner Perspektiven" zu gelangen (Förstl 2012: 4). Die meisten Kinder entwickeln die Fähigkeit, die Perspektive eines anderen Menschen bewusst von der eigenen zu unterscheiden, im Laufe ihres vierten Lebensjahres. Sie sind dann in der Lage, etwa zu verstehen, dass ein anderer Mensch aufgrund unzureichender Informationen ein falsches Bild einer Situation hat, oder auch, dass sie selbst in einer früheren Situation bzw. aufgrund anderer Informationen ein falsches Bild gehabt haben (vgl. Sodian/Perst/Meinhardt 2012: 62f.). Kinder, die noch keine Theory of Mind entwickelt haben, sind dazu noch nicht in der Lage.

Es geht an dieser Stelle also u. a. um eine spezielle Form des Verstehens anderer Menschen, die sich in der Fähigkeit zeigt, „die Gedanken anderer Personen als ihre Gründe nachzuvollziehen und ihre Handlungen mit Hilfe von Gründen zu erklären" (Stueber 2017: 27). Karsten Stueber bezeichnet die hier beschriebene Fähigkeit als „nachvollziehende Empathie" (ebd.). (Stueber benützt den Begriff „Empathie" ganz allgemein im Sinne von „Fremdverstehen", welches sich sowohl auf affektive wie kognitive Zustände anderer Menschen beziehen kann.) Diese „nachvollziehende Empathie" stellt entwicklungspsychologisch allerdings keineswegs die erste Form eines Fremdverstehens dar. Sie ist daher von einer vorausgehenden „elementaren Empathie" (ebd.) zu unterscheiden, welche es etwa schon Kleinkindern ermöglicht, Gemütszustände anderer Menschen (unbewusst) zu erfassen und etwa auf ein Lächeln erfreut zu reagieren. Denn, so Thomas Fuchs, „[b]evor es [LW: das Kind] also in der Lage ist, das Verhalten Anderer zu erklären oder vorherzusagen, ihre Gedanken zu ‚erraten' oder zu ‚simulieren', versteht es sie längst aufgrund ihrer Gesten, Äußerungen und Handlungen im gemeinsamen Kontext der Lebenswelt" (Fuchs 2013: 217). Die von Fuchs damit angesprochene ursprüngliche Form des Verstehens zwischen Menschen als verkörperten Wesen, welche von Stueber als „unvermitteltes Sich-Miteinander-Verstehen" (ebd.: 28) bezeichnet wird, und die gerade bei kleinen Kindern vermutlich auf einer mehr oder weniger unmittelbaren Verbindung mit anderen Menschen beruht, bleibt für uns als Menschen auch in späteren Lebensphasen von hoher Relevanz. Schließlich greifen wir in vielen sozialen Situationen darauf zurück und beruhen viele soziale Praxen auf ähnlichen Formen zwischenmenschlichen Verstehens. Trotzdem ist es meines Erachtens nicht zu übersehen, welche Bedeutung die Fähigkeit, die Handlungsgründe anderer Menschen nachzuvollziehen, für unsere soziale und besonders moralische Handlungsfähigkeit hat. Zurecht hat Thomas Fuchs darauf hingewiesen, dass innerhalb der aktuellen Theory of Mind-Forschung teilweise „eine grundsätzliche Unzugänglichkeit anderer voraus [LW: gesetzt wird], deren verborgene mentale Zustände, Intentionen oder Gefühle aus ihrem äußeren körperlichen Verhalten durch eine Art ‚mind reading' erschlossen werden müssen", dies jedoch nicht der phänomenologisch beschreibbaren Wirklichkeit entspricht, da wir „in den meisten alltäglichen Interaktionen mit anderen [...] keiner Simulation oder einer Schlussfolgerung [LW: bedürfen], so als ob wir uns erst in andere hineinversetzen oder hineindenken müssten. Vielmehr nehmen wir ihre Gefühle und Intentionen unmittelbar in ihrem Ausdrucksverhalten wahr und in dessen Beziehung zum gemeinsamen Kontext" (Fuchs 2015: 14). Wenn ich im Folgenden das entwicklungspsychologische Konzept einer Theory of Mind aufgreife, soll damit nicht ein solches, auch meinem Verständnis nach problematisches dualistisches Verständnis des Menschen vertreten werden. Vielmehr geht es mir darum, mittels des Konzepts „Theory of Mind" zu zeigen, in welcher Form die Fähigkeit zur bewussten, d. h. ein Differenzbewusstsein inkludierenden Perspektivenübernahme entwicklungspsychologisch und pädagogisch relevant sein kann – gerade vor dem Hintergrund der grundlegenden Bedeutung der jedem Differenzerleben vorausgehenden Erfahrung einer „zwischenleiblichen" Verbindung zum anderen Menschen, bzw. einer immer bestehenden „Welt-Teilhabe" jedes Menschen (vgl. den Beitrag von Peter Loebell im vorliegenden Band). Auch in diesem Zusammenhang ist an die oben anerkennungstheoretisch skizzierte Bedeutung einer „Balance" bzw. eines Wechsels von „Symbiose" und „Selbstbehauptung" zu erinnern. Während alle Formen einer „zwischenleiblichen Resonanz" von ihrer Grundstruktur her stärker „symbiotisch" geprägt sind, ist die aus einem Differenzerleben entstehende „nachvollziehende Empathie" m. E. auch als Ausdruck einer kognitiven „Selbstbehauptung" zu verstehen. Wobei, wie auch Axel Honneth in manchen seiner anerkennungstheoretischen Arbeiten u. a. unter Bezugnahme auf die Forschungsergebnisse von Michael Tomasello betont, das Verbundensein, die Identifikation (des Kleinkindes mit seiner Bezugsperson) der Anerkennung der Differenz vorausgeht (Honneth, 2015: 48ff.).

Das von Steiner geforderte Interesse am Anderen bzw. an seiner „Eigenart" beruht demzufolge sowohl auf der Fähigkeit, sich mit ihm zu verbinden *und* auch auf jener, ihn als Anderen anerkennen zu können. Die Entwicklung einer Theory of Mind stellt daher m. E. ein interessantes Moment der anerkennungstheoretisch lesbaren Entwicklungsdynamik von Kindern dar.

Aus entwicklungspsychologischer Perspektive kann m. E. etwa der folgende Versuch auf die oben angesprochene Bedeutung einer auch „nachvollziehenden Empathie" für moralisches Handeln hinweisen: Drei- bis vierjährigen Kindern wurden Fotos mechanischer Reitpferdchen, wie sie oft vor Kaufhäusern zu finden sind, gezeigt und anschließend von einem Jungen erzählt, der sich vor solchen Pferdchen fürchtet, aber von seiner Großmutter eine Münze bekommt, um auf einem solchen Pferdchen zu reiten. Nun wurden die Kinder, die alle angegeben hatten, selbst gerne auf so etwas zu reiten, gefragt, was der Junge in dieser Situation tun würde. Kinder, die noch keine Theory of Mind hatten, antworteten, er würde reiten, jene, die eine solche bereits aufwiesen, sagten, dass der Junge dies nicht tun würde, da er ja Angst habe (Bischof-Köhler 2011: 342). Diese Kinder besaßen bereits die Fähigkeit zu einer „affektiven Perspektivenübernahme", d. h. sie waren in der Lage zu verstehen, dass der Junge andere, ihnen fremde Gefühle hatte und entsprechend handeln würde.

Die sich darin zeigende und mit der Entwicklung einer Theory of Mind verbundene Kompetenz einer Perspektivenübernahme stellt eine wichtige Grundlage sozialen Verhaltens dar. Eine Tatsache, die sich u. a. auch in der wissenschaftlichen Diskussion möglicher Zusammenhänge zwischen einer eingeschränkten Theory of Mind und einer Tendenz zu kriminellem Handeln (vgl. Steinböck 2012; Freisleder 2012) ausdrückt – und die zugleich deutlich machen kann, worin die Bedeutung der Entwicklung einer Theory of Mind für das uns beschäftigende „Interesse am Anderen" liegt. Ohne die Fähigkeit eines differenzierten Verständnisses fremder Perspektiven ist ein solches Interesse am Anderen als Anderem offensichtlich nicht möglich.

Nicht zu übersehen ist, dass die Entwicklung der damit angesprochenen Fähigkeit der Perspektivenübernahme natürlich keinen einmaligen Schritt, sondern vielmehr einen langfristigen Prozess darstellt. Denn offensichtlich ist es ja nicht so, dass, sobald ein Kind eine Theory of Mind entwickelt hat, die Frage der Perspektivenübernahme damit ein für alle Mal geklärt ist. Natürlich „weiß" vermutlich jeder gesunde[9] Jugendliche und Erwachsene, dass ein anderer Mensch eine andere Weltperspektive hat; sich auf diese Perspektive auch tatsächlich einzulassen, erfordert offensichtlich noch mehr als diese kognitive Erkenntnis, auch können Menschen im Laufe ihres Lebens unterschiedliche Formen der Perspektivenübernahme entwickeln. Basierend auf einem von Robert Selman entwickelten Stufenmodell skizziert etwa Bischof-Köhler folgende (hier in vereinfachter Form wiedergegebene) „Entwicklungsfolge der Perspektivenübernahme" (Bischof-Köhler 2011: 346):

Vor 4 Jahren: *Einfache Rollenübernahme*. Ein Kind kann sich zwar in die Rolle eines Anderen versetzen, versteht ihn aber gemäß seines Erlebens.

Ab 4 Jahren: *Einfache Perspektivenübernahme*. Ein Kind ist in der Lage, sich zu vergegenwärtigen, dass der Andere etwas anderes denkt als es selbst. Einsetzen einer Theory of Mind.

---

9  Zur Diskussion um mögliche Theory of Mind-Defizite bei bestimmten psychischen Erkrankungen, wie Schizophrenie oder Autismus vgl. Leube/Kircher 2012; Dose/Weber 2012.

| | |
|---|---|
| 6 bis 7 Jahre: | *Selbst oder Dritte als Objekt der Perspektivenübernahme eines Anderen.* Ein Kind vermag sich vorzustellen, was ein Anderer über einen Dritten oder über es selbst denkt. |
| 10 Jahre: | *Simultane wechselseitige Perspektivenübernahme.* Kinder können ihre eigene Perspektive mit der von anderen vergleichen und die Ansichten anderer aus der Perspektive eines Dritten vergleichen. |
| Ab Adoleszenz: | *Perspektiven von Gruppen berücksichtigen.* Die Perspektive einer Person kann danach eingeschätzt werden, wieweit sie mit der Durchschnittsmeinung – der meisten Menschen – übereinstimmt. |
| Später: | *Relativierung der Perspektiven.* Es kann der Tatsache Rechnung getragen werden, dass die Beurteilung eines Sachverhaltes von Einstellungen mitbestimmt wird. |

## 4.4 Ein Zwischenresümee: Selbstverständnis entwickeln durch „Interesse am Anderen"

Fassen wir die bisherigen Überlegungen zusammen, sehen wir zum einen die von Steiner mit Blick auf die gesellschaftlichen Entwicklungen der Moderne betonte Notwendigkeit eines „Interesses am anderen Menschen" als Grundlage sowohl sozialen Handelns wie v. a. auch der Möglichkeit, zu einem entfalteten Selbstverständnis zu kommen. Gerade im Blick auf die mit dem letzten Punkt verbundene Frage nach Identitätsbildung im Kontext (post)moderner Gesellschaften hat sich uns, besonders durch den Rückgriff auf anerkennungstheoretische Konzepte, die Bedeutung eines solchen Interesses an anderen Menschen gezeigt und wurde zugleich deutlich, dass es eine wichtige Voraussetzung eines solchen Interesses am Anderen darstellt, diesen auch tatsächlich als Anderen verstehen zu können. Darin lag die Relevanz entwicklungspsychologischer Forschungen zur Entwicklung einer Theory of Mind für den Fortgang unserer Überlegungen begründet, da die damit verbundene Fähigkeit, die Perspektive des Anderen als differente Perspektive wahrzunehmen, sowohl eine Grundlage sozialen Handelns darstellt, wie auch der mit einem „Interesse am Anderen" verbundenen Möglichkeiten zur Entwicklung eines komplexen und vielseitigen Selbstverständnisses. Aufgrund der angesprochenen Prozesshaftigkeit stellt es m. E. eine sehr überzeugende Vermutung dar, dass gerade auch schulische Situationen in diesem Kontext von Bedeutung sein können. Schließlich erfolgen, wie das oben skizziert Stufenmodell nach Selman zeigt, wesentliche, auf die erste Entwicklung einer Theory of Mind aufbauende Schritte erst im Schulalter

Die von Rudolf Steiner begründete Waldorfpädagogik kann, so soll nun im abschließenden Teil dieses Beitrags gezeigt werden, als ein Versuch verstanden werden, ein solches, nach Steiner sozial entscheidendes „Interesse am Anderen" auch pädagogisch zu unterstützen und damit Möglichkeiten der Identitätsbildung im Kontext moderner Gesellschaften zu eröffnen.

## 5. Das pädagogische Ziel: „Interesse am Anderen" ermöglichen und fördern

Es würde den Rahmen des vorliegenden Beitrags sprengen, eine umfassende Darstellung der Waldorfpädagogik, ausgehend von der Frage, wo und in welcher Form im Rahmen der methodischen, didaktischen, aber auch institutionellen Gestaltung von Unterricht, das Motiv einer Identitätsbildung über ein Interesse am Anderen sowie die damit verbundene Entwicklung von Fähigkeiten zur Perspektivenübernahme in besonderer Form relevant ist, zu entwickeln. Daher soll dies hier nur mittels einiger eher kursorischer Bemerkungen zu Intentionen und Elementen der Waldorfpädagogik sowie anhand einer beispielhaften Skizze eines Unterrichtsfaches an Waldorfschulen exemplarisch erläutert werden.

### 5.1 Skizzenhafte Bemerkungen: Wege zu einem „Interesse am Anderen"

In einem im Oktober 1919 erstmals veröffentlichten programmatischen Aufsatz betont Steiner ausdrücklich die enge Verbindung der „pädagogischen Grundlage der Waldorfschule" zu „ganz bestimmten Anschauungen über die sozialen Aufgaben der Gegenwart und der nächsten Zukunft" (Steiner 1972: 58), weswegen „bei der Begründung der Schule von pädagogischen Prinzipien ausgegangen wird, die in den Lebensforderungen der Gegenwart wurzeln" (ebd.: 59). Wenn Steiner anschließend als wesentliches Charakteristikum der Waldorfpädagogik hervorhebt, dass Unterricht aus einer „lebendigen Erkenntnis des werdenden Menschen" (ebd.) zu entstehen habe und sich daher immer wieder in der Begegnung mit den Schülern aus dieser Erkenntnis heraus neu zu entwickeln habe, dann kann dies als Hinweis auf die *pädagogische* Bedeutung eines echten Interesses am Schüler verstanden werden. Dabei hat diese damit vom Lehrer geforderte Haltung für Steiner insofern auch hohen Einfluss auf das Selbstverständnis des Schülers, als er davon ausgeht, dass Kinder, v. a. in den ersten Schuljahren, ein starkes Gefühl dafür haben, „daß in dem Erziehenden und Lehrenden auch etwas lebt, das in [ihnen] auch leben soll" (ebd.: 61). Pädagogik darf nach Steiner auf einen gewissen Übertragungseffekt sozialer Haltungen und Fähigkeiten vom Lehrer auf die Schüler vertrauen.

Aus dieser Perspektive betrachtet kann das an den meisten Waldorfschulen übliche verbale Zeugnis dahingehend interpretiert werden, dass es u. a. die Erfahrung ermöglichen soll, wie ein tatsächlich nicht beurteilendes Interesse eines Menschen an einem Anderen, auch an seinen „Fehlern" bzw. „Eigenarten", aussehen kann. Schließlich gehört es ja zu den für „Waldorfzeugnisse" zentralen Ansprüchen, Schüler nicht beurteilend, sondern „charakterisierend" zu beschreiben und etwa zu zeigen, „wo und wie ein Kind um etwas ringt", „wie es lernt und übt", „was es sich erworben hat" und „welche Interessen ein Kind hat und wofür es sich engagiert" (Richter 2018: 182). Ein derartiges Zeugnis soll dabei, wie Tobias Richter betont, „Selbsteinschätzung und Selbsterziehung auf beiden Seiten entfalten – auf Grundlage des Verzichts auf Fremdbeurteilung" (ebd.: 185). Es ist genau der hier vom zeugnisschreibenden Pädagogen geforderte „Verzicht auf Fremdbeurteilung", der ein wesentliches Element eines Interesses am Anderen darstellt.

Möglich ist die Entwicklung eines Interesses am anderen Menschen offensichtlich nur, wo andere Menschen präsent sind – und zwar wirklich als „ganze Menschen" präsent sind. Darin liegt wohl auch eine Begründung der hohen Bedeutung personaler Beziehungen im Bildungsverständnis der Waldorfpädagogik. Wobei an dieser Stelle nicht nur an die oben angesprochene Lehrer-Schüler-Beziehung zu denken ist, sondern auch an Schüler-Schüler-Beziehungen. Echtes Interesse am Anderen ist dort besonders entwickelbar, wo dieser nicht nur als „Lerner", der zufälligerweise zeitlich und räumlich parallel partiell gleiche Aufgaben zu erledigen hat, erscheint, sondern wo sich Heranwachsende als Teil einer sozial und emotional verbundenen „Klassengemeinschaft", die mehr ist als eine „Lerngruppe", erleben können. Waldorfschulen bieten zweifellos eine Reihe an Elementen, die die Bildung einer Klassengemeinschaft strukturell fördern können. Hierbei sind neben der u. a. durch den Verzicht auf Klassenwiederholungen und die 12-jährige Gesamtschulstruktur ermöglichten relativ großen Stabilität der Zusammensetzung einer Klasse, dem im Vergleich zu anderen Schulen meist geringeren Konkurrenzdruck unter den Schülern v. a. auch die zahlreichen gemeinsam erlebten Projekte (Ausflüge, Reisen, Praktika, handwerkliche Arbeit) und die dabei geteilten Erfahrungen von Bedeutung. Nicht zu unterschätzen, gerade im Blick auf Möglichkeiten der Entwicklung eines „Interesses am Anderen", ist die grundsätzliche Ausrichtung der Waldorfschulen als auf Leistungsselektion verzichtende „Gesamtschulen". Sich bewusst als inklusive Einrichtungen verstehende Schulen (vgl. Barth/Maschke 2014) bieten zweifellos besonders große Möglichkeiten dafür, zu erleben, was es bedeutet, in einer Gemeinschaft mit anderen Menschen zu lernen, zu arbeiten und auch deren „Eigenarten" wahrzunehmen, ohne diese „abzuurteilen"; aber auch nichtinklusive Waldorfschulen stellen, wie Befragungen ehemaliger Schüler zeigen (Barz/Randoll 2007: 288–294), grundsätzlich gute Rahmenbedingungen für

Entwicklung intensiver Beziehungen zwischen den Schülern dar, in welchen nicht nur echtes Interesse füreinander entwickelt werden kann, sondern im Sinne der im Mittelpunkt dieses Beitrags stehenden Möglichkeit der Identitätsbildung in der Auseinandersetzung mit anderen das eigene Selbstbild verändert und entwickelt werden kann.

Einen wichtigen Beitrag zur Entwicklung einer Klassengemeinschaft leisten an Waldorfschulen die von Schülern oft als Höhepunkte einer Schulzeit erlebten Theateraufführungen. Doch nicht aus diesem Grund sind diese im Blick auf das uns beschäftigende Thema einer Identitätsbildung durch Interesse am Anderen relevant, sondern v. a. aufgrund der mit Schauspiel verbundenen Möglichkeiten der Perspektivenübernahme. Oft in Verbindung mit dem Geschichtsunterricht werden an Waldorfschulen in den Klassen der Sekundarstufe 1 kleine Theaterspiele aufgeführt, in denen beispielsweise Szenen der altindischen, griechischen oder römischen Mythologie und Geschichte von den Schülern dargestellt werden. Dabei sind diese Spiele in den ersten Schuljahren laut Ulrich Maiwald primär als „darstellendes Spiel" zu verstehen, in welchem sich Erzählung und Verkörperung der Geschichte zu einer Art „erzählendem Theater" vermischen und die Kinder „Sicherheit im Eingebundensein in der Klassengemeinschaft und Selbstwirksamkeit im Verkörpern der eigenen Rollenfigur" erfahren können. Erst beim Klassenspiel der 8. Schulstufe kann es aus entwicklungspsychologischen Gründen wirklich darum gehen, dass die Jugendlichen sich darin üben, „sich in Rollen hineinzudenken, sich in eine Bühnenfigur einzufühlen und sie zu verkörpern", wie Maiwald betont. Damit bekommen die Jugendlichen die Chance, „sich selbst über die Rolle besser kennen und verstehen zu lernen und auf dieser Grundlage aus sich heraus zu handeln", so Maiwald, der dann mit Blick auf das an Waldorfschulen meist in der 12. Klassenstufe verwirklichte abschließende Theaterprojekt schreibt, dass die Schüler dabei in der Beschäftigung mit der einzelnen Rolle „fiktive Entwürfe möglicher Persönlichkeitsstrukturen und damit verbundene Handlungsstrategien kennen lernen und verinnerlichen" können (vgl. Maiwald 2016). Hier nochmals an das uns beschäftigende Thema der Perspektivenübernahme zu erinnern, ist sicher nicht abwegig. Schließlich erfordert Schauspiel doch immer eine solche, da es bei der Darstellung einer Bühnenfigur primär ja nicht darum geht, wie der Schauspieler als Person in einer bestimmten Situation handeln würde, sondern darum, wie die übernommene Figur aus ihrem Charakter und ihrer Biografie heraus handeln könnte. Aber – und dies macht die schon angesprochene identitätstheoretische Relevanz gerade von Schülertheater aus – der Schauspieler kann sich in der Auseinandersetzung mit der übernommenen Rolle immer auch selbst neu kennenlernen. Denn im Theaterspielen wird unser Körper, so Jörg Zirfas, zur „Basis der Möglichkeit, andere Wirklichkeiten zu erfahren" (Zirfas, 2005: 77). Wie ich im Auftritt „erscheine", so kann ich auch sein. Wer Cäsar auf der Bühne spielt, lernt nicht nur den literarischen (und vielleicht auch den historischen) Imperator besser kennen als derjenige, der den Text etwa nur liest, sondern vor allem auch sich selbst. Für Hartmut von Hentig stellt daher das Theaterspiel „eines der machtvollsten Bildungsmittel" und „ein Mittel, die eigene Person zu überschreiten, ein Mittel der Erkundung von Menschen und Schicksalen und ein Mittel der Gestaltung der so gewonnenen Einsicht" dar (v. Hentig 1996: 119) – aus waldorfpädagogischer Perspektive ist dieser Aussage zweifellos zuzustimmen.

## 5.2 Ein fachdidaktisches Beispiel: Der Geschichtsunterricht

Wie Michael Zech zeigte, stellt es ein im Kontext des aktuellen geschichtsdidaktischen Diskurses durchaus bemerkenswertes Charakteristikum des Geschichtsunterrichts an Waldorfschulen dar, narrativen Unterrichtselementen besondere Bedeutung zuzugestehen, da – vor allem in den ersten Jahren des Geschichtsunterrichts – Geschichte „durch die Lehrkraft erzählend vermittelt und durch die Schüler erzählerisch verarbeitet wird" (Zech 2012: 314). Im Blick auf die uns beschäftigenden Themen (Interesse am Anderen und Perspektivenübernahme) ist dabei interessant, dass Waldorfschüler damit in hohem Maße mit „geschichtlichen Bildern" konfrontiert sind, die Ergebnis einer, von Albert Schmelzer als „nachschaffende Phantasie" bezeichneten Fähigkeit sind und die durch „das Ausmalen der historischen Gestalten, ihres Aussehens, ihrer Art zu sprechen, sich zu bewegen, zu handeln [...] anschaulich, lebendig und bildhaft" vor den Schülern stehen sollen (Schmelzer 2010: 291). Geht es dabei natürlich um eine auch emotionale, erlebbare, in bestimmter Weise „zwischenleibliche" Verbindung des Schülers mit einer historischen Situation bzw. Person, so legte Steiner zugleich auch darauf Wert, dass bei den Schülern ein Bewusstsein für die historische Distanz entsteht und empfiehlt beispielsweise, mit Schülern eine symbolische Generationenkette zu erstellen, deren dreißigstes Glied etwa Karl der Große sein könne, um „den zeitlichen Abstand gegenwärtig" zu machen (Steiner 1962: 49f.). Wird anschließend an eine solche Aktion dann lebendig, „den ganzen Menschen packend" (ebd.: 45) aus der Biografie des Frankenkaisers erzählt, so kann sich daraus beim Schüler tatsächlich ein Interesse an einem ganz anderen, auch entfernten Menschen entwickeln, welches dann – im Zuge des zweiten Schrittes des von Steiner auch als Methode des Geschichtsunterrichts empfohlenen Dreischritts (ebd.: 45f.) – auch zu einer bewusst intendierten Perspektivenübernahme führen kann, wenn etwa die Schüler im Anschluss an die Lehrererzählung aufgefordert werden, eine historisch fundierte fiktionale Geschichte oder aber auch eine Darstellung aus neuer Perspektive zu verfassen (Zech 2012: 316). Wer etwa ausgehend von einer Schilderung der Krönungszeremonie Karls am Weihnachtstag des Jahres 800 dieses Ereignis aus der Perspektive eines fiktionalen fränkischen Dieners oder eines römischen Bürgers schildert, ist aufgefordert, eine neue Perspektive zu entwickeln und phantasiereich auszugestalten. Im Anschluss an vielleicht aus zwei unterschiedlichen Perspektiven (fränkischer Diener *und* römischer Bürger) verfasste Darstellungen können dann in der Klasse, etwa wenn an einem nächsten Schultag gemeinsam in der Klasse versucht wird, zu einem auch stärker begrifflichen Verständnis der behandelten historischen Situationen und Zusammenhänge zu kommen, auch mögliche Differenzen der Perspektiven auf ein Ereignis besprochen werden. Womit dann also bewusst nicht nur Raum für die nach Bischof-Köhler (siehe: oben) bei Schulkindern weitgehend entwickelte Fähigkeit gegeben wird, sich vorzustellen, was ein Anderer über einen Dritten denkt, sondern auch für die ab dem 10. Lebensjahr entwickelte Kompetenz einer „wechselseitigen Perspektivenübernahme", mit Hilfe derer Kinder die Ansichten anderer aus der Perspektive eines Dritten vergleichen können. Während diese altersgemäßen Formen der Perspektivenübernahme im Geschichtsunterricht der Sekundarstufe 1 an Waldorfschulen durchaus vielfältig gefordert und gefördert werden können, werden die nach Bischof-Köhler späteren Stufen der Perspektivenübernahme („Perspektiven von Gruppen berücksichtigen" und „Relativierung der Perspektiven") im waldorfpädagogischen Unterricht in der Zeit vor der Oberstufe interessanterweise *bewusst nicht* in Anspruch genommen. Dies hat mit der von Steiner stark hervorgehobenen Problematik zu früher Urteilsbildung bei Heranwachsenden zu tun. Bereits in seinem pädagogischen Erstlingswerk „Die Erziehung des Kindes vom Gesichtspunkte der Geisteswissenschaft" betont Steiner dies bemerkenswerterweise gerade mit Blick auf das uns beschäftigende Thema der Perspektivenübernahme. Auch Schüler vor der Pubertät könnten, so Steiner, natürlich im Unterricht erfahren, was andere Menschen zu einem Thema gedacht hätten, sie sollten aber möglichst noch nicht dazu aufgefordert sein, diese Gedanken selbst zu beurteilen. Der Heranwachsende könne durchaus erfahren, der eine Mensch hätte etwas auf eine bestimmte Weise gedacht, ein anderer auf eine differente, aber der Schüler sollte die „Meinungen mit dem Gefühl aufnehmen", d. h. ohne „Partei zu ergreifen" (Steiner 1992b: 41). Steiner weist also auf die Bedeutung einer emotionalen Identifikation mit einer Person bzw. deren Denken wie auch auf die Erfahrung der Unterschiedlichkeit persönlicher Perspektiven hin, unterscheidet davon aber explizit die seines Erachtens erst in der Oberstufe zu fördernde Beurteilung bzw. Einschätzung der einzelnen Perspektiven. Laut Bischof-Köhler sind Jugendliche ab der Adoleszenz in der Lage, die Perspektive eines Menschen etwa danach „einzuschätzen" wieweit sie mit der Durchschnittsmeinung der meisten Menschen übereinstimmt. Diese Einschätzung ist wohl auch als Form einer Beurteilung zu verstehen. Im waldorfpädagogischen Curriculum stellt die Entwicklung und Förderung von Urteilsfähigkeit ein wesentliches Ziel des

Oberstufenunterrichts bzw. des in der Oberstufe angesetzten zweiten Durchgangs durch die Geschichte dar (Zech 2012: 316-319). Erst für die 12. Klassenstufe wird innerhalb der Waldorfpädagogik „empfohlen, die Darstellung von Geschichte als Ausdruck menschlichen Bewusstseins bzw. bestimmter Denkformen geschichtsphilosophisch bzw. erkenntnistheoretisch zu reflektieren" (ebd.: 318). Dabei kann besonders gut der nach Bischof-Köhler aus der Fähigkeit zur „Relativierung der Perspektiven" folgenden Tatsache Rechnung getragen werden, dass die Beurteilung eines Sachverhaltes von Einstellungen mitbestimmt wird. Gerade im waldorfintern oft als „Überblicksepoche" bezeichneten Geschichtsunterricht der 12. Klasse kann daher die sich laut Bischof-Köhler nach der Adoleszenz ausgestaltende Stufe der Perspektivenübernahme gefördert werden – und damit vielleicht auch das von Steiner eingeforderte Interesse an menschlichen „Eigenarten", welches darauf verzichtet diese „abzuurteilen".

Im Blick auf die uns beschäftigende Bedeutung eines Interesses am Anderen – welches eben mit der behandelten Fähigkeit zur Perspektivenübernahme verbunden ist – für die Ausgestaltung menschlicher Identität ist zu betonen, dass es gerade im waldorfpädagogischen Geschichtsunterricht stark darum geht, den Heranwachsenden durch die Beschäftigung mit Geschichte auch neue Möglichkeiten des Selbstverständnisses zu bieten. Geschichtsunterricht an Waldorfschulen möchte Schülern daher nicht nur einen Zugang zur Welt, sondern auch „zu sich selbst" öffnen (Esterl 2005: 16) bzw. zu „Selbstfindungsprozessen" (Zech 2012: 319) anregen und soll ihnen helfen, „sich selbst bzw. sich als Mensch zu verstehen" (ebd.: 321). Denn Geschichte kann, wie es Christoph Lindenberg formuliert hat, „Menschenkunde, Anthropologie" sein und daher sichtbarmachen, „was im Menschen ist" (Lindenberg 2008: 17). Ein wesentliches Motiv einer solchen von Lindenberg empfohlenen „historischen Anthropologie" ist der Bezug vergangener Ereignisse auf die Gegenwart, welche dadurch von den Schülern umfassender begriffen werden kann. In seiner Studie zum Geschichtsunterricht an Waldorfschulen zeigt Zech, dass das waldorfpädagogische Geschichtscurriculum durch seine weltgeschichtliche Ausrichtung, die etwa auch eine relativ intensive Beschäftigung mit frühen und alten Kulturen inkludiert, wesentlichen aktuellen „geschichtsdidaktischen Forderungen intentional entspricht" (Zech 2012: 351), etwa jener, dass „Identitätsbildung und Orientierung [...] in Begegnung und Konfrontation mit dem Anderen [erfolgen], weshalb jede national- und nostrozentrierte Kanonbildung überwunden werden muss" (ebd.: 350). In diesem Sinne möchte waldorfpädagogischer Geschichtsunterricht sowohl durch seine inhaltliche wie methodische Ausrichtung zu Möglichkeiten der Identitätsbildung durch ein Interesse am Anderen beitragen.

## 6. Das Resümee: „Interesse am Anderen" statt „Echo"

Es gehört zu den zentralen Aufgaben von Schule, Heranwachsenden Lern- und Bildungserfahrungen zu ermöglichen, im Rahmen derer sie mit ihnen zuvor unbekannten Sachverhalten und Gedanken konfrontiert und zur individuellen Auseinandersetzung damit aufgefordert werden. Die auf möglichst konkrete und zugleich plurale Behandlung historischer Persönlichkeiten, „fremder" Kulturen und Lebensweisen abzielende Ausrichtung des Geschichtsunterrichtes, die Förderung einer Begegnungsmöglichkeiten eröffnenden stabilen Klassengemeinschaft sowie die intensive Beschäftigung mit einer „Rolle" im Schülertheater können exemplarisch auf unterschiedliche Aspekte des waldorfpädagogischen Versuchs, diesem allgemein-pädagogischen Ziel nahezukommen, hinweisen. Rudolf Steiners Betonung der Relevanz eines Interesses am Anderen als Weg zur Selbsterkenntnis, bzw. zur Entwicklung einer individuellen Identität bildet eine *zusätzliche* Basis dafür, dass diesem Ziel gerade in der Waldorfpädagogik besondere Relevanz zugestanden werden sollte – die eigentlich *entscheidende Grundlage* dafür hat aber wohl in der im Prolog dieses Beitrags angesprochene Problematik kommunikativer und sozialer „Echokammern" zu liegen. Sich nicht nur in den „Echos der eigenen Worte" zu erleben, sondern auch in der interessierten Zuwendung zu anderen Menschen Neues über sich selbst und die eigenen Potenziale zu erfahren und damit im Sinne des von Wolfgang Nieke vorgeschlagenen Konzeptes einer „Vergeistigung" als Fundament von „Lebensqualität" zu einer solchen zu gelangen – vor dieser Herausforderung stehen nicht nur Heranwachsende in unserer digitalisierten Welt.

## Literatur

Albert, Mathias/Hurrelmann, Klaus/Quenzel, Gudrun (2015): Jugend 2015. Eine pragmatische Generation im Aufbruch. 17. Shell Jugendstudie, hrsg. v. Shell Deutschland Holding. Frankfurt a. M.: S. Fischer Verlag.

Barth, Ulrike/Maschke, Thomas (Hrsg.) (2014): Inklusion. Vielfalt gestalten. Stuttgart: Verlag Freies Geistesleben.

Bartoniczek, Andre (2009): Imaginative Geschichtserkenntnis. Rudolf Steiner und die Erweiterung der Geschichtswissenschaft. Stuttgart: Freies Geistesleben.

Barz, Heiner/Randoll, Dirk (2007): Absolventen von Waldorfschulen. Eine empirische Studie zu Bildung und Lebensgestaltung. Wiesbaden: VS Verlag für Sozialwissenschaften.

Bauman, Zygmunt (2017): Das Vertraute unvertraut machen. Ein Gespräch mit Peter Haffner. Hamburg: Hoffmann und Campe.

Beck, Ulrich (1986): Risikogesellschaft. Auf dem Weg in eine andere Moderne. Frankfurt a. M.: Suhrkamp.

Beck, Ulrich (1998): Politik der Globalisierung. Frankfurt a. M.: Suhrkamp.

Bischof-Köhler, Doris (1998): Zusammenhänge zwischen kognitiver, motivationaler und emotionaler Entwicklung in der frühen Kindheit und im Vorschulalter. In: Keller, Heidi (Hrsg.): Lehrbuch Entwicklungspsychologie. Bern u. a.: Verlag Hans Huber, S. 319–376.

Bischof-Köhler, Doris (2011): Soziale Entwicklung in Kindheit und Jugend. Bindung, Empathie, Theory of Mind. Stuttgart: Kohlhammer.

Dose, Matthias/Weber, Katja (2012): Autismus, Asperger-Syndrom und schizotypische Persönlichkeitsstörung. In: Förstl, Hans (Hrsg.): Theory of Mind. Neurobiologie und Psychologie sozialen Verhaltens. Heidelberg: Springer Medizin Verlag, S. 347–359.

Erikson, Erik (1973): Identität und Lebenszyklus. Frankfurt a. M.: Suhrkamp.

Erikson, Erik (1975): Dimensionen einer neuen Identität. Frankfurt a. M.: Suhrkamp.

Esterl, Dietrich (2005): Was geschieht in Geschichte? Zum Geschichtsunterricht an der Waldorfschule. Stuttgart: Verlag Freies Geistesleben.

Förstl, Hans (2012): Theory of Mind: Anfänge und Ausläufer. In: ders. (Hrsg.): Theory of Mind. Neurobiologie und Psychologie sozialen Verhaltens. Heidelberg: Springer Medizin Verlag, S. 3–11.

Freisleder, Franz-Joseph (2012): Gewaltdelikte jugendlicher Täter: Erscheinungsformen, Ursachen, psychiatrische Begutachtung. In: Förstl, Hans (Hrsg.): Theory of Mind. Neurobiologie und Psychologie sozialen Verhaltens. Heidelberg: Springer Medizin Verlag, S. 293.

Fröhlich, Werner D. (2000): Wörterbuch Psychologie. München: dtv.

Fuchs, Thomas (2013): Das Gehirn – ein Beziehungsorgan. Eine phänomenologisch-ökologische Konzeption. Stuttgart: Kohlhammer.

Fuchs, Thomas (2015): Die gegenwärtige Bedeutung der Phänomenologie. In: Information Philosophie, September 2015, 3, S. 8–19.

Gallup, Gordon (1970): Chimpanzees. Self-Recognition. In: Science 167, S. 86–87.

Gallup, Gordon (1977): Self-Recognition in Primates. A Comparative Approach to the Bidirectional Properties of Consciousness. In: American Psychologist, May 1977, S. 329–338.

Giddens, Anthony (1996): Konsequenzen der Moderne. Frankfurt a. M.: Suhrkamp.

Hafeneger, Benno/Henkenborg, Peter/Scherr, Albert (Hrsg.) (2002): Pädagogik der Anerkennung: Grundlagen, Konzepte, Praxisfelder. Schwalbach: Debus Pädagogik Verlag.

Heisterkamp, Jens (1989): Weltgeschichte als Menschenkunde. Untersuchungen zur Geschichtsauffassung Rudolf Steiners. Dornach: Gideon Spicker Verlag.

Hegel, Georg, Wilhelm, Friedrich (2015): Enzyklopädie der philosophischen Wissenschaften im Grundrisse (1830), Hauptwerke in sechs Bänden, Band 6. Hamburg: Meiner.

Hettlage, Robert (2000): Identitäten im Umbruch. Selbstvergewisserung auf alten und neuen Bühnen. In: Ders./Vogt, Ludgera (Hrsg.): Identitäten in der modernen Welt. Wiesbaden: Westdeutscher Verlag.

Honneth, Axel (1994): Kampf um Anerkennung. Zur moralischen Grammatik sozialer Konflikte. Frankfurt a. M.: Suhrkamp.

Honneth, Axel (2003): Unsichtbarkeit. Stationen einer Theorie der Intersubjektivität. Frankfurt a. M.: Suhrkamp.

Honneth, Axel (2010): Das Ich im Wir. Studien zur Anerkennungstheorie. Frankfurt a. M.: Suhrkamp.

Honneth, Axel (2015): Verdinglichung. Eine anerkennungstheoretische Studie. Frankfurt. a. M.: Suhrkamp.

Jörissen, Benjamin (2010): George Herbert Mead: Geist, Identität und Gesellschaft aus der Perspektive des Sozialbehaviorismus. In: Ders./Zirfas, Jörg (Hrsg.): Schlüsselwerke der Identitätsforschung. Wiesbaden: VS. Verlag für Sozialwissenschaften, S. 87–108.

Keupp, Heiner/Ahbe, Thomas/Gmür, Wolfgang/Höfer, Renate/Mitzscherlich, Beate/Kraus, Wolfgang/Strauss, Florian (2006): Identitätskonstruktionen. Das Patchwork der Identitäten in der Spätmoderne. Reinbek: Rowohlt.

Kluge, Friedrich (2002): Etymologisches Wörterbuch. Berlin: De Gruyter.

Leber, Stefan (1974): Die Sozialgestalt der Waldorfschule. Ein Beitrag zu den sozialwissenschaftlichen Anschauungen Rudolf Steiners. Stuttgart: Verlag Freies Geistesleben.

Leube, Dirk/Kircher, Tilo (2012): Sind Theory-of-Mind-Defizite grundlegend für die Schizophrenie? In: Förstl, Hans (Hrsg.): Theory of Mind. Neurobiologie und Psychologie sozialen Verhaltens. Heidelberg: Springer Medizin Verlag, S. 337–345.

Lindenberg, Christoph (1984): Vom geistigen Ursprung der Gegenwart. Studien zur Bewusstseinsgeschichte Mitteleuropas. Stuttgart: Freies Geistesleben.

Lindenberg, Christoph (2008): Geschichte lehren. Thematische Anregungen zum Lehrplan. Stuttgart: Verlag Freies Geistesleben.

Maiwald, Ulrich (2016): Die sprechpädagogische Arbeit an der Waldorfschule. Eine methodisch-didaktische Skizze. In: Der Lehrplan Freien Waldorfschulen, online: https://www.forschung-waldorf.de/lehrplan/, Zugriff 01.11.2019.

Marx, Karl/Engels, Friedrich (1977): Manifest der Kommunistischen Partei, Werke Bd. 4. Berlin: Dietz Verlag.

Mead, George, Herbert (1991): Geist, Identität und Gesellschaft aus der Sicht des Sozialbehaviorismus. Frankfurt a. M.: Suhrkamp.

Mollenhauer, Klaus (1991): Vergessene Zusammenhänge. Über Kultur und Erziehung. Weinheim, München: Juventa.

Oerter, Rolf/Montada, Leo (Hrsg.) (1995): Entwicklungspsychologie. Ein Lehrbuch. Weinheim: Beltz.

Nagl, Ludwig (1998): Pragmatismus. Frankfurt a. M., New York: Campus.

Richter, Tobias (2018): Messen, was messbar und was nicht messbar – nicht messbar machen. Das Waldorfzeugnis als Modell einer Lernbiografie. In: Weiss, Leonhard/Willmann, Carlo (Hrsg.): Sinnorientiert lernen – zieloffen gestalten. Zum Leistungsverständnis der Waldorfpädagogik. Wien: LIT Verlag, S. 167–182.

Rosa, Hartmut (2013): Beschleunigung und Entfremdung. Entwurf einer kritischen Theorie spätmoderner Zeitlichkeit. Berlin: Suhrkamp.

Rosa, Hartmut (2016): Resonanz. Eine Soziologie der Weltbeziehung. Berlin: Berlin Verlag.

Rosa, Hartmut (2017): Resonanzen im Zeitalter der Digitalisierung. In: MedienJournal 41 (1), S. 15–25.

Schmelzer, Albert (2010): Der Anfangsunterricht in Geschichte an Waldorfschulen. In: Paschen, Harm (Hrsg.): Erziehungswissenschaftliche Zugänge zur Waldorfpädagogik. Wiesbaden: VS Verlag für Sozialwissenschaften, S. 287-306.

Sennett, Richard (2010): Der flexible Mensch. Die Kultur des neuen Kapitalismus. Berlin: Berliner Taschenbuch Verlag.

Sodian, Beate/Perst, Hannah/Meinhardt, Jörg (2012): Entwicklung der Theory of Mind in der Kindheit. In: Förstl, Hans (Hrsg.): Theory of Mind. Neurobiologie und Psychologie sozialen Verhaltens. Heidelberg: Springer Medizin Verlag, S. 61–77.

Steinböck, Herbert (2012): Kriminalität – Theory of Mind außer Kraft? In: Förstl, Hans (Hrsg.): Theory of Mind. Neurobiologie und Psychologie sozialen Verhaltens. Heidelberg: Springer Medizin Verlag, S. 263–271.

Steiner, Rudolf (1962): Menschenerkenntnis und Unterrichtsgestaltung, GA 302. Dornach: Verlag der Rudolf Steiner Nachlassverwaltung.

Steiner, Rudolf (1972): Zur Dreigliederung des sozialen Organismus. Gesammelte Aufsätze 1919-1921. Stuttgart: Verlag Freies Geistesleben.

Steiner, Rudolf (1976): Die Kernpunkte der sozialen Frage in den Lebensnotwendigkeiten der Gegenwart und Zukunft, GA 4. Dornach: Rudolf Steiner Verlag.

Steiner, Rudolf (1982a): Geschichtliche Symptomatologie, GA 185. Dornach: Rudolf Steiner Verlag.

Steiner, Rudolf (1982b): Aufsätze über die Dreigliederung des sozialen Organismus und zur Zeitlage, GA 024. Dornach: Rudolf Steiner Verlag.

Steiner, Rudolf (1990): Die soziale Grundforderung unserer Zeit. In geänderter Zeitlage, GA 186. Dornach: Rudolf Steiner Verlag.

Steiner, Rudolf (1991): Die geistig-seelischen Grundkräfte der Erziehungskunst. Spirituelle Werte in Erziehung und sozialem Leben, GA 305. Dornach: Rudolf Steiner Verlag.

Steiner, Rudolf (1992a): Geistige und soziale Wandlungen in der Menschheitsentwickelung, GA 196. Dornach: Rudolf Steiner Verlag.

Steiner, Rudolf (1992b): Die Erziehung des Kindes vom Gesichtspunkte der Geisteswissenschaft. Dornach: Rudolf Steiner Verlag.

Steiner, Rudolf (1995): Die Philosophie der Freiheit. Grundzüge einer modernen Weltanschauung, GA 4. Dornach: Rudolf Steiner Verlag.

Stern, Daniel (2007): Die Lebenserfahrung des Säuglings. Stuttgart: Klett-Cotta.

Stojanov, Krassimir (2006): Bildung und Anerkennung. Soziale Voraussetzungen von Selbst-Entwicklung und Welt-Erschließung. Wiesbaden: VS Verlag für Sozialwissenschaften.

Stueber, Karsten R. (2017): Fremdverstehen und Fremdbewerten. In: Information Philosophie, Juni 2017, 2, S. 18–35.

Taylor, Charles (1997): Das Unbehagen an der Moderne. Frankfurt a. M.: Suhrkamp.

Taylor, Charles (2012): Multikulturalismus und die Politik der Anerkennung. Frankfurt a. M.: Suhrkamp.

Hentig, Hartmut von (1996): Bildung. München: Hanser.

Weiss, Leonhard (2015a): „Eine Kulturpädagogik, die auf Vertrauen hin orientiert ist." Zur Bedeutung des Vertrauens in der Philosophie und Pädagogik Rudolf Steiners. Wien: LIT Verlag.

Weiss, Leonhard (2015b): Die Relevanz anerkennungstheoretischer Überlegungen für den waldorfpädagogischen Ansatz einer altersadäquaten Erziehung. In: Ders./Willmann, Carlo (Hrsg.): TRANSFORMATIONS. Bildung in einer sich wandelnden Welt/Education in a Rapidly-Changing World. Papers for a Congress of Educational Science of the European Network of Academic Steiner Teacher Education, May 2015, Vienna. RoSE Research on Steiner Education, Vol 6/Special issue, December 2015, http://www.rosejourn.com/index.php/rose/article/view/268/262, Zugriff 01.11.2019.

Weiss, Leonhard (2017): „… eine Autorität neben sich haben." Anerkennungstheoretische Überlegungen zum Autoritätsverständnis der Waldorfpädagogik. In: Hübner, Edwin/ Weiss, Leonhard (Hrsg.): Personalität in Schule und Lehrerbildung. Perspektiven in Zeiten der Ökonomisierung und Digitalisierung. Opladen / Berlin / Toronto: Verlag Barbara Budrich, S. 189–208.

Weiss, Leonhard (2018): „Leistung" zwischen Normierung und Individualismus. Versuch einer arbeitstheoretischen (Re-)Konstruktion eines waldorfpädagogischen Leistungsbegriffs. In: Ders./Willmann, Carlo (Hrsg.): Sinnorientiert lernen. Zieloffen gestalten. Zum Leistungsverständnis der Waldorfpädagogik. Wien: LIT Verlag, S. 125–140.

Weiss, Leonhard (2020): Individualität und Anerkennung - Bildungsphilosophische Perspektiven der Waldorfpädagogik. Eine Grundlegung. Wien LIT Verlag.

Zander, Helmut (2007): Anthroposophie in Deutschland. Theosophische Milieus und gesellschaftliche Praxis. Göttingen: Vandenhoeck und Ruprecht.

Zech, Michael (2012): Der Geschichtsunterricht an Waldorfschulen. Genese und Umsetzung des Konzepts vor dem Hintergrund des aktuellen geschichtsdidaktischen Diskurses. Frankfurt a. M. u. a.: Peter Lang.

Zima, Peter (2000): Theorie des Subjekts. Tübingen, Basel: A. Francke Verlag.

Zirfas, Jörg (2005): Aisthesis. Ästhetische Bildung im theatralen Sinnenspiel. In: Liebau, Eckart/Klepacki, Leopold/Linck, Dieter/Schröer, Andreas/Zirfas, Jörg (Hrsg.): Grundrisse des Schultheaters. Pädagogische und ästhetische Grundlegung des Darstellenden Spiels in der Schule. Weinheim, München: Juventa, S. 69–87.

Zirfas, Jörg (2014): Identität. In: Wulf, Christoph/Zirfas, Jörg: Handbuch Pädagogische Anthropologie. Wiesbaden: Springer VS, S. 567–577.

*Thomas Damberger*

# Künstliche Intelligenz und der Sinn von Pädagogik

## 1. Künstliche Intelligenz

Der Begriff Künstliche Intelligenz (KI) scheint gegenwärtig ausgesprochen populär. Bereits im Mai 2013 veröffentlichte das McKinsey Global Institute eine Studie mit dem Titel *Disruptive technologies: Advances that will transform life, business, and the global economy* und stellt darin die Künstliche Intelligenz als einen wesentlichen Faktor dar, der entscheidend dazu beträgt, dass bis Mitte der 2020er Jahre ein Großteil der Wissensarbeit (knowledge worker tasks) von Maschinen übernommen wird (vgl. McKinsey 2013: 6). Eine aktuelle McKinsey-Studie von 2017 mit dem Titel *Smartening up with Artificial Intelligence (AI)* bezieht sich ausschließlich auf die mögliche Wertsteigerung mit Blick auf die deutsche Wirtschaft, die infolge eines konsequenten Einsatzes von KI bis zum Jahr 2030 möglich sein soll. Das Bruttoinlandsprodukt könnte demnach 2030 um 4 Prozent bzw. 150 Milliarden Euro höher liegen als ohne den Einsatz von Künstlicher Intelligenz. Auf das Jahr heruntergerechnet bedeutet dies ein Wachstum von 0,25 Prozent bzw. 10 Milliarden Euro (vgl. McKinsey 2017: 15ff.). Zu einem ähnlichen Ergebnis kommt eine 2015 veröffentlichte Studie des World Economic Forum (vgl. Schwab 2016: 30). Auch der Blick auf aktuelle Sachbuch-Publikationen lässt den derzeitigen KI-Hype schnell erkennen. Kai Schlieter bringt 2015 ein Buch mit dem Titel *Die Herrschaftsformel. Wie künstliche Intelligenz uns berechnet, steuert und unser Leben verändert* auf den Markt, Ulrich Eberl im darauffolgenden Jahr seine Schrift *Smarte Maschinen. Wie Künstliche Intelligenz unser Leben verändert*. Yvonne Hofstetter betitelt ihre aktuelle Neuerscheinung aus dem Jahr 2016 mit *Das Ende der Demokratie: Wie die künstliche Intelligenz die Politik übernimmt und uns entmündigt,* und der israelische Historiker Yuval Noah Harari widmet sich in seiner 2017 publizierten Arbeit *Homo Deus* ausführlich den Möglichkeiten und gleichsam den Gefahren, die mit der Künstlichen Intelligenz einhergehen könn(t)en.

Dass das Thema Künstliche Intelligenz gerade in diesen Tagen umfassend diskutiert wird, ist alles andere als selbstverständlich, handelt es sich doch hierbei um ein Phänomen, dass bereits Mitte der 1950er Jahre in Erscheinung getreten ist und seine Popularität wenige Jahrzehnte später weitestgehend eingebüßt hat. 1956 fand am Dartmouth-College in Hanover, New Hampshire, eine Konferenz statt, die sich dem Thema KI widmete. Finanziert wurde die Veranstaltung maßgeblich von der Rockefeller Foundation. Im ursprünglichen Förderantrag ist nachzulesen: „The study is to proceed on the basis of the conjecture that every aspect of learning or any other feature of intelligence can in principle be so precisely described that a machine can be made to simulate it. An attempt will be made to find how to make machines use language, form abstractions and concepts, solve kinds of problems now reserved for humans, and improve themselves" (McCarthy/ Minsky/ Rochester/Shannon 1955). Unter den Konferenzteilnehmern befanden sich neben John McCarthy, der damals eine Juniorprofessur für Mathematik am Dartmouth-College innehatte, der KI-Forscher Marvin Minsky, Nathaniel Rochester von IBM und Claude Shannon, Mitarbeiter bei AT&T Bell Labs. Man ging im Zuge der Veranstaltung von der Heuristik aus, dass es sich bei der natürlichen Intelligenz im Wesentlichen um eine im Gehirn stattfindende Symbolverarbeitung handelt, die grundsätzlich auch auf technischem Wege bewerkstelligt werden kann, sofern genügend Rechen- und Speicherkapazitäten vorhanden sind.

Dass es sich bei der Künstlichen Intelligenz noch heute um einen ausgesprochen unklaren Begriff handelt, wird spätestens dann deutlich, wenn man verschiedene Definitionsversuche genauer in den Blick nimmt. McCarthy ging 1955 davon aus, dass wir es dann mit Künstlicher Intelligenz zu tun haben, wenn wir eine Maschine dazu bringen, etwas zu tun, wozu ein Mensch, wenn er dies täte, Intelligenz benötigen würde. Die Maschine, von der hier die Rede ist und die im oben erwähnten Förderantrag Thema war, ist ein Computer. Wenn also ein Computer intelligentes Verhalten an den Tag legen soll, muss vorausgesetzt werden, dass Intelligenz etwas ist, dass auf eine Rechenleistung zurückgeführt werden kann (vgl. Mainzer 2010: 151; vgl. Vowinkel 2017: 90). Ford und Hayes halten kurz vor der Jahrtausendwende mit Blick auf die Künstliche Intelligenz fest:

> „Gegenwärtig kann die Überzeugung, daß natürliche Intelligenzleistungen eine sehr komplexe Art von Rechnen sind, nur als Hypothese gelten. Wir sehen allerdings keinen Grund, warum ein geistiger Vorgang nicht auf diese Weise beschreibbar sein sollte. [...] Das wissenschaftliche Ziel der KI ist, eine informatische Gesamtsicht der Intelligenz oder – allgemeiner – aller geistigen Fähigkeiten zu liefern, nicht nur der menschlichen. Wenn das gelingt, werden wir zwangsläufig der Einzigartigkeit menschlichen Denkens abschwören müssen" (Ford/Hayes 1999: 128).

Intelligenz und alle übrigen geistigen Fähigkeiten gelten unter zahlreichen Befürwortern und Entwicklern der KI als berechenbar, beides kann dieser Überzeugung gemäß früher oder später von einem hinreichend leistungsfähigen Rechner künstlich hergestellt werden. Eine solche Auffassung ist allerdings mindestens in zweifacher Hinsicht problematisch. Zum einen ist die hier zugrunde liegende Auffassung von Intelligenz eine verkürzte und berücksichtigt kaum die Komplexität, die mit der Frage nach dem Wesen der Intelligenz einhergeht.[1] Die Psychologie versteht Intelligenz als ein offenes Konstrukt. Intelligenz als solche ist empirisch weder beobachtbar noch messbar. Nichtsdestotrotz gibt es Intelligenztests, die allerdings lediglich Versuche darstellen, ein Verhalten zu messen, das Rückschlüsse auf etwas zulässt, was zur gegebenen Zeit als Intelligenz begrifflich gefasst wird. Die Intelligenz, um die es hier geht, ist veränderbar, weil der Diskurs um das, was als Intelligenz gilt, permanent in einem Veränderungsprozess steht. Charles Edward Spaerman formulierte Anfang des 20. Jahrhunderts die Zwei-Faktoren- bzw. Generalfaktortheorie (Spaerman 1904), weiterentwickelt von Louis Leon Thurstone zu einem Modell mehrerer gemeinsamer Faktoren (Thurstone, 1940). In den 1960er Jahren folgten schließlich das Modell der kristallinen und fluiden Intelligenz von Raymond Bernhard Cattell (Cattell 1963), in den 1980er Jahren das Berliner Intelligenz-Strukturmodell von Adolf Otto Jäger (Jäger 1982), und alternativ dazu entwickelte Howard Gardner das Konstrukt einer multiplen Intelligenz (Gardner 2011 [1983]).

Zum anderen deutet bereits die Vorstellung, die Intelligenz bzw. die geistigen Fähigkeiten allgemein seien berechenbar, im Kern auf ein eindimensionales Menschenbild hin. Diese Eindimensionalität tritt gegenwärtig, sprich: in einer Zeit, in der die Künstliche Intelligenz einen bemerkenswerten Aufschwung erfährt, besonders zu Tage. Worin liegt dieser Aufschwung begründet? Jerry Kaplan gibt uns einen Hinweis: „Fortschritt in der KI ist häufig die Folge von Fortschritten in verwandten Bereichen. Die KI nutzt dann neues Wissen oder neue Verfahren aus wesentlichen Hard- und Softwaretechnologien" (Kaplan 2017, Pos. 2257). Die Fortschritte, von denen die KI derzeit profitiert, hängen mit folgenden Faktoren zusammen: a) dem maschinellen Lernen, b) einer umfassenden Vernetzung und c) der Datafizierung von Mensch und Welt. Im Folgenden sollen zunächst diese Fortschritte skizziert werden. Im Anschluss daran werden zwei mit der Entwicklung der KI einhergehende Momente analysiert: die zahlen- bzw. datenmäßige Erfassung von Mensch und Welt und die Simulation von Sprache. Es geht dabei allerdings nicht allein um die Darstellungen dieser Momente, sondern vor allem darum, auf das hinzuweisen, was jenseits des Erfassens und Simulierens unbegreifbar und unaussprechbar ver-

---

1 Kerres und de Witt betonen in einem vergleichbaren Zusammenhang die „Marketingleistung der Informatik(industrie)" (Kerres/de Witt 2002: 6), die darin besteht, auf Begriffe zurückzugreifen, mit denen bestimmte Traditionen, Konnotationen und Semantiken verbunden sind. Die Übernahme dieser Begriffe – wie beispielsweise Dialog, Kommunikation, Interaktion u. a. – geschieht allerdings häufig ohne eine Reflexion dieser Traditionen. Dies führt dazu, dass unbedacht übernommene Begrifflichkeiten semantisch aufgewertet und überhöht werden.

borgen liegt und dennoch für die Menschwerdung und daher für die Pädagogik bedeutsam zu sein scheint. Der Beitrag endet mit der Genese der Frage, ob das, was jenseits des Begreifbaren im Menschen währt und nach klassischer pädagogischer Theorie nur durch den Pädagogen als menschliches Gegenüber wirklich zu werden vermag, auch durch die bloße, wenngleich überzeugende Simulation des Pädagogen zur Entfaltung gebracht werden kann.

## A) Maschinelles Lernen

Beim Versuch, Maschinen zum Lernen zu bringen, orientiert man sich gegenwärtig am menschlichen Gehirn. Dieses besteht durchschnittlich aus etwa 100 Milliarden Neuronen und ca. 100 Billionen bis einer Billiarde Synapsen (vgl. Anderson 1996: 17ff.). Unser Gehirn kann demzufolge als ein hochkomplexes Netzwerk verstanden werden. Dieses wiederum ist das Ergebnis eines über einen langen Zeitraum andauernden evolutionären Prozesses und zugleich die materielle Grundlage unseres Bewusstseins. Die Vertreter der sogenannten *starken* Künstlichen Intelligenz gehen davon aus, dass es durch den detaillierten Nachbau des menschlichen Gehirns grundsätzlich möglich ist, ein künstliches Bewusstsein zu erzeugen. Der Mainstream im Bereich der KI-Forschung verfolgt allerdings weitaus bescheidenere Ziele, nämlich die Optimierung von bestimmten Leistungen, beispielsweise der Mustererkennung. Dazu gehört das Erkennen von gesprochener Sprache ebenso wie der Bereich *computer vision*, worunter das richtige Erfassen von Gesichtern auf Fotografien oder das zuverlässige Identifizieren von Verkehrszeichen subsummiert wird. Die Fähigkeit der Mustererkennung durch ein artifizielles System wird der *schwachen* Künstlichen Intelligenz zugeordnet.

Ziel des Maschinellen Lernens ist es, zunächst einmal die Struktur aus Neuronen und Synapsen künstlich nachzubilden. Um dies zu erreichen, wird ein Künstliches Neuronales Netz (KNN) erzeugt, bestehend aus mehreren Schichten künstlicher Neuronen, die nacheinander angeordnet sind. Jedes Neuron einer Schicht ist mit allen Neuronen der folgenden Schicht verbunden. Je mehr Neuronen und Schichten das KNN umfasst, desto höher ist sein Komplexitätsgrad. Während die Künstlichen Neuronalen Netze der 1980er Jahre noch aus einigen Hunderten bis Tausenden künstlichen Neuronen bestanden, verfügen moderne Varianten über Milliarden solcher Neuronen, die in zahlreichen Schichten angeordnet sind (vgl. Eberl 2016: 99f.). Die erste Schicht ist die Eingabeschicht, die letzte die Ausgabeschicht; je mehr verdeckte Schichten zwischen Ein- und Ausgabeschicht liegen, desto tiefer ist das System. Man spricht daher mit Blick auf das, was Künstliche Neuronale Netze mit zahlreichen Schichten bewerkstelligen, auch von *Deep Learning*. Künstliche Neuronale Netze funktionieren vom Prinzip her folgendermaßen. Die Eingabeschicht entspricht einer bestimmten Neuronenart im menschlichen Gehirn – den sog. sensorischen Neuronen.[2] Erhalten die künstlichen Neuronen der Eingabeschicht einen Reiz bzw. einen Input, werden Berechnungen angestellt. Anschließend wird nach einer bestimmten Gewichtung ein Signal an die Neuronen der nächsten Schicht weitergeleitet. Die Verbindungen zwischen den Neuronen verändern sich im Laufe des Lernprozesses permanent, einzelne Verbindungen werden stärker, andere hingegen schwächer – dieser Prozess ist vergleichbar mit den dynamischen synaptischen Verbindungen im menschlichen Gehirn.

Beim maschinellen Lernen bzw. Deep Learning findet eine Differenzierung zwischen einem *überwachten*, einem *unüberwachten* und einem *bestärkenden* Lernen statt. Im Falle des *überwachten* Lernens erhält das System ein Feedback bezüglich des errechneten und präsentierten Ergebnisses. Das Feedback ermöglicht es dem System, nach und nach bessere Resultate zu liefern. Beim *unüberwachten* Lernen bleibt hingegen das Feedback aus. Das System lernt hier aufgrund der schieren Datenmenge. Steht eine hinreichend große Datenmenge zur Verfügung, so lassen sich automatisch Muster erkennen, die zu sehr genauen Ergebnissen führen können. Andres Ng und Jeff Dean haben 2012 im Rahmen des Google-Brain-Projekts ein für damalige Verhältnisse gewaltiges Deep Learning-Netzwerk, bestehend aus 16.000 Computerprozessoren, errichtet und dem System mehrere Millionen Bilder aus YouTube-Videos bereitgestellt. Diese Menge war ausreichend, um das System „erkennen" zu lassen, dass Menschengesichter und Katzen am häufigsten auf den Bildern zu sehen waren. Das System wusste weder, wonach es suchen sollte, noch hatte es eine Vorstellung davon, was ein Menschengesicht oder eine Katze ist. Im Falle des *bestärkenden* Lernens beschreibt der Programmierer den gegenwärtigen Status des Systems, definiert anschließend ein Ziel und gibt die erlaubten Aktionen vor, die zur Erreichung des Ziels eingesetzt werden dürfen. Wie genau nun das Ziel erreicht wird, findet das System selbst heraus. Es erhält für alle zielführenden Aktionen Punkte, die gleichsam als Belohnung fungieren (vgl. Brynjolfsson/McAfee 2017: 29).

Künstliche Intelligenz bzw. maschinelles Lernen braucht – neben einer hohen Speicher- und Rechenkapazität – Daten. Diese Daten müssen erfasst werden können, was mithilfe von Sensoren und einer entsprechenden Vernetzung geschehen kann.

---

2 Neben den sensorischen Neuronen verfügt das menschliche Gehirn noch über Motoneuronen, Kommunikationsneuronen und Verarbeitungsneuronen. Die Verarbeitungsneuronen sind die im Gehirn am meisten vertretene Neuronenart; sie ist äquivalent zu den künstlichen Neuronen der verdeckten Schichten eines Deep Learning-Systems.

## B) Vernetzung

Die bereits erwähnte McKinsey-Studie aus dem Jahr 2013 hat die 12 einflussreichsten disruptiven Technologien mit Blick auf ihren ökonomischen (genauer: monetären) Impact untersucht. Auf Platz 3 befindet sich das *Internet der Dinge*. Der Grundgedanke dieses umfassenden Netzes geht auf Mark Weiser zurück, der 1991 einen Aufsatz mit dem Titel *The Computer for the 21st Century* veröffentlichte. Weiser arbeitete in diesem Aufsatz heraus, dass in den ersten Dekaden des 21. Jahrhunderts Chips in allen möglichen Alltagsgegenständen enthalten und miteinander verbunden sein werden (vgl. Weiser 1995 [1991]). Und in der Tat sprechen wir längst schon vom *Smart Home*, das es z. B. ermöglicht, von unterwegs über das Smartphone die Heizung oder den Lichtschalter zu aktivieren. *Intelligent Personal Assistants* wie *Echo* von Amazon, der *Google Assistant* oder der *HomePod* von Apple lassen es zu, per Sprachbefehl auf das Netz zuzugreifen. Mehr noch: Der Mensch wird zunehmend selbst Teil dieses Netzes – ein Netz, das sich durch das Fehlen einer eindeutigen Grenze zwischen dem virtuellen Internet und der Welt der realen Dinge auszeichnet. Eine 2015 erhobene Umfrage des *Global Agenda Council on the Future of Software and Society*, in der 800 Experten und Führungskräfte aus dem IuK-Bereich nach Entwicklungen befragt wurden, die 2025 in der Breite der Gesellschaft Realität sein werden, hat ergeben, dass über 80 Prozent der Befragten spätestens im Jahr 2025 das erste vollständig implantierbare Handy auf dem kommerziellen Markt erwarten (vgl. Schwab, 2016: 30). Der britische Kybernetiker Kevin Warwick verweist indessen auf bemerkenswerte Möglichkeiten, die mit RFID-Chips einhergehen: „It is now realistic to talk of tracking individuals by means of implants using the *Global Positioning System*, a wide area network or even a mobile telephone network. From an ethical point of view it raises considerable questions when it is children, the elderly (e.g. those with dementia) or prisoners who are subjected to tracking, even though this might be deemed to be beneficial for some people" (Warwick 2016: 25; Hervorh. im Original).

Die enorme Anzahl bereits heute auf dem Markt befindlicher Chips, von denen etliche Sensorfunktionen erfüllen, führt zu einer sehr großen Datenmenge, die wiederum als Grundlage für die Verbesserung der Künstlichen Intelligenz bzw. der Machine Learning-Systeme dienen. Auffallend ist nun aber, dass das, was Daten ihrem Wesen und ihrer Funktion nach sind, kaum thematisiert wird. Dies insbesondere in Bildungskontexten zu thematisieren wäre jedoch erforderlich, um eine Datensensibilität zu ermöglichen und einem mündigen Umgang in Zeiten der Digitalisierung zumindest ein Stück weit den Weg zu bahnen.

## C) Datafizierung

Der Begriff Datafizierung meint, etwas zu Daten zu machen. Daten sind ihrem Wesen nach reine Fakten. Der Begriff Fakten stammt vom lateinischen Wort *facere* und bedeutet *machen* bzw. *tun*. Ein Faktum ist demnach etwas Gemachtes. Daten sind von Menschen gemacht, sie sind nicht gegeben, liegen also nicht vor, um von Sensoren lediglich als das, was sie sind, erfasst zu werden. Vielmehr muss das, was gegeben ist (*datum est*), zu Daten gemacht werden. Bis vor wenigen Jahren war für den Begriff Daten bzw. Data die DIN 44300 Nr. 19 maßgeblich, der zufolge Daten „Gebilde aus Zeichen oder kontinuierliche Funktionen [sind], die aufgrund bekannter oder unterstellter Abmachungen Informationen darstellen, vorrangig zum Zweck der Verarbeitung und als deren Ergebnis" (Klein 1997: 35). Seit 1993 gilt die ISO/IEC 2382-1 als Norm des internationalen Technologiestandards, die besagt, dass es sich bei Daten (Data) um „a reinterpretable *representation of information* in a formalized manner, suitable for communication, interpretation, or processing" (Kirikova et al. 2016: 132; Hervorh. im Original) handelt. Entscheidend ist das Adjektiv „formalisiert" (formalized). Daten werden heute mithilfe von Computer verarbeitet. Dies ist allerdings technisch nur dann möglich, wenn das Erfasste, also das, was lebensweltlich gegeben ist, von allem, was als nicht maschinell erfass- und verarbeitbar gilt, bereinigt wird. Eine solche Bereinigung ist notwendig, da ein Computer keinen Bezug zur menschlichen Welt hat und weder mit Bedeutung noch mit Sinn etwas anfangen kann. Er vermag lediglich das zu verrichten, was sein Name verrät: rechnen. Das Bereinigen bzw. Abstrahieren von allem für uns Menschen Bedeutsamen, von allem nicht Maschinisierbaren, gleichwie das Transformieren in eine mathematisch bzw. maschinell verarbeitbare Form, nennt man formalisieren. Diese Form ist das Ergebnis eines Machens, ist *facere* und nicht mehr *datum (gegeben)*.

Die Sensorisierung der Alltagswelt, die Allgegenwärtigkeit von Computer, sei es in Form von Smartphones, Tablets, Laptops, Smartwatches etc., führt zu einer umfassenden Datafizierung und damit notwendigerweise zu einer Reduktion. Alles, was jenseits der reinen Form liegt, ist nicht mehr vorhanden. Alles, was in die Sphäre des Computers eintaucht, ist aus menschlicher Sicht bedeutungslos geworden. Auch taucht die Bedeutung nicht mehr auf, sondern muss neu geschaffen werden. Das Neuerschaffen von Bedeutung geschieht durch einen Vorgang, den Heidi Schelhowe *Rekontextualisierung* nennt (vgl. Schelhowe 2007: 47). Exemplarisch wird dies im Folgenden am Beispiel der Selbstvermessung aufgezeigt.

## 2. Die Qualität von Zahlen

Der Begriff *Qualität* leitet sich vom lateinischen Wort *qualitas* ab und bedeutet Beschaffenheit, Güte bzw. Wert. Im Altgriechischen spricht man von *poion* bzw. *poiotês*.[3] Die *Quantität* (von lat. *quantum*) einer Sache steht jeweils in Bezug zu ihrer Beschaffenheit (vgl. Regenbogen & Meyer 2013: 539), insofern sind Qualität und Quantität miteinander verwoben. Der Anthroposoph und Mathematiker Ernst Bindel geht noch einen Schritt weiter und subsummiert die Quantität der Qualität, in dem er im Speziellen die Größe einer Zahl als *eine* (Zahlen-)Qualität von mehreren bezeichnet (vgl. Bindel 2003 [1958]: 29). Das aktuelle Phänomen der Selbstvermessung fokussiert nun bemerkenswerterweise ausschließlich den quantitativen Aspekt und somit lediglich eine von mehreren Dimensionen der Beschaffenheit des Menschen. Das Ziel der Selbstvermessung (im Englischen: Quantified Self) ist, folgt man Kevin Kelly und Gary Wolf, den beiden Begründern der Quantified Self-Bewegung, die Selbsterkenntnis durch Zahlen („selfknowledge through numbers") – so auch der Untertitel der 2007 von Kelly und Wolf ins Leben gerufenen Website quantifiedself.com.

Das (quantitative) zahlenmäßige Erfassen des eigenen Körpers und der eigenen Verhaltensweisen geht mit dem Versprechen einher, vollständiger, umfassender und genauer als eine Selbsterkenntnis durch Selbstbeobachtung bzw. Selbstreflexion zu sein. Tatsächlich bietet gerade die Digitalisierung die Möglichkeit, bspw. mithilfe von Fitnessarmbändern, mittelfristig auch mit Unterstützung von implantierten Mikrochips etc. ein weitaus umfangreicheres datenbasiertes Bild des eigenen Körpers in Erfahrung zu bringen. Einhergehend mit der skizzierten wachsenden Vernetzung eröffnet sich mithilfe von Selftracking und Lifelogging (beide Begriffe haben sich für das zahlen- bzw. datenmäßige Erfassen von Körperfunktionen, aber auch von Handlungen und Stimmungen etabliert) die Chance eines *predictive maintenance*. Der aus den Ingenieurwissenschaften stammende Begriff meint eine vorausschauende Wartung in Abgrenzung zu einem erst nachträglichen Beseitigen von Störungen. Unternehmen wie Apple, die sich derzeit insbesondere mit *ResearchKit* und *CareKit* in diesem Bereich aufstellen, aber auch Siemens, Philips und IBM investieren große Summen in den Sektor Gesundheitswesen. Von der elektrischen Zahnbürste, die via Bluetooth vernetzt ist und die Zahnputztechnik analysiert, bis hin zum funktionalen Magnetresonanztomographen werden Geräte bereitgestellt, die es nicht nur ermöglichen, (mehr) Daten bezüglich des eigenen

---

3 Nach Aristoteles, für den die poiotês eine Kategorie war, gibt es vier Hauptbedeutungen dieses Begriffs: a) Die beständige Haltung und der wechselnde Zustand (z. B. im Falle von Wissen), b) die natürliche Fähigkeit oder Unfähigkeit (z. B. die Fähigkeit zu denken), c) affektive Qualitäten und d) die Figur bzw. die Gestalt (vgl. Mensch 2002: 356).

Körpers in Erfahrung zu bringen, sondern diese Daten auch automatisiert erfassen, auswerten und die Ergebnisse präsentieren zu lassen (vgl. Meffert/Meffert 2017: 115f.). Nicht nur Apple wirbt indessen offensiv damit, dass die bereitgestellten Körperdaten zur Entwicklung besserer Behandlungsmöglichkeiten verwendet werden und der Einzelne folglich durch das Selbstvermessen (und das Vermessenlassen) der Gesellschaft insgesamt einen hilfreichen Dienst erweist (vgl. Apple 2017).

Aus einer viele Jahrhunderte währenden Bildungs- und Philosophiegeschichte heraus wissen wir, dass es zur Selbsterkenntnis mehr bedarf als ein detailliertes zahlen- und datenmäßiges und nun durch die Möglichkeiten der Digitalisierung erweitertes Selbstvermessen. Ein Blick in verschiedene geisteswissenschaftliche Vorstellungen vom Selbst lässt dieses als ein zum Teil erfassbares, sich aber zugleich dem Erfassenden entziehendes erkennen. Das denkende Ich als Subjekt-Ich ist nicht identisch mit dem Objekt-Ich, das dem Ich als Gegenstand des Nachdenkens über sich selbst erscheint – dies lehrt uns Kant in seiner *Kritik der reinen Vernunft* (vgl. Kant 1998 [1787]: 155). Platon betont indessen in seinem Dialog *Alkibiades I*, dass es zur Selbsterkenntnis der Begegnung mit einem anderen Menschen bedarf, der sich dem nach Selbsterkenntnis Strebenden mit einem offenen und zugleich bedeutenden Blick zuwendet. Dieselbe geisteswissenschaftliche Tradition lässt überdies immer wieder aufs Neue erkennen, dass Selbsterkenntnis nicht in der Weise eines Selbsterfassens gelingen kann (vgl. Damberger/Iske 2017: 17ff.).

Die vorherrschende Idee eines quantifizierbaren Selbst geht indessen einher mit der Vorstellung, dass eine umfassende Sensorisierung von Mensch und Umwelt früher oder später alles, was die menschliche Existenz (im Sinne ihres Vorhandenseins, nicht im Sinne ihrer Essenz) auszeichnet, feststellen wird und dass das so Festgestellte anschließend als Gegenstand der Selbstbearbeitung und Selbstverbesserung dienen kann. Was dabei vernachlässigt wird, ist eine zweifache Reduktion dessen, was als Mittel der Selbsterkenntnis dient: die Zahl. Die erste Reduktion wurde bereits mit dem Verweis darauf, dass Zahlen gegenwärtig unter lediglich einer einzigen Qualität verstanden werden, nämlich der der Quantität, thematisiert. Die Vorstellung, dass jenseits der bloßen Größe und Menge den Zahlen eine weitere Qualität zukommen könnte, erscheint zunächst befremdlich, war aber in den vergangenen Jahrhunderten durchaus vorhanden. Die Zahlensymbolik, wie sie in der spezifischen Anordnung der im 12./13. Jahrhundert wiederaufgebauten Kathedrale von Chartres zu finden ist, gibt uns einen ersten Hinweis. Im Gewölbespitzbogen befindet sich ein Pentagramm; das Zentrum eines großen Labyrinths am Boden des Mittelschiffs ist exakt auf der Höhe des dritten von sieben Pfeilern verortet, es teilt also das Trivium und Quadrivium. „Die Chartroser Denker waren", so Hummel in seiner Arbeit über die Kathedrale von Chartres, „[...] der Mathematik verschworen; man hielt diese für das Bindeglied zwischen Gott und der Welt, für den Zauberschlüssel, der Zugang zu den Geheimnissen beider verschaffen könnte" (Hummel 2010: 14).

Die heute vorherrschende Auffassung von Zahlen ist eine gleichgültige. Die Zahl 2 bedeutet für sich nicht mehr oder weniger als die Zahl 5, vielmehr gewinnt sie ihre Bedeutung erst und ausschließlich aus dem Kontext. Zwei Kinder zu haben bedeutet etwas anderes als 5 Kinder zu haben, eine Metastase etwas anderes als 7 Metastasen. Dass Zahlen an sich nicht gleichgültig, sondern immer schon bedeutsam sind, ihnen also eine Bedeutung inhärent ist, erweist sich mit Blick auf das in der Moderne vorherrschende Zahlenverständnis als befremdlich. Pythagoras ging im 6. Jahrhundert v. Chr. davon aus, dass alles, was ist, mithilfe von Zahlen verstanden werden kann. Die Harmonielehre lädt zu einer solchen Vorstellung ein. Die Vier galt dem Mathematiker und Philosophen als heilige Zahl, in ihr waren die ersten vier Zahlen (1+2+3+4) vereint, ihre Summe ist die 10, die aus pythagoreischer Sicht für die Vollkommenheit steht. Entscheidend ist, dass die Vier hier nicht als Summe zweier gleichgültiger Zahlen verstanden wurde (z. B. 2+2 oder 1+3), sondern für sich ein Ganzes, Abgeschlossenes darstellte – die Vier als Vierheit (vgl. Taschner 2017: 212f.). Sowohl die Pythagoreer als auch die Neopythagoreer pflegten zudem die Vorstellung von befreundeten Zahlen. Es handelt sich dabei um ein Zahlenpaar, bei der die Teilersumme der einen Zahl identisch mit der befreundeten Zahl ist. So ergibt die Teilersumme von 220 die Zahl 284 (und umgekehrt) (vgl. ebd.). Eigenschaften von Zahlen wurden dabei auf den Menschen übertragen.

Die Vorstellung von einer Ideenzahl (arithmos eidêtikos) in Abgrenzung zur mathematischen Zahl (arithmos mathêmatikos) findet sich auch im Spätwerk von Platon wieder.[4] Plutarch schreibt im 1./2. Jh. n. Chr. in *Über das Ei von Delphi*, dass die Zahl 5 „mit Recht geehrt wird, da sie die erste aus den ersten [Zahlen] entstandene Zahl ist und wegen der Aehnlichkeit der geraden Zahl mit dem Weibe, so wie der ungeraden mit dem Manne die *Ehe* genannt wird" (Plutarch 2012: 672; Hervorh. im Original). Stellt man sich die Zahl 2 als zwei Teile vor und nimmt man diese Teile auseinander, so findet man zwischen den beiden Teilen eine Lücke. Bei drei Teilen bleibt der mittlere Teil übrig. Mit diesem wird etwas „der Zeugung Fähiges" (ebd.) assoziiert. Die 5 in Form eines von einem Kreis umgebenen fünfzackigen Sterns (Pentagramm) war übrigens auch das Erkennungszeichen der Pythagoreer.

Wenn wir das deutsche Wort *Ziffer* auf seine etymologischen Wurzeln hin bedenken, so stoßen wir auf den Begriff *Chiffre*, der wiederum dem arabischen *sifr* entstammt. Chiffre wird im Deutschen seit dem 18. Jahrhundert auch im Sinne von Geheimschrift verwendet. Dass Zahlen geschrieben und nicht in Form der

---

4 Eine genaue Erläuterung zu Platons Überlegungen zur Ideenzahl in Abgrenzung zur mathematischen Zahl findet sich in der 1996 veröffentlichten Dissertation von Evangelia Varessis (Varessis 1996: 148f.).

uns heute bekannten Zahlenzeichen dargestellt wurden, wird deutlich in der Beschäftigung mit dem Altgriechischen und dem Hebräischen. Das Geheime dieser Schrift wird indessen erkennbar in alternativen Schöpfungsdarstellungen, wie sie im Judentum in Form der Kabbala zunächst mündlich überliefert, nach und nach aber auch verschriftlich wurden. Im *Sefer Jezira*, dem *Buch der Schöpfung*, einer kabbalistischen Schrift, die bis ins 3./4. Jahrhundert zurückreicht, ist nachzulesen, dass das Universum in 32 wundersame Pfade gehauen und in 3 Bücher eingemeißelt wurde. Es handelt sich dabei um die 22 Buchstaben des hebräischen Alphabets und um die 10 Sephiroth, die der jüdische Religionshistoriker Gershom Scholem als Urzahlen bezeichnet (vgl. Scholem 2001: 22). Jeder einzelnen Urzahl wurde eine Bedeutung zugeschrieben (Einsicht, Weisheit, Gnade etc.). Der vollkommene Mensch ist dieser Vorstellung nach derjenige, dem es gelingt, alle 10 Eigenschaften (kurzum: alle Zahlen) in sich zu vereinen.

Der Gedanke der Analogie zwischen der Bedeutung von Zahlen einerseits und menschlichen Eigenschaften andererseits findet sich auch in der Vorstellung in sich abgeschlossener Zahlen (arithmoi teleioi). Derlei Zahlen zeichnen sich dadurch aus, dass ihre Teilersumme identisch ist mit der Zahl selbst. Dies ist im Falle der Zahl 6 gegeben, deren Teiler 1,2 und 3 sind. In einigen Fällen ist die Teilersumme weniger als die Ausgangszahl, in anderen Fällen verhält es sich umgekehrt. Auch diese Eigenschaft wurde auf den Menschen übertragen: „Die meiste Zeit seines Lebens mag man sich als eine mangelhafte Zahl vorkommen, indem man weniger in sich enthält, als es äußerlich scheint. Der Schein übertrifft das Wesen. In gewissen Momenten des Lebens wächst man jedoch über sich hinaus, wird man zu einer überschüssigen Zahl; die Begeisterung verhilft einem dazu. Eine in sich abgeschlossene Zahl zu sein, wo das Innere dem Äußeren genau entspricht, wo Außen und Innen zueinander in Harmonie stehen, ist eine Seltenheit" (vgl. Bindel 1958: 292).

Was hier rückblickend auf Pythagoras, Platon, Plutarch, die Kabbala und Bindel angedeutet wird, ist ein Zweifaches. Zum einen gilt es zu bemerken, dass es ein rein-quantitatives Zahlenverständnis – losgelöst von allen sonstigen Qualitäten, die einst mit Zahlen in Verbindung gebracht wurden – nicht immer schon als eine vorherrschende Auffassung gegeben hat. Es existierte also in unserer geisteswissenschaftlichen Tradition dereinst auch eine andere Perspektive auf Zahlen. Nun kann man zurecht anmerken, dass der wissenschaftliche Fortschritt zu einer bestimmten Fokussierung in der Perspektive auf Zahlen führte, sich die quantitative Auffassung bewährt, die qualitative hingegen als obsolet, mehr noch: als mystisch und mythologisch verklärt erwiesen hat. Ob diese Auffassung gerechtfertigt ist, soll hier nicht thematisiert werden. Zum anderen deutet insbesondere Bindels Hinweis auf die Harmonie von Innen und Außen auf ein Herzustellendes, auf einen Anspruch hin, der insbesondere in der geisteswissenschaftlichen Pädagogik eine bedeutsame Rolle gespielt hat – und heute dem Paradigma der (Selbst-)Optimierungsnotwendigkeit gewichen zu sein scheint. Das rechte Maß zu erlangen ist in einer Zeit, in der die Unmäßigkeit zunehmend positiv konnotiert ist, eine Herausforderung – man denke nur an den Slogan „Geiz ist geil" und die Bezeichnung „mäßig", die ja eigentlich auf das Maßvolle hindeuten sollte und somit einer einstigen Idealvorstellung folgte, heute allerdings im Sinne von „nicht gut" oder „nicht herausragend" und damit zugleich „nicht hinreichend" verwendet wird. Was nicht herausragt, schafft es nicht, gesehen zu werden, bleibt im Dunkeln, als wäre es nicht vorhanden.

Wilhelm von Humboldt konnte 1793 noch mit Blick auf die „Ausbildung der Menschheit, *als Ganzes*" von einem „großen und trefflichen Werk" (Humboldt 2012 [1793]: 93) schwärmen, Kant konnte 1803 fordern: „Es liegen viele Keime in der Menschheit, und nun ist es unsere Sache, die Naturanlagen proportionierlich zu entwickeln und die Menschheit aus ihren Keimen zu entfalten" (Kant 1983 [1803]: 701) und Rousseau hat die Einheit in Verbindung mit der Zahl in seinem Émile besonders hervorhoben: „L'homme naturel est tout pour lui; il est l'unité numérique, l'entier absolu, qui n'a de rapport qu'à lui-même ou à son semblable. L'homme civil n'est qu'une unité fractionnaire" (Rousseau 1830: 18).[5] Auch im Deutschen Idealismus und der sich daraus entfaltenden Pädagogik spielt der Bezug zur Ganzheit, zur (numerischen) Einheit, eine wesentliche Rolle. Die Grundidee dieser von Fichte, Schelling, Hegel und Hölderlin maßgeblich geprägten philosophischen Richtung bestand in der Vorstellung einer Welt als Ganzheit, die von der Vernunft als deren Ausdruck umfasst wird. Der Deutsche Idealismus war insofern eine Gegenbewegung bzw. der Versuch der Überwindung jener Trennung, die Kant mit seinen drei Kritiken ins Feld geführt hat. Der Vernunft als dem Umfassenden wird im Idealismus nicht zuletzt auch ein ästhetisches Moment zugesprochen. Die Kraft, die alles zu umgreifen vermag, die das scheinbar Getrennte zusammenfügt, wird als das Schöne, das das Wahre und Gute birgt und trägt, verstanden. Bildung im Idealismus ist demnach konsequenterweise immer nur auf das Ganze hin vorstellbar und demnach durch ein additives Anhäufen von Wissen nicht zu erreichen. Besonders sichtbar wird diese Bildungsvorstellung am Beispiel der Hegelschen Dialektik, die sich dadurch auszeichnet, dass der Geist sich selbst als ein anderes setzt und in dem Anderen sich selbst als das Andere des Anderen zu erkennen versucht (vgl. Ballauff/Schaller 1970: 527; vgl. Hegel 1944: 43).

Wir erleben gegenwärtig im Zusammenhang mit der Selbstquantifizierung und ferner mit dem daten- und zahlenmäßigen Erfassen von Mensch und Welt

---

5 Interessanterweise finden sich der Ausdruck „l'unité numérique" in der Reclam-Übersetzung von Eleonore Sckommodeau von 2006 nicht mehr. Dort wurde die Passage „il est l'unité numérique" mit „[e]r ist die ungebrochene Einheit" (Rousseau 2006: 12) ins Deutsche übertragen.

überhaupt, dass die Reduktion der Zahlen auf das ausschließlich Quantitative nur *ein* Moment der Verkürzung ist. Der *andere* Moment besteht darin, dass wir es im Falle der (Selbst-)Vermessung durch Digitalisierung nicht einmal mehr mit Zahlen, sondern nur noch mit zwei Zuständen zu tun haben, nämlich jenen beiden, die das Binärsystem zulässt. Die Reduktion der Reduktion auf das Grundsätzliche (etwas ist oder es ist nicht, 1 oder 0) ist dabei konsequent. Wenn die Bedeutung wegfällt, ist das Einzige, was einen Unterschied macht, der Unterschied selbst. Die Frage ist nun, wie die Bedeutung wieder in die Welt gelangt. Mit dem Verweis auf Heidi Schelhowes Gedanken der Rekontextualisierung wurde die Antwort bereits angeführt. Für den Menschen, der seiner Smartphone-App entnimmt, dass sein Blutzucker deutlich erhöht ist, bedeutet der dargestellte Wert etwas. Diese Bedeutung hat der Wert nicht per se. So selbstverständlich, ja fast schon banal dieser Satz klingen mag, so wichtig ist es doch, ihn in seiner Tiefsinnigkeit zu erkennen. Den Weg hin zu dieser Erkenntnis bahnt uns die Sprache als ein weiterer Bereich, der durch die Entwicklungen der Künstlichen Intelligenz eine beachtenswerte Rolle spielt und spielen wird.

## 3. Die Qualität von Sprache

Auch im Zusammenhang mit Computer sprechen wir von Sprache. Die Rede ist von der Programmiersprache, die zu erlernen aus bildungspolitischer Sicht und gemäß der Überzeugung einiger Wirtschaftswissenschaftler eine zunehmende Bedeutung beigemessen wird. Im 2016 veröffentlichten Strategiepapier des BMBF mit dem Titel *Bildungsoffensive für die digitale Wissensgesellschaft* ist nachzulesen: „Digitale Bildung beinhaltet nach unserem Verständnis sowohl die Vermittlung digitaler Kompetenz [...] als auch das Lernen mit digitalen Medien [...]. Digitale Kompetenz bedeutet [...] nicht zuletzt Grundfertigkeiten im Programmieren" (BMBF 2016: 10) zu besitzen. Kollmann und Schmidt fordern darüber hinaus, das Programmmieren auf die Stufe einer zweiten Fremdsprache zu stellen und betonen: Wir müssen „uns kritisch die Frage stellen, ob wir weiter an den Sprachen der Vergangenheit wie Latein und Altgriechisch festhalten und auf die Sprache der digitalen Neuzeit verzichten wollen" (Kollmann/Schmidt 2016: 133).

Die Programmiersprache ist nun aber keine Sprache im eigentlichen Sinne. Für den Menschen ist Sprache etwas, über das er verfügen kann. Insofern ist sie zunächst einmal Mittel zum Zweck. Der Computer verfügt hingegen nicht über Sprache, er *hat* demzufolge keine Sprache, sondern wird durch das, was als Programmiersprache bezeichnet wird, gesteuert. Während für den Menschen Sprache eine Möglichkeit des Ausdrucks darstellt, erweist sich für den Computer die Programmiersprache als etwas, das ihn, der selbst ein Instrument ist, instrumentalisiert. Wenngleich nun die Sprache für den Menschen Mittel zum Zweck ist, hat sie, bezogen auf den Menschen, keineswegs ausschließlich instrumentellen Charakter, sondern ist in ihrer Bedeutung weit umfassender; sie ist das, was Heidegger in seinem Humanismusbrief als das „Haus des Seins" (Heidegger 2004 [1946]: 333) bezeichnet. In der Sprache als dem Haus des Seins wohnt der Mensch in einer besonderen Weise, die sich dadurch auszeichnet, dass er *ek-sistierend* aus diesem heraussteht (vgl. ebd.). Gemeint ist damit, dass der Mensch als Bewohner des Hauses des Seins einerseits vernehmen kann, was *ist* – ihn durchwirkt gewissermaßen das Sein –, zugleich kann er als ein Wesen, das zur Sprache fähig ist (und insofern Sprache auch (!) als Mittel zum Zweck zu nutzen vermag) *sagen, was ist.* Er trägt also dazu bei, dem Sein zur Entbergung und damit zur Wahrheit zu verhelfen. Wir sehen darin eine enge Verbindung, die mindestens bis auf Platon zurückgeht und sich durch ein Verwobensein von Sprache bzw. Wort (logos) und Sein (onta) auszeichnet. Sagen zu können, was ist, setzt eine solche Verwobenheit von Wort und Sein voraus. Beides voneinander zu trennen und somit die Sprache ausschließlich zu einem Machtmittel zu gebrauchen und nicht mehr als Möglichkeit, dem, was währt, zum Ausdruck zu verhelfen, war der Vorwurf, den Platon vor etwa 2400 Jahren an die Sophisten gerichtet hat.

Die *Sophistik* war eine Bewegung innerhalb der Philosophie des antiken Griechenlands. Der Begriff Sophistik geht auf *Sophoi* (= weise Männer) bzw. *Sophistai* („Weisheitslehrer") zurück. Sophisten arbeiteten als Wanderlehrer, hielten Vorträge vor großem Publikum und boten ihre Dienste gegen Bezahlung an. Als bedeutender Sophist gilt Protagoras, der etwa von 480–410 v. Chr. lebte. Kurz vor seinem Tod wurde er wegen seiner skeptizistischen Schrift mit dem Titel *Über die Götter* aus Athen verbannt und ertrank während der Überfahrt nach Sizilien. Protagoras vertrat eine sensualistische Erkenntnistheorie. Ausgangspunkt war die Frage, ob Menschen überhaupt in der Lage sind, das Wesen der Welt, also das, was man allgemein Wahrheit nennt, zu erkennen. Seine Antwort auf diese Frage ist in *Wahrheit oder niederringende Reden* nachzulesen: „Aller Wesenheiten Maß ist der (einzelne) Mensch, der seienden, daß sie sind, der nicht seienden, daß sie nicht sind [...] Wie alles einzelne *mir* erscheint, so ist es für *mich*, wie *dir*, so ist es wieder für *dich*" (Protagoras zit. nach Kranz 2006 [1941]: 96; Hervorh. im Original).

Der erste Satz dieses Zitats ist auch bekannt unter der Bezeichnung *Homo-mensura-Satz* (lat.: homo = Mensch; lat.: mensura = Maß): Der Mensch ist das Maß aller Dinge. Nun zeugt dieser Satz sowohl von einer skeptizistischen als auch relativistischen Haltung. Skeptizistisch, weil bezweifelt wird, dass es ein Maß jenseits des Menschen gibt, das erkannt werden und als Orientierung dienen könnte. Wenn aber der Mensch sich zum Maß aller Dinge erhebt, erscheint alles, was erkannt und bestimmt wird, als ebenso subjektiv und wandelbar wie der Mensch selbst. Eine solche Position ist relativistisch, und eben diese relativistische Haltung finden wir bei den Sophisten in den unterschiedlichen Bereichen: im Recht, in der Moralphilosophie, der Religion und natürlich auch in der Epistemologie (vgl. Kunzmann/ Burkard//Wiedmann 2005: 35). Dort hat ein weiterer bedeutender Sophist, Gorgias von Leontinoi, den erkenntnistheoretischen Relativismus zugespitzt. In *Über das Nichtseiende oder über die Natur* formuliert er drei Grundgedanken: 1. Nichts existiert. 2. Selbst wenn etwas existieren würde, wäre es für den Menschen nicht erkennbar. 3. Selbst wenn es erkennbar wäre, so könnte es anderen Menschen nicht mitgeteilt werden (vgl. Kranz 2006 [1941]: 98). Wir haben es hier mit einer fundamentalen Abkehr von der Vorstellung einer übergreifenden, für alle Menschen geltenden Wahrheit zu tun. Wenn es eine solche Wahrheit gemäß dem ersten der drei von Gorgias angeführten Punkte nicht gibt, dann macht eine Suche nach der Wahrheit auch keinen Sinn. Zugleich eröffnet der Relativismus aber auch eine ungeheure Freiheit, denn wenn tatsächlich alles relativ ist, kann sowohl die eine Position als auch die genau entgegengesetzte vertreten werden. Welche Position letztlich mehr Gewicht hat, bemisst sich dann vor allem an der Art und Weise, wie sie vorgetragen wird. Die Rhetorik, verstanden als die Kunst der Rede, erhält daher eine besondere Bedeutung. Es zählt für Gorgias (und für etliche weitere Sophisten) nicht der Inhalt – dieser ist schlichtweg austauschbar – sondern ausschließlich die Form: „Daß ihm die Form alles, der Inhalt so gut wie nichts ist, ergibt sich auch daraus, daß er über ein und dieselbe Sache sowohl Lob- wie Tadelreden verfaßt hat, wie auch der Unfug seiner Stegreifreden über jedes beliebige ihm von seinen Hörern gestellte Thema nur sein unbegrenztes Vertrauen auf die formale Kunst und Gewandtheit, zugleich aber eine ungeheuerliche Verkennung des Wesens echter Wissenschaft verrät" (Capelle 1971: 161). Wenn der Inhalt der Rede derart beliebig erscheint, haben wir es im Zusammenhang mit der Sophistik mit einer Umwertung der Werte zu tun. Der Mensch ist das Maß aller Dinge; was der Mensch für gut befindet, ist gut, was er für wahr befindet, ist wahr, und was er für besser empfindet, ist das Bessere.

Die Rhetorik spielt (nicht nur) in der Sophistik eine ganz besondere Rolle. Wenn es tatsächlich keine übergreifenden Wahrheiten gibt, die eingesehen werden können und auf die letztendlich nur noch verwiesen werden muss, ist die Kraft des überzeugenden Wortes entscheidend. Protagoras wird nachgesagt, er habe behauptet, es gehe bei der Rhetorik darum, die schwächere Seite zur stärkeren zu machen. Und eben zu dieser Kunst – es handelt sich um die sogenannte *Eristik* (das Streitgespräch) – wolle er seine Schüler befähigen. Aus Sicht einer feststehenden Ordnung mag Rhetorik, die zur Eristik befähigt und die von Sophisten als eine Technik verstanden wurde, in der Tat ketzerisch und höchst gefährlich sein. Allerdings ist die Rhetorik an sich weder gut noch schlecht. Sie bietet lediglich die

Möglichkeit, die eigenen Interessen durch überzeugende Argumente durchzusetzen und die eigenen Überzeugungen durch gute Begründungen zu festigen (oder auch zu revidieren). Das ist gewissermaßen die positive Seite der Redekunst bzw. Redetechnik.[6]

Dass das stärkste Argument überzeugen soll, deckt sich mit einer Vorstellung, die eng mit der Redekunst verflochten zu sein scheint: Rhetorik zu beherrschen bedeutet Macht auszuüben. Weiter oben wurde im Zitat von Wilhelm Capelle von den Stegreifreden Gorgias' berichtet. Bei diesen Reden handelt es sich im Kern um eine Machtdemonstration. Gorgias präsentiert den Zuhörern, dass er sein Handwerk beherrscht, dass er überdies in der Lage ist, seinen Gegner in einem öffentlichen Meinungskampf in die Knie zu zwingen, einen Prozess der Umwandlung, ein Verändern des Meinungsbildes zu bewirken. Genau an diesem Punkt setzt die scharfe Kritik der Sophisten-Gegner (allen voran Platon) an. Die Redekunst der Sophisten sei im Wesentlichen ein Kampf, bei dem es darum gehe, das Recht des Stärkeren durchzusetzen (vgl. Robling 2007: 97). Aber worin liegt dieses Recht begründet? Letztlich allein in der Macht des Wortes, und dieses Wort ist ja keineswegs an ein durch Einsicht in Erfahrung gebrachtes Wissen gebunden. Wir haben es – und auch das ist die Kritik Platons am Sophismus – mit einer Loslösung des Wortes vom Sein zu tun. Der Mensch spricht nicht mehr aus, was ist, sondern die Rede wird zum Schein. Weil das so ist, können wir nach Platon im Zusammenhang mit der Rhetorik auch nicht von einer Technik sprechen. Es handele sich vielmehr um eine Geschicklichkeit, die auf Glauben und nicht auf Wissen setze (ebd.: 96f.). Der Redner weiß nichts vom Gegenstand seiner Rede, er setzt lediglich sein Geschick so ein, dass er bei seinen Zuhörern den Glauben erweckt, das von ihm Gesagte sei zutreffend. Es geht also darum, dass etwas *wahr scheint*. Die sophistische Rhetorik zielt demzufolge auf Wahrscheinlichkeit (*eikasia*), die in der platonischen Epistemologie die unterste Stufe bezeichnet.

---

6 Gerd Ueding kehrt in seiner Untersuchung der klassischen Rhetorik diese positive Seite besonders hervor. Rhetorik ist für ihn keineswegs nur eine formale Kunst, die frei nach Belieben sowohl für diese als auch für jene Zwecke eingesetzt werden kann. Im Gegenteil sieht er in der „[r]ednerischen Kompetenz" (Ueding 2005: 19) einen aufklärerischen Aspekt, nämlich die Abkehr vom Mythos und die Hinwendung zum Logos, verstanden als den durch das Wort hervorgebrachten Sinn: „[J]eder Gegenstand, jede Erscheinung des individuellen und sozialen Lebens hatte sich der kritischen Reflexion zu unterwerfen. Insofern gibt der Protagoreische Grundsatz, daß über jedes Thema zwei gegensätzliche Reden möglich sind, die beide Anspruch auf Wahrheit erheben, die Quintessenz einer neuen Erfahrung der Realität wieder und empfiehlt zugleich ein Verfahren, mit dieser aporetischen Situation umzugehen: indem nämlich über die Unterschiede so gegensätzlich geredet wird, wie sie erscheinen, sie also als konkurrierende Meinungen behandelt werden, die sich in Rede und Gegenrede zu bewähren haben und über welche schließlich in der Praxis entschieden wird" (ebd.: 20).

Platon gründete im Anschluss an seine erste Sizilienreise um 387 v. Chr., etwa drei Jahre, nachdem der Sophist Isokrates seine Rednerschule eröffnet hatte, eine eigene Schule, die später nach dem Namen des Grundstückes, auf dem sie sich befand, benannt wurde. Die *Akademia* war aus pädagogischer Sicht ein besonderer Ort. Dort forschte und lebte eine Gruppe von *Lehrern und Schülern*. In der Akademie ging es nicht darum, ein Dogma zu vermitteln, tatsächlich fanden kontroverse Diskussionen statt. Der dahinterstehende Gedanke bestand darin, dass es Dinge gibt, die nicht einfach unterrichtet werden können, sondern die auf eine besondere Weise verstanden werden müssen. Dieses Verstehen, diese Einsicht, kann vom Lehrer jedoch nicht gemacht werden;[7] vielmehr – und darin endet auch schon die Macht der Lehrenden – gilt es, diese Einsicht zu ermöglichen. Möglich werden kann die Einsicht durch ein gemeinsames Bemühen im Rahmen eines gleichsam gemeinsamen Lebens.[8]

Heute ermöglichen es uns Entwicklungen im Bereich der Künstlichen Intelligenz, dass Computer mit uns und wir mit Computer zu sprechen beginnen. Erste Versuche, Computer zur Spracherkennung zu befähigen, reichen mindestens bis Anfang der 1970er Jahre zurück. 1971 finanzierte die *DARPA (Defense Advanced Research Projects Agency)* – damals noch unter dem Namen *ARPA* – einen Wettbewerb zur Spracherkennung, im Rahmen dessen ein Computersystem 1.000 gesprochene Worte ohne Pause erkennen können sollte. Erst 1984 investierte die DARPA erneut

---

7  Die Einsicht als Unverfügbares, zu Evozierendes aber keinesfalls Machbares erfordert nicht zuletzt Geduld. Rilke schreibt 1903 ganz in diesem Sinne einen Brief an Franz Xaver Kappus und betont: „[U]nd ich möchte Sie, so gut ich es kann, bitten, lieber Herr, Geduld zu haben gegen alles Ungelöste in Ihrem Herzen und zu versuchen, die Fragen selbst liebzuhaben wie verschlossene Stuben und wie Bücher, die in einer sehr fremden Sprache geschrieben sind. Forschen Sie jetzt nicht nach den Antworten, die Ihnen nicht gegeben werden können, weil Sie sie nicht leben könnten. Und es handelt sich darum, alles zu leben. Leben Sie jetzt die Fragen. Vielleicht leben Sie dann allmählich, ohne es zu merken, eines fernen Tages in die Antwort hinein" (Rilke 2016: 17).

8  Wir können uns Platons Akademie als eine Konkurrenzinstitution zur Schule Isokrates' vorstellen. Als scharfer Kritiker der Sophistik wetterte Platon in mehreren Schriften deutlich gegen deren Relativismus in politischen und ethischen Fragen. Exemplarisch zeigt sich dies in seinem Dialog Gorgias (De Rhetorica) aus der Zeit nach 399 v. Chr. Sokrates befragt darin erst Polos, später dann Gorgias zur Redekunst. Das Gespräch endet mit folgender Passage:
„SO.: Mach also auch du weiter, Gorgias. Denn die Rhetorik gehört doch zu den Künsten, die alles durch das Wort ausführen und bewirken. Nicht wahr?
GO.: Das stimmt.
SO.: Sag also: zu den auf welches Objekt ausgerichteten? Welches von den seienden Dingen ist es, auf das sich diese Worte beziehen, derer sich die Rhetorik bedient?
GO.: Die größten der menschlichen Dinge, Sokrates, und die besten" (Platon 2004: 18).
Entscheidend ist, dass weder Polos noch Gorgias in der Lage sind, die größten und besten menschlichen Dinge zu benennen. Der Gegenstand der Rede bleibt schwammig, unbestimmt. Die große Kritik, die Platon an den Sophismus richtet, ist das mangelnde Verständnis, die nichtvorhandene Einsicht in das Wesentliche.

Geld in diesen Bereich. Ein Computersystem in die Lage zu versetzen, gesprochene Sprache zu erkennen, ist mit vielen Herausforderungen verbunden. Einerseits muss das Signal vom Hintergrundrauschen unterschieden werden, darüber hinaus müssen Intonation und Satzmelodie Berücksichtigung finden, die je nach Variation das Gesprochene mit einer anderen Bedeutung versehen, Ähnliches gilt für gleichklingende Wörter (Homophone). Mitbedacht werden müssen auch Sprachtempi, Akzente, Vokabular usw. (vgl. Kaplan 2017, Pos. 1057). Mithilfe von Deep Learning-Systemen und Statistik gelingt es heute, dass *Intelligent Personal Assistants* wie Siri, Cortana und Co. zunehmend besser funktionieren, dass Übersetzungsprogramme immer treffendere Resultate liefern und wir aller Voraussicht nach allmählich dazu übergehen werden, verstärkt mithilfe des gesprochenen Wortes mit Computern zu kommunizieren.[9]

Bemerkenswert an Sprachassistenten ist, dass sie nichts von dem verstehen, was wir sagen bzw. sie auf unsere Fragen hin antworten. Es werden lediglich Muster erkannt, Berechnungen angestellt und Ergebnisse in Tonfolgen übersetzt, präsentiert. Was der Computer sagt, ist bedeutungslos und gewinnt seine Bedeutung vielmehr durch uns, die wir dem Gesagten Sinn verleihen oder Unsinn attestieren. Ähnlich wie im Falle der sophistischen Rhetorik haben wir es beim sprechenden Computer mit einer Entbindung von Wort und Sein zu tun. Allerdings besteht zwischen der Sprache des Computers und der des Sophisten ein wesentlicher Unterschied: In Abgrenzung zum Sophisten *simuliert* der Computer lediglich das Sprechen. Der Unterschied zwischen der Simulation von Sprache und der tatsächlichen, menschlichen Sprache liegt in der Bedeutung. Wenn der Mensch spricht, besteht grundsätzlich die Möglichkeit, dass sein Sprechen etwas bedeutet, das als solches nicht gefasst werden kann. Die Sprache deutet dann auf einen im wahrsten Sinne des Wortes *inter-essanten* Bereich hin, eine Sphäre *zwischen Sein und Nichts*. Es mag zutreffen, dass das gesprochene Wort – wie im Falle des Sophismus gegeben – nicht das Sein meint, aber es meint dennoch immer irgendetwas, auch dann, wenn es nur Ausdruck eines Strebens nach Macht ist. Die Simulation von Sprache meint hingegen nichts.

In seiner pädagogischen Anthropologie arbeitet Otto Friedrich Bollnow die Funktion der Sprache als Deutung und Interpretation der Welt heraus und sieht die große Aufgabe der Didaktik darin, vom Wort zur anschaulichen Erfüllung zu führen (vgl. Bollnow 2013: 97). Die Worte als solche werden dem Menschen im Zuge des Spracherwerbs recht schnell geläufig. Die Bedeutung der Worte hingegen ist nichts, was im Rahmen eines Lehr-Lern-Lerhältnisses erworben werden kann. Viel-

---

9 An dieser Stelle sei angemerkt, dass Facebook im April 2017 im Rahmen der Entwicklerkonferenz f8 offiziell mitteilte, an der Kommunikation per Gedankenkraft zu arbeiten. Erste marktreife Resultate werden in den kommenden Jahren erwartet (vgl. Solon 2017).

mehr gilt es diese in einem phänomenologischen Sinne aufzudecken, indem der Versuch unternommen wird, sich von gängigen Denk- und Sehgewohnheiten zu lösen. Horst Rumpf spricht in diesem Kontext von einem Lernen, das „die Fähigkeit und den Wunsch [verwirklicht], sich Welt nahe kommen, gleichsam unter die Haut gehen zu lassen, sich jedenfalls auf sie in ihrer sinnlichen Dichte, in ihrem sinnlichen Reiz einzulassen" (Rumpf 2010: 11). Das zu ermöglichen ist für Rumpf „seit eh Sache der Kunst, der Literatur, des Nachdenkens" (ebd.: 21). Karl Jaspers führt diesen Gedanken in seiner Arbeit zur Existenzerhellung im Sinn und unterstreicht: „Die Sprache besitzt viele Worte der Art, daß sie weder Gegenstände bedeuten noch definierbar sind, oder die, wenn sie es sind, als definiert nicht ihren eigentlichen Gehalt bewahren (wie Freiheit, Wahl, Entscheidung, Entschluß, Bewährung, Treue, Schicksal)" (Jaspers 1932: 17). Auf Facetten des Gehaltes von Worten zu verweisen, ist für Bollnow ein wesentlicher Aspekt organisierten Lehrens und Lernens. Dies umfasst insbesondere die Beschäftigung mit Poesie.

David Cope, emeritierter Professor für Musikwissenschaften an der University of California in Santa Cruz, ist es gelungen, ein Programm namens Annie zu entwickeln, dass auf die Technik des maschinellen Lernens zurückgreift. Annie war eigentlich für die Komposition von klassischen Stücken im Stile von Bach, Beethoven und Chopin gedacht. Annie ist aber auch in der Lage, Gedichte zu verfassen. 2011 erschien das Buch Comes the *Fiery Night: 2,000 Haiku by Man and Machine*. Die meisten der Haiku-Gedichte stammen von Menschenhand, einige von einer Maschine. Der Leser des Buches wird im Unklaren darüber gelassen, von wem welche Zeilen erstellt wurden (vgl. Harari 2017: 439).

Auch Kreativität, sei sie musikalisch oder literarisch, kann also bereits heute in Ansätzen und in Zukunft wohl deutlich umfangreicher simuliert werden. Die Kreativität als solche ist im Gegensatz zu ihrer Simulation ein Schöpfen aus dem Nichts. Betrachtet man Gott als Schöpfer der Welt, stellt sich die Frage, woraus dieser Gott eigentlich schöpft? Diese Frage kann in zweifacher Weise beantwortet werden. Einerseits schöpft er aus dem Nichts, weil es vor der Genesis nichts gab, aus dem hätte geschöpft werden können. Andererseits war Gott vor der Schöpfung als schöpfende Kraft bereits vorhanden, was uns zur zweiten Antwortmöglichkeit führt: Gott schöpft die Welt aus sich selbst heraus. Beide Antwortmöglichkeiten, das Schöpfen aus dem Nichts und das Schöpfen aus sich selbst, sind zulässig, insofern Gott im Sinne von Alles verstanden wird. Gott wäre dann identisch mit dem Sein, das nur scheinbar das Gegenteil des Nichts darstellt. Auf einer von allem Konkreten abstrahierten Ebene, d. h. auf der Ebene höchster Abstraktion, müssen Sein und Nichts als identisch erscheinen, weil es nichts gibt, was sie voneinander unterscheiden könnte – bis auf den Unterschied als solchen. Hegel formuliert diesen Gedanken in seiner *Wissenschaft der Logik* wie folgt: „In seiner unbestimmten

Unmittelbarkeit ist [...] [das Sein] nur sich selbst gleich und auch nicht ungleich gegen Anderes, hat keine Verschiedenheit innerhalb seiner noch nach außen" und resümiert: „Nichts ist somit dieselbe Bestimmung oder vielmehr Bestimmungslosigkeit und damit überhaupt dasselbe, wie das reine *Sein* ist" (Hegel 1986 [1831]: 83; Hervorh. im Original). Nun sieht Hegel jedoch mit Blick auf Sein und Nichts eine Dynamik, die sich im Unterschied *als* Unterschied zwischen beiden, auf abstrakter Ebene ununterscheidbaren Momenten auszeichnet. Diese Dynamik nennt Hegel das *Werden* (vgl. ebd.). Mit dem Begriff *Werden* deutet Hegel darauf hin, dass Sein und Nichts immer schon ineinander übergegangen sind. Sie sind nicht voneinander zu lösen, aber in der Bewegung von Sein in Nichts, des Entstehens und Vergehens, kurzum: des Werdens aufgehoben. Es handelt sich bei dem, was Hegel hier anspricht, um eine dialektische Figur, die wir auf phänomenaler Ebene insbesondere im Kontext von Erziehung und Bildung in ihrer Vielfältigkeit erfahren können. Der heranwachsende Mensch *wird*, und im Werden, das einen Übergang von Nichts ins Sein bedeutet, vergeht zugleich etwas. Im Entstehen ist das Vergehen bereits enthalten. Entfaltet sich das, was im Menschen währt, wird eine Möglichkeit, die zuvor nicht *wirklich* war, vernehmbar. Das gesprochene Wort ist hierfür bezeichnend. In Genesis 1,3 ist nachzulesen: „Gott sprach: Es werde Licht. Und es wurde Licht" (Gen. 1,3). Hervorzuheben ist, dass Gott *sprach* und nicht etwa dachte, es möge Licht werden. Indem er es sprach, wurde es Licht. Was hier geschieht, ist eine Verwandlung. Die Möglichkeit, dass es Licht werden kann, muss bereits existiert haben. Sie währte also im Nichts, das zugleich alles ist, aber das Wort war nötig, um das Währende zur Wirklichkeit werden zu lassen. Bollnow weist darauf hin, dass durch das ausgesprochene Wort das Unbestimmte und Mehrdeutige eine fest umrissene Gestalt und gleichsam eine Verbindlichkeit erfährt (vgl. Bollnow 2013: 98). Man denke an die Liebesbekundung, die die liebende Frau an den Geliebten richtet. Bleibt sie unausgesprochen, mag die Liebe zwar dennoch vorhanden sein, aber es herrscht diesbezüglich Unklarheit, die sich nach Verbindlichkeit sehnt. Das Verbindliche indessen ist ein weiteres Moment, das erst mit dem ausgesprochenen Wort erscheint. Exemplarisch hierfür sind gängige performative Akte, beispielsweise der Ausspruch eines Standesbeamten: „Hiermit erkläre ich euch zu Mann und Frau" im Rahmen einer Hochzeit. Gleiches gilt für das allzu wichtige Wort, dass die Pädagogin oder der Pädagoge an den Jugendlichen richtet, indem sie ihm versichert: „Ich glaube an Dich, ich stehe hinter Dir."

Diese Worte bedeuten etwas, sie sind keineswegs nur das Übermitteln einer Information, sondern weisen zurück auf einen Bereich jenseits des Fassbaren, auf eine *inter-essante* Sphäre, eine Sphäre irgendwo zwischen Sein und Nichts. Heidegger gelingt es, im Rahmen seines fundamentalontologischen Ansatzes den Menschen als das Wesen zu charakterisieren, das einen besonderen Bezug zum Sein hat, der oben als „ek-sistierend", aus dem Haus des Seins heraustehend, bereits charakterisiert wurde. Der Mensch ist, indem er ins Sein hineinhorcht und ausspricht, was ist, jedoch weitaus mehr als nur Medium des Seins. Dies zeigt sich wiederum auf der Ebene der Phänomene, beispielsweise in der Bekundung einer Schülerin gegenüber ihrem Lehrer, Angst vor einem schlechten Zeugnis oder, unbestimmter formuliert, vor der Zukunft zu haben. Es handelt sich dabei nicht nur um das In-Worte-Fassen von etwas, das ist bzw. das Fühlen und Denken der Schülerin bestimmt. Das Aussprechen ist – über den reinen Verweis hinaus – ein Beweis vor einem Anderen, und dieser Beweis will anerkannt werden. Man kann dies durchaus auch als Versuch des Sich-selbst-Bestimmens bezeichnen, der Mut bedarf, gerade weil er den Anderen in eine Perspektive rückt, der er sich nicht mehr entziehen kann. Natürlich kann der Andere, in diesem Falle der Lehrer, die Aussage der Schülerin ignorieren, den Raum verlassen usw. Aber er kann das in Worte Gefasste nicht mehr ungeschehen machen. Das gesprochene Wort ist über das, was es bedeutet, hinausweisend ein Versuch des Sich-Bewährens, der Anerkennung bedarf und der gerade der Situation einer durch das Aussprechen geschaffenen Unsicherheit und Verletzlichkeit einer besonderen, aufmerksamen, wohlwollenden und liebevollen Antwort des Gegenübers verlangt. Mit dem gesprochenen Wort geht daher für den Menschen Verantwortung im doppelten Sinne einher: derjenige, der spricht, steht bezüglich dessen, was er sagt und damit wirklich macht, in Verantwortung, und der Zuhörende, an den sich das Wort richtet, ist verbindlich zu einer Antwort herausgefordert.

Für *Intelligent Personal Assistants* existieren, ganz gleich wie vielseitig, genau und umfassend sie sprechen, Gedichte vortragen, singen usw. können, die Dimensionen der Bedeutung, der Verbindlichkeit und der Verantwortung nicht. Der Computer ist daher sprechend und zugleich ohne Sprache, vermag aber dennoch durch die Simulation von Sprache etwas Scheinbares zu präsentieren, das wir, je weiter die technologische Entwicklung im Bereich der Digitalisierung voranschreitet, immer weniger als Scheinbares erkennen können.

## 4. Simulation

Der Begriff Simulation wurzelt im lateinischen *simulatio* und meint so viel wie Täuschung, Verstellung, Schein. Die Simulation hat den Charakter des Scheinbaren. Von der Fiktion, mit der ebenfalls Scheinbares einhergeht, unterscheidet sich die Simulation durch die Verschleierung ihres Simulationscharakters. Der Simulant offenbart nicht, dass die vorgetäuschte Krankheit keine tatsächliche Krankheit ist. Der Automat Olimpia, der in E.T.A. Hoffmanns Erzählung *Der Sandmann* (1816) dem jungen Nathanael als eine tatsächliche Frau erscheint, simuliert lediglich, eine solche zu sein. Die Simulation ist in Hoffmanns Erzählung für den Leser als solche sofort erkennbar, nicht aber für Nathanael, der im weiteren Verlauf der Handlung zumindest auch an der Erkenntnis, dass er einem Schein, einer Täuschung und mehr noch einer Selbsttäuschung zum Opfer gefallen ist, verzweifelt.

Simulationen sind Konstruktionen und haben Modellcharakter. Das wiederum bedeutet, dass sie sich durch Reduktion von Wirklichkeit bzw. durch eine Fokussierung auf ganz bestimmte, aus Sicht des Konstrukteurs wesentliche Momente auszeichnen. Weder der Globus als handgreifliches Modell noch Google Earth sind ein 1:1-Abbild der Erde. Simulationen können rekonstruktiv sein, wie es im Falle des Globus gegeben ist, aber auch projektiven Charakter haben. Nun verweist die Simulation als solche nicht auf eine zugrundeliegende Realität. Bei der projektiven Konstruktion mag das einleuchten, insofern man hier davon ausgehen darf, dass der Projektion keine Wirklichkeit zugrunde liegen kann. Tatsächlich ist aber der mangelnde Offenbarungscharakter der Simulation darin zu sehen, dass die Simulation – im Gegensatz zur Fiktion – die Realität permanent dissimuliert. Problematisch wird dies (insbesondere in Bildungskontexten) immer dann, wenn der Simulationscharakter und damit das Wesen der Simulation nicht thematisiert wird. Ivan Sutherland, Pionier im Bereich der Entwicklung von Augmented Reality- und Virtual Reality-Systemen, hat 1965 in *The Ultimate Display* folgende Überlegung formuliert: „The ultimate display would, of course, be a room within which the computer can control the existence of matter. A chair displayed in such a room would be good enough to sit in. Handcuffs displayed in such a room would be confining, and a bullet displayed in such a room would be fatal. With appropriate programming such a display could literally be the Wonderland into which Alice walked" (Sutherland 1965: 508). In der Tat ist ein Mensch, der sich in solch einer simulierten Umgebung befindet, den Simulationen ganz und gar ausgeliefert, vorausgesetzt, er hat keinen Referenzpunkt jenseits der Simulation. Innerhalb einer solchen ist alles, was ihm wiederfährt, auch sein eigenes Handeln, in jeglicher Hinsicht auf die Simulation bezogen, die dann, ohne ein Anderes, von dem sie sich abgrenzt, als solche nicht mehr von der Wirklichkeit unterscheidbar ist. Wenn zwei Dinge nicht mehr voneinander unterschieden werden können, weil sie in ihrer Wesenhaftigkeit verkannt werden, stehen sie in der Gefahr, als identisch zu gelten. Sesink akzentuiert diese Überlegungen, indem er schreibt: „[D]er Gebrauch von Simulationen schließt die Anwender in ein geschlossenes formales System ein, in dem sie mit nichts konfrontiert sind als mit den freien Setzungen seiner Konstrukteure. Weder die erkennende noch die gestaltende Begegnung mit Wirklichkeit ist in ihrer Immanenz möglich." (Sesink 2005: 84).

Der französische Medientheoretiker Jean Baudrillard spitzt das Verhältnis zwischen Realität und Simulation noch weiter zu, indem er drei Ordnungen der

Simulakren einführt. Simulakren sind der Wortherkunft nach Traumbilder, Nachbildungen, Phantome. Baudrillard verwendet den Begriff im Sinne von abstrakten Zeichensystemen, die in einem bestimmten Verhältnis zur Realität stehen. Er formuliert drei Ordnungen der Simulakren, die im Folgenden kurz skizziert werden: Einem Verständnis dessen, was mit den Ordnungen der Simulakren gemeint ist, kann man sich annähern, indem man mit Baudrillard zunächst einmal die Simulation von der Repräsentation abgrenzt (vgl. Baudrillard 1978: 14). Bei der Repräsentation spielen Zeichen eine wichtige Rolle. Zeichen zeigen auf etwas, deuten auf etwas hin und haben in diesem Sinne den Charakter einer Bedeutung. Den Blick auf die Zeit vor der Renaissance richtend, sieht Baudrillard besonders in Distinktionszeichen wie Kleidung, Insignien der Macht etc. *eindeutige* Zeichen. Eindeutig sind diese insofern, als sie auf eine starke symbolische Ordnung verweisen, die fix und dauerhaft ist und gerade deswegen als quasi-natürliche Ordnung erscheint (vgl. Strehle 2012: 102f.). Im Übergang vom Feudalsystem zur Industriegesellschaft wird nicht nur die als natürlich erlebte Ordnung aufgelöst, sondern zugleich die übergeordnete und diese Ordnung durchwirkende metaphysische Rahmung zerstört. Nietzsche hat diesen Umstand insbesondere in seinem Spätwerk *Also sprach Zarathustra* (1885) als den Tod Gottes markiert. Die Zeichen verweisen nun nicht mehr auf eine fixe Ordnung, sondern sind – losgelöst davon – einem Wettbewerb unterworfen. Sie werden mit neuen, anderen Bedeutungen gefüllt. Es entsteht eine Konkurrenz der Zeichen, eine Zeichenvielfalt, die Baudrillard als Versuch liest, den Schmerz über die Verlusterfahrung der einstigen Ordnung zu überwinden. Die verlorene Eindeutigkeit des Zeichens wird gewendet zu einer Ähnlichkeit der vielen Zeichen. Exemplarisch dafür steht das Theater, das die Welt, wie sie wirklich ist, spielerisch nachahmt (vgl. Baudrillard 1982: 81). Mit dieser Nachahmung ist die erste Ordnung der Simulakren bereits angesprochen. Sie wird mit dem Begriff *Imitation* gefasst.

Der Imitation folgt die *Produktion*. Im Zuge der Industrialisierung wird es möglich, Dinge in Serie zu produzieren. Egal, ob es sich um Werkzeuge, Kleidungsstücke oder Wagenteile handelt, geht es stets um einander gleiche Simulakren, die auf kein Original mehr verweisen. Bezeichnend ist, dass im Rahmen der Produktion Simulakren erzeugt werden, deren Ziel nicht mehr in der Imitation von etwas besteht, was auf eine natürliche, aber verloren gegangene Ordnung deutet. Die Imitation ist vielmehr obsolet geworden. In dieser zweiten Ordnung liegt der Referenzwert weder in der Bedeutung, noch in der Imitation, sondern allein in der Arbeit. Was durch Arbeit hervorgebracht wird, wird als wirklich seiend anerkannt.

Die dritte Ordnung der Simulakren ist die *Simulation*. Baudrillard versteht sie als eine radikale Zuspitzung der Emanzipation des Zeichens. Hier finden nur noch Modulationen von Modellen statt. Es werden Differenzen erzeugt, und das Einzige, was das eine vom anderen unterscheidet, ist der Unterschied als solcher. Das aktuelle iPhone unterscheidet sich vom Vorgängermodel durch den Unterschied, die Mode aus diesem Jahr vom vergangenen ebenso. Die Modelle bzw. Produkte sind auf dieser Ebene bedeutungslos, insofern sie über nichts, was über den Unterschied hinausgeht, hinweisen. Dieser muss daher in spektakulären Keynotes immer wieder hervorgehoben werden.

Der Unterschied zwischen der traditionellen Kulturkritik von Adorno, Anders etc. liegt bei Baudrillard darin, dass er den Versuch, hinter den Simulakren bzw. hinter der Simulation eine ontologisch höhererstehende Wahrheit zu entdecken, nicht unternimmt, und zwar vor allem deshalb nicht, weil Simulation und Realität untrennbar sind. Es gibt weder eine Ebene der Simulation in Abgrenzung zur Realität, noch eine reale Welt in Abgrenzung zur Simulation. Um dies zu verdeutlich, führt Baudrillard das Beispiel eines simulierten Bankraubes an, der unweigerlich ganz reale Folgen mit sich zieht: das reale Geld, das auf die simulierte Geldforderung hin übergeben wird, das Adrenalin des Polizeibeamten beim Verfolgen des Bankräubers usw. (vgl. Baudrillard 1978: 35ff.).

In einem gewissen Sinn ist die Simulation Wahrheit, insofern man die Wahrheit als das Unverborgene versteht. Die Simulation ist vorhanden, auch, wenn sie als Simulation nicht erkennbar ist. Und dennoch ist die Simulation nicht das, was sie simuliert. Derjenige, der vorgibt, krank zu sein, ist nicht krank. Und diejenige, die nur so tut, als würde sie lieben, liebt nicht wirklich. Die Simulation ist daher lediglich als Simulation Wahrheit, begegnet aber zugleich als eine Wahrheit, die nichts bedeutet. Der Lehrer, der dem an seinen Fähigkeiten zweifelnden Schüler versichert, dass er an ihn glaubt (und diesen Glauben nicht nur simuliert), unterscheidet sich von dem mit einer KI versehenen Androiden, der dieselben Worte von sich gibt, dadurch, dass seine Worte über das Gesagte hinaus auf etwas hindeuten. Die Worte aus dem Munde eines Menschen deutet auf etwas Unfassbares, Verborgenes. Es liegt dabei in der Natur der Sache, dass das Unfassbare nicht gemessen, nicht datafiziert werden kann und in diesem Sinne auch nicht ist, und doch ist es nicht nichts.

Pädagogik hat mit dem Bedeuten ausgesprochen viel zu tun. Zum einen ist es ein Ziel der Pädagogik, Menschen in die gegebene Gesellschaft, ihren Regeln, ihren Werten, ihren Traditionen einzuführen. Dieses Einführen muss allerdings in einer Weise geschehen, die dem Einzuführenden gerecht wird, seine Potenziale berücksichtigt, seinen Gaben und seinen Zielen gemäß ist. Die Potenziale, Gaben und Ziele sind für den Zu-Erziehenden nicht durch reine Selbstbeobachtung wahrnehmbar, sondern es bedarf des Erziehers, der sich mit offenem Blick, (auch) von seinen Erfahrungen und seinem Wissen getragen, dem Zu-Erziehenden zuwendet. Dieser Blick nimmt nicht allein das wahr, was ist, sondern leuchtet die Möglichkeiten des Zu-Erziehenden aus und spiegelt ihm diese wider. Das Ausleuchten ist dabei nicht zu vergleichen mit einem Computer, der den Menschen möglichst vollständig erscannt und auf Basis des Erscannten Wahrscheinlichkeiten errechnet. Es handelt sich vielmehr um ein Ausleuchten, das nicht auf Transparenz, sondern auf das Erhellen der Tiefe, das Aufscheinen-lassen der Dunkelheit abzielt – ein Erhellen der Nacht der Möglichkeiten. Die eigenen Möglichkeiten im Blick des Erziehers einholen zu können ist die Voraussetzung, sie gleichsam wahr und wirklich zu machen.

Das Bedeuten des Pädagogen ist noch in einer anderen Hinsicht bemerkenswert: Der Mensch strebt nach Sinn. Es scheint eine wesentliche Eigenart des Menschen zu sein, sich nicht damit zufriedenzugeben, dass etwas ist, sondern wissen bzw. erfahren zu wollen, warum etwas ist, wie es ist. Der Mensch will, um Goethe zu paraphrasieren, erkennen, was die Welt im Innersten zusammenhält. Wenn Chris Anderson angesichts der Möglichkeit von Big Data und den immer wirkmächtigeren Technologien zur Auswertung der Daten vom *Ende der Theorie* (Anderson 2013) spricht, unterstellt er nicht nur, dass klassische wissenschaftliche Methoden (ganz besonders die Hermeneutik, die Dialektik, die Phänomenologie und die qualitative Empirie) obsolet geworden sind, sondern spricht in letzter Konsequenz dem Menschen die Suche nach Sinn und folglich ein entscheidendes Moment seiner Menschlichkeit ab. Ein Leben als sinnvoll, eine Handlung als sinnerfüllt zu erleben, geht mit Bedeutung einher. Das Leben als bloße Existenz und ebenso die Handlung als bloße Tat kann nicht sinnvoll sein. Selbst der Existenzialismus, der – zumindest in seiner atheistischen Ausprägung – einen vor der Existenz liegenden bzw. einem mit der bloßen Existenz einhergehen Sinn ablehnt, kommt letztlich nicht ohne Sinn aus. Für Jean-Paul Sartre muss der Sinn vom Menschen geschaffen werden. Das, was geschieht oder getan wird, wird durch die Tat bzw. durch die Deutung des Geschehens, der eine Entscheidung vorausgeht, mit *Be*deutung versehen: „[D]as Leben hat *a priori* keinen Sinn. Bevor Sie leben, ist das Leben nichts, es ist an Ihnen, ihm einen Sinn zu geben, und der Wert ist nichts anderes als dieser Sinn, den Sie wählen." (Sartre 1994 [1946]: 140; Hervorh. im Original).

Gleichzeitig gilt auch aus existenzialistischer Perspektive, dass die Wahl für sich nicht ausreicht, um Sinn zu generieren. Zwar entwirft sich der Mensch, indem er wählt und das Gewählte in die Tat umsetzt. Er bedarf aber dennoch des Anderen, der den Selbstentwurf anerkennt: „Er wird sich dessen bewußt, daß er nichts sein kann [...], wenn nicht die anderen ihn als solchen anerkennen. Um zu irgendeiner Wahrheit über mich zu gelangen, muß ich durch den anderen gehen." (ebd.: 133). Die Freiheit, sich wählen zu können, findet die Grenze in der Freiheit des Anderen, der entweder diese Wahl anerkennt oder sich der Anerkennung verweigert. Wenn das Sich-Wählen mit Sinn einhergeht, deutet dieser Sinn auf die Freiheit des Anderen, der das Sich-wählen wirklich oder unwirklich sein lässt. Mit Sinn ist daher auch im Existenzialismus ein unverfügbares Moment verwoben. Sartre hebt dieses Moment exemplarisch in seinem Stück *Kean* hervor. Dort lässt er den Protagonisten erkennen, dass er zwar als Schauspieler auf der Bühne hochgefeiert wird, aber als er selbst keinerlei Anerkennung findet. Der Mensch Kean verzweifelt an diesem Nicht-gesehen-werden: „Was tun sie? Sie nehmen ein Kind und verwandeln es in ein Trugbild. Ein Trugbild, eine Phantasmagorie, das haben sie aus Kean gemacht. Ich bringe unter [...] Beifall [...] zum Scherz Königreiche ins Wanken, ich bin ein falscher Prinz, ein falscher Minister, ein falscher General. Davon abgesehen nichts. Ah, doch: eine nationale Zierde. Aber unter der Bedingung, daß ich mich nicht unterstehe, wirklich zu existieren" (Sartre 1993 [1954]: 48f.).

Das eigene Leben als sinnvoll zu erleben geht also einerseits mit dem Selbstentwurf einher. Sich selbst entwerfen zu können setzt voraus, dass dieses Selbst zuvor „bedeutet" wurde, weil es durch reine Selbstbeobachtung (oder gleichsam durch Datafizierung) nicht in Erfahrung gebracht werden kann. Das „Bedeuten" des Selbst kann durch den Anderen gelingen, beispielsweise durch den Pädagogen, dessen Aufgabe darin besteht, die Potenziale des zu Erziehenden für diesen aufscheinen zu lassen. Pädagogik ist in diesem Sinne eine „bedeutende" Tätigkeit. Welche aufgezeigten Möglichkeiten der Mensch dann ergreift, liegt allein bei ihm. Das Ergreifen einer Möglichkeit, die Wahl, sie zu verwirklichen, ist der Versuch, der Existenz Sinn zu verleihen. Wahl und Sinn setzten allerdings die Anerkennung und damit die Freiheit des Anderen voraus. Damit ist das, was als sinnvoll erlebt wird, bei aller Wahl und aller scheinbaren Freiheit des Menschen, der sich mit der Wahl selbst zu entwerfen und verwirklichen sucht, zugleich ein Geschenk. Sinnvolles Leben bedeutet daher Freiheit. Die Frage ist, ob die Illusion von Freiheit sinnstiftend sein kann. Falls dem so ist, wird mit der fortschreitenden Entwicklung der Künstlichen Intelligenz einhergehend mit immer überzeugenderen Simulationen die Pädagogik zunehmend obsolet werden. In diesem Fall werden Maschinen Menschen erziehen ... zu was auch immer.

## Literatur

Anderson, John Robert (1996): Kognitive Psychologie. Heidelberg, Berlin, Oxford: Spektrum Akademischer Verlag.

Anderson, Chris (2013): Das Ende der Theorie. In: Geiselberger, Heinrich/Moorstedt, Tobias (Hrsg.): Big Data. Das neue Versprechen der Allwissenheit. Berlin: Suhrkamp, S. 124–130.

Apple (2017): ResearchKit und CareKit. Mehr Möglichkeiten für Forschung, Ärzte und dich. Retrieved from https://www.apple.com/de/researchkit/, Zugriff 21.01.2020.

Ballauff, Theodor/Schaller, Klaus (1970): Pädagogik. Eine Geschichte der Bildung und Erziehung. Bd. II. Freiburg, München: Verlag Karl Alber.
Baudrillard, Jean (1978): Agonie des Realen. Berlin: Merve.
Baudrillard, Jean (1982): Der symbolische Tausch und der Tod. München: Matthes & Seitz.
Bindel, Ernst (1958): Was leistet die Zahl? In: Erziehungskunst 10, S. 289–296.
Bindel, Ernst (2003 [1958]): Die geistigen Grundlagen der Zahlen. Köln: Anaconda.
BMBF (2016): Bildungsoffensive für die digitale Wissensgesellschaft. Retrieved from https://www.bmbf.de/files/Bildungsoffensive_fuer_die_digitale_Wissensgesellschaft.pdf, Zugriff 21.01.2020.
Bollnow, Otto Friedrich (2013): Schriften Band VII. Anthropologische Pädagogik. Würzburg: Königshausen & Neumann.
Brynjolfsson, Erik/McAfee, Andrew (2017): Von Managern und Maschinen. Harvard Business Manager 11/2017, S. 22–34.
Capelle, Wilhelm (1971): Die griechische Philosophie. Band I: Von Thales bis zum Tode Platons. Berlin: de Gruyter u. Co.
Cattell, Raymund Bernard (1963): Theory of Fluid and Crystallized Intelligence: A Critical Experiment. Journal of Educational Psychology 54, S. 1–22.
Damberger, Thomas/Iske, Stefan (2017): Quantified Self aus bildungstheoretischer Perspektive. In: Biermann, Ralf/Verständig, Dan (Hrsg.): Das umkämpfte Netz: Macht- und medienbildungstheoretische Analysen zum Digitalen. Wiesbaden: Springer VS, S. 17–35.
Eberl, Ulrich (2016): Smarte Maschinen. Wie Künstliche Intelligenz unser Leben verändert. München: Carl Hanser Verlag.
Ford, Kenneth M./ Hayes, Patrick J. (1999): Künstliche Flügel für denkende Maschinen. In: Wellmann, Karl H./Thimm, Ulrich (Hrsg.): Intelligenz zwischen Mensch und Maschine. Von der Hirnforschung zur künstlichen Intelligenz. Münster: LIT, S. 121–129.
Gardner, Howard (2011 [1983]): Frames of Mind. The Theory of Multiple Intelligences. New York: Basic Books.
Harari, Yuval Noah (2017): Homo Deus. Eine Geschichte von Morgen. München: C.H. Beck.
Hegel, Georg Wilhelm Friedrich (1944): Philosophie der Weltgeschichte, Bd. 1. Leipzig: Felix Meiner.
Hegel, Georg Wilhelm Friedrich (1986 [1831]): Wissenschaft der Logik I. Frankfurt a. M.: Suhrkamp.
Heidegger, Martin (2004 [1946]): Brief über den „Humanismus". In: Ders. (Hrsg.): Wegmarken, S. 313-364. Frankfurt am Main: Vittorio Klostermann.
Humboldt, Wilhelm von (2012 [1793]): Theorie der Bildung des Menschen. In: Hastedt, Heiner (Hrsg.): Was ist Bildung? Eine Textanthologie. Stuttgart: Philipp Reclam, S. 93–99.
Hummel, Charles (2010): Pythagoras und die Meister von Chartres. Basel: Synergia.
Jäger, Adolf Otto (1982): Mehrmodale Klassifikation von Intelligenzleistungen: Experimentell kontrollierte Weiterentwicklung eines deskriptiven Intelligenzstrukturmodells. Diagnostica 18, S. 195–225.
Jaspers, Karl (1932): Philosophie. Zweiter Band: Existenzerhellung. Berlin: Julius Springer.
Kant, Immanuel (1983 [1803]): Über Pädagogik. In: Schriften zur Anthropologie, Geschichtsphilosophie, Politik und Pädagogik. Zweiter Teil. Darmstadt: Wissenschaftliche Buchgesellschaft.
Kant, Immanuel (1998 [1787]): Kritik der reinen Vernunft. In: Werke. Electronic edition. Berlin: Worm, Karsten, InfoSoftWare
Kaplan, Jerry (2017): Künstliche Intelligenz. Eine Einführung. Frechen: MITP-Verlag.

Kerres, Michael/de Witt, Claudia (2002): Quo vadis Mediendidaktik? Zur theoretischen Fundierung von Mediendidaktik. MedienPädagogik. Zeitschrift für Theorie und Praxis der Medienbildung 6, S. 1–22.

Kirikova, Marite/Matulevicius, Raimundas/Sandkuhl, Kurt (2016): Application of the Enterprise Model Frame For Security Requirements and Control Identification. In: Arnicans, Guntis/Arnicane, Vineta/Borzovs, Juris (Hrsg.): Databases and Information Systems IX (S. 129–142). Amsterdam: IOS Press BV.

Klein, Martin (1997): Einführung in die DIN-Normen (12. neubearb. u. erw. Aufl.). Wiesbaden: Springer.

Kollmann, Tobias/Schmidt, Holger (2016): Deutschland 4.0. Wie die Digitale Transformation gelingt. Wiesbaden: Springer.

Kranz, Walther (2006 [1941]): Die griechische Philosophie. Köln: Anaconda Verlag.

Kunzmann, Peter/Burkard, Franz-Peter/Wiedmann, Franz (2005): dtv-Atlas Philosophie. München: dtv.

Mainzer, Klaus (2010): Leben als Maschine? Von der Systembiologie zur Robotik und Künstlichen Intelligenz. Paderborn: Mentis.

McCarthy, John/Minsky, Marvin L./Rochester, Nathaniel/Shannon, Claude E. (1955): A Proposal for the Darthmouth Summer Research Project on Artificial Intelligence. Retrieved from https://www.open.edu/openlearn/ocw/pluginfile.php/623615/mod_resource/content/1/m366_1_dartmouth.pdf, Zugriff 21.01.2020.

McKinsey (2013): Disruptive technologies: Advances that will transform life, business and the global economy. Retrieved from http://www.mckinsey.com/business-functions/digital-mckinsey/our-insights/disruptive-technologies, Zugriff 21.01.2020.

McKinsey (2017): Smartening up with Artificial Intelligence (AI) - What's in it for Germany and its Industrial Sector? Retrieved from https://www.mckinsey.com/~/media/McKinsey/Industries/Semiconductors/Our%20Insights/Smartening%20up%20with%20artificial%20intelligence/Smartening-up-with-artificial-intelligence.ashx, Zugriff 21.01.2020.

Meffert, Jürgen/Meffert, Heribert (2017): Eins oder null. Wie Sie ihr Unternehmen mit Digital@Scale in die Zukunft führen. Berlin: Econ.

Mensch, W. (2002): poion/poiotês. In: Horn, Christoph/Rapp, Christoph (Hrsg.): Wörterbuch der antiken Philosophie. München: C.H. Beck, S. 356–357.

Platon (2004): Werke. Band VI 3. Göttingen: Vandenhoeck & Ruprecht.

Plutarch (2012): Moralia Bd. 1. Wiesbaden: Marixverlag.

Regenbogen, Arnim/Meyer, Uwe (Hrsg.) (2013): Wörterbuch der philosophischen Begriffe. Hamburg: Felix Meiner.

Rilke, Rainer Maria (2016): Briefe an einen jungen Dichter. Berlin: Hofenberg.

Robling, Franz-Hubert (2007): Redner und Rhetorik. Studie zur Begriffs- und Ideengeschichte des Rednerideals. Hamburg: Felix Meiner.

Rousseau, Jean-Jacques (1830): Émile ou de l'éducation. Paris: Armand-Aubrée.

Rousseau, Jean-Jacques (2006): Émile oder Über die Erziehung. Stuttgart: Reclam.

Rumpf, Horst (2010): Was hätte Einstein gedacht, wenn er nicht Geige gespielt hätte? Gegen die Verkürzungen des etablierten Lernbegriffs. Weinheim, München: Juventa.

Sartre, Jean-Paul (1993 [1954]): Kean. Reinbek bei Hamburg: Rowohlt.

Sartre, Jean-Paul: (1994 [1946]). Der Existenzialismus ist ein Humanismus. In: Ders. (Hrsg.): Gesammelte Werke. Philosophische Schriften I. Reinbek bei Hamburg: Rowohlt.

Schelhowe, Heidi (2007): Technologie, Imagination und Lernen: Grundlagen für Bildungsprozesse mit digitalen Medien. Münster, New York: Waxmann.
Scholem, Gershom (2001): Ursprung und Anfänge der Kabbala . New York: Walter de Gruyter.
Schwab, Klaus (2016): The Fourth Industrial Revolution. Cologny/Geneva: World Economic Forum.
Sesink, Werner (2005): Verhältnis von Allgemeiner Didaktik zur Mediendidaktik. Hagen: FernUniversität Hagen.
Solon, Olivia (2017, 2017-04-19): Facebook has 60 people working on how to read your mind. The Guardian. Retrieved from https://www.theguardian.com/technology/2017/apr/19/facebook-mind-reading-technology-f8, Zugriff 21.01.2020.
Spaerman, Charles Edward (1904): „General Intelligence", Objectively Determined and Measured. American Journal of Psychology 15, S. 201-293.
Strehle, Samuel (2012): Zur Aktualität von Jean Baudrillard. Einleitung in sein Werk. Wiesbaden: VS Verlag für Sozialwissenschaften.
Sutherland, Ivan Edward (1965): The Ultimate Display. Retrieved from http://www.eng.utah.edu/~cs6360/Readings/UltimateDisplay.pdf, Zugriff 21.01.2020.
Taschner, Rudolf (2017): Der Zahlen gigantische Schatten. Mathematik im Zeichen der Zeit. Wiesbaden: Springer.
Thurstone, Louis Leon (1940): Current Issues in Factor Analysis. Psychological Bulletin 37, S. 189-236.
Ueding, Gert (2005): Klassische Rhetorik. München: C.H. Beck.
Varessis, Evangelia (1996): Die Andersheit bei Plotin. Stuttgart: B.G. Teubner.
Vowinkel, Bernd (2017): Digitale Intelligenz: KI. In: Stengel, Oliver/Looy, Alexander v./Wallaschkowski, Stephan (Hrsg.): Digitalzeitalter – Digitalgesellschaft. Das Ende des Industriezeitalters und der Beginn einer neuen Epoche. Wiesbaden: Springer, S. 89-108.
Warwick, Kevin (2016): Transhumanism: Some Practical Possibilities. FIfF-Kommunikation. Zeitschrift für Informatik und Gesellschaft 2, S. 24–25.
Weiser, Marc (1995 [1991]): The Computer for the 21st Century. In: Baecker, Ronald Michael/Crudin, Jonathan/Buxton, William Arthur Stewart/Greenberg, Saul (Hrsg.): Human-Computer Interaction: Toward the Year 2000. San Francisco: Morgan Kaufmann, S. 933–940.

# Entwicklungsbezogene Perspektiven

Die in den bisherigen Beiträgen auf unterschiedliche Weise als zentrale Elemente eines gelingenden menschlichen Lebens thematisierten Beziehungsfähigkeiten und -möglichkeiten, deren Veränderungen durch aktuelle Digitalisierungs- und Automatisierungstendenzen sowie deren Entwicklung bestimmen den zweiten Teil dieses Bandes.

**Edeltraud Röbe** skizziert anhand von typischen Momentaufnahmen, wie sehr bereits das Leben vieler Kinder von elektronischen Medien und Geräten bestimmt wird. Verfügt doch etwa, so Röbe, das „Durchschnittskinderzimmer eines Kleinkindes [...] wie selbstverständlich über eine mediale Ausstattung" (S. 179). Zahlreiche Untersuchungen bestätigen, wie intensiv inzwischen auch Kinder im Vorschulalter Medien nutzen. Ausgehend davon fragt sich Röbe, Rosas Resonanztheorie aufgreifend, wie die Nutzung digital-interaktiver Medien in den frühen Kindheitsjahren die kindliche Weltbeziehung und Weltaneignung tangiert, und weist darauf hin, dass die digitale Welt letztlich nur ein „Als-ob-Resonanzraum" wäre, in welchem „keine wirkliche Begegnung, keine Face-to-Face-Interaktion, keine Rede und Gegenrede, kein Suchen nach Kompromissen möglich ist" (S. 196). Im Blick auf den Umgang mit Kindern plädiert Röbe daher für eine entschiedene „Besinnung auf das Pädagogische", welche für sie vor allem die Anerkennung der Tatsache verlangt, dass „Bildung Selbstbildung ist" (S. 202). Gerade kleine Kinder würden durch digitale Medien in ihrem Selbstbildungsprozess aber kaum unterstützt, vielmehr wirkten diese auf die Kinder „eher paralysierend, wenn sie in der frühen Lebenszeit die kindlichen Kräfte an sich reißen, sie mit ihren Inhalten und Vermittlungsweisen erschöpfen und sie der kindlichen Selbstbildung und Identitätsentwicklung entziehen" (S. 203f.), dagegen können gerade frühpädagogische Institutionen, wie Röbe abschließend zeigt, mit bestimmten Praxen und Ritualen ganz bewusst Resonanzräume eröffnen, in deren Rahmen Kinder elementare Bildungserfahrungen machen können, die von keinem Algorithmus bewirkt werden können.

Die Möglichkeit, dass Menschen überhaupt Resonanzbeziehungen zu Dingen oder anderen Menschen entwickeln, setzt immer Sinnesrfahrungen voraus. Es sind unsere Sinnesorgane, die uns die Welt eröffnen und dadurch eine erste entscheidende Grundlage von Resonanzerlebnissen darstellen. An Kindern ist diese „totale Offenheit der Welt gegenüber" (S. 243) in besonderer Weise zu erleben, hebt **Peter**

**Lutzker** in seinem Beitrag hervor und blickt auf die Rolle der Sinne als Grundlage von Lebensqualität und Resonanz in der Kindheit und Jugend. Dabei betrachtet Lutzker besonders die Gefährdungen der Sinne in der modernen, stark digitalisierten Gesellschaft, wobei er sich exemplarisch auf den Hörsinn fokussiert, da dieser „heute allgemein als der gefährdetste von allen Sinnen" (S. 251) gilt. Führt doch die verbreitete „sonic pollution" zu einer „Reduzierung der potenziellen Fähigkeiten eines feinen und differenzierten Hörens", das – wie Lutzker betont – sowohl eine starke „Verminderung der Lebensqualität" als auch eine Beeinträchtigung der „Möglichkeit von Resonanzerfahrungen" zur Folge haben kann (vgl. S. 251). Deshalb ist die Förderung des Hörvermögens und der Fähigkeit des konzentrierten Zuhörens zu einer pädagogischen Aufgabe geworden. Dies kann durch bewusst herbeigeführte Erfahrungen der Stille ermöglicht werden, denn aus diesen Erfahrungen heraus differenziert sich der Hörsinn ebenso, wie Menschen aus der Erfahrung des Schweigens heraus ihre Wahrnehmungsmöglichkeiten für eine poetisch entfaltete Sprache entwickeln können. Gerade weil Resonanzerfahrungen Sinneserlebnisse brauchen, verunmöglichen sinnliche Reizüberflutungen Resonanzerlebnisse.

Während Lutzker die Rolle der sinnlichen Erfahrungen bei der Entstehung von Resonanzerlebnissen untersucht, stellt sich **Sebastian Suggate** mit seinem Beitrag die Frage, wie Resonanzphänomene mit der menschlichen (Fein-)Motorik, zusammenhängen. Dafür skizziert er zunächst zwei im fachwissenschaftlichen Diskurs prominente Theorien der Motorik und deren Unzulänglichkeiten, um anschließend die „Motorik als eine Art Resonanz zwischen Form und Handlung" (S. 277) zu beschreiben. Als besonders wesentlich erweist sich dabei, gerade auch im Hinblick auf die von Suggate im Anschluss skizzierten pädagogischen Konsequenzen seiner entwicklungspsychologischen Ausführungen, dass „die Feinmotorik die kognitive Entwicklung beeinflusst und nicht anders herum" (S. 281). Dadurch ist beispielsweise erklärbar, worin der Mehrwert handschriftlichen Schreibens gegenüber dem Tippen auf einer Tastatur liegt: „Verkörperte Tätigkeiten" wie das Schreiben führen „sowohl zur tieferen Verarbeitung der Inhalte, als auch zur erhöhten Resonanzfähigkeit" (S. 283).

Jede Mediennutzung stellt im Grunde das Gegenteil einer, mit Suggate gesprochen, „verkörperten Tätigkeit" dar. Das macht **Edwin Hübner** in seinem Beitrag über das Verhältnis von technischen Medien und menschlichen Sinnen deutlich, indem er zunächst anhand einer einfachen historischen Fotografie die Grundstruktur jeder Rezeption eines medial vermittelten Weltausschnittes erläutert: „Bei der Betrachtung eines Bildes wird der Mensch partiell in einen anderen Lebensort hereingezogen, den er in seinem gegenwärtigen Sein nicht erleben kann. Mit dem Auge betritt er den Bereich des Bildes, während er mit seinem übrigen Leib weiterhin mit seinem realen Lebensort verbunden bleibt. Dadurch wird der Mensch in zwei Erlebnisbereiche aufgespalten" (S. 295). Medienkonsumenten sind tagtäglich mit der Herausforderung konfrontiert, diese Trennung zu überwinden und auch den durch die mediale Wiedergabe „aufgelösten Zusammenhang zwischen Wesen und Erscheinung" aus eigener Kraft wieder herzustellen. Erwachsene Menschen sind dazu in der Regel gut in der Lage. Für Kinder hingegen, die, so erläutert Hübner die zuvor von Lutzker und Suggate untersuchten Phänomene aufgreifend, „ihre Sinne erst integrieren und vor allem auch mit der Motorik zusammenbringen müssen, ist der Umgang mit Medien – völlig unabhängig vom jeweiligen Inhalt – schlicht gesundheitsschädlich" (S. 298). Aber auch für Erwachsene gilt, so zeigt Hübner, dass eine Begegnung mit einem medialen Bild in bestimmter Weise immer nur eine „wesenlose Begegnung" darstellt, im Rahmen derer der Medienkonsument, anders als in jeder anderen Weltbegegnung, nicht unmittelbar an dem wahrgenommenen Geschehen partizipiert. Mit dieser „Wesenslosigkeit" umgehen zu können, erfordert, so Hübner, die Entwicklung eines „Medialitätsbewusstseins". Diese ist aber nur möglich, „wenn man einerseits voll erlebend im gegenwärtigen realen Leben steht und andererseits auch die durch Maschinen erzeugten virtuellen Räume gründlich kennt. Pädagogik muss daher dafür Sorge tragen, dass Kinder und Jugendliche die Fähigkeiten, sich im realen Leben zu behaupten, ausbilden können. Daneben muss sie sich aber auch darum kümmern, dass Jugendliche genau verstehen, wie virtuelle Räume entstehen und welche Regeln in ihnen gelten" (S. 309).

**Peter Loebell** greift das Motiv des Verhältnisses zu verschiedenen Welten auf. Er beginnt mit einer Betrachtung der Lebenswelt der Kinder, wobei er die These vertritt, dass diese die Erscheinungen der Umwelt als bedeutsame Teile der eigenen Lebensgeschichte erfahren und weniger als „Gegenüber". Dies verdeutlicht er an verschiedenen autobiografischen Erlebnisberichten. Kinder erleben ihre *Beziehung* zu den Dingen und nicht die Objekte als solche. „Das Kind erlebt sich selbst als Teil dieser Welt, in der es mit seinem Bewusstsein einzelne Gegenstände isolieren und gemäß seiner Relevanzstrukturen erfassen kann" (S. 312). Im Anschluss an Lambert Wiesing verdeutlicht Loebell, dass prinzipiell am Anfang aller Wahrnehmungen Relationen stehen, „aus denen Subjekte und Objekte analytisch abgeleitet werden" (S. 314). Erst durch die Einnahme eines überpersönlichen Standpunktes kann die Analyse in Subjekt und Objekt vollzogen werden. Die Teilhaberelation zur Welt beschreibt Loebell dann vom Gesichtspunkt des Rosaschen Resonanzbegriffs aus. Dabei setzt sich Loebell mit der von Rosa beschriebenen Stimmgabelmetapher auseinander. Er zeigt deren Begrenztheit auf und fragt, ob nicht die Metapher eines

Saiteninstrumentes, in welchem „alle Teile ein Ganzes bilden" die Teilhaberelation besser beschreibt. Die teilhabende Nachahmung des Kindes kann von daher gesehen als resonante „Spiegelung" beschrieben werden, die sich bis in die leibliche Entwicklung des Kindes erstreckt. Im Weiteren betrachtet Loebell Resonanzen in schulischen Bildungsvorgängen, um anschließend die Frage zu stellen, wie sich die Lebenswelt der Jugendlichen durch digitale Medien verändern und welche Herausforderungen dies an die Pädagogik stellt: Es geht vor allem um die zentrale Frage, wie Weltteilhabe und Resonanzsensibilität im digitalen Zeitalter ausgebildet werden können. Loebell weist dafür abschließend auf grundsätzliche Aspekte hin.

Auch **Edwin Hübner** zielt in seinem zweiten Beitrag auf die Frage, welche grundsätzlichen Leitlinien schulische Pädagogik im digitalen Zeitalter verfolgen muss, um den Anforderungen gerecht zu werden. Den Ausgangspunkt seiner Überlegungen nimmt er von der Beschreibung des Jugendalters. Es werden zentrale Entwicklungsfelder, wie Aufbau der Persönlichkeit, Entwicklung der Beziehungsfähigkeit sowie die Auseinandersetzung mit der eigenen Zukunft genannt. Das Gelingen dieser Entwicklungsaufgaben kann durch Verführungen der digitalen Angebote gestört werden – worauf Studien deutliche Hinweise geben. Hübner schließt mit einem Plädoyer für eine Zentrierung des Gesamtcurriculums der Schule auf den Werdegang der Menschheit. Außerdem schlägt er vor, im Zeitalter der technischen sozialen Netze Wege zu suchen, wie man durch Veränderung der Unterrichtsorganisation die realen Bindungserfahrungen zwischen Schülerinnen, Schülern und Lehrkräften vertiefen kann. Zuletzt weist er darauf hin, dass Lehrkräfte Teil der Lern- und Erziehungsprozesse sind, die in der Schule stattfinden: „Für Pädagogen ist daher [...] die Fähigkeit zur Selbsterziehung ein Teil ihrer beruflichen Qualifikation" (S. 362).

Die Überlegungen des zweiten Teiles führen auf den dritten Teil hin, der sich dann mit möglichen methodisch-didaktischen Konkretisierungen dieser Überlegungen befasst.

*Edeltraud Röbe*

# Frühe Kindheit im Sog der Digitalisierung

„Die heutigen Kinder sind ganz offensichtlich die Kinder *ihrer* Zeit und *ihrer* Umwelt, sie sind ihr entlarvendster Spiegel." Dieses Diktum formulierte Hartmut v. Hentig (1975) in seinem Vorwort zur deutschsprachigen Übersetzung der „Geschichte der Kindheit", verfasst von dem französischen Historiker Philippe Ariès.[1] Die Kernbotschaft dieses Werkes lautet: „Kinder sind nicht wie Gras, zu allen Zeiten gleich", womit dessen Pointe, nämlich „die Geschichtlichkeit des scheinbar Ungeschichtlichen", in ein Bild gefasst wird (Ariès 1975: 19).

Dass die Kinder im Schulalter und die Jugendlichen am Wandel der Gesellschaft und an deren Geschichtlichkeit teilnehmen, gilt heute als selbstverständlich. Dass jedoch bereits die frühe Kindheit in die Dynamik der gesellschaftlichen Umstände, Vorstellungen, Widersprüche und Umbrüche verstrickt ist und ihre Wirkungen aus der Perspektive der frühen Lebensjahre bedacht sein wollen, ist weniger im Bewusstsein. Wenn also in der gegenwärtigen Debatte um Digitalisierung von einer Revolution, einer epochalen Veränderung der Lebensverhältnisse die Rede ist, sollte gerade die frühe Kindheit in den Blick genommen werden. Gerade sie bedarf einer Aufmerksamkeit für die neuen Verhältnisse, ihrer Tatsachen und Potenziale, damit das Andersartige im Aufwachsen der jungen Kinder sichtbar wird und sich die Herausforderungen für das pädagogische Handeln abzeichnen können.

## Teil 1: Momentaufnahmen eines digitalisierten Kinderlebens

Erwachsene mit Nähe zu kleinen Kindern können überall erleben, wie Smartphones, Tablets, Konsolen und Computer bereits in der frühen Kindheit präsent sind. Die Kinder sind mittendrin, wenn in der Familie die Nachrichten des Tages in einer App gelesen werden, am Frühstückstisch bereits schnell die ersten Mails beantwortet werden, die Eltern so neben der Hausarbeit bei WhatsApp oder Facebook soziale Kontakte pflegen, die Großeltern ihre Fragen mit Hilfe von Google

---

1 Das Werk gilt als die erste theoretisch fundierte und detailreich belegte Analyse des Wandels von Sozialisations- und Familienformen, der allmählichen Herausbildung der Kindzentriertheit, der Beziehungen zwischen Kindern und Erwachsenen, der Entwicklung familialer, intimer Privatheit und des weitgehend gesellschaftlich überantworteten Skolarisations- bzw. Enkulturationsprozesses.

beantworten und sich Informationen holen. Kinder sind in den Alltag der digitalen Gesellschaft verstrickt, sie sind immer dabei und mit den digitalen Praxen bereits ‚unaufgeregt' vertraut.[2]

### Und ich habe deine Blumen gedrückt!" – Einkaufen mit digitaler Unterstützung

„Und ich habe deine Blumen gedrückt!", ruft die vierjährige Anna, als sie ihrer Tante bei deren nachträglich stattfindender Geburtstagsparty entgegeneilt. Es muss jemand schon sehr medienresistent sein, wenn er dabei annimmt, dass das Mädchen vielleicht einen mitgebrachten Blumenstrauß beim Transport versehentlich „zusammengedrückt" oder etwa mit Hilfe einer Blumenpresse ein „Blumenbild" gefertigt hat. Falsch. Die „gedrückten" Blumen sind das Ergebnis einer Fleurop-Bestellung, die Anna mit mütterlicher Assistenz nach gemeinsamer Recherche im Internet schließlich durch Tastendruck am PC getätigt hat. Sichtlich stolz inspiziert das Kind den Blumenstrauß auf dem Geschenktisch; eine selbstgemalte Glückwunschkarte stellt Anna noch dazu.

Das Internet als Einkaufs- und Verkaufsmöglichkeit ist den Kindern weitestgehend vertraut. Sie sind beteiligt an der Suche nach günstigen Angeboten, an der Auswahl von Kleidung, Spielzeug, Sportartikeln, erleben, wie Eltern Dinge, die sie nicht mehr benützen oder brauchen, verkaufen, wie Bestellungen durch den Paketdienst geliefert werden.

### „Meine Mama sagt: Das Smartphone ist so wichtig wie ein Taschentuch!" – Die Allgegenwärtigkeit eines digitalen Mediums

Kinder lernen heute von früh auf, dass Schulkinder, Jugendliche und Erwachsene ohne Smartphone oder Handy kaum handlungsfähig sind. Überall, im öffentlichen und privaten Raum, begegnen ihnen aufs Smartphone starrende Blicke, wischende Finger, sie selbst kaum wahrnehmende Gesichter mit Ohren, die „verkabelt" sind. Die Aufmerksamkeit gilt den Informationen auf dem Display, einer Musik oder einem Hörbuch.

Heutige Kinder können, noch im Kinderwagen sitzend, ins Tragetuch gebunden oder auf dem Spielplatz spielend, ihre telefonierende oder simsende Mutter erleben, wie diese ihre Aufmerksamkeit für das Kind mit ihrem digitalen „Begleiter" teilt. Oft winkt sie nur kurz dem nach ihr rufenden Kind zurück, telefoniert

---

[2] Bei den folgenden Momentaufnahmen handelt es sich um Beobachtungen der Verfasserin im familialen Umfeld wie in Kindertagesstätten: In die Gedächtnisprotokolle sind auch Gespräche mit pädagogischem Fachpersonal einbezogen. Auch wenn sie keinerlei Anspruch auf Systematik erheben können, wollen sie dennoch sensibilisieren für Phänomene des Kinderlebens, die durch Digitalisierung bedingt sind.

weiter. Viele Eltern sind zu Dauertelefonierern geworden.[3] Egal, ob sie mit ihrem Kind an einer Fußgängerampel stehen oder in einer Einkaufsschlange warten: Das Smartphone beansprucht die Aufmerksamkeit der Erwachsenen. Dabei werden die Kinder leicht zu Randfiguren, deren Fragen und Gefühle dann oft nicht wahrgenommen oder nur ungeduldig beantwortet werden. Die Eltern unterhalten sich oft angeregt mit anderen, lachen, werden mal ernst oder traurig, ohne dass ein kleines Kind wissen kann, mit wem die Mutter, der Vater so spricht, ob die Freude, die Aufregung oder die Verärgerung mit ihnen zu tun hat.

## „Mir ist so langweilig!" – Die Dauerattacke von Reizen als Rettung vor Langeweile

Der Sorge, dass es bereits jungen Kindern langweilig sein könnte, begegnen viele Erwachsene mit gesteigerter Reizzuwendung. So darf ein Baby in einer App-gesteuerten Wiege schneller in den Schlaf finden oder mit Hilfe ihrer sanften Schaukelbewegungen über quengelnde Wachphasen hinweggetröstet werden – was der mütterlichen „Home-Office-Tätigkeit" entgegenkommt. Außerdem ist es selbstverständlich, dass schon im frühen Babyalter verstärkt optische, akustische, motorische und taktile Herausforderungen geboten werden. So hat das traditionell erste Spielzeug eines Babys, die Rassel, weitgehend ausgedient. Das Frage-Antwort-Rasseln, begleitet von intensiven Blickkontakten, ist ergänzt oder gar ersetzt durch Decken, die mit „Aktionsfeldern" ausgestattet sind: Hier kann das Kleinkind über Greifen, Strampeln, Sich-Drehen und Sich-Strecken Reize auslösen und sich herausfordern lassen: Da rauscht zum Beispiel eine Kunststofffüllung im Wolkenkissen, da blinkt ein Stern, wenn das Händchen auf ihn patscht, da quietschen Tiere, die über die Blumenwiese laufen. Die Liegefläche kann vom Kind aktiviert werden, sobald es sich bewegt. Was anfänglich durch Zufall ausgelöst wird, kann mit der Zeit immer gezielter als Event herbeigeführt werden.

Das Durchschnittskinderzimmer eines Kleinkindes verfügt heute wie selbstverständlich über eine mediale Ausstattung. Dazu zählt neben dem CD-Player vor allem elektronisches Spielzeug, das die Aufmerksamkeit magisch auf sich zieht, die Augen und Ohren der Kinder mit Reizen befeuert und in Spannung versetzt: Was kann das Rennauto, der Roboter, die Star-Wars-Figur? Elektronisches Spielzeug bedient das Bedürfnis der Kinder nach Wirkmächtigkeit in besonderer Weise:

---

3 Weil Eltern Immer häufiger beim Spiel mit ihren Kinder wie auch beim Kinderwagenschieben simsen oder surfen und auf die Kommunikation mit dem Kind verzichten, haben Städte, angeregt durch den Kinderschutzbund und das Deutsche Kinderhilfswerk, eine Plakataktion gestartet. Mit dem Imperativ „Sprechen Sie lieber mit Ihrem Kind!" fordern sie die Eltern auf, ihre Handynutzung zu überdenken, und weisen auf die Bedeutung der direkten wie feinfühligen Kommunikation (über Sprache, Gestik und Mimik) hin.

Mit einem Knopfdruck kann es ein Autorennen veranstalten oder eine gegebene Antwort bestätigen. „Bekannte Spielzeuge sind heute elektronisch ausgestattet – und sind plötzlich per Smartphone oder Tablet-PC zu bedienen. [...] Die Brettspiel-Firma Ravensburg will digitale Technik einsetzen, um die Fantasie anzuregen. Und zwar mit der Spielekonsole „toi+", die Anweisungen gibt und Geräusche erzeugt" (Kerler 2019: 9).

Der attraktivste Unterhalter vieler Kinder ist jedoch nach wie vor der Fernseher. Seine magische Anziehungskraft scheint ungebrochen, zumal wenn digitalisierte Programmgestaltungsmöglichkeiten den Eltern zur Verfügung stehen. Dann laden bereits Vier- und Fünfjährige ihren Freundeskreis zu sogenannten Kinoabenden ein, bei denen sie solidarisch vor dem Gerät sitzen, keine Ablenkung dulden, ihre Anspannung am liebsten mit dem Verzehr von Süßigkeiten abbauen und Empfindungen, Gefühle und Unsicherheiten bisweilen durch schallendes Gelächter, durch Aufstampfen mit den Füßen oder ungerichtete Arm- und Handbewegungen kompensieren. Die Kinder bilden in einem sehr jungen Alter bereits je eigene Nutzungsmuster aus und haben Erfahrung mit der sogenannten „doppelten Asymmetrie des Aufwands" (Zeiher 1990: 142). Zum einen: Über einen geringen Aufwand eines Knopfdrucks „steigt man in ein Geschehen ein, das ohne jedes Zutun des Handelnden fertig zur Verfügung steht [...] Das Aufhören dagegen erfordert eine beträchtliche Initiative. Das Drücken des Off-Knopfes bleibt, unabhängig von der empfundenen Qualität einer Sendung, eine unerfreuliche, aber dennoch am Ende immer wieder akzeptierte Handlung. Zum anderen muss noch etwas Anderes geleistet werden: Das konsumierende Kind muss mit den neuen Eindrücken, die meist in Kontrast zum eigenen Erleben stehen, umgehen, diese verarbeiten und mit sich und dem eigenen Dasein abgleichen, kompensieren und ggf. versöhnen" (ebd.).

Das digitale Upgrade des Kinderlebens verändert auch die traditionellen Spielformate, wie zum Beispiel: Das Draußen-Suchspiel „Schatzsuche". Dabei wird ein Schatz im Gelände versteckt und der Weg dorthin mittels einer „Schatzkarte" gewiesen. Diese kann über Pfeile den Weg markieren, in gewissen Abständen besondere Hinweise geben oder nach zurückgelegten Abschnitten kleine Aufgaben stellen wie zum Beispiel über einen Graben springen, sich blind von einem Spielpartner führen lassen, ein Mauseloch suchen, um die Spannung zu steigern und Mutproben zu bestehen. Ist dann schließlich der Schatz entdeckt, dürfen ihn die teilnehmenden Kinder untereinander aufteilen und sich einen spannenden Rückweg ausdenken.

Die digitalisierte Form, das „Geocaching", nimmt die Spielidee der traditionellen Schatzsuche auf: Dabei werden die Kinder von einem GPS (Global Positioning System) an das Versteck geführt, an dem jemand einen sog. Cache hinterlegt hat.

Dies ist ein kleines Geschenk. Dabei liegt meist noch ein Behälter mit einem Logbuch, in das sich die Finder eintragen können. Es gilt unter den Geocachern als Ehrensache, dass für das genommene Geschenk ein anderes hinterlassen wird. Die Digitalisierung hat somit aus der „alten" Schatzsuche nicht nur ein internationales Suchspiel gemacht, das als Spielsprache Englisch benutzt, sondern es hat die Spielidee auch für die beteiligten Kinder verändert: Sie sind nun von der App der Erwachsenen abhängig, müssen während der Suche Nähe zu ihnen wahren, um den Suchweg auf dem kleinen Display verfolgen zu können. Aus der Schatzsuche ist ein gesteuerter, zielstrebiger Suchwettbewerb geworden, der auf selbst gefertigte analoge Wegskizzen auf Papier, auf spielerische Erkundungsschleifen oder abenteuerliche Naturerfahrungen verzichtet, um keine Zeit zu verlieren. Nun zählt vor allem das rasche Finden und Haben des Schatzes, sodass das Suchen vor allem zu einem gezielten Überwinden einer Suchstrecke wird. Gerade für junge Kinder kann sich die abenteuerliche Schatzsuche in eine Art effizient gelöste Suchaufgabe verändern, die den unbefangenen Spaß des „Kinderspiels" abgelegt hat.

### „Jetzt gibst du bitte Ruhe!" – Digitale Medien als modernes Disziplinierungsmittel

Die Allgegenwart von Smartphones erleben manche Kinder bereits von den ersten Lebensmonaten an, wenn das Gerät als Einschlafhilfe fungiert oder wenn es – eng an das Ohr des Babys angelegt –- Musik zuspielt, während die Eltern telefonieren, den Kinderwagen joggend schieben oder sich ihrer Beschäftigung zuwenden (müssen). Gegenüber der traditionellen Spieluhr, die kuschelig und fantasievoll gestaltet ist, die mit stets derselben Melodie die Einschlafphase signalisiert und meist unter kindlicher Beobachtung mechanisch aufgezogen wird, kann das Smartphone mit einer Melodienauswahl, einer variierbaren „Sendezeit" und Lautstärke dienen.

Kleine Kinder werden von Erwachsenen oft an Orte mitgenommen, an denen kindliches Wohlverhalten besonders erwünscht ist. Dazu gehören Restaurantbesuche mit kleinen Kindern, die für alle Beteiligten stressig werden können. Der Erwartung, dass Kinder in einem Erwachsenenambiente angenehme Gäste sind, wird heute mit Hilfe „digitaler Partner" entsprochen. Kaum hat man Platz genommen, wird ein mitgebrachtes Tablet auf dem Tisch in Stellung gebracht. Und während sich die Erwachsenen in ihrer Kommunikation verselbstständigen, ist das Kind oder sind die Kinder bereits digital unterwegs. Fragen, die bezüglich Essens- und Getränkewahl an sie gerichtet werden, bleiben oft ungehört und unbeantwortet oder werden von den Erwachsenen erledigt.

Es lassen sich jedoch auch „kindzentrierte" Erwachsene beobachten, die ihr „tabletiertes" Kind zum Mittelpunkt ihrer Kommunikation machen: Sie verfolgen aus einem Augenwinkel den Film mit, erfreuen sich an der kindlichen Bravheit und versuchen dennoch ihre eigenen Themen aufzunehmen. Dabei ist immer wieder zu beobachten, wie selbst, während ein Kind von einem Erwachsenen gefüttert wird, das Gerät angeschaltet bleibt und der angebotene, gefüllte Löffel in den sich wie automatisch öffnenden Mund des Kindes geschoben wird. Die Erwachsenen nehmen dabei meist die Zuschauerrolle ein, bis auch ihr Essen serviert ist und das Kind sich wieder ungestört in die digitale Welt hineinbegeben kann. Umsatzstarke Schnellrestaurants haben bereits die digitalen Essenspartner für sich als hilfreich entdeckt. Den kindlichen Besuchern stehen bereits vielerorts fest installierte Tablets zur Verfügung, die sie während des Essens unterhalten und zugleich kein gelangweiltes Warten auf einen „langsameren Esser" aufkommen lassen.

Durch den extensiven Tabletgebrauch vergeben die Erwachsenen wichtige Gelegenheiten, mit ihrem Kind ein Gespräch zu führen, danach zu fragen, was das Kind gerade beschäftigt, was es gerade beobachtet, wie es sich etwas vorstellt, einzuhaken, wo auch eine andere Sichtweise wichtig ist, usw. All dies bedarf der sprachlichen Begleitung, der verständnisvollen Zuwendung, der Gegenwärtigkeit, die eine pädagogische Situation auszeichnet.

## „Im Garten von meinem Opa ist jetzt ein Igel und der tut Rasen mähen!" – Programmierte Helfer erleichtern den Alltag

Wenn ein Fünfjähriger im Gesprächskreis eine solche Neuigkeit berichtet, mag das zunächst nach Jägerlatein klingen: Ein Igel, der Gras mäht und vielleicht gar auch noch frisst?! „Das gibt es ja gar nicht! – Das glaub' ich nicht! – Du lügst! – Ein Igel will kein Gras. Der will doch ein Ei oder einen Apfel […]. Die umstehenden Kinder begegnen Timis Bericht mit offener Skepsis. Doch er lässt sich nicht irritieren. Er bekräftigt vielmehr seine sonderbare Igel-Geschichte und sorgt zugleich für Klarheit, indem er weitere Details hinzufügt:

> „Mein Opa, die Valerie und ich haben einmal dem Rasenmäher-Roboter zugeschaut, wie er durch den Garten gefahren ist. Immer wieder kam er hinter einem Busch hervor. Und als er einmal ganz nah an mir vorbeigefahren ist, bin ich mit ihm mitgelaufen. Meine Schwester, die ist schon in der zweiten Klasse, hat dann auch mitgemacht. Wenn er bei uns war, sind wir schnell über ihn gesprungen. Aber er ist immer weiter gefahren. – Dann hatte mein Opa eine Idee: Aus dem Roboter-Rasenmäher haben wir einen Igel gemacht. Er hat Papier geholt und wir haben einfach viele Stacheln ausgeschnitten. Und die haben wir dann an den Roboter-Bauch geklebt. Und jetzt sieht der aus wie ein Igel […]."

Rasenmäher-Roboter gehören heute wie zum Beispiel die Saugroboter zu einer Produktgruppe der Elektroniktechnik- und Elektronikindustrie, die für ihre Besitzer lästige Routinearbeiten erledigen. Kinder erleben, wie sie per App aus der Ferne gesteuert werden und der Mensch ihnen Arbeitsbedingungen vorgeben kann. Mensch und Roboter stehen über ein Smartphone oder Tablet in Kontakt, die Geräte melden sich, wenn sie z. B. den Rasen gemäht oder ein Zimmer gesaugt haben, nehmen neue Aufträge entgegen oder reagieren auf eine Sprachsteuerung. Im obigen Bericht findet sich ein Großvater, der die kindliche Begegnungs- und Umgangsqualität mit dem Roboter erkennt und aufzunehmen versteht. Er versteht es, das Aussehen des technischen Geräts so zu verändern, dass es einer kuriosen Igelgestalt gleicht und den Aufforderungscharakter und Begegnungswert eines Spielgeräts erhält.

Womit die Erzieherin nicht unbedingt gerechnet hatte, war die Tatsache, wie sehr manche der älteren Kindergartenkinder bereits von der Thematik IT berührt waren. Begeistert führten sie bereits Beispiele aus dem Bereich der Robotik an und überführten diese in eigene Zukunftsträume, in denen das Aufräumen von Spielzeug, das lästige Zähneputzen oder das Anziehen der Schuhe von Robotern übernommen wird.

### „Alexa, bist du da?" – Sprachassistenten beantworten rund um die Uhr geduldig Kinderfragen und erfüllen Kinderwünsche

Zu den ersten Wörtern, die ein Kind in seiner Muttersprache sprechen und gebrauchen lernt, zählen erfahrungsgemäß „Mama" und „Papa" – so die gängige Annahme. Da lässt eine Nachrichtenmeldung aus England aufhorchen. Ihr zufolge ist die Priorität der elterlichen Namen im Spracherwerb nicht mehr selbstverständlich gegeben: Echte „digital natives" sind nämlich von früh auf daran gewöhnt und darin geübt, sich mit ihren Fragen, Wünschen und Befehlen an die Sprachassistentin „Alexa" zu wenden, zu ihr eine psychische, vertrauensvolle Nähe aufzubauen und sie wie ein Familienmitglied anzunehmen. Warum sollte man sich dann darüber wundern, dass diese Vertrautheit sich auch in der Sprachentwicklung zeigt?

Für „digital Kids" sind bereits Erfahrungen wie diese zunehmend selbstverständlich: Es genügt ein Sprachbefehl, um das Badewasser einzulassen, eine Spielfigur in Bewegung zu setzen, oder eine Geste, um den Fernseher zu bedienen oder eine Musik in verschiedenen Räumen wiederzugeben. Auch diese und weitere Steuerungsaufgaben kann Alexa bewerkstelligen und außerdem lernt sie ständig neue „Fähigkeiten" dazu und macht sich zunehmend unentbehrlich.

Was jedoch weder Kinder noch die meisten Erwachsenen wissen und realisieren, ist die Tatsache, dass die vermeintlichen Helfer in die Intimität und Privatheit einer Familie eindringen und wie eine „Datenkrake" agieren:

„Alles ist eins, alles ist verbunden: Kaffeemaschine, Lichtschalter, Heizung, Türschloss – und all das mit dem Internet […] Unsere Gewohnheiten, Wünsche und Befehle aber sind wertvolle Informationen für Konzerne wie Amazon und Google. Diese verwerten die Daten und verdienen damit Milliarden. Mit ihren Sprachassistenten Alexa und Co. kommen sie uns dabei so nahe wie nie […] Denn sobald die Alltagsassistenten per Stichwort […] aktiviert werden, übertragen sie ungefilterte Aufnahmen inklusive Hintergrundgeräuschen in ihre jeweilige Cloud. Das sind zentralisierte, oft weit entfernte Rechnerparks mit riesigen Speicherkapazitäten. Was dort mit den Daten passiert, bekommen die Nutzer nicht mehr mit. […] In der Cloud würden die Daten dann genutzt, um die Algorithmen, also die Rechenprozesse zu verbessern, damit Alexa noch besser verstehen und reagieren kann (Arnold 2019: 10).

### „Und ich werde Influencerin!" – Vorschulkinder sprechen über ihre Zukunftspläne

„Meine große Schwester, die schon im Gymnasium ist, hat eine Freundin, und die ist Influencerin. Das finde ich supertoll. Das möchte ich auch einmal werden!" Dieser Berufswunsch lässt die im Gesprächskreis sitzenden Kinder aufhorchen. Neben einem Weltraumastronauten, einer Ärztin, einem Hubschrauberpiloten, einer Designerin, einem Bergsteiger, einer Tierpflegerin u.ä. sorgt „Influencerin" bei den meisten Kindern für Unverständnis. Doch Isalie kann den Begriff treffend erklären: „Eine Influencerin, das ist ein Mädchen, es kann auch eine Frau sein. Die macht im Internet Werbung. Die zieht schöne Klamotten an und läuft damit durch ein Zimmer. Sie erklärt, warum das Shirt, das sie zum Beispiel gerade anhat, so toll ist, dass man damit auch gut Sport machen kann und dass einen dann alle bewundern. Und sie sagt auch, was es kostet und dass man das auch kaufen soll."

Die Erzieherin ergänzt im Gespräch mit den Kindern weitere Artikel, für die ein Influencer werben könnte. Den spontanen Vorschlag, in die Rolle einer Influencerin zu schlüpfen und aufzutreten, traf auf begeisterte Zustimmung. Die Kinder überboten sich mit Produktempfehlungen. Doch auch von der stressigen Seite dieses Berufs war die Rede (z. B. die Konkurrenzsituation, die Arbeitsbelastung durch Filmaufnahmen, die geringe Freizeit), aber auch von den Followern, die einem Influencer glauben, sich zum Kauf überreden lassen oder auch gar nicht besonders angetan sind und das auch zurückschreiben.[4]

---

4 Das Deutsche Kinderhilfswerk sieht öffentlich inszeniertes Leben von Kindern in privaten Internet-Auftritten zunehmend kritisch. Luise Meergans, Bereichsleiterin für Kinderrechte und Bildung, sorgt sich um Persönlichkeitsrechte, Privatsphäre und die Instrumentalisierung von Kindern und sieht den Schutzgedanken in Gefahr. Denn es gehe „nicht allein um Aufnahmen im

Offensichtlich wachsen heute Kinder in eine Lebenswelt hinein, die ihnen ganz andere Sinnmöglichkeiten und Seinsdimensionen anbietet als den früheren Generationen. Die moderne Kinderkultur führt inzwischen weit über die traditionelle Spiel- und Fantasiewelt hinaus, ist bestimmt von Konsum, Selbstmodellierung und Verselbstständigung in virtuellen Räumen. Heute führt der Wunsch des Kindes, sich als Prinzessin zu verkleiden, in die Glitzerwelt des Warenangebots, die alles anbietet, was diese Figur „Prinzessin" perfektioniert: Eine Influencerin präsentiert deshalb ein pinkfarbenes Schmuckset, ein Glitzerdiadem, ein vielteiliges Schloss für den Prinzessinnenhofstab, einen Spezialtee für strahlendes Aussehen, passende Servietten und Geschirr, Hör-CDs mit u.v.m., alles als notwendige Voraussetzung für eine gelungene Selbstinszenierung. Oder der Star-Wars-Held, der im fiktiven Universum gegen das Böse und für das Gute erfolgreich mit seinem Laser-Schwert kämpft und Stärke und Macht erfährt. Oder die überbordend vielen digitalen Fotos und Filmspots, in denen die Kinder posen, sich inszenieren, darbieten und ihr Ich in Stellung bringen.

„Da bist du! Wir können dich sehen!" – Dem eigenen Kind auch im Kindergarten „nahe" sein, ein legitimer Elternwunsch?

Eltern haben gewiss ein natürliches Interesse, an dem Leben, das ihr Kind in einer pädagogischen Einrichtung verbringt, teilzuhaben. Deshalb werden traditionell den Eltern zum Beispiel Tage der offenen Tür und Präsenzzeiten während der Eingewöhnungsphase angeboten und kommentierte Foto- und Filmdokumente aus der pädagogischen Arbeit zur Verfügung gestellt.

Doch die digitalen Möglichkeiten wecken neue Begehrlichkeiten: Nachdem beinahe überall im öffentlichen Raum Überwachungskameras installiert sind, egal ob man in einer Bank seine Geschäfte erledigt oder am Bahnsteig auf den Zug wartet, wird gefragt: Warum nicht auch in Kindergärten und Schulen?[5] Nicht nur in China und in den USA gibt es eine wachsende Zahl von Eltern, die gerne Kameras in Kindergärten installiert sähen. Damit ist den Eltern ein Fenster in die pädagogische Einrichtung geöffnet, durch das sie sehen können, wie das eigene Kind dort agiert, mit wem es spielt, wie es sich verhält u.v.m. (Schlaf- und Dienstäume sind

---

Badeanzug oder Werbung für Produkte [...] Die Länge und Häufigkeit mancher Auftritte sind schon eine Form von Kinderarbeit [...] Nur, dass für Kinderschauspieler bei Filmen sehr genaue Regeln gelten – bis hin zur Zustimmung des Jugendamts." Bei Mutter und Vater hinter der Kamera gebe es dagegen keine Auflagen (dpa) (vgl. Berliner Morgenpost vom 27.09.2018 https://www.morgenpost.de/vermischtes/article215426745/Kinderschuetzer-kritisieren-Inszenierung-im-Internet.htm, Zugriff 21.01.2020

5 Vgl. z. B. „Videoüberwachung in Kindergärten – Was hilft einer gesunden Entwicklung der Kinder?" (Interneteintrag vom 12.01.2011 China Radio International.CRI.16A Shijingshan Road, Beijing, China sowie Yang, Xifan (2019): Wir sehen dich! In: Die ZEIT. Nr. 3, S. 13–15.

dem Videoauge verwehrt). Es mag Eltern beruhigen, wenn sie sich überzeugen können, dass es dem Kind gut geht und sie sorglos ihrer Arbeit nachgehen können. In China sind Videoüberwachungssysteme überall in den Kindergärten zu finden. „Die produzierten Videos werden über einen Server ins Internet gestellt, sodass Eltern jederzeit und an jedem Ort Zugriff auf die Echtzeit-Videoaufnahmen haben", so eine Kindergartenleiterin in einem Interview (vgl. Yang 2019: 15).

Eine weniger aufwändig installierbare, digital-technische Möglichkeit, sein Kind heimlich räumlich zu orten und seine sprachlichen Äußerungen im Kommunikationsgeschehen mitzuhören, bietet das große Angebot an Smartwatches.[6] „Eine Smartwatch wirkt wie eine digitale Armbanduhr, doch in ihrem Inneren kann sich tatsächlich viel mehr verbergen. Ein Satelliten-Peilsender etwa, Lautsprecher und Mikrofon oder auch eine Software, mit der sich Geräusche aufzeichnen lassen. Hersteller werben damit, eine spezielle Kinder-Smartwatch sei ein gutes Kommunikationsmittel für Eltern mit kleinen Kindern, die für ein eigenes Handy noch zu jung seien. Zielgruppe sind Kinder ab etwa fünf Jahren" (Wetzel 2018). Der äußerst kontrovers diskutierte elterliche Wunsch nach Nähe löst jedoch bei der Elternmehrheit Sorge vor perfekter digitaler Überwachung und vor dem Verlust jenes Schutz- und Vertrauensraums aus, auf den Kinder wie pädagogisches Personal angewiesen sind, damit Erziehung und Bildung geleistet werden kann.

Bereits diese wenigen Vignetten lassen erahnen, wie schon die Jüngsten durch die Digitalisierung eingefangen werden und wie sehr ihre Lebenswelten, ihre Erfahrungs- und Erlebnisqualitäten durch die epochale, rasante Veränderung der Digitalisierung geprägt sind. Doch was die digitale Zukunft wirklich bedeutet, welche Gefahren sie darstellt, welche Erleichterungen sie für den zivilisatorischen Fortschritt der Menschen mit sich bringt, kann niemand wissen. „Meine Sorge ist, dass wir in unserer überbordenden Faszination für die neuen Möglichkeiten der Digitalisierung blind werden – blind vor Begeisterung oder blind aus Bequemlichkeit. Diese Blindheit könnte uns in die vollkommene Abhängigkeit von digitalen Technologien führen, sodass wir letztlich vom Herrn zu ihrem Knecht würden. Statt die digitale Welt noch zu gestalten, bliebe uns nur die Anpassung" (Grunwald 2019: 30).[7]

---

6 Ein konkretes Beispiel ereignete sich im Herbst 2018 in München in einem städtischen Hort an einer Grundschule, was das Bildungsreferat der Stadt und den Datenschutz auf den Plan rief: Smartwatches sind und bleiben in Kindertagesstätten verboten!

7 Dieser Gestus der Sorge bestimmt das Buch „Der unterlegene Mensch" (2019) des Physikers, Philosophen und Technikfolgenabschätzers Armin Grunwald, in dem er einerseits die bedrohlichen Züge einer digitalisierten Welt aufzeigt und andrerseits dazu aufruft und ermutigt, diese Welt bewusst zu gestalten und uns nicht ersetzbar zu machen.

## Teil 2: Sorge um die Entwicklung der Kinder

Die Digitalisierung wird gerne mit einer menschheitsgeschichtlichen Revolution gleichgesetzt, um die Bedeutungsschwere und Schicksalshaftigkeit der gegenwärtigen gesellschaftlichen Entwicklung auszudrücken. Dabei ist ungeklärt, wie sich der frühe Umgang mit digitalen Medien auf die kindliche Entwicklung, den Lern- und Bildungsprozess, die Persönlichkeitsentwicklung auswirken kann und welch neue Chancen die Digitalisierung zugleich eröffnet. Auch im kritischen, elementarpädagogischen Diskurs besteht Uneinigkeit über die Wirkungen und (ungewollten) Nebenwirkungen der digital-interaktiven Medien. Eindeutige Antworten können bisher kaum gegeben werden.[8]

> „Die Technologien und ihre extreme Verbreitung sind noch relativ neu. Es fehlt uns an Langzeitstudien, um klare wissenschaftlich belastbare Aussagen zu treffen. Wir können deshalb noch nicht eindeutig sagen, welche Wirkungen die verstärkte Nutzung digitaler Medien auf Kinder hat" (Montag, Leiter der Abteilung Molekulare Psychologie an der Universität Ulm, 2018).

**1. Die Nutzung digital-interaktiver Medien in der frühen Kindheit wird einhellig als bedeutsames Phänomen anerkannt.**

Die Momentaufnahmen zunehmend digitalisierter Kindheit veranschaulichen, dass die Verbreitung des Medienkontakts und Medienkonflikts in der frühen Kindheit nicht mehr übersehen werden kann. Dennoch erhellen nur wenige Studien dieses Phänomen empirisch. Jede Untersuchung bestätigt jedoch den Jungen und Mädchen im Vorschulalter einhellig eine Mediennähe und eine aktive Mediennutzung:[9]

- Eine zentrale Rolle unter den Medien nehmen Fernsehen und (Bilder-)Bücher ein. Fast die Hälfte der Kinder dieser Altersgruppe (44 Prozent) sieht jeden oder fast jeden Tag fern, 43 Prozent beschäftigen sich (fast) täglich mit einem Buch. Im Altersverlauf zeigt sich eine deutliche Verschiebung der Präferenzen:

---

8 Vgl. Winkels, Rebecca/Herzog, Lena (2018): Wie früh ist eigentlich zu früh? Debatte im Haus der Wissenschaft in Braunschweig, 07.02.2018. https://www.faz.net/aktuell/wissen/digitalisierung-der-kinder-wie-frueh-ist-eigentlich-zu-frueh-15437189.html, Zugriff 21.01.2020.
9 Vgl. z. B. Einblick in die Forschungslage bei Lubitz/Witting 2018.
Zu den renommierten Studien zählt jedoch die periodisch durchgeführte miniKIM-Studie des Medienpädagogischen Forschungsverbundes Südwest (mpfs), bei der die Haupterzieher zum Medienumgang ihrer Kinder befragt werden, jedoch nicht (!) die Kinder einbezogen sind (vgl. Bericht zur Basisuntersuchung zu: „Medien im Alltag der Zwei- bis Fünfjährigen" von Sabine Feierabend (SWR)/Thomas Rathgeb (LFK) vom 14.07.2017.

Während für die Mehrheit der Zwei- bis Dreijährigen Bücher unverzichtbar sind, ist für die Vier- und Fünfjährigen das Fernsehen das wichtigste Medium.
- Die aktive Mediennutzung spiegelt sich zugleich in der Nutzungsdauer: Kinder im Alter von zwei bis drei Jahren sehen durchschnittlich 34 Minuten am Tag fern, die Vier- bis Fünfjährigen kommen bereits auf 52 Minuten pro Tag. Unabhängig davon bleibt die Zeit, in der sich die Kinder mit Büchern beschäftigen, aber in beiden Altersgruppen konstant (26 Minuten pro Tag). Außerdem hören die Zwei- bis Fünfjährigen nach Angaben der Haupterzieher im Schnitt 18 Minuten pro Tag Radio, spielen drei Minuten Computer-, Konsolen- oder Onlinespiele und nutzen jeweils zwei Minuten das Internet, Handy- sowie Tabletspiele.
- 15 Prozent aller Kinder im Alter von zwei bis fünf Jahren haben schon ein Tablet und einen PC genutzt. Inhaltlich steht dabei das Spielen neben dem Anschauen von Fotos oder Videos im Mittelpunkt.

**2. Ärzte warnen vor gesundheitlichen Risiken durch digitalen Medienkonsum.**
Ein weitaus kritischeres Bild kindlicher Mediennutzung zeichnet die BLIKK-Medien-Studie[10] der Kinderärzte (2017). Das Projekt hat 5573 Eltern und deren Kinder zum Umgang mit digitalen Medien befragt und gleichzeitig im Rahmen der üblichen Früherkennungsuntersuchungen die körperliche, entwicklungsneurologische und psychosoziale Verfassung umfangreich dokumentiert. Die Studie geht damit weit über die üblichen Befragungen zu Mediennutzung hinaus. Sie kommt zu dem Ergebnis, dass nicht die Fernseher-, sondern die Nutzung von Smartphones besorgniserregend ist. Aus dem Bericht seien nur einige Ergebnisse angeführt:[11]

- Nutzt die Mutter, während sie ihren Säugling betreut, parallel digitale Medien, hat das Kind eher Fütter- und Einschlafstörungen.
- 70 Prozent der Kinder im Kita-Alter nutzen das Smartphone ihrer Eltern mehr als eine halbe Stunde täglich.

---

10 BLIKK steht für Bewältigung, Lernverhalten, Intelligenz, Kompetenz, Kommunikation. In der Studie, die das BMG (Bundesministerium für Gesundheit) in Auftrag gegeben hatte, stellten Kinder- und Jugendärzte weit überdurchschnittlich entsprechende Auffälligkeiten fest, wenn der Medienkonsum bei Kind oder Eltern auffallend hoch sei. Beteiligt an der Forschungsarbeit waren z. B. Prof. Dr. R. Riedel, Direktor des Instituts für Medizinökonomie und medizinische Versorgungsforschung der Rheinischen Fachhochschule Köln, Prof. Dr. Rainer Riedel, Arzt für Neurologie/Psychiatrie, Psychotherapie) sowie Dr. Uwe Büsching, Kinder- und Jugendarzt und Vorstandsmitglied des Berufsverbands der Kinder- und Jugendärzte (BVKJ). Die hier angeführten Ergebnisse sind SPIEGEL ONLINE (29.05.2017) entnommen. Siehe auch: https://www.drogenbeauftragte.de/presse/pressekontakt-und-mitteilungen/archiv/2017/2017-2-quartal/ergebnisse-der-blikk-studie-2017-vorgestellt.html?L=0, Zugriff 21.01.2020.
11 Quelle vgl. Fußnote 10.

- Es gibt einen Zusammenhang zwischen intensiver Mediennutzung und Entwicklungsstörungen der Kinder. Kinder unter sechs Jahren, die intensiv digitale Medien nutzen, haben häufiger Störungen in der Sprachentwicklung, sind eher hyperaktiv oder können sich schlechter konzentrieren.
- Sowohl jüngere als auch ältere Kinder mit hohem Medienkonsum sind eher unruhig und schnell ablenkbar.
- Wird eine digitale Medienkompetenz nicht frühzeitig erlernt, besteht ein erhöhtes Risiko, den Umgang mit digitalen Medien nicht kontrollieren zu können und in ein Suchtverhalten abzurutschen.

Diese Beobachtungen zeigen jedoch lediglich statistisch signifikante Zusammenhänge auf und beweisen keine monokausale Beziehung zwischen der Nutzung digitaler Medien und gesundheitlichen Problemen bzw. Entwicklungsrückständen: „Wir können zwar sagen, dass Kinder mit hohem Medienkonsum häufig Konzentrationsstörungen haben und zappelig sind. Wir können aber nicht sagen, ob Eltern ihre Kinder vor den Fernseher oder das Tablet setzen, weil sie zappelig sind oder ob die Kinder zappelig werden, weil sie zu viel Zeit vor dem Medium verbringen" (Büsching in BLIKK-Studie 2017). Was die Ergebnisse jedoch nahe legen können, ist, dass ein sorgsamer Umgang mit Medien und eine Stärkung der Medienkompetenz von Eltern und Kindern ein zentrales Anliegen sein bzw. werden müssen. Außerdem wird vom Berufsverband der Kinder- und Jugendärzte gefordert, dass künftig eine Medienanamnese Bestandteil der sog. U-Untersuchungen (U1–U9 bis zum vollendeten 6. Lebensjahr) zur Früherkennung von Entwicklungsbesonderheiten sein solle. Kindertagesstätten, Schulen und die Politik insgesamt sind zu „digitaler Fürsorge" aufgerufen:

> „Als Fazit ergibt sich, dass der richtige Umgang mit den digitalen Medien, die durchaus einen berechtigt hohen Stellenwert in Beruf und Gesellschaft eingenommen haben, frühzeitig kontrolliert geübt werden soll. Dabei müssen soziale und ethische Werte wie Verantwortung, reale Kommunikation, Teamgeist und Freundschaft auf allen Ebenen der Erziehung gefördert werden. Kinder und junge Menschen sollen lernen, die Vorteile einer inzwischen globalen digitalen Welt zu nutzen, ohne dabei auf die Erlebnisse mit Freunden im Alltag zu verzichten" (Riedel 2017, vgl. Fußnote 10).

> „Die Sorge der Eltern, ein Kind möge die besten Bedingungen für sein zukünftiges Leben vorfinden, gilt ebenso für Kinder- und Jugendärzte. Mit vorschneller Verordnung von Ergo- oder Sprachtherapie allein lassen sich Gefahren nicht abwenden. Gerade, wenn das Verhalten oder die Entwicklung auffällig ist, sollte immer auch ein unangebrachter Umgang der Eltern

wie der Kinder mit Medien in Betracht gezogen werden" (Büsching 2017, vgl. Fußnote 10).

## 3. Die digital-interaktive Mediennutzung wird im frühpädagogischen Diskurs hinsichtlich ihrer Auswirkungen divergierend eingeschätzt.

Nicht nur im medizinisch pädiatrischen Bereich, sondern auch in der wissenschaftlichen Disziplin der Frühpädagogik fehlen Erkenntnisse zu den Auswirkungen des Mediengebrauchs in den frühen Kindheitsjahren. Deshalb kann auf spezifisch frühpädagogische Einsichten kaum zurückgegriffen werden. Umso verdienstvoller ist es, dass Ilona Lubitz und Tanja Witting (2018) eine Situationsanalyse für den deutschen Hochschulbereich vorgelegt haben. Sie fragen nach der aktuellen Verankerung der digital-interaktiven Medien in der frühen Kindheit in Forschung und Lehre, nach den vermittelten Inhalten und ihrer Modularisierung, nach laufenden oder geplanten Forschungsprojekten sowie nach der grundsätzlichen Positionierung.[12]

> „[Die Ergebnisse zeigten], dass auch in der Hochschullehre das Thema der digital-interaktiven Mediennutzung in der frühen Kindheit insgesamt unterrepräsentiert ist. Forschungsprojekte zum Thema digital-interaktive Medien in der frühen Kindheit wurden aus keinem der erfassten Studiengänge zurückgemeldet. Es erscheint so, dass der gesellschaftliche Diskurs dagegen vielfach von warnenden und bewahrpädagogisch geprägten Äußerungen dominiert wird, die von Akteuren unterschiedlichster Professionen geäußert werden. (Entwicklungs-)PsychologInnen sowie Kindheits- und MedienpädagogInnen, die aufgrund ihrer Kernkompetenz für den Diskurs besonders bedeutsam wären, treten dagegen in der Diskussion eher zurückhaltend auf" (Lubitz/Witting 2018: 182).

---

12 Die Autorinnen Lubitz/Witting (2018) kontaktierten im Rahmen ihrer quantitativen Fragebogenstudie VertreterInnen von über 60 Studiengängen, an der sich lediglich die Hälfte der Befragten beteiligte. Modular ist das Thema zum Befragungszeitpunkt lediglich in 17 Studiengängen verankert; zumeist dominieren Veranstaltungen zur Nutzung von Büchern und filmischen Medien; die Thematik der digital-interaktiven Medien wird selten genannt (vgl. ebd.: 181f.)

Im Folgenden sollen Stellungnahmen zu ausgewählten Perspektiven aufgeführt werden:

- **Sind digital-interaktive Medien als relevanter Einflussfaktor zu betrachten?**
Diese Frage findet bei allen Befragten Zustimmung (vgl. Lubitz/Witting 2018: 183). Zugleich werden Relativierungen deutlich, z. B.:
Das Ausmaß des Einflusses wird in einen Wirkzusammenhang zu weiteren Einflussfaktoren (z. B. Familie) gesetzt. // Der häufig „alarmistisch geführte Diskurs um eine sich veränderte Medienkindheit" wird als übertrieben moniert, das unterstellte Wirkpotenzial wird überschätzt. // Das Tablet bietet weitreichende Nutzungsmöglichkeiten und fördert die Selbstwirksamkeitserwartungen: Indem ich auf den Knopf drücke, passiert etwas, was dem Kausalitätsprinzip ähnlich wie beim Bauen mit Klötzen ähnelt. // Die bei Eltern wie Pädagogen weit verbreitete bewahrpädagogische Abwehrhaltung verhindert einen kreativen Gebrauch der Medien."

- **Kann in der frühen Kindheit bereits von einem Medialitätsbewusstsein gesprochen werden?**

Die Befragten waren sich darin einig, dass in der frühen Kindheit die Fähigkeit, digital-interaktive Medien zu verstehen oder gar auf einer Metaebene zu betrachten, noch nicht entwickelt ist. Dennoch werden auch diesbezüglich differente Einschätzungen geäußert (vgl. Lubitz/Witting 2018: 184f.):
Das Fehlen entsprechender Bewusstseinsstrukturen kann kein Grund für das Vorenthalten von Medien sein. Kinder haben auch ohne Funktionskenntnis des Tablets ihren Spielspaß ähnlich den Erwachsenen, die, ohne den Aufbau des Telefons, des Computers, des Autos usw. zu kennen, diese Geräte mit Begeisterung nutzen. // Es wird vor einer Apriori-Dämonisierung gewarnt, die nur Angst erzeuge und die kindliche Unbefangenheit zerstöre. // Das spielerisch-explorative Kennenlernen der digital-interaktiven Medien wird als Grundlage für die Entwicklung eines positiven Medialitätsbewusstseins gesehen. // Die Begleitung der Kinder durch medienkompetente Erwachsene gilt als Gelingensbedingung für Medienhandeln; das Ersetzen von Personen durch Apps wird durchgängig abgelehnt. // „Die zunehmende Kommerzialisierung im Rahmen von medienkonvergenten Produkten und Werbung" (ebd.: 184) wird abgelehnt, zumal die Kinder dieser schutzlos ausgeliefert sind.

- **Sollte in der frühen Kindheit Medienabstinenz nicht eine Selbstverständlichkeit sein?**

Bezüglich des Alters der MediennutzerInnen gehen die Befragten davon aus, dass es in Zeiten der Digitalisierung und Medieneuphorie keine medienfreie (frühe) Kindheit mehr geben kann (vgl. Lubitz/Witting 2018: 185f.). Deshalb ist es unrealistisch, uneinlösbare Forderungen für die Erziehung der Kinder zu stellen. // Es wird sowohl ein „Fernhalten von Medien" wie eine verfrühte „Förderung von Mediennutzung" abgelehnt. // Über den Alterszeitpunkt für den Einstieg in die Nutzung interaktiv-digitaler Medien besteht eine Kontroverse und Skepsis, da die Kommunikationsfertigkeiten des Kindes nur schwer einschätzbar sind. Insofern kann nur von einer möglichen Nutzung gesprochen werden und nicht von einer Sollensforderung. // Auch wird betont, dass bisher keine Studien vorliegen, die „negative Effekte" für die weitere Entwicklung der Kinder aufzeigen. Diese gilt auch für viele andere Beschäftigungsmöglichkeiten, die weit weniger kritisch betrachtet würden.

Bezüglich der Lern- und Fördermöglichkeiten betonen die ExpertInnen einhellig deren Andersartigkeit, die einerseits durch die „Unmittelbarkeit der Steuerung durch Berührung" und andererseits durch die „Möglichkeiten der direkten Rückmeldungen" (ebd.: 187), gegeben ist, wodurch eine intensive Selbstwirksamkeitserfahrung ermöglicht wird.

Das Erlernen des Wischens am Tablet wird mit dem Erlernen des Blätterns im Buch gleichgesetzt. Dem Erlernen des Wischens und anderer Steuerungsbewegungen wird gar eine propädeutische Funktion beigemessen. // Der Kritik, dass die Medien nur beschränkte haptische Erfahrung zulassen, wird mit dem Argument begegnet, dass die Mediennutzung nicht vielfältige haptische Zugänge und Impulse ersetzen soll. // Die Kinder können sich für unterschiedliche Arten des Zeichnens (z. B. mit digital-interaktivem Zeichenprogramm oder für Freihandzeichnen und Werkzeug) entscheiden und den Unterschied bewusst erleben. // Die Schulung von „Wahrnehmungstiefe", „genauem Hingucken", von Wahrnehmung einer „bildorientierten Welt" sowie der „Hand-Augen-Koordination" (ebd.: 190) wird als positive Möglichkeit gesehen. // Besonders gewürdigt werden die zahlreichen Kreativ-Apps, die „mehr kreative Erlebnisse ermöglichen als traditionelle Malbücher" (ebd.: 191). // Die bei der Mediennutzung stattfindenden Konditionierungsprozesse beeinflussen die Emotionen positiv. // Kinder entwickeln wegen der ständigen Verfügbarkeit von Medien keinen Umgang mit Langeweile, wollen sich unterhalten lassen. Es fällt ihnen somit schwerer, sich mit etwas ernsthaft auseinanderzusetzen.

Als Konsequenz fordern die befragten ExpertInnen eine früh einsetzende Medienerziehung in der Familie, eine Stärkung der elterlichen Medienkompetenz, eine zeitliche Regulierung der kindlichen Mediennutzung sowie eine Professionalisierung des frühpädagogischen Fachpersonals in der Einschätzung und im Einsatz digital-interaktiver Medien. „Medienpädagogische Arbeit in Kindertagesstätten bietet die Gelegenheit, eine große Gruppe von Kindern zu erreichen und familienbegleitende bzw. familienergänzend früh Medialitätsbewusstsein und Medienkompetenz zu fördern" (Lubitz/Witting 2018: 199).

## 4. Wie tangiert die Nutzung digital-interaktiver Medien in den frühen Kindheitsjahren die kindliche Weltbeziehung und Weltaneignung?

Die frühe Kindheit ist in der individuellen Biografie eines Menschen jene Lebensphase, in der seine Weltaneignung und Weltbeziehung grundgelegt wird. Anfänglich ist für ein Kind seine Familie eine „ganze Welt aus Menschen und Bedeutungen", die ihm sehr wichtig sind.

> „Für fast jeden Menschen ist sie sozusagen der heimatliche Hafen, von dem aus er seine lebenslange Reise durch die Gesellschaft antritt. Was ihm an diesem Ausgangspunkt widerfährt, behält prägende Kraft für alle weiteren Phasen seiner Reise" (Berger/Berger 1976: 63).

Heute treten neben die fundamental wichtige Institution Familie[13] zunehmend früher pädagogische Institutionen in das Leben eines Kindes. Ca. 5000 Stunden ihres jungen Lebens verbringen Kinder in einer Kindertageseinrichtung. Das ist viel Lebenszeit, angefüllt von Entdeckungen, Erlebnissen und Erfahrungen. Diese bilden – neben und mit denen im Elternhaus – eine wesentliche Grundlage für Welterfahrung und Weltbeziehung eines Kindes.

Für den Soziologen Hartmut Rosa (2016) ist dabei entscheidend, „[o]b es zur Ausbildung und Aufrechterhaltung konstitutiver Resonanzachsen kommt oder nicht" (Rosa 2016: 35). H. Rosa stellt in seinem Resonanzkonzept die menschliche Entwicklung in einen weiten gesellschaftlichen Horizont, indem er die traditionelle Selbstbeschränkung der klassischen, sich von normativen Begründungspflichten entlastenden Soziologie überschreitet und kultur- und gesellschaftskritisch argumentiert. In einer umfassenden, problemgeschichtlich und interdisziplinär verankerten Phänomenbeschreibung der postmodernen Gesellschaft zeigt er Fehlentwicklungen der Moderne auf wie zum Beispiel die systematischen Eskalationstendenzen, die Ressourcenorientierung und -optimierung sowie den ethischen Pluralismus und Individualismus, begleitet von Prozessen der Beschleunigung und

---

13 Der Begriff Familie schließt selbstverständlich alle pluralen Erscheinungsformen von Eltern-Kind-Konstellationen ein.

Entfremdung zwischen Mensch und Welt. Ausgangspunkt seiner Argumentation ist

> „die Überzeugung, dass die Qualität des menschlichen Lebens (und der sozialen Verhältnisse) nicht einfach an den Optionen und Ressourcen gemessen werden kann, die zur Verfügung stehen, sondern einer Untersuchung der Art des Weltverhältnisses oder der Weltbeziehung bedarf, die für dieses Leben prägend sind. [...] Es gibt gute Gründe für die Annahme, dass die eigendynamische, selbstzweckhafte Steigerungslogik der Moderne das menschliche Weltverhältnis immer stärker belastet" (Rosa 2016: 53).

In seiner Soziologie der Weltbeziehung identifiziert Rosa unterschiedliche Dimensionen des Weltverhältnisses (die leibliche, psychische, existenzielle, emotionale, kognitive und evaluative) und setzt diese zueinander in ein Verhältnis. Zudem unterscheidet er zwischen *stummen* und *resonanten Weltbeziehungen* sowie zwischen *repulsiven* (abweisenden) und *indifferenten* (gleichgültigen) *Weltverhältnissen*. Mit Rekurs auf M. Merleau-Ponty und B. Waldenfels formuliert er die Grundannahme der *„Responsivität"* oder *„Antwortlichkeit"* als elementarste Fähigkeit des Menschen und seines Weltverhältnisses, was ihn als *resonanzfähiges* Wesen auszeichnet (vgl. Rosa 2016: 67f.). Resonanzbeziehungen beschränken sich nach H. Rosa nicht ausschließlich auf intersubjektive Beziehungen: „In Resonanz treten kann ich aber auch mit Objekten und Artefakten, mit Musik und Natur usw." (Rosa in Beljan/Winkler 2019: 117). Demzufolge könnte das Resonanzkonzept eine Erklärungshilfe für die Chancen wie für das Gefährdungspozential digital-interaktiver Medien sein, zählt man sie zu den Artefakten, die für das Gewinnen von Weltbeziehung und Weltaneignung eine nicht zu unterschätzende Rolle spielen.[14]

### Wie aber lässt sich Resonanz inhaltlich bestimmen?[15]

1. Mit „response" oder „Resonanz" verbindet sich die Erfahrung: Ich werde von etwas (z. B. einer Geschichte) berührt, etwas hat mich gefangen, danach bin ich ein anderer. Dies schließt auch das Risiko ein, dass ich mich verletzt fühle, dass Resonanz mir verweigert wird oder dass ich sie verweigere.

---

14 Diese Interpretation ist ein eigenwilliger Versuch der Verfasserin; da die beiden zentralen Aspekte dieses Beitrags, nämlich „Frühe Kindheit" und „Digitalisierung", in den bisher publizierten resonanzpädagogischen Schriften kaum eine Rolle spielen.
15 Die Ausführungen beziehen sich auf die inhaltliche Bestimmung von Resonanz, die H. Rosa im Rahmen des Erziehungswissenschaftlichen Kolloquiums der Freien Hochschule Stuttgart in Jena am 23. 11. 2018 referierte; der Redestil, auch die Ich-Form wird in der inhaltlichen Erläuterung weitgehend beibehalten.

Gewiss kann ein Kind von der Nutzung eines digitalen Geräts (z. B. Tablet), von einem damit angesehenen Film oder von Fotoaufnahmen fasziniert, berührt, überrascht oder verletzt sein. Die Fülle der wahrgenommenen Eindrücke wird es beschäftigen, vielleicht ängstigen; auch sie verändern das Kind als Person. Vielleicht fragt es sich: Was habe ich damit zu tun, welchen Anteil habe ich an der Dynamik der Geschehnisse? Warnend stellte Hartmut v. Hentig bereits in den achtziger Jahren des vorigen Jahrhunderts fest, was sich durch die Digitalisierung noch weiter aufgipfelt: Die Welt, die das Kind darin sieht, „erscheint verkleinert, zerstückelt, an- und abstellbar, in absurder Mischung, ohne Zusammenhang in sich und erst recht mir ihr. Dabei ist sie aufregend, extrem, glanzvoll [...] Außerdem stimmt wenigstens für die Kinder, was McLuhan sagt: Das Medium, genauer die Mediatisierung, das Vermitteltsein ist (selber) die Botschaft. Die Inhalte treten hinter der Machart zurück. Die Berechnung, mit der das (Fernseh-)Produkt gemacht worden ist, löst Berechnung aus; der errechnete Adressat und seine errechneten Wahrnehmungsgewohnheiten und Vorlieben werden – bestärkt – also der Durchschnitt; weil der durchschnittliche Fernseher eine Einstellung von mehr als 35 Sekunden nicht erträgt, darf keine Szene länger dauern als 35 Sekunden. Wenn die so ‚geprägten' Kinder dann in der Schule Konzentrationsschwierigkeiten haben – wen wundert's?" (v. Hentig 1975: 33f.)

2. Ich „antworte", ich zeige eine Reaktion auf der emotionalen, gedanklichen, körperlichen, psychischen, evaluativen oder körperlichen Ebene.[16]
In den digital-interaktiven Medien erwartet das Gegenüber nicht wirklich eine Antwort. Es ist vielmehr der Algorithmus, der den User in eine Art „kommunikativer Pflicht" nimmt. Er muss Reaktionen auf Fragen zeigen, kongenial antworten, sich im gesetzten Rahmen verhalten und Informationen „stimmig" verorten.

3. Ich mache die Erfahrung: Ich erreiche den Anderen. Als Folge tritt eine Transformation ein, die mit der der Selbsterfahrung verquickt ist: Ich habe mich verändert.
Die Social Medias machen das „Erreichen des Anderen" zum Programm. Sie agieren als grenzenlose Kommunikationsräume, die ihre User untereinander verbinden, Informationen über sie bereitstellen, wohlgemeinte Ratschläge er-

---

16 Heute gehört für viele Kinder das Skypen, d. h. das kostenlose Telefonieren mit Bildschirmübertragung, zur Kommunikationspraxis. Damit ist es ihnen möglich, weltweit Kontakte mit Verwandten und Freunden aufzunehmen und zu pflegen. Hier ermöglichen die digitalen Möglichkeiten das Errichten eines Resonanzraumes mit personaler Begegnungsqualität.

teilen, aber auch be- und verurteilen, belobigen, bestrafen und zunehmend als öffentlicher Pranger agieren, die digitale Shitstorms auslösen. Insofern mag z. B. die What's App-Elterngruppe eines Kindergartenkindes nicht nur wichtige Informationen über die Abläufe eines Kindergartentages oder eines Elternabends geben, sondern zugleich ein Forum werden, in dem auch repulsive und indifferente Resonanzachsen errichtet werden können, die auf die „User" zurückwirken und Freude, Dankbarkeit, Überraschung, Hilfestellung, aber auch ein Betroffensein im negativen Sinne auslösen können.

4. Resonante Beziehungen können weder systematisch hergestellt noch gesteigert werden, weder über eine Personalbegegnung noch durch Zwang, weil ihnen eine Unverfügbarkeit eigen ist.
Hier kommt das dem Erziehungshandeln innewohnende „Technologiedefizit" zum Ausdruck, das keine einfache Kausalverknüpfung kennt. Digital-interaktive Medien hingegen werben mit einem Machbarkeitsversprechen für sich.

5. Resonanz ist nur unter bestimmten Bedingungen möglich: Sie bedarf eines Resonanzraums, in dem ich die andere Stimme hören kann, in dem eine Differenzbegegnung und eine Auseinandersetzung möglich ist, in dem sich ein dynamisches Wechselwirkungsverhältnis ausbildet, das zu Veränderungen führt. Die digitale Welt ist einerseits eine grenzenlos offene und andererseits eine algorithmisch festgefügte Welt; sie ist lediglich ein „Als-ob-Resonanzraum der digitalen Welt", in dem beispielsweise keine wirkliche Begegnung, keine Face-to-Face-Interaktion, keine Rede und Gegenrede, kein Suchen nach Kompromissen möglich ist.

Resonanz jedoch bildet aus anthropologischer und phänomenologischer, neurologischer und ethnologischer Sicht das „primäre Weltverhältnis, aus dem Subjekt und begegnende Welt als Erfahrungstatsachen erst hervorgehen" (Rosa 2016: 741). *Stumme* Weltverhältnisse und *instrumentelle* Resonanzverdinglichung hingegen sind nicht naturgegeben, sondern Ergebnis eines Prozesses, der das resonante Potenzial fehlleitet und zur „Konsonanz", die nach bloßer Anpassung, Widerspruchsfreiheit und zu einer „Schließung gegenüber der Welt" führt (vgl. ebd.: 743ff.).

## Teil 3: Besinnung auf das Pädagogische – Mut zum pädagogischen Handeln

In der Debatte um die Digitalisierung und ihre Folgen für die nachwachsende Generation stellt Christian Rittelmeyer (2018) die Frage nach den Grundprinzipien, die in der „pädagogischen Moderne"[17] als Maßstäbe und Maxime als unhintergehbar und selbstverständlich gelten, auch wenn sie „noch nicht oder zumindest nicht ausreichend oder überall verwirklicht werden konnten […] Es ist unseren pädagogischen Institutionen nach wie vor aufgegeben, dieses Projekt zunehmend zu verwirklichen" (Rittelmeyer 2018: 79). Und dies setzt voraus, dass die „Versuche einer Beeinflussung der Vorschul- und Schulpädagogik durch die Digitalwirtschaft unter einer erziehungswissenschaftlichen Perspektive analysiert werden müssen" (ebd.). Damit ist die Frage nach dem Proprium des Pädagogischen gestellt, nach den Grundlagen, die gegenüber der Digitalisierung zu akzentuieren sind, um aufmerksam werden zu können, „welche technischen Neuerungen diese unterstützen und welche sie paralysieren" (ebd.). Für die Erziehungswissenschaft ist dies der Weg, der das Vermeidbare vermeiden hilft und zugleich für das Unvermeidbare bewusst einen Ausgleich suchen lässt. Beide Aspekte scheinen bereits in den Momentaufnahmen im ersten Teil dieses Beitrags auf.

### 3.1 Pädagogisches Handeln gründet in einem Beziehungsgeschehen

„Kinder brauchen Menschen, um menschlich zu werden!" Im pädagogischen Handeln treten „Menschen unterschiedlichen Alters in eine Beziehung sowohl zu sich selbst als auch zu den Inhalten, mit denen sie sich gemeinsam beschäftigen" (Hübner/Weiss 2017: 9). Die personale Qualität dieser Beziehung wird grundsätzlich positiv gesehen. Sie gilt als wesentliche Bedingung für das Erziehersein. Die Bindungsforscherin Lieselotte Ahnert (2006) hat Qualitätskomponenten der Bindungsbeziehung zwischen Kind und Erzieherin/Eltern herausgearbeitet (vgl. Tab. 1):

---

17 Christian Rittelmeyer (2018) spricht von einem *unvollendeten pädagogischen Projekt der Moderne und dies* analog zum Diktum *unvollendetes Projekt der Moderne* von Jürgen Habermas, zu dem zum Beispiel die Individualisierung der Lebensentwürfe, d. h. die Lösung der Einzelnen aus religiöser oder staatlicher Bevormundung, die Chancengerechtigkeit und -gleichheit in der politischen Partizipation sowie die zivilgesellschaftliche und rechtsstaatliche Lebensordnung gehören.

Tabelle 1: Komponenten einer Bindungsbeziehung (Ahnert 2006)

| Beziehungskomponenten | Beschreibung |
| --- | --- |
| Zuwendung | Das Kind erregt die Aufmerksamkeit der Mutter/Erzieherin. Diese reagiert freundlich und wendet sich dem Kind zu. |
| Sicherheit | Das Kind findet in „bedrohlichen" Situationen bei der Mutter/Erzieherin Schutz und fühlt sich sicher. |
| Stressreduktion | Bei Anzeichen von Stress (weinen, quengeln, Traurigkeit), reagiert die Mutter/Erzieherin und tröstet das Kind (in der Regel mit Körperkontakt). |
| Assistenz | Wenn das Kind etwas nicht allein schafft, sucht es Hilfe bei der Mutter/Erzieherin und lässt sich gern helfen. |
| Explorationsunterstützung | Die Mutter/Erzieherin ist die sichere Basis. Das Kind sucht sie von Zeit zu Zeit auf und wird von ihr ermutigt. |

Diese Ausdifferenzierung der Beziehungsqualitäten zeigt, wie feinfühlig eine Beziehung der jeweiligen Situation und dem jungen Kind angemessen gestaltet werden kann. Die aufgelisteten Komponenten stellen also keine Abfolge von Beziehungsstufen dar, sondern beschreiben eine Responsivität im Interaktionsgeschehen, die in verlässlicher Zuwendung, selbstverständlicher Präsenz, ausgeprägter sozialer Wahrnehmung und Entscheidungsfreudigkeit sowie in der Empathie der Erwachsenen gründet.

In einer Untersuchung mit 75 Vorschulkindern konnte Folgendes gezeigt werden: Die Kinder, die bei äußerst zugewandten, assistierenden und ihre Neugier und Entdeckerfreude unterstützenden Erzieherinnen waren, wurden von Lehrerinnen und Eltern nach dem ersten Schulhalbjahr als wesentlich motivierter und anstrengungsbereiter eingeschätzt als die Kinder der Gruppe, die diese Beziehungsqualitäten nicht erfuhren. Leider musste auch festgestellt werden, dass die starke Gruppe mit wesentlich mehr Mädchen, wogegen die schwache Gruppe mit signifikant mehr Jungen besetzt war. Während das Ausmaß an individueller Zuwendung mit zunehmendem Alter abnimmt und auch Sicherheit und Stressreduktion in der Erzieherinnen-Kind-Beziehung an Bedeutung verlieren, bleiben Assistenz und Explorationsunterstützung die maßgeblichen Komponenten der Erzieherinnen-Kind Beziehung der Vorschulzeit (vgl. Ahnert 2006: 23).

Die Kinder scheinen offensichtlich in diesem „emotional banking" einen Resonanzboden zu gewinnen, mit dem sie die Transition in einen neuen Beziehungskontext (hier der Schule) besser bewältigen können, weil sie sich offen, unbelastet und erfolgssicherer den neuen Herausforderungen stellen können. Wenn jedoch

Kinder in der Gefahr sind, dass die Erwachsenen ihre Aufmerksamkeit lieber digitalen Aktivitäten widmen und sie zur Nebensache werden, können sie in einen emotionalen Stress geraten, dessen Regulierung die Kinder Gehirnkapazität kostet verbunden mit der Folge, dass ihr Aufmerksamkeitssystem für die kognitive Verarbeitung von Reizen, die sog. Mentalisierungsprozesse,[18] weitaus weniger Freiheitsgrade zur Verfügung hat.

> „Dies sind Kinder, die Ablehnung und Zurückweisung erfahren. Wir sehen in KiTas und Grundschulen immer mehr Kinder, die völlig verzweifelt, außer Rand und Band sind. Das sind Kinder, die nicht verstehen, was mit ihnen los ist und was mit ihnen passiert, warum andere Kinder nicht mit ihnen spielen […] Kinder, die nicht wissen können, warum es ihnen so schwerfällt, sich auf Aufgaben zu konzentrieren, nicht wissen, wie sie ihre Gefühle ausdrücken und regulieren sollen, und Kinder, die nicht verstehen können, warum […] die Mama keine Kraft hat, sich mit ihnen zu beschäftigen oder auseinanderzusetzen. Dies sind auch Kinder, die auf wenig Verständnis treffen, weil ihre inneren Welten verschlossen und ihnen selbst nicht zugänglich sind […] Dies sind Kinder, die kein Vertrauen finden können in eine Welt, die sie als feindlich erleben" (Opp 2018: 8).

Vertrauen gibt der pädagogischen Beziehung die Bindungskraft (vgl. Lichtenstein-Rother 1992: 84). Es bedeutet, die Zuversicht zu hegen, dass von einem Menschen Gutes kommt. Es ist bemerkenswert, dass nach langer Abstinenz Vertrauen als zentrale Prämisse pädagogischen Handelns und der Beziehungsqualität in den erziehungswissenschaftlichen Diskurs zurückgekehrt ist.[19] Vertrauen wird wieder „als Basis einer wohlwollenden Atmosphäre im Erziehungsverhältnis charakterisiert, um Geborgenheit zu schaffen, Selbstsicherheit zu fördern und Lernbereitschaft zu wecken" (Fabel-Lamla u. a. 2012: 801). Neu an der heutigen Sichtweise von Vertrauen ist allerdings die normativ kritische Reflexion. Es wird die meist angenommene positive Konnotation hinterfragt und die bisher implizit angenommene gleichwertige Reziprozität der Vertrauensbeziehung zwischen Erzieher/in und Kind auch kritisch gesehen: Das Vertrauen des professionellen Erziehers und des

---

18 Mentalisierungsprozesse fundieren die frühkindliche Entwicklung der Regulation von Stress und Emotionen. Gemeint ist die „Fähigkeit, eigene und fremde mentale Zustände im Kontext alltäglicher sozialer Beziehungen und Handlungszusammenhängen wahrzunehmen, zu benennen, zu reflektieren und empathisch zu verstehen" (vgl. Opp 2018: 9).

19 Das Verschwinden von Vertrauen aus dem anerkannten Kanon pädagogischer Kategorien erklärt, weshalb systematische Analysen, Reflexionen und Bestimmungen ein Desiderat sind. Deshalb ist es bemerkenswert, dass die Zeitschrift für Pädagogik 2012 mit dem Heft 6 den thematischen Schwerpunkt auf „Vertrauen als pädagogische Grundkategorie" gesetzt hat (vgl. Fabel-Lamla/Welter 2012).

Kindes bezieht sich jeweils auf andere Aspekte: Die Erzieherin zum Beispiel setzt Vertrauen in die kindliche Fähigkeit zur Selbstkontrolle, zur Aufmerksamkeitsregulation, die Regulation von Stress und Emotionen. Ein Kind hingegen setzt Vertrauen in die Fürsorgehaltung der Erzieherin, in die Erwartung, von ihr gemocht und akzeptiert zu werden, auch Schutz zu finden. Die von den Kindern zu leistenden Vertrauensvorschüsse sind mit einem weitaus höheren Risiko verbunden als für die Professionellen (vgl. Fabel-Lamla/Welter 2012: 807).[20]

### 3.2 Pädagogisches Handeln bezieht sich auf ein gemeinsames Drittes: die Erfahrungswelt der Menschen und Dinge

Ein kleines Kind sitzt regungslos am Fernseher oder Tablet, im Sog der Bilder und Ereignisse gefangen. Das Gesehene ist an- und abstellbar, in demselben Format wiederholbar. „Das Medium ist selbst der *terminal,* die Endstation der Wahrnehmung" (v. Hentig 2002: 67). Warnungen wie diese sind bis heute ungebrochen gültig für die Benutzung von Smartphones wie Whiteboards:

> „Der Computer [...] hält [...] [das Kind; E. R.] an seinem Stuhl fest, grenzt seine Lebensregungen auf das Feld zwischen Bildschirm und Taste ein, legt alle anderen Sinne lahm, schaltet anderen Kontakt aus, bannt den Geist des Kindes auf das Frage-und-Antwort-Schema des Programms oder der Programmierung. Er macht – im Prinzip – alles zunichte, was sich die moderne Pädagogik seit Beginn unseres Jahrhunderts ausgedacht hat – zum Wohl des Kindes wie der Gesellschaft" (v. Hentig 1987: 85).

Wie anders dagegen ist die Zuwendung zur Welt im folgenden Beispiel:[21]

> „Wir, das sind u. a. Sasha (3.3 Jahre) und ich, sind bei Freunden. Im Garten dämmert es schon. Ein schöner Sommertag geht zu Ende. Sasha möchte nach draußen gehen, und ich gehe mit. Wie wir die Treppe vor der Veranda hinuntergehen, nimmt er meine Hand. Wir bleiben stehen und schauen still in den heraufdämmernden Abend. „Siehst du die Glühwürmchen?" „Nein, ich sehe sie nicht." Sasha blickt nachdenklich zu mir hoch. „Das kommt daher, [...] weil Dein Kopf dort oben ist", und er zeigt zu mir nach oben, „und mein Kopf hier unten ist", und er zeigt auf seinen eigenen Kopf. Ich gehe in

---

20 Die Bertelsmann-Studie (2019) „Was unseren Kindern Angst macht" (Prof. Dr. Sabine Andresen) belegt, dass mit zunehmendem Alter (ab 8 Jahren) der den LehrerInnen gewährte Vertrauensvorschuss deutlich abnimmt.
21 Das Beispiel stammt von dem niederländischen Phänomenologen Ton Beekman; abgedruckt in Liegle 2006: 93).

die Knie, und nun seh' ich sie auch, die Glühwürmchen, unter dem ziemlich hohen Busch. Sie blinken auf und erlöschen dann. Lautlose kleine Funken im Dunkel des Busches. „Vorsicht, [...], du kannst dich anstecken (mit Feuer), es sind Glühwürmchen!" (Liegle 2006: 93)

Es handelt sich um ein eindrückliches Beispiel für ein wechselseitig responsives Verhältnis zwischen einem Kind und einem Erwachsenen und dem gemeinsamen Bezug auf ein Drittes: „Wenn ein dreijähriges Kind einen ihm vertrauten Menschen an der Hand nimmt, können wir annehmen, dass dieses Kind seinerseits an die Hand genommen worden ist, dass es Verbundenheit erfahren hat. Wenn Sasha die Glühwürmchen nicht nur entdeckt und mit seinen Gedanken bedenkt, sondern sie auch seinem erwachsenen Freund zeigt, indem er diesen auf seine, Sashas, Augenhöhe herunterlockt, so können wir annehmen, dass Sasha jene ersten Formen der Inter-Subjektivität erworben hat, die aus der Gegenseitigkeitserfahrung einer sicheren Bindung hervorgehen" (Liegle 2006: 93).

Dies bedeutet eine gemeinsame Gerichtetheit von Kind und Erwachsenem auf die Erfahrungswelt und ist geprägt von einer gemeinsamen Beziehung zur Welt, zu deren Sachen, Aufgaben, Fragwürdigkeiten, Überraschungen und Geheimnissen. Diese menschliche Fähigkeit, die Aufmerksamkeit gemeinsam auf ein Drittes zu richten, dieses zu untersuchen, zu bespielen, zu befragen, das konstituiert nach Liegle (2006) einen „Modus der Verflechtung", der aufgehoben ist im unabschließbaren Prozess verantwortungsvoller Verständigung" (ebd.: 17) in einer offenen, anteilnehmenden, emotionalen warmen Beziehung, welche die dyadische Verfasstheit der Beziehungspartner in eine triadische überführt.

**Bildung in der frühen Kindheit**

In den letzten 20 Jahren sind viele Anstrengungen unternommen worden, zu klären, was Bildung in früher Kindheit bedeuten könnte und welche Schlussfolgerungen für die Gestaltung von Bildungsprozessen in Kindertagesstätten und Krippeneinrichtungen zu ziehen sind. Bildungspläne, Absichtserklärungen und enorme Reformanstrengungen in der Praxis sollten die jahrzehntelange Untätigkeit der Bildungspolitik im Bereich der Früherziehung kompensieren. Doch bald wurde deutlich, dass äußerst unterschiedliche Vorstellungen von Bildung, von Konzepten und Vorschlägen den (digitalisierten) Bildungsmarkt eroberten und behaupteten, eine an dem Kind orientierte Bildungspraxis zu etablieren. Darunter haben sich wie selbstverständlich auch digitale Medien eingerichtet.

Im wissenschaftlichen Diskurs indes setzte sich ein Bildungsbegriff durch, der im Kern Bildung als zentrale Aktivität bezeichnet, über die Kinder sich die Welt aneignen, indem sie eine innere Welt konstruieren. Dies kann nur in Eigentätigkeit geschehen. Das heißt: das Kind kann nicht von außen gebildet und belehrt werden. Kinder sind auf eine Beziehungsgestaltung angewiesen, die sich durch Dialog und Kommunikation sowie – auf Seiten des Pädagogen – durch eine reflektierende und fragende Haltung gegenüber den eigenen Lernprozessen wie auch den Lernprozessen des Kindes auszeichnet.[22] „Kinder müssen Lernsituationen im Handeln bewältigen und die Konsequenzen ihres Handelns überprüfen können. Das bekommen sie nicht, wenn sie mit Druck- und Wischbewegungen am Handy spielen" (Zimmer 2017: 37). Denn es geht nicht darum, Kinder schlau zu machen, sondern zu begreifen, dass Bildung Selbstbildung ist.

Selbstbildung ...

- geht davon aus, dass frühkindliche Bildung äußerst komplex ist. Bereits Säuglinge müssen aus der Vielfalt aufgenommener Reize die Aufmerksamkeitszonen herausfiltern, denen sie Bedeutung beimessen, und nach Möglichkeiten suchen, auftretende Probleme zu lösen und unterschiedlichste Kräfte (leibliche, soziale, emotionale, motorische usw.) unter Beweis stellen.
- versteht die Kinder als Erforscher ihrer sachlichen Umwelt und ihrer sozialen Mitwelt. Sie sind darauf angewiesen, aus ihren konkreten Erfahrungen sich ein Bild zu machen, wie die Welt um sie herum gemacht ist. Von den Erwachsenen wird erwartet, dass sie die Lebensbedingungen und Alltagszusammenhänge so gestalten, dass die Kinder die Kräfte, die sie haben, neugierig forschend einsetzen können.
- verbindet sich mit der Vorstellung, dass die Kinder aus ihren konkreten Erfahrungen heraus Strukturen entwickeln, mit denen sie ihre soziale, sachliche und geistige Welt erfassen. Diese Muster prägen sich in überlebensfähigen, individuellen Variationen unterschiedlich aus.
- ist bei kleinen Kindern bereits mit dem Erleben von Sinn und Bedeutung verbunden.
- ist zunächst ästhetische Bildung. Damit ist die Ordnung der sinnlichen Wahrnehmung durch biologische (z. B. Vorliebe für Gesichter), kulturelle (z. B. Darstellungsstile) und lebensgeschichtlich erworbene, vielfach bildhafte Ordnungen (z. B. ein Wohnhaus) gemeint.
- erzeugt innere Bilder, die die Beziehungen zu diesen Objekten und Ideen repräsentieren. Diese drücken die Kinder in „hundert Sprachen" (vgl. Reggio-Pädagogik) aus.

---

22 Im Rahmen dieses Beitrags kann der Bildungsbegriff nur thesen- und lückenhaft gekennzeichnet werden. Die Aussagen sind im Wesentlichen entnommen: Laewen/Andres 2002: 30–69 sowie Schäfer 2005: 62–74.

- vermittelt nicht Kompetenzen, sondern fördert Problemlösen und fordert permanent Kreativität, da für Kinder der größte Teil der Selbst- und Welterfahrungen wirklich neu ist, nicht vorgedacht oder vorgeordnet. Dies ist ein Vorgang, der ein Moment des Unverfügbaren, Unbeherrschbaren, Unvorhersehbaren und somit auch des Unlernbaren enthält" (Beljan 2019: 265).
- stützt sich auf die Selbstbildungspotenziale der Kinder. Es geht in der frühen Bildung darum, zu einer Struktur des Denkens und Handelns zu kommen, die die komplexen Erfahrungsprozesse berücksichtigt. Wichtig sind Felder der umfassenden Sinnesbildung, des Fantasierens, Spielens und Gestaltens für Ausprobieren, Umformen und neues Zusammensetzen. Es entstehen innere Bilder und Szenen von Erfahrungen.
- lässt das Kind Vorstellungen entwickeln, wie und was man in seinem Umfeld wahrnehmen, denken und aussprechen kann (vgl. Heimatgefühl). Seine Aufmerksamkeit richtet sich darauf, was innerhalb des sozialen Umfelds und unserer Kultur für richtig und wichtig gehalten wird, wofür es Wörter und Begriffe in der Sprache gibt, welche Erklärungen es für Phänomene gibt, worüber man sprechen oder nicht sprechen darf, wie man Menschen einschätzt usw.
- findet in einem sozialen Rahmen statt, in dem sich die Kinder bewegen, resonante Signale empfangen. Manches Wissen kann nur erworben werden, indem Kinder sich mit anderen Menschen auseinandersetzen und versuchen, Bedeutungen über die Welt mit ihnen zu teilen, auszutauschen und sich auf einen Verständigungsprozess einlassen (Ko-Konstruktion des Wissens).
- steht in der Spannung zwischen Gesellschaftsorientierung und Kindorientierung. Die Erwartungen, die die Gesellschaft und eine Kultur an das Kind richten, bilden den Horizont an Themen, vor dem die Verständigung mit und die Herausforderung von Kindern erfolgt. Kinder und Erwachsene bewegen und orientieren sich innerhalb dieses Rahmens.
- ist das Wissen und Können, mit dem wir tatsächlich denken und handeln, das wir tatsächlich gebrauchen, um Probleme zu lösen. Bildung erfordert eine besondere Qualität des Lernens: Es ist das Werkzeug für Lebensverstehen, Lebensorientierung und Lebensgestaltung.

Diese gewaltige Bildungsleistung des Kindes von Geburt an können die digitalen Neuerungen wohl kaum unterstützen; sie wirken eher paralysierend, wenn sie in der frühen Lebenszeit die kindlichen Kräfte an sich reißen, sie mit ihren Inhalten und Vermittlungsweisen erschöpfen und sie der kindlichen Selbstbildung und Identitätsentwicklung entziehen. Die meisten „Bildungs-Apps" versprechen die Kinder schlau zu machen. Aber: „Bildung im Sinne der Resonanztheorie kann sich nur dort vollziehen, wo das Selbst auf konkrete Weltansprüche, d. h. auf Andere und Anderes antwortet" (Beljan 2019: 265). Die Welt „ist" nicht einfach ein Gegenüber. Sie entsteht in der Schwingung der Resonanz; auf diese Weise wird eine gute, böse, freundliche oder feindliche Welt geschaffen.

### 3.3 Empathie – Entwicklungsaufgabe für Erwachsene und Kinder

Der jüdische Religionsphilosoph Martin Buber (1878–1965) hat das Phänomen der Ich-Du-Beziehung wesentlich in die Pädagogik eingebracht. Gemeint ist damit eine Beziehung der Gegenseitigkeit, in der der Mensch das Gegenüber gleichsam umfasst, sich selbst vom Anderen her wahrnimmt und erlebt. In diesem „Prinzip der Umfassung" sieht er die Grundlage für das Ernstnehmen des Anderen in seinem Sosein und zugleich für das Erfahren des Andersseins als Grenze.

**Verstehen von Kindlichkeit**

Die Bedeutung empathisch interpersonaler Wahrnehmung verlangt von den Erwachsenen ein Verständnis von Kindlichkeit, in dem Lernen mit kindlichen Beziehungen, inneren Bildern und Bedeutungen zu tun hat.

> „Wenn man in die Scheibenfenster der Gaslaterne blinzelte, konnte man lange Goldfäden aus ihrem Licht herauszwinkern – bis runter vor die Füße; wenn sich die Augenlider langsam hoben, zitterten die Lichtbänder, verkürzten sich und sprangen zurück; man konnte sie auf- und abtanzen lassen – ein Bild aus gebrochenen Strichen, eine schräg fliehende Brücke, die man nicht betreten, doch jeden Abend wieder herbeizaubern konnte" (Johansen 1978: 161).

Kinder erleben nicht nur „Erlebnisse", sondern vielmehr alles, was ihnen begegnet, ist Erlebnis. Kinder erfahren das „Du-Artige" der Dinge, ihren Aufforderungscharakter oder ihr „gebärdenhaftes Gegenüber" (Langeveld 1964: 146ff.). „Für Kinder sprechen Bäume, Pfützen [...], Laub, alte Blechbüchsen [...] einen ‚pathischen Dialekt': [...] Der Schlamm ‚lädt ein', geformt zu werden; der Ball ‚will' springen und verweist gleichzeitig auf Mitspieler; die Höhle ‚lockt', entdeckt zu werden; der dunkle Busch ‚warnt' davor, sich im zu nähern [...] Die Welt ist prall gefüllt mit Anrufen und Zeichen [...] Die ursprüngliche Begegnung des Kindes mit dem Gegenstand führt zu einer Erweiterung der auf bestimmte Funktionen eingegrenzten Beziehungsmöglichkeit in der offenen Sinngebung" (Doehlemann 1979: 121).

> „Ein Beispiel ist die Verwendung eines Teesiebes, wie sie mir im Laufe der Zeit bei meinen Kindern auffiel: als Monokel, als Schirmmütze für den Teddybär, als Schmetterlingsnetz zum Fliegenfangen, als Streuer zur Herstel-

lung von Sandregen, als Schläger und Auffangkorb für Plastikkügelchen, als Mikrophon, mit einer Schnur an ein auseinander genommenes Radio geknüpft" (ebd.).

Das dichte und intensive Erleben und Erfahren von Wirklichkeit ist zuerst und vor allem ein Empfinden. „Sie sind mit ihrer ganzen Existenz, mit Leib und Sinnen mittendrin in diesem Schauen" (Bergmann 2011: 44). Dieses verwunderte Schauen, das die Dinge nicht sogleich ordnet und teilt, sondern immer neu erleben lässt. „Die Umwelt verändert sich ständig. Da bleibt nichts, wie es ist. Wenn es regnet, das Laub nass und alles matschig ist, sind das zusätzliche neue Reize und neue sinnliche Impulse, mit denen sich Kinder auseinandersetzen" (Zimmer in Holzapfel 2017: 37).

> „Die Wahrnehmung durch die Nah- und Fernsinne, die als ‚Werkzeuge der Erfahrung' und ‚Fangarme der Erkenntnis' fungieren, lassen im Kind aus intensiver, betrachtender Begegnung (z. B. mit einer Schnecke) heraus ein inneres Bild gewinnen, das Teil seiner Vorstellungswelt wird, das seine Gefühle und Empfindungen formt, das ihm Werte für den Umgang mit ihm nahe legt. Das gewonnene Bild also berührt Tiefendimensionen des Menschen. Das gewonnene Bild vermag eine Form des Zeigens, die nur ihm eigen ist. Diese Bilder von der Welt [...] sind Entdeckungen, Eröffnungen, die eingebunden sind in Geschichten, in Handlungssequenzen, die sie mit hervorbringen" (Stenger 2007: 286f.).

Diese inneren Bilder von der Welt und von den Beziehungen zu ihr schwingen im kindlichen Lernen mit; sie fundieren ihre Selbstbildungsprozesse. Damit erübrigt sich auch die Frage, ob Kinder für ihr Lernen ein Tablet brauchen. Nein. Das würde ja im Prinzip heißen, die Menschen so früh wie möglich auf den Bildschirm zu dressieren, ohne jegliches Verständnis, was dabei passiert. Dies schließt auch ein, dass beim Übertragen der analogen, realen Welt in die digitale Welt auch Wertentscheidungen einfließen und dass da natürlich Interessen von Firmen dahinterstehen, diese „tendenzielle Uniformierung oder Mono-Modularisierung des Weltbezugs" zu befördern, um „brave" WissensarbeiterInnen heranzubilden:

> „Die Aufmerksamkeit, das Bewusstsein und die gerichteten Körperäußerungen sind auf einen winzigen Ausschnitt des physischen Raumes – das Display – konzentriert. So sehr man sich davor hüten sollte, diese Konsequenzen per se als pathologisch zu interpretieren, so schwer fällt es doch, an ihnen nicht die Gefahr potentieller Verarmung zu sehen: Selbst wenn der bildschirm-

vermittelnde Weltbezug in gar keiner Weise defizitär ist (und es gibt sehr viele gute Gründe ihn als Bereicherung der Möglichkeiten, mit der Welt in Beziehung zu treten, zu verstehen), scheint es doch schwer von der Hand zu weisen, dass Weltbeziehungen dort problematisch werden, wo sie sich auf einen einzigen Resonanzkanal reduzieren" (Rosa 2016: 158f.).

**Embodied Cognition**

Seit einigen Jahren entwickelt sich ein Forschungsbereich, der zeigt, dass unsere sämtlichen Erkenntnisprozesse ihre Wurzeln in elementaren körperlich-sinnlichen Resonanzprozessen im und auch außerhalb des Gehirns haben: die Embodied-Cognition-Forschung (vgl. Rittelmeyer 2014), deren Ergebnisse inzwischen von der neurowissenschaftlichen Forschung evidenzbasiert bestätigt werden. So wurden zum Beispiel in Arealen des Gehirns sog. Spiegelneuronen nachgewiesen, die die wechselseitige Wahrnehmung mit der Eigenbewegung, also mit unserer Körperlichkeit, verknüpfen. Dies bewirkt, dass wir ein fotografiertes Gesicht nicht nur als Foto wahrnehmen. Bei seinem Betrachten werden vielmehr dieselben Neuronen aktiviert, die diese Gesichtszüge hervorbringen. Das heißt: Wir nehmen zugleich die emotionalen Botschaften, die seelischen Zustände anderer wahr, wir erkennen Trauer, Freude, Glück und verfügen über eine sogenannte „Embodied Cognition".

Zugleich gehört zu den traurigen Forschungsbefunden, dass bei Kindern/Jugendlichen mit einer aggressiven Kontaktstörung nur wenige Spiegelneuronen (mehr) aktiv sind. Diese Einsichten steigern geradezu die Bedeutung personaler Begegnung und umfassender Bildung unseres Sinnesvermögens für die Persönlichkeitsbildung von frühestem Alter an. Die Gefahr, dass bereits in der Frühpädagogik Mängel im Aufwachsen der Kinder, sei es in der Familie oder in der KiTa, mit alternativen, digitalen, ehrgeizigen Angeboten kompensiert werden sollen, ist gegeben. „Sie versprechen eine moderne Erziehung, die dank Software und Datenanalyse besser an die Bedürfnisse und Fähigkeiten des einzelnen angepasst sei" (Rittelmeyer 2018: 89). Ein digitalisierter Montessori-Kindergarten[23] könnte mehr als eine Zukunftsvision sein:

> „Der digitalisierte Montessori-Kindergarten würde nur noch über vernetzte Whiteboards, keine Gruppenräume, sondern ein Großraumbüro verfügen. Wände und Decken sind mit Mikrophonen und Webcams gespickt, der Tagesverlauf heißt play-list und besteht aus einem Online-Fee. Als Logo des

---

23 Chr. Rittelmeyer schildert auf der Grundlage des periodisch erscheinenden Magazins der Bertelsmann-Stiftung *Change* Heft 1/2017 u. a. eine digitalisierte Montessori-Schule. Die „smarte" Rethorik der Digitalapologeten hat er dafür übernommen. Diese wird für den obigen Text von der Verfasserin dieses Buchbeitrags angewandt.

Kindergartens könnte sich Young Giants anbieten, was den Eindruck nahe legt, dass sich die Einrichtung als Start-up geriert und dass hier Programmierer auf Augenhöhe mit den ErzieherInnen an einer zukunftsweisenden Alternative zu den ‚traditionell modernen' Kindergartenkonzepten arbeiten" (vgl. Rittelmeyer 2018: 89f.).

Die künstliche Intelligenz (KI) ist bereits so weit entwickelt, dass sie die Aktivität dieser Spiegelneuronen „tracken" kann. Es kann zum Beispiel erfasst werden, dass ein Leser nicht nur ein Buch liest, sondern auch, dass er dabei Pausen macht, bei bestimmten Stellen länger verweilt, den Inhalt versteht. Noch mehr ist möglich: Es kann getrackt, d. h. aufgezeichnet werden, an welcher Stelle der Lektüre Spannung, Freude, Trauer, Mitleid usw. ausgelöst wird. Diese Kontrollaufzeichnung lässt sich zweifelsohne auf das Spielverhalten jüngerer Kinder übertragen.

## 3.4 Erziehen – Tätigkeit und aktive Teilhabe am Leben der Kinder

Von den Digitalisierungsbefürwortern wird für die frühe Kindheit erwartet, dass sich die Erwachsenen im Vertrauen auf die kindlichen Selbstregulierungs- und Selbstoptimierungskräfte aus der kräftezehrenden Erziehungsarbeit etwas zurückziehen können, zumal moderne Kinder über ein ausgeprägtes Aktivitäts- und Beziehungsprofil, Flexibilität und Offenheit im Umgang mit Veränderungen, Benutzererfahrung mit digitalen Medien verfügen würden. Es wird erwartet, dass sie die ihnen gebotenen Chancen digitaler Möglichkeiten nutzen und vom frühen Alter an darin geübt sind, sich vernünftig, frustrationsbereit und selbst zu organisieren. Nach Sabine Walper (2018)[24] stehen sich zwei spannungsreiche Erziehungsvorstellungen vertreten, die auch für ein digitalisiertes Kinderleben ungebrochen gelten:

- Erziehung gilt als „organisierte Selbstverteidigung der Erwachsenen gegenüber Kindern",
- Erziehung ist die „von Erwachsenen locker begleitete Selbstbestimmung der Kinder".

Beide Erziehungsvorstellungen öffnen keine Resonanzräume, sondern lediglich „Echoräume", die unvollständig und verzerrt das zurückschallen lassen, was in sie hineingerufen wird. Wie die Kinderszenen zu Beginn des Beitrags zeigen, ist offensichtlich vom Digitalisierungshype auch das Erziehungshandeln der Erwachsenen betroffen, sodass eine Rückbesinnung auf das Erzieherische Not tut. A. Flitner be-

---

24 Vgl. Walper, Sabine in einem Rundfunkinterview (Bayern 2) zum Verständnis postmoderner Erziehung am 21.08.2018.

schreibt im Rückgriff auf F. D. E. Schleiermacher (1768–1834)[25] Erziehen als „ein behutsames Begleiten und denkendes Mitwirken an dem, was im Zusammenleben der Menschen, also unabhängig von der Erziehung von selbst geschieht (bzw. geschehen sollte). Dieses von selbst Geschehende wird unter einer bestimmten Verantwortung und Selbstreflexion verstärkt, korrigiert und vor schädlichem Einfluss bewahrt" (Schleiermacher in Flitner 1982: 63). Dabei werden drei Wirkungsformen des operativen Erziehungshandelns beschrieben, die durch die Neuerungen der Digitalisierung nicht obsolet werden, sondern im Gegenteil an Brisanz gewinnen und konkreter Anstrengungen bedürfen.

### Behüten und Freigeben

Antworten auf die Frage, was denn ein Kind braucht, um sich gesund zu entwickeln, können mit einem breiten Konsens rechnen: Es braucht psychische Geborgenheit als Grundton seiner notwendig auch disharmonischen Erfahrungen. Es braucht die verlässliche, unbedingt und jederzeit wieder erfahrbare Gewissheit, dass es irgendwo zu Hause ist, dass mindestens ein Mensch für es einsteht und es bedingungslos akzeptiert. Bedingungslos heißt: unabhängig davon, ob es sich gerade wunschgemäß verhält oder nicht. Ist diese grundlegende Sicherheit durch einen Elternteil oder durch Pflegeeltern oder Großeltern gegeben, so überstehen Kinder auch erstaunliche Belastungen ohne allzu schwere Irritationen (vgl. Flitner 1982: 71f.).

Behütung schließt auch ein: Das Kind braucht Räume der Erkundung, der Betätigung und der Welterfahrung. Solche Räume müssen oft erst hergestellt, sorgsam bedacht und gesichert werden. Soziale Orte mit Möglichkeiten des Spielens, des Anbahnens von Freundschaften, des Kennenlernens anderer Lebensgewohnheiten usw. gehören zu einer Ökologie der kindlichen Erfahrungs- und Lebenswelt.

Digitalisierung weitet diese Räume in die virtuelle Dimension und gibt grenzenlosen Zugang frei – auch den Kindern. Wie für jeden anderen Raum auch tragen die Erwachsenen die Verantwortung, dass Kinder nicht zu Schaden kommen. Behüten erfordert stets eine Auswahl aus der Fülle gegebener Möglichkeiten aus berechtigter Sorge vor Konsumismus, vor geistiger Banalität, vor der öffentlichen Zerstörung der Scham, vor Friedlosigkeit. Die virtuelle Welt hat keine Hürden, jeder darf rein!

---

25 Friedrich Daniel Ernst Schleiermacher war Philosoph, Pädagoge, evangelischer Theologe, Professor an der Universität Halle. Andreas Flitner nimmt die Traditionslinie von dessen dialektischer Denkweise auf. In diesem Kapitel wird explizit auf den Klassiker „Konrad, sprach die Frau Mama ... Über Erziehung und Nicht-Erziehung" zurückgegriffen. Damit soll der Kompetenzrhetorik ein explizit pädagogischer Argumentationsansatz entgegengesetzt werden.

Wenn der Pädagoge Janusz Korczak (1878–1942) vor fast hundert Jahren dazu ermutigt: „Kinder müssen gewagt werden!", so stimmt Andreas Flitner dem mit einer eindrücklichen Mahnung zu: „Gewiss, Kinder müssen gewagt, müssen freigegeben werden; aber nicht fallengelassen, nicht preisgegeben an alle die, die heute nach ihnen greifen" (Flitner 1982: 75).

Die Digitalisierung greift nach allen, Erwachsenen wie Kindern, vermittelt das Gefühl, etwas zu verpassen, nicht „in" zu sein – auch wenn es kaum etwas zu verpassen gibt, was wirklich so dringlich wäre, wie es die Belohnungssysteme im Gehirn suggerieren. In einem digitalisierten Kinderleben hat die Behütung die Funktion des „Filterns und Navigierens" (vgl. z. B. Milzner 2017: 47): Die Erwachsenen müssen mit ihrer digitalen Kompetenz die Kinder vor unangemessener Nutzungsdauer, vor schädigenden Inhalten, vor einer Monopolisierung digitaler Weltzuwendung auf Kosten ihrer Selbstbildungsmöglichkeiten schützen.

**Gegenwirken**

„Ein Kind will beides, im Wechsel und manchmal zugleich: geborgen sein und selbständig sein" (Flitner 1982:. 77). Die Erwachsenen, die Eltern und insbesondere die Institutionen, wirken auf der Seite des Größerwerdens. Ihre Gegenwirkung richtet sich meist gegen die kindliche Spontaneität, wobei die getroffenen Maßnahmen durchaus erfinderisch und effektiv sind, auch wenn die Droh- und Strafgebärden der sog. Schwarzen Pädagogik überwunden scheinen. Gerade bei jungen Kindern spielt die lobende Anerkennung und Bestätigung ihrer Tätigkeiten, ihres Könnens und Verhaltens eine besondere Rolle, wenn die Kommunikation mit dem Kind aufrichtig und wahrhaftig geführt wird. Es muss reflektiert werden, ob sie mit materiellen Belohnungen verbunden sein muss, um den Charakter der Bezahlung zu vermeiden. Wird getadelt, so sollte dies nur aus einem persönlichen Verhältnis zwischen Erwachsenem und Kind heraus geschehen, nicht pauschal erfolgen. Pädagogisch sinnvoll ist Tadel nur, wenn er die Möglichkeit enthält, das Getadelte zu korrigieren, wenn er ermutigt und den Weg der Besserung weist, d. h. wenn die Gegenwirkung in die Hilfe zur Besserung eingebettet wird.

Die digital-interaktiven Medien (insbesondere bei Lern-Apps) arbeiten mit Disziplinierung ohne „Trost" als Resonanzsignal. Der ihnen zugrunde liegende Algorithmus hat die Lösungswege festgelegt, erlaubt keine individuellen Abweichungen und hält bei richtigen Antworten eine „sichtbare" Belohnung (z. B. Punktzahl, Klingelton, optisches Signal) bereit. Die Gegenleistung des Benutzerkindes ist das genaue Befolgen einer Spielregel, einer Arbeitsanweisung sowie das Akzeptieren bisweilen frustrierender Fehlermeldungen.

## Unterstützen – Verstehen – Ermutigen

„Unterstützen heißt: etwas fördern, was ohnehin geschieht, und ist Ausdruck des Bestrebens, Kindern so viel positive Erfahrungen wie möglich zukommen zu lassen. [...] Erziehung hingegen tritt nun auf mit dem Anspruch, dass dieses ohnehin Geschehende nicht ausreicht" (Flitner 1982: 91). Erziehung versucht, „Bewusstsein und Vernunft in Verhältnisse einzubringen, die sonst dem Zufall überlassen bleiben" (ebd.). Will sie gelingen, muss sie ein Kind in ihrer Art, ihrer Individualität und ihren Lebensgewohnheiten verstehen: Es lernt ununterbrochen, und zwar mit Hand, Kopf und Herz, d. h. mit seinem ganzen Körper- und Sinnensystem. Sich selbst in seiner Urheberschaft erleben: Ich kann etwas gestalten, ich werde verstanden. Sein Explorationsdrang verschafft ihm Zugang zu Erfahrungsräumen, auch zu den digitalen, die mit erstaunlicher Unaufgeregtheit, Neugier und Forscherdrang betreten und genutzt werden – zum Erstaunen der älteren Generation. „Die Unerschöpflichkeit der Kinder und die Erschöpfbarkeit der Erwachsenen!" (Flitner 1982: 100). Beide Momente bedingen ein Spannungsverhältnis, das oft intensiver Aushandlungsprozesse bedarf, in denen es um das Freilassen der Kinder geht, um Respekt vor ihrem „Eigen-Sinn", um ihre je eigenen Bezüge auf andere Menschen und die sie umgebende Welt. Kinder ermutigen bedeutet in diesem Zusammenhang ein Abmessen der kindlichen Kräfte und das Herstellen von Bedingungen, die dem Kind ein Verhalten ermöglichen, in denen die Komplexität der sozialen und kulturellen Welt vereinfacht und verständlich wird und die Kinder Selbstständigkeit entwickeln dürfen.

In den letzten Jahren rückte das Verhältnis von Bildung und Erziehung in den Fokus der Aufmerksamkeit;[26] dabei wurde der vielfach beklagte Bildungsnotstand als Erziehungsnotstand „enttarnt":

> „Das Problem liegt darin, dass heute Bildung versprochen wird, aber die Voraussetzungen für diese nicht hinreichend bedacht werden. Wir Menschen müssen dafür erzogen werden, denn die Bildungsarbeit setzt, will sie gelingen, menschliche Stabilität, Empfänglichkeit für Bildungsimpulse, emotionale Sicherheit, Aufmerksamkeit und Durchhaltevermögen voraus. Erziehung geht systematisch und genetisch der Bildung voraus; sie wird in den Bildungsprozessen auch immer wieder aufs Neue geleistet, weshalb sie mit Bildung leicht verwechselt wird" (Winkler 2006: 196).

---

26 Als einer der ersten kritisierte bereits 2006 Michael Winkler: Bildung mag zwar die Antwort sein – das Problem aber ist die Erziehung. In: Zeitschrift für Sozialpädagogik, 4. Jg., Heft 2, S. 182–201. Dann erfolgten weitere inhaltliche Differenzierungen: beispielsweise Dietrich Benner: Erziehung *und* Bildung. In: Zeitschrift für Pädagogik, 61. Jg., Heft 4, S. 481–496, sowie Andreas Dörpinghaus: Theorie der Bildung. Versuch einer unzureichenden Grundlegung. (a.a.O., S. 464–480).

Die weltweit stattfindenden gesellschaftlichen Umbrüche erfordern Erziehungsprozesse, die der nachwachsenden Generation eine Orientierung an den humanen Werten und Normen ermöglichen und die sie zugleich von den pädagogischen Einwirkungen unabhängig werden lassen. In der Dynamik der Entwicklungen, die derzeit von der Digitalisierung dominiert wird, müssen die sozialisatorisch erworbenen Gewohnheiten und Verhaltensweisen hinterfragt und im Hinblick auf mögliche Wirkungen und Nebenwirkung problematisiert werden. Erziehung bietet und verfolgt deshalb Aufgabenstellungen bzw. Herausforderungen, die die Erfahrung der Kinder und den Umgang mit ihnen vom frühesten Alter an erweitern und ergänzen. Deshalb ist es der Erziehung aufgegeben, eine aus dem unmittelbaren Zusammenleben der Generationen herausgehobene Praxis zu gestalten.

## Teil 4: „Resonanzräume" im Alltag der frühpädagogischen Institutionen – eine pädagogische Spurensuche

Wer frühpädagogische Institutionen – etwas nostalgisch-schwärmerisch – als modernen Ersatz für Großfamilien und intaktes Dorfleben hält, in denen die Kinder feste Strukturen, Sicherheit und Gemeinschaftsgefühl erfahren, der verkennt allzu leicht die Tatsache, dass Kindertagesstätten heute als gesellschaftliche Räume gelten, die maßgeblich die Zukunftsfähigkeit unserer Gesellschaft mittragen. Die dort zu leistende Erziehung und Bildung

> „fordert uns dazu heraus, über uns selbst, über unsere Vergangenheit wie auch über die Zukunft nachzudenken, vor allem aber über die Gegenwart. Wer erzieht, muss versuchen, die aktuelle Welt zu verstehen, für sich bewerten, Realitäten und Möglichkeiten, Gefahren und Hoffnungen in ihr erkennen, um dann abzuwägen, was sie für die Kinder und Jugendlichen bedeuten. […] Wichtig ist, dass pädagogische Fachkräfte eine Art Filter gegenüber der Gewaltsamkeit einer Gesellschaft errichten, dann die Gegebenheiten und die Möglichkeiten einer Gesellschaft präsentieren, endlich sich selbst mit den Kindern gegenüber dieser verhalten" (Winkler 2018: 6).

Selbstverständlich kommt dabei der Begegnungsqualität von Kindern und Erwachsenen, der Beziehungsgestaltung und der pädagogischen Grundgestimmtheit eine Schlüsselfunktion zu. Sie stiftet die Verbindung, die für das Kind stimmig ist, gegen die es sich nicht verschließen muss, die Nähe ermöglicht und Distanz respektiert. Es geht dabei um das Ganze der gefühlsmäßigen Bedingungen und menschlichen

Haltungen, das Jean Paul[27] als „Befreundungsklima" bezeichnet. Im Folgenden werden beispielhaft „operative Praxen" (Honig 2003) angeführt, die ein „Resonanz-Potenzial" entwickeln könnten.

### 4.1 Erzählen von Geschichten

Erzählungen, Märchen und Mythen sind schon immer in der Welt. In ihnen werden die Erfahrungen der Menschen in Sprache gefasst, gestaltet und weitergegeben. Das Erzählen von Geschichten beginnt für viele Kinder im frühesten Lebensalter, im intimen Raum der Mutter-Vater-Kind-Beziehung. Von einem Erzählinhalt wird erwartet, dass er sowohl für den Erzähler als auch für die ZuhörerInnen „erzählwürdig" bzw. bedeutsam ist. Ob etwas erzählwürdig ist, bestimmt ganz wesentlich der Kontext bzw. der referenzielle Rahmen. Für Kindergartenkinder kann dieser recht unterschiedliche Bezüge haben. Das Erzählen kann sich zum Beispiel auf alltägliche Ereignisse innerhalb oder außerhalb des Kindergartens beziehen, zum Beispiel auf regelmäßige Abläufe, Vorlieben oder Fragwürdiges, oft durch Bilderbücher gestützt oder veranlasst. Dabei verarbeiten die Kinder das Gehörte zu „Scripts", die sie wiederholt und unverändert erzählt wünschen. Zu einem anderen „erzählwürdigen" Geschichtentyp zählen gemeinsame Erlebnisse, die im Erzählen wieder zu lebhaften Vorstellungsbildern werden. Ein anderer „erzählwürdiger" Geschichtentyp ist der, in dem Kinder Erwachsene auffordern, zu erzählen, wie sie Kind waren, wie sie in vergleichbaren Situationen agierten, was bereits an lebensgeschichtliches Erzählen heranreicht: „Warst du auch einmal ganz frech? Was hat da deine Mama gesagt? – Hast du auch einmal heimlich das Tablet angemacht? Hat das deine Mama gemerkt?" Die Kinder wollen wohl über solche Fragen an die befragte Person heranrücken, über Nachfragen versuchen, an den „Entwicklungsprozess" heranzureichen, um zu erfahren, was sie als Kind erlebte, wie die Erwachsenen sich verhielten, was ihnen schwer fiel, wer ihnen geholfen hat. Dies mag ein Hinweis darauf sein, wie wichtig das Erzählen für Kinder ist. Die Erzieherinnenerzählung enthält eine Möglichkeit, die Kinder

> „allein mit Hilfe von Worten in eine andere Wirklichkeit zu entführen und zeitlich und örtlich ferne Begebenheiten so gegenwärtig zu machen, dass sie geradezu sinnlich erfahrbar werden – und zwar in einer Art und Weise, dass die Vorstellungen von den Zuhörenden neu hervorgebracht werden in der immer auch individuellen Rekonstruktion. Indem die Erzieherin [...] nicht nur die Kinder zum Erzählen anregt, sondern auch selbst erzählt, kann sie

---

27 Jean Paul (1763–1825), deutscher Dichter, Pädagoge und Publizist.

eine Atmosphäre des Vertrauens schaffen und das Zu-Eigen-Machen der Geschichte mit einer eigenen Interpretation anregen (Dehn 2000: 11).

Obwohl dank digitaler Technik den Kindern heute Geschichten in erstaunlich technischer und künstlerischer Qualität zugängig sind, bleiben dennoch die besonderen Momente der Life-Erzählung unangefochten: Das Erzählen schafft eine besondere Verständigungsebene durch die Sprache des Körpers, Gestik, Mimik, das Spiel der Hände, Artikulation, Stimmmodulation, Zeigen von Emotionen) sowie durch das feinfühlige Einschwingen auf die Adressatengruppe über intensiven Augenkontakt, variierendes Sprechtempo, Einlegen von Sprechpausen, kreative Partizipation der Kinder). Der Erzählende ist dem Kind nahe, seine vertraute Sprache entführt es in Sphären der Fantasie und Imagination, ermöglicht ihm Begegnungen mit Figuren und Geschehnissen, versetzt es in Spannung und löst diese wieder auf. Diese Dynamik lässt Kinder nicht nur eine persönliche Beziehung zur erzählenden Person gewinnen. Vielmehr stiftet das Erzählen ein Gemeinschaftserlebnis, in dem die Kinder gemeinsam eine vertraute Situation erleben. „Es entsteht eine kollektive Faszination, die durch eine Art weltvergessener Anteilnahme, durch Parteinahme, durch emotionale Erwiderung bestimmt ist" (Wardetzky in Dehn/Merklinger 2015: 52).

Die meisten Geschichten – so auch das folgende Beispiel – verfügen über ein narratives Schema, einen Anfang, eine Mitte, ein Ende und können als Ausdruck einer „existenziellen Problemlösungsaktivität" verstanden werden. Auch in der Erzählung „Wut ist ein Geschenk" geht es um einen Inhalt, der bei den Kindern Interesse weckte, Erwartungen befriedigte oder vielleicht enttäuschte, die für die Erzählerin wie für die Kinder von persönlichem Belang waren: Die Erzieherin ging dabei von dem persönlichen Erleben eines Buchgeschenks mit einem sie irritierenden und zugleich Neugier erweckenden Titel aus und beschließt, die Kinder in ihr Bucherlebnis mit hineinzunehmen.

### Erzählung: „Chiara und die Wut"[28]

*Die Erzieherin stimmt die Kindergruppe auf die Geschichte ein*

„War jemand von euch schon einmal wütend? Wie war denn das?" – Die Kinder übertreffen sich an Wutgeschichten, erzählen von den Anlässen, einige „spielen"

---

[28] Es handelt sich um ein Gedächtnisprotokoll; dabei können auch die Kinderäußerungen sowie der Erzähltext der Erzieherin nicht im Originalton wiedergegeben werden. Diesen Anspruch können nur explizite Forschungsprojekte erfüllen (z. B. Andresen, Sabine (2015): Phantasiegeschichten von Vorschulkindern zwischen literalen, medialen und persönlichen Erfahrungen. In: Dehn/Merklinger 2015: 37–46).

ihre Wutausbrüche vor, andere kommentieren: „Wenn ich eine Wut habe, dann bin ich sauer. // Da stampfe ich mit den Füßen auf den Boden. // Dann schlage ich um mich! // Dann sause ich aus dem Zimmer und schlage die Türe zu! // Dann sage ich sogar schlimme Wörter! [...]" Die Erzieherin kündigt ihre Geschichte an: „Nicht nur Kinder sind manchmal wütend, auch die Erwachsenen sind es. Oft weiß man selbst gar nicht so recht, warum man wütend ist. Auch mir ist das schon passiert: Wenn ich wütend bin, dann fange ich zu schimpfen an und weiß oft gar nicht so recht, warum. Eine Wut haben, ist für niemanden so richtig schön."

*Der Erzählkern (Plot)*[29]

- *Vorstellen der zentralen Figur:* Chiara, ein fünfjähriges Mädchen, mit großer Neigung zum Wütendwerden.
- Chiara ist in ihrer Familie und bei ihren Freundinnen und Freunden für ihre Wutausbrüche bekannt. Alle können es erkennen, wenn sie wütend wird. Ihr Aussehen und ihre Sprache verändern sich. Sie ballt ihre Fäuste und wird handgreiflich. Jeder bekommt ihre Wut zu spüren, auch diejenigen, die ihr gar nichts getan haben. Für Chiara gibt es viele Anlässe, einfach wütend zu werden: beim Sandburgen-Bauen, beim Klettern, beim Mittagessen. Niemand kann ihr Einhalt gebieten.
- Doch Chiara muss geholfen werden. Es gibt viele Ratschläge, aber keiner ist erfolgreich. Die Situation in der Familie und im Freundeskreis eskaliert. Da hat der Großvater die rettende Idee: Er schenkt Chiara eine Trommel; damit kann sie ihre Wut „klein- und wegtrommeln" und ihre Familie und Freunde zurückgewinnen.

**Geschichten, nicht die Medien, befriedigen den „Hunger nach der Person" des Erzählers**

Es ist immer wieder beeindruckend, wie ErzählerInnen über Worte und Körpersprache, mit ihrer eigenen Ergriffenheit auch die Zuhörenden ergreifen und wie sie Fantasie, Imagination, Empfindungen und Einsichten stimulieren können.

> „Wir sprechen nicht umsonst von ‚fesseln', wenn wir einen gelungenen Erzählakt beschreiben wollen [...] Der Akt der Performanz, in der die Beziehung zwischen Zuhörenden und Erzähler/innen hergestellt wird, bestätigt die Faszination des unmittelbaren Kontaktes, der durch das Erzählen konstituiert wird. [...] Der Genuss am Kontakt mit den Erzähler/innen wird erhöht

---

29 Die Erzählung ist an das Kinderbuch von Nöstlinger, Christine/Nöstlinger, Christiane (2007) angelehnt: Anna und die Wut. Düsseldorf: Sauerländer-Verlag.

durch das bewusste Erleben der Kostbarkeit des Augenblicks, in dem erzählt wird. Erzählen ist ein ephemeres Geschehen, unwiederholbar, flüchtig. Das gibt der Erzählsituation ihren besonderen Reiz […] Von Dauer ist nur, was sich durch Repräsentation des Erlebten (der konkreten Erzählsituation und der Geschichte) im Gedächtnis verankert" (Wardetzky in Dehn/Merklinger 2015: 51).

Geschichten machen nicht stumm; sie veranlassen die Kinder zu Rückfragen, lösen in ihnen Zweifel und Einsprüche aus, bedürfen expressiver Verarbeitungsweisen. Nach dem Ende des Erzählens unterhalten sie sich angeregt, verbinden das Gehörte mit persönlichem Erleben. Die Erzieherin stellt zudem das Bilderbuch „Anna und die Wut" vor, dem sie den Erzählkern entnommen hatte. Interessiert schmökern die Kinder in der Folgezeit im Kinderbuch, entdecken Wutszenen und Handlungsweisen. Der Erzählung, wie dem Kinderbuch eignet das Potenzial, das eigene Verhalten so beherzt wie die Protagonistin und von der eigenen Familie so verständnisvoll begleitet, zu „modellieren".

**Geschichten, eine moralische Ordnungsmacht**

Auch dieses Beispiel beruht auf etwas Allgemeinem: Es drückt etwas Existenzielles aus, etwas zutiefst Menschliches. Wut darf nicht nur zu Geschrei oder zu Prügelei führen. Denn: Wer seine Wut einfach herauslässt, zetert, tobt und andere angreift, ist im Unrecht. Und die soziale „Resonanz"? Es gibt Menschen, die einfach zurückschlagen, andere wenden sich vom „Aggressor" ab und manche überlegen, wie sie dem Wütenden helfen können, um dann entsprechend zu handeln, beharrlich, gelassen, zielstrebig. Freundlichkeit kann die Welt verändern, an jedem Tag, in jeder Minute. Gemeint ist nicht: unterwürfiges Lächeln, eine Auseinandersetzung scheuen. In Jahrtausenden Menschheitsgeschichte sind es immer diese Leute gewesen, die andere ins Unglück stürzen, nicht diejenigen, die auf die Kraft des Wohlwollens und des Respekts vertrauten und die stark genug waren, ihre unbezähmbare Wut in zielstrebige Arbeit für die eigenen Ziele und in beharrliche Liebenswürdigkeit zu verwandeln (vgl. Hacke 2018: 50). Zugleich ist diese Wutgeschichte ein eindrückliches Beispiel dafür, dass durchaus Hoffnung bestehen kann, dass die Menschen von früh auf lernen können, ihre Aufmerksamkeit als die innere Form der Fokussierung auf sich zu lenken. Sie kann auch die Einsicht gewinnen helfen,

„dass Gefühle, Emotionen und Affekte, die gemeinhin das Sozialverhalten von Menschen regulieren, rational erhellt, bewusst und der Beurteilung zugänglich gemacht werden können, wie die Einsicht, dass alles rational Erkannte und Aufgeklärte der emotionalen Zustimmung bedarf, wenn es als

Gesinnung, Einstellung, Haltung im Verhalten des Menschen als dauerhafte Disposition verankert werden soll. […] denn auch Gefühle, Emotionen und Affekte sind ‚lernfähig, sie vermögen unseren Einsichten nachzuwachsen, aber dies geschieht nur dann, wenn sie dazu angehalten und ‚erzogen' werden" (Roth 1976: 599).

## 4.2 Dinge als Resonanzkörper

Von der Digitalisierung sind Menschen wie Dinge betroffen. In ziemlich naher Zukunft werden die Dinge unseres Alltags miteinander kommunizieren, uns das Denken abnehmen und unseren Alltag erleichtern. Unser Haus regelt dann selbstständig Wärme und Strom, das Auto erkennt seinen Fahrer oder es lenkt die Kinder autonom zum Kindergarten.[30] Aber wie werden sich in einem digitalisierten Kinderleben die Dinge und damit auch die objektiven Empfindungen mit ihnen verändern? Welche bildende Wirkung wird dieses Neben- und Ineinander von analogen und digitalen Erfahrungsmomenten entfalten? Als was für „Rätselgestalten" (Meyer-Drawe) werden die Kinder die Dinge für sich entdecken und lösen?

Von Geburt an sind Kinder nicht nur von Menschen, sondern von einer Welt der Dinge umstellt. Erst im Laufe ihres Entwicklungs- und Bildungsprozesses kristallisieren sich in aktiver Begegnung mit ihnen die Gegenstände heraus und es entsteht die Kategorie „Ding". Ein Kind muss „entschleunigt" vorgehen; es muss alle seine Sinne einsetzen, um ein Ding zu erkunden, zu erfahren, es sich anzueignen, sich mit ihm zu verweben und sich gegenüber ihm zu verhalten. „Immer eingelassen in die Erfahrungen mit den Anderen, mit den Erwachsenen, die im Gebrauch der Gegenstände schon fortgeschritten sind. Sie geben, sie nehmen weg, sie zeigen und kommentieren. Allmählich existieren für das Kind die Dinge auch außerhalb seiner Reichweite" (Elschenbroich 2010: 13). Gerade weil die Kindergärten ihre Räume als Dinge-Räume inszenieren, die meisten Dinge mit Funktionen oder einem didaktischen Plan versehen (z. B. Puzzles zur optischen Wahrnehmungsdifferenzierung, die Montessori-Geruchsdöschen zur Geruchswahrnehmungsdifferenzierung), ist für Kinder auch die Freiheit wichtig, „sich auf die Appelle der Dinge einzulassen" (Meyer-Drawe 1999: 331). Deshalb soll im Folgenden mit dem „Das Dinge-Projekt" (Elschenbroich 2010) eine besondere Herangehensweise in der gebotenen Kürze vorgestellt werden.

---

30 Wie sich unser Leben gravierend verändern wird, zeigt die Thematik „Internet der Dinge". In der Netzdebatte geht es darum, dass nicht mehr nur Menschen das Internet nutzen und dort Daten hinzufügen und abrufen, sondern auch Geräte, Schalter und Sensoren mit dem Web verbunden werden und es teils vollautomatisch nutzen, ganz ohne menschlichen Eingriff.

**Beispiel: „Das Dinge-Projekt"**

Das Dinge-Projekte geht darin Fragen wie diesen nach: „Wie arbeiten sich die Kinder in die Welt der Dinge hinein? Wie schließen sie sich das Wissen auf, das den Dingen eingeschrieben ist? Wie helfen wir Erwachsenen ihnen dabei [...] und wie könnten wir ihnen noch besser helfen?" (ebd.: 14). Leitend ist die Überzeugung, dass die Erwachsenen „ihre" Dinge auf konventionelle Bedeutungen und Funktionen hin eingeschränkt und Sachzwängen unterworfen haben und dass diese Pragmatik das „Mehr in den Dingen" überlagert. Nur wer die Dinge von „innen" versteht, kann sie auch wertschätzen (vgl. ebd.: 110). Das Vorhaben umfasst mehrere Teilbereiche:

*Workshops mit Erwachsenen* gelten als eine wesentliche Bedingung, dass sich Erwachsene mit den Kindern auf die Welt der Dinge einlassen und beginnen, sich in die eigene Kindheit der Dingerfahrung zurückzutasten. Mehr als tausend Erwachsene verschiedener Generationen und Berufe haben ihre Erinnerungen an die frühen Begegnungen mit den Dingen wachgerufen. „Die Teilnehmer waren gebeten worden, einen Gegenstand mitzubringen, der in ihnen starke Gefühle und offene Fragen auslöst. Über welche Kräfte in Werkzeugen und Instrumenten hat man sich als Kind gewundert? Welche Dinge wollte man nicht hergeben, welche waren eklig, welche verheißungsvoll? Welche sehen wir heute mit anderen Augen als damals? Welchen Gegenstand würden wir heute gern genauer mit einem Kind untersuchen?" (ebd.: 16). Auffallend war, dass es den Erwachsenen leicht fiel, sich mit ihrem Gegenstand (z. B. dem Stopfei) in die Zeit zurückzuversetzen, als die Grenzen zwischen Ich-Welt und Dingwelt noch fließend waren. Doch nur wenige Erwachsene hatten einen Gegenstand mitgebracht, „an den sie offene Fragen hatten, über dessen Innenwelt, über dessen Funktionieren sie gern Genaueres gewusst hätten" (ebd.: 17). Offensichtlich war ihnen das ursprüngliche Bedürfnis, „hinter die Dinge schauen zu wollen", längst abhanden gekommen.

Die TeilnehmerInnen stellten sich in Zweier- oder Dreiergruppen ihr „Ding" gegenseitig vor. Dabei war die Vorbereitung der Präsentation, die oft einer Inszenierung gleichkam, deutlich spürbar. Die vorgestellten Dinge erfuhren dabei eine biografische Einordnung; die Rückfragen der anderen halfen, die Dinge vieldimensional wahrzunehmen. Die Dokumentation der Gespräche wird von D. Elschenbroich zu eindrucksvollen „Ding-Bildern" verdichtet. Diese (zum Beispiel ein Stopfei) führen gleichsam in den Alltag der Generationen, schließen an frühere Generationen an, zeigen die Funktion der Dinge, formulieren ihren Anspruch an den Benutzer, die Einschätzung des Wertes, die soziale Verstrickung, die funktionale Nähe zu anderen Dingen, die historische Gebundenheit. Dinge haben den Charakter von „Feldkräften" (Lewin in Meyer-Drawe 1999: 333). Wie von selbst öffnet die Dingbetrachtung Wege in andere Kulturen. Den Erwachsenen sollte bewusst werden: „Das Kind setzt sich mit den Dingen nicht nur in ihrer Materialität auseinander, sondern mit den vielen Botschaften der materiellen Kultur" (Elschenbroich 2010: 90).

Dinge als „Resonanzkörper" verstehen, ihren Aufforderungs- bzw. Herausforderungscharakter zu spüren und sich darauf einzulassen – welche Impulse könnten davon für Kindergärten (und Schulen) ausgehen?
Die *Wunderkammern des Alltags* bzw. die *Weltwissen-Vitrinen* sind eine didaktische Konsequenz. D. Elschenbroich konzipiert sie gleichsam als eine öffentliche „*Bibliothek der Dinge*" mit dem Ziel, die Kommunikation über Dinge daheim weiter zu beleben, um die Familie als Bildungsbegleiter zu aktivieren. „Pädagogen und Eltern stellen Alltagsgegenstände zusammen […] wie Rührgerät, Obstentkerner, […], Waschbrett, Schuhlöffel, Häkelnadel […] Selten gewordenes Spielzeug wie Kreisel und Springseil. Historische Gebrauchsgegenstände, Federkiel, Schiefertafel. Fundstücke als aller Welt – ein Rehgeweih, Muscheln, Fossilien […] (ebd.: 130). Erinnernd an die historische Dingsammlung von August Hermann Francke (1663–1727) und dessen pädagogisches Wirken in Halle, sollen über *Die Wunderkammern des Alltags* vor den Kindern Dinge als Kostbarkeiten ausgebreitet werden. „Uns muss es heute gelingen, eine Wäscheklammer in einer Vitrine durch unseren Blick und unsere Fragen so zu verfremden, dass sie geheimnisvoll wird und uns fasziniert. Dass wir unter der Oberfläche des vertrauten Gegenstandes einen Augenblick lang die Kräfte des Universums spüren" (ebd.: 141).

D. Elschenbroich will mit ihrem „interaktiven" Bildungsprojekt die Kinder mit ihrer Familie gewinnen, nicht im Sinne eines Museumsbesuchs. Mit dem Motto „Aus der Weltwissen-Vitrine an den Familientisch" ergeht die Einladung, das „Gedanken erweckende Beobachten" (vgl. Wagenschein in Elschenbroich 2010: 142) in die Familien und Bildungseinrichtungen hineinzubringen, das Mehr der Dinge zu ergründen, indem man die „Dinge ausreden lässt" (ebd.). Dabei gehen die Dinge aus Weltwissen-Vitrinen, oft verpackt in Kisten, auch auf Wanderschaft in Kindergärten, die selbst über keine Sammlung verfügen. Selbstverständlich sind vielerorts heute „Kontinentenkisten" dabei, wo sich beispielsweise dann eine deutsche oder türkische Familie im Stäbchenessen übt, zusammen etwas Neues ausprobiert, über Fehler lacht, gemeinsam das miteingepackte Mikado-Spiel spielt. Die Eltern erhalten oft bei der Ausleihe eines Gegenstands eine „Elternhaus-Aufgabe" Hinweise und Ermutigungen für ihre Explorationen. In der Projektdokumentation wurden die häuslichen Expeditionen in die Welt der Dinge in drei Filmen (vgl. Elschenbroich/Schweitzer 2009) festgehalten.

Ein erster bescheidener, aber erfolgversprechender Schritt in Richtung *Wunderkammer* wäre eine sich sukzessiv erweiternde Sammlung von Alltagsgegenständen. Dabei wird jeweils ein Gegenstand über einen definierten Zeitraum dem forschenden Umgang zur Verfügung gestellt, z. B. Nussknacker, Schäler, Wäscheklammern, Trichter, Waage und Gewichte, Nadeln und Faden. Manche Gegenstände sind wahrscheinlich den Kindern sowohl im Begriff wie in ihrem Potenzial unbekannt. Deshalb bedürfen sie der Einbettung in einen „resonanten Rahmen": Ein Nussknacker braucht verschiedene Nüsse. // Weitere „Nussknackerfiguren" kommen dazu. // Warum können sie die Nüsse knacken? // Welche Nüsse lassen sich leicht oder gar ohne Nussknacker öffnen? // Mit welchem kann ich gut umgehen? // Viele geknackte Nüsse bereichern das Kindergartenfrühstück. // Wie knacken die Eichhörnchen oder die Krähen Nüsse? // Was träumt ein Nussknacker? Was wünscht er sich? Wie bewegt er sich? // Ich bin ein Nussknacker und erzähle aus meinem Leben! // usw.

Immer wieder ist zu beobachten, dass Kinder die zivilisatorische „Ordnung der Dinge" übergehen und die Konvention auf ihre Weise außer Kraft setzen: So werden zum Beispiel die Nussknacker nach getaner Arbeit in ein mosaikartig gestaltetes Feld von Nüssen gelegt. // Einer Nussknackerfigur werden die weißen Zähne geschwärzt. // Im Garten werden die Nussschalen aufgesammelt, die die Eichhörnchen übrig ließen, ohne dass sie einen Nussknacker gebraucht hätten. // Es wird die Umgebung des Kindergartens nach Nussbäumen und Sträuchern abgesucht. // usw.

Die Sicht der Dinge entscheidet wesentlich über die Materialität der Frühpädagogik. S. Neumann sieht die Gefahr, dass sie in einer „förderdominanten" Sichtweise die Dinge „nur im Horizont *ihrer Aufgabe*, und das meint: ihrer pädagogischen Zielsetzungen reflektieren kann [...] Die Materialität der Erziehung wird dabei phänomenal auf die Materialität ‚gelingender Erziehung' reduziert" (Neumann 2012: 171). Diese gegenwärtige Tendenz zur Dominanz des Dinglich-Materiellen, das mit einem hohen didaktischen Anspruch an den eigenaktiven, hochtourigen Lerner einhergeht, verstärkt die Entfremdungstendenz zwischen Kind und Welt. Das Ding tritt nun didaktisiert und medial vermittelt dem Kind entgegen, was zugleich ein Machtgefälle zwischen Erzieherin und Kind entstehen lässt. Als Differenzkriterien der aktiven Auseinandersetzung mit der Dinge-Welt gelten nun nicht mehr „interessant", „wissbegierig", „kreativ", „erfinderisch", sondern „richtig", „falsch", „langsam", „schnell". So wird allzu bereitwillig ein „natürlicher Entfremdungsgraben" (J. Beljan) zwischen Institution/Erzieherin und Kind aufgerissen, anstatt diesen immer wieder aufs Neue zu überwinden und über Resonanz- und Beziehungsangebote Brücken zu bauen.

## 4.3 Der Kindergarten – ein demokratisch orientierter „Resonanzraum"

Eine demokratisch-freiheitliche Gesellschaft kann ihre grundlegende Orientierung nur auf dem Wege der Erziehung und Bildung weitergeben. Bereits die ersten pädagogischen Institutionen gelten als bedeutsame Orte des Demokratielernens und -lebens. Von ihnen wird erwartet, dass sie eine Gleichsinnigkeit herstellen zwischen den Grundprinzipien der Demokratie, auf denen sie beruht, und der pädagogischen Orientierung, die ihre Arbeit bestimmt. Deshalb haben die pädagogischen Institutionen vom Gesetzgeber den Auftrag, sich als pädagogischer Raum zu verstehen und zu gestalten, in dem sich die Kinder einleben können in das, was Menschenwürde als zentraler Wert für das Miteinander von Kindern und Erwachsenen bedeuten kann. So darf sich ihre demokratische Verfasstheit nicht nur als eine formal-institutionelle, juristische Praxis (z. B. Partizipation von Kindern bei der Abstimmung über vorgeschlagene Ausflugsziele) verstehen, sondern als ein Ort, der eine soziale Kultur im täglichen Miteinander hervorbringen und erfahren lassen kann.

**Kinder brauchen Kinder**

Bildungseinrichtungen arbeiten stets mit Kindergruppen. Bereits die Jüngsten sind gerne mit anderen zusammen, wollen dazugehören und sozial eingebettet sein. Den sozialen Beziehungen von Kindern wird ein hohes Potenzial an Entwicklungsimpulsen zugeschrieben. Für Institutionen der Frühpädagogik gilt bereits, dass die Gruppenbildung anderen Bedingungen unterliegt als außer-institutionelle, informelle Gruppen wie zum Beispiel Nachbarschaftsgruppen oder Spielplatztreffs. Die Zusammensetzung der Gruppe (im Sinne der Großgruppe oder Stammgruppe), die Geschlechterverteilung, die Gruppengröße usw. lassen in der Regel klare interne Strukturen erkennen. Innerhalb der Großgruppe bilden sich jedoch bald eigenständig Kleingruppen heraus, in denen anders als in der Großgruppe „die Beteiligten [sich] in symmetrisch-reziprok strukturierten Beziehungen prinzipiell gleichberechtigt" (vgl. Hammes-Di Bernardo/Speck-Hamdan 2010: 17) erleben können. In der Kleingruppe jedoch intensivieren sich die Entwicklung und der Austausch von Bedeutungen und Weltsichten in viel höherem Maße. Doch Kinder brauchen wohl beides: Die Kleingruppe, die ihnen Spielräume für spontane Gruppenbezüge weitgehend ohne die Lenkung von Erwachsenen bieten kann; die Großgruppe, die in noch höherem Maße für das Erleben von Heterogenität/Diversität bezüglich Alter, Herkunft, Sprache, Gewohnheiten usw. ein besonderes Erfahrungsfeld ist (vgl.

Brandes 2015). Folgendes Beispiel könnte die damit verbundene erzieherische Herausforderung verdeutlichen.[31]

**Beispiel: „Puppenecke – leider schon besetzt!"**
Seitdem die Puppenecke neu gestaltet war, erschien sie vielen Kindern attraktiv. Sie erfuhr großen Zuspruch während der Freispielphasen, was immer wieder zu Rangeleien um den Nutzungsanspruch führte. Die Erzieherin schlug in der Großgruppe vor, die Situation über eine Regelfindung und -anwendung zu befrieden. Die Kinder debattierten im Sinne der Erzieherin lösungsorientiert und schließlich stand fest: Nicht mehr als vier Kinder sollen sich gleichzeitig in der Puppenecke aufhalten. Die in der Großgruppe vereinbarte Regel setzte auch die Kleingruppe strikt durch. Die Puppenhauskinder wehrten oft weitere Interessenten entschieden ab, manchmal vertrösteten sie auf einen späteren Zeitpunkt, bisweilen reservierten sie schon mal einen Platz für ihre besten Freundinnen oder Freunde, der dann bisweilen nicht beansprucht wurde und weiter vergeben werden konnte. Der Resonanzraum der Groß- wie der Kleingruppe mutierte zu einem „Raus-da-Raum", der Regeln unreflektiert anwendet und blinden Gehorsam befördert. Die Kinder agierten wohl im Sinne der Erzieherin, denn sie hatten die Regel übernommen, die gewiss bereits vor dem Kreisgespräch in ihrem Kopf fertig konstruiert war, was auf eine asymmetrisch-komplementäre Beziehung zwischen Kind und Erwachsenen hinweist und die Bildung von Resonanzachsen verhindert (vgl. Brandes 2015: 16).

Szene: Eines Morgens dokumentierten wir folgende Szene: Die Puppenecke wird von drei Mädchen und einem Jungen intensiv bespielt. Es nähert sich Amira, ein syrisches Mädchen, das erst vor wenigen Wochen in die Einrichtung gekommen war. Noch hält sie Abstand, nicht, weil sie die Vierer-Regel bereits kannte, sondern weil sie in ihrer Kontaktaufnahme noch äußerst zurückhaltend war. Offensichtlich wird sie von den agierenden Kindern angezogen. Und sie wagt den Schritt zum Eingang. Ein Mädchen ruft Amira sogleich die getroffene Regelvereinbarung zu. Der Tonfall ist so entschieden, dass sich dem noch kaum deutsch sprechenden Mädchen die Abwehr erschließen muss. Erschreckt verlässt es die Puppenecke und wandert weiter.

---

31 Hier kann auf eigene Forschungsunterlagen im Zusammenhang mit der wissenschaftlichen Begleitung der Implementierung des Orientierungsplans des Landes Baden-Württemberg zurückgegriffen werden; die Leitung der Studie für den Landesteil Württemberg hatte Prof. Dr. Edeltraud Röbe (2006-2011) (www.kindergarten-bw.de). Zur wissenschaftlichen Untersuchung gehörte neben der qualitativen zugleich eine qualitative Studie in 15 Einrichtungen, die mit regelmäßiger Fortbildung der ca. 100 einbezogenen ErzieherInnen verbunden war.

**Die Szene – ein Lehrstück für antidemokratisches Verhalten**

Das Beispiel wurde in ein Teamgespräch mit dem pädagogischen Personal als Exempel für aufgenommen für die Förderung von antidemokratischem Verhalten aufgenommen. An ihm lässt sich zeigen, wie gerade routiniert ablaufende Handlungsmuster, die dem Personal gar nicht mehr weiter auffallen oder wichtig sind, eines fremden Blickes bedürfen. Was hat sich da ereignet? Unbemerkt von anderen Kindern und von der Erzieherin bringt diese Kleingruppe eigeninitiativ, selbstgesteuert und eigenverantwortlich die in der Großgruppe vereinbarte Regel zur Anwendung. Sie erleben, dass sie „funktioniert" und die Disziplin im Raum aufrechterhält. Selbst das noch nicht deutschsprechende Kind befolgt sie bereits – welch ein Erfolg?! Hat sich das Gruppenleben zu einem bloßen „Echoraum" mit repulsiven, zurückweisenden Resonanzbeziehungen entwickelt?

In einer lebhaften geführten Debatte mit dem Team wurde die Situation ausgedeutet. Zur Rechtfertigung wurde der Bezug auf Werte hergestellt, z. B.:

*E1:* „Die Kinder haben richtig gehandelt. In die Puppenecke darf ja jeder. Nur, man muss sich an die Regel halten. Zu viele sind zu viele. So muss Amira lernen, wie wir uns hier organisieren, sie kann ja halt ein anderes Mal in die Puppenecke gehen." (Bezugswert: Gerechtigkeit?)

*E2:* „Die Kinder in der Puppenecke mögen intolerant wirken; aber sie sind es nicht. Sie haben ja nur versucht, den Spielablauf zu retten und Konflikte zu vermeiden. Sie tun sich halt schwer, es der Amira zu erklären, weil sie noch kaum Deutsch kann. (Wertebezug: Toleranz?/Partizipation?)

*E3:* „Es stimmt, wir haben eine Regel aufgestellt. Aber die Kinder müssen sie ja nicht anwenden. Sie sind ja trotzdem frei und können selbst bestimmen. Sie hätten die Regel ja auch außer Kraft setzen können. Es wird ja auch niemand bestraft." (Wertebezug: Freiheit?) usw.

Gleichzeitig wurde in der Diskussion beteuert, wie wichtig für die Sozialerziehung doch die Entwicklung von Empathie eingeschätzt wird. „Auf den anderen eingehen, Rücksicht nehmen, auf Gegenseitigkeit handeln, mitfühlen, aus Liebe zu einem anderen auf etwas verzichten, mildernde Umstände gelten lassen usw. wurden angeführt. Aber setzen diese hehren Bestimmungselemente nicht voraus, dass man nicht mehr nur durch die eigenen Bedürfnisse oder durch sture Regelanwendung gesteuert wird, sondern dass das eigene Verhalten in ein ausgewogenes Verhältnis zu den Bedürfnissen des anderen gebracht wird?

### Wertorientierte Resonanzräume etablieren

Der Erziehungswissenschaftler Helmut Heid (2013) kann mit seinen Überlegungen zur Werteerziehung Nachdenklichkeit in die oft appellhaft aufgeladene, unreflektierte Wertepraxis bringen. Er stellt fest, dass die Menschen ihr Handeln nicht an Werten orientieren. Vielmehr dient ihre Bezugnahme auf Werte der Rechtfertigung ihrer Interessen. Werte werden also zur Be-Wertung von Sachverhalten herangezogen (vgl. ebd.: 238). Zugleich ist nicht zu übersehen, dass derselbe Sachverhalt, wie im Beispiel geschehen, auf sehr unterschiedliche Werte bezogen wird; selbst die widersprüchlichsten Verhältnisse und Aktivitäten werden mit höchsten Grundwerten in Verbindung gebracht (vgl. ebd.: 241). Je abstrakter ein fundamentaler Grundwert formuliert wird, desto größer und beliebiger ist die Differenz seiner Konkretisierung durch verschiedene Personen. Helmut Heid (2013) sieht deshalb „Werte erfahrbar machen" als zentrale Herausforderung der Bildungseinrichtungen. Gleichzeitig warnt er vor einer Wertevermittlung im Sinne einer Kulturtechnik, die sich als starre Regelanwendung versteht, auf Routine setzt und Immunität gegenüber Kritik und kritischer Reflexion befördert. In Fortführung des obigen Beispiels soll noch die Handlungsrichtung des Teams gekennzeichnet werden:

Das Team hat nach gründlicher Reflexion eine „Goldene Regel" gefunden und diese mit den Kindern und deren Eltern kommuniziert. Auf einem Plakat im Eingangsbereich der Kindertagesstätte ist jetzt zu lesen:

*Jeder ist anders.*
*Jeder ist bei uns wichtig.*
*Keiner tut dem anderen weh, auch nicht sich selbst.*
*Jeder gibt sein Bestes.*

Neben dem „sichtbaren Ergebnis" der goldenen Regel und ihrer Aufnahme in die Konzeptionsbeschreibung der Einrichtung ist der eingeleitete Erziehungsprozess durch folgende Qualitätsmerkmale zu kennzeichnen:

- Die Erzieherin bemühte sich um eine entspannte, von positiven Emotionen bestimmte Atmosphäre. So konnte eine anklagende, Schuld zuweisende, beängstigende „Tribunalstimmung" vermieden werden.
- Das Gespräch folgte einer konstruktiv fairen, partizipativen und freundlich zugewandten Führung. Gezielte Fragen sollten die Nachdenklichkeit und die Aufmerksamkeit für sich und andere stützen: // „Was habe ich beobachtet?" // „Wie und warum habt Ihr Amira nicht in die Puppenecke hereingelassen?" // „Ihr habt unsere Regel befolgt. Aber wir müssen uns fragen: Wie hat sich Ami-

ra wohl gefühlt?" // „Hättet Ihr eine ganz andere Lösung für euch und Amira finden können?" (Als Lösungsvorschläge wurden z. B. genannt: „Wir hätten sie einfach reinlassen sollen, dann wär es halt a bissle eng geworden." // „Ich hätte mit ihr meinen Platz tauschen und was anderes spielen können." // „Ich hätt sie in einen Puppenwaga gsetzt und hätt gsagt, ich muss mei Kind bei mir haba!"

Entscheidend an der Resonanzentwicklung ist wohl die Tatsache: Nun sind die Kinder am Finden eines Weges beteiligt, der die Sinnhaftigkeit der Regel wahrt, sie jedoch hinterfragt, mildernde Umstände gelten lässt, eigenes Zurückstehen befördert, Querdenken erlaubt und so blindem Gehorsam und Blockmentalität entgegenarbeitet, was das Legen von „Resonanzachsen" im sozialen Raum der Kindergruppe beflügeln und sich in Bezug auf ihr demokratisches Entwicklungspotenzial befragen lassen kann (vgl. Heid 2013: 254ff.):

- Können die Kinder ein Gespür dafür entwickeln, wann etwas zu regeln ist? Können sie den präskriptiven Charakter einer Regel verstehen, akzeptieren und auf das eigene Verhalten beziehen lernen?
- Spüren sie, wenn etwas gut geregelt ist? Werden sie dazu ermutigt, Argumente anzuführen (vgl. J. Habermas: „Der zwanglose Zwang des besseren Arguments")?
- Ist die Erfahrung von Konflikten eingeschlossen? Dazu gehören: Einen Konflikt erkennen, mit ihm umgehen, nach den Ursachen fragen, nach Lösungen suchen.
- Können die Kinder erleben, dass es in Wert- bzw. Wertungsfragen oft keine einfache, praktikable Lösung gibt, der alle zustimmen (können), was an der Subjekthaftigkeit und Frag-Würdigkeit der erzielten Einigung liegt?
- Beziehen sich die angerufenen Werte auf konkrete Inhalte?
- Können die Kinder die Einsicht gewinnen: Regeln sind nicht für die Ewigkeit. Sie werden gemacht unter dem „Schleier des Nichtwissens"; d. h.: Wir wissen nicht, wie wir selbst davon betroffen sein werden.
- Können die Kinder die demokratische Grunderfahrung machen: „Jeder kann vorgefundene Verhältnisse verantwortlich mitgestalten"?

Könnten digitale Maschinen bzw. Künstliche Intelligenz diesen mühsamen Entwicklungsprozess demokratischer Verhaltens- und Handlungsweisen „entlasten", unterstützen oder mit steuern? In China werden nicht nur öffentliche Orte, sondern bereits Kindergärten mit Kameras und Drohnen überwacht. Wer Wohlverhalten zeigt und – wie in der Beispielszene aufgezeigt – eine getroffene Regel korrekt anwendet, bekommt Bonuspunkte. Damit würden die Kinder auf eine perfide Art gesteuert, die nur mit Anreizsystemen arbeitet. Die digitale Technik setzt auf Konformität. Kritische, eigenständige Reflexion, empathische Reaktionen, mutige Entscheidungen sind den Algorithmen fremd. Deshalb dürfen wir die Augen vor freiheitsgefährdenden Effekten nicht verschließen. „Roboter machen sich durch ihre Sensoren ein Bild von der Umgebung […] *Verstehen* sie aber auch, was sie sehen? […] Menschen können *Sein und Sollen* unterscheiden. Sie können erkennen, dass bestimmte Werte zwar in einer Gesellschaft anerkannt und durchgesetzt, ethisch aber nicht in Ordnung sind […] Das idealistische, kritische oder utopische Denken, dass die Welt ganz anders sein könnte oder sogar sein sollte, als sie ist, gehört zum Menschen. Dieses Denken sorgt dafür, dass wir uns nicht mit allem abfinden, sondern uns aktiv für Veränderung engagieren" (Grunwald 2019: 238f.).

### 4.4 Geburtstagsrituale – Größerwerden in der Gemeinschaft der Gruppe

Geburtstage sind für Kinder wichtige Ereignisse; sie manifestieren ihr Größerwerden. Oft sind sie auch mit der Erwartung einer augenfälligen Veränderung verknüpft: So kündigt sich zum Beispiel der sechste Geburtstag mit dem ersten Herausfallen eines Milchzahns an oder der vierte Geburtstag steht für Fahrradfahren können. Insofern wirken Kindergeburtstage auch normierend in das Kinderleben hinein. Betritt man unsere Kindergärten, findet man visuelle Spuren des Geburtstagsrituals. An den Wänden der Stammgruppen ist den „Geburtstagsinformationen" ein prominenter Platz eingeräumt. Das Foto und das Geburtsdatum eines jeden Kindes ist Teil eines gestalteten Gesamtarrangements. Der nächste Geburtstag wird darin augenfällig (vgl. das unten folgende Beispiel) angezeigt. Jeder Kindergarten verfügt über seine je eigenen Geburtstagsrituale. Das entwickelte Ritual ist nicht nur Bestandteil einer Kindergartenkultur, „sondern vollzieht sich vor dem Hintergrund seiner Bedeutung in Öffentlichkeit und Familie. Es ist an den Schnittstellen dieser drei Bereiche angesiedelt (Deckert-Peaceman 2005: 18).

Zweifelsohne haben sich die Kindergeburtstagsfeiern in den letzten Jahren gewandelt. Sie sind zunehmend von der Kommerzialisierung des Kinderlebens geprägt. Abenteuerspielplätze, Vergnügungsparks, Kreativateliers, Puppentheater, Fast-Food-Ketten und Internetdienste bieten die Gestaltung von Geburtstagen an und finden regen Zuspruch. Für Geld ist alles zu haben. So kann eine „Fünfer-Geburtstagsparty" für 150 € zu einem „Mega-Event" werden. Schon die jungen Kinder zeigen sich „Geburtstagsparty-erfahren" und nehmen ihre je eigene Wertung vor. Auch Geschenke sind für sie ein zentrales Gesprächsthema. Vor dem Geburtstag liegt eine intensive Planungsphase, damit sich Geschenke nicht doppeln und alle Schenkwilligen mit Ideen versorgt sind. Findige Spielwarengroßmärkte halten Wunschlisten und Boxen vor, in welche die gewünschten Artikel nach dem Kauf gelegt werden können. Auch ist es heute üblich, dass die Gastgeber der Geburtstagsparty die Geburtstagsgäste beschenken. Der Kindergeburtstag ist zum Prestigeobjekt einer Familie geworden. Und die Kinder? Sind sie erst einmal bei einer Geburtstagsparty angekommen, versuchen sie möglichst schnell Glückwunsch und Geschenkübergabe hinter sich zu bringen, um sich dann auf den geplanten, bisweilen eng getakteten Ablauf einzulassen. Dabei kann man beobachten, wie die Geburtstagsgesellschaft die nicht verplante Zeit für sich zu nutzen versteht: freies Spiel mit konventionellen Spielmitteln konkurriert mit digitalen Möglichkeiten, deren Attraktivität und Sogwirkung sich kaum ein Kind entziehen kann.

### „Wie schön, dass du geboren bist!" – Geburtstagsrituale überbringen ein Resonanzversprechen

Auch im Kindergarten sind Einflüsse der kommerziellen Kinder- und Erwachsenenkultur nicht zu übersehen. Mütter versuchen sich im Backen von Muffins, Kuchen, sogar Torten zu übertreffen. Bereitwillig wird das Gebackene samt Getränken und Zubehör angeliefert und anschließend abgeholt, um die ErzieherInnen nicht zu belasten. Stress pur für berufstätige Mütter. Wen wundert es, dass der Kindergeburtstag für das pädagogische Team und in der Kommunikation mit den Eltern heute ein wichtiges Gesprächsthema geworden ist, zumal in der Feierfreude bestimmte Probleme bzw. Fragen nicht übersehen sollten: Soll ein Kindergarten es der Feier in der Familie gleich tun und sich von der Kommerzialisierung anstecken lassen? // Ist es sinnvoll, dass die Kinder in der Großgruppe von ihren Geburtsgeschenken berichten und damit den materiellen Zugewinn ins Zentrum der Aufmerksamkeit stellen? // Wie gehen die Kinder damit um, die in bescheidenen materiellen Verhältnissen leben und von einem reichen Geschenketisch nur träumen können? // Soll es ein Geschenk der Erzieherin/des Kindergartens geben? // Wie können die besonderen Möglichkeiten der pädagogischen Einrichtung für ein Geburtstagsritual genutzt werden? // Welche Elemente sind kleinen Kindern angemessen und können von ihnen aktiv mitgestaltet werden? // Wie kann die menschliche Erfahrung, von den anderen Kindern gemocht zu werden und für sie wichtig zu sein, authentisch zum Ausdruck gebracht werden?

Die unten stehende Konzeption eines Geburtstagsrituals versucht, diese Fragen zu bedenken. Ihre zentrale Orientierung war, ein eigenes Geburtstagsfeier-Profil zu entwickeln und den Kindern eine einrichtungsspezifische Erfahrung zu ermöglichen.

**Beispiel: Elemente eines Geburtstagsrituals im Kindergarten**

- *Vorbereitung:* Die Erzieherin erinnert spätestens am Vortag an das bevorstehende Ereignis mit Verweis auf die Geburtstagswand, an der jedes Kind mit Foto und Geburtsdatum präsent ist. Der jeweils nächste Geburtstag wird durch einen Marienkäfer signalisiert, der rechtzeitig beim Geburtstagskind „landet" und auf das Ereignis aufmerksam macht.
- *Geburtstagssessel:* In der Gruppe gibt es „Geburtstagsvorbereitungskinder", die sich mit um die rituellen Elemente am Geburtstagsmorgen kümmern: Wichtiges Utensil ist ein Geburtstagssessel: Dafür können die Kinder kleine Aufmerksamkeiten vorbereiten: Gebasteltes, kleine Zeichnungen, Figürchen, Fundstücke wie z. B. eine Feder werden an der Rückseite des bunten Geburtstagssessels befestigt.
- *Geburtstagskugel:* Bereits früh am Morgen versteckt „der Geburtstagsvogel", gespielt von einer Erzieherin oder einem älteren Kind, heimlich eine goldene Kugel im Außengelände oder im Haus. Diese muss, während die Vorbereitungen laufen, das Geburtstagskind, begleitet von einem „Coach", suchen. Dabei werden seine Suchbewegungen mit Hinweisen „kalt" oder „lauwarm" usw. gelenkt. Der/die BegleiterIn hat sich auch das Versteck ausgedacht.
- *Geburtstagsgeschenke der Kinder:* Währenddessen kann die Vorbereitung von Überraschungen weitergehen. In diesem Punkt haben die Kinder wie die Erzieherin aus den Erfahrungen gelernt und Veränderungen getroffen: Waren es anfänglich vor allem selbst gefertigte Objekte (kleine Basteleien, Zeichnungen), die dem Geburtstagskind vorwiegend von „braven" Mädchen übergeben wurden, hat sich in der Folgezeit das „Geschenke-Repertoire" erweitert. Selbstverständlich kann man inzwischen auch „aktionale" Präsentationen als Geburtstagsgeschenk deklarieren, z. B. eine kompetent konstruierte Brücke, ein Mosaikbild, eine Wäscheklammer-Schlange mit „Farbenrhythmus", das Erzählen eines Witzes, eines Rätsels, das Sprechen eines Verses in einer nichtdeutschen Familiensprache, das Vorführen eines kleinen Zauberkunststücks u.v.m.
- *Geschenk der Erzieherin:* Das Team einigte sich auf eine Kunstpostkarte mit persönlichen Glückwünschen, die zusammen mit Geburtstagskerze und Blumenschmuck auf einem kleinen Tischchen in der Kreismitte platziert wird. Auch die gefundene Geburtstagskugel findet darauf Platz. Das Motiv der jeweiligen Karte wird von der Erzieherin gezielt ausgewählt und ist im Bildmotiv auf das individuelle Kind abgestimmt: „Die blauen Pferde" von Franz Marc für eine passionierte Reiterin; „Die Katze und der Vogel" von Paul Klee für einen Katzenliebhaber; ein künstlerisches Foto eines blühenden Löwenzahns für einen leidenschaftlichen „Naturforscher".

- *Choreographie des Geburtstagsrituals:* Formation eines Stuhlkreises // Einfügen des Geburtstagssessels // Eröffnung durch das Geburtstagslied // Bekannte Fakten um Geburt und Entwicklung // Glückwünsche von Erzieherin und Kindern // „Pflücken" der Geschenke vom Geburtstagssessel und Entgegennahme von Darbietungen // Wunschlied als Abschluss.[32]

Resonante Beziehungen kann man nicht instrumentell erzeugen, weder in der Familie noch im Kindergarten, weder durch ein Geburtstagsritual noch durch Alltäglichkeiten,

> „weil man dadurch die Stärke des Resonanzkonzeptes aufgeben würde, die auf Unverfügbarkeit basiert. Unverfügbarkeit hat etwas mit Offenheit zu tun. [...] Wir dürfen und müssen uns also anstrengen, solche Momente der Offenheit innerhalb von stabilen Kontexten zu ermöglichen; erst dann entstehen Resonanzräume [...] wir können versuchen ihr Entstehen wahrscheinlicher zu machen" (Beljan/Winkler 2019: 98).

Es mag vielleicht irritieren, dass ausgerechnet ein Ritual beispielhaft für „Momente der Offenheit" stehen soll, in denen Einflüsse und Selbstwirksamkeitserfahrungen möglich werden. Das skizzierte Geburtstagsritual erfüllt einerseits wesentliche Bestimmungsmomente eines Rituals und ermöglicht gleichzeitig die Bildung von Resonanzachsen, was an obigem Beispiel deutlich werden kann:

- Das Geburtstagsritual betont über seine Rahmung und Ausgestaltung seinen Bezug auf Gemeinschaft. Die Kinder erkennen in dem verwendeten Liedgut und im Ablauf des Rituals, dass sie zueinander gehören, sich gemeinsam eine „Lebensgestalt" (F. Steffensky) schaffen.
- Auch wenn Rituale auf fertige Übernahme und Teilhabe zielen, folgt dieses einem „dialogic pattern" (M.A. Fowlkes). Ein solches ist von Austausch, Wechselseitigkeit und bewusster Einbeziehung der TeilnehmerInnen gekennzeichnet. Trotz inhaltlicher Variationen bleibt das Ritual erhalten, da es „synchronized like steps in a dance" ist.
- Weil Rituale selbst blind sind und ihre Strahlkraft über keine ethische Regierungsmöglichkeit verfügen, muss besonders der Sinnzusammenhang im Blick

---

32 Ein wiederholt im Team eingebrachter Diskussionspunkt sind Fotoaufnahmen für die Portfolio-Mappe, die für die Entwicklung und Bildung des Kindes wichtige Momente in Wort und Bild dokumentiert. Eine Einigung besteht dahingehend, dass möglichst unauffällig Aufnahmen vom Geburtstagskind in der Kindergruppe, vom Geburtstagstisch und ausgewählten Präsentationen enthalten sind.

sein, in den sie verweisen. So dürfen zum Beispiel Geburtstagsrituale nicht die soziale Ungleichheit betonen und zusätzlich aufgipfeln.
- Rituale müssen vor der Vernunft Bestand haben und sich für eine demokratische Erziehung förderlich erweisen. Weil sie allzu leicht spontanes Handeln unterdrücken und die kindliche Aufmerksamkeitsspanne überfordern, sind sie oft mit Ermahnung, Bestrafung und Demütigung verbunden.
- Ritualen haftet eine Tendenz zur Stagnation an. Deshalb ist es wichtig, nicht nur ihre Wirkungen, sondern auch ihre (ungewollten) Nebenwirkungen wahrzunehmen. Rituale gelten als entartet, wenn in ihnen Denken und Lachen verboten und Rationalität nicht mehr erlaubt sind und wenn sie den Blick auf das individuelle Kind und seine spezifische Situation verblenden. Dann sind auch die Resonanzbeziehungen erloschen.

## Schlussgedanken

Die Digitalisierung durchwirkt bereits die frühe Kindheit. Schon kleine Kinder beginnen, sich selbstverständlich digitaler Techniken zu bedienen und deren Vorzüge zu genießen. Sie erleben Erwachsene, wie sie unbekümmert mit den atemberaubenden Möglichkeiten der Digitalisierung umgehen, sorglos Suchmaschinen, Einkauf per Internet, Online-Banking u.v.m. nutzen und über Instagram und Facebook ihr Leben mit anderen teilen, ohne zu realisieren, was bei der Übertragung der realen Welt in die digitale Welt eigentlich passiert. „Suchmaschinen, deren Algorithmen von privaten Firmen wie Google entworfen und nicht demokratisch legitimiert sind, zeigen uns die Welt durch die von ihnen gesetzten Filter" (Grunwald 2019: 152).

Junge Kinder jedoch stehen am Beginn ihres Bildungsweges und bedürfen elementarer Bildungserfahrungen, die Kopf, Herz und Hand betreffen sowie die zukunftsorientierte Ausbildung von Denk-, Gefühls- und Willensfähigkeiten betreffen. Kein Algorithmus kann leisten, was ureigenste Bildungserfahrungen umfassen, wie z. B. ästhetisches Wahrnehmen, Verweilen, Staunen, Rede und Gegenrede, Suchen kreativer Lösungen, spontanes Reagieren und Handeln. Denn letztlich stammen alle Daten, die ein Algorithmus analysiert, aus der Vergangenheit.

Kinder aber sind unsere Zukunft und dürfen sich nicht darin einrichten, ihre Beziehung zur Welt und zu sich selbst in unhinterfragten Routinen, vorgegebenen Bahnen und berechneten Mustern zu erleben und zu gestalten. Sie müssen vielmehr lernen und sich darin einüben, eine Welt *gut real und auch analog* zu gestalten – und dies mit digitalen Techniken als Mittel zum Zweck. Digitalisierung als Dimension kultureller Bildung weist somit den digitalen Techniken eine dienende Position zu; sie sind nicht der Zweck selbst.

# Literatur

Ahnert, Liselotte (2006): Anfänge der frühen Bildungskarriere. Familiäre und institutionelle Perspektiven. In: Frühe Kindheit. Die ersten sechs Jahre. 9. Jg., Heft 6, S. 18–23.
Ariès, Philippe (1975): Geschichte der Kindheit. München, Wien: Hanser.
Arnold, Matthias (dpa) (2019): Datenkraken im Wohnzimmer. In: Augsburger Allgemeine Nr. 9, S. 10f.
Beljan, Jens (2019): Schule als Resonanzraum und Entfremdungszone. Eine neue Perspektive auf Bildung. Weinheim und Basel: Beltz-Juventa.
Belian, Jens/Winkler, Michael (2019): Resonanzpädagogik auf dem Prüfstand. Über Hoffnungen und Zweifel an einem neuen Ansatz. Weinheim und Basel: Beltz.
Berger, Peter L./Berger, Brigitte (1976): Wir und die Gesellschaft. Eine Einführung in die Soziologie der Alltagserfahrung. Reinbek: Rowohlt.
Bergmann, Wolfgang (2011): Lasst eure Kinder in Ruhe! Gegen den Förderwahn in der Erziehung. München: Kösel.
Bernfeld, Siegfried (1925/1967): Sisyphos oder die Grenzen der Erziehung (Reprint). Frankfurt a. M.: Suhrkamp.
Brandes, Holger (2010): Entwicklungspotenziale von Kindergruppen – Gruppenprozesse und ihre Förderung im Kindergarten. In: Hammes-Di Bernardo, Eva/Speck-Hamdan, Angelika (Hrsg.): Kinder brauchen Kinder. Berlin und Weimar: das netz, S. 16–24.
Brandt, J. Georg/Hoffmann, Christine/Kaulbach, Manfred/Schmidt, Thomas (Hrsg.) (2018): Aspekte der Medienkompetenzförderung in der Kita. Opladen, Berlin,Toronto: Budrich.
Combe, Arno/Helsper, Werner (2016): Pädagogische Professionalität. Frankfurt a. M.: Suhrkamp.
Dahlberg, Gunilla (2004): Kinder und Pädagogen als Co-Konstrukteure von Wissen und Kultur: Frühpädagogik in postmoderner Perspektive. In: Fthenakis, Wassilios E./Oberhuemer, Pamela (Hrsg.): Frühpädagogik international. Bildungsqualität im Blickpunkt. Wiesbaden: Verlag für Sozialwissenschaften, S. 13–30.
Dehn, Mechthild/Merklinger, Daniela (Hrsg.) (2015): Erzählen – Vorlesen – zum Schmökern anregen. Beiträge zur Reform der Grundschule. Band 139 der Schriftenreihe des Grundschulverbands. Frankfurt a. M.
Deckert-Peaceman, Heike (2005): Wie schön, dass du geboren bist! Geburtstagsrituale zur Förderung der Gemeinschaft. In: Röbe, Edeltraud (Hrsg.): Themenheft der Grundschulzeitschrift: Klassengemeinschaft. 19. Jg., Heft 190, S. 18–21.
Dehn, Mechthild (2002): Geschichten erzählen. Themenheft: Die Grundschulzeitschrift. 13. Jg., Heft 132.
Doehlemann, Martin (1979): Von Kindern lernen: Zur Position des Kindes in der Welt der Erwachsenen. München: Juventa.
Elschenbroich, Donata (2001):Weltwissen der Siebenjährigen. München: Kunstmann.
Elschenbroich, Donata (2010): Die Dinge. München: Kunstmann.
Engelhardt, Michael v. (1997): Generation, Gedächtnis und Erzählen. Zur Bedeutung des lebensgeschichtlichen Erzählens im Generationenverhältnis. In: Liebau, Eckart (Hrsg.): Das Generationenverhältnis. Über das Zusammenleben in Familie und Gesellschaft. Weinheim und München: Juventa, S. 53–76.
Fabel-Lamla, Melanie/Welter, Nicole (2012): Vertrauen in der erziehungswissenschaftlichen Forschung. In: Zeitschrift für Pädagogik. 58. Jahrgang, Heft 6, März/April, S. 769–771.

Flitner, Andreas (1982): Konrad, sprach die Frau Mama ... Über Erziehung und Nicht-Erziehung. Berlin: Quadriga.
Grunwald, Armin (2019): Der unterlegene Mensch. Die Zukunft der Menschheit im Angesicht von Algorithmen, künstlicher Intelligenz und Robotern. München: Riva.
Hacke, Axel (2018): Das Beste aus aller Welt. Wohin mit der Wut und dem Hass, die von allen Seiten auf uns eindringen. Man muss etwas Gutes daraus machen. In: Süddeutsche Zeitung, Magazin: Freund oder Feind. Nummer 44, S. 50.
Hammes-Di Bernardo, Eva/Speck-Hamdan, Angelika (Hrsg.) (2010): Kinder brauchen Kinder. Berlin und Weimar: verlag das netz.
Hartkemeyer, Martina (2012): Verstehen verändert. Oder: Warum überhaupt Dialog? In: Förster, Charis/Hammes-Di Bernardo, Eva/Wünsche, Michael (Hrsg.): Dialog gestalten. Kommunikation im pädagogischen Kontext. Weimar, Berlin: verlag das netz, S. 24–38.
Heid, Helmut (2013): Werteerziehung – ohne Werte!? Beitrag zur Erörterung ihrer Voraussetzungen. In: Zeitschrift für Pädagogik. 59. Jg., Heft 2, März/April, S. 238–257.
Hentig, Hartmut v. (1975): Vorwort zur deutschen Ausgabe. In: Ariès, Philippe (1975): Geschichte der Kindheit. München, Wien: Hanser, S. 7–44.
Hentig, Hartmut v. (1987): Werden wir die Sprache der Computer sprechen? Der pädagogische Aspekt. In: Neue Sammlung: Vierteljahres-Zeitschrift für Erziehung und Gesellschaft. 27. Jg., Heft 1, S. 69–85.
Hentig, Hartmut v. (2002): Der technischen Zivilisation gewachsen bleiben. Nachdenken über die Neuen Medien und das gar nicht mehr allmähliche Verschwinden der Wirklichkeit. Weinheim und Basel: Beltz.
Holzapfel, Nicola (2017): Mehr Matsch! Wer kleine Kinder gut fördern möchte, braucht weder Babyoga noch elektronische Lern-Apps. Wirklich wichtig sind Gespräche, Lektüre und Bewegung. In: Süddeutsche Zeitung, Nr. 77, S. 37.
Honig, Michael-Sebastian (2003): Institutionen und Institutionalisierung. In: Fried, Lilian/Dipfelhofer-Stiem, Barbara/Honig, Michael-Sebastian/Liegle, Ludwig: Pädagogik der frühen Kindheit. Weinheim und Basel: Beltz, S. 86–121.
Hübner, Edwin/Weiss, Leonhard (Hrsg.) (2017): Personalität in Schule und Lehrerbildung. Perspektiven in Zeiten der Ökonomisierung und Digitalisierung. Opladen, Berlin, Toronto: Budrich.
Johansen, Erna, M. (1978): Betrogene Kinder. Eine Sozialgeschichte der Kindheit. Frankfurt a. M.: Suhrkamp.
Kerler, Michael (2019): In das Spielzeug zieht immer mehr Elektronik ein. (Bericht von der Nürnberger Spielmesse). In: AZ Nummer 25, 30.01.2019, S. 9ff.
Kinderschutz Aktuell (2017): Alles im Wandel? Themenheft. 4. Quartal.
Krautz, Jochen/Schieren, Jost (Hrsg.) (2013): Persönlichkeit und Beziehung als Grundlage der Pädagogik. Weinheim und Basel: Beltz.
Laewen, Hans-Joachim/Andres, Beate (Hrsg.) (2002): Künstler, Forscher, Konstrukteure. Neuwied, Kriftel und Berlin: Luchterhand.
Lamm, Bettina/Keller, Heidi (2010): Kinder erziehen Kinder – die Rolle von Peers im Kulturvergleich. In: Hammes-Di Bernardo, Eva/Speck-Hamdan, Angelika (Hrsg.): Kinder brauchen Kinder. Gleichaltrige – Gruppe – Gemeinschaft. Weimar, Berlin: verlag das netz, S. 25–35.
Lamparter, Dietmar H. (2019): „Wir können die Dinge in der Hand behalten." In: DIE ZEIT, Ausgabe 3, 10. Januar 2019, S. 28f.

Langeveld, Martinus (1964): Studien zur Anthropologie des Kindes. Tübingen: Max Niemeyer.
Lichtenstein-Rother, Ilse (Hrsg.) (1992): Erziehung als Aufgabe und Auftrag. Donauwörth: Auer.
Liegle, Ludwig (2006): Bildung und Erziehung in früher Kindheit. Stuttgart: Kohlhammer.
Liegle, Ludwig (2013): Frühpädagogik: Erziehung und Bildung kleiner Kinder. Ein dialogischer Ansatz. Stuttgart: Kohlhammer.
Lubitz, Ilona/Witting, Tanja (2018): Digital-interaktive Medien in der frühen Kindheit: Positionen und Haltungen im kritischen Diskurs. In: Brandt, J. Georg/Hoffmann, Christine/Kaulbach, Manfred/Schmidt, Thomas (Hrsg.): Aspekte der Medienkompetenzförderung in der Kita. Opladen, Berlin, Toronto: Budrich, S. 181–209.
Meyer-Drawe, Käte (1999): Herausforderung durch die Dinge. Das Andere im Bildungsprozess. In: Zeitschrift für Pädagogik. Jg. 45, Heft 3, S. 329–342.
Milzner, Georg (2017): Wir sind überall, nur nicht bei uns: Leben im Zeitalter des Selbstverlusts. Weinheim und Basel: Beltz.
Neumann, Sascha (2012): Pädagogisierung und Verdinglichung. Beobachtungen zur Materialität der Frühpädagogik. In: Priem, Karin/König, Gudrun M./Casale, Rita (Hrsg.): Die Materialität der Erziehung: Kulturelle und soziale Aspekte pädagogischer Objekte. 58. Beiheft der Pädagogik. Weinheim und Basel: Beltz, S. 168–184.
Opp, Günther (2018): Wenn Kinderseelen leiden. Schmerzbasiertes Verhalten als paradoxe Herausforderung. Festvortrag zur Landesdelegiertenversammlung vds. In: spuren – Sonderpädagogik in Bayern. 61. Jg., Heft 3, S. 6–16.
Orban, Rainer (2018): Wer professionell erzieht, muss sich selbst reflektieren (lernen). In: Themenheft TPS: Was ist Erziehung? Heft 5, S. 20–24.
Reinhard, Rebekka/Vašek, Thomas/Hürter, Tobias (2017): Worauf wir bauen können. In: HOHE LUFT. Philosophie Zeitschrift Heft 3, S. 19–25.
Rittelmeyer, Christian (2014): Aisthesis. Zur Bedeutung von Körper-Resonanzen für die ästhetische Bildung. München: kopaed.
Rittelmeyer, Christian (2018): Digitale Bildung. Ein Widerspruch. Erziehungswissenschaftliche Analysen der schulbezogenen Debatten. Oberhausen: Athena.
Röbe, Edeltraud (2008): Frühe Bildung zwischen Medienkontakt und Medienkonflikt. In: Ludwigsburger Beiträge zur Medienpädagogik. Ausgabe 11, S. 1–10 (http://www.ph-ludwigsburg.de).
Röbe, Edeltraud (2015): Die spirituelle Dimension im frühkindlichen Entwicklungs- und Bildungsprozess. – Eine pädagogische Spurensuche. In: Loebell, Peter/Buck, Peter (Hrsg.): Spiritualität in Lebensbereichen der Pädagogik. Opladen, Berlin, Toronto: Budrich, S. 151–174.
Röbe, Edeltraud (2017): Kinderperspektive als Dimension elementarpädagogischer Forschung. In: Kägi, Sylvia/Stenger, Ursula (Hrsg.): Forschung in der Frühpädagogik. Hohengehren: Schneider, S. 13-35.
Rosa, Hartmut (2016): Resonanz. Eine Soziologie der Weltbeziehung. Berlin: Suhrkamp.
Roth, Heinrich (1976): Pädagogische Anthropologie. Band II: Entwicklung und Erziehung. Hannover: Schroedel.
Schäfer, Gerd E. (Hrsg.) (2005): Bildung beginnt mit der Geburt. Weinheim und Basel: Beltz.
Schmidt, Kai (2004): Das Freispiel und der geordnete Raum. Die Praxis eines Programms. In: Honig, Michael-Sebastian/Joos, Magdalena/Schreiber, Norbert u. a. (Hrsg.): Was ist ein guter Kindergarten? Weinheim und München: Juventa, S. 157–192.

Stenger, Ursula (2007): Bilder als Medien der Selbstkonstitution von Kindern. In: Friebertshäuser, Barbara/v. Felden, Heide/Schäffer, Burkhard (Hrsg.): Bild und Text. Opladen, Famington Hills: Budrich, S. 277–291.

Tilemann, Friederike (2018): „Foto, Film und Wachsmalstift" – Medienpädagogik mit jungen Kindern. In: Brandt, J. Georg/Hoffmann, Christine/Kaulbach, Manfred/Schmidt, Thomas (Hrsg.): Aspekte der Medienkompetenzförderung in der Kita. Opladen, Berlin, Toronto: Budrich, S. 15–26.

Wetzel, Jakob (2018): Smartwatch in der KiTa? In München verboten. In: Süddeutsche Zeitung. SZ.de (Eintrag 20.11.).

Winkler, Michael (2006): Bildung mag zwar die Antwort sein – das Problem aber ist die Erziehung. In. Zeitschrift für Sozialpädagogik. 4. Jg., Heft 2, S. 182–201.

Winkler, Michael (2018): „Was will denn die ältere Generation mit der jüngeren?" Eine große Idee und ihre Grundlagen. In: Was ist Erziehung? Themenheft Theorie und Praxis der Sozialpädagogik. Heft 5, S. 4–13.

Yang, Xifan (2019): Wir sehen dich. Chinas Regime ist dabei, den perfekten digitalen Überwachungsstaat aufzubauen. Warum haben die Bürger nichts dagegen? In: DIE ZEIT. Nr. 3, S. 13–15.

Zeiher, Helga (1990): Fernsehen oder nicht fernsehen? Eigeninitiative in Handlungsentscheidungen. In: Preuss-Lausitz, Ulf/Rülcker, Tobias/Zeiher, Helga (Hrsg.): Selbstständigkeit für Kinder, die große Freiheit? Weinheim und Basel: Beltz, S. 126–145.

Zimmer, Renate (2005): Handbuch der Sinneswahrnehmung. Grundlagen einer ganzheitlichen Erziehung. Freiburg: Herder.

*Peter Lutzker*

# Die Entwicklung der Sinne als Grundlage von Lebensqualität und Resonanz

## 1. Die Sinnesorganisation des Menschen

> „Der Mensch ist zur Welt, er kennt sich allein in der Welt"
> (Merleau-Ponty 1966: 7).

Die Vielfalt der menschlichen Sinne lässt uns sowohl die Welt als auch unser eigenes Dasein wahrnehmen. Die gesamte Nervensinnesorganisation einschließlich aller Sinnesorgane, Sinnesrezeptoren, Nervenbahnen und des Gehirns als Zentralorgan bilden dazu die Grundlage. Es gibt nach „außen" orientierte Sinne, die uns die Welt erfahren lassen, sowie Sinne, die nach „innen" gerichtet sind und uns mit der eigenen Leiblichkeit verbinden. Jeder Erfahrung liegt ein Sinnesvorgang zugrunde. Deshalb bilden die Sinne eine primäre Grundlage aller Wissenschaften. Der Sinnesphysiologe Herbert Hensel schreibt hierzu:

> „Wer sich mit der Wahrnehmung der Menschen befaßt, wird in einen Bereich geführt, der vor und zwischen allen positiven Wissenschaften liegt. Die Sinneslehre als autonome Wissenschaft ist ein Niemandsland zwischen den etablierten Disziplinen. Gerade dadurch ist sie berufen, bei einer Neubesinnung auf die Grundlage der Wissenschaften mitzuwirken und neue Erkenntniswege zu bahnen" (Hensel 1977: 69).

Zu den von Hensel angesprochenen neuen Erkenntniswegen gehört möglicherweise auch der Versuch, das Ganze der Sinnesprozesse zu erfassen. Bei der intensiven Erforschung einzelner Sinne stellte sich heraus, dass auf jeder Ebene der Sinneswahrnehmung eine Dynamik der Integration von einzelnen Elementen zu einem kohärenten Ganzen erkennbar ist. Mit dieser Feststellung zeigen sich auch viele der noch offenen Fragen der Sinnesforschung, u. a. die sogenannte *Qualia*-Problematik: Die Tatsache, dass z. B. die Lichtwellen oder die akustischen Schwingungen, die in unsere Augen und Ohren dringen, auf noch ungeklärte Weise zu genau den Formen, Farben, Tönen usw., die wir dann wahrnehmen, führen. Die Dynamik der Integration sehen wir auch auf anderen Ebenen: Obwohl die Sinnesmodalitäten des Hörens und Sehens sich völlig verschiedener physiologischer Grundlagen bedienen, erleben wir einen von uns gesehenen und gehörten tönenden Gegenstand als eine einheitliche Wahrnehmung. Wie diese und andere Gesamtwahrnehmungen in dieser Form zustande kommen, gehört zu den noch unbeantworteten Fragen der Sinnesforschung. Den großen wissenschaftlichen Leistungen, die zu einem detaillierten Verständnis des genauen Verlaufs von physiologisch-neurologischen Prozessen der einzelnen Sinne führten, steht eine auffällige Unkenntnis über solche fundamentalen Fragen, die unsere eigentlichen Erfahrungen mit der Welt ausmachen, gegenüber.

Diese offenen Fragen sind zudem untrennbar mit den Debatten verbunden, ob die Sinne des Menschen tatsächlich einen realen Zugang zur Welt und zum Selbst ermöglichen oder, wie von manchen Neurobiologen und Philosophen behauptet, die Menschen nur in ihren abgekapselten, selbstkonstruierten Gehirnaktivitäten „leben" und die empfundenen Wahrnehmungen daher nur eine Täuschung seien. Die unterschiedlichen Menschen- und Weltbilder, die hinter diesen konträren Sichtweisen liegen, haben weitreichende Konsequenzen für das Denken, Fühlen und Handeln des Menschen und sind Teil einer philosophischen Auseinandersetzung, die seit Anfang der Neuzeit zu verfolgen ist. Philosophische Fragen nach dem Menschen- und Weltbild erscheinen vielleicht als weit entfernt von den konkreten Fragen nach der Entwicklung der Lebensqualität und Resonanz in der Pädagogik. Aber es sind gerade die hinter der Lebenspraxis liegenden Bilder, welche die Sichtweisen und die Handlungen von Menschen maßgeblich prägen. Deshalb scheint in einer Betrachtung der menschlichen Sinne und deren Entwicklung, sowohl implizit als auch explizit, grundsätzlich ein zugrunde liegendes Menschen- und Weltbild hervor.

## 1.1 Das „Ich" und die Wahrnehmung

Bei der Untersuchung der Wahrnehmung der Welt stellt sich auch die Frage nach der Rolle und der Tätigkeit des menschlichen „Ichs". Welche Tätigkeit vollzieht das Ich bei den nach außen gerichteten Sinnen wie dem Sehen, das das bewusste Wahrnehmen der Welt ermöglicht; welche auch bei den „inneren" Sinnen wie der Propriozeption oder der Wahrnehmung des Gleichgewichts, die das unbewusste Gewahrwerden der eigenen Leiblichkeit vermitteln und gleichzeitig die Grundlage unserer Handlungsmöglichkeiten bilden? Bei den nach außen gerichteten Sinnen erfahren wir die Wahrnehmung außerhalb unseres Leibes, z. B. bei dem Gesehenen. Auch wenn die Nervensinnesorganisation die dazu notwendige Grundlage bildet, erleben wir die grüne Wiese nur draußen, außerhalb von uns. Der Arzt Herbert Sieweke beschreibt die Ganzheit der Sinnesprozesse, die mit den primären Qualitäten der Sinnessignale beginnen und mit der dem Ich bewussten Wahrnehmung von Welt schließen, als Prozess der *Metamorphose, die letztendlich dazu führen, dass sich das Ich in der Welt des Lichtes, der Farben, der Töne erleben und erfahren kann:*

> „Äußere Vorgänge metamorphosieren sich in innere organismische Aktionen – innere organische Prozesse metamorphosieren sich in seelisch-geistige Erlebnisse. Dieses Wechselwirken, das von draußen initiiert, von drinnen adäquat beantwortet wird, bietet die Grundlage für das Bewusstsein, damit ein Wahrnehmungsinhalt (als Licht-, Farben-, Ton-, Wärme- und andere Empfindung) von einem außermenschlichen Zustande Kunde geben kann. [...] Was sich hingegen als Inhalt der Wahrnehmung, Beobachtung oder Empfindung evolviert, ist innerhalb des Bewußtseinsfeldes und befindet sich deshalb jenseits oder außerhalb des eigenen leiblichen Daseins. Erst das eigene Licht des wahrnehmenden Ich hellt das Bild auf, welches das Auge nur äußerlich und nur flüchtig perzipiert, weil es als organische Impression sofort wieder vernichtet werden muß. Der wahrnehmende Teil der Ich-Fähigkeiten lebt außerhalb des Sinnes-Leibs, lebt in der Welt des Lichtes, des Tones, der Wärme" (Sieweke 1996: 74).

Bei den nach „innen" gerichteten Sinnen ist demzufolge die wahrnehmende Tätigkeit des Ichs innerhalb der Leibesvorgänge zu erfassen, auch wenn sie in der Regel ganz unbewusst bleibt. Unsere Fähigkeit, uns in der Welt frei und selbstgesteuert zu bewegen, hängt unmittelbar mit dem Leben dieser Sinne zusammen (vgl. Edelhäuser 2016, 2019). Wenn sie ausfallen und das Ich dadurch ständig gefordert wird für Ausgleich zu sorgen, hat das verheerende Konsequenzen, wie z. B. Oliver Sacks in seiner Fallstudie über „Die körperlose Frau", bei der alle Rezeptoren für den Sinn der Eigenbewegung ausfielen, eindringlich darstellt (Sacks 2007: 69-83). Der Ausfall dieses Sinnes, kann nur kompensiert werden durch eine kontinuierliche, bewusste Steuerung jeder Bewegung, vor allem durch den Sehsinn. Der Wegfall der Propriozeption, führt bei solchen Patienten zu einem existenziellen Verlust des Selbstgefühls und sämtlicher Verbindungen zur eigenen Leiblichkeit. Sacks schreibt über seine Patientin Christina:

> „Infolge des noch immer bestehenden Verlustes der Eigenwahrnehmung hat sie das Gefühl, ihr Körper sei tot, sei nicht wirklich, gehöre nicht ihr – sie ist unfähig, eine Verbindung zwischen ihm und sich selbst herzustellen. [...] Christina ist zu einem Leben in einem unbeschreiblichen, unvorstellbaren Reich verurteilt – ‚Nicht-Reich' oder ‚Nichts' wäre vielleicht ein besseres Wort dafür. Manchmal bricht sie unter dem Druck zusammen – nicht vor anderen

Leuten, aber bei mir. ‚Wenn ich nur etwas *fühlen* könnte!' schreit sie. ‚Aber ich habe vergessen, wie das ist. [...] Es ist, als hätte man mir etwas entfernt, etwas aus meinem Zentrum'" (Sacks 2007: 79–80; Hervorhebung im Original).

Der Philosoph Daniel Heller-Roazen beschrieb die Auswirkungen der fehlenden Selbstwahrnehmung durch den Ausfall dieses Sinns so:

> „Die ernste und manchmal zum Tode führende Erkrankung der primären Kraft der empfindenden Seele, die Störung des ‚Gemeingefühls', droht dem denkenden Wesen mit dem Gespenst eines Lebens, aus dem die Empfindung des Empfindens völlig gewichen ist: eines Lebens, in dem nicht die bewusste Denktätigkeit, wohl aber jegliche Wahrnehmung des Lebendigseins fehlt. [...] Übrig bleibt das Denken und die Existenz eines sprechenden Wesens, endlich gelöst von jener animalischen Kraft, als welche das Gefühl des Lebens galt" (Heller-Roazen 2012: 370–371).

Am Beispiel der Propriozeption wird auch deutlich, dass zu dem oben angesprochenen Versuch, das Ganze des Sinnesprozesses zu erfassen, auch die Erkenntnis gehört, dass eine klare Trennung zwischen Sensorik und Motorik nicht haltbar ist. Auf vielfältige Weise hängen sowohl unsere Bewegungen von den dazugehörigen Sinneswahrnehmungen ab als auch unsere Sinneswahrnehmungen von hierzu notwendigen Bewegungen. Ob bei den feinen Bewegungen der Retina, die für die Funktion des Sehsinns maßgeblich sind, oder bei der Vielfalt der Sinne, die an einer Bewegung der Hand beteiligt sind (z. B. Propriozeption, Gleichgewichtssinn, Sehsinn, Tastsinn, Temperatursinn) –, immer sind Wahrnehmung und Bewegung, wie Viktor von Weizsäcker umfassend darstellte, grundsätzlich als ein Gestaltkreis zu denken (vgl. von Weizsäcker 1990). Der Neurologe Friedrich Edelhäuser schreibt:

> „Unsere Wahrnehmungen haben nur scheinbar einen rein rezeptiven, aufnehmenden Charakter. Betrachtet man die Funktionen des Organismus beim Zustandekommen von Sinneswahrnehmungen genauer, zeigt sich, dass aktive Organismusleistungen, insbesondere aktive Bewegungsleistungen, zum Zustandekommen von Wahrnehmungen erforderlich sind. [...] Es gilt sogar im generellen Sinne, dass unser gesamtes Formwahrnehmen nicht eine Leistung des Sehsinnes, sondern des Bewegungssinnes darstellt, der hier über die Augenbewegung angesprochen wird. Unsere optische Wahrnehmung ruht auf einer umfänglichen Bewegungsausübung. [...] Für alle anderen Sinnesmodalitäten ergeben sich ähnliche

Zusammenhänge. Wahrnehmen und Bewegen zeigen einen zirkulären Zusammenhang. Denn es gilt auch umgedreht: Nicht nur die Bewegung ermöglicht das Wahrnehmen, sondern das Wahrnehmen ermöglicht erst die differenzierte Führung und Gestaltung der Bewegungen" (Edelhäuser 2019: 55-59).

Aus der Perspektive, die diesem Kapital zugrunde liegt, ist es das Gesamtspektrum der Sinne, das uns die drei grundlegenden Erlebnisse des Daseins und dadurch auch die Möglichkeit, in der Welt tätig zu sein, kontinuierlich vermittelt: Bewusstsein von der äußeren Welt, Bewusstsein des leiblichen Daseins; und zuletzt, wie in der Fallstudie von Sacks deutlich wird, Bewusstsein von sich selbst als denkendem, fühlendem und wollendem Individuum. Alle drei Erlebnisse sind Ich-Erlebnisse. Die immense Integrationsleistung, die die Wahrnehmungen aller Sinne gleichzeitig und fortwährend zusammenfasst, sodass wir die Welt und uns als kohärent erleben und unsere Handlungen ständig entsprechend leiten können, macht auch die zentrale Stellung einer „Ich-Organisation" deutlich, die fortwährend die physiologischen-neurologischen Prozesse in kohärent erlebte Erfahrungen und in Tätigkeiten verwandelt. Hier erscheint die Integration am Ende eines Prozesses. Der Mediziner Herbert Sieweke stellt jedoch die grundsätzliche Frage, ob diese immense Integrationsleistung womöglich nicht als Ende eines Prozesses aufzufassen ist, sondern als dessen Anfang:

> „Weil der gesamtheitliche Bildcharakter der Wahrnehmung nicht aus den unzählbaren Reizen, die die Sinnes- und Nervenzellen einzeln perzipieren, deutbar ist, spricht man in der Physiologie von einer Art Integration. Dieser Begriff ist nach den anatomischen Voraussetzungen, von denen er ausgeht, nicht haltbar. Weder die einzelne Zelle (oder die Zelle umgebende Materie) noch ein Zellverband, der Zellen niederer Ordnung überragt, können einen Inhalt für das Bewußtsein produzieren. Die Integration ist eine geistige Kraft, aber sie liegt nicht am Ende – der ‚Bildgewinnung' – sondern am Anfang der Sinnesvorgänge. Dort, wo das Ich für den Wahrnehmungsakt geweckt wird, so also die von außen kommende Impression von den einzelnen Teilen des Sinnesapparates aufgefangen und ins Zahllose des Zellulären zersplittert wird, ist der geistige Effekt eine Integration – aber nicht zum Inhalt, sondern zum Auftakt, zur Aktion der Wahrnehmung" (Sieweke 1996: 77).

Das hier zugrunde liegende Verständnis des Ichs, das im Wahrnehmungsakt in der geistigen Integration von Anfang an tätig ist, bietet eine andere Sichtweise auf die Frage, wie die Welt durch das „Tor der Sinne" in die Leiblichkeit des Menschen hereinragt und gleichzeitig das Ich „draußen" die Welt bewusst empfindet. So gesehen käme möglicherweise das Bild eines „peripheren Ichs" auf, das in und zur Welt existiert und dem Menschen erst durch „Spiegelungsprozesse" im Gehirn zu Bewusstsein kommt, wie es z. B. der Biologe Wolfgang Schad beschrieben hat (vgl. Schad 2014). Die Sinne, die hierfür die entsprechenden „Instrumente" des Ichs zur Welt bieten, wären aus dieser Perspektive betrachtet auf eine Weise mit der Welt verwoben, die einerseits von Anfang an in der angeborenen Anlage des Menschen gegeben wurden und andererseits in deren innewohnenden Entwicklungs- und Differenzierungsmöglichkeiten auch individuelle, biografische Aufgaben stellen.

## 1.2 Die Entwicklung der Sinne

Geht man von einem gestaltenden Ich aus, das in und durch die Sinneserfahrung einen handelnden Zugang zur Welt erfährt und entwickelt, dann entstehen neue Perspektiven in Bezug auf Resonanzerfahrungen und Lebensqualität. Aus dieser Perspektive ist auch der leitende Gedanke von Hans-Georg Gadamer zu verstehen, der auf die Verbindungen zwischen der Hand als „geistiges Organ" und einer „Kultur der Sinne", die zur „Entwicklung der menschlichen Urteilsfähigkeit" führt, hinwies:

> „Die Hand ist ein geistiges Organ und unsere Sinne entfalten, sofern sie in der tastenden, greifenden, zeigenden Hand wie von Freiheit inspiriert sind, eigene Intelligenz. Es gibt eine Intelligenz der Sinne, eine Offenheit, die sich gegen instinktgebundene Voreingenommenheiten, gegen Vorurteile unkontrollierter Art, gegen emotionale Verzerrung und die wahllose Überschwemmung mit Reizfluten bewahrt. Kultur der Sinne, das heißt am Ende: Entwicklung der menschlichen Urteilsfähigkeit" (Gadamer 1979: 23).

Die hier angesprochene *Intelligenz der Sinne,* die zu einer *Kultur der Sinne* und *Entwicklung der menschlichen Urteilsfähigkeit* führt, weist klar darauf hin, dass die Sinne über innewohnende und umfassende Entwicklungsmöglichkeiten verfügen.[1]

---

1 Indem man von der fundamentalen Bedeutung der Entwicklung der Sinne ausgeht, schließt man an einen Gedanken an, der u. a. für Goethe leitend war. Goethes Ansicht war es, dass die Schulung der Sinne als eine vorrangige Entwicklungsaufgabe des Menschen zu betrachten ist: „Das Tier wird durch seine Organe belehrt. Der Mensch belehrt die seinigen und beherrscht sie" (Goethe 1988: 443), und dass die Entwicklung der Sinnesorgane zur Schulung der Wahrnehmungsfähigkeit hinzugehört: „Jeder neue Gegenstand, wohl beschaut, schließt ein neues Organ in uns auf" (Goethe 1988b: 38). Er ging dementsprechend auch davon aus, dass die Sinne die Erschließung der Weltwirklichkeit ermöglichen und dass mögliche Täuschungen und Irrungen nicht in einer prinzipiellen Subjektivität des Sinnesvorgangs liegen, sondern im Bereich des Urteilens: „Die Sinne trügen nicht, sondern das Urteil trügt" (Goethe 1988: 406), eine Position, die im 20. und im 21. Jahrhundert auf verschiedene Weise, auch von Philosophen wie Max Sche-

Dementsprechend wird auch eine weitreichende pädagogische Aufgabe sichtbar. Die grundlegende pädagogische Bedeutung der Ausbildung der Sinne haben auch die Erziehungswissenschaftler Christian Rittelmeyer und Horst Rumpf immer wieder auf verschiedene Weisen thematisiert (vgl. Rittelmeyer 2002; 2014; Rumpf 1987; 1994; 2010). Wie bei Gadamer sieht Rittelmeyer eine solche Ausbildung als Grundlage der kognitiven Urteilsfähigkeit:

> „[...] ist die *Bildung der Sinne* nicht immer zugleich eine *Bildung unserer kognitiven Potentiale,* unseres intellektuellen Urteilsvermögens? Wieder anders gefragt: ergeben sich spezifische *Urteile* in Hinblick auf die sinnliche ‚Welt' gerade durch die verschiedenen Sinnesspektren, die den Wahrnehmungsakt jeweils konturieren?" (Rittelmeyer 2002: 88; Hervorhebung im Original).

Im Rahmen seiner heuristischen Ausarbeitung eines möglichen „Resonanzmodells der Wahrnehmung" stellt er die folgende pädagogische Hypothese auf:

> „Sinnesbildung wäre nach diesem Modell immer auch Bildung des sensorischen Resonanzkörpers geistiger Aktivitäten, der die zunächst gleichgültige, zentrale Registrierung sinnlicher Tatsachen zu akzentuieren, mehr oder minder betroffen machen, die Wahrnehmungswelt nuancierenden Erfahrungsurteilen werden lässt. [...] Welche Einflüsse hat dies auf die Art des jeweiligen Wirklichkeitserlebens? Hat man bei stärkerer Erregung des Leibes das Gefühl, innerlich beteiligter am Gesehenen zu sein? Führt die schwächere Beteiligung innersensorischer Prozesse zum Gefühl einer mehr kühldistanzierten oder gleichgültigen Betrachtung? Wie ist dies kulturanthropologisch und kultursoziologisch zu deuten? Ich vermute, dass die Beantwortung dieser Fragen von erheblicher Bedeutung auch für eine anthropologisch fundierte Didaktik sein könnte, die sich gleichermaßen für die Beachtung von Leib, Seele und Geist bemüht [...]" (Rittelmeyer 2002: 91).

Der Entwicklungsgedanke, der sowohl bei Gadamer als auch bei Rittelmeyer im Mittelpunkt steht, zeigt sich auch darin, dass zur Entfaltung der Sinne sogenannte *kritische Perioden* gehören, die entscheidend für deren Weiterentwicklung sind. Der Sehsinn z. B. hat eine kritische Periode in den ersten zwei Jahren des Lebens, die maßgeblich für dessen weitere normale Entwicklung ist. Für andere Sinne erstrecken sich solche entscheidenden Phasen über deutlich längere Zeiträume. In den

---

ler, Edmund Husserl, Maurice Merleau-Ponty, Ernesto Grassi und Physiologen bzw. Medizinern wie Erwin Strauß, Viktor von Weizsäcker, Herbert Hensel, Hans-Jürgen Scheurle, Thomas Fuchs und Peter Heusser, vertreten wurde.

ersten sieben Jahren des Lebens sind es vor allem die basalen, „inneren" Sinne, die sich durch vielseitige Bewegungen bei der Grob- und Feinmotorik ausbilden und sich bis zum Schulalter so entwickelt haben müssen, damit sie später als Grundlagen für das weitere Lernen zur Verfügung stehen (vgl. Stoeger/Suggate/Ziegler 2013; Koch/Herbert/Bleckmann 2017; Suggate/Stoeger 2018; Suggate/Pufke/Stoeger 2019). Wenn sie in der Kindheit nicht genügend ausgebildet werden, hat dies langfristige Auswirkungen für die gesamte physiologisch-neurologische Entwicklung eines Menschen (vgl. Koch/Herbert/Bleckmann 2017; Teuchert-Noodt 2017; Spitzer 2014).

Es bedarf immer des Blickes auf das Ganze des Menschen, denn die vielschichtigen Beziehungen zwischen dem Sinnesinhalt und der Art und Weise, wie durch die Sinne wahrgenommen wird, umfassen den ganzen Menschen: im Atmungsprozess, dem Blutsystem, dem Hormonsystem, dem Immunsystem, dem Stoffwechselsystem und Gliedmaßensystem, sogar bis hin zu epigenetischen Prozessen. Selbstverständlich hat sie auch umfassende und weitreichende Auswirkungen auf das emotionale sowie kognitive Leben des Menschen. Dementsprechend wird deutlich, wie vielschichtig und multiperspektivisch eine Betrachtung der Sinne im Zusammenhang mit der Erfahrung von Resonanz und Lebensqualität zu sein hat.

Es ist gerade dieser Anspruch der Vielschichtigkeit und Multiperspektivität, der das Werk von Hartmut Rosa „Resonanz: Eine Soziologie der Weltbeziehung" auch auszeichnet. Es ist im Rahmen dieses Beitrags unmöglich Rosas Ansatz, den er auf höchst beeindruckende Weise in seinem umfassenden Buch entwickelt, auch nur annähernd darzustellen. Es können nur einige Aspekte, die für den hier betrachteten Zusammenhang unmittelbar relevant erscheinen, genannt werden.

## 2. Die Sinne und die Resonanzerfahrung nach Hartmut Rosa

Schon am Anfang seines Werkes verdeutlicht Rosa, dass es ihm zentral um die Frage der Lebensqualität, um das „Gute", das „Gelingende" im Leben geht. Vor allem durch das von ihm immer wieder angesprochene Phänomen der Beschleunigung des modernen Lebens als prägenden Faktor haben wir inzwischen die Orientierung verloren, wie ein „gutes Leben" zu erlangen wäre. Rosa formuliert anschließend die Hauptthese des Buches:

> „Meine These ist, dass es im Leben auf die Qualität der *Weltbeziehung* ankommt, das heißt auf die Art und Weise, in der wir als Subjekte Welt erfahren und in der wir zur Welt Stellung nehmen; auf die Qualität der *Weltaneignung*. [...] Die zentrale Frage, was ein gutes von einem weniger guten Leben unterscheidet, lässt sich dann übersetzen in die Frage nach dem Unterschied

zwischen gelingender und misslingender Weltbeziehung" (Rosa 2016: 19f.; Hervorhebung im Original).

Aus dieser These entwickelt er einen umfassenden Begriff der Resonanz und hebt die Bedeutung von Resonanzbeziehungen als mögliche Antwort auf die Herausforderungen unserer Zeit hervor. Sowohl implizit als auch explizit sind deutliche Verbindungen zwischen Rosas Verständnis von Resonanzbeziehungen und den Qualitäten von Sinnesempfindungen erkennbar. Die Resonanzbeziehungen nach Rosa, ob in Bezug auf die eigene Leiblichkeit, ob zwischenmenschlich oder zwischen Mensch und Natur, haben als primäre Basis die Vielfalt der menschlichen Sinne. Damit eröffnen sich weitgehende und fruchtbare Möglichkeiten, Rosas Resonanzbegriff als Antwort auf Zeitphänomene im Zusammenhang mit der Bedeutung der Sinne und deren Entwicklungsmöglichkeiten zu betrachten. Vor allem in Bezug auf die Kindheit und Jugend ist eine solche Betrachtung ein dringendes Anliegen.

Rosa sieht den Menschen, vom Embryo bis zum Tod, als in Resonanzbeziehungen stehend und begründet diesen Begriff sowohl deskriptiv als auch normativ für das Menschsein. Er schreibt:

> „Zum ersten, so habe ich gezeigt, entwickeln sich ein menschliches Subjekt und ein menschliches Bewusstsein immer schon in und aus Resonanzbeziehungen zwischen einem erfahrenden Zentrum und einem begegnenden Etwas. Subjekt und begegnende Welt sind daher bereits das Ergebnis von Beziehungen, nicht deren Voraussetzung. [...] Resonanz ist eine emotionale, neuronale und vor allem durch und durch leibliche Realität. Sie ist die primäre Form unserer Weltbeziehung. [...] Weil das so ist, lässt sich menschliches Handeln in seiner Tiefenstruktur aber, zum Zweiten, auch begreifen als motiviert von der Sehnsucht und der Suche nach Resonanz sowie von der Angst davor, einer kalten, feindlichen Welt ausgesetzt zu sein" (Rosa 2016: 747).

Rosas Auffassung von Resonanz als „die primäre Form unserer Weltbeziehung" steht im Einklang mit einem Bild des Menschen, der grundsätzlich mit der Welt „verstrickt" ist (Lambert Wiesing), der „zur Welt" ist (M. Merleau-Ponty), der mit der Welt „verwoben" ist (Rudolf Steiner) und im deutlichen Kontrast zu dem oben erwähnten, von manchen Neurobiologen und Philosophen dargestellten Bild des Menschen, der in seiner abgekapselten, selbstkonstruierten Gehirnaktivität gefangen bleibt und sich in seiner Selbst- und Weltwahrnehmung ständig nur „täuscht".

Ein leitender Gedanke, der Rosas ganzes Werk durchzieht und der eine besondere Bedeutung für die Kindheit und Jugend aufweist, ist die existenzielle Offenheit des Menschen für die Wahrnehmungen und Erfahrungen, die er in der Welt und vor allem in Beziehungen zu anderen Menschen macht. In diesem Zusammenhang zitiert Rosa Merleau-Ponty:

> „Am Beginn der Wahrnehmung, als Bedingung von jeglichem Weltbezug steht die ‚Offenheit' des Subjekts für ein ‚Etwas' [...] Die Offenheit des Subjekts ist eine Figur des Transzendierens: Die Unterscheidung Subjekt-Objekt wird erst möglich, weil wahrnehmende Wesen qua Wahrnehmung immer schon auf die Welt bezogen oder geöffnet sind, dies allerdings ohne den bewussten Akt des Sich-gegenüber-Setzens" (Merleau Ponty 2003: 63; zit. n. Rosa 2016: 66f.).

Es ist gerade die totale Offenheit der Welt gegenüber, die Kinder auszeichnet. Was Nietzsche „das heilige Ja-sagen des Kindes" nennt (Nietzsche 1984: 569), beschreibt eine einmalige und zeitlich begrenzte Offenheit, die u. a. dem Wunder des kindlichen Spracherwerbs zugrunde liegt sowie der Möglichkeit, emotionale Dispositionen lebenslang auf tiefste Weise zu prägen. Die Auswirkungen von Resonanzerfahrungen und -beziehungen – oder deren Abwesenheit – in der Kindheit zeigen sich auf allen Ebenen des Menschseins und werden zur Grundhaltung des Menschen. Rosa schreibt:

> „[... es] lässt sich festhalten, dass Menschen in allen Dimensionen ihres Daseins – in leiblicher wie in geistiger, in kognitiver wie in emotionaler, in begehrender wie in bewertender Hinsicht – immer schon auf Welt bezogen sind; ihre Existenz ist geradezu Bezogenheit, sie verändert und entfaltet sich in und aus der Weltbeziehung [...] Von zentraler Bedeutung ist jedoch die Einsicht, dass die Grundformen der Bezogenheit unserer kognitiven Operationen (und damit auch unserer kognitiv-evaluierten Landkarten) vorauszuliegen scheinen. Das Grundverhältnis zur Welt manifestiert sich in der Antwort auf die Fragen, ob wir uns in der Welt *getragen* oder in sie *geworfen* fühlen, ob wir sie als prinzipiell *responsiv* oder als *repulsiv* erfahren, als *attraktiv* oder *gefährlich*, ob wir zu ihr eher eine instrumentelle oder eine resonanzsensible Haltung einnehmen" (Rosa 2016: 235f.; Hervorhebungen im Original).

Resonanz ist für den Menschen eine ganzheitliche und existenzielle Erfahrung, die das Leibliche, Emotionale und Kognitive eines Menschen auf verschiedene Weise und mit verschiedener Gewichtung anspricht und bewegt. Entsprechend umfassend ist das Spektrum der Beispiele, die Rosa als mögliche Quellen für Resonanzerfahrungen anführt, darunter die Natur, die Künste, Religion, Politik, Sport und Geschichte. So verschieden diese Bereiche auch sind, sie haben gemeinsam, dass die Resonanzerlebnisse nicht durch die kognitive Aufnahme von theoretischen Modellen entstehen, sondern erst wenn die „Mitte" des Menschen affektiv angesprochen wird und der Mensch sich mit seiner Leiblichkeit und durch seine Handlungen mit der Welt verbindet (vgl. Rosa 2016: 237f.).

## 2.1 Die Schule als Raum für Resonanzerfahrungen

Für die Ermöglichung von Resonanzbeziehungen und die Ausbildung von Resonanzfähigkeiten sieht Rosa die Schule an entscheidender Stelle:

> „Die Weltbeziehungen eines Menschen werden ganz wesentlich in der und durch die Schule geformt, daran kann es keinen Zweifel geben" (ebd.: 402)

Dabei sieht er diese Prägungen weniger in den Inhalten des Lehrplans begründet, sondern in den Beziehungen und Interaktionen, die in und um die Schule stattfinden:

> „Der Lehrplan spielt dabei nur eine untergeordnete Rolle. Die Weltbeziehung entfaltet sich vielmehr in dichten Interaktionsprozessen (mit Menschen und Dingen) im Klassenzimmer, aber auch auf dem Schulhof, auf dem Schulweg, im Ferienlager etc. [...] Im und um das Klassenzimmer entscheidet sich, welche Resonanz(in)sensibilitäten ein junger Mensch ausbildet und über welches Resonanzrepertoire im Umgang mit den Materialitäten, den Sinnangeboten und den Lebewesen dieser Welt er oder sie verfügen wird" (ebd.: 403).

Rosas Blick darauf, wie Schule von den Menschen erlebt wird und wonach sich Kinder und Jugendliche eigentlich sehnen, bezieht auch Bücher, Lieder und Filme mit ein. Dabei stellt er fest, dass, obwohl in vielen Pop-Songs die Schule äußerst negativ dargestellt wird, in fast allen anderen Kunstgenres die Sehnsucht nach einer humaneren Schule zu finden ist:

> „Tatsächlich habe ich den Eindruck, dass ebendies die geheime Mitte und Sehnsucht *fast aller* Novellen, Romane, Erzählungen und Filme über die Schule ist: [...] geht es immer um die Frage, ob Lehrer, Schüler und Stoff füreinander stumm und feindlich oder gleichgültig bleiben oder ob die Lehrer

die Schüler zu erreichen vermögen, ob sie den Resonanzdraht in Schwingung versetzen können und die Welt zum Singen bringen" (ebd.: 407).

Mit dem Anspruch, Resonanzachsen in der Schule so in Schwingung zu versetzen, dass sie *die Welt zum Singen bringen,* verbindet Rosa sein Verständnis von Bildung mit den Bildungsidealen, die im Laufe der letzten Jahrhunderte immer wieder artikuliert wurden:

> „Die Vorstellung, dass es im Bildungsprozess um das Zum-Klingen-Bringen-der-Welt für den Schüler durch den Lehrer geht, ist in der Tradition des Bildungsdenkens durchaus präsent; es findet sich in aller wünschenswerten Klarheit sowohl bei Humboldt als auch bei Herder, aber auch bei Friedrich Schiller und bei vielen anderen, die den Bildungsprozess als einen Vorgang verstehen, bei dem es darum geht, in der wechselseitigen Durchdringung und Berührung von Selbst und Welt das ‚Saitenspiel' der Seele in eine resonanzfähige ‚Stimmung' zu bringen" (ebd.: 410f.).

Im aktuellen Bildungsdiskurs sieht Rosa seine Auffassung von der primären Bedeutung der Qualität der Lehrer-Schüler-Beziehung und daraus die Möglichkeit, die gemeinsame Schöpfung eines „Resonanzgebildes" im Klassenzimmer zu bilden, durch John Hatties umfassende Metastudie bestätigt (vgl. ebd.: 416). In diesem Zusammenhang bezieht er sich explizit auf ein Leitmotiv des ganzen Buches; die *erste Stimmgabel,* die durch ihre Schwingungen Resonanzen bei einer zweiten Stimmgabel erzeugt. Entsprechend kritisch sieht er die gegenwärtige Tendenz, die Rolle des Lehrers als eine Art *Moderator* oder *Mediator* aufzufassen.

> „Dies unterschätzt aber meines Erachtens die Bedeutung eines als erste Stimmgabel, das heißt als Inspirator und Impulsgeber, fungierenden Lehrers: Durch die Berührung des Lehrers beginnt die Welt für die Lernenden erst zu singen" (ebd.: 414f.).

Rosa schließt seine Betrachtungen über die Schule mit einem biografischen Blick auf die mittel- und langfristigen Auswirkungen von Schulerfahrungen auf die *innere Verfassung* eines Menschen: wie er der Welt gegenüber*steht* – mit welcher Offenheit und welchem Interesse oder mit welcher Entfremdung und Distanz er der Welt grundsätzlich begegnen wird (vgl. Rosa 2016: 418). Das unterstreicht seine These über die weitreichende Bedeutung von Resonanzerfahrungen in der Schule im Hinblick auf Lebensqualität – nicht nur während der Schulzeit, sondern in ihren Auswirkungen auf ein gesamtes Leben.

## 2.2 Resonanzerfahrungen und die Sinne

Wenn man davon ausgeht, dass die *Vielfalt der Sinne die primäre Grundlage für die verschiedensten Arten von Resonanzerfahrung bildet*, rufen Rosas resonanztheoretische Perspektive auf die Schule und seine umfassend ausgearbeiteten Verbindungen zwischen Resonanzfähigkeit und Lebensqualität tiefgehende Fragen in Bezug auf die Entwicklung und Gefährdung der Sinne in unserer Zeit auf. Dies betrifft am unmittelbarsten und prägendsten Kinder und Jugendliche, die sich in ihren sensibelsten und entscheidendsten physiologisch-neurologischen und psychologischen Entwicklungsphasen des Lebens befinden. Für den schulischen Zusammenhang wirft es auch ein anderes Licht auf die einseitige Fokussierung auf die kognitive Entwicklung – eine grundlegende Problematik, die von Erziehungswissenschaftlern wie Christian Rittelmeyer, Horst Rumpf, Eliot Eisner und Maxine Greene immer wieder angesprochen wurde (vgl. Rumpf 1986; Greene, 2001; Eisner 2002; Rittelmeyer 2016). Das wirft sowohl Fragen nach der Bedeutung und Gefährdung der Sinne im Schulalter auf wie auch nach der Entwicklung und Pflege der Sinne in der Schulzeit und danach, welchen wesentlichen Beitrag diese zur Ermöglichung von Resonanz und Lebensqualität leisten können.

## 3. Bedeutung und Gefährdung der Sinne im digitalen Zeitalter

In März 2016 fand im Rahmen der Universität Witten-Herdecke ein interdisziplinäres Symposium für Mediziner, Neurowissenschaftler und Pädagogen zum Thema *Bedeutung und Gefährdung der Sinne im digitalen Zeitalter* statt. Im Rahmen dieser Tagung wurde auf vielfache Weise die entscheidende Rolle der Sinnesentwicklung in der Kindheit und Jugend diskutiert und die dringlichen komplexen Herausforderungen, die einer gesunden Entwicklung der Sinne in unserem Zeitalter entgegenstehen, betrachtet (vgl. Weinzirl/Lutzker/Heusser 2017). Aus der Vielzahl der Beiträge sei einiges hervorgehoben.

Wie Sabine Koch und ihre Mitautoren umfassend darstellten, ist in den ersten sieben Jahren des Lebens vor allem die Ausbildung der basalen, „inneren" Sinne, die Propriozeption und Interorezeption, die auf vielfache Weise die Grundlage für weiteres Lernen bilden, entscheidend (vgl. Koch/Herbert/Bleckmann 2017). Anhand einer Vielzahl von Studien machten sie deutlich, dass die erfolgte bzw. ausgebliebene gesunde Ausbildung dieser Sinne die gesamte spätere Entwicklung und Lernfähigkeit des Menschen betrifft. Die Brisanz der ausgebliebenen oder nicht genügend erfolgten neurologischen Entwicklungen wurde vor allem in dem Beitrag der Neurologin Gertraud Teuchert-Noodt deutlich. Ihre Ergebnisse wurden auch in einer Vielzahl von Veröffentlichungen anderer Neurologen dokumentiert (vgl.

z. B. Teuchert-Noodt 2017; Spitzer 2014; Greenfeld 2015). Für Teuchert-Noodt wirft daher die zunehmende Digitalisierung der Schulen dringende pädagogische Fragen auf.

„In der allgemeinen Pädagogik wurden die rechtshemisphärischen Anlagen sträflich vernachlässigt. [...] Kindern eine ausgewogene beidhemisphärische Qualifizierung zu ermöglichen ist dringend erforderlich. Ein Lernprogramm vielgestaltig, handlungs- und erfahrungsbezogen zu gestalten und mit scheinbar nebensächlichen Dingen auszuschmücken, das verspricht bessere Lernerfolge, mehr Kreativität und stärkt die Persönlichkeitsentwicklung in einer heranwachsenden Generation" (Teuchert-Noodt 2017: 174f.).

Für den pädagogischen Umgang mit Medien stellte Edwin Hübner ein Konzept vor, das vor allem durch seine Unterscheidung zwischen *indirekter* und *direkter* Medienpädagogik herausragt (vgl. Hübner 2015; 2017). Mit *indirekter* Medienpädagogik meint er die Förderung derjenigen Fähigkeiten, die in einer digitalisierten Kultur eher brach liegen bzw. wenig Entwicklungschancen angeboten bekommen, die der Mensch aber braucht, um Medien in das eigene Leben sinnvoll integrieren zu können. Dies umfasst die Entwicklung der Sinne, die Ausbildung grob- und feinmotorischer Fähigkeiten, die emotionale und kognitive Reifung. Die mit Beginn der Schulzeit einsetzende *direkte* Medienpädagogik umfasst zuerst die analogen Medientechniken wie Schreiben, Lesen, Rechnen, ein Musikinstrument spielen usw. Mit der später einsetzenden *direkten* Medienpädagogik sind die Erfahrungen und die Ausbildung von Fähigkeiten sowie Wissen gemeint, die zum kritisch-verständigen sowie zum aktiven und kreativen Umgang mit Medien aller Art befähigen. Hübners medienpädagogischer Ansatz ist deutlich an der Altersentwicklung der Kinder und Jugendlichen orientiert. Die konkreten Beispiele, die er nennt, sind vor allem aus der Waldorfpädagogik genommen. An ihnen verdeutlicht er, was aus seiner Sicht als notwendige Grundlagen im Kindergarten und in der Schule getan werden muss, um die individuellen Voraussetzungen für eine auf Selbstkompetenz aufbauende *direkte* Medienpädagogik zu schaffen, die schließlich zu einer souveränen Medienmündigkeit führt.

Rosas gesamter Resonanzansatz steht m. E. mit einem solchen Verständnis der grundlegenden Bedeutung einer umfassenden Sinneserfahrung und -entwicklung in der Kindheit und Jugend voll im Einklang. Das betrifft sowohl die unmittelbare Resonanzerfahrung durch die Sinne als „zweite Stimmgabel" als auch die intentionalen, willentlichen Handlungen, die als „erste Stimmgabel" Resonanzen bei Anderen auslösen können. Wie schon besprochen (siehe S. 237), sind beide Arten der Resonanzerfahrung grundsätzlich nur im Rahmen eines Gestaltkreises von

Handlungen und Wahrnehmungen zu verstehen. Rosa weist auch auf den fundamentalen Unterschied zwischen dem Körper als Instrument des Handelns, der eine unmittelbare Verbindung zur Welt erfährt, und dem Körper, der sich nur indirekt mit der Welt, nur „symbolisch" am Bildschirm verbindet:

> „Wie dargelegt, beanspruchen wir den Körper immer weniger als Werkzeug und immer stärker als basale Ressource zur Etablierung und Aufrechterhaltung symbolvermittelter Weltbeziehungen. Die Differenz zwischen dem instrumentellen Einsatz des Körpers und seiner Beanspruchung als Ressource, besteht in der Intentionalität der körperlichen Weltbeziehung: Setzen wir den Körper als Werkzeug ein – etwa, um Steine zu transportieren oder Kartoffeln zu ernten –, so sind wir durch ihn hindurch intentional auf die Welt bezogen, der Körper ist dabei Teil unserer intentionalen Beziehung. Sitzen wir dagegen vor dem Computer, benötigen wir die Sehkraft der Augen und die Konzentrationsfähigkeit des Gehirns als *Voraussetzungen* unseres intentionalen Handelns, nicht aber als dessen Elemente. Wir sind in diesem Sinne nicht körperlich-intentional auf Welt bezogen" (Rosa 2016: 178).

Was bedeutet es, wenn Kindern und Jugendlichen zunehmend die körperliche Weltbeziehung fehlt? In seinem höchst lesenswerten Buch „Schule als Resonanzraum und Entfremdungszone" geht Jens Beljan u. a. auch auf diese Frage ein, indem er den Verlust und die Bedeutung von leiblicher Erfahrung in der Schule eingehend thematisiert (vgl. Beljan 2017). Nachdem er die untergeordnete Rolle von leiblicher Erfahrung in der Schulpädagogik, die fast ausschließlich auf die Entwicklung kognitiver Fähigkeiten gerichtet ist, kritisch betrachtet, weist er auf den inhärenten Widerspruch zwischen einer auf das Kognitive begrenzten Sichtweise und resonanzerzeugenden Welterfahrungen hin:

> „Wenn Schülerinnen oder Schüler, vermittelt durch die Lehrerin oder den Lehrer, von einem Weltstoff oder Weltausschnitt bewegt oder berührt werden und sich als erreicht, inspiriert oder herausgefordert erleben, so ist dies kein Geschehen, das sich allein im Kopf abspielt. Während das kognitive Wissen lediglich vermerkt, was es in der Welt gibt, wird die Beziehung zu diesem Wissen leiblich reguliert. Das eigenleibliche Empfinden gibt Auskunft darüber, wie wir zu den Dingen stehen, was uns etwas angeht, was uns abstößt und was uns unberührt lässt. Menschen stehen durch ihren Leib immer schon mit der Welt in Beziehung, bevor sie sich distanzierend und reflexiv auf bestimmte Weltausschnitte beziehen. Der Leib ist stets der Nullpunkt im Koordinatensystem des Lebens. […] Leiblichkeit ist deshalb die Ba-

sis für einen partizipativen, Anteil nehmenden und teilhabenden Weltbezug" (ebd.: 305f.).

Im Rahmen seiner differenzierten Erarbeitung eines Konzepts von Schule als Resonanzraum bezieht er sich nicht nur auf Rosa, sondern auch auf Erziehungswissenschaftler wie Christian Rittelmeyer und John Dewey, aber auch auf Thomas Fuchs. Sein Resümee ist deutlich:

> „Tatsächlich lässt sich die moderne Geschichte der Schule, etwa mit Foucault, als eine Geschichte der Unterdrückung des Leibes lesen. Der Leib als ein Resonanzorgan wird in diesem Prozess zum Schweigen gebracht. An seine Stelle tritt der verdinglichte Körper, der zum Objekt von Manipulationstechniken, Dressurmitteln und Disziplinierungsmaßnahmen wird. […] Der Leib als Resonanzkörper weicht damit dem funktionalen Körper, den man beherrschen, kontrollieren und dominieren kann" (ebd.: 309).

Die Bedeutung der erfahrungsreichen und differenzierten Ausbildung der basalen Sinne, die auch die Grundlage für die Entwicklung der Grob- und Feinmotorik bildet, ist inzwischen durch umfangreiche Forschungen und Literatur beschrieben (vgl. Koch/Herbert/Bleckmann 2017; Spitzer 2014; Stoeger/Suggate/Ziegler 2013; Suggate/Stoeger 2018). Die genannten Autoren und viele andere auch geben z.T. vielfältige Anregungen und Empfehlungen, welche pädagogischen Maßnahmen im Kindergarten- und Grundschulalter erforderlich wären.

Solchen Forschungsergebnissen und pädagogischen Intentionen stehen jedoch mächtige, wirtschaftliche Interessen gegenüber, die Kindergärten und Schulen als praktisch unerschöpflichen Umsatzort für Geräte und Software betrachten und entsprechend auch auf regionalen, nationalen und internationalen Ebenen höchst aktiv auf Politiker einwirken und Entscheidungen maßgeblich beeinflussen (vgl. Krautz 2007, 2017; Coles 2019). Die Kluft zwischen pädagogischen Konzepten, die aus pädagogischen Gesichtspunkten entworfen wurden, und solchen, die aus wirtschaftlichen und politischen Interessen und Gesichtspunkten stammen, wird zunehmend kritisch betrachtet und kommentiert (vgl. Krautz 2017; Lankau 2017; Rittelmeyer 2018). Entsprechend wird es eine zentrale Frage für die Zukunft sein, inwiefern solche warnenden Stimmen und Forschungsergebnisse der Erziehungswissenschaft und Neurowissenschaft Gehör finden und fruchtbare pädagogische Impulse geben können oder ob sich wirtschaftliche Interessen durchsetzen werden.

Im Weiteren soll am Beispiel des *Hörsinns* auf weniger erforschte pädagogische Fragen bezüglich der Bedeutung und Gefährdung der Sinne eingegangen werden – gerade er spielt dazu auch eine entscheidende Rolle in Rosas gesamtem Werk.

## 4. Die Bedeutung und Gefährdung des Hörsinns

Das Leitmotiv in Rosas resonanztheoretischem Ansatz, auch wenn es auf ein umfassendes Spektrum von Phänomenen übertragen wird, schließt an das akustische Phänomen der Resonanz an und ist entsprechend unmittelbar mit dem Hörsinn verbunden. Es wäre auch nicht übertrieben zu sagen, dass die Bedeutung des Hörens als „Urresonanz" seinem gesamten resonanztheoretischen Ansatz zugrunde liegt.

Rosas Blick steht damit im auffälligen Kontrast zur Dominanz des Sehsinns auf nahezu allen Ebenen des individuellen Lebens. Die überragende Bedeutung des Sehsinns in Bezug auf unsere Urteile und Handlungen hat bei etlichen Philosophen, darunter M. Heidegger, J. P. Sartre, H. Arendt und D. M. Levin, zu kritischen Betrachtungen über die „hegemony of vision" (vgl. Levin: 1993) geführt. Auf verschiedene Weise prüften sie auch die Frage, was sich in unserer Beziehung zur Welt ändern würde, wenn das Hören der primäre Modus der Wahrnehmung und Urteilsbildung wäre.[2] Der Ausgangspunkt ihrer Überlegungen liegt in der Tatsache, dass dasjenige, was wir sehen, für unsere Wahrnehmungen außen bleibt, und das, was wir hören, in uns hereingeht. Wie John Dewey schreibt: „Vision is a spectator, hearing is a participation" (Dewey 1927: 218f.).

Der Literaturwissenschaftler Jacques Lusseyran, der mit sieben Jahren erblindete und trotzdem eine führende Rolle im französischen Widerstand während des Zweiten Weltkrieges spielte, schreibt über seine Erfahrung als Blinder:

> „Ich glaube, dass die Blindheit eine eigene Funktion hat. Ihre Aufgabe ist es, daran zu erinnern, dass der Despotismus eines unserer Sinne, des Sehsinnes, ungerecht ist, und vor der gegenwärtig vorherrschenden Wahrnehmungsform zur Vorsicht zu mahnen. Noch viel mehr: ihre Aufgabe ist es nicht nur, den inneren Ursprung alles Wissens ins Gedächtnis zurückzurufen, sondern auch, an die wunderbare Gabe zu erinnern, die uns erlaubt, andere Wahrnehmungsformen und wahrgenommene Bilder wechselseitig zu ersetzen" (Lusseyran 2010: 24).

---

[2] Wenn man die Dominanz des Sehsinns im Vergleich zu dem Hörsinns näher betrachtet, ist es auffallend, dass in Bezug auf deren ontogenetische Entstehung das Gegenteil der Fall ist. Die Entwicklung des Ohrs fängt schon ab der dritten Woche nach der Empfängnis an und die Cochlea ist schon ab der 22. Woche funktionsfähig. Es ist das erste Sinnesorgan, das sich bereits im Mutterleib vollständig bildet. Zweifellos *hört* das noch nicht geborene Kind: Forschungen zeigen, dass Neugeborenen das wiedererkennen, was sie im Mutterleib gehört haben (vgl. Tomatis 1987).

Die Beschreibung seiner Hörwahrnehmungen weist auf umfassende Möglichkeiten eines höchst aufmerksamen Zuhörens hin, die er als Gabe der Blindheit betrachtet:

> „Es ist wahr, dass die Blinden besser hören als die Sehenden. Die Töne ermöglichen ihnen ein Wahrnehmen von Entfernungen und sogar von Gestalten. Der Schatten eines Baumes auf der Straße ist nicht nur ein visuelles Phänomen. Er ist hörbar. Die Eiche, die Pappel und der Nussbaum haben jeweils eine spezifische Tonlage. Wie in ein Zimmer tritt man auch in den Ton einer Platane ein. Man erkennt darin eine bestimmte Ordnung des Raumes, Zonen der Spannung und Zonen des freien Durchganges. Dasselbe gilt für eine Mauer oder für eine ganze Landschaft. [...] Alle Lichtunterschiede entsprechen Tonunterschieden" (ebd.: 25f.).

Die Darstellung seiner umfassenden Weltwahrnehmungen schließt er mit einem Gedanken, der gerade auf die Entwicklung der Sinne abzielt, ab:

> „Ich habe als Beispiel einen Blinden gewählt. Ich hätte genauso gut von einem Sehenden sprechen können. Denn, um es noch einmal zu sagen: das besondere Gut der Blindheit besteht nicht darin, eine unterschiedliche Erfahrung zu schaffen, sondern darin, aus Notwendigkeit an eine besondere Erfahrung heranzuführen" (ebd.: 29f.).

Die dem Hörsinn innewohnenden Entwicklungsmöglichkeiten sind heute durch Umweltbelastungen wie verschiedene Formen von Lärm – *sonic pollution* – bei vielen Menschen deutlich gehemmt. Der Hörsinn gilt heute allgemein als der gefährdetste von allen Sinnen. Die Auswirkungen von *sonic pollution* beschränken sich jedoch nicht nur auf die deutliche und messbare Verminderung bzw. den Verlust des Hörens. Es gibt inzwischen umfangreiche Studien, die neben der deutlichen Verminderung des Hörvermögens auch einen unmittelbaren Zusammenhang zwischen *sonic pollution* und einer Reihe von Krankheiten, vor allem im gesamten *kardiovaskulären* Bereich, aufzeigen und zudem weitreichende negative Auswirkungen auf Lebensqualität in Form von erheblichen Schlafstörungen sowie von nachgewiesenen schlechteren Arbeits- und Schulleistungen beschreiben.

*Sonic pollution* hat dementsprechend sowohl eine Reduzierung der potenziellen Fähigkeiten eines feinen und differenzierten Hörens als auch eine starke Verminderung der Lebensqualität, die sich leiblich, seelisch und kognitiv auswirkt, zur Folge. Solche Störungen können auf verschiedenste Weise die Möglichkeit von Resonanzerfahrungen erheblich beeinträchtigen. Besonders Kinder und Jugendliche sind dadurch gefährdet und die Auswirkungen werden auch als langfristig eingestuft. In den WHO-Richtlinien steht ausdrücklich: „Impairment of early childhood development and education caused by noise may have lifelong effects on academic achievement and health."[3]

Ein weiteres Phänomen unserer Zeit ist als ein mögliches Hindernis für die Resonanzfähigkeit des Hörsinns zu betrachten: Zur differenzierten und umfassenden Ausbildung des Gehörsinns gehört die zeitweilige Erfahrung von Stille, denn aus der Stille heraus lernen wir auch subtile Unterschiede wahrzunehmen. Der ständige Geräuschpegel, vor allem in Städten, sowie die ständige Anwesenheit von digital erzeugter Musik, ob durch Kopfhörer oder in öffentlichen Räumen, führt tendenziell zur Abstumpfung bzw. zum Nicht-Hören. Zur Entwicklung des Hörsinns gehört die gegenteilige Erfahrung: das Erlernen der Fähigkeit eines *konzentrierten und aufmerksamen Zuhörens*, wie es z. B. in der Natur oder bei der Musik erfahren und geübt werden kann.

## 4.1 Der Hörsinn und die Musik

Rosas resonanztheoretischer Ansatz zeichnet sich auch dadurch aus, dass vielfältige musikalische Beispiele sowie musikalische Metaphern eine zentrale Rolle spielen. Musik ist für ihn ein paradigmatisches Beispiel dafür, wie Weltbeziehungen tiefempfundene Resonanzerfahrungen ermöglichen:

> „Das Musik-Erleben hebt die Trennung zwischen Selbst und Welt auf, indem es sie gleichsam in reine Beziehung verwandelt: Musik sind die Rhythmen, Klänge, Melodien und Töne zwischen Selbst und Welt, auch wenn diese natürlich eine ding- und sozialweltliche Quelle haben. Der Klangkosmos besteht dann daraus, dass er alle Arten und Schattierungen von Beziehungen auszudrücken oder zu stiften vermag: [...] Erst aus dieser Perspektive wird verständlich, wieso Musik einerseits die Macht besitzt, die Art unseres-In-die-Welt-Gestelltseins (oder unserer ‚Gestimmtheit') zu verändern, wieso uns andererseits auch je nach der Art unserer aktuellen Weltbeziehung nach anderer Musik verlangt. Mehr noch: Selbst (und gerade) Musik, welche Traurigkeit, Schwermut, Hoffnungslosigkeit oder Zerrissenheit zum Ausdruck bringt, vermag uns zu berühren, weil wir sie als Resonanz auf unsere eigene Trauer, Melancholie oder Zerrissenheit, mithin also auf unsere eigenen Weltbeziehungen erfahren können" (Rosa 2016: 162f.).

---

3 http://www.euro.who.int/en/health-topics/environment-and-health/noise/publications/2018/environmental-noise-guidelines-for-the-european-region-executive-summary-2018, Zugriff 21.01.2020

Rosa sieht die herausragende Bedeutung der Musik für Resonanzerfahrungen als ein besonderes Merkmal unserer Zeit und noch mehr als ein gewichtiges und unverzichtbares Korrektiv zu den von ihm immer wieder angesprochenen Tendenzen der Verdinglichung und Verstummung einer Gesellschaft.

> „Ist die These, dass in der Musik die (Welt-)Beziehungsqualität als solche verhandelt wird, richtig, wird verstehbar, welch eminent wichtige Funktion die Musik in der (modernen) Gesellschaft zu erfüllen vermag: Sie dient der Vergewisserung und potentiell der Korrektur unseres Weltverhältnisses, sie moderiert und modifiziert unsere Weltbeziehung, und sie stiftet sie immer wieder neu als ‚Urbeziehung', aus der Subjekt und Welt hervorgehen" (ebd.: 164).

Er betrachtet diese Stellung der Musik als Phänomen der Moderne, das schon seit dem 20. Jahrhundert erkennbar ist und heute noch eine herausragende Bedeutung für die Menschen darstellt:

> „So betrachtet, erscheint die umfassende ‚Musikalisierung' der Welt seit dem 20 Jahrhundert als ein möglicherweise unverzichtbares, weil in seiner Wirkung komplementäres Korrelat zu einer wachsenden Verdinglichung unserer doppelseitigen, körperlichen Weltbeziehung, welches es nun genauer zu untersuchen gilt" (ebd.: 164).

In der Bedeutung, die er der Musik für Resonanzerfahrungen heute und in der Zukunft beimisst, befindet er sich in Übereinstimmung mit Elias Canetti:

> „Es wird eine Zeit kommen, in der man nur noch durch sie den engen Maschen der Funktionen entschlüpfen wird, und sie als ein mächtiges und unbeeinflußtes Reservoir der Freiheit zu belassen, muß als die wichtigste Aufgabe des künftigen Geisteslebens gelten. Die Musik ist die wahrhafte lebende Geschichte der Menschheit, von der wir sonst nur tote Teile haben. Man braucht aus ihr nicht zu schöpfen, denn sie ist immer schon in uns da, und es genügt, schlicht zu hören, da man sonst vergeblich lernt" (Canetti 1981: 25).

Sowohl die Aussagen von Rosa als auch die von Canetti setzen eine resonanzfähige Wahrnehmung von Musik voraus, die auf primäre Weise im Zusammenhang mit dem Hörsinn steht. Eine differenzierte Entwicklung des musikalischen Hörvermögens erfordert sowohl konkrete musikalische Erfahrungen als auch einen resonanzfähigen Hörsinn. Was als Resonanzerfahrungen und Gewinn an Lebensqualität durch die Musik erfahren werden kann, wird auf vielfache Weise davon abhängen, ob und wie solche Erfahrungen in der Kindheit und Jugend stattfinden. Wenn das Verständnis für schulisches Lernen und Wissen sich vornehmlich auf das kognitive Lernen beschränkt, bedeutet dies nicht nur verpasste Lern- und Entwicklungsmöglichkeiten in anderen Bereichen, sondern aus resonanztheoretischer Sicht eine weitreichende Beschränkung potenzieller Resonanzmöglichkeiten und dadurch einen Verlust von Lebensqualität.

## 4.2 Das Hören und die Wahrnehmung von Sprache

Der Hörsinn des Menschen ist nicht nur mit dem Hören von Musik verbunden, sondern auch mit der Sprache. Auch wenn zweifellos an der Sprachwahrnehmung mehrere Sinne beteiligt sind – vor allem durch die visuelle Wahrnehmung von Gesichtsmimik, Gestik, und Körperhaltung – und auch wenn die Taubstummensprache eine komplexe und reichhaltige menschliche Sprache ist, die ohne den Hörsinn auskommt, bleibt das unmittelbare Hören von gesprochener Sprache für alle hörenden Menschen der entscheidende Faktor.

Rosa betrachtet die Sprache als einen zentralen Faktor für Resonanzerfahrungen, nicht nur im direkten Zusammenhang mit der Sprache selbst, sondern auch im Zusammenhang mit anderen sensorischen Erfahrungen:

> „Dass Phänomene wie das Wetter, die Landschaft oder die Musik auf solche Weise zu ‚aktiven Spiegeln' oder Resonanzflächen für menschliche Subjekte zu werden vermögen, hängt wiederum aller Wahrscheinlichkeit nach mit der *Sprachfähigkeit* zusammen, die dazu führt, dass Menschen die Welt gleichsam zu (er)lesen verstehen: Anders als Affen können Menschen Handlungen (wie das Greifen einer Erdnuss oder das Töten eines Kindes) nicht nur ausführen und beobachten, sondern sie auch sprachlich evozieren – und die sprachliche Beschreibung (gleichgültig ob wir sie lesen oder hören) scheint die Spiegelneuronen auf eine ganz ähnliche Weise zum Feuern zu bringen, wie die anderen beiden ‚Handlungsmodi'" (Rosa 2016: 266).

Sprache verstehen setzt jedoch mehr voraus als nur einen gesund entwickelten Hörsinn. Den Hinweisen Rudolf Steiners folgend, die von anderen inzwischen weiter ausgearbeitet wurden, gibt es noch einen spezifischen und eigenen Sinn für die Wahrnehmung von Sprache: *den Sprachsinn*.

## 5. Resonanz im Zusammenhang mit Rudolf Steiners Konzept des Sprachsinns und der sozialen Sinne

In seiner über mehrere Jahrzehnte ausgearbeiteten Sinneslehre ging Steiner grundsätzlich von der Möglichkeit der Erschließung der Weltwirklichkeit durch die Sinne aus. Steiner ging jedoch von den Wahrnehmungen an sich und nicht von der Anwesenheit eines sichtbaren Sinnesorgans aus und erweiterte aufgrund der beobachteten Phänomene das Gesamtspektrum der Sinne: „Man muss sich eben nur bekannt machen mit dem Gedanken, dass die Sinneslehre nicht so behandelt werden darf, dass man nur die Sinne beschreibt nach den gröberen Sinnesorganen, sondern nach der Analyse des Erlebnisfeldes" (Steiner 1921: 17). Aus dieser phänomenologischen Perspektive beschrieb er neben dem Gehörsinn einen Sprachsinn (für die Wahrnehmung der Laute und Wörter), einen Gedankensinn (für die Wahrnehmung der Gedanken eines Anderen) und einen Ichsinn (für die Wahrnehmung des „Ich" des Anderen) als *vorstellungsverwandte, soziale Erkenntnissinne*. Ihr Wahrnehmungsgebiet ist die sozial-kommunikative Interaktion und ihr wesentliches gemeinsames Merkmal besteht darin, dass sie Menschen ermöglichen, einen Teil des „Inneren" eines anderen Menschen – dessen Sprache, Gedanken, und „Ich" – wahrzunehmen (vgl. Steiner 1917: 106–111).

Als „Organ" des Sprachsinns sah er den *Bewegungsorganismus* des Menschen an, der sich bereits beim Hören der Sprache und beginnend auf der Lautebene unbewusst und umfassend zur Sprache bewegt.[4] Das Phänomen des *entrainment* zu der Laut- und Wortebene der Sprache (*interactional synchrony*) ist inzwischen auch durch linguistisch-kinesische Forschungen, die durch Filmaufnahmen, welche ein sehr detailliertes Erfassen von Tausenden von Mikrobewegungen zur Sprache erlauben, die der ganze Mensch beim Sprechen und Zuhören mitvollzieht, bestätigt worden (vgl. Condon 1988; Peveling 2016; Lutzker 2017). Steiner war grundsätzlich der Auffassung, dass Sinnestätigkeit immer eine Interaktion und Integration mehrerer Sinne ist und zur Sprachwahrnehmung nicht nur die gehörten Wörter, sondern auch die visuelle Wahrnehmung der gesamten Gestik, Mimik und Physiognomie dazugehört (vgl. Steiner 1910: 29).[5] Entscheidend bei den Sinnesaktivitäten ist, dass die Unmittelbarkeit der Wahrnehmung es Menschen ermöglicht, Sprache sowie das Denken und das „Ich" eines Anderen direkt zu empfinden, *bevor* es zu einer Urteilstätigkeit kommt.

Steiners Erweiterung der Sinne auf das Soziale eröffnet weitere und neue Fragestellungen, die stark ins Pädagogische hereinwirken. In unserem digitalen Zeitalter erscheinen sie besonders aktuell: Was bedeutet die Reduzierung der unmittelbaren Kommunikation zwischen Menschen schon ab der frühen Kindheit und deren Ersatz durch mediale Erfahrungen für die Sprachentwicklung? Von der

Hypothese der sozialen Sinne ausgehend, wäre die Frage dann so zu formulieren: Was bedeutet der digitale Ersatz für die Entwicklung des Sprachsinns, des Gedankensinns und des Ichsinns? Schließlich: Welche konkreten Maßnahmen würden zur gesunden und differenzierten Entwicklung dieser Sinne beitragen, die in der heutigen Welt unter ganz anderen Bedingungen als je zuvor sich entwickeln müssen?

### 5.1 Die Entwicklung des Sprachsinns als Resonanzphänomen

Die praktisch unbegrenzte Fähigkeit des Säuglings im ersten Lebensjahr, z. B. Sprachlaute genau zu hören und zu erkennen, ist inzwischen gut erforscht. Säuglinge zeigen die einzigartige Fähigkeit eines höchst differenzierten Hörens, von *speech sounds* (vgl. Patzlaff 2017: 178–202). Diese Fähigkeiten scheinen zuerst universal zu sein, d. h. Säuglinge können feinste Lautunterschiede bei *jeder* Sprache wahrnehmen. Sie spezialisieren sich gegen Ende des ersten Lebensjahres auf die Sprache oder Sprachen, die sie bis zu diesem Zeitpunkt gehört haben. Aber auch in den anschließenden Lebensjahren behält das Kleinkind die Fähigkeit, Sprache so genau und intensiv wahrzunehmen, dass es diese auf natürliche Weise lernt und akzentfrei sprechen kann.

Rosa beschreibt den Fortgang eines normalen kindlichen Spracherwerbs im Rahmen seines Resonanzansatzes auf folgende Weise:

> „Der Spracherwerb wiederum vollzieht sich dabei gleichsam in einem sich herausbildenden ‚Resonanzdreieck' zwischen Hand, Mund/Stimme und Sinn – und soziale Gemeinschaften werden auf diese Weise vermittels der geteilten Sprache zu ‚Resonanzgemeinschaften'" (Rosa 2016: 266).

Als einen wesentlichen Teil der gesamte Sprach- und Sozialentwicklung betrachtet er die narrativen Zusammenhänge, in denen ein Kind aufwächst, und betont vor allem das Erzählen und Hören von Geschichten, da solche Erfahrungen in der Kindheit reiche Voraussetzungen für eine komplexere Perspektiven-Übernahme und soziale Empathie bilden (vgl. Rosa 2016: 267). Sprachforscher wie Jerome Bruner und Susan Engel erläuterten eingehend, wie förderlich Geschichten nicht nur für das Vorstellungs- und Gefühlsleben eines Kindes sind, sondern auch für die Entwicklung des Denkens, der Kreativität und letztendlich auch zur Bildung der Identität (Bruner 1983; Engels 1999). In ihrem wegweisenden Werk über die Rolle von Geschichten in der Kindheit schreibt Engel:

> „One of the things I have tried to show is that stories are not merely a nice or fun decoration added to the real stuff of mental development. They *are*,

in many respects, the real stuff of mental development. The construction, telling and retelling of stories allow children to learn about their world and reflect on their knowledge. The making of stories also allows them to know themselves; through stories, children construct a self and communicate that self to others. [...] I believe that this comes naturally to children because I think it is an essential aspect of what it means to be a human being" (Engel 1999: 206; Hervorhebungen im Original).

In einer Zeit, in der Kinder sowohl Sprache als auch Geschichten immer mehr durch digitale Medien erfahren, stellen sich viele Fragen nach den möglichen Konsequenzen. Es ist seit Längerem bekannt, dass der natürliche Spracherwerb des Kindes nur im unmittelbaren sprachlichen Kontakt mit anderen Menschen stattfindet (vgl. Patzlaff 2017). Auch wenn sicherlich kein Kind *nur* digital erzeugter Sprache begegnet, hat eine erhebliche Reduzierung des unmittelbaren Kontaktes mit Menschen weitreichende Auswirkungen u. a. auf die Sprachfähigkeiten des Kindes.

## 6. Der Verfall der Sprache und die Möglichkeiten von Kindergarten und Schule

Seit Jahrzehnten wird international der drastische Verfall der Sprache bei Kindern dokumentiert, vor allem im Rahmen von regelmäßig stattfindenden Schuluntersuchungen. Schon 2012 zeigte eine Untersuchung der Krankenkasse Barmer BEK, dass bei 34% die Kinder die Diagnose „Sprachstörung" gestellt wurde, im Vergleich zu 2004 eine Erhöhung um 25% (Patzlaff 2017: 31). Der Zuwachs an Störungen betrifft nicht nur Sprachdefizite: Inzwischen gibt es eine Reihe von Forschungsergebnissen, die auf deutliche Zusammenhänge zwischen verschiedenen Störungen in der Kindheit und Jugend und einem erhöhten Konsum von digitalen Medien hinweisen, darunter Einschlafstörungen, motorische Hyperaktivität, Konzentrationsstörungen, Depressionen und Sprachstörungen (vgl. Twenge 2016). Der Sprachforscher Rainer Patzlaff zieht aus einer Vielzahl von Studien das Resümee:

> „Betrachten wir nun abschließend, wie sich die Lage insgesamt darstellt, so zeichnen sich im Rückblick auf die letzten Jahrzehnte drei deutlich verfolgbare Entwicklungsstränge ab:
>
> 1. Seit den Neunzigerjahren setzt beobachtbar ein allmähliches Verstummen des Familiengespräches zwischen Eltern und Kind ein. Die Fernsehzeiten der Eltern steigen kontinuierlich an.

2. Parallel dazu nimmt der tägliche Fernsehkonsum der Kinder zu, das Einstiegsalter sinkt. Mit fortschreitender Technik kommen weitere Bildschirmmedien hinzu.
3. Zeitgleich steigt das Ausmaß der Sprachentwicklungsstörungen von Kindern im Vorschulalter immens an" (Patzlaff 2017: 47).

Patzlaff sieht eine eindeutige Ursache für Sprachentwicklungsstörungen in der Reduzierung des unmittelbaren sprachlichen Austausches mit Erwachsenen. Stattdessen erleben Kinder in zunehmendem Maß Sprache aus den Medien als digitalen Ersatz, sodass es insgesamt zwar nicht an Spracherfahrungen fehlt, aber an unmittelbarer menschlich-sprachlicher Interaktion, was sich entscheidend auf die Sprachentwicklung auswirkt. Patzlaffs Schlussfolgerung fällt entsprechend deutlich aus: „Die Originalsprache aus dem Mund nahestehender Personen wirkt offensichtlich fördernd auf den Spracherwerb des Kindes, und die äußerlich vielleicht viel bessere und ausgiebiger gespendete Sprache aus dem Lautsprecher wirkt nicht nur nicht fördernd, sondern sogar behindernd" (ebd.: 48).

Auch wenn in den ersten Jahren sicherlich vom Elternhaus Entscheidendes geleistet werden muss, haben Pädagogen in Hinblick auf die Sprachförderung offensichtlich eine zunehmend wichtigere Aufgabe. Diese steht jedoch im deutlichen Widerspruch zu neueren politischen Initiativen, die die Rolle des digitalen Lernens in der Schule erheblich verstärken und auch verfrühen wollen. Es werden anscheinend die hierzu relevanten Forschungen nicht zur Kenntnis genommen.

Von der Hypothese eines Sprachsinns ausgehend heißt dies, dass die fehlende Unmittelbarkeit und Reichhaltigkeit von sprachlicher/menschlicher Erfahrung innerhalb einer entscheidenden Phase der Kindheit eine weitgehende Reduzierung seiner Entwicklungsmöglichkeiten bedeutet. Gerade was den Spracherwerb betrifft, ist seit Langem bekannt, dass es eine kritische Phase der Sprachentwicklung in der Kindheit gibt, in der bestimmte Entwicklungsschritte gemacht werden müssen, um eine normale Sprachentwicklung zu gewährleisten; Schritte, die später nicht richtig nachholbar sind.[6] Für die Sinnesentwicklung ist es daher dringend erforderlich, pädagogische Möglichkeiten, die diese Entwicklung fruchtbar unterstützen können, herauszuarbeiten. Hier sind ErzieherInnen und LehrerInnen gefordert, initiativ zu werden und den Reichtum der Sprache, der z. B. in Märchen,

---

6 Die sogenannte kritische Periode der Sprachentwicklung hängt unmittelbar mit der neurologischen Plastizität des Gehirns zusammen sowie mit der umfassenden und einmaligen Offenheit des Kindes in dieser Phase. Wie lange diese kritische Periode des Spracherwerbs dauert, ist noch umstritten – allerspätestens ist sie mit dem Anbruch der Pubertät vorbei (vgl. Lutzker 2017: 209–211).

in Fabeln, in Geschichten, in vielen Kinderbüchern lebt, verstärkt in die kindliche Erfahrungswelt hineinzubringen. Für die weiteren, mit dem Hörsinn und dem Sprachsinn verbundenen sozialen Sinne – also Gedankensinn und Ichsinn – wären solche pädagogischen Initiativen, welche die gesamte soziale Entwicklung des Kindes betreffen, notwendiger denn je. Aus der Perspektive der Sinneserfahrung und der damit verknüpften sprachlichen, sozialen, identitätsstiftenden, und imaginativen Entwicklung muss man es als verheerenden Verlust betrachten, wenn Kindern das Eintauchen in die sprachlich-bildlichen Welten von Märchen, Erzählungen, Geschichten usw. vorenthalten würde, bzw. dies nicht unmittelbar durch Menschen, sondern vornehmlich durch Lautsprecher geschähe. Die Konsequenzen sind nicht nur eine dadurch verarmte Kindheit, sondern ein Verlust, der sich durch ein ganzes Leben zieht. Der Literaturwissenschaftler George Steiner schreibt hierzu:

> „Einem Kind den Bann der Geschichte vorzuenthalten, den Galopp des Gedichtes, sei es vorgetragen oder gedruckt, ist eine Art von Beerdigung bei lebendigem Leibe. Es bedeutet, das Kind in Leere einzusperren. Mythologie, die Reisen durch Scylla und Charybdis, hinab in das Kaninchenloch im Wunderland von Alice, die turbulente Logik des Biblischen, die ‚Garten der Verse' sind die großen Boten. [...] Wenn man das Kind ohne Texte läßt, im umfassendsten Sinne des Begriffes, dann wird es einen frühen Tod des Herzens und der Imagination erleiden" (Steiner 1990: 251).

Nach meinem Verständnis stehen die Ansätze von Engels und George Steiner bezüglich der Verbindung zwischen sprachlichen Erfahrungen und emotionaler sowie imaginativer Entwicklung ganz im Einklang mit den Ansätzen und Zielen von Rosas resonanztheoretischem Vorhaben. Dies wird noch deutlicher in den Verbindungen, die Rosa zur Rolle ästhetischer Erfahrungen zieht. Zu den Leitfäden, die sich durch Rosas gesamten Resonanzansatz ziehen, gehört auch die herausragende Bedeutung, die er allen Formen ästhetischer Erfahrung beimisst, die er immer wieder als eine mögliche Antwort auf verdinglichende Weltbeziehungen sieht. Rosa bezieht sich in diesem Kontext auf eine Vielzahl von Autoren und Werken, darunter auch auf Schillers *Briefe über die ästhetische Erziehung des Menschen* sowie auf Charles Taylor. Dieser, der Schillers Verständnis ästhetischer Erfahrung und die Bedeutung der *Schönheit* für die Herstellung des „Einklangs in unserem Innern" heraushebt, schreibt hierzu: „Die Schönheit als besonders vollendete Form der Einheit, die zugleich die höchste Form des Seins darstellt, liefert die Definition des wahren Lebensziels" (Taylor 2009: 531; zit. n. Rosa 2016: 233).

## 6.1 Das Poetisieren der Sprache

Es ist bezeichnend für Rosas ästhetisch geprägtes Verständnis von Resonanz, dass er in Bezug auf Sprache und Resonanzerfahrungen die besondere Bedeutung von Dichtung und die Notwendigkeit eines „Poetisierens" der Sprache hervorhebt, die das menschliche Verhältnis zu einer stummen Objektwelt aus der *Entfremdung* und zu Formen des *Erklingens* bringen kann:

> „Alle diese Überlegungen legen nahe, dass es auch und vielleicht gerade im Verhältnis zur Objektwelt verdinglichende, stumme oder, in der hier entwickelten Diktion, *entfremdete* Formen der Beziehung gibt, welche die Dingwelt ‚starr und stumm' werden lassen können, aber eben auch *resonante* Formen, in denen sie zu ‚singen' beginnt" (Rosa 2016: 387; Hervorhebungen im Original).

Rosa sieht in seinen umfassenden gesellschaftlichen Betrachtungen parallel laufende Tendenzen: Einerseits eine zunehmende Tendenz der Verdinglichung und Entfremdung in der Beziehung zu einer „Objektwelt" und andererseits eine wachsende Sehnsucht nach Resonanz, jedoch oft in der Form einer klischeehaften und täuschenden Romantik:

> „In der Kultur der Moderne entwickelten sich verdinglichende Weltbeziehungen und die Sehnsucht nach (und Sensibilität für) resonante Bezugsweisen [...] mehr oder minder parallel. [...] Für die (Wieder-)Herstellung von Resonanzen wird dabei der Modus einer kindlichen, vor allem aber einer *poetischen* Weltbeziehung in Anschlag gebracht. In dem Wunsch und der Vorstellung, die im modernen Weltverhältnis zum Verstummen gebrachten Dinge – und damit die Welt selbst – wieder zum Leben erwecken zu können, erblicke ich den bis in die banalsten Formen aktueller Alltagswelten (etwa der Popmusik oder der Werbung) fortwirkenden Kern der Romantik" (Rosa 2016: 387; Hervorhebung im Original).

Die Banalität und Leere einer Alltagssprache, die in den letzten Jahren durch die umfassende Verbreitung des „Sprachstils" der sozialen Medien massiv zugenommen hat, trägt zu dem Verlust der Sprache als bildendem und resonanzfähigem bzw. resonanzerzeugendem Element bei. Aus der Perspektive der Sinnesentwicklung fehlen genau die bildenden sprachlichen Erfahrungen, die entscheidend wären für das, was Gadamer eine *Kultur der Sinne* nannte. Aus Rosas Perspektive führt ein solcher Verlust zu Beziehungen, welche die Welt als stumm erleben – eine Welt, die nicht mehr „erklingt" oder „singt" – auch weil die hierzu passenden und notwendigen Wörter fehlen. Max Picard wies eindringlich hin auf den gravierenden Unterschied zwischen einer verarmten und überall anzutreffenden Alltagssprache, die er *Wortgeräusch* nannte, und dem unerschöpflichen und innewohnenden Reichtum der Sprache, den er als *das Wort* bezeichnet (vgl. Picard 2004). Er betrachtete die Reduktion von Sprache zum *Wortgeräusch* als existenziellen Verlust für den Menschen: „Reduziert der Mensch das Wort zum Wortgeräusch, so wird nicht nur die Sprache reduziert, sondern auch er selber, denn der Mensch ist Mensch durch das Wort, nicht durch das Wortgeräusch" (Picard 2004: 19).

Für Picard liegt in der für ihn alles umfassenden Welt des *Wortes* genau die Dimension der Sprache und des Seins, die eine tiefe menschliche Beziehung zur Welt ermöglicht. Nur noch in der Sprache des Dichters findet er diesen Reichtum wieder. Im Duktus von Rosa birgt ein so gehörtes oder ergriffenes *Wort* die Möglichkeit, die Welt – und damit auch den Menschen – zum „Erklingen" zu bringen. Picard beschreibt, wie die poetische Sprache eine solche „erklingende" Weltbeziehung herstellt:

> „Die Sache ist nicht nur durch das Wort da, das Wort ist die Sache selber. So sehr ist das Wort die Sache und die Sache durch das Wort da, dass sie durch das Wort hindurch, mit dem Wort hineindringt in den Menschen, der das Wort hört. Und das Wort macht die Sache gegenwärtig, in einem solchen Maße, dass noch, um die Sache herum, Gegenwärtigkeit erzeugt wird im Menschen, zu dem das Wort geht. Das Wort hält nicht nur die Sache, sondern auch den ihm zuhörenden Menschen fest" (Picard 2004: 18).

Auch Hans-Georg Gadamer sah in der Sprache des Dichters die Möglichkeit, den Reichtum und die Tiefe der Sprache vor der Abnutzung durch den Alltag zu retten. Er geht dem Wahrnehmungsprozess bei der Empfindung einer poetischen Sprache nach und stellt fest, dass eine solche Erfahrung sich u. a. durch die *Gleichzeitigkeit* von Klang und Sinn in der unmittelbaren Präsenz und Erfahrung des einzelnen Wortes auszeichnet:

> „In Wahrheit steht eben die Einzigkeit dichterischer Fügung ständig in der Abwehr gegen die Abnutzung von Sprache. Abnutzung von Sprache aber bedeutet, daß Sprache nicht mehr leistet, was sie kann: eine neue Präsenz, eine neue Vertrautheit zu schaffen, die sich nicht abnutzt, sondern beständig an Tiefe gewinnt. Das schließt gewiß ein, daß die Worte nicht erst in der Äußerlichkeit des Klanges, dann in der Trägerschaft der Bedeutung, dann

in der Einfügung in einen Bedeutungszusammenhang aufgenommen und so nach und nach zum Ganzen aufgebaut werden. Vielmehr ist die Wirkungseinheit von Sinn und Klang, die wie von einem Ganzen getragen wird, in jedem Worte bereits darin. Dieses Darinsein des Ganzen in allem Einzelnen des Gebildes schließt aber ein, daß auch der von ihm ganz Erfüllte ganz in ihm aufgeht – wie der Schauende in der Anschauung, wie der Singende in seinem Gesang" (Gadamer 1993: 278).

## 6.2 Das Wort und das Schweigen

Für Picard stand *das Wort,* das in der Dichtung zum Ausdruck gebracht wird, in einem unmittelbaren Zusammenhang mit dem *Schweigen.* Nur aus dem Schweigen heraus, nur in Verbindung mit dem Schweigen, sei *das Wort* zu erschaffen. Die Möglichkeit das *Wort* zu ergreifen liege in der Herstellung einer Verbindung zu einer schweigenden Ebene der sprachlichen Erfahrung:

> „Wenn das Wort nicht mehr mit dem Schweigen verbunden ist, kann es sich nicht mehr regenerieren, es verliert von seiner Substanz. Wie von selber redend ist die Sprache heute, und, sich ausstreuend und sich entleerend, scheint sie auf ein Ende zuzueilen. [...] Man hat die Sprache verwaisen lassen, indem man sie vom Schweigen wegnahm. Sie ist keine Muttersprache mehr, nur noch eine Waisensprache. [...] Nur in der Sprache des Dichters erscheint manchmal noch das wirkliche, mit dem Schweigen zusammenhängende Wort" (Picard 1959: 37f.).

Aus der hier entwickelten sinnestheoretischen Perspektive schließt sich nunmehr ein Bogen, der mit der Besprechung des Hörens und des Hörsinns anfing und mit dem „mit dem Schweigen zusammenhängenden Wort" endet. Es wurde bei der Betrachtung des Hörsinns einerseits der unaufhörliche und z.T. lautstarke Geräuschpegel, der auch das Gehör physisch schädigen kann, und andererseits die Notwendigkeit der Stille für eine differenzierte Ausbildung des Gehörsinns dargestellt. Im Kontext der Sprache stellten wir einerseits das Phänomen eines alltäglichen und allgegenwärtigen „Wortgeräusches" und auf der anderen Seite die weitreichende Bedeutung der Stille, in ihrer sprachspezifischen Form von Schweigen, dar.

So wie aus der Erfahrung von Stille der Hörsinn sich immer differenzierter und feiner entwickeln kann, kann aus der Erfahrung des Schweigens eine poetische Sprache erst herausgehört und später wahrgenommen werden. Der irische Dichter Seamus Heaney verglich seine Arbeit mit der eines Rutengängers, der mit seiner Rute versucht mit dem Wasser, das sich unsichtbar und unhörbar unter der

Erde bewegt, Kontakt aufzunehmen (vgl. Parker 1993: 73-74). Der argentinische Dichter Octavio Paz beschrieb seine Erfahrung so:

> „By a path [...] the poet comes to the brink of language. And that brink is called silence, blank page. A silence that is like a lake, a smooth and compact surface. Down below, submerged, the words are waiting. And now one must descend, go to the bottom, be silent, wait" (Paz 1956: 131).

Picard verstand die unmittelbare Erfahrung des Schweigens als eine Art Begegnung:

> „Es gibt keinen Anfang vom Schweigen und auch kein Ende. [...] Wenn das Schweigen da ist, dann ist es, als habe es nie etwas anderes gegeben: immer nur es. Wo das Schweigen ist, da wird der Mensch vom Schweigen angeschaut; es schaut den Menschen an, mehr als der Mensch das Schweigen. Er prüft das Schweigen nicht, aber das Schweigen prüft ihn" (Picard 1959: 11).

## 6.3 Das Schweigen als Haltung

Eine entsprechende Achtung für die Stille und für das Schweigen kann man auch als eine allgemeine Haltung zur Welt betrachten. Es ist eine Haltung, die auch mit der Praxis von Kontemplation und Meditation eng verbunden sein kann und oft im Zusammenhang mit dem Üben von Achtsamkeit steht (vgl. Kabat-Zinn 2005). Aus der sinnestheoretischen Perspektive hängt eine solche Haltung auch mit der Weiterentwicklung der Sinne, die Rudolf Steiner als „soziale Sinne" bezeichnete – Hörsinn, Sprachsinn, Gedankensinn, Ichsinn – zusammen. Aus dieser Sicht bilden diese Sinne eine primäre organologische Basis dessen, worauf das umfassende Spektrum menschlicher Beziehungen gründet. Die Existenz dieser Sinne und deren ständige Interaktion mit anderen Sinnen sind angeborene Sinnesfähigkeiten des Menschen. Inwieweit sie die Möglichkeit zur Entwicklung erhalten, ist offen: Die Sinnesorgane können sich nur an den konkreten Sinneserfahrungen, die ein Mensch macht, weiterbilden. Das stellt zuerst eine erzieherisch-pädagogische und anschließend eine individuelle biografische Aufgabe dar.

Lisbeth Lipari unterscheidet zwischen *listening* and *hearing*. Dies kann man als exemplarisch für verschiedene Arten der sozialen Wahrnehmung sehen, die zwar dieselben Sinnesorgane benutzen, aber auf ganz verschiedene Weise:

> „The listening, in contrast to the heard, is an enactment of responsibility made manifest through a posture of receptivity, a passivity of receiving the other into oneself without assimilation or appropriation. The listening is a

process of contraction, of stepping back and creating a void into which the other may enter. It is the distance the "I" creates so that the alter may come forward. In the listening, I create a space to receive you, letting your speech enter me, flow through me. In contrast, the heard, like the said, pertains to propositional content, and it arises from taking in your words and making them mine" (Lipari 2014: 237).

Lipari schreibt in Bezug auf menschliche Interaktion: „receiving the other into oneself without assimilation or appropriation" of creating „a space to receive you, letting your speech enter me, flow through me" (ebd.). Das ist übertragbar auf andere Beziehungen zur Welt, z. B. auf ästhetische Erlebnisse und Naturerfahrungen. Solche Erfahrungen des Lauschens – auf Musik, die Stimme der Natur oder das menschliche Wort – gehören zu den tiefsten Ebenen des menschlichen Erfahrens und führen oft zu einem Gefühl der Ehrfurcht. Nach Rosa gehören auch sie zu den Dimensionen von Resonanzerfahrungen und Resonanzbeziehungen, die für Lebensqualität und letztendlich für ein „gutes Leben" entscheidend sein dürften.

## 7. Schlussgedanken

Die von Gadamer 1979 angesprochene *Intelligenz der Sinne*, die zu einer *Kultur der Sinne* und zur *Entwicklung der menschlichen Urteilsfähigkeit* führt, steht heute in einem völlig anderen Kontext als damals. Der Entwicklung einer solchen Sinneskultur steht heute die gesamte Digitalisierung und Technologisierung des Lebens gegenüber. Die dadurch verursachten Änderungen des Lebens, auch mit ihren Errungenschaften und Vorteilen, sind gerade für die Entwicklung der *Sinne* wenig förderlich. Und darin liegt die große Gefahr einer Verarmung der Sinneserfahrungen und damit auch der Entwicklungs- und Resonanzmöglichkeiten.

Dieser Beitrag versuchte, auf die dringende Notwendigkeit eines breiten und differenzierten Spektrums an Sinneserfahrungen, vor allem in den entwicklungskritischen Jahren der Kindheit und Jugend, hinzuweisen. Hier konnte nur die Bedeutung der „unteren", basalen Sinne angesprochen und anschließend der Hörsinn sowie der Sprachsinn in den Mittelpunkt gestellt werden. Die Vielfalt und Bedeutung der übrigen Sinneserfahrungen konnte gar nicht berücksichtigen werden: Es hätte den gegebenen Rahmen gesprengt.

Die höchst anregende und inspirierende Begegnung mit Hartmut Rosas resonanztheoretischem Ansatz war der Anlass für diesen Beitrag. Anschließend an Rosas Überlegungen versuchte ich die vielschichtigen Verbindungen zu einem ergänzenden sinnestheoretischen Ansatz zu beschreiben. Unter den vielen Aspekten, die diese beiden Ansätze verbindet, stand vor allem das Bildende bzw. das Pädagogische im Zentrum. Die Generationen, die jetzt und in der Zukunft aufwachsen, werden nicht weniger als frühere Generationen das Bedürfnis nach Resonanzerfahrungen und Resonanzbeziehungen haben und sich auch nicht weniger nach einem „guten Leben" sehnen. Sie werden auch den Reichtum und die Differenziertheit der menschlichen Sinne als ihren Zugang zur Welt und zu anderen Menschen brauchen, um solche Resonanzerfahrungen und -beziehungen haben zu können. Aber sie werden in einer Welt aufwachsen, die gerade den Zugang zu den hierfür notwendigen Sinneserfahrungen sehr erschweren wird.

Für die Pädagogik erfordert dies ein klares Umdenken: Einer insgesamt einseitigen schulischen Fokussierung auf das Kognitive steht ein wachsendes Defizit an Sinneserfahrungen gegenüber. Die Entwicklung der Sinne in den kritischen Phasen der Kindheit und Jugend muss heute als eine dringende pädagogische Angelegenheit gesehen werden, die in vielfältiger Verbindung zu der gesamten Entwicklung eines Menschen, einschließlich seines Intellekts steht.

Die Notwendigkeit eines Umdenkens in der Pädagogik darf sich nicht nur auf die Schulzeit beziehen, sondern erfordert einen klaren Blick auch auf die Auswirkungen von Erfahrungen oder fehlenden kindlichen Erfahrungen auf eine gesamte Biografie. Rosas grundlegende Fragestellungen sind genau darauf angelegt: Was führt zu Resonanzerfahrungen, zu Resonanzbeziehungen, zu Lebensqualität, was ermöglicht ein „gutes Leben"? Die Einsicht in die existenzielle Bedeutung dieser Fragen für die Pädagogik ist erforderlich. Um konkrete alters- und entwicklungsgemäße Antworten zu finden, sind schöpferische Fantasie, Initiativkraft und der Wille, solche Wege einzuschlagen, gefragt.

## Literatur

Beljan, Jens (2017): Schule als Resonanzraum und Entfremdungszone: Eine neue Perspektive auf Bildung. Weinheim, Basel: Beltz Juventa.
Bruner, Jerome (1983): Child's Talk: Learning to Use Language. New York and London: W.W. Norton.
Canetti, Elias (1981): Die Provinz des Menschen: Aufzeichnungen 1942–1972. Frankfurt a. M.: Fischer.
Coles, Gerhard (2018): Miseducating for the Global Economy: How Corporate Power Damages Education and Subverts Students' Futures. New York: Monthly Review Press.
Condon, William S. (1988): An Analysis of Behavioral Organization. In: Sign Language Studies, 59.
Dewey, John (1927): The Public and its Problems. New York: Henry Holt.
Edelhäuser, Friedrich (2016): Wie bewegt sich der Mensch? – Zur Funktion des menschlichen Nervensystems beim Wahrnehmen und Bewegen: Eine anthropologisch-anthroposophische Konzeption von Embodiment (Verkörperung). Habilitationsschrift, Universität Witten/Herdecke.

Edelhäuser Friedrich (2019): Die menschliche Bewegung: Die Rolle des Nervensystems, der „motorischen Nerven" und der Stoffwechsel-Gliedmaßen-Organisation beim Wahrnehmen und Bewegen. In: Lutzker, Peter/Zdrazil, Tomas (Hrsg.): Zugänge zur Allgemeinen Menschenkunde Rudolf Steiners: Wissenschaftliche, künstlerische, schulpraktische Perspektiven. Stuttgart: Pädagogische Forschungsstelle, edition waldorf.

Eisner, Elliot (1985). The Educational Imagination: On the Design and Evaluation of School Programs. New York: Macmillan.

Engels, Susan (1999): The Stories Children Tell: Making Sense of the Narratives of Childhood. New York: W.H. Freeman.

Gadamer, Hans-Georg (1979): Der Mensch ohne Hand oder Die Zerstörung der menschlichen Ganzheit: Ein Symposion des Werkbundes Bayern. München: DTV.

Gadamer, Hans-Georg (1993): Gesammelte Werke, Bd. 8, Ästhetik und Poetik. Tübingen: Mohr Siebek.

Goethe, Johann Wolfgang v. (1988a): Maximen und Reflexionen. In: Trunz, Erich (Hrsg.): Goethes Werke, Bd. 12. München: Hanser.

Goethe, Johann Wolfgang v. (1988b) Zur Naturwissenschaft im Allgemeinen, Studie nach Spinoza. In: Trunz, Erich (Hrsg.): Goethes Werke, Bd. 13. München: Hanser.

Greenfield, Susan (2015): Mind Change. How Digital Technologies are Leaving Their Mark on Our Brains. London: Routledge.

Greene, Maxine (2001): Variations on a Blue Guitar: The Lincoln Center Institute Lectures on Aesthetic Education. New York: Teachers College Press.

Heller-Roazen, Daniel (2012): Der innere Sinn. Archäologie eines Gefühls. Frankfurt a. M.: Fischer.

Hensel, Herbert (1977/1989): Die Sinneswahrnehmung des Menschen. Referat auf dem 1. Symposion der Freien Europäischen Akademie der Wissenschaften am 25.11. 1977 in Herdecke/Ruhr. In: Stave, Uwe (Hrsg.): Wissenschaft und Anthroposophie. Impulse für neue Wege der Forschung. Stuttgart: Urachhaus Verlag, S. 45–69.

Heusser, Peter/Selg, Peter (2011): Das Leib-Seele-Problem. Zur Entwicklung eines geistgemäßen Menschenbildes in der Medizin des 20. Jahrhunderts. Arlesheim: Ita Wegman Institut.

Hübner, Edwin (2015): Medien und Pädagogik: Gesichtspunkte zum Verständnis der Medien, Grundlagen einer anthroposophisch-anthropologischen Medienpädagogik. Stuttgart: Pädagogische Forschungsstelle, edition waldorf.

Hübner, Edwin (2017): Medienpädagogik und die Schulung der Wahrnehmung. In: Bedeutung und Gefährdung der Sinne im digitalen Zeitalter. Hrsg. v. Weinzirl, Johannes/Lutzker, Peter/Heusser, Peter. Würzburg: Königshausen & Neumann, S. 207–234.

Hüther, Gerald/Nitsch, Cornelia (2008): Wie aus Kindern glückliche Erwachsene werden. München: Gräfe und Unzer Verlag.

Hüther, Gerald (2010): Bedienungsanleitung für ein menschliches Gehirn. Göttingen: Vandenhoeck & Ruprecht.

Kabat-Zinn, Jon (2005): Coming to Our Senses: Healing Ourselves and the World Through Mindfulness. New York: Hyperion.

Koch, Sabine/Herbert, Beate M./Bleckmann, Paula (2017): Leiblichkeit und die Sinne im digitalen Zeitalter: Gefahren der Überreizung, Verkümmerung und Inkongruenz. In: Bedeutung und Gefährdung der Sinne im digitalen Zeitalter. Hrsg. v. Weinzirl, Johannes/Lutzker, Peter/Heusser, Peter. Würzburg: Königshausen & Neumann, S. 81–114.

Krautz, Jochen (2007): Ware Bildung: Schule und Universität unter dem Diktat der Ökonomie. Kreuzlingen, München: Diederichs.
Krautz, Jochen (2017): Zersetzung von Bildung: Ökonomismus als Entwurzelung und Steuerung. In: Hübner, Edwin/Weiss, Leonhard (Hrsg.): Personalität in Schule und Lehrerbildung: Perspektiven in Zeiten der Ökonomisierung und Digitalisierung. Opladen: Barbara Budrich, S. 71–98.
Lankau, Ralf (2017): Kein Mensch lernt digital: Über den sinnvollen Einsatz neuer Medien im Unterricht. Weinheim: Beltz.
Levin, David-Michael (1993): Modernity and the Hegemony of Vision. Berkeley: University of California Press.
Lipari, Lisbeth (2014): Listening, Thinking, Being: Toward an Ethics of Attunement. University Park PA: Pennsylvania State University Press.
Lusseyran, Jacques (2010): Ein neues Sehen der Welt. Stuttgart: Verlag Freies Geistesleben.
Lutzker, Peter (2016): Rudolf Steiners Hypothese eines Sprachsinns und ihre Bedeutung für den Fremdsprachenunterricht und die Fremdsprachenlehrerausbildung der Waldorfschulen. In: Pädagogische Rundschau 6/2016, S. 695–714.
Lutzker, Peter (2017): Der Sprachsinn: Sprachwahrnehmung als Sinnesvorgang. Stuttgart: Verlag Freies Geistesleben.
Merleau-Ponty, Maurice (1974): Phänomenologie der Wahrnehmung. Frankfurt a. M.: Suhrkamp.
Merleau-Ponty, Maurice (2003): Das Auge und der Geist: Philosophische Essays. Hamburg: Meiner.
Nietzsche, Friedrich (1984): Werke II, Also sprach Zarathustra. Frankfurt a. M.: Ullstein Materialien.
Parker, Palmer (1993): A Hidden Wholeness: The Journey Toward an Undivided Life. San Francisco: Jossey Bass.
Patzlaff, Rainer (2017): Sprache – Das Lebenselixier des Kindes. Stuttgart: Verlag Freies Geistesleben.
Paz, Octavio (1956): The Bow and the Lyre. Austin: University of Texas Press.
Peveling, Martin (2016): Der Sprachsinn bei Rudolf Steiner: Eine kritische Würdigung im Lichte der modernen Sprachforschung und der sozialen Neurobiologie. Recklinghausen: Eigenverlag.
Picard, Max (1959): Die Welt des Schweigens. Erlenbach-Zürich und Stuttgart: Eugen Rentsch.
Picard, Max (2004): Wort und Wortgeräusch. Unterlengenhardt: Marie Steiner Verlag.
Rittelmeyer, Christian (2002): Pädagogische Anthropologie des Leibes: Biologische Voraussetzungen der Erziehung und Bildung. Weinheim und München: Juventa.
Rittelmeyer, Christian (2014): Aisthesis: Zur Bedeutung von Körper-Resonanzen für die ästhetische Bildung. München: Kopaed.
Rittelmeyer, Christian (2017): Vom Sinne der Sinne für die menschliche Bildung: Ein Einblick in Forschungen zur „verkörperten Erkenntnis". In: Weinzirl, Johannes/Lutzker, Peter/Heusser, Peter (Hrsg.): Bedeutung und Gefährdung der Sinne im Digitalen Zeitalter. Würzburg: Königshausen und Neumann, S. 135–154.
Rittelmeyer, Christian (2018): Digitale Bildung – ein Widerspruch: Erziehungswissenschaftliche Analysen der schulbezogenen Debatten. Oberhausen: Athena.
Rosa, Hartmut (2016): Resonanz: Eine Soziologie der Weltbeziehung. Berlin: Suhrkamp.

Rumpf, Horst (1987): Belebungsversuche: Ausgrabungen gegen die Verödung der Lernkultur. Weinheim und München: Juventa.

Rumpf, Horst (1994): Die übergangene Sinnlichkeit. Drei Kapitel über die Schule. Weinheim und München: Juventa.

Rumpf, Horst (2010): Was hätte Einstein gedacht, wenn er nicht Geige gespielt hätte? Gegen die Verkürzungen des etablierten Lernbegriffs. Weinheim und München: Juventa.

Sacks, Oliver (2007): Der Mann, der seine Frau mit einem Hut verwechselte. Hamburg: Rowohlt.

Schad, Wolfgang (2014): Der periphere Blick: Die Vervollständigung der Aufklärung. Stuttgart: Verlag Freies Geistesleben.

Sieweke, Herbert (1994): Gesundheit und Krankheit. Bd. II, Dornach: Philosophisch-Anthroposophischer Verlag.

Spitzer, Manfred (2014): Digitale Demenz. München: Droemer.

Steiner, George (1990): Von realer Gegenwart: Hat unser Sprechen Inhalt? München: Hanser.

Steiner, Rudolf (1910/2009): Anthroposophie – Ein Fragment. GA 45. Dornach: Rudolf Steiner Verlag.

Steiner, Rudolf (1917/1983): Von Seelenrätseln. GA 21. Dornach: Rudolf Steiner Verlag.

Steiner, Rudolf (1921/1991): Menschenwesen, Weltenseele und Weltengeist – 2. Teil. GA 206. Dornach: Rudolf Steiner Verlag.

Stoeger, Heidrun/Suggate, Sebastian/Ziegler, Albert (2013): Identifying the causes of underachievement: A plea for the inclusion of fine motor skills. Psychological Test and Assessment Modeling, 55, S. 274–288.

Suggate, Sebastian/Stoeger, Heidrun (2018): Nimble hands, nimble minds? Die Bedeutung der Feinmotorik für die kognitive Entwicklung von Kindern. Blick in die Wissenschaft, 37, S. 8–11.

Suggate, Sebastian/Pufke, Eva/Stoeger, Heidrun (2018): Children's fine motor skills in kindergarten predict reading in grade 1. Early Childhood Research Quarterly, 47, S. 248–258.

Taylor, Charles (2009): Ein Säkulares Zeitalter. Frankfurt a. M.: Suhrkamp.

Teuchert-Noodt, Gertrud (2017): Risiken einer neuroplastischen Anpassung der Wahrnehmung von Raum und von Zeit im Kontext der Medienwirksamkeit. In: Weinzirl, Johannes/Lutzker, Peter/Heusser, Peter (Hrsg.): Bedeutung und Gefährdung der Sinne im digitalen Zeitalter. Würzburg: Königshausen & Neumann, S. 155-178.

Tomatis, Alfred (1987): Der Klang des Lebens. Vorgeburtliche Kommunikation – die Anfänge der seelischen Entwicklung. Reinbek: Rowohlt.

Twenge, Jean (2017): iGen: Why Todays's Super-Connected Kids are Growing Up Less Rebellious, More Tolerant, Less Happy – and Completely Unprepared for Adulthood. New York: Atria Books.

Weizsäcker, Viktor von (1990): Gesammelte Schriften. Bd. 3, Frankfurt a. M.: Suhrkamp.

Weinzirl, Johannes/Lutzker, Peter/Heusser, Peter (Hrsg.) (2017): Bedeutung und Gefährdung der Sinne im digitalen Zeitalter. Würzburg: Königshausen & Neumann.

Wiesing, Lambert (2009): Das Mich der Wahrnehmung. Frankfurt a. M.: Suhrkamp.

## Internet-Quellen

http://www.euro.who.int/en/health-topics/environment-and-health/noise/environmental-noise-guidelines-for-the-european-region, Zugriff 21.01.2020.

http://www.euro.who.int/en/health-topics/environment-and-health/noise/publications/2018/environmental-noise-guidelines-for-the-european-region-executive-summary-2018, Zugriff 21.01.2020.

Sebastian P. Suggate

# Die (Fein-)Motorik als Resonanzphänomen zwischen Form und Handlung

„Dass das Gehirn die Welt nicht einfach *abbildet* oder mental *repräsentiert* und dass Bewusstsein oder Geist nicht einfach als kausale Folge von zerebralen Prozessen erzeugt werden, sondern dass sich zwischen (Um-)Welt, Leib und Gehirn einerseits und zwischen Gehirn und Geist andererseits *Resonanzverhältnisse* oder *Antwortbeziehungen* entwickeln, welche dann menschliches Verstehen und Denken, aber auch Lernen, Kommunizieren und Handeln erst möglich machen, ist eine Einsicht, in der jüngere neurobiologische, kognitionswissenschaftliche, evolutionspsychologische und soziologische Forschungen zu konvergieren scheinen."

(Rosa 2016: 246)

Als Erklärungsansatz für das zunehmend befremdete Verhältnis zwischen Mensch und Mitmensch sowie als Antwort auf teils uralte philosophische Fragen (wie Dualismus, Epistemologie, Ontologie) und teils neuere psychologische Forschungen (z. B. Empathie, Spiegelneuronen, soziale Beziehungen) postulierte der Soziologe Hartmut Rosa in seiner umfangreichen Monographie „Resonanz – eine Soziologie der Weltbeziehung", dass Weltbeziehungen überwiegend durch Resonanzvorgänge bestimmt seien. Durch jene Resonanzvorgänge, die über Resonanzachsen und in Resonanzorten im menschlichen Gehirn und Körper sowie zwischen Mensch und Welt ablaufen, können – so Rosa – Handlungen, Wahrnehmungen und Kognitionen sowie Geist und Gehirn, neben sozialen und gesellschaftlichen Prozessen, miteinander in resonante Verbindungen gebracht werden. Der Mensch werde durch verschiedene Erfahrungen im Laufe seiner Entwicklung allmählich zum Resonanzorgan „eingestimmt", was es ihm ermöglicht, in besonderer Beziehung zur Welt zu stehen; ohne ein solches Resonanzerleben bliebe die Welt dem Menschen jedoch fremd – es entstünden Resonanz-„Blockierungen" (Rosa 2016: 256).

Das Ziel dieses Beitrags besteht darin, eine mögliche Resonanzachse zu untersuchen, die nicht direkt von Rosa als solche postuliert wurde: nämlich inwiefern Resonanzphänomene der Motorik und vor allem der Feinmotorik zugrunde liegen. Hierfür werden herkömmliche Theorien der Motorik erörtert und anschließend neue Forschungen zur Feinmotorik und deren Zusammenhang mit der ideellen

Entwicklung des Menschen angerissen. Zunächst bedarf Rosas Begriff der „Resonanz" einer Erläuterung.

## Grundlegendes zur Resonanz

Rosa selbst schreibt, dass sich die Verwendung des Begriffs Resonanz als Metapher eigne – das fundiert an sich noch keine wissenschaftliche Theorie. Wie von Rosa dargestellt, taucht der Begriff Resonanz jedoch als Erklärungsansatz bei sämtlichen Forschungen zur Empathie, Sprache, Motorik und sozialen Interaktion auf. Jüngere Theorien der Kognitionspsychologie deuten mit dem Sammelbegriff „verkörperte Kognition" oder „Embodiment" auf Resonanzvorgänge in der Beziehung vom Menschen zur Welt hin (Lakoff/Johnson 2010; Shapiro 2011).

Der Begriff „Resonanz" setzt voraus, dass mindestens zwei resonanzfähige Körper, etwa durch einen vibrierenden Vorgang, in Verbindung zueinander gebracht werden. Die Metapher der Stimmgabel wird von Rosa herangezogen, um jene Resonanzmetapher zu erhellen ((siehe die Beiträge von Loebell und Soetebeer in diesem Band)). Darüber hinaus findet der Begriff „Resonanz" bei Rosa auch eine *psychologische* Verwendung: Sie sei einem Menschen – oder vielleicht genauer: einem menschlichen Bewusstsein – etwas Grundlegendes, wenn dieser eine harmonische(re), offene und wahrnehmende Weltbeziehung anstrebt und erlebt. Hierbei tritt der Mensch einerseits durch Resonanzerfahrungen in eine Art Verbindung zur Außenwelt (d. h. Weltbeziehung), andererseits stellt Resonanz einen kognitiv-affektiv-körperlichen Zustand dar, der als Grundbedürfnis für stimmige Weltbeziehungen überhaupt vonnöten ist. Rosa selbst beschreibt das Phänomen von „Resonanzblockierungen", die aus einer nicht-resonanten oder sogar dissonanten Weltbeziehung resultieren (Rosa 2016). Des Weiteren entstünden Resonanzverhältnisse zwischen „Welt, Leib und Gehirn einerseits und zwischen Gehirn und Geist andererseits" (ebd.: 246).

Rosa ordnet seine These einem intersubjektiven phänomenologischen Monismus zu; folglich lehnt er, wie eingangs zitiert, die weitverbreitete Vorstellung ab, dass das Bewusstsein lediglich als Repräsentation oder als Resultat neurobiologischer Prozesse zu betrachten sei. Resonanz ist das Ergebnis einer stimmigen Weltbeziehung, die aus vielen Facetten einer Verbindung zwischen Ich und Welt – etwa Subjekt und Objekt, Geist und Seele, Seele und Leib – zustande kommt. Die Aussagekraft der Resonanz-Metapher könnte, bezüglich der Natur der resonanten Körper und der genauen Eigenschaften einer solchen Resonanz, wohl in Frage gestellt werden, jedoch scheinen herkömmliche Ansätze mit dieser Problematik nicht besser umgehen zu können: In der Neuropsychologie wird durch Drittpersonenforschung die Natur von Bewusstsein entweder als bloße Repräsentation interpretiert oder schlichtweg ignoriert (Engel/Singer 2011), und auch in Theorien der verkörperten Kognition wird die Qualität von Kognition ebenso wenig berücksichtigt (Shapiro 2011). Der Mensch wird herkömmlich eher als Welt (Environmentalismus oder Materialismus) oder Intention (Idealismus) verstanden, kaum wird er als beides aufgefasst, ohne in einen Dualismus zu verfallen.

Bei Rosas Resonanz-Theorie gewinnt man den Eindruck, er möchte weder die materiellen noch die ideellen bzw. erlebten Seiten der Realität vernachlässigen, also diese weder als bloße Repräsentation (z. B. wie bei materialistischem Monismus) noch als Traum (z. B. bei Solipsismus) darstellen, sondern er versucht, diese Aspekte durch die Resonanz-Metapher zu erhellen, damit wir unsere Aufmerksamkeit stärker auf deren Berührungspunkte fokussieren können. Anhand konkreter Untersuchungen sollen wir Resonanzorte und -achsen besser verstehen lernen. Sein Herangehen erinnert stark an das Anliegen des Philosophen und Gründers der Waldorfpädagogik, Rudolf Steiner:

> „So wahr es ist, daß wir uns der Natur entfremdet haben, so wahr ist es, daß wir fühlen: wir sind in ihr und gehören zu ihr. Es kann nur ihr eigenes Wirken sein, das auch in uns lebt. [...] wir müssen doch etwas mit herübergenommen haben in unser eigenes Wesen. Dieses Naturwesen in uns müssen wir aufsuchen, dann werden wir den Zusammenhang auch wieder finden. Das versäumt der Dualismus. Er hält das menschliche Innere für ein der Natur ganz fremdes Geistwesen und sucht dieses an die Natur anzukoppeln. Kein Wunder, daß er das Bindeglied nicht finden kann. Wir können die Natur außer uns nur finden, wenn wir sie in uns erst kennen. Das ihr Gleiche in unserem eigenen Innern wird uns der Führer sein. Damit ist uns unsere Bahn vorgezeichnet. Wir wollen keine Spekulationen anstellen über die Wechselwirkung von Natur und Geist. Wir wollen aber hinuntersteigen in die Tiefen unseres eigenen Wesens, um da jene Elemente zu finden, die wir herübergerettet haben bei unserer Flucht aus der Natur. Die Erforschung unseres Wesens muß uns die Lösung des Rätsels bringen" (Steiner 1918/1986: 27).

Entsprechend weist Rosa nicht unbegründet auf einige bereits z.T. gut erforschte Grundphänomene hin, die durchaus die Charaktere von Resonanz aufweisen, nämlich Empathie und soziale Interaktion. Die Frage ist, ob auch die menschliche Motorik die Eigenschaften von Resonanz im obigen Sinne aufzeigt.

## Der Mensch als Resonanzort im motorischen Handeln

Grundsätzlich sind motorische Handlungen ohne die Sensorik nicht denkbar. Bei dem Entwicklungspsychologen Jean Piaget hat der Begriff *Sensomotorik* ein starkes Gewicht: Kinder durchlaufen nach ihm zuerst eine *sensomotorische* Entwicklungsphase (Inhelder/Piaget 1968). Da andere Beiträge dieses Sammelbandes die Frage der Sinne thematisieren (siehe auch die Beiträge von Lutzker und Hübner in diesem Band), kann in diesem Beitrag der Fokus auf die Motorik gelegt werden. Es gibt zwei prominente Theorien der Motorik: die Modular- und die System-Theorie.

**Modular-Theorien der Motorik.** Üblicherweise wird die Motorik als die Durchführung von weiträumigen Bewegungen wie Laufen oder Klettern definiert, wohingegen die Feinmotorik als die geschickte Ausführung von kleinräumigen Handlungen, wie beim Stricken, Schreiben oder Kämmen, zu verstehen ist (Martzog 2015). Diese und ähnliche Definitionen beschreiben zwar die äußerliche Form, die die Motorik behavioristisch einnimmt, greifen allerdings zu kurz, um zu erklären, was die Motorik *ist*; sie fokussieren sich zu stark darauf, wie sie äußerlich *aussieht*. Später wird beleuchtet, wie eine breit angelegte Definition aussehen kann. An dieser Stelle reicht es anzumerken, dass die gerade geschilderten Definitionen großen Einfluss auf Modular-Theorien der Motorik haben können. Hinter jener Definition verbirgt sich mehr oder weniger eine Metapher, die stark an einen Rechner angelehnt ist: Es wird angenommen, dass motorische Handlungen die Ausführung von im Gehirn gespeicherten Programmen sind, die im Laufe wiederholter Übungen „geschrieben" und in entsprechenden Netzwerken „gespeichert" werden. Diese Handlungen entsprächen einem komplexen Feedback-System, wonach die Ausführung von übergeordneten „Befehlen" schrittweise durch Sensor-Raumlage-Abgleiche realisiert wird (Schaal/Schweighofer 2005).

Diese Position sieht das Gehirn als modularisiert und infolgedessen auch das Bewusstsein, wobei Programme für unterschiedliche *Funktionen* (z. B. Sprache, Gedächtnis, Jonglieren) einfach nebeneinander im Gehirn eingeschrieben und abrufbar sind. Diese Theorie ist eng mit einem stark modularisierten Verständnis der Neuroanatomie verbunden, wonach gewisse Gehirnareale für ganz bestimmte Funktionen zuständig seien (Northoff 2014). Jene modularisierte Sicht auf die Hirnfunktionen sowie die Neuroanatomie hat sich in gewissen Bereichen bewährt – tendenziell für diejenigen Funktionen, die direkter für die Verarbeitung von Sinnesinput zuständig sind – dennoch scheint die Aktivierung von Hirnarealen für die sogenannten höheren Funktionen wie Gedächtnis, Sprache und Denken, einem breiteren holistischen Aktivierungsmuster zu folgen (Huth/de Heer/Griffiths/Theunissen/Gallant 2016).

Gerade eine solche, gleichzeitige Verstreuung über verschiedene Hirnareale, die in der Regel durch Millionen von Neuronen getrennt sind, aber dennoch dem Bewusstsein rapiden und kohärenten Erfahrungen ermöglichen müssen, spricht gegen eine starke Modularisierung. Wenn ich beispielsweise eine Passage aus Goethes italienischer Reise lese, werden nicht nur die Leseareale für die visuelle Verarbeitung des Textes sowie die Verbindung zwischen Graphemen und Phonemen tätig, sondern es werden auch gleichzeitig mentale Bilder sowie haptische oder olfaktorische Eindrücke innerlich miterlebt. Um aber kohärente innerliche Bilder zu erleben, ist es kaum vorstellbar, wie stark modularisierte Hirnareale, verbunden durch Milliarden von Axonen, diese Leistung ermöglichen könnten. Insgesamt ist es schwer vorstellbar, wie eine solche Komplexität auch im Bereich Motorik, wo Intention und Handlung zusammenfließen, mit einem stark modularisierten Bild des Gehirns vereint werden kann.

Es gibt weitere Anlässe daran zu zweifeln, dass die Motorik nur die Ausführung eines erworbenen und im Gehirn gespeicherten Skriptes ist oder nur modular verankert im Gehirn zu verstehen ist. Erstens liefern empirische Studien Hinweise, dass sowohl zentrale kognitive als auch perzeptuelle Fähigkeiten Einfluss auf die motorische Leistung nehmen (Suggate/Stoeger 2014). Zweitens haben viele Personen mit Lern- und Entwicklungsschwierigkeiten begleitend erscheinende Defizite in der Motorik (Goulardins/Marques/Casella/Nascimento/Oliveira 2013; Sanz-Cervera/Pastor-Cerezuela/González-Sala/Tárraga-Mínguez/Fernández-Andrés 2017). Drittens können kognitive Leistungen durch motorisches Üben positiv gesteigert werden (Jansen/Richter 2016). Viertens, wie später näher erläutert, gibt es sogenannte Motorresonanz-Effekte (Zwaan/Taylor 2006).

**Die System-Theorie.** Im Vergleich zu Modular-Theorien der Motorik wird in der System-Theorie die Motorik lediglich als Beschreibung einer Handlungsebene aufgefasst, die nur im gesamten System-Kontext zu verstehen ist. Speziell wird in der Dynamisch-System-Theorie nicht zwischen Handlung, Ausführung, Idee und Umwelt getrennt; wird beispielsweise etwas auf einer Tafel geschrieben, sind sowohl der innerlich gefasste Begriff, die Mikromuskelbewegungen, als auch die Schwerekraft genauso Bestandteil der Handlung wie diverse Module im Motor-Cortex (Thelen/Kelso/Fogel 1987). In dieser Theorie werden Module und Skripte durch ein übergreifend großes System ersetzt.

Um die Rolle des Systems zu verdeutlichen, beziehen sich Thelen et al. (1987) auf experimentelle Befunde sowie eine genaue Untersuchung der motorischen Handlungen in der frühen Kindheit, die die „normalizing"-Funktion von Bewegungen aufweisen. *Normalizing* beschreibt das Phänomen, wonach motorische Handlungen kohärent auf ihre Ziele gerichtet und in der Ausführung fast immer problemlos gelenkt sind, obwohl manchmal tausende Muskeln mit entsprechenden Gelenken und den notwendigen Korrekturen, jede mit einem Fehlergrad, an einer einfachen Bewegung beteiligt sein können (das sogenannte Freiheitsgrad-Problem). Wenn Bewegungen mit einem solch hohen Komplexitätsgrad und Fehlerpotenzial in Form von Skripten zentral ausgeführt werden, sollte man aufgrund der potenziellen Fehler viel öfter misslungene Bewegungen wahrnehmen können. Laut Thelen und Kollegen kann nur eine systemische Perspektive sowohl die Komplexität als auch den Erfolg der Motorik ausreichend erklären. Korrekturen müssen im System eingebaut und vorgenommen werden, denn sonst würde die Komplexität das Zentralnervensystem überfordern (Thelen et al. 1987).

Problematisch bei der System-Theorie ist in erster Linie ihr Mangel an Präzision. Es wird nicht geklärt, wie die notwendigen komplexen Schritte bei motorischen Handlungen im Detail verlaufen, es wird lediglich eine Metapher angeboten. Ferner dehnt sich das Erklärungsfeld der System-Theorie nach außen auf zahlreiche Umweltfaktoren wie die Schwerkraft aus. Ähnlich wird auch z.T. nach innen gegriffen, um Ideen und Intentionen aufzunehmen, um letztendlich alle Stränge in einem allumfassenden System zu verbinden. Hierbei lässt sich erkenntnistheoretisch fragen, was dadurch wirklich gewonnen wird; geht es darum, eine Modular-Theorie einfach auf weitere Faktoren auszuweiten, oder ist die System-Theorie selbst noch einzigartig? Eine reine Ausdehnung der Modular-Theorie löst keine ihrer Ursprungsprobleme.

Noch radikaler an der System-Theorie ist die Aussage, dass sich Intention, Handlung und Umwelt nicht trennen lassen, es gebe keine Abgrenzung zwischen jenen Bereichen, sodass Motorik beispielsweise untrennbar von Sprache und Denken sei (Thelen 2000). Philosophisch ausgedrückt kann die System-Theorie als *Monismus* bezeichnet werden, der allerdings als ein stark umweltzentrierter Monismus aufzufassen ist. Nie wird in diesen oder ähnlichen „embodied"-Theorien überzeugend aufgegriffen (z. B. Shapiro 2013; Lakoff/Johnson 2010), wie innere Ideen, ähnlich denen in der Mathematik, sich anhand einer nicht materiell vorhandenen inneren Objektivität bewähren können; sie versuchen eher aus der Objektivität heraus – unbewusst in der Form von Logik – zu überzeugen, dass so etwas wie Logik nicht wirklich existiere, sondern dass sie eher vom System abgeleitet sei (z. B. Lakoff/Johnson 2010). Sie entziehen sich damit selbst den Boden, auf dem sie stehen: Eine überzeugende Theorie der Motorik muss folglich Intention und Handlung berücksichtigen, allerdings ohne in einen Dualismus zu verfallen.

## Eine phänomenologische Resonanz-Theorie der Motorik

Eine genaue Aufgabenanalyse der Motorik zeigt, dass sämtliche Prozesse bei der Ausführung von motorischen Handlungen beteiligt sind. Wie oft betont wird, sind beim Fertigkeitserwerb bzw. Lernen von neuen motorischen Handlungen höhere kognitive Prozesse beteiligt, um die Handlungen zu planen, zu steuern und zu überwachen. Immer wieder müssen neue Korrekturen vorgenommen werden – zum Beispiel beim Erwerb gewisser Fertigkeiten wie ein Tennisaufschlag, Häkeln oder Kürbisschneiden. Diese von innen nach außen gerichteten kognitiven Prozesse werden begleitet und bereichert, von einem konstanten und immer wieder erneuerten Informationsfluss aus den beteiligten Sinnesorganen, einschließlich Gelenk- und Muskeltätigkeiten und -positionen. Dabei sind taktile, vestibuläre, propriozeptive und visuelle Sinnesmodalitäten besonders zu erwähnen.

Auf nicht-körperlicher Seite werden durch volitionale Handlungen Intentionen oder Bewegungsmustern ausgeführt. Diese Handlungen haben eine ideelle Seite – sie können, wie später gezeigt, semantisch-sprachlich geprägt sein, sind aber auch äußerlich-geometrisch zu verstehen. Im Gehen, Schreiben, oder beim Geige-Spielen werden dreidimensionale räumliche Formen in Ideen umgesetzt. Phänomenologisch gesehen können von dieser Handlung weder die körperliche und umweltbezogene physische Umsetzung (wie bei Modular-Theorien) noch die ideellen Inhalte (wie bei System- und manchen Embodied Cognition-Ansätzen) herabgestuft werden. Der Ausgangspunkt der Untersuchung von Resonanz in der Motorik, so wird hier postuliert, muss Form und Welt berücksichtigen, da die Motorik zwischen beiden Bereichen vermittelt. Anders aufgefasst kann eine anscheinend einfache motorische Handlung auch als eine komplexe, symbiotische Beziehung zwischen Form und Welt – realisiert über den Menschen – verstanden werden. Dies sei genauer betrachtet.

## Motorik: Resonanz zwischen Form und Handlung?

Neben der Verwendung des Begriffs „Resonanz" bei Rosa haben experimentelle Psychologen den Begriff *Motorresonanz* interessanterweise in einem anderen Zusammenhang eingeführt. Allgemein existiert die Motorresonanz in mindestens zwei erkennbaren Formen: die erste betrifft Handlungen, die gleichzeitig durchgeführt werden (hier: konkordante Motorresonanz), und die zweite ist eher als motorische Resonanz*fähigkeit* zu verstehen. Beide Arten von Resonanz sind auf Theorien der verkörperten Kognition zurückzuführen, die in ihrer einfachsten Form davon ausgehen, dass Körper und Kognition nicht voneinander trennbar sind, sondern sich gegenseitig beeinflussen oder sogar von Natur aus gleich sind (Thelen 2000).

Hinweise für die konkordante Motorresonanz liefert ein klassisches Experiment von Zwaan und Taylor (2006), demzufolge Denkprozesse mit höherer Geschwindigkeit ablaufen, wenn gleichzeitig eine *zur ideellen Form* passende Handlung durchgeführt wird. Beispielsweise sind Erwachsene schneller in der Lage zu beurteilen, ob es sich bei dem Satz: „Johannes öffnet die Flasche" um einen sinnvollen Satz handelt, wenn sie beim Hören des Satzes einen Drehknopf gegen den Uhrzeigersinn betätigen. Drehen die Probanden jedoch beim Hören des Satzes den Knopf im Uhrzeigersinn, so ist ihre Reaktionszeit langsamer. Da man gewöhnlich den Verschluss einer Flasche gegen den Uhrzeigersinn drehend öffnet, gibt es in diesem Experiment eine Resonanz zwischen der Handlung und der Form bzw. der Satzbedeutung. Mit anderen Worten: Eine Resonanz zwischen einem Gedanken und einer Handlung beschleunigt den Denkprozess.

Wenn Motorprozesse und Kognitionsprozesse getrennt – wie Computer-Programme oder Apps – voneinander ausgeführt werden sollen, kann nicht erwartet werden, dass die Uhrzeigerrichtung überhaupt ausschlaggebend wäre, denn ein Knopf nach links oder rechts gedreht hat jeder Proband vermutlich bereits mehrere zehntausend Mal im Leben. Es handelt sich um geübte und erlernte Handlungen, die eigentlich völlig getrennt voneinander ausführbar sein sollen. Ferner lässt es sich fragen, wie diese Befunde mit der System-Theorie im Einklang zu bringen sind: Es müsste system-diskordante Prozesse geben, die allerdings immer noch Teil des Systems sind. Hier scheint die Resonanz-Metapher das Phänomen ohne Paradox besser abzubilden, nämlich, dass im Experiment von Zwaan und Taylor (2006) eine Motor-Resonanz entstanden ist, wenn Form und Handlung im Einklang waren – ohne diese Resonanz war die Handlung zwar möglich, jedoch schlichtweg schwerer.

Neuropsychologische Forschungen widersprechen jenem zu stark modularisierten Verständnis vom konkordanten motorischen Handeln. Studien demonstrieren, unter Verwendung von Bildgebungsverfahren, transchranialer magnetischer Stimulation sowie Elektroenzephalographie, dass sich die semantische und lexikalische Sprachverarbeitung nicht nur auf allgemein anerkannte Sprachareale, sondern auch auf motorische Areale stützt (Pulvermuller 2005). Es entsteht fast gleichzeitig auf zahlreichen Hirnarealen – die höchstwahrscheinlich nicht ausreichend rapide über Axonen und Nervenzellen verbunden werden können, ohne dass dabei das Bewusstsein ein stark verzögertes und diskordantes Sinnesbild erhält – eine Resonanz, wobei motorische, sprachliche, sensorische, kognitive Areale mitaktiviert werden (Fischer/Zwaan 2008; Huth et al. 2016).

Insgesamt spricht die Befundlage dafür, dass die Motorik eine Art Resonanz zwischen Form und Handlung ist: *Form*, weil mit jeder sinnvollen Tat eine Idee – oder Intention oder Muster – mit Hilfe des Körpers umgesetzt wird; *Handlung*, da die Tat selbst eine körperliche Umsetzung braucht. Folglich entsteht Motorresonanz, wenn die Handlung stimmig mit der Intention (oder Form) ist, wenn die Form nicht mit der Intention übereinstimmt, entsteht Motordissonanz bzw. ungeschickte, unkoordinierte oder ineffiziente Handlung.

## Die Feinmotorik als Resonanzvorgang – eine Charakterisierung

Die Feinmotorik ist als die absichtliche Ausführung sinnvoller, kleinräumiger Handlungen charakterisiert, die meist auf erworbene oder intentionale Formen und erlernte Muster zurückzuführen sind; Muster, denen ideelle Eigenschaften zugrunde liegen (wie geometrische Formen, semantische Elemente oder Musikstücke). Im phänomenologischen Sinne muss an dieser Stelle nicht darüber spekuliert werden, ob dieser ideelle Inhalt aus der gleichen Substanz wie die Materie besteht, viel entscheidender ist die Tatsache, dass die ideelle Seite anders erlebt wird – sie ist durch die Sinne nicht wahrnehmbar, sondern sie wird als nicht-physisch erlebt.

Eine sinnvolle motorische Handlung besteht folglich aus einer Resonanz zwischen Idee (oder Absicht) und Handlung. Die Feinmotorik hat zwei Schlüsselaspekte, erstens die kleinräumige i.d.R. manuelle Handlung und zweitens die Fähigkeit, geschickte Handlungen durchzuführen. Beispielsweise ist ein Musiker, der jahrelang gewisse Fingerbewegungen eingeübt hat, in der Lage, feinmotorische Handlungen *resonant* auszuführen, wobei sich die Idee in Form des Musikstücks durch die feinmotorischen Handlungen auf die Umgebung auswirkt. Ähnlich werden durch das Schreiben ideell-sprachliche Inhalte in die Welt gesetzt: Das Gleiche gilt für das Gestikulieren sowie eventuell für jede erlernte, absichtsvolle Handlung. Funktional ermöglicht die Feinmotorik, auch wenn sie ungeschickt ausgeführt wird, ein Gestalten des Umfelds im Sinne des Akteurs.

Theoretisch können Menschen durch feinmotorische Handlungen – im Sinne von Rosa – soziologisch nicht-resonante Handlungen durchführen; so wird etwa die Feinmotorik genutzt, um einen Menschen zu erwürgen. Hierbei müsste allerdings der Resonanzbegriff genau in den Blick genommen werden: Die feinmotorische Handlung kann in diesem Fall durchaus als resonant zwischen Intention und Tat bezeichnet werden, allerdings ist beispielsweise die Intention einen Menschen umzubringen nicht mit einer wohlwollenden Weltsozialität resonant. Folglich kann die Feinmotorik nur eine eingeschränkte, wenngleich wichtige Resonanzachse darstellen: Die Resonanz zwischen Intention und Welt, vermittelt über die Feinmotorik und die damit verbundenen Aktivitäten als Resonanzkörper.

Sebastian P. Suggate

# Die Fähigkeit zur Resonanz durch die Entstehung des feinmotorischen Handelns

„Durch die Bildung zum aufrechten Gange bekam der Mensch freie und künstliche Hände, Werkzeuge der feinsten Hantierungen und eines immerwährenden Tastens nach neuen klaren Ideen." (Johann Gottfried Herder, 1744-1803)

Bereits Herder erkannte einen Zusammenhang, der später in evolutionspsychologischen Begriffen ausgedrückt wurde: Der Mensch erlangt durch den aufrechten Gang die Möglichkeit, die eigenen Hände für die Entwicklung von Kulturtechniken und Ideen zu nutzen. Aus evolutionärer Sicht scheinen sich der aufrechte Gang sowie das Freiwerden der Hände dem Hirnwachstum voraus entwickelt zu haben, eine Beobachtung, die nach Wilson (2001) dafür spricht, dass die Hände die Bildung der Intelligenz gefördert haben. Die Werkzeugentwicklung und -nutzung sowie das Gestikulieren wurden möglich, letztere als eine Art externalisierte Sprache, woraus sich das Sprechen selbst entwickelte (Gentilucci/Corballis 2006). Die spätere Entstehung von Zeichen und Schriften war ebenfalls erst durch die freigewordenen Hände möglich. Vielleicht war es die durch den aufrechten Gang ermöglichte feinmotorische Entwicklung,[1] die für die veränderte Weltbeziehung verantwortlich war. Durch den Einsatz von Waffen und Werkzeugen erlangte der Mensch die Fähigkeit, aus *resonanten* Weltbeziehungen herauszufallen; er lebte nicht mehr nur harmonisch in der Natur, sondern konnte zunehmend ein Leben außerhalb der Natur führen, zu dem er in letzter Zeit durch Mechanisierungs- und Technisierungsprozesse immer mehr gezwungen wurde (Rosa 2016). Konsequenterweise ist die Fähigkeit zur Nicht-Resonanz eng mit der manuellen Entwicklung der Menschheit verbunden und somit auch eng mit der Wiederfindung von Resonanz verbunden.

Die Fähigkeit zur Verwendung der Hände für kleinräumige, geplante Handlungen besteht, wie jüngste Forschungen zeigen, nicht bloß darin, vorprogrammierte Skripte auszuführen. Vielmehr kann man die feinmotorische Fähigkeit als eine Art Handintelligenz[2] bezeichnen: Ein Ort, wo Intention – vermittelt über die Hand – auf Welt trifft, also ein Resonanzorgan (Schmalenbach 2007). Den Zusam-

---

[1] Mit diesen Ausführungen meine ich nicht, dass der aufrechte Gang alleine ausreichte, um höhere geistige Fähigkeiten zu entwickeln. Vielmehr ist eine Wechselwirkung zwischen der Entwicklung von Geist und Gang anzunehmen.
[2] Beispielsweise beschrieb Maria Montessori die Hand als „das Instrument der Intelligenz" und Immanuel Kant bezeichnete die Hand als „Fenster zum Geist".

menhang zwischen Handlung und Intelligenz findet man unter dem Begriff von Geschicklichkeit (Engl. Dexterity) wie folgt dargestellt:

> „Dexterity is the ability to find a motor solution for any external situation, that is, to adequately solve any emerging motor problem *correctly* (i.e., adequately and accurately), *quickly* (with respect to both decision making and achieving a correct result), *rationally* (i.e., expediently and economically), and *resourcefully* (i.e., quick-wittedly and initiatively)" (Bornstein 1967: 228).

In Anbetracht dessen, dass die Feinmotorik dem intelligenten, umweltverändernden Verhalten vorausgesetzt wird, kann angenommen werden, dass die Feinmotorik ausschlaggebend für die kognitive Entwicklung ist. In zahlreichen Studien wurde der Zusammenhang zwischen der Feinmotorik und diversen kognitiven Variablen untersucht; zwei Bereiche, die gemäß rein-kognitiven und modularen Denkmodellen nichts Grundlegendes miteinander zu tun haben sollen. Diese Ergebnisse werden nun kurz geschildert.

## Feinmotorik und Intelligenz: Vom Greifen zu Begreifen?

> „Jede Theorie der menschlichen Intelligenz, die die Wechselbeziehung von Hand und Hirnfunktion, die historischen Ursprünge dieser Beziehung oder ihren Einfluß auf die Entwicklungsdynamik des modernen Menschen außer acht läßt, ist meiner Meinung nach höchst irreführend und unfruchtbar." (Wilson 2001:14)

In Untersuchungen zum Zusammenhang zwischen Feinmotorik und Kognition werden typischerweise mehrere Bereiche von Intelligenz wie schlussfolgerndes Denken, verbale Fähigkeiten oder allgemeines Wissen untersucht, die dann auf ihre Zusammenhänge mit der Feinmotorik geprüft werden. Die Stichproben werden zum größten Teil bei Kindergarten- und Schulkindern vorgenommen und in der Regel werden lediglich Instrumente eingesetzt, die strenge psychometrische Gütekriterien erfüllen. Zudem werden mehr oder weniger wichtige Erklärungsvariablen berücksichtigt, sodass ein möglichst bereinigter Einfluss von Feinmotorik auf die Kognition festgestellt werden kann. Darüber hinaus müssen konkurrierende Ansätze mitberücksichtigt werden, sodass ein festgestellter Zusammenhang theoretisch sinnvoll ist. Im Folgenden werden die Hauptbefunde solcher Untersuchungen angerissen.

In prädiktiven Studien wurden die feinmotorischen Fertigkeiten von Kindern im Kindergarten oder in der Grundschule und gleichzeitig auch die kognitive Entwicklung in Form von räumlichen und verbalen Fertigkeiten untersucht. Diese Studien fanden heraus, dass die Feinmotorik – aber nicht die Grobmotorik – mit den untersuchten Intelligenzbereichen zusammenhängt (Davis/Pitchford/Limback 2011; Martzog 2015). In einer neueren Studie (Martzog/Stoeger/Suggate, im Druck) wurde gezeigt, dass die Wirkrichtung darauf hindeutet, dass die Feinmotorik die kognitive Entwicklung beeinflusst, und nicht anders herum, was Konsequenzen für entsprechende Theorien hat, insbesondere dass geschickte Handlungen die kognitive Entwicklung fördern. Zudem setzten Martzog und Kollegen mehrere Feinmotorikinstrumente ein und konnten damit untersuchen, welche Art der Feinmotorik ausschlaggebend für die Intelligenz war. Die Befunde zeigten, dass Handgeschicklichkeit anstatt Schnelligkeit der Fingerbewegungen (z. B. rapides „stupides" Tapping) die Kognition tatsächlich aussagekräftiger prädizierte. Dieser letzte Befund könnte die Debatte um Stift gegen Tastatur erhellen, wobei die Tapping-Fähigkeiten, angeregt durch Tastatur-Verwendung, weniger positiven Einfluss auf die kognitive Entwicklung zu haben scheinen (Mueller/Oppenheimer 2014).

Weitere Studien untersuchten die Zusammenhänge zwischen Mathematik und Feinmotorik (Fischer/Suggate/Schmirl/Stoeger 2017; Grissmer/Grimm/Aiyer/Murrah/Steele 2010; Luo/Jose/Huntsinger/Pigott 2007; Suggate/Stoeger/Fischer 2017). Allgemein sprechen die Befunde ebenso wie bei der Kognition dafür, dass die Entwicklung der Feinmotorik mit den Mathematikkenntnissen von Kindergarten- und Grundschulkindern zusammenhängt. Ferner scheinen die Finger eine besondere Rolle zu spielen; hier zeigen sich engere Beziehungen zwischen fingerbasierten mathematischen Leistungen und der Feinmotorik (Fischer et al. 2017; Suggate et al. 2017). Diese Befunde unterstützen die These, dass der Feinmotorik sowie der Mathematik gemeinsame, räumliche Dimensionen zugrunde liegen – also dass Form und Handlung in der Mathematikleistung zusammenfließen.

Konsistent mit der Vermutung, dass in der Feinmotorik Idee und Handlung gemeinsam verankert sein können, sind weitere Befunde über lexikalische Verarbeitung und Feinmotorik von Bedeutung. Festgestellt wurde, dass die feinmotorischen Fertigkeiten von Kindergartenkindern (Suggate/Stoeger 2014; 2017), Grundschülern sowie Studierenden (Zack/ Stoeger/Suggate 2019) mit dem Wortschatz zusammenhängt. Genauer formuliert: Wörter, die Begriffe darstellen, die einen direkteren Körperbezug besitzen (z. B. Griff vs. Dach oder Wolke), werden schneller von Probanden, welche über einer geschickteren Feinmotorik verfügen, verarbeitet. Darüber hinaus scheint die Feinmotorik eine signifikante Rolle für die

Leseentwicklung zu spielen (Cameron et al. 2012; Grissmer et al. 2010; Suggate/ Pufke/Stoeger 2016; Suggate/Pufke/Stoeger 2018). Um diese Gesamtbefundlage theoretisch zu erklären, stellten wir die *Nimble-Hands, Nimble-Minds* Hypothese auf, die besagt, dass Hand*geschick*lichkeit (auf engl. nimble = geschickt, beweglich, gelenkig) zu Geist*geschick*lichkeit führt (Suggate/Stoeger 2014; 2017). Dahinter vermuten wir, dass Fähigkeiten im Bereich der Feinmotorik den Körper mittrainieren, sodass beispielsweise neuronale Gebiete und Strukturen, die für die Feinmotorik von Bedeutung sind, auch für andere kognitive Funktionen „umgesetzt" werden können (Anderson 2007). Anders ausgedrückt stellen feinmotorische Fertigkeiten Resonanzfertigkeiten dar, die sowohl auf motorische als auch auf kognitive Tätigkeiten reagieren können.

## Feinmotorisches Handeln als Resonanzvorgang: Einige pädagogische Konsequenzen

> „Aber man muß wissen, wie eng ein ordentliches Denken nicht bloß mit dem Gehirn und dem Kopf des Menschen zusammenhängt, sondern mit dem ganzen Menschen. Es hängt von der Art und Weise, wie jemand denken gelernt hat, ab, welche Geschicklichkeit er in den Fingern hat. Denn der Mensch denkt ja in Wirklichkeit mit dem ganzen Leibe. Man glaubt nur heute, er denke mit dem Nervensystem, in Wahrheit denkt er mit dem ganzen Organismus. Und auch umgekehrt ist es: Wenn man in richtiger Weise dem Kinde Schlagfertigkeit im Denken, sogar bis zu einem gewissen Grade Geistesgegenwart auf natürliche Weise beibringen kann, arbeitet man für die körperliche Geschicklichkeit, und wenn man bis in die Körperlichkeit hinein diese Denkgeschicklichkeit treibt, dann kommt einem auch die Geschicklichkeit der Kinder zu Hilfe." (Steiner 1921: 77)

Die oben geschilderten Resonanz-Phänomene in der Feinmotorik haben zahlreiche Folgen für die Gestaltung von Schule und Unterricht (Schmalenbach 2007). Angenommen Motor-Resonanz-Erfahrungen konstituieren wichtige pädagogische Erlebnisse: Vor allem wenn Form und Handlung stimmig sind, können feinmotorische Erlebnisse und Fähigkeiten als lernfördernd verstanden werden. Folglich wäre nicht nur das Erlernen von *Formen* bzw. abstrakten, wenig verkörperten Ideen ein Bestandteil der Bildung, sondern auch motorische bzw. *sensomotorische Handlungen* sind von großer Bedeutung. Es seien einige Beispiele aufgezeigt.

Aktuell wird in Deutschland diskutiert, ob die Schreibschrift – oder sogar Handschrift – überflüssig geworden ist und ob diese, wie in Finnland begonnen, nicht komplett aus dem Lehrplan gestrichen werden kann. In zahlreichen Ländern werden bereits Grundschüler und Gymnasiasten ausschließlich mit Laptops unterrichtet, sodass Stift und Papier als Kulturtechnik zunehmend in die Bedeutungslosigkeit geraten. Denkbar ist auch ein weiterer Schritt: Durch Stimmerkennungssoftware könnte bald selbst das Tippen völlig überflüssig werden. Es stellt sich die Frage: Ist dies wünschenswert?

Einige Untersuchungen fanden heraus, dass beim Lesen von Buchstaben motorische Hirnareale mitaktiviert werden (James/Engelhardt 2012). Stärker noch ist diese neuronale Tätigkeit beim Lesen einer Handschrift, vor allem beim Lesen der eigenen Handschrift: Probanden lesen die eigene Handschrift schneller und genauer (Wamain/Tallet/Zanone/Longcamp 2012). Ferner hat Schreiben eine durchaus propriozeptive Prägung (Vinter/Chartrel 2008), sodass der Schluss gezogen werden kann, dass Schreiben eine verkörperte Tätigkeit ist. Selbst bei Erwachsenen schlägt der Stift die Tastatur: In mehreren Studien konnte gezeigt werden, dass Studierende, die während eines Vortrags handschriftliche Notizen machen, weniger oberflächlich lernen und sich mehr Inhalte merken als Studierende, die am Laptop Notizen aufschreiben (Mueller/Oppenheimer 2014).

Das langsame Verschwinden motorischer Resonanzerfahrungen beschränkt sich nicht nur auf das Schreiben. Kinder verbringen immer mehr Zeit vor dem Bildschirm (Feierabend/Plankenhorn/Rathgeb 2017), was mit ernst zu nehmenden Schlaf-, Aufmerksamkeits-, Augen- und Gewichtsproblemen einhergeht (Chang/AeschbachDuffy/Czeisler 2015; Dworak/Schierl/Bruns/Strüder 2007; Gooley et al. 2011; Vandewalle et al. 2007). Es wird weniger Zeit draußen im Freien verbracht und immer weniger pädagogische Ansätze bieten vielfältige Bewegungsgelegenheiten und entsprechende sensomotorische Aktivitäten (z. B. Handarbeit, Musikunterricht, Naturausflüge). Kurzum: Der Körper als Resonanzort wird pädagogisch vernachlässigt. Dem gilt es entgegenzuwirken.

Ein weiteres Beispiel: Das in der Waldorfpädagogik in den ersten Schuljahren gepflegte Fach *Formenzeichnen* fasst den hier aufgefassten Gedanken zur Motorresonanz exemplarisch zusammen. Beim Formenzeichnen werden, wie der Name sagt, Urformen und komplexe Muster geübt und gezeichnet (z. B. Kutzli 2007) – Formen, die in der Geometrie, Schreibschrift, Mathematik oder Natur zu finden sind. Durch immer wieder geübte Umsetzung (d. h. Handlung) sollen verschiedene, immer komplexer werdende Formen mit der Hand möglichst exakt gezeichnet werden, was zu Motorresonanz führt, wobei diese Resonanz sowohl zur tieferen Verarbeitung der Inhalte als auch insgesamt zur erhöhten Resonanzfähigkeit beiträgt.[3]

---

3   Siehe auch den Beitrag von Toepell in diesem Band.

# Literatur

Anderson, Michael L. (2007): The Massive Redeployment Hypothesis and the Functional Topography of the Brain. In: Philosophical Psychology 20 (2), S. 143–174.

Cameron, Claire E./Brock, Laura L./Murrah, William M./Bell, Lindsay H./Worzalla, Samantha L./Grissmer, David/Morrison, Frederick J. (2012): Fine motor skills and executive function both contribute to kindergarten achievement. In: Child Development 83 (4), S. 1229–1244.

Chang, A.-M./Aeschbach, Daniel/Duffy, John F./Czeisler, Charles A. (2015): Evening use of light-emitting eReaders negatively affects sleep, circadian timing, and next-morning alertness. In: Proceedings of the National Academy of Sciences of the United States of America 112 (4), S. 1232–1237.

Davis, Emma E./Pitchford, Nicola J./Limback, Ellie (2011): The interrelation between cognitive and motor development in typically developing children aged 4-11 years is underpinned by visual processing and fine manual control. In: British Journal of Psychology 102 (3), S. 569–584.

Descartes, René (Ed.) (2012). Discours de la méthode pour bien conduire sa raison et chercher la vérité dans les sciences: Französisch/deutsch = Bericht über die Methode, die Vernunft richtig zu führen und die Wahrheit in den Wissenschaften zu erforschen ([Nachdr.]). Reclams Universal-Bibliothek: Nr. 18100. Stuttgart: Reclam.

Dworak, Markus/Schierl, Thomas/Bruns, Thomas/Strüder, Heiko (2007): Impact of singular excessive computer game and television exposure on sleep patterns and memory performance of school-aged children. In: Pediatrics 120 (5), S. 978–985.

Engel, Andreas K./Singer, Wolf (2011): Neuronale Grundlagen des Bewusstseins. Paderborn: Schöning.

Feierabend, Sabine/Plankenhorn, Theresa/Rathgeb, Thomas (2017): Kindheit, Internet Medien: Basisstudie zum Medienumgang 6–13-Jähriger in Deutschland. Stuttgart: Medienpädagogischer Forschungsverbund Südwest (LFK, LMK).

Fischer, Martin H./Zwaan, Rolf A. (2008): Embodied language: A review of the role of the motor system in language comprehension. In: The Quarterly Journal of Experimental Psychology 61 (6), S. 825–850.

Fischer, Ursula/Suggate, Sebastian P./Schmirl, J./Stoeger, Heidrun (2018): Counting on fine motor skills: links between preschool finger dexterity and numerical skills. In: Developmental Science 21 (4), 1–11.

Gallagher, Sean/Cole, Jonathan (1995): Body schema and body image in a deafferented subject. In: Journal of Mind and Behavior 16, S. 369–390; reprinted in Body and Flesh: A Philosophical Reader, ed. Donn Welton. Oxford: Blackwell, S. 131–147.

Gentilucci, M. C./Corballis, Michael Charles (2006): From manual gesture to speech: a gradual transition. In: Neuroscience and biobehavioral reviews 30 (7), S. 949–960.

Gooley, Joshua J./Chamberlain, K./Smith, K. A./Khalsa, Sat Bir Singh/Rajaratnam, Shanta M. W./van Reen, E./Zeitzer, J.M./Czeisler, S.A:/Lockley, S. W. (2011): Exposure to Room Light before Bedtime Suppresses Melatonin Onset and Shortens Melatonin Duration in Humans. In: The Journal of Clinical Endocrinology & Metabolism 96 (3), E463–E472.

Goulardins, Juliana B./Marques, Juliana C. B./Casella, E. B./Nascimento, R. O./De Oliveira, Jorge A. (2013): Motor profile of children with attention deficit hyperactivity disorder, combined type. In: Research in developmental disabilities 34 (1), 40–45.

Grissmer, David/Grimm, K. J./Aiyer, Sophie M./Murrah, William M./Steele, J. S. (2010): Fine motor skills and early comprehension of the world: Two new school readiness indicators. In: Developmental Psychology 46, S. 1008–1017.

Huth, Alexander G./de Heer, Walter Alexander/Griffiths, Thomas L./Theunissen, Frans E./Gallant, Jack L. (2016): Natural speech reveals the semantic maps that tile human cerebral cortex. In: Nature 532, S. 453–458.

Inhelder, Bärbel/Piaget, Jean (1968): The growth of logical thinking. London: Routledge & Kegan Paul Ltd.

James, Karin H./Engelhardt, Laura (2012): The effects of handwriting experience on functional brain development in pre-literate children. In: Trends in Neuroscience and Education 1 (1), S. 32–42.

Jansen, Petra/Richter, Stefanie (2016): Macht Bewegung wirklich schlau? Zum Verhältnis von Bewegung und Kognition. Bern: Hogrefe.

Kutzli, Rudolf (2007): Creative form drawing (Illustrated ed.). Learning resources: Rudolf Steiner education series. Stroud: Hawthorn Press; [distributor] BookSource.

Lakoff, George/Johnson, Mark (2010): Philosophy in the flesh: The embodied mind and its challenge to Western thought ([Nachdr.]). New York, NY: Basic Books.

Luo, Zhen/Jose, P. E./Huntsinger, Carol S./Pigott, T. D. (2007): Fine motor skills and mathematics achievement in East Asian American and European American kindergartners and first graders. In: British Journal of Developmental Psychology 25 (4), 595–614.

Martzog, Philipp (2015): Feinmotorische Fertigkeiten und kognitive Fähigkeiten bei Kindern im Vorschulalter [Fine motor skills and cognitive development in preschool children]. Marburg: Tectum.

Martzog, Philipp/Stoeger, Heidrun/Suggate, Sebastian P. (2019): Relations between preschool children's fine motor skills and general cognitive abilities. In: Journal of Cognition and Development, 20 (4), S. 443–465.

Mueller, Pam A./Oppenheimer, Daniel M. (2014): The Pen Is Mightier Than the Keyboard: Advantages of Longhand Over Laptop Note Taking. In: Psychological Science 25 (6), S. 1159–1168.

Pulvermuller, Friedemann (2005): Brain mechanisms linking language and action. In: Nature Reviews Neuroscience, July (6), S. 576–582.

Rosa, Hartmut (2016): Resonanz: Eine Soziologie der Weltbeziehung. Berlin: Suhrkamp.

Sanz-Cervera, Pilar/Pastor-Cerezuela, Gemma/González-Sala, F./Tárraga-Mínguez, Raúl/Fernández-Andrés, M.-I. (2017): Sensory Processing in Children with Autism Spectrum Disorder and/or Attention Deficit Hyperactivity Disorder in the Home and Classroom Contexts. In: Frontiers in Psychology 8, S. 1772.

Schaal, S./Schweighofer, N. (2005): Computational motor control in humans and robots. In: Current Opinion in Neurobiology 15 (6), S. 675–682. https://doi.org/10.1016/j.conb.2005.10.009 Zugriff 21.01.2020.

Schmalenbach, Bernhard (2007): Eine heilpädagogische Psychologie der Hand: Entwicklungspsychologische und heilpädagogische Aspekte unter besonderer Berücksichtigung des Autismus und des Down-Syndroms. Dornacher Reihe der Konferenz für Heilpädagogik und Sozialtherapie, Dornach: Vol. 14. Luzern: Ed. SZH/CSPS.

Sekuler, Robert/Blake, Randolph (2002): Perception (4. ed.). Boston: McGraw-Hill.

Shapiro, Lawrence (2011): Embodied cognition. Oxon, UK: Routledge, Taylor & Francis.

Steiner, Rudolf (1918/1986): Die Philosophie der Freiheit [the philosophy of freedom]. Dornach: Rudolf Steiner Verlag.

Steiner, Rudolf (1921/1998): Erziehung zum Leben: Selbsterziehung und pädagogische Praxis. Dornach: Rudolf Steiner Verlag.

Suggate, Sebastian P./Pufke, Eva/Stoeger, Heidrun (2018): Do fine motor skills contribute to early reading development? In: Journal of Research in Reading 41, S. 1–19.

Suggate, Sebastian P./Pufke, Eva/Stoeger, Heidrun (2016): The effect of fine and graphomotor skill demands on preschoolers' decoding skill. In: Journal of Experimental Child Psychology 141, S. 34–48.

Suggate, Sebastian P./Pufke, Eva/Stoeger, Heidrun (2019): Children's fine motor skills in kindergarten predict reading in grade 1. In: Early Childhood Research Quarterly 47, S. 248–258.

Suggate, Sebastian P./Stoeger, Heidrun (2014): Do nimble hands make for nimble lexicons? Fine motor skills predict knowledge of embodied vocabulary items. In: First Language 34, S. 244–261.

Suggate, Sebastian P./Stoeger, Heidrun/Fischer, Ursula (2017): Fine motor skills predict finger-based numerical skills in preschoolers. In: Perceptual and Motor Skills 124, S. 1085–1106.

Suggate, Sebastian P./Stoeger, Heidrun (2017): Fine motor skills enhance lexical processing of embodied vocabulary: A test of the nimble-hands, nimble-minds hypothesis. In: Quarterly Journal of Experimental Psychology 70, S. 2169–2187.

Thelen, Esther (2000): Grounded in the world: Developmental origins of the embodied mind. In: Infancy 1, S. 3-28.

Thelen, Esther (1987): Self-organizing systems and infant motor development. In: Developmental Review 7 (1), S. 39–65.

Vandewalle, G./ Gais, S./ Schabus, M./Balteau, E./Carrier, J./ Darsaud, A./Sterpenich, G./ Albouy, G./Dijk, D. J./Maquet, P. (2007): Wavelength-dependent modulation of brain responses to a working memory task by daytime light exposure. In: Cerebral cortex (New York, N.Y.: 1991) 17 (12), S. 2788–2795.

Vinter, A./Chartrel, E. (2008): Visual and proprioceptive recognition of cursive letters in young children. In: Acta Psychologica 129 (1), S. 147–156.

Wamain, Yannick/Tallet, Jessica/Zanone, Pier-Giorgio/Longcamp, Marieke (2012): Brain responses to handwritten and printed letters differentially depend on the activation state of the primary motor cortex. In: NeuroImage 63 (3), S. 1766–1773.

Wilson, Frank R. (2001): Die Hand – Geniestreich der Evolution: Ihr Einfluss auf Gehirn und Kultur des Menschen. Stuttgart: Klett-Cotta.

Zack, R. E./Stoeger, Heidrun/Suggate, Sebastian P. (2019): Fine motor skills relate to lexical development in children and adults: The role of body-object interaction and body-part associations. Manuscript submitted for publication.

Zwaan, R. A./Taylor, L. J. (2006): Seeing, acting, understanding: Motor resonance in language comprehension. In: Journal of Experimental Psychology: General 135 (1), S. 1–11.

*Edwin Hübner*

# Gefrorene Vergangenheit

Digitale Medien in ihrem Verhältnis zu den menschlichen Sinnen

> „Avatare und Ewige sahen auch für ihre Kollegen so echt aus wie wirkliche Menschen. Möglich machte das NeurImplant, ein Minichip, den mittlerweile so gut wie jeder in seinem Kopf trug. Er war so selbstverständlich geworden wie Kontaktlinsen. Kinder bekamen ihn in der Regel schon mit drei Jahren implantiert. NeurImplant vermengte direkt im Gehirn die echte Realität mit der virtuellen – samt aller dazugehörigen Sinneseindrücke. Die Realität wurde mit einer digitalen Ebene vermischt. Im Gehirn entstand so ein Amalgam aus Wirklichkeit und Virtualität. Heraus kam die Blended Reality. Immortals epochales Werk. Für die Erzeugung der Blended Reality betrieb die Firma einen enormen Aufwand: Sie musste die gesamte physische Welt in Echtzeit digitalisieren. In dieses Meer von Daten speiste Immortal dann die Avatare und Ewigen ein, ebenfalls in Echtzeit. (Lubbadeh 2016: 35ff.)

Der Science-Fiction-Roman „Unsterblich" bringt das Problem des Medialen auf den Punkt. Auch wenn dort der Bildschirm nicht mehr vor dem Auge steht, sondern dahinter im Gehirn, bleibt die Frage, wie das Verhältnis des Menschen zu künstlichen Bildwelten beschaffen ist. „Unsterblich" beschreibt eine Menschheit, die immerzu in zwei Welten zugleich lebt, einer realen und einer virtuellen. Was Jens Lubbadeh noch in die Zukunft verlegt, ist heute in seinen Ansätzen deutlich zu sehen: die Verschmelzung von realen und medialen Wahrnehmungen. Die reale Welt wird mit etwas überlagert, das mithilfe digitaler Technologien aus in der Vergangenheit gespeicherten Daten erzeugt wird. Im Roman „Unsterblich" kommen folgerichtig auch die Toten nicht zur Ruhe, sondern geistern in ihrer vergangenen Erscheinung als „Ewige" in der Welt der real Lebenden herum. Was sie in ihrem vergangenen Leben taten, wie sie sich verhielten, was sie erfreute oder missfiel, das wiederholen sie in endloser Folge – eine sinnlose Existenz. Die Pointe des Romans ist, dass ein Erfinder diesen virtuellen Schatten ein Leben geben will und damit auch wieder einen Sinn.

Reale Welt und mediale Welt werden mit den menschlichen Sinnen wahrgenommen. Es ist zwischen diesen beiden Wahrnehmungen ein Unterschied, aber worin besteht er? Um sich dem zu nähern, kann man eine Reihe von Fragen aufwerfen: Was ist überhaupt ein Sinn? Wie steht der Mensch durch seine Sinne mit der realen Welt in Beziehung? Was charakterisiert den Blick auf mediale Erzeugnisse?

Das Wort „Sinn" hat eine doppelte Bedeutung, deshalb kann man nicht einfach fragen: Was ist *ein* Sinn?, sondern auch: Was ist Sinn? Daraus ergibt sich dann die weitere Frage, ob diese beiden Bedeutungen etwas miteinander zu tun haben. Gibt es einen Zusammenhang von Sinne haben und Sinn finden?

## Bedeutungsebenen von Sinn

Das Wort „Sinn" und das ihm zugehörige Verb „sinnen" sind nur im niederländischen und deutschen Sprachgebiet zu finden. Ihr Ursprung ist in der indogermanischen Wurzel „sent-" zu suchen, das die Bedeutung hatte: gehen, reisen, fahren, eine Richtung nehmen, eine Fährte suchen. Von seiner ursprünglichen Herkunft her hatte das Substantiv „Sinn" die Bedeutung: Weg, Richtung, Reise, Fahrt. Das zugehörige Verb „sinnen" besaß im Althochdeutschen als „sinnan" die Bedeutung gehen, reisen, wandern, streben, verlangen (9. Jh.). Im Althochdeutschen wurde das Substantiv „Sinn" bereits im gegenwärtigen Sinne verstanden: Es wurde auf Wahrnehmung und Verstand bezogen. Im Mittelhochdeutschen änderte sich die Bedeutung des Verbs „sinnen" und erhielt die neue Bedeutung „nachdenken" mit den Bedeutungsnuancen: planen, vorhaben, streben (Pfeifer 1989: 1636f.; Kluge 2002: 849).

Heute sind mit dem Wort „Sinn" mehrere Bedeutungen verknüpft. Eine erste Bedeutungsebene bezeichnet die Fähigkeit, etwas wahrzunehmen, einen Ton, eine Farbe, einen Geruch usw. Man spricht von Hörsinn, Sehsinn, Geruchssinn usw. Ohr, Auge Nase usw. sind die physischen Organe der Wahrnehmung, die aber nicht mit dem jeweiligen Sinn selbst verwechselt werden dürfen. Die physischen Organe sind die Voraussetzung für die sinnliche Empfindung, aber nicht die Empfindung. Sie sind ein Teilaspekt der Sinne.

Das Vermögen, etwas, das sich in der physischen Welt befindet, empfindend wahrzunehmen, ist also eine erste Bedeutungsebene von „Sinn".

Eine nächste Bedeutungsschicht wird deutlich durch die Aussage: „Sie hat einen guten Sinn für Farben." Hier wird darauf hingewiesen, dass der betreffende Mensch nicht nur Farben wahrnehmen kann, sondern sie in einer besonderen Weise wahrnehmen kann. Hier wird über die bloße Farbempfindung hinausgegangen; hier weist das Wort „Sinn" auf etwas hin, das sich jenseits des leiblichen Akts des bloß physischen Wahrnehmens vollzieht. Wenn man sagt: „Er besitzt einen Sinn für Humor", dann wird auf eine Fähigkeit hingewiesen, die nicht mehr an ein bestimmtes körperliches Organ geknüpft ist. Wenn man Sinn für Humor besitzt, dann liegt eine besondere seelische Offenheit für die Qualität des Humors vor. Das Gleiche gilt für den Kunstsinn, den Gerechtigkeitssinn, den Sinn für Schönes, den Sinn für Erhabenes usw.; damit wird auf rein seelische Fähigkeiten hingewiesen. „Sinn" ist in diesem Fall die Bezeichnung für die in eine bestimmte Richtung gehende seelische Offenheit.

In einer dritten Bedeutungsschicht weist das Wort „Sinn" auf die Fähigkeit hin, geistige Verhältnisse zu erfassen, dies sowohl in einer aktiven als auch aufnehmenden Bedeutung. Wenn man eine Absicht in sich trägt, einen Gedanken verwirklichen will, etwas erreichen will, dann sagt man: „Ich habe etwas im Sinn." Hier kommt die ursprüngliche Bedeutung des Wortes „Sinn" noch zum Vorschein. Die mehr aufnehmende, wahrnehmende Bedeutung des Wortes „Sinn" meint, dass man den „Sinn von Worten", den „Sinn einer Rede" versteht. Man kann sogar einen „Sinn für Sinn" entwickeln; in diesem Fall wird der Sinn als Wahrnehmungsvermögen mit dem wahrgenommenen Inhalt wesensverwandt. Sinn erfasst sich selbst.

Eine weitere Bedeutungsschicht kam im 18., 19. Jahrhundert hinzu: Man spricht vom Sinn einer Handlung, und vor allem fragt man auch nach dem Sinn des Lebens. In vorhergehenden Zeiten war die Frage nach dem Sinn des Lebens nicht da, denn die alten religiösen Traditionen gaben diesen Sinn noch kollektiv vor. In dem Moment, wo die alten kirchlichen Traditionen verfielen, die Menschen ein rationales Selbstbewusstsein entwickelten und sich in der Welt als isoliertes Subjekt erlebten, musste die individuelle Frage nach dem Sinn des Lebens auftreten. Das Sinnerlebnis des eigenen Daseins hängt davon ab, wie sich der Mensch in seinen Lebenszusammenhang eingebettet fühlt. Die Sinnfrage zielt auch darauf hin, wie man auf ein Zukünftiges hinorientiert ist, zu was man sich entwickeln will oder für was man aktiv sein kann.

Zusammenfassend kann man festhalten, dass das Bedeutungsfeld, welches das Wort „Sinn" umgibt, zwei Aspekte hat: einen empfangenden, wahrnehmenden sowie einen aktiven, zielsetzenden Aspekt. Der erste zeigt sich in der Bedeutung von Sinn als Wahrnehmungsorgan, der andere als ideell erlebter Sinn, der in Aktivitäten oder Erlebnissen des Individuums aufscheint.

Es sei zunächst der Wahrnehmungsaspekt von „Sinn" betrachtet.

## Der Kreis der menschlichen Sinne[1]

Die Welt wird auf verschiedenste Weise wahrgenommen: Ich höre, ich sehe, ich schmecke usw. Das kann zu der Frage führen, über welche Sinne der Mensch überhaupt verfügt. Aristoteles behauptete noch: „dass es außer den fünf Sinnen – ich verstehe unter diesen Gesicht, Gehör, Geruch, Geschmack und Tastsinn – keinen anderen gibt, davon kann man sich aus folgenden überzeugen [...]" (Aristoteles 1995, Über die Seele: 62). Diese alte Auffassung, dass der Mensch nur fünf Sinne habe, hat sich im Alltag bis heute vielfach erhalten. Bei genauerem Hinsehen zeigt sich jedoch, dass der Mensch mehr als fünf Sinne hat. Nur ein Beispiel: Das Fühlen der Haut lässt sich differenzieren in die Wahrnehmung der Beschaffenheit einer Oberfläche (Tastsinn) sowie die Wahrnehmung der Wärme oder Kälte des Gegenstandes (Temperatursinn).

Die Vielzahl der Sinne, durch die sich dem Menschen die Welt zeigt, lässt sich in drei Gruppen gliedern:

- Sinne, durch die der Mensch seine umgebende Welt erfährt.
- Sinne, durch welche der Mensch die räumliche Lage des eigenen Leibes innerhalb der Welt wahrnehmen kann.
- Sinne, die dem Menschen die Befindlichkeit des eigenen Leibes erfahren lassen.

Die Sinne, welche die leibliche *Umwelt* des Menschen erfahrbar machen, sind:

- Sehsinn
- Hörsinn
- Geschmackssinn
- Geruchssinn
- Wärmesinn

Die Sinne, welche die Wahrnehmung des *Verhältnisses* des menschlichen Leibes zu seiner Umgebung sowie die *Befindlichkeit* des Leibes selbst ermöglichen, sind:

- Gleichgewichtssinn
- Tastsinn
- Bewegungssinn
- Eingeweidesinn oder auch Lebenssinn

---

1   Siehe zu dieser Frage auch den Beitrag von Peter Lutzker in diesem Band.

Der Mediziner Johannes Rohen ordnet die Vielfalt der menschlichen Sinne kreisförmig an, wobei er den Schmerz als undifferenzierten Ursinn in die Mitte stellt. Er unterscheidet die bewussten „Tagessinne", welche die Außenwelt offenbaren, von den unbewussten „Nachtsinnen", die den eigenen Leib erfahrbar machen.

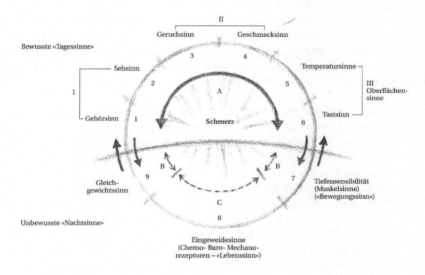

Abb. 1: Der Kreis der Sinne. Rohen 2000: 258

In seiner Auseinandersetzung mit der Frage nach der Vielfalt der menschlichen Sinne kam der Philosoph und Anthroposoph Rudolf Steiner zum Ergebnis, dass man beim Menschen zwölf Sinne unterscheiden müsse. Neben den bisher genannten neun Sinnen weist Steiner noch auf drei weitere Sinne hin. Er beschreibt einen nicht leicht bemerkbaren, aber dennoch gravierenden Unterschied zwischen dem bloß akustischen Vernehmen eines Wortes und dem Verstehen des Wortes. Wenn ein Wort verstanden wird, kommen zwei weitere Sinnesmodalitäten zum Tragen, die Steiner mit dem Wort Sprachsinn (oder auch Wortsinn) sowie Gedankensinn bezeichnet.

> „Beim Hören menschlicher Worte und deren Verstehen als Gedanken kommt eine dreifache Tätigkeit in Betracht. Und jedes Glied dieser dreifachen Tätigkeit muß für sich betrachtet werden, wenn eine berechtigte wissenschaftliche Auffassung zustande kommen soll. Das ‚Hören' ist die eine Tätigkeit. Allein das ‚Hören' ist für sich ebenso wenig ein ‚Vernehmen von Worten' wie

das ‚Tasten' ein ‚Sehen' ist. Und wie man sachgemäß unterscheiden muß zwischen dem Sinn des ‚Tastens' und demjenigen des ‚Sehens', so zwischen dem des ‚Hörens' und dem des ‚Vernehmen von Worten' und dem weiteren des ‚Erfassens von Gedanken'" (Steiner 1983, GA 21: 146).

Ein weiterer Sinn, auf den Steiner hinweist, ist der sogenannte „Ich-Sinn". So wie Steiner das Wahrnehmen der Gedanken eines anderen Menschen von dem Erleben des eigenen Denkens unterscheidet, so differenziert er auch zwischen der Wahrnehmung eines anderen Ich und dem Erlebnis des eigenen Selbst. Steiner beschreibt dies in einem Vortrag sehr deutlich: Es ist

> „etwas völlig Verschiedenes [...], ob ich durch das Zusammennehmen dessen, was ich an mir selbst erlebe, zuletzt die Summe dieses Erlebens als ‚Ich' bezeichne, oder ob ich einem Menschen gegenübertrete und durch die Art, wie ich mich zu ihm in Beziehung setze, auch diesen Menschen als ein «Ich» bezeichne. Das sind zwei ganz verschiedene geistig-seelische Tätigkeiten. Das eine Mal, wenn ich meine Lebenstätigkeiten in der umfassenden Synthesis ‚Ich' zusammenfasse, habe ich etwas rein Innerliches; das andere Mal, wenn ich dem anderen Menschen gegenübertrete und durch meine Beziehung zu ihm zum Ausdruck bringe, daß er auch so etwas ist wie mein Ich, habe ich eine Tätigkeit vor mir, die im Wechselspiel zwischen mir und dem anderen Menschen verfließt. Daher muß ich sagen: Die Wahrnehmung meines eigenen Ich in meinem Inneren ist etwas anderes, als wenn ich den anderen Menschen als ein Ich erkenne. Die Wahrnehmung des anderen Ich beruht auf dem Ich-Sinn, so wie die Wahrnehmung der Farbe auf dem Sehsinn, die des Tones auf dem Hörsinn beruht" (Steiner 1980, GA 293: 124f.).

Der Pädagoge Wolfgang Auer nennt in seiner Sinneslehre die drei von Steiner genannten Sinne Gestaltsinn, Bedeutungssinn und Stilsinn. Er sieht sie als übergeordnete Sinne, die in den drei Bereichen Sehen, Hören und Tasten verankert sind (Auer 2007: 14).

Legt man Steiners Unterscheidungen der Sinne zugrunde, so kann man zu der folgenden Gliederung der menschlichen Sinne kommen:

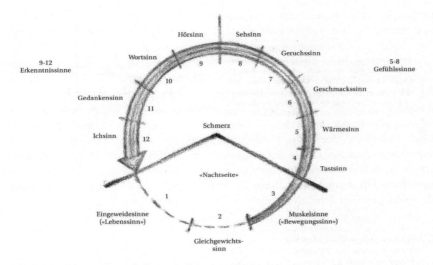

Abb. 2: Der Kreis der Sinne nach R. Steiner. Rohen 2000: 312

In der Erfahrung der realen Welt steht nie ein Sinn für sich alleine. Der Mensch nimmt die Welt immer mit mehreren Sinnen wahr. Die Welt erscheint dem Menschen fortwährend durch das Kaleidoskop der Sinne.

„Informationen über die Körperorientierung und Eigenbewegungen gehen in alle Wahrnehmungen von Gegenständen der Umwelt ein. Ob z. B. ein Baum an einem Abhang aufrecht oder schräg gewachsen ist, kann man allein mit den Augen nicht wahrnehmen. Dazu ist Information über die Richtung der Schwerkraft notwendig, die durch die Statoorgane vermittelt wird, [...]" (Campenhausen 1993: 85).

Wie die verschiedenen Wahrnehmungsqualitäten zusammenhängen, das wird durch das Denken erkannt.[2] Vom Beginn des Erdenlebens an, bereits im Mutterleib, übt der Mensch den Gebrauch seiner Sinnesorgane und bildet daran Begriffe. Indem er dann als Kleinkind die Gegenstände betastet, anschaut und mit ihnen spielt, erkennt er, wie die verschiedenen Wahrnehmungsqualitäten, in denen sich ein Gegenstand offenbart, zusammengehören. Auch macht der Mensch vielfältige Erfahrungen, wie er durch seinen Leib mit den Dingen der Außenwelt umgehen kann. Der innere Zusammenhang der Sinne ist für jede gesunde Welterfahrung

---

2 Genaueres dazu siehe Hübner 2019: 60–81.

und ein an der Realität orientiertes Handeln unerlässlich. Das Bild der Realität, das sich dem Menschen ergibt, ist vollkommen davon abhängig, wie der Mensch seine Sinne und ihre Zusammenhänge ausgebildet hat.

Die frühkindliche Genese der Sinne benötigt eine sehr lange Reifezeit. Sechs bis sieben Jahre etwa dauert es, bis das Kind seine Sinne weitgehend ausgebildet hat. Die Ausbildung der menschlichen Sinne hängt sehr davon ab, welche Anregungen es in der physischen Umgebung des Kindes gibt und wie es diese Möglichkeiten nutzt. In der spielenden Auseinandersetzung mit seiner Umwelt bildet das Kind seine Sinne, überhaupt seinen ganzen Leib aus – was sich dann auch in der Vernetzung und Gestaltung der Strukturen des Gehirns niederschlägt.[3] Mit dem sechsten, siebten Lebensjahr etwas findet die sensible Phase der physischen Leibgestaltung ein weitgehendes Ende. Die bis dahin sich gebildeten Mikrostrukturen des Leibes werden deutlich unempfindlicher für äußere Einflüsse.

## Charakteristik der Medien

Wie verhält sich nun ein medial geschaffenes Erzeugnis zur menschlichen Wahrnehmung? Was ist der Unterschied zwischen dem Blick auf einen im Hier und Jetzt erfahrenen realen Baum und dem Anschauen eines Bildes von diesem Baum auf einer Fotografie? Um dem auf die Spur zu kommen, sei eine Fotografie betrachtet.

Abb. 3: Bild einer zunächst unbekannten Stadt. Siehe Anmerkung 4

---

3  Ausführlich ist dies beschrieben in: Eliot 2001.

Achtet man darauf, was sich während der Betrachtung des Fotos in einem selbst gedanklich abspielt, dann bemerkt man sehr wahrscheinlich, dass man sich fragt, *wo* diese Fotografie wohl aufgenommen wurde und *wann*; auch interessiert vielleicht die Frage, *wer oder was* dort abgebildet ist.[4] Man versucht aus seinen Erinnerungen und dem, was man gelernt hat, Begriffe zu finden, durch die man sich diese Fragen beantworten kann. Kurz: Man versucht das Bild in den Zusammenhang zu stellen, aus dem es ursprünglich herstammt.

Stellt man der Fotografie einen kleinen Text zur Seite – Berlin, Alexanderplatz 1903 –, dann wird die Frage nach dem Zusammenhang deutlicher beantwortet. Wenn man einige geografische und historische Kenntnisse hat, kann man nun das isoliert stehende Bild begrifflich in einen Zusammenhang einfügen – es erhält Sinn.

Diese Beobachtung verdeutlich, was bei der Erstellung einer Fotografie geschieht: Eine einmalige in der Gegenwart sich zeigende *Erscheinung* einer Sache wird in der Fotografie von ihrem Wesen losgelöst. Wenn der Mensch einen realen Baum betrachtet, dann erlebt er ihn mit allen Sinnen: Er hört das Rauschen der Blätter, er riecht im Frühling den Duft seiner Blüten, er erlebt seine Bewegung im Wind usw. In dem Moment, wo er ihn fotografiert, wird ein kleiner Ausschnitt der dem Menschen zugänglichen Wahrnehmungsvielfalt kopiert. Ein Aspekt der gegenwärtigen Erscheinung des Baumes wird in der Fotografie als vergangene Erscheinung in der Gegenwart „verdauert". Die Fotografie ist sozusagen immerfort *gegenwärtige Vergangenheit* – gewissermaßen „gefrorene Zeit" – und als solche steht sie zusammenhanglos und unveränderlich im Hier und Jetzt des Betrachters.

Bei der Betrachtung eines Bildes wird der Mensch partiell in einen anderen Lebensort hereingezogen, den er in seinem gegenwärtigen Sein nicht erleben kann. Mit dem Auge betritt er den Bereich des Bildes, während er mit seinem übrigen Leib weiterhin mit seinem realen Lebensort verbunden bleibt. Dadurch wird der Mensch in zwei Erlebnisbereiche aufgespalten. Der natürlich gewachsene Zusammenhang der Sinne wird aufgelöst und das seelische Erleben des Menschen wird in den künstlich geschaffenen Erlebnisbereich des Bildes hereingezogen. Mit dem Auge betritt der Mensch das Bild, der übrige Mensch kann jedoch nicht mit hinein. Das zerreißt den Menschen: Mit seiner Aufmerksamkeit befindet er sich seelisch im Bildraum, während der übrige menschliche Leib vergessen im Hier und Jetzt zurückbleibt.

Diese Tatsache eröffnet Chancen der Bewusstseinserweiterung, bringt dem Menschen aber auch Risiken. Der sinnvolle Umgang mit Bildern setzt voraus, dass man die ihnen innewohnende Trennung wieder überwinden kann. Den durch den fotografischen Akt aufgelösten Zusammenhang zwischen Wesen und Erscheinung

---

4   Bildquelle: https://commons.wikimedia.org/wiki/File:Berlin_Alexanderplatz_1903.JPG, Zugriff 21.01.2020.

muss der Mensch aus eigener Kraft wiederherstellen; der Betrachter muss den Sinn des Bildes, dessen Eingebettetsein in eine vergangene raumzeitliche Situation restaurieren, indem er begriffliche Bezüge herstellt.

Der Medienwissenschaftler Heinz Buddemeier hat diese an der Fotografie – stellvertretend für alle Medienformen – beschriebenen Beobachtungen unter dem Begriff „mediales Urphänomen" zusammengefasst (Buddemeier 2001: 64f.). Er unterschied drei Aspekte dieses Urphänomens:

- Wesen und Erscheinung werden bei der Erstellung einer Fotografie voneinander getrennt.
- Bei der Betrachtung einer Fotografie wird der innere Zusammenhalt des wahrnehmenden Menschen tendenziell aufgelöst.
- Beim Anschauen einer Fotografie wird der Betrachter aus seiner gegenwärtigen Lebenswirklichkeit partiell herausgeführt und in das Duplikat einer vergangenen hineingeführt. Er ist dadurch in einer Situation, wo er nicht als ganzer Mensch sein kann, sondern nur mit einem Teil seines Leibes.

Diese an der Fotografie beobachtete Signatur der Trennung ist eine grundlegende Eigenschaft aller Medien. Schon bei der Schrift ist sie zu beobachten: Beim Lesen werden die Augen angesprochen, der übrige Leib ruht bequem auf einer Sitzgelegenheit. Durch die Schrift wird ein Inhalt mitgeteilt, der oftmals beziehungslos zur Gegenwart des Lesers steht – Harry Potter und die Zauberschule Hogwarts beispielsweise haben mit dem realen Leben des Lesers wenig gemeinsam. Beim Anschauen eines Films ist dies noch deutlicher zu beobachten: Mit Auge und Ohr geht der Mensch seelisch vollständig im Filmgeschehen auf. Der übrige Leib liegt ruhig im Sessel. Auch hier steht der Inhalt des Films zusammenhanglos neben der gegenwärtigen Realität des Zuschauers. Auch bei akustischen Medienformen ist diese Trennung deutlich wahrzunehmen. Wenn Menschen mit einem Smartphone oder einem alten Festnetztelefon telefonieren, dann sieht man, vor allem an der Haltung des Kopfes, dass der Mensch mit seiner Aufmerksamkeit woanders ist, nämlich bei seinem weit entfernten Gesprächspartner. Er ist nicht mehr hier, aber auch nicht dort, wo sein Gesprächspartner ist. Der telefonierende Mensch befindet sich in einem Zwischenzustand, er ist nicht mehr ganz hier, aber auch nicht vollständig dort: Er ist gespalten.

Gerade im Straßenverkehr macht sich diese Gespaltenheit lebensgefährlich bemerkbar. Da mittlerweile fast alle Menschen mit dem allgegenwärtigen Smartphone ausgerüstet sind, geschehen durch das Abgezogensein ins Virtuelle mittlerweile derart viele kritische Verkehrssituationen, dass sich Verkehrsunternehmen zu drastischen Plakataktionen gezwungen sehen.

Abb. 4: Plakate des VGF in Frankfurt am Main

Betrachtet man dies vor dem Hintergrund der Gesamtsinnesorganisation des Menschen, dann wird deutlich, was bei jedem Blick auf einen Bildschirm, oder bei jedem Hören eines Lautsprechers geschieht: Aus der Gesamtheit der Sinne werden ein oder zwei Sinne herausgerissen, indem sie in den medialen Raum eintauchen. Der übrige Leib bleibt in der realen Welt zurück.

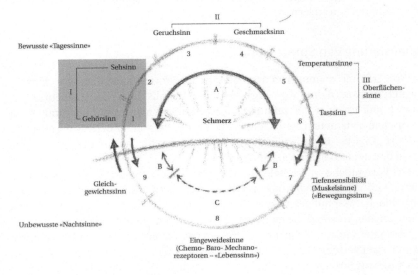

Abb. 5: Der Kreis der Sinne. Rohen 2000: 258, verändert.

Für erwachsene Menschen gibt diese Situation die Möglichkeit, ihr Bewusstsein auf andere Orte zu erweitern. Man kann, ohne zu übertreiben, sagen, dass ein globales Bewusstsein überhaupt nur durch Medien möglich ist. Denn nur durch Medien kann man etwas über Asien, Amerika oder Afrika erfahren. Da bei den erwachsenen Menschen der Zusammenhang der Sinne untereinander und auch ihr Zusammenhang mit der Motorik gewissermaßen „fest verdrahtet" ist, macht ihnen die Trennung der Sinne wenig aus, vor allem wenn der Mensch ausgleichende Gegengewichte schafft.

Für Kinder dagegen, die ihre Sinne erst integrieren und vor allem auch mit der Motorik zusammenbringen müssen, ist der Umgang mit Medien – völlig unabhängig vom jeweiligen Inhalt – schlicht gesundheitsschädlich. Denn die sensomotorische Integration ist bis zum sechsten, siebten, achten Lebensjahr die wichtigste Entwicklungsaufgabe eines Kindes. Deshalb ist jede Stunde, die ein Kind mit Medien verbringt, eine Stunde, die für diese wichtige Aufgabe nicht genutzt wird. In dieser Tatsache gründet sich die Empfehlung, dass in der frühen Kindheit und Vorschulzeit Kinder zunächst medienfrei aufwachsen und dann in der Vorschulzeit nur sehr dosiert mit analogen und digitalen Medien umgehen sollten. Dagegen brauchen Kinder vielfältigste Angebote, um sich zu bewegen, viel zu sprechen, fantasievoll zu denken und viele anregende Wahrnehmungen, sodass sie ihre sensomotorische Integration gesund ausbilden können, um damit auch ihren Leib geschickt beherrschen zu lernen.

## Digitalisierung von Sprache und Bild

Das Wort „digital" stammt von dem lateinischen Wort „Digitus" ab, was „Finger" bedeutet; das von Digitus abgeleitete Adjektiv „digitalis" bedeutet „zum Finger gehörig". Damit ist einer der zehn Finger gemeint, die man zum Zählen nutzt. Im Lateinischen bedeutete „Digitus" daher auch „Ziffer". In dieser Bedeutung gelangte das Wort „Digitus" dann ins Englische und kam im 20. Jahrhundert von da aus auch in den deutschen Sprachgebrauch.[5]

Das Wesentliche am Digitalen ist, dass alles auf eine binäre Kodierung zurückgeführt wird. Binäre Kodierungen sind an sich relativ alt; schon das legendäre Morsealphabet war auf genau zwei Zeichen aufgebaut: Kurz und Lang. Mit diesen beiden Zeichen verständigte man sich weltweit über mehr als ein Jahrhundert.

Computer sind aus technischen Gründen von Anfang an binär kodiert, in ihnen sind nur zwei verschiedene Signalzustände vorhanden: Null und Eins, d. h. technisch gesehen „Strom aus" oder „Strom an". Da man alle Zahlen als binäre Ziffern

---

[5] www.wissen.de/Wortherkunft/Digital, Zugriff 21.01.2020.

darstellen kann, ist es möglich alles, was auf Zahlen zurückgeführt werden kann, mit Computern zu bearbeiten.

Mit der Digitalisierung der Geräte hat sich vieles verändert:

1. Alles, was früher analog gesteuert oder übermittelt wurde, wird mittlerweile durch Computer gesteuert und übermittelt. 1993 waren etwa 3% der weltweiten Informationskapazität digital, 2007 schätzte man das auf 94 Prozent, gegenwärtig ist wohl nahezu alles digitalisiert (Hilbert/López 2011).
2. Durch neue technische Verfahren ist es möglich, Computer in gigantischem Maßstab zu miniaturisieren: Computerchips arbeiten heute in Milliardstelmeterbereich, d. h. man beherrscht Strukturen, die nur wenige Atombreiten dick sind.
3. Biologische Strukturen lassen sich mit digitalen verbinden. So ist es beispielsweise gelungen, dass Menschen über Hirnimplantate durch bloße Gedanken Roboterarme steuern können.
4. Die weltweite Vernetzung aller Geräte ermöglicht es, dass sie sich auf lange Sicht zu einem Internet der Dinge zusammenschließen – zu einer einzigen Weltmaschine verbinden.

Durch die Digitalisierung ist auch etwas möglich geworden, das man vor 100 Jahren als Utopie angesehen hätte: selbstsprechende Geräte. Durch das 1876 von Graham Bell in den Vereinigten Staaten von Amerika erstmals der Öffentlichkeit vorgeführte Telefon konnte menschliche Sprache über große räumliche Entfernungen hinweg übermittelt werden. In derselben Zeit hatte Thomas Alva Edison die entscheidende Idee, wie er menschliche Sprache in der Zeit festhalten und reproduzieren kann. Im Dezember 1877 reichte er seinen Patentantrag für seinen Phonographen ein, der Schallschwingungen auf einer wachsbeschichteten Walze festhielt. Einige Zeit später kam Emil Berliner auf die Idee, anstelle der Walze eine kreisförmige Aufnahmeplatte zu benutzen: Das Grammophon entstand. Mit Telefon, Phonograph und Grammophon begann die Zeit der „sprechenden" Maschinen. Im 20. Jahrhundert ergänzten Radio, Tonband und digitale Tonaufzeichnung die vorhandenen Techniken.

Die Digitalisierung ermöglichte eine neue Qualität des Umgangs mit Sprachaufzeichnungen. 1966 entwarf der Computerwissenschaftler Josef Weizenbaum ein Computerprogramm, mit dem man „sprechen" konnte. Auf der Tastatur eines Computerterminals tippte der Mensch einfach das ein, was er sagen wollte. Weizenbaums Programm analysierte das Geschriebene und stellte eine Antwort zusammen, die dem Menschen anschließend auf dem Bildschirm präsentiert wurde.

Dieses von Weizenbaum ELIZA genannte Sprachanalyseprogramm markiert einen Wendepunkt im Verhältnis des Menschen zur Maschine:

- Bis 1965 sprachen die Menschen **durch** Maschinen mit anderen Menschen.
- Ab 1966 beginnt die Zeit, in der Menschen **mit** Maschinen sprechen, als wären sie ihresgleichen.

Die ersten Anfänge sind seitdem beträchtlich weiterentwickelt worden. Gegenwärtig sind sie unüberhörbar geworden: Alexa von Amazon, SIRI im iPhone, Cortana bei Windows 10 sind alltägliche „Gesprächspartner" vieler Menschen.

Aber findet wirklich ein Gespräch statt, wenn ein Mensch mit einer Maschine spricht? Es geschieht dabei ja Folgendes: Der Mensch spricht, d. h. physikalisch entstehen in der Luft Schallwellen, die auf das Mikrofon des Gerätes auftreffen und dort elektrische Schwingungen hervorrufen. Diese werden digitalisiert und anschließend verarbeiten Algorithmen die eingegangenen digitalen Werte. Das Ergebnis dieser Verarbeitung sind wiederum zahllose digitale Werte, die in elektrische Schwingungen umgewandelt werden, die ihrerseits einen Lautsprecher zum mechanischen Schwingen bringen. Die Schwingungen des Lautsprechers rufen in der Luft Druckschwankungen hervor, die der Mensch mit dem Ohr aufnimmt – und in die er einen Sinn hineininterpretiert. Im Grunde ist nichts anderes geschehen, als wenn der Mensch in einer bergigen Gegend laut rufen würde „Wie heißt der Bürgermeister von Wesel?" und ihm das Echo das Wort „Esel" zurückwirft. Wenn der Mensch mit einer Maschine „spricht", dann redet er sozusagen mit einer Echokammer, die ihm ein intelligent erscheinendes Echo zurückwirft. (Siehe auch den Beitrag von Thomas Damberger in diesem Band.)

Auch in der Bearbeitung von Bildern hat die Digitalisierung eine qualitative Veränderung gebracht. Das von einer Kamera aufgenommene Bild wird in Hunderttausende, ja Millionen Bildpunkte zerlegt, die in einer bestimmten Ordnung in Speichermedien abgelegt sind. Diese gespeicherten Bilder können von Algorithmen beliebig verändert werden – virtuelle Räume entstehen. In diese kann der Mensch mit Hilfe eines Eingabegerätes „eintreten". Wenn er damit bestimmte Eingaben macht, dann verändern sich dementsprechend die Bilder. Die Bilder reagieren auf das vom Menschen Vorgegebene wie die akustischen Daten: Sie sind im Grunde nichts anderes als ein algorithmisch berechnetes Echo. Diese künstlich erzeugten „sichtbaren" Räume sind genauso wie die „Gespräche" mit Geräten rein maschinelle Ereignisse. Maschinen erzeugen durch ihre Algorithmen, was Menschen sehen und hören – sie simulieren Wahrnehmung.

*Edwin Hübner*

## Maschinen als geronnene Vergangenheit

„Aber die Ewigen konnten nicht über das hinaus, was der Mensch gewesen war. Sie waren Computercodes. Sie reagierten so, wie die Algorithmen es aus dem Verhalten des jeweiligen Menschen zu Lebzeiten berechneten. Sie waren gefrorene Zeit [...]" (Lubbadeh 2016: 32)

Eine Maschine ist mehr als ein Werkzeug. Das Grundprinzip eines *Werkzeuges* besteht darin, dass es die Tätigkeit des menschlichen Körpers aufnimmt und dessen Kraft oder Geschicklichkeit verstärkt, beispielsweise ein Hammer, eine Hacke, eine Nadel, ein Messer, eine Feile (Kapp 1877/2015: 50ff.).

Werkzeuge werden zur *Vorrichtung*, wenn eine leibliche Tätigkeit des Menschen, die er mit Werkzeugen ausführte, auf einen Funktionszusammenhang übertragen wird, bei dem der Mensch nur noch die Antriebskraft liefert, beispielsweise bei der Töpferscheibe, die er mit den Füßen antreibt, oder dem Spinnrad oder dem Fahrrad. In einer Vorrichtung setzt der Mensch sich wiederholende Tätigkeit seines Körpers nach außen (Guardini 1990: 96).

Sobald der Mensch seine eigene Kraft durch Wasser- oder Windkraft oder einen Motor ersetzt und die Funktion der Vorrichtung sich völlig ohne sein Zutun abspielt, ist der Übergang zur *Maschine* getan. Mit der Maschine macht sich das Werkzeug selbstständig: „Eine Maschine ist nichts anderes als ein innerhalb gewisser Grenzen – autonom gewordenes Werkzeug" (Günther 1957/2002: 207).

Mit der Entwicklung der Maschinen setzt der Mensch das, was er mit seinem logisch-rationalen Denken an der Natur erkannt hat, in einen äußeren Ablauf um. Er formuliert die von ihm gefundenen Naturgesetze in mathematischen Gleichungen, in Formeln, und diese setzt er in mechanische Abläufe um, die er auf ein bestimmtes Ziel ausrichtet: „Maschine ist Formel aus Eisen, auf einen bestimmten Zweck gerichtet" (Guardini 1990: 50).

Die Maschine ist so konstruiert, dass sie einen festgelegten Ablauf immer und immer wieder wiederholt. Die Regeln des Ablaufs einer Maschine sind nichts anderes als in Materie umgesetzte Algorithmen: „Die klassische, mechanische Maschine ist die Verkörperung eines bestimmten Algorithmus. Dieser Algorithmus ist in Stahl geronnen und erstarrt" (Bammé et al. 1983: 149). Er kann nicht verändert werden, ohne zugleich auch die Maschine umbauen zu müssen. Dieser Maschinentyp steht prinzipiell beziehungslos zur Natur. Seine starren Abläufe reagieren nicht auf die Vorgänge in der Umgebung. In dem Augenblick jedoch, wo durch Rückkopplung Vorgänge der Maschine auf Zustände der Außenwelt bezogen werden, wie beispielsweise bei einem Thermostat, der die Heizung in Abhängigkeit von der Zimmertemperatur regelt, zeigt sich ein neuer Maschinentyp: Eine Maschine, die sich selbst dirigiert. Der Technikphilosoph Gotthard Günther bezeichnete diesen Maschinentyp als *trans-klassische Maschine* (Günther 2002: 209). Die klassische Maschine objektiviert die Aktivitäten der beweglichen menschlichen Gliedmaßen, die transklassische Maschine löst sich von der Mechanik des Menschen los und imitiert die logischen Regeln des menschlichen Denkens. In der klassischen Maschine ist der Algorithmus noch fest in der Funktion des Gerätes verankert. In der transklassischen Maschine löst sich die Funktion vom Gerät los und beginnt ein scheinbar intelligentes und zunehmend selbstständigeres „Eigenleben" zu führen.

Eines muss man sich jedoch immer bewusst sein: Selbst die höchstentwickelten, bewundernswertesten Technologien sind immer nur *Endpunkte* von Entwicklungen, denn sie setzen das, was in der Vergangenheit in sie gelegt wurde, fort. Alle Maschinen, ob klassisch oder transklassisch, wurzeln prinzipiell *nur* in der Vergangenheit. Eine Künstliche Intelligenz kann noch so weit entwickelt sein, sie kann nichts anderes, als vergangene Zustände in die Zukunft fortzusetzen. Auch wenn künstliche Intelligenzen die menschliche Geschwindigkeit des Denkens und dessen Genauigkeit übertreffen – sie beziehen sich immer nur auf statistische Analysen vergangener Ereignisse, berechnen aus gigantischen Datenmassen relative Häufigkeiten, die sie anschließend den Wahrscheinlichkeitsberechnungen zukünftiger Ereignisse zugrunde legen. Der Grundsatz aller Maschinen, auch der sogenannten Künstlichen Intelligenzen ist: „*Wie es war, wird es auch in der Zukunft sein!*"

Maschinen schieben die Vergangenheit in die Gegenwart. Von Maschinen kommt prinzipiell nichts wesentlich Neues, sie konservieren das Gewesene. Das Können der Menschen, ihre Fähigkeiten, ihre Gedanken sind durch ihre Arbeit in die gigantische Maschinenwelt geronnen, die heute unsere Umgebung bildet. In allen Maschinen schaut der Mensch die eigene menschheitliche Vergangenheit an. Unsere Gerätewelt ist das gefrorene menschliche Denken der Vergangenheit, das in die Zukunft fortrollt.

Nun kann man einwenden, dass durch Künstliche Intelligenz doch Neues in die Welt käme. Ein Beispiel: Die von der Tochterfirma Deep Mind des US-amerikanischen Konzerns Alphabet entwickelten KI-Programme AlphaGo und AlphaGo Zero besiegten die weltbesten Go-Spieler. Bei einem Spiel machte die KI einen sehr ungewöhnlichen Zug, der sich dann später als spielentscheidend herausstellte. Einer der Spieler soll hinterher sogar gesagt haben, dass die Maschine wie ein Go-Gott gespielt habe. Aber bei aller Faszination muss man doch beachten, dass die Maschine vorher mit Millionen und Abermillionen Spielsequenzen trainiert wurde. Aufgrund der vergangenen Spielsequenzen ist ihre Funktionsweise derart optimiert, dass sie in der Gegenwart optimale Züge macht – und natürlich auch einen Zug machen kann, auf den Menschen bisher noch nicht gekommen sind. Das ist aber nichts prinzipiell Neues. Die Maschine hat aber niemals die Idee, dass sie aus

Mitleid mit ihrem Spielpartner schlechter spielt, um ihn auch einmal zu gewinnen zu lassen – es sei denn, es wurde vorher einprogrammiert. Was als Neues durch Maschinen erscheint, ist immer als Optimierung vergangener Zustände erklärbar. Dies gilt zumindest für die Maschinen, die man bisher bauen kann. Ob dies auch noch für die derzeit in Entwicklung befindlichen Quantencomputer gelten wird, muss man abwarten. Auch wenn es gelingen sollte, Computer mit Lebewesen zu koppeln, könnte es möglich sein, dass ein Zukünftiges aus diesem Mischwesen hervorgehen kann.

## „Sinn finden" setzt offene Sinne voraus

Gegenwärtig greifen Künstliche Intelligenzen (KI) immer tiefer in den menschlichen Alltag ein und gestalten ihn um. Die großen Technologie-Unternehmen in den verschiedenen Ländern der Welt sind im Wettlauf, wer die smarteste KI bauen kann. Das führt aber zu der existenziellen Frage, wie Menschen das Eigenleben der hoch entwickelten künstlichen Intelligenzen noch verstehen und vor allem beeinflussen können. Dies ist zu einem der drängendsten Probleme der Gegenwart geworden. Es geht um nichts weniger als um die ungeheuerliche Frage, ob die Menschheit von einer hoch entwickelten KI eliminiert werden könnte, weil sie der optimalen Zielerreichung im Wege steht. Deswegen fordert der Physiker Max Tegmark:

> „[...] Um eine weise Entscheidung zu treffen, wie wir die KI-Entwicklung regeln wollen, müssen wir Menschen uns nicht nur den herkömmlichen computerunterstützten Herausforderungen, sondern auch einigen der hartnäckigsten Fragen der Philosophie stellen. [...] Um eine freundliche KI zu programmieren, müssen wir den Sinn des Lebens erfassen. Was ist ‚Sinn'? Was ist ‚Leben'? Wie lautet das endgültige ethische Gebot? Mit anderen Worten, in welche Richtung sollten unsere Bemühungen gehen, wenn wir die Zukunft unseres Universums gestalten? Wenn wir die Kontrolle einer Superintelligenz überlassen, bevor wir diese Fragen sorgfältig beantwortet haben, dann wird die Antwort, die sie sich einfallen lassen wird, wahrscheinlich nichts mit uns zu tun haben" (Tegmark 2017: 415).

Die Technik macht heute etwas deutlich, was seit Langem ein Grundproblem der Menschheit ist. Schon vor Jahrzehnten machte der Psychologe Viktor Frankl aufgrund seiner Erfahrungen darauf aufmerksam, dass hinter vielen scheinbar neurotischen Erkrankungen ein übergreifendes Problem steht: das Erlebnis des existenziellen Vakuums. Weitverbreitet haben Menschen das Gefühl, dass ihr Leben sinnlos ist. Frankl war der Auffassung, dass die Menschen weniger an klinisch greifbaren Symptomen leiden, sondern „vielmehr an dem Mangel an einem Lebensinhalt" (Frankl 1991: 11). Die Entstehung des existenziellen Vakuums erklärt Frankl in prägnanter Form:

> „Im Gegensatz zum Tier sagen dem Menschen keine Instinkte, was er muß, und im Gegensatz zum Menschen von gestern sagen dem Menschen von heute keine Traditionen mehr, was er soll. Nun, weder wissend, was er muß, noch wissend, was er soll, scheint er oftmals nicht mehr recht zu wissen, was er im Grunde will. So will er denn das, was die anderen tun – Konformismus! Oder aber er tut nur das, was die anderen wollen – von *ihm* wollen – Totalitarismus" (Frankl 1991: 13).

Und heute stehen wir vor der Gefahr, das intelligente Maschinen, die wir in der Vergangenheit schufen, uns sagen, was wir zu tun haben. Das in den Autos allgegenwärtige Navigationsgerät ist ein – sympathisches – Wetterleuchten dieses Szenarios.

Sinn für das eigene Leben und Handeln zu finden ist für den Menschen eine psychische Notwendigkeit. Mit dem Aufkommen der durch die Digitalität möglich gewordenen Künstlichen Intelligenzen hat sich die Frage nach dem Sinn des Lebens verschärft.

Wie findet der Mensch Sinn? Auf diese Grundfrage des Lebens hat Victor Frankl durch seine Erfahrungen im Konzentrationslager eine Antwort gefunden: *Sinn für sich selber* zu finden hängt davon ab, ob man fähig ist, einen *Sinn für anderes* entfalten zu können.

> „Was hier not tut, ist eine Wendung in der ganzen Fragestellung nach dem Sinn des Lebens: Wir müssen lernen und die verzweifelten Menschen lehren, *daß es eigentlich nie und nimmer darauf ankommt, was wir vom Leben noch zu erwarten haben, vielmehr lediglich darauf: was das Leben von uns erwartet!* Zünftig philosophisch gesprochen könnte man sagen, daß es hier also um eine Art kopernikanische Wende geht, so zwar, daß wir nicht mehr einfach nach dem Sinn des Lebens fragen, sondern daß wir uns selbst als die Befragten erleben, als diejenigen, an die das Leben täglich und stündlich Fragen stellt – Fragen, die wir zu beantworten haben, indem wir nicht durch ein Grübeln oder Reden, sondern nur durch ein Handeln, ein richtiges Verhalten, die rechte Antwort geben. Leben heißt letztendlich eben nichts anderes als: Verantwortung tragen für die rechte Beantwortung der Lebensfragen, für die Erfüllung der Aufgaben, die jedem einzelnen das Leben stellt, für die Erfüllung der Forderung der Stunde.

Diese Forderung, und mit ihr der Sinn des Daseins, wechselt von Mensch zu Mensch und von Augenblick zu Augenblick. Nie kann also der Sinn menschlichen Lebens allgemein angegeben werden, nie läßt sich die Frage nach dem Sinn allgemein beantworten – das Leben, wie es hier gemeint ist, ist nichts Vages, sondern jeweils etwas Konkretes, und so sind auch die Forderungen des Lebens an uns jeweils ganz konkrete" (Frankl 2002: 124f.).

Viktor Frankl macht also darauf aufmerksam, dass der Mensch einen *Sinn für das Leben* entwickeln muss, wenn er den *Sinn seines eigenen Lebens* finden will. Das Erlebnis der eigenen Sinnhaftigkeit setzt den offenen Sinn für das Fremde voraus. Die eigene Sinnfindung setzt die Fähigkeit der „Selbsttranszendenz menschlicher Existenz" (Frankl 1982: 147) voraus. Wenn man sich im Dienst einer Sache erleben kann und sei sie noch so klein, dann erlebt man sich im vollen Sinne als Mensch. Dazu jedoch muss man die Welt wahrnehmen können. Der Mensch braucht offene Sinne. Er muss das Leben wahrnehmen können und dann fähig sein, über sich selbst hinauszugehen – hin zur Welt.

Sinn findet sich, wenn der Mensch das eigene Wollen im Zusammenhang mit seiner natürlichen und sozialen Umgebung erleben kann. Sinn findet der Mensch, wenn es ihm möglich ist, sein Denken und Handeln von einem aus eigener Einsicht erkannten Zusammenhang her bestimmen zu lassen; das setzt aber voraus, dass er fähig ist, diesen wahrzunehmen – dafür braucht er gesunde und offene Sinne.

Zu Beginn wurde auf die verschiedenen Bedeutungsebenen des Wortes „Sinn" hingewiesen. Diese stehen nicht einfach nur nebeneinander, sondern sind eng miteinander verwoben. Der Mensch muss gesunde physische Sinne haben, um seine Umgebung wahrnehmen zu können, aber auch die seelische Offenheit, den „seelischen Sinn", das was in den sinnlichen Wahrnehmungen sich als „Unsichtbares" zeigt, erfassen zu können. Das ist die Voraussetzung dafür, dass der Mensch auch die geistige Ebene, den „inneren Sinn" erfassen kann. Und dieser wiederum ist die Voraussetzung, dass der Mensch bei genügender Fähigkeit zur Selbsttranszendenz, den eigenen Sinn finden kann.

Indem der Mensch Sinn in seinem Leben findet, ist, wie Wolfgang Nieke in seinem Beitrag in diesem Band ausführt, ein wesentliches Element der Lebensqualität gefunden.

## Gefrorene Vergangenheit und zukunftsträchtige Gegenwart

> „Die Blended Reality, die Mischrealität, entstand in den Köpfen der Menschen; für das objektive Auge der Kamera waren diese virtuellen Wesen nicht wahrnehmbar. Wenn Lars von Trier mit Marlene Dietrich [der virtuellen ‚Ewigen', EH] einen Film drehen wollte, brauchte er dafür eine Spezialkamera, die an einem Rechner hing, der die echte Weltaufnahme mit der Blended Reality abglich und die Szene so darstellte, wie Menschen mit Hirnchip sie sahen. Für Kino und Fernsehen wurden solche Spezialkameras eingesetzt, nicht aber für Überwachung. Wozu auch? Digitale Personen konnten schlecht etwas stehlen oder jemanden umbringen." (Lubbadeh: 70f.)

Digitale Personen können schlecht jemanden in der realen Welt umbringen – so bringt der Autor des Science-Fiction-Romans „Unsterblich" den Unterschied zwischen der realen und der virtuellen Welt auf den Punkt. Die virtuelle Person kann in der realen Welt nicht handeln, denn ihr fehlt die Geburt, die Natalität. Die Philosophin Hannah Arendt schreibt in ihrem Buch „Vita activa":

> „Das Wunder, das den Lauf der Welt und den Gang menschlicher Dinge immer wieder unterbricht und von dem Verderben rettet, das als Keim in ihm sitzt und als ‚Gesetz' seine Bewegung bestimmt, ist schließlich die Tatsache der Natalität, das Geborensein, welches die ontologische Voraussetzung dafür ist, dass es so etwas wie Handeln überhaupt geben kann. [...] Das ‚Wunder' besteht darin, dass überhaupt Menschen geboren werden, und mit ihnen der Neuanfang, den sie handelnd verwirklichen können kraft ihres Geborenseins" (Arendt 2016: 316f.).

Alles menschliche Handeln ist wie eine neue Geburt. Der Mensch ist derjenige, der durch sein Handeln die Welt verändert. Der Mensch bringt durch sein Handeln die Zukunft in die Welt.

Was Maschinen als scheinbare Handlungen zeigen, ist nichts anderes als das Echo vergangenen menschlichen Handelns, das sich in der Maschine verleiblicht hat, genauso wie sich in jedem medial erzeugten Bild nur das zurückgebliebene Duplikat einer vergangenen Wahrnehmung eines Menschen zeigt.

Die Wahrnehmung der realen Welt unterscheidet sich grundsätzlich von derjenigen der virtuellen.[6] Denn der Leib des Menschen ist Teil der Welt, die er mit seinen Sinnen wahrnimmt. Im ersten Moment erscheint es zwar so, als ob der Leib

---

6 Vergleiche im Folgenden: Hübner 2019: 60ff.

von der Welt getrennt sei, aber bei genauerem Hinsehen erweist sich dies als ein Vorurteil. Ich bin durch meinen Leib ein Teil der Welt, „er ist in dem Gewebe der Welt gefangen" (Merleau-Ponty 2003: 280). Im Wahrnehmen der realen Welt ist immer ein wechselseitiger Bezug des Leibes mit den Dingen der Welt vorhanden.

> „Denn weil die Dinge und mein Leib aus demselben Stoff gemacht sind, muß sich sein Sehen auf irgendeine Art in ihnen vollziehen, muß sich ihre manifeste Sichtbarkeit in ihm mit einer geheimen Sichtbarkeit koppeln: ‚Die Natur ist im Innern', sagt Cézanne. Qualität, Licht, Farbe, Tiefe, die sich dort vor uns befinden, sind dort nur, weil sie in unserem Leib ein Echo hervorrufen, weil er sie empfängt" (Merleau-Ponty 2003: 281).

Im Erlebnis der Wahrnehmung bin ich als Wahrnehmender die Welt und die Welt tritt in mich ein. Es geschieht eine wechselseitige Verschränkung. Bei aufmerksamer Beobachtung kann man sehr wohl gewahr werden, dass ich während des Wahrnehmens nicht bei mir selbst bin, sondern bei den Dingen. Wenn ich den Ton einer Glocke vernehme, dann habe ich nicht das Erlebnis, dass der Ton in meinem Kopf ist, sondern ich erlebe mich bei dem Ton dort draußen, dort wo die Glocke tönt. Ich bin der Ton und der Ton ist in mir. Der Phänomenologe Merleau-Ponty beschreibt dieses Erlebnis so:

> „Ich, der ich das Blau des Himmels betrachte, stehe nicht ihm *gegenüber* als ein weltloses Subjekt, ich bin nicht gedanklich in seinem Besitz, entfalte nicht ihm zuvor eine Idee von Blau, die sein Geheimnis mir entschlüsselte; ich überlasse mich ihm, ich versenke mich in dieses Geheimnis, es ‚denkt sich in mir', ich bin der Himmel selbst, der sich versammelt, zusammennimmt und für sich zu sein sich anschickt, mein Bewusstsein ist verschlungen von diesem grenzenlosen Blau" (Merleau-Ponty 1966: 252).

In der Wahrnehmung bin ich mit dem Wesen der Welt vereint, das sich mir in meinen Sinnen offenbart. In dieser Offenbarung liegt zugleich der Sinn der Sache; Sinn ergibt sich in der Vereinigung mit einem Wesen.

Ganz anders dagegen, wenn der Mensch einem Medium gegenübertritt. Mit dem Sehsinn tritt er in das Duplikat einer vergangenen Erscheinung ein, die ihren Bezug zu ihrem Wesen verloren hat. Er ist dann mit einem Wesenlosen vereint. Die übrigen Sinne sind mit dem Hier und Jetzt der Gegenwart verbunden. Die überwiegende Zahl der Sinne erlebt die gegenwärtige Realität, während einzelne Sinne herausgezogen sind und im Dort und Damals verweilen. Der Kulturphilosoph Günther Anders verdeutlichte dies am Beispiel des Fernsehens:

„Natürlich können wir das Fernsehen zu dem Zwecke verwenden, um an einem Gottesdienst teilzunehmen. Was uns dabei aber, ob wir es wollen oder nicht, genauso stark ‚prägt' oder ‚verwandelt' wie der Gottesdienste selbst, ist die Tatsache, dass wir an ihm gerade *nicht* teilnehmen, sondern *allein dessen Bild* konsumieren. Dieser Bilderbuch-Effekt ist aber offensichtlich von dem ‚bezweckten' nicht nur verschieden, sondern dessen Gegenteil" (Anders 1994: 100).

Auf eine ähnliche Weise beschreibt der Phänomenologe und Bildtheoretiker Lambert Wiesing die Lage des Betrachters eines Bildes:

„Denn wer ein Bild sieht, wird durch seine Wahrnehmung zwangsläufig in einen Ausnahmezustand versetzt – und zwar in einen Ausnahmezustand, dessen merkwürdige Andersartigkeit gegenüber anderen Wahrnehmungen sich erfreulich leicht und klar beschreiben lässt: Nur in der Betrachtung eines Bildes ist ein Wahrnehmungserlebnis für den Wahrnehmenden *nicht* mit dem Zwang verbunden, selbst ein Teil des wahrgenommenen Geschehens sein zu müssen. Er muss nicht mehr partizipieren! Ausschließlich für den Fall der Wahrnehmung eines Bildes gilt: Der Wahrnehmende taucht *nicht* in die wahrgenommene Welt ein. Bilder sind nicht-immersiv" (Wiesing 2015: 211).

Und zu Recht spricht Wiesing daher von einer „Partizipationspause":

„Die Wahrnehmung von Bildern ermöglicht ihrem Subjekt, sich durch die eigene Wahrnehmung in einen Zustand der Partizipationspause versetzen zu lassen. [...] Was jedem Subjekt einer Wahrnehmung unvermeidlich widerfährt, bleibt dem Betrachter eines Bildes erspart: die Partizipation am Wahrgenommenen" (Wiesing 2015: 199).

In der Begegnung mit dem medialen Bild findet eine *wesenlose* Begegnung statt. Man begegnet nur der Kopie der Erscheinung des Wesens, sozusagen dem Echo aus der Vergangenheit, das das Wesen einst im fotografischen Apparat hinterlassen hat.

In dem Moment, wo nun die Bilder durch Digitalisierung in einzelne Pixel zerlegt werden und der Manipulation durch Algorithmen zugänglich werden, geschieht ein Doppeltes: Die vergangene Erscheinung wird in Atome aufgelöst und mit Hilfe von in der Vergangenheit entstandenen Verfahren umgeformt. Es entsteht ein Strom scheinbar neuer Bilder, dem aber das Wesenhafte fehlt. In der Blended

Reality überschattet er die Gegenwart, löst den Menschen von der Realität los und zieht ihn in die Wesenlosigkeit hinein. In diesem Wesenlosen lässt sich aber kein Sinn finden.

In der Virtualität ist die Welt erstorben. Für die Pädagogik stellt sich die Frage, wie sie jungen Menschen helfen kann zu verstehen, wie sie inmitten der hereingreifenden erstarrten Vergangenheit, ihre in all ihrem Handeln verborgene und in die Zukunft gerichtete Natalität finden, stärken und aus ihr das eigene zukünftige Leben sinnvoll gestalten können.

Der reale Raum und der virtuelle Raum sind zwei verschiedene Weltbereiche mit ihren je eigenen Gesetzen. Das gesunde Leben mit beiden Welten setzt eine Übergangskompetenz voraus. Man muss von dem einen Raum in den anderen übergehen können, ohne in einem der beiden „hängen" zu bleiben. Zwischen der Realität und der Virtualität besteht eine qualitative Schwelle; sie zu überschreiten setzt etwas voraus, das der Medienpädagoge Wolf-Rüdiger Wagner als *Medialitätsbewusstsein* bezeichnete (Wagner 2013).

Medialitätsbewusstsein zu entwickeln ist aber nur möglich, wenn man einerseits voll erlebend im gegenwärtigen realen Leben steht und andererseits auch die durch Maschinen erzeugten virtuellen Räume gründlich kennt. Pädagogik muss daher dafür Sorge tragen, dass Kinder und Jugendliche die Fähigkeiten, sich im realen Leben zu behaupten, ausbilden können. Daneben muss sie sich aber auch darum kümmern, dass Jugendliche genau verstehen, wie virtuelle Räume entstehen und welche Regeln in ihnen gelten. Nur wenn sie in beiden Bereichen – realer Welt und virtueller Welt – über gründliche Erfahrungen verfügen, können sie Medialitätsbewusstsein entwickeln; dann finden sie sich als später erwachsene Menschen in beiden Welten zurecht: Sie haben die Basis, die es ihnen zukünftig ermöglicht, Sinn – ihren eigenen Sinn – im Leben zu finden und daraus schöpferisch tätig sein..

## Literatur

Anders, Günther (1994): Die Antiquiertheit des Menschen. Bd. 1. Über die Seele im Zeitalter der zweiten industriellen Revolution. München: Verlag C. H. Beck.
Arendt, Hannah (2016): Vita activa oder Vom tätigen Leben. München: Piper Verlag.
Aristoteles (1995): Philosophische Schriften in 6 Bänden; Hamburg: Meiner.
Auer, Wolfgang (2007): Sinnes-Welten. Die Sinne entwickeln. Wahrnehmung schulen. Mit Freude lernen. München: Kösel-Verlag.
Bammé, Arno et al. (1983): Maschinen-Menschen. Mensch-Maschinen. Grundrisse einer sozialen Beziehung. Reinbek bei Hamburg: Rowohlt Taschenbuch Verlag.
Buddemeier, Heinz (2001): Von der Keilschrift zum Cyberspace. Der Mensch und seine Medien. Stuttgart: Urachhaus.
Campenhausen, Christoph von (1993): Die Sinne des Menschen. Einführung in die Psychophysik der Wahrnehmung. Stuttgart, New York: Georg Thieme Verlag.

Eliot, Lise (2001): Was geht da drinnen vor? Die Gehirnentwicklung in den ersten fünf Lebensjahren. Berlin: Berlin Verlag.
Frankl, Viktor (1982): Der Wille zum Sinn. Ausgewählte Vorträge über Logotherapie. Bern, Stuttgart, Wien: Huber.
Frankl, Viktor (1991): Das Leiden am sinnlosen Leben. Freiburg, Basel, Wien: Herder.
Frankl, Viktor (2002): ... trotzdem Ja zum Leben sagen. Ein Psychologe erlebt das Konzentrationslager. München: Kösel.
Guardini, Romano (1990): Die Technik und der Mensch. Briefe vom Comer See. Mainz: Matthias-Grünewald-Verlag.
Günther, Gotthard (1957/2002): Das Bewusstsein der Maschinen. Eine Metaphysik der Kybernetik. Baden-Baden: Agis Verlag
Hilbert, Martin/López, Priscila (2011): The World's Technological Capacity to Store, Communicate, and Compute Information. In: Science 01 Apr 2011: Vol. 332, Issue 6025, S. 60–65.
Hübner, Edwin (2019): Realität, Virtualität und schaffende Kunst. In: Götte, Wenzel M./Boettger, Christian/Röh, Claus-Peter (Hrsg.): Selbst entfalten – Welt gestalten. Das Künstlerische in der Waldorfpädagogik. Stuttgart: edition waldorf, S. 60–81.
Kapp, Ernst (1877/2015): Grundlinien einer Philosophie der Technik. Zur Entstehungsgeschichte der Kultur aus neuen Gesichtspunkten. Hamburg: Felix Meiner Verlag.
Kluge, Friedrich (2002): Etymologisches Wörterbuch der deutschen Sprache, bearbeitet von Elmar Seebold. Berlin, New York: De Gruyter.
Lubbadeh, Jens (2016): Unsterblich. München: Wilhelm Heyne.
Merleau-Ponty, Maurice (1966): Phänomenologie der Wahrnehmung. Berlin: Walter de Gruyter & Co.
Merleau-Ponty, Maurice (2003): Das Auge und der Geist. Philosophische Essays. Hamburg: Felix Meiner Verlag.
Pfeifer, Wolfgang (1989): Etymologisches Wörterbuch des Deutschen. 3 Bde. Berlin: Akademie-Verlag.
Rohen, Johannes (2000): Morphologie des menschlichen Leibes. Stuttgart: Freies Geistesleben.
Steiner, Rudolf (1980): Allgemeine Menschenkunde als Grundlage der Pädagogik, GA 293. Dornach: Rudolf Steiner Verlag.
Steiner, Rudolf (1983): Von Seelenrätseln, GA 21 (Tb). Dornach: Rudolf Steiner Verlag.
Tegmark, Max (2017): Leben 3.0. Mensch sein im Zeitalter Künstlicher Intelligenz. Berlin: Ullstein.
Wagner, Wolf-Rüdiger (2013): Bildungsziel Medialitätsbewusstsein. Einladung zum Perspektivwechsel in der Medienbildung. München: Kopaed.
Wiesing, Lambert (2015): Das Mich der Wahrnehmung. Eine Autopsie. Frankfurt am Main: Suhrkamp.

*Peter Loebell*

# Welt-Teilhabe von Kindern und Jugendlichen im Zeitalter der Digitalisierung

## 1. Teilhabe des Menschen an der Welt

Menschen sind Lernwesen. In jedem Moment ihres Lebens machen sie Erfahrungen, erweitern und differenzieren ihre Kenntnisse und Fähigkeiten, ein beständiges Lernen ist unvermeidlich. Gelernt wird immer im Kontext der individuellen Lebenswelten, in die wir mit unserem ganzen Sein verstrickt sind. Unter dem Terminus „Lebenswelt" wird in der Soziologie der Wirklichkeitsbereich verstanden, „an der der Mensch in unausweichlicher, regelmäßiger Wiederkehr teilnimmt" (Schütz/Luckmann 1979: 25). Es handelt sich um unsere Umgebung, die „der wache und normale Erwachsene in der Einstellung des gesunden Menschenverstandes als schlicht gegeben vorfindet"; damit sind Sachverhalte gemeint, die „bis auf weiteres unproblematisch" erscheinen (ebd.). Maßgeblich für die Struktur der Lebenswelten sind einerseits das Wissen, das Menschen über ihre Umgebung besitzen, und andererseits die Relevanz, die einzelne Phänomene oder Ereignisse für uns haben. Denn „alle Erfahrungen und alle Handlungen gründen in Relevanzstrukturen" (ebd.: 224). Wenn sich die Lebenswelten der Menschen tiefgreifend und mit wachsender Beschleunigung verändern, müssen die institutionalisierten Bildungsprozesse und -einrichtungen selbst lernfähig sein: Das Verständnis für menschliches Lernen muss unter veränderten Bedingungen erweitert, die Bedingungen für nachhaltige Lernvorgänge müssen angepasst werden.

Niemand kennt meine Lebenswelt so wie ich. Wenn ich meine biografischen Erfahrungen, erworbenen Kenntnisse und erlernten Fähigkeiten beschreibe, erscheinen sie als ein komplexes System von Resonanz-Ereignissen unterschiedlicher Bedeutsamkeit. Den Begriff der „Resonanz" führt der Soziologe Hartmut Rosa in seiner Soziologie der Weltbeziehung ein, um die Qualität unterschiedlicher Weltbeziehungen einerseits zu charakterisieren, andererseits aber auch, um sie im Sinne eines „gelingenden Lebens" bewerten zu können. In seinem phänomenologischen Ansatz geht er davon aus, dass Subjekte niemals der Welt gegenüberstehen können, „sondern sie finden sich immer schon in einer Welt, mit der sie verknüpft und verwoben sind" (Rosa 2016: 63). Resonanz bilde sich daher nicht zwischen einem bewussten Subjekt und einer „fertigen" Welt, sie sei vielmehr deren Anfangsgeschehen (ebd.: 66). Das gilt in besonderer Weise für die pränatale

Entwicklung: Rosa erkennt in der pränatalen Weise des In-der-Welt-Seins, „dass das Resonanzverhältnis nicht zwischen einem Subjekt und einem Objekt (oder zwischen zwei Subjekten) besteht, sondern eine zunächst untrennbare, bipolare Einheit beschreibt" (ebd.: 86).

Von dieser „bipolaren Einheit" kann auch gesprochen werden, wenn hier von der „Welt-Teilhabe" der Kinder und Jugendlichen die Rede ist. Das wird am Beispiel des kindlichen Rollenspiels deutlich. Im Spiel verleiht das Kind den bekannten Gegenständen eine Bedeutung, die ihm aus früheren Erfahrungen vertraut ist. Seine Lebenswelt stellt die Relevanzstrukturen zur Verfügung, durch die eine Spielsituation ihren Sinn erhält. „Im Symbolspiel üben Kinder die Fähigkeit, im Hinblick auf gegebene Phänomene verschiedene Perspektiven entwickeln zu können, also mit Kreativität oder Fantasie auf Erscheinungen der äußeren Welt zu reagieren" (Rittelmeyer 2007: 17). Dabei werden die Erscheinungen der äußeren Welt – so lautet meine These – nicht als „Gegenüber", sondern als bedeutsame Bestandteile der eigenen Lebensgeschichte erfahren. Das Kind erlebt sich selbst als Teil dieser Welt, in der es mit seinem Bewusstsein einzelne Gegenstände isolieren und gemäß seiner Relevanzstrukturen erfassen kann.

Das gilt auch für die Wahrnehmung der Schrift, die bei Kindern das Interesse an der Kulturtechnik des Lesens und Schreibens wecken kann, sofern sie in seiner Lebenswelt bedeutsam ist. Umgekehrt lässt sich zeigen, dass Kinder, die in einer Umgebung aufwachsen, in der das geschriebene Wort kaum Bedeutung hat, die Grundidee des Lesens und Schreibens nicht verstehen. So berichten die Erziehungswissenschaftler Marton und Booth über eine Lehrerin, die in den frühen 1950er Jahren daran gescheitert ist, Maori-Kindern in Neuseeland diese Kulturtechnik beizubringen. Marton und Booth vertreten in diesem Zusammenhang die Auffassung, dass man „keine bloßen Details lernen (kann), ohne sie als Details von etwas zu erleben". Und weiter: „Wenn es kein Ganzes gibt, ist Lernen zum Scheitern verurteilt" (Marton/Booth 2014: 218).

Dieses Ganze ist die persönliche Lebenswelt, der die Kinder selbst angehören und deren Gegenstände für sie bedeutsam erscheinen, auch wenn sie deren Sinn noch nicht erkennen. So erinnert sich der Franzose André Stern, dass er als Dreijähriger beim Betrachten einer beschriebenen Seite laut ausgerufen habe: „Oh da sind Eier und Eierbecher!" Dabei habe er auf die Buchstabenkombination C und O gedeutet. Er entdeckte weitere Zeichen und hatte Freude am Auffinden bestimmter Buchstaben. Es gelang dem Dreijährigen, einzelne Wörter zu entziffern. Danach verlor er sein Interesse an dieser Beschäftigung für längere Zeit. Erst mit etwa acht Jahren greift er sich ein Buch, das ihm die Mutter schon viele Male vorgelesen hat, und beginnt die Geschichten darin auswendig herzusagen. Er ist selbst erstaunt über die Leichtigkeit, mit der er die Worte erkennt, wenn er sie sieht (Stern 2013: 126).

Die irische Schriftstellerin Nuala O'Faolain kann den Moment in ihrem Leben, in dem sie das Lesen lernte, präzise beschreiben: „Ich kann mich noch genau erinnern. Es war eine Doppelspalte, ein Bericht über die Zeugenaussage in einem schottischen Mordprozess, keine Ahnung, wie der bei uns gelandet war. Ich rätselte gerade an einer Zeile herum, als ganz plötzlich die Bedeutung eines Wortes, das ich verstand, zum nächsten Wort übersprang, das ich auch wieder verstand, und weiter zum nächsten – bis ich genügend Worte zusammen hatte, die plötzlich einen verständlichen Satz bildeten. Ich war überwältigt vor Freude. Ich war noch klein, gerade mal vier. Ich rannte quer übers Feld, raste durch die staubige Hitze die Straße hinunter – es ist mir, als wär es gestern gewesen – zum Laden, der ziemlich weit entfernt war. ‚Ich kann lesen! Ich kann lesen!' schrie ich, und die Ladenbesitzerin beugte sich zu mir runter. ‚Was bist du nur für ein tolles kleines Mädchen!'" (O'Faolain 2000: 31f.)

An der Erinnerung der irischen Schriftstellerin wird deutlich, welche Ermutigung von dem Interesse der erwachsenen Bezugsperson für das kindliche Lernen ausgehen kann. Beide Beispiele zeigen darüber hinaus, dass sich Menschen im Rahmen ihrer lebensweltlichen Erfahrung von Welterscheinungen angesprochen fühlen, die offenbar für ihre Bezugspersonen von Bedeutung sind, und richten ihre Aufmerksamkeit zum Beispiel auf die noch unbekannten Schriftzeichen. Offenbar geht es darum, in den Grenzen der eigenen Lebenswelt aufmerksam zu werden auf Phänomene, durch die neue und erweiterte Horizonte erkennbar werden. So schreibt O'Faolain: „Mein eigenes Leben und was ich daraus machte begann, als ich zum ersten Mal die Bedeutung eines Satzes begriff" (ebd.: 31).

Wenn Menschen in ihrer Umgebung Objekte bemerken, die im Zusammenhang früherer biografischer Erfahrungen bedeutsam erscheinen, befinden sie sich bereits in einer Beziehung zu dem Wahrgenommenen. So erscheinen Buchstaben für Kinder in einer modernen Gesellschaft bedeutsam, bevor sie deren Sinn verstehen. Sie werden nicht als Teile einer objektiven „Welt an sich" erlebt, denn jede Wahrnehmung hat eine Bedeutung für den erkennenden Menschen und nimmt in seinem Bewusstsein eine subjektiv bestimmte Gestalt an. Der Mensch „lebt" – wie der Philosoph Ernst Cassirer schreibt – „nicht mehr in einem bloß physikalischen, sondern in einem symbolischen Universum" (Cassirer 2007: 50). Und weiter: „Der Mensch kann der Wirklichkeit nicht mehr unmittelbar gegenübertreten; er kann sie nicht mehr als direktes Gegenüber betrachten. Die physische Realität scheint in dem Maße zurückzutreten, wie die Symboltätigkeit des Menschen an Raum gewinnt. Statt mit den Dingen hat der Mensch nun gleichsam ständig mit sich selbst zu tun" (ebd.).

Phänomenologisch betrachtet stehen am Anfang jeder Wahrnehmung Relationen, aus denen Subjekte und Objekte analytisch abgeleitet werden. So betont der Philosoph Wiesing, dass ich die Wirklichkeit meiner Existenz durch die Art und Weise erfahre, wie mich mein intentionaler Zustand in Beziehungen verstrickt (Wiesing 2009: 88). In unserem reflektierenden Gegenstandsbewusstsein sind wir es gewohnt, die Welt inklusive unseres eigenen Selbst von außen so zu betrachten, als könnten die Phänomene und Verhältnisse „objektiv" erfahren werden. Wir kommunizieren über Erkenntnisse und wissenschaftliche Befunde aus einer distanzierten, quasi außerweltlichen Perspektive, sodass die Subjekte den Dingen der Welt gegenüberzustehen scheinen. Tatsächlich kann ich aber meinen Standpunkt nicht verlassen, sondern alle Erscheinungen nur so zur Kenntnis nehmen, wie sie sich meiner Sinneswahrnehmung und meiner persönlichen Gedankenbildung erschließen. Dabei lasse ich gewöhnlich außer Acht, dass jeder andere Mensch aus den Gegebenheiten seiner eigenen Lebenswelt heraus wahrnimmt und urteilt. Es wäre falsch anzunehmen, dass sich verschiedene Subjekte in ihren Äußerungen von verschiedenen Standpunkten aus auf die gleiche Welt beziehen. Vielmehr ist es so, dass wir beständig die Schnittmenge unserer Lebenswelten suchen und die Gemeinsamkeiten unserer Perspektiven aushandeln.

Die Gegensätzlichkeit der inneren und äußeren Weltwahrnehmung kann anhand der Ödipus-Sage aus der griechischen Mythologie verdeutlicht werden. Ödipus wuchs als Kind des Königspaares von Korinth auf. Als er zum jungen Mann herangereift ist, kommen ihm Gerüchte zu Ohren, nach denen er nicht der leibliche Sohn des Königs sei. So befragt er das Orakel von Delphi nach seiner Herkunft, erhält darauf aber keine Antwort. Stattdessen wird ihm prophezeit, dass ihm vorbestimmt sei, seinen Vater zu töten und seine Mutter zu heiraten. Um zu vermeiden, dass sich die Prophezeiung erfüllt, zieht Ödipus fort. Er trifft unter unglücklichen Umständen auf einen Reisenden, den er im Zorn tötet. Im Folgenden löst er das Rätsel der Sphinx, zur Belohnung wird er zum König von Theben ernannt und mit Iokaste, der Frau des bisherigen Herrschers, verheiratet. Erst viele Jahre später erfährt er durch den Spruch eines Sehers: Er sei in Wahrheit der leibliche Sohn des früheren Königs Laios und seiner Frau Iokaste. Nun wird ihm klar, dass der Reisende, den er vor langer Zeit im Zorn getötet hatte, sein Vater war, und dass die Frau, die er später geheiratet hatte, seine Mutter ist.

Seinem leiblichen Vater war schon vor Ödipus' Geburt nach einer langjährigen kinderlosen Ehe vom Orakel vorhergesagt worden: Falls er einen Sohn bekäme, werde dieser seinen Vater töten und seine Mutter heiraten. Als seine Frau Iokaste tatsächlich einen Sohn bekam, wurde dieser mit durchstoßenen und zusammengebundenen Füßen ausgesetzt, um die schreckliche Prophezeiung nicht Wirklichkeit werden zu lassen. Der Knabe wurde gerettet und unter dem Namen Ödipus und am Königshof von Korinth wie ein eigener Nachkomme aufgezogen, ohne dass er über seine Herkunft aufgeklärt wurde. Die Tragik dieser antiken Sage liegt darin, dass die Protagonisten versuchen das Schicksal abzuwenden und gerade dadurch dessen Erfüllung herbeiführen. Ödipus' subjektive Wahrnehmung der Welt erlaubt ihm nicht, die Zusammenhänge im Überblick zu erfassen.

Als innerweltliches Subjekt habe ich wie Ödipus stets meine besondere Perspektive, aus der die Menschen und Dinge, die mir begegnen, meine Empfindungen und Affekte hervorrufen. Sie erscheinen jeweils auf ihre eigene Weise für mich bedeutsam, denn sonst könnte ich sie nicht wahrnehmen und unterscheiden. Insofern kann ich, wie Wiesing betont, niemals Zuschauer der Welt sein (Wiesing 2009: 156). Der Versuch, meine Weltbeziehungen in ihrer Objektivität zu beurteilen, kann stets nur eine Annäherung bleiben und muss letztlich – wie im Beispiel des Ödipus – misslingen. Er hätte keine Schuld auf sich genommen, wenn er dem Fremden, der ihm begegnete, so gegenübergetreten wäre, als sei dies sein eigener Vater. Wenn er der älteren Frau so begegnet wäre, als sei sie seine leibliche Mutter, hätte sein Leben eine andere Wendung erhalten. Durch die Fähigkeit, widersprüchliche Deutungen der Wirklichkeit aus einer überpersönlichen Perspektive wahrzunehmen und zu prüfen, kann sich dem reflektierenden Bewusstsein die Möglichkeit einer Erkenntnis eröffnen, durch die die subjektive Lebenswelt um eine neue Dimension erweitert wird.

## 2. Resonanz als fundamentale Weltbeziehung der Individualität

Die Weltbeziehungen charakterisiert Rosa unter anderem mit folgenden Worten: „Die Welt kommt auf das erfahrende Subjekt zu – und dieses geht (handelnd und erschließend) in die Welt hinein" (Rosa 2016: 211). Diese Aussage widerspricht offenbar der oben zitierten Formulierung, in der es hieß, dass sich die Subjekte „immer schon in einer Welt (finden), mit der sie verknüpft und verwoben sind" (ebd.: 63). In diesem Fall wäre es nicht möglich, dass Subjekte auf die Welt „zugehen", wie Wiesing betont. Denn die verräumlichende Metapher suggeriert ein Verhältnis, in dem das Subjekt der Welt gegenübersteht und sich zu ihr hinbewegt. Wenn ich dagegen immer schon Teil der Welt bin, erfahre ich die Art und Weise dieser Teilhabe als eine Impulsierung, die mich gleichermaßen umgibt, durchdringt und innerlich ergreift, ähnlich wie Musik, die ihren Klang nicht nur in meiner Umgebung, sondern auch in mir selbst entfaltet.

Entgegen der Auffassung, dass das Subjekt immer schon Teil der Welt ist, wird die Weltbeziehung des Subjekts von Rosa mithilfe der Metapher zweier Stimmgabeln beschrieben: Wenn eine Stimmgabel in Schwingung gebracht wird, beginnt eine zweite, die sich entfernt, aber im gleichen Raum befindet, in der gleichen Frequenz zu schwingen. Dieses Bild enthält drei Elemente, die für eine Übertragung auf soziale Phänomene von Bedeutung sind.

- Ein Gegenstand wird von außen angeregt und in einen dynamischen Zustand versetzt.
- In einem Gegenstand scheint der veränderte Zustand des ersten weiterzuwirken, indem es in der gleichen Weise zu vibrieren beginnt. In sozialen Relationen, so führt Rosa seine Theorie weiter aus, wird dagegen das zweite Element in einer eigenen Sprache antworten, sodass die entstehende Beziehung aus unterschiedlichen Quellen gespeist wird.
- Drittens gibt es einen Resonanzraum, der die beiden Elemente umgibt und deren sensible Reaktion aufeinander ermöglicht.

Tatsächlich wird die Teilhabe an den subjektiven Lebenswelten offenbar durch Resonanzbeziehungen gestiftet. Aber die Stimmgabel-Metapher erweckt den Eindruck, als befänden sich getrennte Subjekte in einem Anfangszustand, in dem eines von ihnen durch äußere Einwirkung in eine Schwingung versetzt würde. In der zwischenmenschlichen Beziehung erlebt sich das Subjekt dagegen selbst als Urheber einer Bewegung, die von seinem Gegenüber aufgenommen und beantwortet wird. Dabei weist die Individualität in ihrer Selbsterfahrung eine Dynamik auf, die sich jeder Fixierung entzieht. So weiß ich im Handeln zwar von der Gegenwärtigkeit meines Tuns und erlebe meine Individualität in ihrer Präsenz. Dennoch weiß ich, dass mein Ich sich darin nicht erschöpft. Die Individualität erscheint „– anders als ‚Identität' – gerade nicht in irgendeinem konstanten Wesen, in spezifischen Kraftkonstellationen des einzelnen Menschen [...], sondern in dessen Potential zur Veränderung und Ich-Neuschöpfung" (Rittelmeyer 1993: 134).

Individualität kann nicht in eine positiv bestimmbare, sich selbst durchsichtige und anderen vorzeigbare Identität überführt werden. In dieser Hinsicht erscheint der Vergleich mit einer Stimmgabel nicht angemessen. Denn „Individualität (markiert) weder ein substanztheoretisch bestimmbares (und unteilbares) ‚Was' noch ein subjekttheoretisch zu bestimmendes (einzigartiges) ‚Wer', sondern ein nur praktisch und insofern performativ verstehbares ‚Wie' der jeweiligen Lebensführung, in der sowohl die eigene Singularität [...] und Temporalität [...] als auch die damit verbundene Fremdheit und Selbstentzogenheit gehandhabt werden muss und aufgrund der Nichtdelegierbarkeit immer auch gehandhabt wird" (Ricken 2014: 564). Es ist der Vollzug, die Performativität, die das Ich des Menschen ausmacht und durch die die Welt, deren Teil ich bin, sich selbst begegnet. Das Ich als performatives Geschehen zwischen Zentrum und Umkreis entspricht einem Topos, den der Gründer der Waldorfpädagogik, Rudolf Steiner, 1911 in einem Philosophenkongress in Bologna ausgeführt hat. Nach seiner Auffassung steht das menschliche Ich der Welt nicht als unbeteiligter Beobachter gegenüber. Vielmehr werde man „zu einer besseren Vorstellung über das ‚Ich' erkenntnistheoretisch gelangen, wenn man es nicht innerhalb der Leibesorganisation befindlich vorstellt, und die Eindrücke ihm ‚von außen' geben lässt; sondern wenn man das ‚Ich' in die Gesetzmäßigkeit der Dinge selbst verlegt, und in der Leibesorganisation nur etwas wie einen Spiegel sieht" (Steiner 1911/1965: 139). Die Individualität kann sich selbst in diesem Sinne nur erkennen, soweit sie ihre eigene Lebenswelt bewusst erfasst. In einem seiner Wahrspruchworte formuliert Steiner daher:

> Erkennt der Mensch sich selbst:
> Wird ihm das Selbst zur Welt;
> Erkennt der Mensch die Welt:
> Wird ihm die Welt zum Selbst.
>
> (Steiner 1981: 236)

Durch die Stimmgabel-Metapher wird der Eindruck erweckt, dass die innere Bewegung, von der eine Entität durchdrungen ist, ohne physische Verbindung von einer zweiten Entität aufgenommen und unverändert fortgeführt werden kann. Andererseits schreibt Rosa, die Antwort-Beziehung der Resonanz bestehe „gerade nicht zwischen Gleichen oder Identischen, sondern zwischen differenten, aber Antwortenden" (Rosa 2016: 313). Aber wenn das Subjekt immer schon als ein Teil der Welt verstanden wird, zu der eine Resonanzbeziehung entsteht, ist die Metapher der beiden Stimmgabeln ungeeignet, um dieses Verhältnis zu veranschaulichen. Besser geeignet wäre das Phänomen eines Saiteninstruments, in dem alle Teile ein Ganzes bilden. Durch den Druck eines Fingers kann eine Saite so verkürzt werden, dass sie in der gleichen Frequenz schwingt wie eine andere Saite auf dem gleichen Instrument, die dadurch ebenfalls in Schwingung versetzt wird. Darüber hinaus versetzt die eine schwingende Saite den hölzernen Korpus des ganzen Instruments und alle anderen Saiten in eine Vibration, durch die ein raumerfüllender Klang entsteht, eine Resonanz, durch die die Schwingung jeder einzelnen Saite erst ihre volle Wirkung entfalten kann.

Für die mentale Verfasstheit eines lernenden Menschen kann dieses Bild den Zusammenhang zwischen dem Teil und dem Ganzen ausdrücken: Jede Erfahrung erhält ihre Bedeutung nur im Kontext der ganzen Lebenswelt und mit ihr verleiht der einzelne Mensch seiner Lebenswelt einen neuen Sinn. Resonanz wäre demnach zweierlei: Einerseits die Relation zwischen dem Subjekt und einer Ganzheit, innerhalb der bedeutsame Erfahrungen entstehen – wie die Beziehung der einzelnen Saite zum ganzen Instrument –, andererseits das antwortende Zusammenspiel verschiedener Subjekte – wie die Beziehung der verschiedenen Saiten zueinander –, dies aber stets im Rahmen einer umfassenden Ganzheit, dem Instrument.

## 3. Resonanz als Nachahmung und „Spiegelung"

Ähnlich wie die bipolare Einheit des Fötus mit seiner Umgebung lässt sich auch in der Nachahmung des kleinen Kindes eine Teilhabe-Relation erkennen. Denn für diesen Vorgang ist es charakteristisch, dass das kleine Kind den anderen Menschen nicht als Gegenüber erfährt; vielmehr verspürt es die Bewegungen der Erwachsenen als einen inneren Impuls, den es absichtslos und ohne Distanz ausführt, wie das folgende Beispiel veranschaulicht: Ein kleiner Junge im Alter von etwa 18 Monaten wird von einem Fahrgast in der Straßenbahn aufgefordert, sich neben ihn auf die Sitzbank zu setzen. Der Erwachsene klopft dazu mit seiner linken Hand auf das freie Sitzpolster an seiner Seite. Das Kind sieht den Fremden aufmerksam an und klopft dann ebenfalls auf den Sitz. Diese Handlungen wiederholen sich mehrere Male, begleitet von der verbalen Aufforderung des Erwachsenen. Offenbar erfährt der kleine Junge die Geste nicht als Aufforderung zum Sitzen, sondern als einen inneren Impuls zur Nachahmung. Die Szene illustriert das alltagsweltliche Wissen, dass kleine Kinder die Handlungen anderer Menschen in ihrer Umgebung nachahmen und dadurch wichtige Lernerfahrungen machen können.

Nachahmung umfasst mehr als die Imitation der Grobmotorik anderer Menschen. Vielmehr reagiert der ganze Leib als Resonanzorgan auf die innere Haltung und die seelische Gebärde des Wahrgenommenen. Dabei wird deutlich, dass die Resonanzbeziehung auf verschiedenen Relationen oder Ganzheiten beruht: einerseits geht die intersubjektive Relation der beteiligten Personen den einzelnen Wahrnehmungen voraus und verleiht ihnen eine Bedeutung. Andererseits entsteht im Wahrnehmungsakt eine Relation verschiedener Sinnesmodalitäten, deren Eindrücke zu einer umfassenden Empfindung integriert werden.

Nachahmung beruht auf Sinneswahrnehmung. Nach der Entdeckung sogenannter „Spiegelneuronen" können wir heute davon ausgehen, dass jeder Mensch die sichtbaren Bewegungen anderer Personen mit dem eigenen Leib reproduziert. Der Beobachter kann den Vorgang gleichsam am eigenen Leib spüren. „Erst aus (dem) Zusammenfließen des eigenen Leibempfindens (der ‚Resonanz des Körpers') und der äußeren rein optischen Wahrnehmung entsteht das gesehene Objekt" (Rittelmeyer 2007: 144). Es ist das System unserer Spiegelneuronen im Gehirn, mit dem wir die Intentionen und Erwartungen anderer Menschen in unserer Umgebung innerhalb von Sekundenbruchteilen erfassen. Diese Nervenzellen werden aktiv, wenn ein Mensch selbst eine zielgerichtete Aktion ausführt, aber auch, wenn er die gleiche Handlung bei anderen beobachtet. Vor allem ist es durch die Tätigkeit dieses neuronalen Systems möglich, „die Bedeutung der beobachteten ‚motorischen Ereignisse' zu entschlüsseln, sie also als Handlungen zu verstehen, wobei das Verstehen keiner Vermittlung durch Denken, Begriffe und/oder Sprache bedarf" (Rizzolatti/Sinigaglia 2008: 131f.). Bei Menschen sind die sogenannten Spiegelneuronen dadurch gekennzeichnet, dass sie auf Bewegungen lebendiger Akteure und vor allem auf zielgerichtete Aktionen reagieren. Sie werden auch aktiv, wenn man sich eine Handlung nur vorstellt, aber vor allem dann, wenn man eine beobachtete Handlung imitiert (Fuchs 2010: 199).

Durch die moderne Embodiment-Forschung konnte gezeigt werden, dass die Resonanzbeziehung zwischen Menschen nicht auf neuronale Vorgänge begrenzt ist. Denn die Wahrnehmung von Bewegungen oder das Beobachten der Mimik anderer Menschen führt unmittelbar zu einer entsprechenden Betätigung der eigenen Muskulatur. So bewirkt die Betrachtung eines traurigen oder fröhlichen Gesichtsausdrucks eine Anspannung derjenigen Gesichtsmuskeln, die man betätigen muss, um den betrachteten mimischen Ausdruck hervorzubringen (Rittelmeyer 2013: 43). Nachahmung beruht also grundsätzlich – auch beim Erwachsenen – auf einer äußerlich kaum sichtbaren Aktivität des eigenen Leibes, bevor durch das neuronale System eine bewusste Empfindung entsteht.

> „Jede Muskelaktivität wird durch Rezeptoren des Eigenbewegungssinnes an das Gehirn vermittelt; der nachahmende Akt wird also in einem gewissen Sinn an dasselbe zurückgespiegelt. Es muss ein *Zurück*spiegeln sein, weil der Impuls zur mimischen Mikroimitation zunächst vom Gehirn (bzw. dem Träger dieses Organs) ausgeht, der gesehene Außeneindruck vermischt sich dann im Wahrnehmungsakt mit dem Bewegungseindruck" (ebd.).

Schon vor der Geburt stellt die wahrgenommene Eigenbewegung eine bedeutende Grundlage für Lernprozesse dar. Die Sportwissenschaftlerin Anke Abraham schreibt daher von einem „phantastischen Zusammenspiel bei den embryonalen Reifungs- und Austauschprozessen mit der uterinen und der außerhalb des mütterlichen Körpers gelegenen Umwelt" (Abraham 2013: 18). Sie konstatiert, dass aus neurobiologischer und hirnphysiologischer Sicht die tradierte Dichotomie von Körper und Geist und der Primat des Bewusstseins ins Wanken geraten. Es zeichne sich immer deutlicher ab, „dass sich das Gehirn und mithin unser Denken, Fühlen und Handeln ohne den restlichen Körper überhaupt nicht aufbauen und ausbilden könnte, wobei Empfindungen und Gefühle als unersetzbares Bindeglied zwischen Organismus und Gehirn darstellen" (ebd.: 18f.). Rittelmeyer schreibt: „Es ist nicht allein das Gehirn, in dem sich der Urteilsprozess ereignet, man urteilt vielmehr mit dem ganzen Leib" (Rittelmeyer 2007: 144). Auch nach Steiners Auffassung erscheint der wahrgenommene Vorgang als Teil der Wirklichkeit, weil der Mensch die Objekte stets durch mehr als eine Sinnesmodalität wahrnimmt. Zum Beispiel werde in der Wahrnehmung der Außenwelt durch den Sehsinn „stets das eigene Sein dumpf mitempfunden". Das Gesehene ruft im Betrachter die Vorstellung eines Gegenstandes hervor, gleichzeitig – so Steiner – vermittelt der Gleichgewichtssinn eine unbewusste Empfindung, dass das Gesehene tatsächlich existiert. Dieses Zusammenwirken wird heute als „sensorische Integration" bezeichnet; sie bildet nach Steiner die Grundlage für den Wirklichkeitsbezug des menschlichen Handelns (Steiner 1917/1983: 147f.).

## 4. Resonanzen in schulischen Bildungsvorgängen

Schulisches Lernen ist besonders nachhaltig durch die Beziehungen zu den Lehrpersonen geprägt, bei denen die Schüler nach Orientierung und Anleitung suchen. So beschreibt der Schriftsteller Elias Canetti beispielhaft seine Beziehung zu den Lehrerpersönlichkeiten, denen er als Zwölfjähriger (1917) begegnete:

> „In dieser Zeit ging durch die Schule so viel in mich ein wie sonst nur durch Bücher. Was ich lebendig aus dem Mund von Lehrern erlernte, behielt die Gestalt dessen, der es aussprach, und blieb ihm in der Erinnerung immer zugehörig. Aber wenn es auch solche Lehrer gab, durch die ich nichts erlernte – sie machten doch Eindruck durch sich selbst, ihre eigentümliche Gestalt, ihre Bewegung, ihre Art zu sprechen, und besonders auch ihre Abneigung oder Zuneigung, wie man sie eben fühlte. Es gab alle Grade des Wohlwollens und der Wärme, und ich entsinne mich keines einzigen, der sich nicht um Gerechtigkeit bemüht hätte. Aber nicht allen gelang es, diese so zu handhaben, dass Missfallen oder Wohlwollen ganz verborgen blieben. Dazu kam die Unterschiedlichkeit der inneren Ressourcen, der Geduld, der Empfindlichkeit, der Erwartung" (Canetti 1979: 175).

100 Jahre später sieht auch Rosa noch den Lehrer in der Rolle des Inspirators und Impulsgebers. „Zugleich bildet der Lehrer in der Auseinandersetzung mit dem Stoff, aber natürlich auch eine zentrale Antwort- und Widerspruchsinstanz, eine Reibungsfläche, und auf die Qualität der Antwortbeziehung kommt es in entscheidendem Maße an" (Rosa 2016: 415). Die Bedeutung der Lehrerpersönlichkeiten für den Lernerfolg der Schülerinnen und Schüler wird auch durch Hatties statistische Auswertung von mehr als 800 englischsprachigen Meta-Analysen über das schulische Lernen belegt. Die Rangfolge von 138 verschiedenen Einflussfaktoren auf das Lernen zeigt für die Effektivität der Lehrkräfte, „dass aktiver und geführ-

ter Unterricht viel effektiver ist als ungeführter, moderierender Unterricht" (Hattie 2014: 286). Hattie fasst die wesentlichen Ergebnisse seiner umfassenden Arbeit in sechs „Wegweisern für Exzellenz im Bildungsbereich" zusammen. Seine Aufzählung beginnt mit der These, dass „Lehrpersonen [...] zu den wirkungsvollsten Einflüssen beim Lernen [gehören]" (ebd.: 280). Dabei müssen sie „direktiv, einflussreich, fürsorglich und aktiv in der Leidenschaft des Lehrens und Lernens engagiert sein" (ebd.). Hatties monumentale Analyse wird durch Erfahrungen und Forschungsergebnisse aus der Hirnforschung unterstützt. So konstatiert der Neurobiologe Joachim Bauer in seinem Buch über Spiegelneurone, dass „die zwischenmenschliche Beziehung zwischen Lernenden und Lehrenden von überragender Bedeutung" sei (Bauer 2006: 122f.). Er betont darüber hinaus, „dass die persönliche Unterweisung, auch das Zeigen und Vormachen durch die lehrende Person, eine entscheidende Komponente des Lehrens und Lernens ist" (ebd.: 123).

Die Lerngegenstände der Schülerinnen und Schüler gehen aus den Bedingungen ihrer lebensweltlichen Relevanzstrukturen hervor. Unabhängig vom Lehrplan konstituieren die Lernenden die Tiefenstruktur ihrer Lerngegenstände im Zusammenhang mit ihren alltagsweltlichen Problemlagen. Denn offenbar gibt es keine objektive äußere Welt ohne Subjekte, die den Gegenständen eine Bedeutung zumessen. Eine Welt von Gegenständen ohne Bedeutung ist für den Menschen nicht zugänglich – Bedeutung erhalten die Dinge aber immer von den Menschen selbst. Daraus folgt, „dass der Gegenstand des Lernens erst im Verlauf des Lernens konstituiert wird. Oder um die Sache eine Spur schärfer zu fassen: Lernen bedeutet den Lerngegenstand zu konstituieren" (Marton/Booth 2014: 248). Mit der Methode der Phänomenographie soll untersucht werden, was der Lerngegenstand für die lernende Person ist. „Lernen ist aus einer solchen Perspektive vor allem eine Sache des Herausfindens und Beschreibens, worin der Lerngegenstand für die lernende Person besteht" (Marton/Booth 2014: 249).

Angesichts der fortschreitenden Digitalisierung der Lebenswelten entsteht die Frage nach der umfassenden Ganzheit, innerhalb derer sich die Lerngegenstände der Kinder und Jugendlichen verändern. Oder allgemeiner, „wie sich die Natur des menschlichen und seines biografischen Weltverhältnisses insgesamt ändert, wenn *Bildschirme* zum Leitmedium nahezu aller Weltbeziehungen werden" (Rosa 2016: 155). Die rasante Entwicklung der „digitalen Revolution" scheint eine neue Rechtfertigung der Schule als gesellschaftliche Institution zu erfordern. Wenn jeder Schüler einen Computer mitbringt, nimmt der Unterricht völlig neue Formen an. Lehrerinnen und Lehrer werden aufgefordert, die digitalen Techniken in neuen Formen des Lernens gezielt einzusetzen. Zum Beispiel werden an der interaktiven Tafel Problemstellungen skizziert und diskutiert, sodass die Schüler anschließend individuell nach möglichen Lösungen suchen können. Wenn nach einiger Zeit Lösungsversuche digital an der Tafel gesammelt werden, „kann jeder Schüler mit seinem mobilen Gerät eigene Beiträge auf der gemeinsamen Seite an der interaktiven Tafel zeigen" (Kück 2016: 35). Zwar kann der Lehrer nicht jeden Schüler bei der Lösung der Aufgaben jederzeit beobachten, aber das Lernsystem „registriert jede Eingabe des Schülers und überprüft sie auf systematische Fehler" (ebd.). Verständnis und kritische Bewertung der verwendeten Technik sind dafür nicht erforderlich.

Dieses System erscheint wie die Erfüllung einer Vision der frühen behavioristischen Lernpsychologen, die ihre Theorien vor allem auf Tierexperimente stützten: „Bei den experimentellen Untersuchungen über den Lernvorgang hat sich gezeigt, dass die Verstärkungsmechanismen, die für die Steuerung des Organismus entscheidend sind, nicht durch die persönliche Vermittlung des Experimentators hergestellt werden können. Beeinflusst wird der Organismus schon durch feinste Einzelheiten des Verstärkungsmechanismus, die herzustellen weit über menschliche Möglichkeiten geht. [...] Wir haben daher allen Grund zu der Annahme, dass die wirksamste Steuerung des menschlichen Lernens der instrumentellen Hilfe bedarf" (Skinner 1969: 255). Folgerichtig schlägt Skinner – auf dem technischen Stand von 1954 – die Einführung eines Gerätes für den programmierten Unterricht vor, das

- von jedem Kind einfach zu bedienen ist,
- die positive Verstärkung (z. B. mittels eines Glockentones) sofort gibt,
- unter Aufsicht eines Lehrers jedem Kind das individuelle Lerntempo ermöglicht und
- jederzeit (etwa nach krankheitsbedingtem Fehlen) den Wiedereinstieg am zuletzt erreichten Stand erlaubt (ebd.: 256).

Außerdem: „Schon die bloße Handhabung des Gerätes wird wahrscheinlich genügend Verstärkung sein, um den durchschnittlichen Schüler täglich für eine angemessene Zeitspanne an der Arbeit zu halten, vorausgesetzt, dass die Reste negativer Steuerung ausgelöscht werden können" (ebd.).

1996 – 40 Jahre nach Skinner – wiesen Pekrun und Schiefele darauf hin, dass es mit der Computertechnologie inzwischen möglich sei, adaptive Programme mit einer Vielzahl verschiedener, interaktiver Lernwege bereitzustellen, sodass dem Schüler erweiterte Einwirkungsmöglichkeiten eröffnet werden. Sie betonen, dass die Möglichkeit selbstgesteuerten Lernens dadurch größer geworden sei. Es sei daher falsch, den computergestützten Unterricht gänzlich der Fremdsteuerung zuzuordnen (Pekrun/Schiefele 1996: 254). So machten Schülerinnen und Schüler, die am Computer lernen, durchaus die Erfahrung, dass der Fortgang einer Programmabfolge von ihren eigenen Intentionen bestimmt werde.

Dennoch gelingt es den Lernenden auch nach weiteren 20 Jahren nicht, sich dem Computer gegenüber zu emanzipieren. Denn dieser fordert einerseits eine bestimmte Bedienungstechnik, die sich der Benutzer vollkommen zu eigen machen muss, andererseits vermittelt das Gerät eine simulierte Welt, der sich der Benutzer nicht entziehen kann. Wenn man gerade angesichts der gegenwärtigen Technikentwicklung eine Bildung fordert, die den mündigen Umgang mit dieser Technologie zum Ziel hat, sind die Möglichkeiten zum Einsatz von Computern im Unterricht begrenzt. Wie die behavioristische Lerntheorie in ihren Experimenten der Tier-Dressur setzt auch der Einsatz moderner Lernsoftware voraus, dass es ein erwünschtes Lernziel gibt, das möglichst effizient erreicht werden soll – und dies so weit wie möglich unter den Bedingungen individuell differenzierter Lernwege. Menschliches Lernen zeichnet sich aber gerade dadurch aus, dass eine eigene Aktivität angeregt und begleitet wird, deren Ergebnis nicht von außen bestimmt ist, sodass die Lerngegenstände tatsächlich aus den Resonanzbeziehungen der interagierenden Menschen hervorgehen (Faulstich 2013; Loebell 2012).

Der Vision der Verhaltensforscher, die durch die digitalen Techniken auf höchst elaborierte Weise realisiert werden, steht ein Verständnis des menschlichen Lernens gegenüber, in dem Kinder ihre Fantasie betätigen und durch eigene Gedankenbildung zu neuen Einsichten gelangen, die möglicherweise auch den Horizont der Lehrpersonen erweitern können. Ihr Leben in der realen Welt erfordert keine augenblicklich entstehenden, computergesteuerten Feedbackschleifen, sondern Zeit zur eigenen Besinnung und die Möglichkeit der Selbstkorrektur durch eigene Einsicht. Unter den veränderten Rahmenbedingungen werden Lehrpersonen zunehmend die Aufgabe bekommen, Muster und Konzepte zu entwickeln, mit deren Hilfe die Schüler die Bedeutsamkeit von Informationen beurteilen und einordnen können. Vor allem aber benötigen Schülerinnen und Schüler das Interesse von Lehrpersonen, die in der Lage sind, die vermeintlichen Fehler der Schülerinnen und Schüler als Ausdruck individueller Lernerfahrungen ernst zu nehmen und individuell im Hinblick auf eine gezielte Förderung darauf zu reagieren. Wenn die Gegenstände den Lernenden in einer subjektiven Bedeutsamkeit erscheinen, die sie zwar mit-teilen, aber niemals auf andere Menschen transferieren können, muss die Lehrperson versuchen zu erfahren, worauf sich der Lernvorgang richtet.

## 5. Die Veränderung der Lebenswelten Jugendlicher durch digitale Medien

Zu Beginn des 21. Jahrhunderts sind digitale Medien zu einem selbstverständlichen Bestandteil der Lebenswelten von Kindern und Jugendlichen geworden. So verfügten 2014 98% der 8- bis 13-Jährigen in Deutschland über einen Internetzugang. Aus der KIM-Studie 2012 geht hervor, dass 6- bis 13jährige Kinder in Deutschland täglich im Durchschnitt 199 Minuten vor den Bildschirmen verbringen, davon 95 Minuten beim Fernsehen, 42 Minuten am Computer und 28 Minuten im Internet. 2015 hatten von den 12- bis 19-jährigen deutschen Jugendlichen 98% Zugriff auf einen Computer, 96% nutzten einen Internetzugang, 95% besaßen ein eigenes Smartphone. Für Jugendliche scheint es im 21. Jahrhundert selbstverständlich zu sein, über Smartphone, Computer und Tablet zu verfügen. Verwendet werden die Geräte für das Ansehen von Filmen („Streaming"), das Hören von Musik, für Online-Shopping oder Online-Spiele, vor allem aber für den permanenten sozialen Kontakt. Wie in früheren Generationen das Fernsehprogramm, so bestimmt heute das Internet mit seinen sozialen Medien den Tageslauf der jungen Menschen. Wenn morgens der Wecker klingelt, wird mit einem ersten Blick auf das Smartphone festgestellt, ob über Nacht neue Nachrichten oder Bilder eingetroffen sind. Völlig unverzichtbar ist dabei WhatsApp, ein Nachrichtendienst, der vor allem zum schnellen Austausch kurzer Mitteilungen – dem „Chatten" – dient.

Jugendliche Smartphone-Besitzer sind gewöhnlich fast ununterbrochen online, um ihre Kontakte über WhatsApp permanent aufrechtzuerhalten. Wenn sich die Jugendlichen über das Weltgeschehen informieren wollen, gibt es Kurznachrichtendienste wie Twitter, die besonders praktisch erscheinen, „weil man nicht von Informationen erschlagen wird, sondern einfach nur einen kurzen Überblick bekommt – so wie man die Schlagzeilen der Tageszeitung überfliegt" (Campe 2017: 80). Von wesentlicher Bedeutung sind außerdem die Videoclips auf YouTube, die ständig neue Szenen aus allen Lebensbereichen zeigen – „von Mode, Make-up, Lifestyle über Comedy und Web-Serien bis hin zu Wissen, Technologie und Computerspielen" (ebd.: 88). Bilder und etwa fünfminütige Videos werden gegenüber den längeren schriftlichen Beiträgen in „Blogs" bevorzugt, da „YouTube und Instagram uns die gleichen Informationen in kompakter Form liefern" (ebd.: 126). Die ausführlichen Blog-Beiträge „können nicht mit dem Tempo mithalten, an das wir Teenager uns beim Konsum von Inhalten gewöhnt haben" (ebd.: 127).

Die Jugendlichen scheinen sich bei der Nutzung der digitalen Medien an Werten zu orientieren, die sie von den Erwachsenen kennen: Gesucht wird der schnelle Überblick über aktuelle Ereignisse anstelle langwieriger Beschäftigung mit komplizierten Gedanken oder einer differenzierten Argumentation. Es geht um soziale Anerkennung, um das eigene positive Erscheinungsbild, um den schnellen Austausch von Informationen und Meinungen. Vor allem scheint es wichtig zu sein, nichts zu verpassen: Anders als beim Fernsehen können YouTube-Videos angeschaut werden, wann und so oft es dem Nutzer gerade passt – „Freiheit total!" (ebd.: 103). Man kann jederzeit öffentlich oder im begrenzten Freundeskreis zeigen, welche Nachrichten, Bilder oder Videos man mag („liken") oder ablehnt. Alle denkbaren Informationen sind jederzeit verfügbar und vermitteln das Gefühl, dass man sich als Mensch entwickeln kann, „indem wir spannende Dinge und neue Interessen entdecken" (ebd.: 219). Beim Online-Shopping entfällt das langweilige Warten im Gedränge vor einer überfüllten Kasse. Andererseits: „Dadurch, dass es mehr Angebote gibt und man außerdem mehr mitkriegt, wächst der Druck, immer up to date zu sein, denn jeder weiß ja, dass es geht" (ebd.: 161). Aber meistens geht es darum, Spaß zu haben oder witzig zu sein, ohne dass ein tieferer Sinn dahinterstecken muss; und beim Spielen auf dem Smartphone geht es in erster Linie um den Zeitvertreib (ebd.: 200).

## 6. Der Umgang mit digitalen Medien als Herausforderung

Schon am Ende des 20. Jahrhunderts wuchsen Kinder und Jugendliche in einer Umgebung heran, in der die Vielfalt der natürlichen Sinneserfahrungen mehr und mehr ausgeschlossen wurde. Der 1968 geborene Amerikaner David Bennahum, der sich selbst als „Computerfreak" bezeichnet, beschreibt es so: Es waren „Maschinen, die das Gefühl vermittelten, lebendig, formbar, ansprechbar und veränderbar zu sein. Sie gaben einem das Gefühl, zusätzliches Leben zu erhalten, über sich selbst hinauszuwachsen und eine andere Welt zu betreten [...]" (Bennahum 1999: 38). Bennahum bemerkt selbst, dass der Computer das Denken seiner Generation nachhaltig verändert: „Computer denken auf eine bestimmte Weise, und da wir dem Computerdenken ausgesetzt waren, veränderte sich auch unsere Denkweise. Sie programmierten uns genauso, wie wir sie programmierten, und auf diese Weise wurde eine Generation erwachsen, die nicht nur Erfahrung mit einem neuen Spielzeug gemacht hatte, sondern auch mit einer anderen Art der Betrachtung. Diese unausgesprochenen, ungeschriebenen Werte kamen spontan zustande" (ebd.: 90).

Die nachfolgende Generation – Kinder und Jugendliche, die kurz vor oder nach der Jahrtausendwende bereits in eine digitalisierte Welt hineingeboren wurden –, erleben spätestens seit dem Jahr 2004 das Internet als ein Medium, das sie zum Mitmachen auffordert. Durch die permanente Vernetzung können die Jugendlichen als aktiv Handelnde und Gestaltende jederzeit eine ungeheuer große Anzahl an Menschen erreichen (Thissen 2016: 43). Für junge Menschen mag es zunächst vor allem von Bedeutung sein, dass sie ihre Freunde und Bekannten zu jeder Zeit und an jedem Ort erreichen können und dass sie selbst permanent in ihre kommunikativen Netzwerke eingebunden sind. Darüber hinaus erlaubt die Reichweite der modernen Kommunikationsmedien heute, virtuelle Beziehungen zu anderen Subjekten aufzubauen, die durch keine physische Begegnung unterstützt werden. Damit sind sie ständig herausgefordert, Meinungen zu verbreiten und sich selbst medienwirksam zu inszenieren, etwa durch eine entsprechende Veröffentlichung von Fotos der eigenen Person.

Angesichts der Tatsache, dass die Akteure einander nicht in der realen Welt gegenüberstehen, könnte die Hemmschwelle zur Verbreitung von Lügen („fake news") sinken. Zudem erschwert die Nutzung der digitalen Medien selbst einen kritischen Umgang mit ihren Inhalten: Es wird dabei immer schwieriger, Wahrheit von Falschmeldungen zu unterscheiden, wie eine Expertin für Internettechnologie erläutert:

> „Wir gewöhnen uns an kurze Häppchen, weil wir von einer Info zur anderen springen müssen. Wir wissen, dass wir nur zehn bis 15 Prozent, von dem was wir online aufrufen, lesen. Alles andere fällt sozusagen in ein schwarzes Loch. Wir werden immer oberflächlicher in der Informationsverarbeitung. Es findet überhaupt keine Diskussion im Kopf mehr statt. Ich nehme nicht mehr die Informationen wahr und gleiche sie irgendwie ab und überlege, könnte das stimmen oder nicht" (Katzer, Tagesschau-Interview am 20.05.2017).

Ein tiefgreifender Wandel im Umgang mit Informationen wird dadurch deutlich, dass die Gesellschaft für deutsche Sprache das Wort „postfaktisch" 2016 zum „Wort des Jahres" erklärt hat. Das Kunstwort „postfaktisch" verweist darauf, dass es in politischen und gesellschaftlichen Entscheidungen heute zunehmend um Emotionen anstelle von Fakten geht. Immer größere Bevölkerungsschichten scheinen in ihrer Distanz gegenüber politischen Entscheidungsträgern und Bürokratie bereit zu sein, Tatsachen zu ignorieren und sogar offensichtliche Lügen zu akzeptieren, sofern diese mit dem eigenen Weltverständnis übereinstimmen. Dieser Trend, der durch die gewohnheitsmäßige Nutzung der digitalen Medien unterstützt wird, entzieht dem Erkenntnisstreben in allgemeinbildenden Schulen und Hochschulen die Grundlage: Überprüfung von Informationen durch Fakten, kritische Reflexion und die argumentative Begründung eigenständiger Urteile verlieren ihre Bedeutung angesichts der ungehinderten Ausbreitung erwünschter Meinungen.

Zudem nutzen „digital natives" die modernen Kommunikationstechniken zwar mit größter Selbstverständlichkeit, andererseits aber ohne die Möglichkeiten der neuen Technik auch nur annähernd zu beherrschen (Lembke/Leipner 2015: 146ff.). Häufig wird daraus der Schluss gezogen, dass die Kinder den Umgang mit elektronischen Geräten möglichst frühzeitig lernen müssten. Aber wie wirken Internet und Kommunikationsformen, die durch ständige Verfügbarkeit sowie sekundenschnelle Reaktionsgeschwindigkeit und Kürze der Mitteilungen geprägt sind, auf jüngere Menschen, die nur geringe Erfahrungen mit älteren, langsamen Formen von Begegnung und Informationsaufnahme haben? Studierende beschreiben ihre entsprechenden Wahrnehmungen beim Schreiben ihrer Bachelorarbeiten so (ebd.: 170):

- „Wenn ich einmal im Fluss war, habe ich fünf oder zehn Minuten geschrieben. Dann kurz aufs Handy geschaut und anschließend weitergeschrieben. Ich schreibe etwas, weiß nicht mehr weiter – und schon fällt der Blick auf mein Handy."
- „Bei mir ist es auch ganz schlimm, ich schweife schnell ab. Ich bin dann gleich im Internet: Die Onlinebestellungen sind während der Bachelor-Arbeit gestiegen, zum Beispiel bei Klamotten."
- „Am Anfang hatte ich immer ganz viele Tabs offen, auch die Klassiker wie Facebook, E-Mail usw. Neben dem Rechner lag noch das Handy. Sobald mir ein Gedanke quer kam, habe ich mich ablenken lassen."

Die Befragten gehen davon aus, dass sie heute „mindestens alle fünf Minuten eine Nachricht" bekommen; sie müssen sich selbst zur längerfristigen Aufmerksamkeit zwingen und haben nicht selten das Gefühl, dass sie „unter Druck" am besten arbeiten können. Der Medienpädagoge Edwin Hübner zitiert verschiedene Wissenschaftler, die in dieser Hinsicht bedenkliche Beobachtungen an sich selbst machen konnten:

- Die Nutzung des Internets scheint die Menschen unfähig zu machen, „große tiefe Gedanken" zu denken.
- Ebenso scheinen die Kraft der Wahrnehmung und die Fähigkeit zu abstraktem und kritischem Denken zu schwinden.
- Das Internet könnte das Gehirn umgestalten, sodass nicht nur das Denken, sondern auch das Traumleben verändert wird (Hübner 2015: 171).

In diesem Zusammenhang weist Hübner auf mögliche Illusionen hin. Die scheinbare Konzentration am Bildschirm erweist sich nach seiner Analyse als eine Art Sogwirkung, „welche die Aufmerksamkeit gleichsam anzieht" (ebd.: 186). Die Auffassung, dass mit Tastatur, Maus oder anderen Eingabegeräten Handlungen möglich seien, weist er zurück, denn: „Der Computer löst die Handlungsform, die Art und Weise, wie man eine Sache praktisch handhabt, vom Inhalt los und vereinheitlicht sie so, dass sie mit Tastatur und Maus ‚gehandhabt' werden kann" (ebd.: 187). Diese Vorgänge seien daher bloße Zerrbilder von Handlungen. Dass die Auswahl, das Zusammenstellen und Darstellen vorgegebener Informationen als „selbstbestimmtes Lernen" ausgegeben werden, wird von Hübner ebenso kritisch hinterfragt wie die Illusion, dass durch die Verfügbarkeit unüberschaubarer Informationsmengen dem Menschen neues Wissen erschlossen werde: „Was [...] das Lernen betrifft, gibt es durch Computer und Internet nichts prinzipiell Neues" (ebd.: 190). Das heißt: Die empfangenen Informationen im Internet sind immer schon vorgegeben – entweder durch Menschen oder durch Computer-Programme, also durch eine künstliche Intelligenz, die in den Symbolen der menschlichen Sprache erscheint.

Die Heranwachsenden verfügen über den Zugang zu einer Menge von Informationen, die sie weder überschauen noch verarbeiten können. Und es ist davon auszugehen, dass sich die Anzahl der digitalen Daten weltweit alle zwei Jahre verdoppelt. „Das große Problem dieses [...] Zeitalters ist es, die Informationen beurteilen zu können. Wem kann ich vertrauen? Welche Informationen sind seriös? Welche Informationen sind relevant?" (Thissen 2016: 46). Mit dem Smartphone bedienen die Jugendlichen zudem eine multifunktionale Kommunikationszentrale, „für deren Nutzung ein hohes Maß an Selbstkontrolle und Reflexion benötigt wird, um Dienste, Inhalte, aber auch das eigene Verhalten bewerten zu können" (ebd.: 43). Dabei geht es aber auch darum, diejenigen Phänomene zu erfassen, aus denen Probleme und Fragestellungen hervorgehen, die über die Begrenztheit der digitalisierten Lebenswelten hinausführen. Erweiterte Horizonte können nur entstehen, wenn die Lösung der Fragen und Probleme nicht innerhalb einer technisierten Welt der künstlichen Intelligenz gesucht, sondern wenn deren Grenzen überschritten werden.

Die selbstverständliche Gegenwart der neuen Kommunikationstechniken wird das Lernen der Heranwachsenden und damit auch den Unterricht und die Lebenswelt Schule zweifellos gravierend verändern. Wenn dabei die größte Herausforderung für Schülerinnen und Schüler darin besteht, Selbstkontrolle, Reflexionsvermögen und Urteilsfähigkeit im Hinblick auf die Bewertung von Informationen zu entwickeln, muss auch das Lernverständnis grundlegend überprüft werden. Bereits zu Beginn der Neuzeit bereitete die Einführung des Buchdrucks sowohl eine zunehmende Standardisierung der Wissensinhalte, als auch eine Vereinheitlichung des Lernens und der Lernenden vor. So ist es für Menschen, die im 20. Jahrhundert aufgewachsen sind, im Allgemeinen selbstverständlich, dass sie ihre Kenntnisse aus Lehrbüchern bezogen, deren Inhalte für sie nicht zu überprüfen oder zu bewerten waren. Das Gleiche gilt im Grundsatz auch für die heute verwendeten digitalen Lernprogramme, die den Lernenden sogar individuelle

Rückmeldungen über die Korrektheit ihrer Lösungsversuche geben. Wenn aber in Zukunft „das Stellen der richtigen Fragen [...] zunehmend wichtiger [wird] als das Reproduzieren von vordefinierten Antworten" (ebd.: 47) und wenn es immer bedeutsamer wird, die vorgegebenen Inhalte bewerten zu können, erscheinen Lerntechniken, die sich grundsätzlich nicht kritisch hinterfragen lassen, sondern als gegeben hingenommen werden müssen, zunehmend überholt.

Die radikal veränderten Lebenswelten des 21. Jahrhunderts erfordern bestimmte Kernkompetenzen. Dazu gehören kritisches Denken und Problemlösen, die Fähigkeit zur Kommunikation und Zusammenarbeit mit unterschiedlichsten Partnern, Kreativität und Innovation, Flexibilität und Anpassungsfähigkeit, unternehmerische Kompetenzen und eine Informationskompetenz, „d. h. die gezielte Auswahl, kritische Bewertung und angemessene Nutzung von Informationen" sowie die Fähigkeit zum verantwortlichen Umgang mit sozialen Medien (ebd.: 47f.). Notwendig erscheint zudem eine Pädagogik, „die das große Potenzial der neuen Technologien angemessen nutzt" (ebd.: 49). Der Medienwissenschaftler Frank Thissen plädiert deshalb für eine Rückbesinnung auf Prinzipien der Reformpädagogik und einen Unterricht, „der von einer Aufgabenstellung, einer Fragestellung oder einem Problem, das zu lösen ist, ausgeht und in dem die Schüler gemeinsam und selbstgesteuert in Projekten Lösungen erarbeiten und diese anschließend präsentieren" (ebd.).

## 7. Die Ausbildung von Resonanzsensibilität im digitalen Zeitalter

Aber das Lösen von Problemen am Computer unterscheidet sich gravierend von den reformpädagogischen Konzepten zu Beginn des 20. Jahrhunderts: Denn die Verwendung der digitalen Technik erfordert eine Verdinglichung der dargestellten Inhalte, die mediengerecht am Bildschirm sichtbar werden müssen. Die bildschaffende Tätigkeit der eigenen Fantasie wird dabei den Gesetzmäßigkeiten der digitalen Technik unterworfen. Durch die Verdinglichung wird die Welt „als stummes Ding behandelt" (Rosa 2016: 307). Es fehlt die sensorische Integration und damit die physiologische Grundlage für die Unterscheidung von Wirklichkeit und Virtualität. Die Herausforderung besteht zunehmend darin, die Stummheit der Dinge zu erkennen und selbst nach einer neuen Form der Welt-Teilhabe zu suchen, die sich nicht auf die Wahrnehmung am Bildschirm reduzieren lässt.

Seitdem Schülerinnen und Schüler immer weniger an sinnlich erfahrbaren Tätigkeiten im Handwerk und Handel, in der Landwirtschaft oder im Haushalt teilhaben, ist für sie die Relevanz alltagsweltlicher Probleme kaum noch zu erkennen. Sie erleben, dass die Berechnung von Maßen und Gewichten ebenso auf elektronischem Weg geschieht wie die orthografische Korrektur von Texten. Und warum sollten Kinder Interesse für das Lesen von Landkarten entwickeln, wenn die Eltern sich mit Hilfe von Navigationssystemen orientieren? Die Lerngegenstände müssen sich daher zunehmend aus den Eigenschaften der Phänomene selbst ergeben. Die Gesetzmäßigkeiten der Mathematik oder der Rechtschreibung können ebenso interessant sein wie die Inhalte der übrigen Unterrichtsfächer – ihre Relevanz für die Lösung praktischer, alltagsweltlicher Probleme ist dagegen immer unwichtiger. Und Informationen sind durch das Internet jederzeit und unbeschränkt verfügbar.

Wenn die Lebenswelt der Postmoderne weitgehend aus gestellten Bildern und inszenierten Nachrichten besteht, in denen die Wahrnehmungen auf das Sehen und Hören reduziert werden, bleibt der übrige Leib als Resonanzorgan weitgehend ausgeschlossen. Die Leibsinne vermitteln uns aber nicht nur die Fähigkeit zur Unterscheidung von Wirklichkeit und Fiktion, sie beeinflussen auch unsere emotionale und mentale Auffassung der Welt (Koch 2013). Eine Teilhabe an der Welt, die weitgehend auf die Wahrnehmung am Bildschirm reduziert ist, könnte den Nutzer immer stärker verunsichern – mit zwei möglichen Konsequenzen: Entweder er schränkt die Nutzung der digitalen Medien radikal ein und nimmt das Risiko auf sich, seine sozialen Kontakte zu verlieren. Oder er könnte versucht sein, seine wachsende Unsicherheit durch eine Steigerung der Informationsmenge zu kompensieren. Aus der Sehnsucht nach Teilhabe entsteht die zwanghafte Angst, etwas zu verpassen und den Kontakt zu dem Netzwerk der Bezugspersonen im Internet zu verlieren.

Es ist genau diese Konsequenz, durch die digitale Medien die seelischen Tätigkeiten der jungen Menschen in zunehmendem Maße prägen. So schreibt der Jugendliche Campe: „Ich könnte gar nicht sagen, warum es für mich so mega wichtig ist, jede Nachricht sofort zu lesen. Vielleicht ist das so eine Art Kulturdings, also dass es für uns Teenager quasi einfach dazugehört, erreichbar zu sein und so schnell wie möglich zu antworten" (Campe 2017: 25f.). Offenbar verspürt er die Zwanghaftigkeit, mit der er im Sinne der medialen Kommunikationstechnik agiert und ahnt, dass sein Verhalten durch die Logik der digitalen Medien ausgelöst wird. Ein weiterer Schritt bestünde darin, die Art und Weise der Manipulation zu analysieren und ein Bewusstsein für die Zwänge zu gewinnen, die von dieser Form der Kommunikation geschaffen werden. Daraus entstünden Fragen nach dem eigenen Selbst: Wer bin ich? Und wie will ich sein? Außerdem: Was gewinne und was verliere ich durch die computerunterstützte Form der Kommunikation?

Weil Campe daran gewöhnt ist, jede Neuigkeit schnell zu registrieren und sofort zu kommentieren, ohne dass die Ganzheit seiner Sinneserfahrungen beteiligt wäre, bleibt der Vorgang stets unbefriedigend und muss durch immer neue Reize überlagert werden. Daraus entsteht eine Dynamik der Beschleunigung, die Rosa in seinem Buch über „Beschleunigung und Entfremdung" so beschreibt: „Der Raum scheint sich dank der Geschwindigkeit von Transport und Kommunikation geradezu ‚zusammenzuziehen'" (Rosa 2014: 21). Der Philosoph Byung-Chul Han sieht diese Tendenz in einem größeren Zusammenhang:

> „Diese Beschleunigungsthese erkennt nicht das eigentliche Problem, daß dem Leben heute die Möglichkeit abhanden gekommen ist, sich sinnvoll abzuschließen. Gerade darauf gehen Hektik und Nervosität zurück, die das Leben heute kennzeichnen. Man fängt ständig neu an, man zappt sich durch ‚Lebensmöglichkeiten', gerade weil man nicht mehr vermag, die eine Möglichkeit abzuschließen. Keine Geschichte, keine sinngebende Ganzheit erfüllt das Leben" (Han 2015: 16).

Eine sinngebende Ganzheit entsteht dort, wo die Kinder und Jugendlichen Resonanzen auf allen Ebenen erfahren und ausbilden können, also zunächst in Beziehung zu ihrem eigenen Leib mit allen Sinnesmodalitäten sowie in den Relationen zu Eltern und Lehrpersonen, zu Gleichaltrigen und den Lerngegenständen. Wenn Weltbeziehungen in der postmodernen kulturellen Entwicklung zunehmend durch Bildschirm-Medien vermittelt werden, ist zu untersuchen, auf welche Weise reale, in der Persönlichkeitsentwicklung wirksame Resonanzverhältnisse entstehen können. Kinder können ihre eigenen Emotionen und Verhaltensweisen häufig nicht verstehen, geschweige denn verantworten. Wenn sie durch die permanente Vernetzung in den sozialen Medien veranlasst werden, sich selbst darzustellen und Standpunkte gegenüber anderen einzunehmen, besteht die Gefahr einer doppelten Entfremdung. Zum einen müssen die Akteure unwägbare und kaum erkannte innere Regungen in Worten fixieren, um sie einer unüberschaubaren Anzahl möglicher Empfänger darzubieten. Zum anderen entstehen im Netz der kommunikativen Medien Zerrbilder der Subjekte, die ihre intimsten inneren Erlebnisse preisgeben. Dieses Problem ergibt sich bei der Nutzung sozialer Medien durch Erwachsene, es ist aber wesentlich brisanter im Umgang von Kindern und Jugendlichen, die häufig noch nicht in der Lage sind, die Perspektive anderer zu übernehmen, sich in andere hineinzudenken und einzufühlen. Selbst wenn diese Fähigkeit bereits entwickelt ist, führt dies nicht automatisch dazu, „dass sich ein Jugendlicher oder eine Jugendliche in die Lage anderer hineinversetzen will" (Hascher/Althof 2004: 64).

Der Weg zu einem kompetenten und mündigen Umgang mit der modernen Informations- und Kommunikationstechnik führt über eine vorbereitende „indirekte Medienpädagogik", die bis zum achten Schuljahr auf die Verwendung der Computertechnologie verzichtet (Hübner 2015: 273ff.). Lembke und Leipner weisen auf die langsame Reifung des präfrontalen Cortex bei Menschen hin und formulieren die These, dass Kinder „eine bestimmte kognitive Entwicklung durchlaufen haben (müssen), bevor sie sinnvoll mit Computern arbeiten. Das dürfte ab einem Alter von etwa 12-14 Jahren der Fall sein. Vorher kann die Konfrontation mit digitalen Medien mehr schaden als nutzen" (Lembke/Leipner 2015: 237). Wer die Lernenden früher veranlasst, am Computer zu lernen, bildet autoritätsgläubige, „unkritische Konsumenten" aus.

Die kognitive Entwicklung während der Kindheit legt eine Pädagogik nahe, die Schülerinnen und Schüler zunächst durch sinnliche Erfahrungen in der realen Welt unter weitgehendem Verzicht auf elektronische Medien auf deren kritische und verantwortungsvolle Verwendung vorbereitet. Andererseits erscheint es unabdingbar, dass junge Menschen, die die Schule verlassen, in der Lage sind, die Computertechnologie, mit der sie selbstverständlich permanent umgehen, zu verstehen. Denn es kommt darauf an, die Zwänge und Grenzen der digitalen Technologie in der eigenen Handhabung zu erkennen und selbstständig zu überwinden. Hübner empfiehlt daher für den Lehrplan der Waldorfschulen: „Es kommt insgesamt darauf an, aufzuzeigen, wie die Maschine ‚Computer' formalisierbare menschliche Logik in eine Abfolge von physikalischen Zustandsänderungen umsetzt. Im Anschauen dieser Umsetzung wird erlebbar, dass nur das menschliche Denken diese Zustandsverflechtungen und deren Endzustände sinnvoll interpretieren kann" (Hübner 2015: 404). Daraus entsteht die Aufgabe, auch das nicht formalisierbare menschliche Denken auszubilden und zu erweitern; und dafür scheinen Beziehungen zwischen Lehrpersonen und Lernenden – Rosa bezeichnet sie als „horizontale Resonanzbeziehungen" – eine zentrale Bedeutung zu haben.

Lernen und Entwicklung im Kindesalter sind offenbar wesentlich von Resonanzerfahrungen geprägt. In diesem Sinne ist es zu verstehen, wenn Steiner davon ausgeht, dass Kinder bis zum beginnenden Schulalter zu einem erheblichen Teil durch Nachahmung lernen und während der folgenden Jahre die Anleitung durch die Autorität einer verlässlichen Lehrperson suchen. Erst mit dem Beginn der Pubertät tritt ein dialektisches Verhältnis zwischen Resonanz und Entfremdung auf, das für die Ausbildung der Identität junger Menschen von fundamentaler Bedeutung ist (Rosa 2016: 322f.). Es kann so weit führen, dass die Jugendlichen in der Ausformung ihrer eigenen Identität das Recht in Anspruch nehmen, Resonanzbeziehungen explizit zu verweigern. Besonders in der Phase der Pubertät, so Rosa, „ist Entfremdung im Sinne der fortgesetzten Existenz eines nicht anverwandelten Anderen sogar eine konstitutive Bedingung der Möglichkeit von Resonanz und [...] darüber hinaus eine Voraussetzung für die Entwicklung von Tiefenresonanz, weil erst sie die Entfaltung einer eigenen Stimme ermöglicht" (ebd.: 750). Durch die Entwicklung im Jugendalter entsteht daher die Möglichkeit, die Fragen nach dem eigenen Selbst, nach eigenen Zielen und Idealen selbstkritisch zu reflektieren und in Abgrenzung zu den Autoritäten der Erwachsenen und den Zwängen der vorgegebenen, durch digitale Technik geprägten Lebenswelt selbst zu bestimmen. Wenn unter dem Begriff der „Lebenswelt" in der Soziologie das selbstverständlich Gegebene verstanden wird, entsteht hier eine Grenzüberschreitung. Denn „das Fraglose bildet nicht einen geschlossenen, eindeutig gegliederten und übersichtlichen Bereich" (Schütz/Luckmann 1979: 31). Vielmehr erscheint dieser Bereich umgeben von einem unbestimmten Horizont, der „vom jeweiligen ‚Kern' der Selbstverständlichkeit her gesehen […] ein mögliches Problem" darstellt (ebd.). Eine lebensweltliche Situation enthält also Elemente, die über die Grenzen der Fraglosigkeit hinausweisen. Rudolf Steiner sieht den Menschen daher auf dreifache Art in die Welt „verwoben" (Steiner 1904/1987: 25). „Die erste Art ist etwas, was er vorfindet, was er als eine gegebene Tatsache hinnimmt. Durch die zweite Art macht er die Welt zu seiner eigenen Angelegenheit, zu etwas, das eine Bedeutung für ihn hat. Die dritte Art betrachtet er als ein Ziel, zu dem er unaufhörlich hinstreben soll" (ebd.). Diese drei Seiten bezeichnet er als „Leib, Seele und Geist" (ebd.: 26). Während die ersten beiden Bereiche als Elemente der Lebenswelt aufgefasst werden können, weist die dritte Ebene stets über das fraglos Gegebene hinaus.

## 8. Teilhabe und Verantwortung des Menschen in der Welt

Wir müssen heute davon ausgehen, dass Schülerinnen und Schüler künftig mit Problemlagen konfrontiert sein werden, die wir momentan kaum antizipieren können. So besteht Bildung nach Ansicht von Hans Christoph Koller gerade darin, dass Menschen befähigt werden, neue, bisher unbekannte Problemlagen zu erkennen und zu lösen (Koller 2012: 16). Das kann einerseits durch einen Unterricht geschehen, der auf das Lösen von Problemen gerichtet ist. Andererseits können Bildungsprozesse auch durch die Brüchigkeit der Struktur von Welt- und Selbstverhältnissen (ebd.: 71) oder von hermeneutischen Verstehensprozessen hervorgerufen werden, sofern diese sich auf das „menschliche In-der-Welt-Sein" beziehen (ebd.: 123). Angesichts der rasanten Entwicklung der digitalen Medien gilt dies vor allem für die Fragen nach dem menschlichen Selbst und der eigenen Verantwortlichkeit.

Oben wurde bereits der phänomenologische Ansatz erwähnt, nach dem ich in meiner Wahrnehmung der Welt keineswegs gegenüberstehe, sondern immer schon in sie verstrickt bin (Wiesing 2015: 88). In dieser Hinsicht unterscheidet Rosa drei verschiedene Dimensionen von Resonanzbeziehungen:

- Horizontale Resonanz entsteht zwischen Subjekten, die auf der gleichen Ebene an der Welt teilhaben, zum Beispiel in Liebes- oder Freundschaftsbeziehun-

gen, aber auch etwa zwischen Lehrpersonen und Lernenden, zwischen Eltern und Kindern.
- „Diagonal" nennt Rosa solche Beziehungen, die uns etwa in der Arbeit mit der „materiellen Dingwelt" verbinden; gelingende Bildungsprozesse seien zum Beispiel dadurch gekennzeichnet, „dass je spezifische Weltausschnitte (...) ‚zum Sprechen' und in ein Antwortverhältnis gebracht werden" (Rosa 2016: 74). Diese Ebene bezieht sich auf die oben erwähnten Lerngegenstände, soweit sie unserer physischen Umwelt angehören.
- In der vertikalen Dimension der Resonanz entsteht eine Verbindung zu den Sphären Kunst, Geschichte, aber auch „moderne Formen der Religiosität und Spiritualität haben hier (...) ihren Platz" (ebd.: 75). Diesem Bereich entstammen einerseits bestimmte Lerngegenstände, andererseits aber auch spirituelle Erfahrungen, die in der Begegnung mit anderen Menschen und verschiedenen Lerngegenständen entstehen (vgl. dazu Loebell/Buck 2015).

Wenn allerdings Bildschirme zum Leitmedium nahezu aller Weltbeziehungen werden, wie Rosa annimmt, ergibt sich die Frage, wie weit meine Beziehung zu anderen Menschen, zu den Dingen der Welt und zu geistigen Zusammenhängen durch die Art der medialen Vermittlung beeinflusst wird. Zum Beispiel prägt der Zwang, jede neue Nachricht zeitnah zur Kenntnis zu nehmen und spontan – womöglich auf eine besonders originelle Art – darauf zu reagieren, das zwischenmenschliche Verhältnis auf eine besondere Weise; und als Betroffener muss ich mich fragen, ob dies meinen Intentionen entspricht. Es ist meine Entscheidung, ob und wie weit ich meine Teilhabe an der Welt durch anonyme Computerprogramme bestimmen lasse.

Im Sinne Wiesings ist es folgerichtig, dass der Mensch niemals Zuschauer der Welt sein kann (s. oben, S. 314). Mit ähnlichen Worten postuliert Steiner in seinen Vorträgen zur „Allgemeinen Menschenkunde", dass der Mensch nicht bloß Zuschauer, sondern Schauplatz der Welt sei. Zuschauer ist der Mensch, sofern er über seine Teilhabe an der Welt reflektiert und diese von außen als eine „Weltbeziehung" betrachtet. An der oben skizzierten griechischen Sage von Ödipus wurde deutlich, dass der Protagonist die biografischen Entscheidungen gerade nicht als Zuschauer, sondern aus der begrenzten Perspektive seiner Befangenheit trifft. Dem entspricht Steiners Auffassung, dass der Mensch auch der Schauplatz sei, „auf dem sich die großen kosmischen Ereignisse immer wieder und wieder abspielen" (Steiner 1919/1992: 59), oder im Falle des Ödipus: Der vorhergesagte Gang der Geschichte kann sich nur ereignen, weil der Mensch nicht aus der Position des Zuschauers, sondern aus der des Betroffenen entscheidet.

Das Weltgeschehen könnte nicht ohne den Menschen stattfinden, der sich seiner Befangenheit bewusst ist und deren Begrenztheit überschreitet, um nach einer Erkenntnis der Zusammenhänge zu suchen. In diesem Sinne ist das Erkenntnisstreben des Menschen von fundamentaler Bedeutung für die Welt. In der gegenwärtigen Situation stehen wir vor der Herausforderung, die besonderen Merkmale, Möglichkeiten und Risiken der modernen digitalen Kommunikationstechnik zu verstehen – nicht nur, um sie zweckmäßig anwenden zu können, sondern auch, um die in ihnen wirkenden Gesetzmäßigkeiten zu erkennen. Vor allem ist damit die Herausforderung verbunden, Wirklichkeit von Virtualität, überpersönliche Wahrheit gegenüber erwünschten „postfaktischen" Verhältnissen abzugrenzen und selbst über die Form der eigenen Welt-Teilhabe zu entscheiden.

Junge Menschen, die um die Jahrtausendwende und danach als „digital natives" geboren wurden, stehen der Komplexität der neuen Technik oft ebenso hilflos gegenüber wie die älteren Menschen. Aber sie kommen in eine Welt, in der sie sich der gewohnheitsmäßigen Nutzung der technischen Errungenschaften kaum entziehen können und deshalb eine Bildung brauchen, die sie in die Lage versetzt, die Entwicklung dieser Technik, ihre Möglichkeiten und Gefahren zu verstehen. Wenn sie veranlasst werden, die modernen elektronischen Geräte unkritisch anzuwenden, ohne ihre Wirkung zu durchschauen, könnte ihre Erfahrung auf die bloße Begegnung mit ihren eigenen Wünschen und Vorstellungen beschränkt bleiben. So weist Rosa auf die immer weiter verbreiteten Formen der Weltbegegnung hin, bei der die Menschen ihren Blick senken und auf „die bunten, beweglichen Oberflächen der Bildschirme" fixieren, „während die rasch ins Ohr geschobenen Ohrhörer Resonanzerfahrungen – oder Resonanzahnungen – ermöglichen sollen, die nichts mit den leiblichen und sozialen Beziehungen der realen Welt zu tun haben" (Rosa 2016: 494f.). Er sieht darin die drohende Gefahr, dass die Menschen ihre eigenen „Echokammern" erzeugen, mit denen sie Resonanz-Beziehungen systematisch verhindern, „weil sie die Begegnung mit einem irritierenden, widersprechenden Anderen gerade ausschließen" (ebd.). So wie die horizontale Resonanz als Begegnung zu anderen Menschen unterbunden wird, verhindert vermeintliche „Medienkompetenz" im Sinne einer unreflektierten Nutzung der Kommunikationstechniken auch die diagonale Resonanz, die aus einem Verständnis für die neue Technik und deren verantwortungsvoller Verwendung hervorgehen könnte. In dieser Situation erhalten die realen interessegeleiteten menschlichen Begegnungen mit ihren Unwägbarkeiten, Möglichkeiten und Risiken eine unschätzbare Bedeutung für die Erfahrung einer „sinngebenden Ganzheit".

## Literatur

Abraham, Anke (2013): Wie viel Körper braucht die Bildung? Zum Schicksal von Leib und Seele in der Wissensgesellschaft. In: Hildebrandt-Stramann, Reiner/Laging, Ralf/Moegling, Klaus (Hrsg.): Körper, Bewegung und Schule. Teil I: Theorie, Forschung und Diskussion. Kassel: Prolog, S. 16–35.

Bauer, Joachim (2006): Warum ich fühle, was du fühlst. Intuitive Kommunikation und das Geheimnis der Spiegelneurone. München: Heyne.

Bennahum, David S. (1999): Extra-life: Bekenntnisse eines Computerfreaks. Stuttgart: Deutsche Verlags-Anstalt.

Campe, Robert (2017): What'sApp Mama? Hamburg: Eden books.

Canetti, Elias (1979): Die gerettete Zunge. Frankfurt a. M.: Fischer-Taschenbuch.

Cassirer, Ernst (2007): Versuch über den Menschen. Einführung in eine Philosophie der Kultur. Hamburg: Felix Meiner.

Faulstich, Peter (2013): Menschliches Lernen. Eine kritisch pragmatistische Lerntheorie. Bielefeld: transcript.

Fuchs, Thomas (2010): Das Gehirn – ein Beziehungsorgan. Eine phänomenologisch-ökologische Konzeption. 3. Auflage; Stuttgart: Kohlhammer.

Han, Byung-Chul (2015): Duft der Zeit. Ein philosophischer Essay zur Kunst des Verweilens. 11. Auflage; Bielefeld: transcript.

Hascher, Tina/Althof, Wolfgang (2004): Vom Egozentrismus zur Empathie. Moral und Werte in der Pubertät. In: Schüler 2004. Aufwachsen. Die Entwicklung von Kindern und Jugendlichen. Seelze: Friedrich.

Hattie, John (2014): Lernen sichtbar machen. 2. Auflage; Hohengehren: Schneider.

Hübner, Edwin (2015): Medien und Pädagogik. Stuttgart: ewaldorf.

Katzer, Catarina: Tagesschau-Interview. http://faktenfinder.tagesschau.de/interview-falschmeldungen-101.html, Zugriff 21.01.2020

Koch, Sabine C. (2013): Embodiment. Der Einfluss von Eigenbewegung auf Affekt, Einstellung und Kognition. Berlin: Logos.

Koller, Hans Christoph (2012): Bildung anders denken: Einführung in die Theorie transformatorischer Bildungsprozesse. Stuttgart: Kohlhammer.

Kück, Dietmar (2016): Digitale Medien in jedem Klassenraum. In: Pädagogik, 68. Jg., 6/2016, S. 34–39.

Lembke, Gerald/Leipner, Ingo (2015): Die Lüge der digitalen Bildung. München: Redline.

Loebell, Peter (2012): Die alltägliche Bemühung um Menschlichkeit in der Pädagogik: Zur Vereinbarkeit von Lernkontrolle und Kompetenzerwerb. In: Loebell, Peter/Schuberth, Ernst (Hrsg.): Menschlichkeit in Pädagogik und Erziehungswissenschaft – eine Herausforderung. Bad Heilbrunn: Klinkhardt, S. 103–118.

Loebell, Peter/Buck, Peter (Hrsg.) (2015): Spiritualität in Lebensbereichen der Pädagogik. Leverkusen: Budrich.

Marton, Ference/Booth, Shirley (2014): Lernen und Verstehen. Berlin: Logos.

O'Faolain, Nuala (2000): Nur nicht unsichtbar werden. Berlin: Rowohlt.

Pekrun, Reinhard/Schiefele, Ulrich (1996): Psychologische Modelle des fremdgesteuerten und selbstgesteuerten Lernens. In: Enzyklopädie der Psychologie, Themenbereich D, Serie I, Band 2; Psychologie des Lernens und der Instruktion; hrsg. von Weinert, Franz. Göttingen, Bern, Toronto, Seattle: Hogrefe.

Ricken, Norbert (2014): Individualität. In: Wulf, Christoph/Zirfas, Jörg (Hrsg.): Handbuch Pädagogische Anthropologie. Wiesbaden: Springer, S. 559–566.
Rittelmeyer, Christian (1993): Individualität und Autonomie. Zur Geschichte und Krise eines pädagogischen Projekts. Einleitung des Herausgebers. In: Bildung und Erziehung, 46. Jg., Heft 2, S. 129–137.
Rittelmeyer, Christian (2005): Frühe Erfahrungen des Kindes. Ergebnisse einer pränatalen Psychologie und der Bindungsforschung. Stuttgart: Kohlhammer.
Rittelmeyer, Christian (2007): Kindheit in Bedrängnis. Zwischen Kulturindustrie und technokratischer Bildungsreform. Stuttgart: Kohlhammer.
Rittelmeyer, Christian (2013): Leibliche Erfahrung und Lernen. Über den Sinn einer allseitigen Sinnesbildung. In: Hildebrandt-Stramann, Reiner/Laging, Ralf/Moegling, Klaus (Hrsg.): Körper, Bewegung und Schule. Teil I: Theorie, Forschung und Diskussion. Kassel: Prolog, S. 36–53.
Rizzolatti, Giacomo/Sinigaglia, Corrado (2008): Empathie und Spiegelneurone: Die biologische Basis des Mitgefühls. Frankfurt a. M.: Suhrkamp.
Rosa, Hartmut (2014): Beschleunigung und Entfremdung. 4. Auflage; Berlin: Suhrkamp.
Rosa, Hartmut (2016): Resonanz. Eine Soziologie der Weltbeziehung. 4. Auflage; Berlin: Suhrkamp.
Schütz, Alfred/Luckmann, Thomas (1979): Strukturen der Lebenswelt, Bd. 1. Frankfurt a. M.: Suhrkamp.
Skinner, Burrhus Frederic (1969): Die Wissenschaft vom Lernen und die Kunst des Lehrens In: Weinert, Franz (Hrsg.): Pädagogische Psychologie. 4. Auflage; Köln, Berlin: Kiepenheuer und Witsch.
Steiner, Rudolf (1904/1987): Theosophie. (Bibliographie Nr. 9) 31. Auflage; Dornach: Rudolf Steiner Verlag.
Steiner, Rudolf (1911/1965): Philosophie und Anthroposophie. Gesammelte Aufsätze 1904–1923 (Bibliographie Nr. 35) 2. Auflage. Dornach: Rudolf Steiner Verlag.
Steiner, Rudolf (1917/1983): Von Seelenrätseln. (Bibliographie Nr. 21) 5. Auflage, Dornach: Rudolf Steiner Verlag. Taschenbuch Nr. 637.
Steiner, Rudolf (1919/1992): Allgemeine Menschenkunde als Grundlage der Pädagogik. (Bibliographie Nr. 293), Dornach: Rudolf Steiner Verlag.
Steiner, Rudolf (1981): Wahrspruchworte. (Bibliographie Nr. 40) 5. Auflage; Dornach: Rudolf Steiner Verlag.
Stern, André (2013): ... und ich war nie in der Schule. Geschichte eines glücklichen Kindes. Freiburg: Herder.
Thissen, Frank (2016): Lernen und Leben im 21. Jahrhundert. In: Universitas, 71. Jg., S. 41–53.
Wiesing, Lambert (2009): Das Mich der Wahrnehmung. Frankfurt a. M.: Suhrkamp.

*Edwin Hübner*

# Jugend und Schule im digitalen Zeitalter

> „Die Digital Natives werden Märkte in Bewegung bringen und in vielen Branchen, im Bereich der Bildung und sogar der Weltpolitik für Umwälzungen sorgen. Diese Veränderungen könnten sich ausgesprochen günstig auf die Welt auswirken, in der wir leben. Im Großen und Ganzen hat die digitale Revolution ja schon durchaus positive Veränderungen mit sich gebracht. Und die Digital Natives verfügen über das Potenzial und die Fähigkeiten, die Gesellschaft auf vielfältige Weise weiter voranzubringen – wenn wir es denn zulassen." (Palfrey/Gasser 2008: 8)

> „Wir sind die Generation Doof. Wir sind Berufsjugendliche, Schwätzer, Alles-Woller-nix-Könner. Wir sind besessen von Konsum, lassen uns vom Fernsehen die Welt erklären und lieben die Spaßkultur. Und wir werden immer mehr." (Bronner/Weiss 2008: 12)

## 1. Jugendliche Lebenswelten

Die Jugend – sie ist nur schwer zu beschreiben, zu vielfältig sind die Facetten dieser Altersgruppe, die sowohl Begabungen als auch Schwächen hat. Leicht fällt man daher der Versuchung anheim, einen deutlich sichtbaren Teilaspekt zu verallgemeinern. Die einen erwarten daher von der „Generation Internet" neue Impulse für die Zukunft (Palfrey/Gasser 2008), andere halten sie schlicht für die „Generation Doof", der es allenthalben an Bildung fehlt (Bronner/Weiss 2008), und wieder andere sprechen von der „Generation Beziehungsunfähig" (Nast 2016). Für diese Thesen finden sich berechtigte Argumente, allerdings verstellt man sich durch einseitige Blicke die Sicht auf die Jugendgeneration. Sicher gibt es übergreifende Trends, die bei repräsentativen Untersuchungen ins Auge fallen – in der konkreten Begegnung mit Jugendlichen allerdings differenziert und relativiert sich das allgemein Festgestellte. Denn die Jugendgeneration ist vielfältig. Viele Lebensstile sind in ihr zu finden.

Abb. 1: SINUS-Lebenswelten der Jugendlichen. Calmbach et al. 2016: 38

Die SINUS-Studie 2016 kam in der Analyse ihrer vor allem qualitativ erhobenen Daten zu sieben verschiedenen Lebenswelten, in die sie die Gruppe der 14- bis 17-Jährigen gliederte: Konservativ-Bürgerliche, Adaptiv-Pragmatische, Sozialökologische, Prekäre, Materialistische Hedonisten, Experimentalistische Hedonisten, Expeditive (Calmbach et al. 2016: 33ff.). Die von SINUS für Deutschland beschriebene soziokulturelle Landschaft der Jugendgeneration ist vielfältig und zum Teil extrem gegensätzlich: Jugendliche, die der konservativ-bürgerlichen Lebenswelt zugerechnet werden, zeichnen sich durch soziale Werte aus, die von dem Wunsch geprägt sind, an der bewährten gesellschaftlichen Ordnung festzuhalten. Sie sind sehr heimatnah und regional verwurzelt. Ihnen sind Gemeinschaft, Zusammenhalt, Hilfsbereitschaft, überhaupt die Familie wichtig. Die traditionell-bürgerlichen Tugenden, wie Standhaftigkeit, Sachlichkeit Beständigkeit, Bescheidenheit, Treue, Pflichtbewusstsein, Zuverlässigkeit, Höflichkeit usw., haben für sie Vorrang vor hedonistischen Werten.

Diesen Jugendlichen stehen andere gegenüber, die von der SINUS-Jugendstudie als experimentalistische Hedonisten bezeichnet werden. Die typisch bürgerlichen Werte wie Bescheidenheit, Gewissenhaftigkeit, Gehorsam, Disziplin, Pünktlichkeit usw. haben für sie kaum Bedeutung. Sie legen Wert auf Freiheit, Selbstverwirklichung, Spaß, Genuss, Abenteuer und wollen das Leben in vollen Zügen genießen. Den Ernst des Lebens möchten sie möglichst lange von sich fernhalten.

Man kann sich kaum gegensätzlichere Haltungen zum Leben vorstellen als diese beiden genannten. Und auch zwischen den fünf anderen Lebenswelten, welche die SINUS-Studie beschreibt, gibt es deutliche Unterschiede. Die Generation der Jugendlichen kann man offensichtlich in unterschiedlichste Gruppen und Lebensstile gliedern. *Die* Jugend gibt es nicht – und trotzdem kann man von Jugendgenerationen sprechen, denn innerhalb dieser Vielfältigkeit der Jugendwelt sind gemeinsame übergreifende Trends zu beobachten. Diese sind einerseits durch aktuelle gesellschaftliche Entwicklungen provoziert und andererseits zeigen sich in ihnen die Entwicklungsaufgaben, die grundsätzlich mit dem Durchleben des Jugendalters verbunden sind.

## 2. Jugendgenerationen

Was kann man unter einer Generation verstehen? Der Pädagoge, Theologe und Philosoph Wilhelm Dilthey (1833–1911) bezeichnete mit „Generation" eine Gruppe von Menschen,

> „welche in den Jahren der Empfänglichkeit dieselben leitenden Einwirkungen erfahren, [...]. So gefaßt, bildet eine Generation einen engeren Kreis von Individuen, welche durch Abhängigkeit von denselben großen Tatsachen und Veränderungen, wie sie in dem Zeitalter ihrer Empfänglichkeit auftraten, trotz der Verschiedenheit hinzutretender anderer Faktoren zu einem homogenen Ganzen verbunden sind" (Dilthey 1875/1990: 37).

Das Wesentliche dieser Definition ist der Verweis auf den Zusammenhang einer besonderen biografischen Situation (Empfänglichkeit) mit gesellschaftlichen Entwicklungen (prägenden historischen Ereignissen). In der empirischen Jugendforschung spiegelt sich diese Dilthey'sche Begriffsbildung in der Angabe von Geburtsjahrgängen wider, in deren Denken und Handeln sich ein gemeinsames übergreifendes Motiv zeigt.

So findet man zu Beginn des 20. Jahrhunderts die Generation der „Jugendbewegung", die mit dem populären Begriff „Wandervogel" verknüpft ist. Nach dem Zweiten Weltkrieg diagnostizierten Pädagogen, zum Beispiel Theodor Litt (1880–1962) und Eduard Spranger (1882–1963), eine „suchende und fragende Generation", die nach dem Trauma der nationalsozialistischen Zeit und der Verwüstung Europas nach Halt und Orientierung suchte. Wenig später sprach man von der „skeptischen Generation" (Schelsky 1957), die sich von allen Ideologien abwandte und auf den privaten Bereich sowie die Existenzbewältigung in der Zeit des Wiederaufbaus konzentrierte. Anfang der 1960er Jahre war dann von der „unbefangenen Generation" die Rede, die sich an das Bestehende angepasst habe und pragmatisch die Chance der Wohlstandsgesellschaft nutzte, ohne sich allzu sehr zu engagieren. Diese Generation wurde von der „politischen Generation", der „68er-Generation" abgelöst, die radikale Reformen des bestehenden politischen Systems anstrebte. Auf sie folgte eine „lebensreformatorische Generation", welche die Partei der Grünen hervorbrachte. Die SINUS-Studie 1983 sprach von der „verunsicherten Generation": Die Ausbildungsnot der frühen 1980er Jahren ließ – so die Studie – die Jugendlichen düster in die Zukunft sehen, da die alten Versprechungen, dass jeder eine Ausbildung und einen Beruf gemäß seinen Fähigkeiten finden könne, nicht mehr gälten. Andere Autoren beobachteten Mitte der 1980er Jahre eine „Schickimicki-Generation", die trotz düsterer Aussichten ihre Gegenwart konsumfreudig und lebensfroh genießen wolle. Anfang der 1990er Jahre kam, von den USA ausgehend, der Begriff der „Generation X" auf, der eine eher melancholisch gestimmte Generation benennt, die sich passiv in ihren eigenen Lebensbereich zurückzieht.[1]

Nach der Jahrhundertwende bezeichnete die Shell Studie 2002 die Jugendgeneration der beginnenden 2000er Jahre als „pragmatische Generation", die viel Wert auf Leistungsbereitschaft und materielle Sicherheit lege. Die vier Jahre später erschienene Folgestudie kam zu dem Ergebnis, dass die junge Generation auch unter zunehmenden wirtschaftlichen Schwierigkeiten ihre konstruktive Grundhaltung beibehalte. Die Studie sprach daher von der „pragmatischen Generation unter Druck". 2010 stellte die 16. Shell Studie fest, dass sich trotz der weiterhin bestehenden Jugendarbeitslosigkeit und wenig besseren Berufsaussichten die jungen Menschen nicht von ihren Lebenszielen abbringen ließen. „Eine pragmatische Generation behauptet sich" war daher das Motto dieser Studie. 2015 nun sieht die neueste Shell Jugendstudie Hinweise auf eine Trendwende: In der nach wie vor bestehenden pragmatischen Grundhaltung „scheinen auch neue Konturen auf, die auf Selbstbewusstsein und Idealismus hindeuten und die den ausgeprägten Pragmatismus relativieren" (Albert et al. 2015: 375).

Diese Generationsstudien abstrahieren von den konkreten Lebenserfahrungen der Jugendlichen. Sie machen auf übergreifende Trends aufmerksam, die sich durch das von ihnen entwickelte Instrumentarium erfassen lassen. Sie versuchen festzustellen, wie sich Jugendliche mit den gesellschaftlichen Prozessen auseinandersetzen. Aber das ist nur ein Aspekt.

---

1 Eine ausführliche Darstellung der verschiedenen Generationen findet man bei Fendt 2005: 182-198, und Ferchhoff 2011: 133–190.

## 3. Entwicklungsfaktoren des Menschen

Die Stimmungen und Auffassungen der jeweiligen Jugendgeneration geben nicht einfach nur die gesellschaftlichen Verhältnisse wieder, sondern es zeigt sich darin auch die Art und Weise, wie die jeweils untersuchte Jugendgeneration aus ihrer biografischen Entwicklungsphase heraus mit ihnen umgeht.

In der Generationencharakteristik kreuzen sich gesellschaftliche Verhältnisse mit den jugendlichen Entwicklungsaufgaben. Jugendliche „erleiden" nicht bloß ihre Umgebung, werden nicht einfach nur von ihr „geprägt", sondern sie vollziehen in der aktiven Auseinandersetzung mit den Möglichkeiten und Widerständen der jeweiligen Gegenwart ihre individuelle Entwicklungsarbeit. In der menschlichen Entwicklung spielen drei Hauptfaktoren ineinander:

- Die biologischen Entwicklungsabläufe des Homo sapiens sapiens, welche die leibliche Basis der menschlichen Entwicklung bilden.
- Die sozialen Strukturen der jeweiligen Umgebung.
- Die in jedem menschlichen Individuum vorhandene eigene antiadaptive Potenz, welche jeder menschlichen Entwicklung eine individuelle Prägung verleiht.

Weil der Mensch ein Homo sapiens sapiens ist, ist seine individuelle Entwicklung naturgemäß in bestimmte biologische und seelische Entwicklungsaufgaben hineingestellt. Diese werden von jedem Individuum anders bearbeitet und gelöst – aber jedem Jugendlichen sind sie gestellt und jeder Jugendliche muss sie zugleich in der Auseinandersetzung mit seinem jeweiligen sozialen Umfeld bewältigen. Es sind drei wesentliche Entwicklungsaufgaben, die dem Jugendlichen gestellt sind.

## 4. Entwicklungsfelder der Jugendlichen

### 4.1 Aufbau der Persönlichkeit

Das erste große Entwicklungsfeld besteht in dem Aufbau der eigenen Identität. In der beginnenden Adoleszenz sind die Jugendlichen mehr oder weniger bewusst mit der Frage nach sich selbst befasst: „Wer bin ich?" Dem geht oft ein plötzlich auftretendes starkes inneres Erlebnis voraus: „Ich bin ich!" Eine Niederländerin beschreibt diese Erfahrung, die sie mit 12 Jahren hatte, wie folgt:

> „Es war ein heißer Tag gewesen. Nach einem krachenden Gewitterschauer laufe ich zu einem kleinen Park in der Nachbarschaft. Es ist schon fast dunkel, als ich barfuß durch das nasse Gras laufe. Plötzlich betrachte ich meine

> Arme und Beine und denke: ‚Das hier sind meine. Das hier ist mein Körper, ich kann damit tun, was ich will. Das hier ist mein Leben, ich bestimme, was daraus wird.' Das war ein verblüffender Gedanke, der mich sehr froh stimmte. [...] Diese Erfahrung hatte für mich auch Folgen. Auf der Grundschule war ich oft von den anderen geärgert worden. Ich beschloss von diesem Augenblick, dass damit Schluss sein sollte. Und so war es dann auch" (Kohnstamm 2004: 45).

Auch der Psychologe C.G. Jung berichtet von einem solchen Erlebnis:

> „Ich war damals elf Jahre alt und gerade auf dem Weg zur Schule, da geschah es. Es war, als ob ich die ganze Zeit im Nebel herumgelaufen war und plötzlich da herauskam und wusste: ‚Ich bin. Ich bin, was ich bin.' Und als Nächstes kam mir der Gedanke: ‚Aber was bin ich denn bis jetzt gewesen?' Da wurde mir klar, dass ich wirklich in einem Nebel gelebt hatte, in dem es für mich keinen Unterschied gab zwischen mir selbst und den Dingen. Ich war einfach ein Ding unter vielen anderen gewesen" (ebd.: 9).

Diese Entdeckung, dass man aus einem vorherigen Eingebundensein heraustritt und nun allein in der Welt steht, ist eine zentrale Erfahrung des Jugendlichen. Sie ist Teil der vielfältigen Veränderungen, die er an sich selbst erfährt und mit denen er sich konstruktiv auseinanderzusetzen hat. Dabei bildet er seine eigene Persönlichkeit heraus. Diese Auseinandersetzung geschieht auf drei Ebenen.

- Der eigene Leib verändert sich. Er muss zu diesen Veränderungen ein positives Verhältnis entwickeln und lernen, den Körper zu beherrschen, vor allem auch pfleglich und schonend mit ihm umzugehen.
- Die Jugendliche nabelt sich seelisch von seiner bisher schützenden Familienhülle ab, er tritt aus ihr heraus und muss sein eigenes Verhältnis zur Welt finden. Er muss auch lernen, die mit der Geschlechtsreife in seinem Gefühlsleben neu aufgetretenen Triebe, Begierden und Leidenschaften als Teil seiner selbst zu akzeptieren.
- Auf der gedanklich-geistigen Ebene muss er in einer für ihn zufriedenstellenden Weise die Frage „Wer bin ich als Mensch in dieser Welt?" bewegen und beantworten können.

Dieses erste grundlegende Entwicklungsfeld des Jugendlichen kann man durch den Satz charakterisieren: „Wer bin ich und was ist meine Stellung in der Welt?" Auf diese untergründige Lebensfrage muss er sich eine befriedigende Antwort geben, wenn er den Herausforderungen des Lebens gewachsen sein will.

Diese Lebensfrage ist mit der des Kleinkindes vergleichbar, wenn es sich aktiv und mit großer Anstrengung den aufrechten Gang erwirbt. Das Kind lernt, sich der Schwerkraft entgegenzustemmen und ihr gegenüber leiblich den eigenen Stand zu finden. Eine vergleichbare Aufgabe stellt sich nun dem Jugendlichen, jetzt aber im Seelischen: Er muss sich selbst als Individuum erkennen, seine Persönlichkeit ausformen und im Leben behaupten lernen. Man könnte sagen, dass der Jugendliche lernen muss, sich seelisch aufzurichten. Auch im Volksmund spricht man von „Standhaftigkeit", wenn ein Mensch gegenüber der Umgebung selbstbewusst seine eigene Position vertritt.

## 4.2 Entwicklung der Beziehungsfähigkeit

Wenn der Mensch in der frühen Kindheit das aufrechte Gehen erworben hat und seine Motorik weitgehend beherrscht, dann entwickelt er die Fähigkeit, sich mit anderen Menschen sprachlich auszutauschen. Die Sprache ist die leibliche Grundlage für menschliche Beziehungen. Ohne Sprache – die Gesamtheit der Gesten mit denen sich taubstumme Menschen verständigen ist ebenfalls eine Sprache – kann es keine menschliche Gemeinschaft geben.

Zu dieser frühkindlichen Entwicklungsaufgabe des Sprechenlernens findet sich im Jugendalter ebenfalls ein analoges Entwicklungsfeld. So wie er als Kleinkind lernen musste seine Muttersprache zu beherrschen, so besteht nunmehr für ihn die Entwicklungsaufgabe, mit seiner sich ausformenden Persönlichkeit soziale Beziehungen aufbauen zu lernen. Der Jugendliche steht vor der Aufgabe, mit anderen Menschen auch „seelisch sprechen" zu können, er steht vor der Herausforderung, mit seiner sich immer mehr weitenden Umgebung in ein gemeinsames Verhältnis zu kommen.

Diese Aufgabe schließt sich notwendig an das Erlebnis an, in der Welt allein zu stehen. Das Ich-Erlebnis ist unmittelbar mit der Beziehung zum „Du" verschränkt. Die Frage nach der Beziehung zur Welt, vor allem aber nach den Beziehungen zu anderen Menschen ist das zweite existenzielle jugendliche Entwicklungsfeld. Der Jugendliche muss lernen, soziale Beziehungen aufzubauen, enge Kontakte zu Bekannten und Gleichaltrigen zu knüpfen und auch einen Freund oder eine Freundin zu finden. Dabei geht es nicht nur um die Beziehungen zu den Menschen im unmittelbaren sozialen Umfeld, sondern auch um die Frage, wie man in der bestehenden Gesellschaft seinen Ort findet, wie man eine Beziehung zum Leben der Menschheit findet. Pointiert formuliert geht es um die Frage: Wie finde ich meinen Platz in dieser Welt? Beispielhaft dafür ist das Erlebnis einer 16-Jährigen:

> „Ich weiß noch, wie ich an einem Haus vorbeikam, an dem ein Schild ‚zu vermieten' hing, [...] Da kamen mir auf einmal all diese seltsamen Gedanken.

> Es war für mich nicht nur ein Gebäude, sondern ich dachte, Mensch, jemand hat doch dieses Schild geschrieben, und jemand hat das Haus gebaut – vielleicht haben ein paar Dutzend Leute dazu beigetragen, dass es jetzt steht. Da wurde mir zum ersten Mal klar, wie groß die Welt ist und wie viele Menschen es gibt, und ich dachte: Wo finde ich da meinen Platz?" (Strauch 2003: 161).

Auch das zweite Entwicklungsfeld der Jugendlichen hat drei Ebenen:

- Ist der Adoleszente physisch in der Lage, sich mit anderen Menschen sprachlich in Verbindung zu setzen; kann er innere Vorgänge adäquat in Sprache ausdrücken? Ist er fähig die verbalen und nonverbalen Mitteilungen eines anderen Menschen wahrzunehmen und zu verstehen? Das betrifft auch die sexuelle Ebene der ersten Paarbeziehungen.
- Kann der Jugendliche die eigenen Empathiekräfte so ausbilden und sensibilisieren, dass er den anderen Menschen nicht nur hört, sondern auch innerlich versteht? Kann der junge Mensch Liebefähigkeit entwickeln, sodass er innige Beziehungen einzugehen vermag und in der Beziehung zum Du auch Verantwortung zu übernehmen in der Lage ist?
- Kann der junge Mensch Interesse dafür entwickeln, was in der Welt vor sich geht? Kann er sich motivieren, gesellschaftliche Fragen verstehen zu wollen? Kurz: Kann er Weltinteresse entwickeln?

## 4.3 Zukunftsziele finden

Noch eine dritte Fähigkeit erwirbt sich der Menschen in der frühen Kindheit: das fantasievolle Denken. Mithilfe des Denkens greift der Mensch über das unmittelbar sinnlich Wahrgenommene hinaus. Durch das Denken geht der Mensch über das Hier und Jetzt seiner Gegenwart hinaus, plant zukünftige Vorhaben und handelt vorausschauend. Im Denken entwickeln sich auch die Ideale, aus denen heraus der Mensch sein Leben plant und die Welt verändern will.

Gerade im späteren Jugendalter fällt bei vielen Jugendlichen dieses Idealische ins Auge. In Gesprächen mit Jugendlichen bemerkt man immer wieder, dass sie Ideale in sich tragen, die sie in ihrem Leben realisieren wollen. In ihnen drückt sich die Zukunftshoffnung des jungen Menschen aus. In ihnen ragt ein Zukünftiges in das gegenwärtige Erleben herein. Im Ideal äußert sich ihr Lebenstraum (Faltermaier et al. 2014: 135), den sie mit großer Energie verwirklichen wollen. Das macht sich zunächst vor allem an der Frage der Berufswahl fest, geht aber im tieferen Sinne oft weit darüber hinaus.

Auch dieses Entwicklungsfeld zeigt sich unter verschiedenen Aspekten:

- Da ist zum einen der grundlegende Aspekt, dass sich der Jugendliche eine solide Bildung erwerben muss, um überhaupt eine Grundlage zu haben, auf der er zukünftige, vor allem berufliche Vorhaben verwirklichen kann.
- Auf einer weiteren Ebene ist die Frage, ob der Jugendliche so viele Fantasiekräfte besitzt, dass er auch in der Lage ist, seine Absichten und Ideale sinnvoll und sozialverträglich zu realisieren. Verfügt er über genügend Willenskräfte, seine Vorhaben, auch über Durststrecken hin, zu verfolgen?
- Vom geistigen Gesichtspunkt aus gesehen, stellt sich die Frage, ob der junge Mensch in die Lage gekommen ist, seine Kreativität so auszubilden, dass er fähig ist, neue Ideen selbstständig aus sich selbst heraus zu schöpfen.

Die drei großen Entwicklungsfelder, die der Mensch in der frühen Kindheit im Umgang mit seinem Leib zu bewältigen hat: die Beherrschung des aufrechten Ganges, der Erwerb der Muttersprache und die Entwicklung eines fantasievollen Denkens treten im Jugendalter in verwandelter Form auf der seelischen Ebene erneut auf: die seelische Aufrichtung durch die Entwicklung der eigenen Persönlichkeit, die gelungene seelische Verbindung und Verständigung mit der Welt sowie die Findung und aktive Verfolgung von Zukunftszielen.

## 5. Gesellschaftliche Herausforderungen

Die Bewältigung der individuellen Entwicklungsaufgaben wird durch die gegenwärtigen gesellschaftlichen Entwicklungen erschwert; das geht auch aus der 17. Shell Jugendstudie 2015 hervor. In der abschließenden Betrachtung wird festgestellt, dass Jugendliche heute mehr als die vorhergehenden Generationen aufgefordert sind, eine stabile Persönlichkeit zu entwickeln.

> „Sie stehen [...] vor der Herausforderung in einer sich wandelnden und zunehmend ausdifferenzierenden Gesellschaft mit einer starken Tendenz zur Individualisierung eine stabile Persönlichkeit herauszubilden. Angesichts der vielfachen Handlungsanforderungen und Handlungsalternativen ist dies keine einfache Aufgabe" (Albert et al. 2015: 377).

Durch die Ungewissheiten und Unsicherheiten in Politik und Wirtschaft wird es den Jugendlichen schwer gemacht, ihre latente Frage, wie sie einen Platz in der Gesellschaft finden, zu beantworten. Darüber hinaus nimmt es vielen Jugendlichen die Möglichkeit, hoffnungsfroh in die Zukunft zu blicken. Sie reagieren daher "mit einer starken Fokussierung auf das Hier und Jetzt. Sie scheinen sich kaum zu erlauben, sich selbst die Zukunft auszumalen sowie Idealen und Sehnsüchte nachzustreben, [...] Der Gestaltungswille im Hinblick auf die eigene Zukunft ist eher gering ausgeprägt, da die Jugendlichen mehrheitlich das Gefühl haben, weder große Spielräume für die persönliche Lebensgestaltung noch für die Veränderung der Gesellschaft zu haben. Gerade deswegen konzentrieren sie sich aber auf das, was sie selbst noch beeinflussen können: Viele von ihnen sind bereit, viel Zeit in ihre eigene Bildung zu investieren. Eine möglichst hohe Bildung, vertrauensvolle Freunde und eine Familie, die Geborgenheit schenkt, scheinen aus Sicht der Jugendlichen die zentralen Ressourcen für die Zukunft zu sein" (ebd.).

Im Freundeskreis und im familiären Bereich wird also der Halt gesucht, der sich im gesellschaftlichen Bereich nur schwer finden lässt. Und trotzdem stellt die Shell Studie 2015 in ihren Befragungen auch Elemente des Selbstbewusstseins und Idealismus fest, sowie

"Elemente des Zupackens und der Grenzüberschreitung, aber auch der Orientierung an Idealen und Prinzipien [...]. Etwas überspitzt könnte man sagen, dass sich ein ‚experimentierfreudiger Pragmatismus' herausbildet, der über eine nüchterne Erfolgsorientierung hinausgeht und hier und da idealistischen Vorstellungen folgt" (ebd.: 376).

Trotz aller Schwierigkeiten sind anscheinend viele Jugendliche in der Lage ihre Intentionen im Leben zu realisieren – das gibt Anlass zu Optimismus. Und das bestätigt die eigene jahrzehntelange Erfahrung als Lehrer: Es verließen Jahr für Jahr viele starke junge Persönlichkeiten mit einem hochwertigen schulischen Abschluss die Schule, um hoffnungsfroh ihren Lebensweg anzutreten. Und soweit das zu verfolgen war, haben sich viele ehemalige Schülerinnen und Schüler auf ihrem privaten und beruflichen Lebensweg hervorragend bewährt.

## 6. Ausstattung und Umgang mit Medien

Allerdings mischt sich in diesen Optimismus Sorge, wenn man betrachtet, wie sehr die Informationstechnologien den Alltag der Kinder und Jugendlichen prägen. Praktisch jeder Jugendliche von 12 bis 19 Jahren besitzt ein Smartphone (Mädchen zu 97% und Jungen zu 93%; JIM-Studie 2016: 8) und damit auch einen Zugang zum Internet. Einen Computer oder Laptop nennen 71% der Mädchen und 77% der Jungen ihr eigen (ebd.). Auch die Shell Jugendstudie 2015 stellt fest, dass die Vollversorgung mit Internetanschlüssen quer durch alle gesellschaftlichen Schichten Wirklichkeit geworden ist: „Der Zugang zum Internet (99%) erreicht bei den Jugendlichen inzwischen Werte, die über den für 2013 ermittelten Quoten von Waschmaschinen und Fernsehern (je 95%) auf Haushaltsebene in Deutschland liegen" (Albert et al. 2015: 120).

Das Internet ist für die Jugendlichen permanent verfügbar. Praktisch alle 12- bis 19-Jährigen sind entweder mehrmals pro Woche (9%) oder täglich (87%) im Internet (JIM-Studie 2016: 11). Internetbezogene Aktivitäten gehören mittlerweile zu den wichtigsten Formen der Freizeitgestaltung und das wirkt sich auf das gesamte Freizeitverhalten aus.

Vergleicht man die Zahlen der Shell Studie 2015 mit denjenigen von 2002, dann sind leichte Verschiebungen sichtbar: „Sich mit Leuten treffen" wurde 2002 noch von 62% als häufigste Freizeitaktivität genannt, 2015 nur noch von 57%. Die Freizeitaktivität „In die Disco, zu Partys oder Feten gehen" ging von 34% (2002) auf 21% (2015) zurück, „in die Kneipe gehen" von 10% auf 7%. Die Autoren der Shell Studie relativieren diesen Rückgang: Man solle ihn nicht überbewerten, denn nach wie vor stünde die Aktivität „sich mit Leuten treffen" an der Spitze der Nennungen. Auch zeigt sich im Gegenzug, dass die befragten 12- bis 25-Jährigen „Etwas mit der Familie unternehmen" 2015 häufiger (24%) nennen als 2002 (16%).

Insgesamt ist jedoch unübersehbar, dass das Internet als typischer „Freizeitraum" der Jugendlichen an Bedeutung gewinnt. Das wird vor allem an dem Trend erkennbar, dass die Dauer der Internetnutzung deutlich zunimmt. 2002 waren die mit einem Internetzugang ausgestatteten Jugendlichen durchschnittlich 7,0 Stunden pro Woche im Internet. 2006 stieg diese Zeit auf 9,3 Stunden, 2010 auf 12,9 Stunden und 2015 erhöhte sich diese Zahl nochmals um mehr als 5 Stunden: Die 12- bis 25-Jährigen waren im Durchschnitt pro Woche 18,4 Stunden online (Studierende sogar 23,7 Stunden) (Albert et al. 2015: 120f.). Das entspricht dem zeitlichen Umfang einer halben Arbeitsstelle. Der Zugang zum Internet geschieht auf verschiedenen Wegen. In erster Linie durch Computer, Laptops oder Notebooks, vor allem aber durch Smartphones. Wenn Menschen derart viel Zeit in eine bestimmte Aktivität investieren, hat das eine nicht zu vernachlässigende Rückwirkung auf sie selbst.

Dies wird unter anderem durch die von dem Informatiker Alexander Markowetz im Herbst 2015 veröffentlichte „Menthal-Studie" deutlich; sie analysierte aufgrund der Daten von 60.000 Smartphone-Besitzern deren Umgang mit ihrem Gerät. Das Ergebnis war erschreckend. Denn die Auswertung der Daten zeigte, „dass unsere Handynutzung ein abnormes Ausmaß erreicht hat – mit gravierenden Folgen für jeden einzelnen und für die gesamte Gesellschaft" (Markowetz 2015: 12).

Im Durchschnitt schalteten die untersuchten Nutzer ihr Smartphone 88 Mal am Tag ein. Davon schauten sie 35 Mal entweder auf die Uhr oder sahen nach, ob eine Nachricht eingegangen war. 53 Mal wurde das Smartphone entsperrt, um Textnachrichten zu schreiben, Apps zu benutzen oder zu surfen. Geht man davon aus, dass ein Mensch 16 Stunden wach ist, dann unterbricht er seine Tätigkeiten demnach alle 18 Minuten. Die 17- bis 25-jährigen Teilnehmer der Studie schauten täglich sogar 100 Mal auf ihr Display und nutzten es 60 Mal intensiv. Addiert man die Nutzungszeiten des Smartphones durch Jugendliche, so kommt man auf insgesamt 3 Stunden pro Tag. Der Durchschnittsnutzer wendet sich zweieinhalb Stunden pro Tag seinem Gerät zu (ebd.: 12f.).

Die wenigste Zeit wird das Gerät genutzt, um ein Telefongespräch zu führen (7 Min. pro Tag). Auch die für den Alltag nützlichen Programme, wie Apps zur Wettervorhersage, zur Navigation, zum Ticketkauf in der Straßenbahn usw. nehmen nur wenig Zeit in Anspruch (etwa 10 Min. täglich). Die meiste Zeit verbringen die Menschen mit Facebook (15 Min.), WhatsApp (35 Min.), Instagram (5 Min.) und Spielen (etwa 30 Min.) (ebd.: 13).

Durch diese exzessive Smartphone-Nutzung gewöhnen sich die Menschen – das betrifft die Erwachsenen gleichermaßen – ein Verhalten an, das ihre geistige Leistungsfähigkeit vermindert. Die permanenten Unterbrechungen durch das Gerät fragmentieren den Alltag. Die Menschen verlernen, sich auf eine Sache zu konzentrieren und dasjenige, was sie eigentlich tun wollen, mit voller Kraft anzugehen. Sie sind in einer „digitalen Daueralarmbereitschaft", die ihre kognitiven, psychischen und sozialen Fähigkeiten überfordert. Die ungebremste Smartphone-Nutzung führt – so Markowetz – zu einer „unmittelbaren Störung unserer Produktivität und einem Verlust an Lebensglück" – zum „Digitalen Burnout" (ebd.: 17).

Auf die Jugend hinblickend, fragt Markowetz: „Ist hier eine ganze Generation geschlossen auf dem Weg in den digitalen Burnout? Wie sehen adäquate Schutzkonzepte aus, wie sollten wir als Eltern und Lehrer unsere Kinder auf die Tücken der neuen Technik vorbereiten?" (ebd.: 25) – um dann die Aufgabe der Gegenwart zu formulieren:

> „Die zentrale Herausforderung des 21. Jahrhunderts ist, die menschliche Psyche im Umgang mit digitalen Geräten zu retten" (ebd.: 25).

Jugendliche sind für Eindrücke und Erfahrungen, die sie an der Welt machen, besonders empfänglich. Das macht sie verwundbar. Gerade weil sie ihre Persönlichkeit und ihre Beziehung zur Gesellschaft noch nicht gefestigt haben, sondern erst noch aufbauen, können ungünstige Verhältnisse ihre Entwicklung gravierend beeinflussen und retardieren. Dieser Aspekt wird auch durch eine US-amerikanische

Studie deutlich, die im Spätsommer 2017 erschienen ist. Sie zeigt ebenfalls, wie das allgegenwärtige kleine Taschengerät das Leben der Jugendlichen tief greifend verändert – und zwar quer durch die soziokulturelle Landschaft.

## 7. iGen – die Smartphone-Generation

Die Psychologin Jean M. Twenge ging in ihrer Untersuchung (Twenge 2017) der Frage nach, wie sich das Verhalten und die emotionale Verfassung der Teenager über die letzten Jahrzehnte hin entwickelte. Für ihre Studie standen repräsentative Daten von zum Teil seit Jahrzehnten durchgeführten Erhebungen zur Verfügung.

Beim Vergleich der Daten fiel ihr auf, dass sich um das Jahr 2012 herum das Verhalten der Jugendlichen – statistisch gesehen – abrupt veränderte und auch ihre emotionale Verfassung eine andere wurde. Das Leben eines Teenagers im Jahre 2017 ist physisch sicherer als je zuvor: Jugendliche werden seltener in einen Autounfall verwickelt, konsumieren weniger Alkohol als früher, Mädchen werden weniger oft schwanger usw. Dem steht gegenüber, dass sie seelisch verwundbarer sind als jede andere Generation zuvor: Depressive Symptome steigen bei Jugendlichen deutlich an, auch die Selbstmordrate nimmt wieder zu.

Twenge konnte zeigen, dass diese Veränderung alle soziokulturellen Gruppen umfasste. Bei allen Jugendlichen, egal ob sie aus einem armen oder reichen Haushalt kamen oder von welchem ethnischen oder sozialen Hintergrund sie abstammten oder welchen familiären Bildungshintergrund sie hatten, war die gleiche Entwicklung sichtbar.

Der zeitliche Beginn der Änderungen im Jugendverhalten fällt exakt mit dem Moment zusammen, wo mehr als die Hälfte der US-Amerikaner ein Smartphone besaßen. Das kleine unscheinbare Gerät, das die Taschen der Jugendlichen zu bewohnen anfing, begann das verbindende Element aller Jugendlichen zu werden. Die Ankunft des Smartphones und der damit einhergehende Aufstieg der sozialen Medien verändert das Leben eines jeden Jugendlichen deutlich, vor allem die Art und Weise ihrer sozialen Interaktion.

Twenge bezeichnet daher die jetzige Jugendgeneration mit dem Ausdruck „iGen" – wohl in Anknüpfung an die Bezeichnung iPhone.

Die Veränderung des Jugendverhaltens kann man nicht nur in den USA beobachten, sondern auch in Deutschland. Das Smartphone ist das wichtigste Alltags-Gerät der Jugendlichen geworden (Markowetz 2015; JIM Studie 2016). Veröffentlichungen von Jugendlichen wie „What's App, Mama?" (Campe 2017) oder „Ich und kein Handy" (Neukirch 2016) geben ein sehr anschauliches Bild dieser Tatsache.

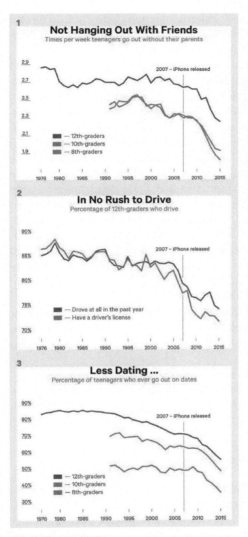

Abb. 2: Twenge 2017a

Blickt man vom Gesichtspunkt der drei Grundfragen der Jugendentwicklung auf die Ergebnisse von Twenge, dann zeigt sich deutlich, wie der Besitz eines Smartphones die Beantwortung dieser Fragen beeinflusst.

Frühere Jugendgenerationen legten großen Wert auf ihre Selbstständigkeit. Sie gingen gerne von zu Hause weg und suchten sich Nischen, in denen sie allein sein konnten, um auch alles das auszuprobieren, was ihnen ihre Eltern verboten hatten, beispielsweise Rauchen, Alkohol trinken usw. Heute ist das „alleine von zu Hause weggehen" stark zurückgegangen: 2015 gingen 12.-Klässler weniger oft aus als die 8.-Klässler im Jahr 2009 (Twenge 2017: 19).

Für ältere Jugendgenerationen war es wichtig, dass sie möglichst bald einen eigenen Führerschein hatten, um von den Eltern unabhängig zu werden. Das ist ebenfalls stark zurückgegangen. Die US-amerikanischen Jugendlichen legen keinen besonderen Wert darauf, den Führerschein zu machen, sondern sie werden eher von den Eltern dazu gedrängt, die ihre Kinder nicht mehr dauernd irgendwohin fahren wollen (ebd.: 25ff.).

Früheren Jugendgenerationen war deutlich bewusst, dass Unabhängigkeit eigenes Geld benötigt. Deshalb arbeiteten sie, um ein kleines Einkommen zu haben. In den späten 1970er Jahren hatten 77% der 10.-, 11.-, 12.-Klässler einen bezahlten Job, 2010 waren es nur noch

55% der Oberstufenschüler; bei den 8.-Klässlern halbierte sich die Zahl. Zu diesem Rückgang trug natürlich auch die große Rezension von 2008 bei, aber danach erholte sich die Zahl der jobbenden Schüler nicht wieder (ebd.: 29ff.).

Diese Zahlen weisen darauf hin, dass sich die Entwicklung der selbstständigen Persönlichkeit während der Jugendzeit tendenziell verlangsamt. Twenge beobachtete insgesamt, dass die 18-Jährigen sich gegenwärtig wie früher die 15-Jährigen verhalten und die 15-Jährigen wie einst die 13-Jährigen (ebd.: 3, 34). Diese Entwicklung setzt sich an den Hochschulen fort, wo sich zunehmend Studenten unselbstständiger verhalten als in früheren Generationen (Lukianoff/Haidt 2015).

Auch das soziale Miteinander der Jugendlichen verändert sich gravierend. Die Zahl der Jugendlichen, die von sich behauptet, dass sie nahezu jeden Tag mit ihren Freunden von Angesicht zu Angesicht zusammen sind, fiel in den Jahren von 2000 bis 2015 um mehr als 40%. Für die Teenager-Generation der achtziger, neunziger Jahre galt, dass etwa 85% der 10.-, 11.-, 12.-Klässler sich zu einem Dating trafen. 2015 waren es aber nur noch 56%. Der Rückgang der Datings zwischen Jugendlichen korreliert mit einem Rückgang der sexuellen Aktivität. Am stärksten wird das Gefälle bei den 9.-Klässlern sichtbar, wo sich die sexuelle Aktivität um 40% reduzierte. Nachvollziehbarerweise reduzierte sich auch die Geburtenrate bei Teenagern gegenüber 1991 um 67% (Twenge 2017: 20ff.).

Man kann diese Veränderungen durch die Tatsache erklären, dass Kinder ihr Haus nicht mehr zu verlassen brauchen, um mit anderen in Verbindung zu treten, da ihr soziales Leben sich zum großen Teil im Internet abspielt, zu dem sie mit ihrem Smartphone Zugang haben.

Auch bei dieser Untersuchung muss man sagen, dass sie nur von einem bestimmten Gesichtspunkt aus auf die Jugendgeneration hinblickt. Aber man kann an ihr jedoch gut die möglichen Gefährdungen der Jugendentwicklung durch übermäßigen Gebrauch von Medien ablesen.

## 8. Gefährdungen der gesunden Entwicklung

Die erste Entwicklungsaufgabe des Jugendlichen ist die Ausbildung des eigenen Selbstbildes. Er muss seine Schwächen akzeptieren und seine Stärken kennenlernen, um ein realistisches Selbstbild zu entwickeln. Das kann aber nur in der Auseinandersetzung mit der sozialen Umgebung geschehen und nicht alleine im Zimmer. Die eigene Darstellung im Netz ist tendenziell darauf ausgerichtet, sich im „rechten Licht" darzustellen. Das kann dazu führen, dass Selbstbild und reales Sein auseinanderklaffen.

Der hohe Stellenwert, den die Beschäftigung mit Informationstechnologien hat, nimmt den Heranwachsenden die Zeit für reale Begegnungen, innerhalb de-

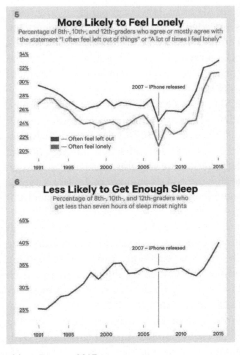

Abb. 3: Twenge 2017a

rer sie tiefe soziale Begegnungen haben können. Die Begegnung innerhalb der sozialen Netzwerke hat dagegen eher die Tendenz, die Beziehungsfähigkeit zu schwächen, wie eine 2011 veröffentlichte Studie zeigte (Konrath et al. 2011).

Die Metastudie von Sara Konrath und ihren Mitarbeitern wertete 72 zwischen 1979 und 2009 durchgeführte Studien über amerikanische College-Studenten aus. Es zeigte sich, dass etwa ab dem Jahr 2000 die jungen Erwachsenen immer weniger dem zentralen Aspekt der Empathiefähigkeit zustimmen, dass es wichtig sei, sich in den anderen hineinzuversetzen und dessen Gefühle zu verstehen. Die Abnahme ist beträchtlich, sie liegt um 40%.[2] Die US-amerikanische Psychologin Sherry Turkle kommentierte dieses Ergebnis mit den Worten:

„Man könnte sagen: Während sie sich von ihren vielen Online-Freundschaften fesseln lassen, verlieren sie das Interesse an Freundschaft" (Turkle 2012: 490f.).

Obwohl Jugendliche mit ihren Peers permanent elektronisch verbunden sind, haben sie paradoxerweise viel öfter das Erlebnis des Ausgeschlossenseins als früher. Die Zahl derjenigen, die sagen, dass sie sich oft alleine oder ausgeschlossen fühlen, ist deutlich gestiegen. Warum? Jugendliche treffen sich zwar weniger häufig von Angesicht zu Angesicht, aber wenn sie sich treffen, dann wird alles auf den sozia-

---

2  „[...] college students today are less likely to agree with statements such as ‚I often have tender, concerned feelings for people less fortunate than me' (EC) and ‚I sometimes try to understand my friends better by imagining how things look from their perspective'" (PT) (Konrath et al. 2011: 187).

len Netzen dokumentiert und diejenigen, die nicht dabei waren oder auf der Party nicht eingeladen waren, erfahren dies auf jeden Fall – und fühlen sich ausgegrenzt. Damit und wohl auch mit dem immer wieder auftretenden Cyberbullying kann es zusammenhängen, dass die Depressionen bei Jugendlichen steigen und auch die Selbstmordrate wieder höher ist: 2015 töteten sich in den USA 46% mehr Jugendliche als 2007 (Twenge 2017: 87f.).

Trotz allem gilt auch bei dieser Studie, dass sie nur globale Trends beschreibt. Im Einzelfall kann man durchaus andere Umgangsformen der Jugendlichen mit ihren Geräten beobachten. Dennoch ist der soziale Eingriff der neuen Technologien in den Alltag und das menschliche Miteinander tiefer und durchgreifender als bei anderen äußeren Einflüssen, denn die Geräte sind uns buchstäblich auf den Leib gerückt. Wir haben internetfähige Hochleistungscomputer in der Hosentasche oder tragen sie als Wearables am Handgelenk und sind durch sie permanent mit dem Internet verbunden.

Das wirkt sich unmittelbar auf unser Erleben und Verhalten im Hier und Jetzt aus. Allein schon die Anwesenheit eines ausgeschalteten Smartphones schränkt die kognitive Kapazität des Menschen ein, wie eine Studie mit rund 800 Probanden feststellte (Ward et al. 2017). Smartphones verbinden die Jugendlichen faktisch Tag und Nacht, das trägt dazu bei, dass zu wenig geschlafen wird: Im Gegensatz zu 1991 gibt es 2015 57% mehr Jugendliche, die zu wenig Schlaf haben (Twenge 2017: 113ff.). Das hat natürlich Auswirkungen auf die geistige Spannkraft am Tag und langfristig auch auf die Gesundheit, ganz abgesehen von den schädlichen Wirkungen, die von den Mobilfunkstrahlungen auf den Leib ausgehen.[3]

Das fordert die Pädagogik auf, nach Ausgleich zu suchen. Wenn in der alltäglichen Lebenswelt etwas verloren geht, was junge Menschen brauchen, um seelisch gesund aufzuwachsen, muss Schule darüber nachdenken, welche ausgleichenden Gewichte sie anbieten kann, um Kindern und Jugendlichen das zu ermöglichen, was ihnen der Alltag weitgehend versagt.

Die Adoleszenz ist eine Schlüsselzeit der menschlichen Biografie, in der die Persönlichkeit und die sozialen Fähigkeiten entwickelt werden. Wenn die Jugendlichen weniger Zeit mit ihren Freunden von Angesicht zu Angesicht verbringen, dann haben sie damit auch weniger Gelegenheit, sich selbst in der unmittelbaren Auseinandersetzung mit anderen zu erfahren und dabei auch ihre Beziehungsfähigkeit zu entwickeln. Twenge befürchtet daher, dass wir in den nächsten Jahrzehnten immer mehr Erwachsenen begegnen werden, die zwar wissen, welches richtige Emoticon man für eine bestimmte Situation im sozialen Netzwerk nutzt,

---

3 Näheres findet man beispielsweise bei www.diagnose-funk.org, Zugriff 21.01.2020.

die aber nicht wissen, welcher Gesichtsausdruck in bestimmten realen Situationen der passende ist.

## 9. Schule kann ausgleichen

Da die zukünftige Gesellschaft stärkere Anforderung an die Ausbildung stellt und das Leben mit Informationstechnologien tendenziell negative Auswirkungen auf die Entwicklung der Jugendlichen hat, muss die Schule sehr viel deutlicher als bisher die Frage stellen, wie sie Kinder und Jugendliche bei ihrer eigenen Entwicklungsarbeit unterstützen kann. Sich darauf zu beschränken, Hightech-Geräte in die Kindergärten und Schulen zu stellen, ist zu kurz gedacht und schafft eher neue Probleme, als dass es zur Lösung beiträgt (Lankau 2017).

Sicherlich ist es richtig, dass Jugendliche Kompetenzen im Umgang mit Medien aller Art auszubilden haben. Schule hat daher notwendig die Aufgabe, den Jugendlichen zu erklären, wie Computer, Mobilfunk, Internet usw. technisch funktionieren. Auch hat sie zu zeigen, wie man diese technischen Möglichkeiten am besten einsetzt, um beispielsweise eine Information zu suchen und zu finden oder einen eigenen Gedanken zu präsentieren. Alles das, was man als „direkte Medienpädagogik" bezeichnen könnte, um junge Menschen für den sinnvollen Gebrauch von Informationstechnologien „fit" zu machen, ist Aufgabe der Schule.

Verbleibt man jedoch nur bei einer direkten Medienpädagogik, dann lässt man die Jugendlichen mit den problematischen Nebenwirkungen der neuen Technologien allein. Will Schule ermöglichen, dass sich junge Menschen in ihr bilden können, dann muss sie mehr anbieten. Es kommt dann darauf an, einen pädagogischen Ansatz zu verfolgen, den man als *indirekte* Medienpädagogik bezeichnen kann: Dieser bietet Schülern alles das an Üb- und Erlebnisfeldern, was sie für ihre gesunde Entwicklung benötigen, was ihnen die Alltagskultur aber in der Regel nicht mehr gibt. Man kann das von verschiedenen Aspekten her beschreiben (Hübner 2015), hier soll es vom dem Gesichtspunkt aus geschehen, welche Aufgaben die Entwicklung der Jugendlichen stellt.

### 9.1 Der Mensch als Zentrum des Curriculums

Legt man die Hauptaufgaben für die Entwicklung des Jugendlichen zugrunde, ergeben sich für die Schule drei zentrale Arbeitsfelder. Das eine betrifft die Wissensinhalte, die sich die Schüler und Schülerinnen erarbeiten sollen. Dabei kann es sich nicht in erster Linie darum handeln, dass die Jugendlichen Wissen erwerben, das sie später im Berufsleben vielleicht brauchen könnten. Dieser Gesichtspunkt ist, angesichts der Rasanz, mit der sich technologisches Wissen wie beispielsweise die Bedienung eines Computers verändert, zweitrangig. Wesentlicher dagegen ist, dass die Kinder und Jugendlichen in ihrer Beschäftigung mit allen Schulfächern sich allmählich einen Begriff bilden können, wer der Mensch ist und wie er die Welt umgestaltet hat. Schule muss durch ihren Unterricht Materialien bereitstellen, mit deren Hilfe die Jugendlichen sich selbst ihre erste Grundfrage „Wer bin ich?" begrifflich beantworten können. Darüber hinaus muss Schule auf einem zweiten Arbeitsfeld vielfältige Gelegenheiten zur Verfügung stellen, um Jugendliche dabei zu unterstützen ihre sozialen Fähigkeiten auszubilden. Und drittens hat die Schule dabei zu helfen, dass Jugendliche ihre Willenskräfte ausbilden können, um zukünftig innerhalb einer immer komplizierter werdenden Welt ihre eigenen Impulse und Ideale verwirklichen zu können.

Wie könnte Schule das realisieren? Neil Postman (1931–2003) unterbreitete dazu Vorschläge, die es verdienen, bedacht zu werden. Er wies schon Anfang der 1990er Jahre auf die zersetzende Kraft der technikgeprägten Kultur hin. Das hat sich seitdem deutlich verstärkt, wie ein kurzer Blick in die Überfülle der Informationen im Internet und anderen Informationsmedien zeigt. Diese Informationsmasse besitzt keinen inneren Zusammenhang. Der Mensch ist gezwungen, aus eigener Kraft diese Informationsmenge in einen Gesamtzusammenhang zu bringen. Er muss „Wesentliches" und „Unwesentliches" unterscheiden können; er muss aktiv Informationen suchen und sie zu einem Zusammenhang umschmelzen können und sich dadurch „Wissen" bilden. Wenn der Mensch diese Anstrengung nicht selbst vollzieht, dann machen das die Maschinen für ihn, so wie Google es bereits tut, indem es die Suchergebnisse auch nach den berechneten Vorlieben des Suchers in ihrer Relevanz ordnet.

Eine zentrale Aufgabe der Schule besteht also darin, dass sie den Kindern und Jugendlichen zeigt, wie sie Zusammenhänge finden können. Neil Postman weist auf diese Aufgabe der Schule deutlich hin, indem er sagt, dass vielleicht

> „der wichtigste Beitrag, den die Schulen zur Bildung junger Menschen leisten können [darin besteht, EH], daß sie ihnen ein Gefühl für die Kohärenz in ihren Studien vermitteln, ein Gefühl dafür, daß das, was sie lernen, Zweck, Sinn und Zusammenhalt hat. Die moderne Erziehung scheitert nicht deshalb, weil sie nicht lehrt, wer Ginger Rogers, Norman Mailer und 1000 andere Leute waren, sondern weil sie kein moralisches, soziales oder intellektuelles Zentrum besitzt. Sie verfügt nicht über einen Komplex von Ideen oder Einstellungen, der alle Teile des Curriculums durchdringt. Das Curriculum von heute ist im Grunde genommen überhaupt kein Studien-‚Gang', sondern nur ein sinnloses Durcheinander von Fächern oder Themen. Es entwickelt nicht einmal eine klare Vision davon, was einen gebildeten Menschen ausmacht

[…]. Es spricht jedenfalls vieles dafür – und vor allem in unserer heutigen Situation –, den Aufstieg der Menschheit gleichsam zum Gerüst für ein neues Curriculum zu machen" (Postman 1992: 198ff.).

Postman schlägt also vor, jedes Fach als Geschichte zu lehren. Er empfiehlt ein Curriculum, „in dem alle Fächer als Stufen der historischen Entwicklung der Menschheit dargestellt werden, in dem die Philosophien von Wissenschaft, Geschichte, Sprache, Technik und Religion gelehrt werden; in dem den klassischen Ausdrucksformen der Kunst ein bevorzugter Platz eingeräumt wird" (Postman 1992: 212).

Indem der Mensch und seine geschichtliche Entwicklung als gemeinsamer Bezugspunkt aller Fächer gesetzt werden, kann man dem gesamten Unterricht der Schule ein intellektuelles Zentrum zu geben. Der Gedanke Postmans findet sich in einer etwas anderen Form auch bei dem Gründer der Waldorfpädagogik. Rudolf Steiner (1861–1925) riet den ersten Lehrern in einem der Vorträge, die der Schulgründung vorausgingen:

> „Darauf werden Sie allerdings auch bedacht sein müssen, daß Sie dem Kinde etwas mitgeben müssen, was doch wieder für das ganze Leben bleibt. – Sie werden ihm nicht über die Einzelheiten des Lebens tote Begriffe geben dürfen, die nicht bleiben dürfen; Sie werden ihm lebendige Begriffe über die Einzelheiten des Lebens und der Welt geben müssen, die sich mit ihm selber organisch entwickeln. Aber Sie werden alles auf den Menschen beziehen müssen. Zuletzt wird alles in der Auffassung des Kindes zusammenströmen müssen in der Idee vom Menschen. Diese Idee vom Menschen darf bleiben. Alles, was Sie dem Kinde mitgeben, wenn Sie ihm eine Fabel erzählen und sie anwenden auf den Menschen, wenn Sie in der Naturgeschichte Tintenfisch und Maus auf den Menschen beziehen, wenn Sie beim Morsetelegraph ein Gefühl erregen von dem Wunder, das sich durch die Erdleitung vollzieht – alles das sind Dinge, welche die ganze Welt in ihren Einzelheiten verbinden mit dem Menschen. Das ist etwas, was bleiben kann. Aber man baut den Begriff vom Menschen ja erst allmählich auf, man kann dem Kinde nicht einen fertigen Begriff vom Menschen beibringen. Hat man ihn aber aufgebaut, dann darf er bleiben. Es ist sogar das Schönste, was man dem Kinde von der Schule ins spätere Leben mitgeben kann, die Idee, die möglichst vielseitige, möglichst viel enthaltende Idee vom Menschen" (Steiner 1992, GA 293: 141).

In einer Zeit, in der aus dem Silicon Valley zugleich mit den Technologien, welche die Welt überschwemmen, auch transhumanistische Glaubensüberzeugungen propagiert werden, die Menschen als minderwertige Maschinen ansehen, welche von den zukünftigen Geräten im evolutiven Verlauf abgelöst werden, sind solche Überlegungen, wie sie Postman und Steiner geäußert haben, sehr bedenkenswert. Die heranwachsende Generation muss erfahren dürfen, was die vergangenen Wurzeln ihrer Gegenwart sind. Sie bedarf eines in soliden Kenntnissen ruhenden Urteilsvermögens, um pseudoreligiöse Opfermythen, wie sie der Trans- und Posthumanismus darstellen, einschätzen zu können. Und vor allem: Sie benötigt Gesichtspunkte, um von sich selbst als Mensch einen Begriff entwickeln zu können, mit dem sie ihre Grundfrage „Wer bin ich als Mensch?" zu beantworten vermögen.

## 9.2 Ehrfurcht vor dem menschlichen Sein

Seine Überlegungen zur Schule präzisierte Postman an anderer Stelle, indem er vorschlug, die Bedeutug der Schulfächer neu anzuordnen, „sodaß [..] Archäologie, Anthropologie und Astronomie zu Hauptfächern werden" (Postman 1995: 133).

Auf die Frage „Warum Archäologie?" entgegnet er:

> „Wenn wir uns als Lehrziel ein zunehmendes Bewusstsein von der Kostbarkeit unserer Erde als unserer Heimat sowohl in der Vergangenheit als auch in der Zukunft vorstellen, dann kann kein Fach besser dienen als die Archäologie. [...] Ich will damit sagen, dass wir, wenn wir die alten Sumerer, Babylonier, Ägypter oder Chinesen studieren, nicht nur Kulturen kennenlernen, sondern Menschen. Sie lebten auf dieser Erde, klagten, trauerten, freuten sich, betrogen einander, schimpfen ihre Kinder aus, fielen in Schlachten, schrieben Gedichte und taten viele andere Dinge, die Leute heutzutage [...] auch tun. [...] sie wussten etwas von der Erde und wie man sie hütet und was geschieht, wenn man sie mit Gleichgültigkeit behandelt. Dies also wäre eines der besten Fächer, wenn man den Jugendlichen die Bedeutung der Erde nahe bringen will" (ebd.: 136f.).

Durch die Beschäftigung mit der Vergangenheit der Menschheit erhoffte sich Postman, dass in den Schülern ein Bewusstsein für die Erde und die Kontinuität der menschlichen Existenz erwacht.

Warum ist nach Postmans Ansicht Anthropologie so wichtig für die Schüler?

> „Die Anthropologie ist ein Fach von globalen Dimensionen, und wenn man die Schüler schon früh darin unterrichtet und diesen Unterricht ihre ganze Schullaufbahn hindurch fortführt, wird man ihnen ein Gefühl der ganzen

ehrfurchtgebietenden Spannweite menschlicher Existenz auf dem Planeten vermitteln – zusammen mit einem Gespür für das, was allen Menschen gemein ist" (ebd.: 140).

Man weiß nicht, ob Neil Postman sich von Goethe hat inspirieren lassen. Aber seine Vorschläge weisen eine starke Parallele zu dem Goetheschen Gedanken auf, den dieser in der im „Wilhelm Meister" geschilderten pädagogischen Provinz beschreibt (Goethe 1988: 149ff.). Wilhelm Meister begegnet in dieser Provinz Schülern verschiedener Stufen, die ihre Lehrer mit unterschiedlichen Gesten grüßen, wobei einige zum Himmel blicken, andere zur Erde und eine dritte Gruppe sich zusammenstellt und mutig geradeaus schaut. Auf die Frage Wilhelm Meisters, was diese Grußformen bedeuten, wird ihm geantwortet, dass diese Gesten auf drei Aspekte der Ehrfurcht hinweisen. Zum einen auf die Ehrfurcht vor dem, was über uns ist und zum anderen auf diejenige vor dem, was unter uns ist. Die dritte Geste soll in den Schülern das Bewusstsein wecken, dass man nur gemeinsam mit anderen Menschen etwas auf der Erde erreichen kann – was rassistischen Gedanken jeglichen Boden entzieht.

Von diesem Gesichtspunkt aus, kann man ebenfalls verstehen, warum Postman die Astronomie als das dritte wichtige Fach ansieht:

> „Was aber das Gefühl der Ehrfurcht angeht, gibt es nichts mit der Astronomie Vergleichbares. [...] Die Astronomie ist natürlich ein Fach, das unsere Erde am explizitesten als Raumschiff darstellt, und ihr Studium wirft grundlegende Fragen über uns und unsere Mission auf. [...] Was wir natürlich nicht wissen, ist wozu wir hier sind. Das ist eine Frage, welche die Astronomie geradezu provoziert – sie lehnt es aber zugleich ab, sich mit ihr zu befassen. Die meisten Astronomen sind sich wahrscheinlich einig, daß es keinen Sinn hat, diese Frage auch nur zu stellen. [...] Aber die meisten Astronomen werden sich einig sein, daß wir, da wir hier sind und wissen, daß wir hier sind, unserem Planeten gegenüber Verantwortung tragen. Sie werden sich darüber einig sein, daß menschliche Gier, Ignoranz und Gleichgültigkeit eine größere Bedrohung des Planeten sind als Kometen. Astronomie ist daher ein Schlüsselfach, wenn wir in unseren Kindern ein Gefühl der Ehrfurcht, der Verantwortung, der Verpflichtung schaffen wollen" (Postman 1995: 141).

Für die mit dem Beginn der Pubertät im Jugendlichen auftretende Lebensfrage „Wer bin ich?" gäbe ein solches Curriculum sehr viele Anregungen und Hilfen, sich diese Lebensfrage selbst zufriedenstellend und gründlich zu beantworten. Zugleich werden den Jugendlichen auch Gesichtspunkte vermittelt, die ihnen helfen, ihre Beziehung als Mensch zur Welt und zur ganzen Menschheit zu verstehen.

## 9.3 Menschliche Begegnungen vertiefen

Auf einer internationalen Lehrertagung erzählte einmal ein Afrikaner von seiner Arbeit in einem südafrikanischen Township. Mit anderen zusammen hatte er gerade eine Schule neu gegründet. Er war Lehrer, hatte eine Klasse – aber kein Schulhaus. Der gesamte Unterricht fand daher in einer nach außen offenen Garage statt. Alle Passanten konnten von der Straße aus miterleben, was er und seine Kinder gerade zusammen machten. Am Ende seines Unterrichts erzählte er den Kindern immer eine Geschichte. Das sprach sich im Township bald herum. So kam es, dass sich gegen Ende seines Unterrichts vor der offenen Garage viele Menschen einfanden, um ebenfalls der Erzählung des Lehrers zu lauschen.

Das ist mit Sicherheit keine alltägliche Schulszene, aber sie macht darauf aufmerksam, was Schule im Kern wirklich ist: Schule – das sind die Menschen, die zu einer bestimmten Zeit zusammentreffen und gemeinsam arbeiten und lernen. Schule, das ist eine Menschengemeinschaft, die sich täglich zusammenfindet. Das Schulhaus, die Tische und Bänke, die Tafel oder das Whiteboard, die organisatorischen Rahmenbedingungen usw. sind nur äußere Voraussetzungen dafür, dass diese Menschengemeinschaft zusammenarbeiten kann. Das Schulgebäude mit seinem ganzen Inventar ist letztendlich nichts anderes als eine Art Hülle, die dafür sorgt, dass man beim Lernen nicht friert, nicht nass wird und ungestört arbeiten kann. Das Schulhaus ist nichts anderes als ein Arbeits-Werkzeug der Menschengemeinschaft, die sich an diesem Ort trifft.

Schule im eigentlichen Sinn ist die Menschengemeinschaft, die einen gemeinsamen Lernweg geht. Schule kann man nur durch das beschreiben, was sich zwischen den Menschen abspielt – das ist das Wesentliche. Lebt in der Schule ein gegenseitiges Verständnis? Haben die Lehrer ein wirkliches Interesse an der Entwicklung ihrer Schüler? Können Lehrer und Schüler gemeinsam ein echtes Interesse an den Wissensgebieten entwickeln, die sie bearbeiten? Ist das, was die Schüler sich erarbeiten, anspruchsvoll und bringt es sie weiter? Können die Eltern ein Vertrauen in die pädagogischen Fähigkeiten der Lehrer entwickeln? Lebt ein Verantwortungsgefühl innerhalb der Lehrerschaft für die ihnen anvertrauten Kinder?

Kurz formuliert: Lebt in der Menschengemeinschaft „Schule" eine Atmosphäre des gegenseitigen Interesses und der Achtung vor dem anderen Menschen?[4]

So wie es bei den behandelten Unterrichtsinhalten darauf ankommt, dass sie viel mehr als bisher einen inneren Zusammenhang aufzeigen, um ein Gegengewicht zu der zersplitterten Informationswelt aufzubauen, welche die Medienwelt vermittelt, so kommt es in einer zweiten Hinsicht darauf an, besonderen Wert auf die sozialen Prozesse zu legen, die in der Schule stattfinden. Die virtuellen Ver-

---

4  Vgl. auch: Hübner 2001: 199ff.

bindungen über soziale Netzwerke müssen in besonders gut ausgebildete soziale Fähigkeiten eingebettet sein. Dann können die sozialen Netzwerke die Beziehungen zwischen den Menschen verstärken. Fehlt diese Einbettung, dann steht der Mensch immer in der Gefahr, dass ihm die sozialen Fähigkeiten verloren gehen. Denn reale sprachliche Kommunikation ist in eine Vielzahl von nonverbalen Mitteilungen eingebettet, die sich durch Gesten, Mimik usw. mitteilen. In der Kommunikation über soziale Netzwerke fallen diese nonverbalen Aspekte des Gesprächs weitgehend weg. Sie müssen daher durch innere Vorstellungskraft hinzugedacht und hinzugefühlt werden. Das ist aber nur möglich, wenn man innerlich über ein reiches Erinnerungsreservoir an realen menschlichen Begegnungen verfügt. Man muss in besonderem Maße soziale Fähigkeiten ausgebildet haben, um soziale Netzwerke sinnvoll nutzen zu können.

Wenn Schule in dieser Hinsicht einen Ausgleich bieten will, muss sie darauf achten, dass die Organisation ihren Tagesablauf, die Verteilung der Lehrerinnen und Lehrer auf Klassen usw. das Entstehen von vertrauensvollen Beziehungen nicht hemmt, sondern begünstigt. Das setzt voraus, dass man in den Klassen nicht dauernd die Unterrichtenden wechselt, sondern darauf achtet, dass ein Klassenkollegium möglichst lange mit der jeweiligen Schülergruppe arbeiten kann. Erfahrungsgemäß braucht es fast ein ganzes Schuljahr, bis sich zwischen einem Lehrer und einer Klasse ein tieferes Vertrauensverhältnis bildet. Gerade in einer Zeit, in der Sozialkontakte die Tendenz haben, zunehmend oberflächlich zu werden, ist es daher wichtig, dass die Schule besonderen Wert auf die Pflege sozialer Beziehungen legt, die sich auch in Krisensituationen als tragfähig erweisen.

## 9.4 Selbstgründung der Lehrerpersönlichkeit

Jeder Mensch besitzt eine schöpferische Potenz, durch die er seine Umgebung umgestalten kann. Die technische Welt hat in dieser Fähigkeit ihren Ursprung. Der Mensch kann diese umgestaltende Schöpfungspotenz auch auf sich selbst wenden. Das geschieht bei allem Lernen und vor allem in der Selbsterziehung. Durch die auf sich selbst gerichtete Schöpfungspotenzialität schafft das Individuum seine eigene Erscheinungsform – die Persönlichkeit; und im Schaffen der eigenen Erscheinungsform verändert sich das Individuum selbst, in dem es sich dadurch neue Fähigkeiten erwirbt. Das Individuum schafft sich selbst, es begründet sich selbst. Das setzt ein inneres Ideal voraus, wohin man sich entwickeln will.

Die Selbstbegründung kann unmittelbar nur innerhalb des Individuums selbst erfahren werden. Für andere Menschen wird sie nur mittelbar in der Erscheinung und dem Auftreten dieser Persönlichkeit sichtbar.

Die Fähigkeit zur Selbstgründung kann man nicht lehren. Kinder müssen diese Fähigkeit alleine finden. Dazu ist ihnen eine große Hilfe, wenn sie Erzieher und

Lehrer erleben können, die ihnen diese Selbstgründung beispielhaft vorleben. Kinder und Jugendliche brauchen Erzieher und Lehrer, die ihnen vorleben, wie man sich selbst erzieht und im Laufe des Lebens verändert. Heranwachsende brauchen Menschen, die ihnen vorleben, wie man lebenslang und bis ins hohe Alter hinein sich weiterentwickelt, wie man einem Ideal ein Leben lang folgen kann.

Für Pädagogen ist daher, von der Sache her gesehen, die Fähigkeit zur Selbsterziehung ein Teil ihrer beruflichen Qualifikation. Kinder brauchen Lehrerpersönlichkeiten, die Wert darauf legen, selbst Ideale zu pflegen, beispielsweise indem sie für alle Kinder ein herzliches Interesse haben und ihnen damit zugleich nonverbal sagen: Du bist wichtig!

Die primäre Sorge der Schulen muss also dahin gehen, dass sie in gut ausgebildete Lehrer investieren und nicht in informationstechnische Ausrüstungen. Wenn man viel Geld investiert, um die Schule mit neuesten Computertechnologien auszustatten, dann investiert man nur in die Rahmenbedingungen – in die „Hülle" der Schule – und nicht in die Schule selbst. Auch kann es sein – und das ist eine mögliche Gefahr –, dass durch die Ausstattung mit Computertechnologien und deren unreflektierten Einsatz die Menschen voneinander isoliert werden, weil sich die Geräte zwischen sie stellen und die unmittelbaren Begegnungen erschweren.

Wenn dann gar Vorstellungen auftauchen, wie diejenigen des Literaturwissenschaftlers Fritz Breithaupt, der sich durch verbesserte Erfassung und Bearbeitung großer Datenmengen die Möglichkeit verspricht, dass in der nächsten Zukunft jedes Kind vom Kindergarten an von „der Stimme des Computers [...] durchs Leben" begleitet wird, der den zu „bewältigende[n] Stoff vollkommen auf den Einzelnen" zuschneidet, dann wird Schule im Kern zerstört, die Kinder werden vereinzelt und von einer Maschine „belehrt". Wenn Breithaupt darüber hinaus behauptet: „Selbst der beste Klassenlehrer, Sprachtutor oder Coach, gesegnet mit Empathie, pädagogischem Eros und Interesse an seinem Schüler, wird nicht so individuell fördern können wie der Computer" (Breithaupt 2016), dann beweist er, dass er vom Wesen der Schule keine Ahnung hat. Das Wesentliche der Schule sind die menschlichen Gemeinschaften und nicht die Geräte.

## 10. Technische Lebenswelt

Die digitalen Technologien verändern das Leben aller Menschen radikal und geben ihrem Leben mehr und mehr ein technisches Gepräge. Schule muss aus diesem Grund das Humane bewusst ins Zentrum setzen, als ausgleichendes Gewicht. Die Menschheit steht durch ihre selbst geschaffenen Geräte vor immensen Herausforderungen und Versuchungen. Sie ist aufgefordert, im gleichen Maße, wie sie ihre Geräte leistungsfähiger macht, die eigenen seelisch-geistigen Kräfte so zu stärken, dass sie dem, was ihre immer fortwährend besser werdenden Geräte von ihnen abfordern, auch standhalten können.

Die Geräte unseres Alltags erwecken den Anschein, dass sie bloß unsere Werkzeuge seien, die wir nach Belieben nutzen oder nicht nutzen können. Für unser Verhältnis zum einzelnen Gerät mag das durchaus zutreffen, für die Gesamtheit allerdings nicht, denn diese sind zu unserer Lebenswelt geworden. In früheren Jahrhunderten lebten Menschen durchaus noch in der Natur, war Natur die Grundlage des menschlichen Lebens. Je mehr Technik in den Lebensalltag eindrang, desto mehr koppelte sich das menschliche Leben von der Natur los. Heute ist die technische Welt die Basis des menschlichen Lebens. Die sich immer mehr digitalisierenden und zum Internet der Dinge zusammenschließenden Geräte liegen heute unterhalb des menschlichen Lebens und damit auch unterhalb der jugendlichen Lebenswelten. Digitale Technologien sind die Grundlage, auf der sich ein großer Teil des Lebens der Jugend abspielt. Deshalb sind die Probleme, welche die technische Umgebung für das gesunde jugendliche Aufwachsen bringen kann, für alle Jugendlichen vorhanden. Die Informationstechnologien sind ein großer Gleichmacher, weil sie zur Lebensbasis aller Menschen geworden sind.

Auf dieser Basis wiederum entwickeln sich wieder die verschiedenen Jugendwelten, denn die Jugendlichen gehen mit den Gegebenheiten verschieden um. Und hier differenziert sich wieder die Jugend in verschiedene Kulturen. Denn wie mit der technologischen Lebensbasis umgegangen wird, das hängt von dem jeweiligen Individuum ab.

Schule hat die Aufgabe, den Jugendlichen verschiedener Lebenswelten einerseits zu zeigen, wie sie sich sinnvoll im Netz bewegen und zudem sich selbst zeitlich Grenzen setzen können. Schule muss auf der anderen Seite den Heranwachsenden den Zugang zur realen Welt eröffnen, indem sie vielfältige Erfahrungsräume des Realen eröffnet. Auf diese Weise kann sie den Jugendlichen eine Hilfe geben, um später als Erwachsene selbstbestimmt und kompetent im Leben zu stehen. Dazu muss sie sich allerdings auch von pädagogikfremden Einflüssen – vor allem von der IT-Industrie – befreien (Lankau 2017) und sich in ihrer ganzen Organisation, in ihrem Curriculum und in der inneren Haltung der Pädagogen am Menschen orientieren. Nicht die Geräte sind das Wesentliche der Schule, sondern die Menschen!

# Literatur

Albert, Mathias/Hurrelmann, Klaus/Quenzel, Gudrun (2015): Jugend 2015. Eine pragmatische Generation im Aufbruch. 17. Shell Jugendstudie, hrsg. v. Shell Deutschland Holding Frankfurt am Main: S. Fischer Verlag.

Breithaupt, Fritz (2016): Ein Lehrer für mich allein. In: Die Zeit v. 11.02.2016. http://www.zeit.de/2016/05/schule-computer-lernen-unterricht-digitalisierung, Zugriff 21.01.2020.

Bronner, Stefan/Weiss, Anne (2008): Generation Doof. Wie blöd sind wir eigentlich? Bergisch Gladbach: Bastei Lübbe.

Calmbach, Marc/Borgstedt, Silke et al. (2016): Wie ticken Jugendliche 2016? Lebenswelten von Jugendlichen im Alter von 14 bis 17 Jahren in Deutschland. Wiesbaden: Springer.

Campe, Robert (2017): What's App, Mama? Warum wir Teenies den ganzen Tag online sind – und warum das okay ist! Hamburg: Eden Books.

Dilthey, Wilhelm (1875/1990): Über das Studium der Geschichte der Wissenschaften vom Menschen, der Gesellschaft und dem Staat. In: Die geistige Welt. Einleitung in die Philosophie des Lebens. Erste Hälfte: Abhandlungen zur Grundlegung der Geisteswissenschaften. Gesammelte Werke Bd. 5. Stuttgart: Teubner Verlagsges., Göttingen: Vandenhoeck und Ruprecht, S. 37.

Faltermaier, Toni/Mayring, Philipp/Saup, Winfried/Strehmel, Petra (2014): Entwicklungspsychologie des Erwachsenenalters. Stuttgart: Kohlhammer.

Fendt, Helmut (2005): Entwicklungspsychologie des Jugendalters. Wiesbaden: VS Verlag für Sozialwissenschaften.

Ferchhoff, Wilfried (2011): Jugend und Jugendkulturen im 21. Jahrhundert. Lebensformen und Lebensstile. Wiesbaden: VS Verlag für Sozialwissenschaften.

Goethe, Johann Wolfgang von (1988): Werke. Hamburger Ausgabe, Bd. 8. Wilhelm Meisters Wanderjahre. II. Buch, Kap. 1-2. München: dtv, S. 149ff.

Hübner, Edwin (2001): Mit Computern leben. Kinder erziehen. Zukunft gestalten. Stuttgart: Mayer.

Hübner, Edwin (2015): Medien und Pädagogik. Gesichtspunkte zum Verständnis der Medien, Grundlagen einer anthroposophisch-anthropologischen Medienpädagogik. Stuttgart: edition waldorf.

Kohnstamm, Dolph (2004): Und plötzlich wurde mir klar: Ich bin ich! Die Entdeckung des Selbst im Kindesalter. Bern, Göttingen u. a.: Hans Huber.

Konrath, Sara H./O'Brien, Edward H./Hsing, Courtney (2011): Changes in Dispositional Empathy in American College Students Over Time. A Meta-Analysis. In: Personality and Social Psychology Review 15(2), S. 180–198. http://citeseerx.ist.psu.edu/viewdoc/download?doi=10.1.1.723.1682&rep=rep1&type=pdf, Zugriff 21.01.2020.

Lankau, Ralf (2016): Demaskierung des Digitalen durch ihre Propheten. http://futur-iii.de/wp-content/uploads/sites/6/2016/02/demaskierung_des_digitalen_pub2.pdf, Zugriff 21.01.2020.

Lankau, Ralf (2017): Kein Mensch lernt digital. Über den sinnvollen Einsatz neuer Medien im Unterricht. Weinheim, Basel: Beltz.

Lukianoff, Greg/Haidt, Jonathan (2015): The Coddling of the American Mind. In: The Atlantic 09/2015 https://www.theatlantic.com/magazine/archive/2015/09/the-coddling-of-the-american-mind/399356/, Zugriff 21.01.2020.

Markowetz, Alexander (2015): Digitaler Burnout. Warum unsere permanente Smartphone-Nutzung gefährlich ist. München: Droemer Knaur.
Nast, Michael (2016): Generation Beziehungsunfähig. Hamburg: Edel Books.
Neukirch, Benjamin (2016): Ich und kein Handy. Von einem, der auszog, die Welt zu erfahren. Basel, Zürich, Roßdorf: Synergia.
Palfrey, John/Gasser, Urs (2008): Generation Internet. Die Digital Natives: Wie sie leben. Was sie denken. Wie sie arbeiten. München: Carl Hanser Verlag.
Postman, Neil (1992): Das Technopol. Die Macht der Technologien und die Entmündigung der Gesellschaft. Frankfurt am Main: S. Fischer.
Postman, Neil (1995): Keine Götter mehr. Das Ende der Erziehung. Berlin: Berlin Verlag.
Schelsky, Helmut (1957): Die skeptische Generation. Eine Soziologie der deutschen Jugend. Düsseldorf/Köln: Eugen Diederichs Verlag.
Steiner, Rudolf (1992): Allgemeine Menschenkunde als Grundlage der Pädagogik. GA 293. Dornach: Rudolf Steiner Verlag.
Strauch, Barbara (2003): Warum sie so seltsam sind. Gehirnentwicklung bei Teenagern. Berlin: Berlin Verlag.
Turkle, Sherry (2012): Verloren unter 100 Freunden. Wie wir in der digitalen Welt seelisch verkümmern. München: Riemann.
Twenge, Jean M. (2017): iGen. Why Today's Super-Connected Kids Are Growing Up Less Rebellious, More Tolerant, Less Happy – and Completely Unprepared for Adulthood – and What That Means for the Rest of Us. New York: Atria Book.
Twenge Jean M. (2017b): Have Smartphones Destroyed a Generation? In: The Atlantic 09/2017 https://www.theatlantic.com/magazine/archive/2017/09/has-the-smartphone-destroyed-a-generation/534198/, Zugriff 21.01.2020.
Ward, Adrian F./Duke, Kristen/Gneezy, Ayelet/Bos, Maarten W. (2017): Brain Drain: The Mere Presence of One's Own Smartphone Reduces Available Cognitive Capacity. In: Journal of the Association for Consumer Research, Vol. 2, Nr. 2, 03. April 2017. https://www.journals.uchicago.edu/doi/10.1086/691462, Zugriff 21.01.2020.

# Didaktische Perspektiven

Die Beiträge des zweiten Teils des Sammelbandes plädierten dafür, dass im digitalen Zeitalter das alltägliche Leben in der Schule qualitative Gegengewichte ausbilden muss, die Deformation und Einseitigkeiten des Weltverhältnisses ausgleichen helfen. In allen Beiträgen wurde deutlich, dass es um *qualitative* Aspekte des Schullebens geht, wenn man sich der Frage nach Resonanz und Lebensqualität nähern will. Pädagogen müssen sich selbst „resonanzfähig" machen, damit intensive menschlich-pädagogische Begegnungen möglich werden. Digitale Geräte anzuschaffen, kann durchaus sinnvoll sein, aber nur wenn sie in einen übergreifenden qualitativen Zusammenhang eingebettet sind. Die zwischenmenschlichen Resonanzen sind die Voraussetzung dafür, dass Kinder und Jugendliche auch eine Beziehung zu den jeweiligen Lerngegenständen entwickeln können, dass sie zu ihnen in Resonanz kommen können. Dies wird exemplarisch in den drei letzten Beiträgen des Bandes aufgezeigt.

**Michael Toepell** fragt nach den Perspektiven einer kindgerecht mathematischen Bildung. Dazu sieht er eine Methodik als notwendig an, die es den Kindern erlaubt „eine tragfähige gefühlsbetonte Beziehung zum Wesen der Zahlen zu entwickeln" (S. 375). Es geht ihm darum, eine „Resonanzpädagogik" zu entwickeln, die Momente des „Mitschwingens, der Beziehungsbildung" (S. 375) ermöglichen. Eine Verknüpfung der Arithmetik mit der Geometrie beispielsweise eröffnet Zugänge zu einem solchen Erleben der Mathematik; dazu kommt noch, dass man zunächst auf ein streng definierendes Vorgehen verzichtet zugunsten einer charakterisierenden Hinführung und erst später in der Sekundarstufe dieses erlebte Verständnis zu einer exakten Definition verdichtet. Toepell verdeutlicht vor allem sehr ausführlich, dass es bei der mathematischen Bildung nicht nur um das Mathematikverständnis geht, sondern auch um andere Dinge, wie beispielsweise die Entwicklung der Freude am Denken, der dadurch erlebten Selbstsicherheit, der Gedächtnisbildung, ja sogar der subtilen Wertebildung. An einer Reihe von Beispielen zeigt Toepell, wie Kinder sich nicht nur kognitiv, sondern auch emotional und volitional in der Beschäftigung mit mathematischen Fragen und Zusammenhängen stärken und entwickeln können.

**Anna-Maria Schirmer** blickt auf den Beitrag, den Kunstpädagogik zu einer welthaltigen Erkenntnis geben kann. Das Leben in einer digitalisierten Welt treibt Mensch und Welt auseinander: statt einer Resonanzbeziehung vollzieht sich eine Distanzierungsbewegung. Es bedarf im pädagogischen Raum eines Gegengewichts, gewissermaßen einer „Widerstandsbewegung". Kunst sucht das Widerständige, das im Digitalen verloren geht, wie Byun Chul Han sagte: „Vom Digitalen geht kein materieller Widerstand aus, den man vermittels Arbeit zu überwinden hätte" (Han 2013: 47). Das gegenwärtige Bestreben der Kunst ist trotz aller Vielfältigkeit ihrer Erscheinungsformen durch ein gemeinsames Merkmal geprägt: Kunst ist der „Aufruf zur Neuorientierung des Wahrnehmens und Denkens" (S. 410) und damit auch der Beziehung zur Welt. An mehreren Beispielen, auch an konkreten Projekten mit Klassen, zeigt Schirmer Wege auf, wie Jugendliche sich im Gegenüber, beispielsweise einem Baum, finden und über mehrere Unterrichtsstunden hinweg sich mit ihm wahrnehmend und künstlerisch gestaltend befassen. Die Auseinandersetzung mit dem Materiellen kann „uns dann für die prinzipielle Verwandtschaft zwischen uns und den Dingen wachmachen" (S. 418). Durch das ruhige Verweilen an und mit den Weltdingen, am widerständigen Materiellen findet der Mensch die klare Form von sich selbst und der Welt (S. 419).

Der letzte Beitrag des Bandes schließt ihn mit einer vor allem rückblickenden Betrachtung ab. **Florian Theilmann** geht der Frage nach, wie sich in den Physiklehrplänen seit 1952 das jeweilige Wissenschaftsbild und die Bildungsvisionen artikulierten. Welche Leitbilder schwebten dem naturwissenschaftlichen Unterricht vor und wie veränderten sie sich? Theilmann beginnt seine Ausführungen mit einer Betrachtung zur Tugend, wie sie bereits in Platons Menon-Dialog sowie bei Aristoteles diskutiert wurden, und verweist darauf, wie in der jüngeren Gegenwart an diese Vorbilder von einigen Pädagogen, u. a. Wagenschein, angeknüpft wurde, sich aber später der Diskurs hin zur Beschreibung von Kompetenzen wandelte. In seiner phänografischen Beschreibung der Bildungspläne von 1952–2016 zeichnet Theilmann sehr detailliert den Wandel der Ansprüche und Erwartungen an die „Naturwissenschaftlichen Lerner" nach. Zur Frage der Tugenden, die unausgesprochen in allen Bildungsplänen zum Vorschein kommen, kommt Theilmann zu dem Ergebnis, dass „die drei Tugenden Ordentlichkeit, Rationalität und Fleiß [...] so etwas wie bildungspolitische Konstanten" seien, aus denen „sich konkrete naturwissenschaftliche Bildungspläne ableiten lassen" (S. 447). Dagegen wird die Rolle des Sinnerlebens, der Bemühungen um eigenständige Klärungsversuche des Verhältnisses von Welt und Mensch nicht weiter entwickelt. Ein konstruktiver Beitrag des naturwissenschaftlichen Unterrichts zur Entwicklung von Lebensqualität im Sinne von Rosas Resonanzkonzept kann so nicht gefunden werden. Allerdings geben jüngere Entwicklungen, die einen explorativen Duktus im naturwissenschaftlichen Unterricht anstreben, Anlass zu Hoffnungen.

## Literatur

Han, Byun Chul (2013): Im Schwarm. Angesichts des Digitalen. Berlin: Matthes & Seitz.

*Michael Toepell*

# Perspektiven einer kindgerechten mathematischen Bildung

## 1. Frühkindliche Entwicklung

Eltern müssen in der Regel nicht davon überzeugt werden, um einzusehen, wie grundlegend die sprachliche Bildung für ihre Kinder ist. Viele sprechen, singen und lesen mit ihnen, lange bevor die Kinder selbst lesen können. Doch wie sieht es mit der mathematischen Bildung aus? Hier sind wir in der frühkindlichen Entwicklung bei weitem nicht so darauf bedacht, Freude und Interesse am mathematischen Denken anzuregen, wie wir das im Bereich der Sprache tun.

Dabei hält die Stanford-Professorin Deborah Stipek (https://dreme.stanford.edu, Zugriff 21.01.2020), Leiterin der dortigen *School of Education*, das mathematische Denken für ebenso wichtig „– if not more – to laying the foundations for educational success" (Anderson 2017). Während die Lesefähigkeit eine unumstrittene Grundlage für das Lernen darstellt, liegt es viel weniger intuitiv nahe, dass auch das mathematisch strukturierte Denken derartig grundlegend ist. Dies wurde erst in einer Reihe von Forschungsprojekten nachgewiesen (s. z. B. Cross 2009; Gasteiger 2012).

Stipek legt großen Wert darauf, dass das frühe mathematische Denken nicht durch ein vorweggenommenes schulisches Lernen, sondern durch ein in den letzten Jahrzehnten immer weniger möglich gewordenes *freies Spielen* angeregt wird. Hierbei haben durchaus ihren Platz das Ordnen und Sortieren, das Nachdenken darüber und Besprechen, das Kategorisieren, ein erstes sinnhaftes Zählen, die Eins-zu-eins-Zuordnung, verschiedene Zahlenaspekte, das Freihandzeichnen von Formen und ein erstes Messen. Doch geschieht dies immer noch recht wenig. Stipek führt das darauf zurück, dass Erzieher und Vorschullehrer dazu neigen, die Mathematik zu meiden:

> „In fact, most of them don't like math; or they don't necessarily see themselves as successful at math" (ebd.).

Ihr grundlegendes Anliegen ist: So wie wir mit Kindern singen, ihnen Geschichten vortragen oder vorlesen, um die Liebe zur Sprache und zum Geschichtenerzählen zu fördern, so müssten wir mathematische Zusammenhänge spielerisch entdecken

– auch um die *Freude am eigenen Denken* zu wecken. Sie hegt die Hoffnung, dass eine kindgerechte mathematische Bildung auch zu der von der Forschung prognostizierten langfristigen Wirkung führt. Schließlich wird der mathematischen Bildung in qualifizierten Berufen ein zunehmend hoher Stellenwert zugeschrieben. 2018 wurde das auf dem World Economic Forum mit Vehemenz aufgegriffen: „It's time to give math reform the same treatment as literacy" (20.11.2018: www.weforum.org/agenda/2018/11/for-the-sake-of-kids-embrace-math, Zugriff: 10.02.2020).

In einer weitgehend digitalisierten Welt, die in Wirtschaft und Technik vielfach mathematisch durchdacht und strukturiert ist, können wir auf eine grundlegende mathematische Bildung nicht mehr verzichten. Nur durch damit anzuregende Resonanzerlebnisse – einer „Anverwandlung von Welt" (Rosa 2017: 24) – ermöglichen wir den künftigen Generationen in der digitalisierten Welt ein tragfähiges Grundvertrauen und eine angemessene Lebensqualität.

## 2. Studien zur „Bürgerkompetenz Rechnen"

Doch wie sieht es generell mit mathematischer Bildung aus? Gegenwärtig zeigt eine auf Deutschland bezogene Untersuchung: Wenn auch das Fach Mathematik durchaus breite Anerkennung genießt, so bereuen doch 28% der Erwachsenen „während der Schulzeit nicht mehr Energie fürs Mathelernen aufgebracht zu haben" (Forsa-Studie 2009).

Einige Jahre später wurden in einer weiteren universitär begleiteten Forsa-Studie der Stiftung Rechnen die mathematischen Fertigkeiten Erwachsener unter der Überschrift „Bürgerkompetenz Rechnen" untersucht. Das Ergebnis zeigt:

> „Beim Umgang mit mathematischen Fragestellungen im Alltag schneiden die Deutschen nicht gut ab. Das im Mathematikunterricht Gelernte können viele im alltäglichen Leben nicht anwenden und damit auch nicht nutzen. Grafiken und Verbraucherinformationen werden nicht verstanden; zu viel Text führt zu Verwirrung oder Verweigerung. Zu vielen Deutschen mangelt es an räumlichem Vorstellungsvermögen und an der Fähigkeit, Plausibilitäten von Ergebnissen einzuschätzen" (Forsa-Studie 2013).

Die entscheidenden Weichenstellungen für die Entwicklung von Wertschätzung und Liebe zu einem Fach werden in der Grundschule gestellt. Erstklässler kommen in der Regel mit Begeisterung und großen Erwartungen in die Schule. Man möchte fragen: Wie weit werden sie vom Mathematikunterricht erfüllt? Kann die zunehmende Schulmüdigkeit in den höheren Klassen nicht nur entwicklungspsychologische, sondern auch methodisch-didaktische Ursachen haben? Welche Formen des Mathematikunterrichts orientieren sich an einer sinnvollen Vernetzung der oft zusammenhanglosen Lehrplaninhalte und an einem kindgemäßen Lernen? Bevor dem im Folgenden nachgegangen wird, ist zu verdeutlichen, was mit „kindgerechter Bildung" gemeint ist.

## 3. Welche Art von Bildung wäre kindgerecht?

Vertieft man die Frage, was zu einem kindgerechten Mathematikunterricht gehört, so zeigt sich, dass es um viel mehr geht als um eine sogenannte kindgerechte Aufbereitung der methodisch-didaktischen Vorgehensweisen, des Materials (man beachte die verdienstvollen Ansätze der Montessoripädagogik) oder der damit verbundenen Erlebnisse und Geschichten (hierauf baut das Projekt „Zauberland" auf).

Es geht nicht nur um die Entwicklung des Denkens, die ja im Mathematikunterricht als vorherrschendes Ziel betrachtet wird, sondern um die Entwicklung des *ganzen Menschen*, also um Denken, Fühlen und Wollen – d. h. sowohl um die kognitive als auch um die emotionale und volitionale Entwicklung. Erst dadurch sind angemessene *Resonanzbeziehungen* möglich. Eine gewisse Annäherung daran bildet in der neueren Mathematikdidaktik die Kritik an den Bloom'schen Taxonomien und die daraus resultierende Öffnung auf die „drei Lernzieldimensionen: fachlich, sozial und persönlich" (Riegler 2018: 1493).

Wie sich zeigt, ist es dafür jedoch nicht ausreichend, durch bunte Comics, bewegte Bilder (Videos, gern auch lernstandsbezogen interaktiv) oder lustweckendes Arbeitsmaterial die Inhalte des Mathematikunterrichts „aufzuhübschen". Kinder lieben mehrheitlich Spaghetti, Pommes und Pizza. Sich daran zu orientieren, wäre nur oberflächlich kindgerecht, trifft aber nicht den Kern der Sache. Ein wirklich kindgerechtes Vorgehen verlangt, in der Sache tiefer zu gehen. Es verlangt ein vertieftes Verständnis der gesamten kindlichen Entwicklung. Das zu berücksichtigen, ist nicht immer der einfachste Weg.

Dabei spielen die institutionellen Rahmenbedingungen eine ungeahnte Rolle. Das in Europa erfolgreichste Land bei den PISA-Vergleichsuntersuchungen, Finnland, unterscheidet sich von Deutschland in einer Vielzahl von veränderlichen Einflussgrößen:

Einschulungsalter, Fremdsprachen, Hausaufgaben, Klassenlehrer, Notengebung, Sitzenbleiben, Nachhilfewesen, Gliederung des Schulsystems, Umgang mit Schwächeren, soziale Homogenisierung, Autonomie von Schulen, Eigenverantwortlichkeit, Bezahlung und Ansehen (Näheres s. Toepell 2012: 187).

Ein großartiger PISA-Erfolg muss zwar nicht unbedingt das Ziel aller Pädagogik sein. Dennoch ist erstaunlich: So gut wie alle Punkte werden in Deutschland in einer pädagogischen Nische beachtet – in der *Waldorfpädagogik*. Doch wird dies in der bildungspolitischen Diskussion kaum gewürdigt. Das 100-jährige Jubiläum der Waldorfpädagogik kann ein Anlass sein, den Blick auf dieses pädagogische „Salz in der Suppe" zu wecken.

Ihr Begründer, Rudolf Steiner, hatte Mathematik und Naturwissenschaften studiert. Gerade in der Waldorfpädagogik wird zuweilen die mathematische Bildung als nicht ausreichend kritisiert. Vermag die Waldorfpädagogik dennoch den Anspruch an eine kindgerechte mathematische Bildung zu erfüllen?

## 4. Grundlagen der Schulmathematik

Die Elementarmathematik beruht auf zwei Bereichen – der Arithmetik und der Geometrie. Sie stellt sich die Aufgabe, deren Strukturen zu untersuchen und zu erschließen. Dabei beruht die Arithmetik auf dem Grundbegriff der *Zahl*, die Geometrie auf dem Grundbegriff der *Form*.

Unterrichtsvorschläge und Lehrpläne beginnen meist mit dem Kardinalzahlbegriff, wie auch den gängigen Schulbüchern entnommen werden kann. Gelegentlich wird aber auch – durchaus nicht ohne Erfolg – vom Ordinalzahlbegriff bzw. dem Zählzahlbegriff ausgegangen. Für Kinder mit besonderem Förderbedarf kann dies sogar eine Erleichterung darstellen (s. Heil 2004). Von welchem Zahlbegriff ausgegangen wird und wie das geschehen sollte, ist dabei nicht unumstritten.

### 4.1 Formenerlebnisse

Das Gleiche gilt für die Erschließung der Welt der *Formen*. Hier orientieren sich die Unterrichtsvorschläge und die Schulbücher zumeist an fertig vorgegebenen Formen, wie sie in unserer Kultur vorkommen und als geometrische Formen betrachtet und anerkannt werden. Das sind traditionell durchwegs Formen der euklidischen Geometrie (Euklid, um 330 v. Chr.). Dabei stehen Parallelen und rechte Winkel im Vordergrund. Sie werden im Rahmen von Quadraten, Rechtecken, Parallelogrammen und Trapezen sowie in entsprechenden raumgeometrischen Körpern (Würfel, Quader, Prismen, Pyramiden) thematisiert. Diese geometrischen Formen haben den Mathematikunterricht seit Jahrhunderten an Schulen und Hochschulen geprägt. Die Entwicklung der Mathematik hat inzwischen zu einer Verallgemeinerung und Öffnung gegenüber traditionellen Strukturen geführt. Im Bereich der Geometrie zeigt sich das etwa an frühkindlichen topologischen und projektiven Differenzierungen, wie sie auch Piaget für die Frühpädagogik entwicklungspsychologisch untersucht und beschrieben hat. Seine Forschungsergebnisse und die seiner Schüler in den Jahrzehnten von 1940 bis 1970 machten klar, dass Kinder noch vor der Struktur der natürlichen Zahlen eine Reihe grundlegender mathematischer

Strukturen erkennen und handhaben lernen. Im Geometrieunterricht der Grundschule, insbesondere in den Schulbüchern, wurden diese neuen Wege bisher nur zögerlich aufgegriffen. Dafür wäre ein neues Verständnis von Geometrie erforderlich, die sich anfangs als metrikfreie Formenkunde (der zumeist an technischem Handeln orientierten Protogeometrie nur entfernt ähnlich) der Messbarkeit weitgehend entzieht.

Eine Vermutung: In einer Kultur, in der Lehrer gehalten sind, *Leistungen* juristisch stichhaltig zu bewerten, entsteht die Tendenz, Inhalte *messbar* zu gestalten. Ergebnisse in Leistungstests sind in der Arithmetik wesentlich leichter messbar und damit – juristisch unangreifbar – nachvollziehbarer zu bewerten als im Bereich der Formenlehre. Die Formenlehre scheint sich der Digitalisierbarkeit geradezu zu entziehen. Sie kommt ohne Zahlen aus. Zahlen erscheinen darin sogar als ein Fremdkörper und gefährden die „Reinheit der Methode", wie der Universalmathematiker David Hilbert (1862–1943) das genannt hat (Toepell 1986: 22–25). Hilbert beruft sich dabei auf Karl von Staudt (1798–1867), der mit seiner „Geometrie der Lage" (1847) erstmals eine projektive Geometrie schuf, die unabhängig von Zahlen, Winkeln und Parallelität (frei von metrischen Hilfsmitteln) ist und damit eine „reine" Formenlehre darstellt.

Der fachlich fremde Zwang zu einer nachvollziehbaren Leistungsbewertung, dem die Lehrpersonen an den Regelschulen ausgesetzt sind, führt in diesem Bereich schnell dazu, die Formenkunde zu metrisieren. Diese Metrisierung kommt zwar in dem Begriff Geometrie deutlich zum Ausdruck, widerspricht aber den mathematisch-psychologischen Gesetzen der kindlichen Entwicklung. Es wäre daher folgerichtig, in den ersten Schuljahren bewusst auf die verbreitete frühe Metrisierung zu verzichten.

Pädagogische Konzeptionen, die unabhängig von staatlicher Bevormundung vorgehen können, haben die Möglichkeit, den Weg hin zur Geometrie entwicklungspsychologisch angemessen (Piaget) durch eine metrikfreie Formenkunde aufzubauen. Hierin ist die seit einem Jahrhundert erfolgreiche Waldorfpädagogik führend, in der dem lebendig-beweglichen Freihandformenzeichnen ein hoher Stellenwert im mathematischen Anfangsunterricht zukommt (s. z. B. Kranich 2015). Dabei ist das Freihandformenzeichnen zugleich multifunktional wirksam. Es besitzt

1. eine propädeutische Funktion im Hinblick auf geometrische Formen und das Schreibenlernen von Buchstaben und Ziffern
2. eine entwicklungspsychologische Funktion im Hinblick auf spätere kognitive Fähigkeiten und kann auch für therapeutische Zwecke eingesetzt werden

3. eine motorische Funktion etwa als geeigneter Ausgleich gegenüber einer Tätigkeit am Computer
4. eine ästhetische Funktion im Hinblick auf das geometrische Empfinden und Formgefühl und ist damit eher erlebnisorientiert als das mechanische Zeichnen mit Hilfsmitteln
5. eine geometrische Funktion, die einer künstlichen Beschränkung der Geometrie auf lineare Formen entgegenwirken kann.

Diese projektiven Ansätze werden in den höheren Klassen zeichnerisch-konstruktiv weiterentwickelt (s. z. B. Fischer 2018).

Beim Lösen von Textaufgaben spielt die mathematische Modellierung von Situationen eine zentrale Rolle. Dabei beruht die Modellierung auf einer Formbildung von Strukturen. In ihrer Habilitationsschrift hat Elsbeth Stern (Stern 1998; insbes. Kap. 3) darauf aufmerksam gemacht, wie sehr die Wissensentwicklung durch den Gebrauch der Modellierung begünstigt werden kann. Die Entwicklung und Relevanz der visuell-räumlich-kognitiven Werkzeuge in Schule, Beruf und Privatleben hat Peter Maier in seiner Dissertation (Maier 1994; insbes. in Kap. 6 u. 7) eingehend untersucht.

## 4.2 Zahlenerlebnisse

Neben der Formenkunde gilt es, in der Grundschulmathematik die Welt der Zahlen angemessen zu erarbeiten. Hier gibt es verschiedenste Zugänge, die nicht nur sachlichen Gründen, sondern zuweilen auch gewissen Moderichtungen unterworfen zu sein scheinen. Ein Rückblick auf die Entwicklung des Mathematikunterrichts in den letzten fünf Jahrzehnten zeigt: In den 1960er Jahren stand die Formalisierung der Mathematik durch die *Mengenlehre* im Vordergrund. Wie kam man darauf? Was war geschehen? Noch Ende des 19. Jahrhunderts betrachtete man die natürlichen Zahlen als eine der Menschheit gegebene Entität. Der angesehene Mathematiker Leopold Kronecker (1823–1891) schrieb:

> „Die ganzen Zahlen stammen vom lieben Gott. Alles andere ist Menschenwerk."

Doch um 1890 gelang es dem Grundlagentheoretiker Georg Cantor, den Begriff der natürlichen Zahl (auch der Begriff Anzahl oder Kardinalzahl ist dafür gebräuchlich) auf eine noch einfachere Struktur, die auf dem Begriff der Menge beruht, zurückzuführen. Dabei besitzt eine Menge eine schlicht erscheinende Struktur:

„Unter einer Menge verstehen wir jede Zusammenfassung von bestimmten wohlunterschiedenen Objecten uns[e]rer Anschauung oder unseres Denkens zu einem Ganzen" (Cantor 1895: 481).

Nur dann, wenn die Objekte wohlunterschieden sind, können sie abzählbar sein. Wenn sich zwei Mengen aufeinander eineindeutig (bijektiv) abbilden lassen, so nennt man beide *gleichmächtig*.

Das Erstaunliche ist nun, dass man damit definieren kann, was man bis dato – noch „empirisch naturgegeben" verankert – als eine natürliche Zahl angesehen hat:

> „Die gemeinsame Eigenschaft aller Mengen, die zu einer gegebenen Menge M gleichmächtig sind, definiert (oder auch: ‚nennt man') die Kardinalzahl |M| der Menge M"

Die Kardinalzahl einer Menge gibt damit die Anzahl ihrer Elemente an, wobei die Definition natürlich unabhängig vom zu definierenden Zahlbegriff sein muss. Anders ausgedrückt: Will man den Begriff „Zahl" definieren, darf dafür das Wort „Zahl" nicht als bekannt vorausgesetzt werden.

Diese Definition „gemeinsame Eigenschaft ..." entstammt einer zunächst nur kognitiv zu erfassenden Metaebene, die sich der Anschaulichkeit weitgehend entzieht. Wie erschließt sich dem Kind dennoch ein angemessener Zugang?

Versucht man, diesen Begriff, „die gemeinsame Eigenschaft aller dieser Mengen" innerlich anschaulich oder lebendig werden zu lassen, kann man erahnen, warum manche Kinder mit dem Zahlbegriff so große Verständnisschwierigkeiten haben – auch wenn er keinesfalls in der Grundschule so abstrakt definiert wird. Es geht daher eher darum, eine tragfähige gefühlsbetonte Beziehung zum Wesen der Zahlen zu entwickeln.

Hier setzt die *Resonanzpädagogik* an mit ihrem Ziel, im Unterricht Momente des Mitschwingens, der Beziehungsbildung, der Motivation durch Resonanzbeziehungen lebendig werden zu lassen (Rosa 2016). Im Gegensatz zum Kompetenzerwerb, der Aneignung von Wissen und Fähigkeiten, beruht das Resonanzerleben auf einem prozesshaften In-Beziehung-Treten zu einer Sache und erlaubt damit eine andere Sichtweise auf die Dinge. Gerade bei dem kognitiv so schwierig zu erfassenden Zahlbegriff können andere Perspektiven geradezu Wunder wirken und den „gordischen Knoten" lösen helfen. Beim Resonanzerleben fühlt sich der Mensch auf andere Weise mit den Dingen, auch den geistigen Sachverhalten, verbunden – was zu innerer Transformierung führen kann. Auf die Gefühle als die allerwichtigsten Erziehungsmittel weisen wir im Abschnitt „Mathematisches Verstehen" nochmals besonders hin.

Ein weiterer Schritt wäre, auf die algebraische Struktur der natürlichen Zahlen zuzugehen. Sie bilden – mathematisch gesprochen – bezüglich der Addition eine sogenannte Halbgruppe, die durch die Abgeschlossenheit (die Summe zweier natürlicher Zahlen ist wieder eine natürliche Zahl) und die Assoziativität (d. h. (a+b)+c = a+(b+c)) definiert wird. Hinzu kommt die Existenz eines neutralen Elements (die Null) und die Kommutativität (a+b = b+a).

In der Grundschule hat sich die Einführung in die Arithmetik mit Hilfe von Mengen, wie sie vor einem halben Jahrhundert üblich war, als wenig kindgerecht und wenig tragfähig erwiesen. Anstatt zu definieren, lässt sich die Vielfalt des Zahlbegriffs sachgemäßer durch konkrete Erlebnissituationen charakterisieren.

> „Die Kunst der Mathematik besteht ja darin, Zahlen nicht nur als Zählinstrument zu nutzen, sondern die Welt überhaupt quantitativ zu strukturieren" (Stern 2008: 27).

Strukturiert man diese „konkreten Erlebnissituationen", so wird man auf die sogenannten Zahlenaspekte geführt. Auch in den Schulbüchern sind die Zugänge auf die unterschiedlichen Zahlenaspekte hin zugeschnitten. Man unterscheidet dabei: Kardinalzahlaspekt, Ordinalzahlaspekt, Zählzahlaspekt, Maßzahlaspekt, Rechenzahlaspekt (algebraisch, algorithmisch), Operatoraspekt, relationaler Zahlaspekt, Codierungszahlaspekt. Die Zahlenaspekte bilden in ihrer Summe ein Charakterbild der Zahlen und ihrer Beziehungen. Der Charakter von Zahlen erschließt sich aus Resonanzerlebnissen. Die guten Erfahrungen, die mit dem *Charakterisieren* in der Grundschule gemacht werden, legen nahe, das *Definieren* von Begriffen generell erst in der Sekundarstufe zu nutzen.

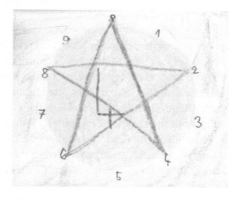

Abb. 1: Zeichnung einer Schülerin. Archiv des Verfassers.

Während noch vor zwei Jahrzehnten Zahlenkunde (Arithmetik) und Formenkunde (Geometrie) völlig unabhängig voneinander in den Grundschulen erarbeitet wurden, werden inzwischen die Beziehungen zwischen beiden Gebieten zunehmend untersucht und genutzt. Obenstehende geometrische Veranschaulichung der Endziffern der Viererreihe stammt von einem Mädchen der zweiten Klasse einer Waldorfschule. Zum Beispiel ist inzwischen auch im sächsischen Grundschullehrplan Mathematik ein eigener Lernbereich für die *Verknüpfung von Arithmetik und Geometrie* vorgesehen. Eine bemerkenswerte neue diesbezügliche Forschungsarbeit weist nach, dass die *Raumvorstellung* indirekten Einfluss auf die *Rechenleistungen* von Grundschülern hat (Graß 2018).

## 5. Auf dem Weg zu einer kindgerechten mathematischen Bildung

In den 1970er Jahren wurden im Rahmen der Ausdifferenzierung curricularer Lehrpläne die *affektiven Lernziele* neu entdeckt (z. B. „Freude am Umgang mit mathematischen Problemen"). In den 1980er Jahren gab es Zielvorgaben in den Lehrplankommissionen, als neue Richtung sowohl den erzieherischen Auftrag als auch das fachübergreifende Lernen zu berücksichtigen. In den 1990er Jahren führten die Ergebnisse der TIMSS- und PISA-Vergleichsstudien zu einem Schock in der deutschen Bildungslandschaft.

Die *Konsequenz* war, das problemlösende Arbeiten zu verstärken, weg von Algorithmen, von der rechnenden Mathematik, hin zu *kompetenzorientiertem* Lernen. Nicht der Inhalt, sondern die zu erwerbenden Fähigkeiten rückten in den Fokus. Im ersten Jahrzehnt des neuen Jahrtausends wurde dann der sogenannte offene Unterricht und mit ihm eine Reihe weiterer Neuerungen propagiert. 2009 zeigte John Hattie nach einer Auswertung von 800 Metaanalysen, die auf über 50.000 Einzelstudien beruhten: Unter allen Stellschrauben sind es die geeigneten *Entwicklungsstufen* sowie das Feedback und die *Förderung* durch die Lehrperson, die den Lernerfolg ausmachen (Hattie 2013). Der sog. offene Unterricht besitzt zum Beispiel keinen positiven Effekt, schadet aber auch nicht.

Die Vergleichsstudien verstärkten in der Bildungslandschaft die *Outputorientierung*. Nur noch sekundär erscheint daneben die Frage: Welche *Art* des Zugangs zur Mathematik ist für den heranwachsenden Menschen eigentlich angemessen? – Eine Frage, die vor allem in den ersten Schuljahren durchaus ihre Berechtigung hat. Häufig wird beim Stellen dieser Frage allein an die lernpsychologische Ebene gedacht: Können Kinder das schon „verstehen"? Und mit welchen Mitteln (Arbeitsmitteln, methodischen Tricks) könnte man ihnen das verständlich machen? Angemessenheit geht allerdings weiter und tiefer.

Wenn die natürliche Begeisterung von Kindern für das Lernen – auch für die Mathematik – in den ersten vier Schuljahren *rapide abnimmt*, wenn der Zugang und die Haltung gegenüber der Mathematik gerade in den ersten vier Schuljahren *lebensentscheidend* geprägt wird, dann liegt es nahe, die Frage nach dem angemessenen Zugang zur Mathematik auch in einer *entwicklungspsychologischen Dimension* zu denken. Diese Dimension blickt dann nicht allein auf eine leistungs- und outputorientierte Entwicklung, sondern bezieht Haltungen und Verstehensprozesse in einem weit höheren Maße, als allgemein üblich, mit ein. Eine nahezu hundertjährige Erfahrung mit dieser entwicklungspsychologischen Dimension hat die *Waldorfpädagogik*. Sie stellt sich die Aufgabe, der folgenden Anregung gerecht zu werden:

> „Wenn wir heute an Jugenderziehung denken, müssen wir ja immer im Auge haben, dass wir arbeiten an den Empfindungen, an den Vorstellungen, an den Willensimpulsen der nächsten Generation" (Steiner 1993: 12).

Ein Beispiel aus anderen Fächern: Im *Fremdsprachenunterricht* der Waldorfschule sind die Lehrer bestrebt, die Fremdsprache für die Kinder nicht wie etwas Fremdes, sondern wie die *Muttersprache* zum Erlebnis zu bringen. Die dabei wachgerufenen entsprechenden Haltungen und Empfindungen tragen wesentlich zur Entwicklung eines tragfähigen *Sprachgefühls* bei, auf dem dann beim späteren systematischen Fremdsprachenlernen aufgebaut werden kann (Lutzker 2017: 375ff.).

Im Fach Deutsch erweisen sich in den ersten Schuljahren die möglichst lebendigen Erzählungen von Märchen, Fabeln, Legenden und Sagen als so tragfähig, dass sie Kinder *innerlich stark* machen (s. Dreißig 2004). Erzählende und aktive musische Unterrichtselemente wirken unterschiedlich auf den Menschen:

> „Wenn Sie also das Kind zu sehr an das Zuschauen und Hinhören sich gewöhnen lassen und es zu wenig selbst arbeiten lassen, so dass dadurch – weil das innere Verarbeiten mit dem Stoffwechsel und mit dem Willen zusammenhängt – der Wille zu wenig in Tätigkeit kommt, so werden Sie das Kind nicht gut erziehen und unterrichten können" (Steiner 1993: 44f.).

Gibt es im *Mathematikunterricht* etwas dem Erzählen Entsprechendes? Gibt es eine „Muttersprache" der Mathematik? Wie können hier die *Lernfreude* und der beeindruckende *Lernwille* von Schulanfängern länger aufrechterhalten bleiben? Muss hier nicht durch *musisch*-künstlerische Komponenten auf eine Willensstärkung hingewirkt werden?

Gerade in der Waldorfpädagogik wird großer Wert auf die *Willensstärkung* gelegt. Ist der Mathematikunterricht nicht kindgemäß angelegt und überfordert er, wirkt sich das nachteilig aus.

> „Wir *schwächen den Willen* eines Menschen, wenn wir ihm etwa zumuten, etwas zu lernen, etwas zu verrichten, was seinen Fähigkeiten noch nicht angemessen ist" (Steiner 1995: 125).

Auch die einseitige Outputorientierung unterstützt das Fremdbestimmt-Sein, das Getrieben-Sein mehr als die Selbstbestimmung von Lehrpersonen und Schülern.

> „Dieses Sich-hineingeschoben-Fühlen, dieses Sich-getrieben-Fühlen, dieses Nicht-sich-befriedigt-Fühlen ist auch ein Anzeichen von Willensschwäche" (Steiner 1995: 126).

Inwieweit ein musikbasierter Mathematikunterricht auf die Willensbildung wirkt, hat der erfahrene Grundschullehrer Ringo Ullrich in seiner Dissertation (Ullrich 2016; s.a. Toepell 2017, Kap.9: Zur Heilkraft einer persönlichkeitsorientierten Arithmetik) untersucht und eine Fülle entsprechender praktischer Unterrichtskonzepte entwickelt. Unter anderem überzeugen dabei die Lied- und Rhythmuselemente zur Erarbeitung des kleinen Einmaleins. Diese Arbeit stellt einen besonderen Beitrag dar, wie der *Mathematikunterricht* die Lebensqualität von Schülern unterstützen kann. Musik hilft, die Welt zu strukturieren sowie Rhythmen und Muster zu entdecken (Stern 2008: 28). Es kommt zu buchstäblichen Resonanzerfahrungen. Da Kinder heute viel weniger als früher in der Vorschulzeit z. B. ungestört singen und spielen, kann damit auch auf eine veränderte Kindheit entsprechend reagiert werden. So mag der Mathematikunterricht den Kindern etwas von ihrer Kindheit zurückzugeben.

## 6. Freude am Denken

Kindheit hat gemeinhin mit *Muße* (die griechische Urbedeutung von Schule) und dem Spielen zu tun. Droht die Kindheit den Kindern verloren zu gehen? Ein dementsprechendes Ziel wäre hier, den Kindern zuerst vor allem *Freude* am Umgang mit *Zahlen und Formen* zu erschließen. Dazu gehört auch die Freude an der *Kraft des eigenen Denkens* zu entwickeln. Wobei Freude gerade auch dann entstehen kann, wenn man durch *Anstrengung* zu einem befriedigenden Ergebnis kommt.

In zahlreichen in den letzten Jahren erschienenen *Schulbüchern* ist es erklärtes Ziel, bei Kindern diese Freude am eigenen Denken, an der eigenen Leistung zu wecken. Als hierfür dienlich werden farbige Grafiken und Abbildungen angesehen. Darüber hinaus sollen interaktive Online-Lernportale die Freude am Lernprozess und am Feedback unterstützen.

Ob und wie Lernen im Unterricht gelingt, ist eine Frage der *Methodik* und schon gar nicht immer planbar. Dabei kann auch das *Sich-Konzentrieren-Können* bei Kindern zu einem Aufblühen im Unterricht führen, besonders, wenn sie dabei zugleich ihre eigenen Stärken erkennen und zu *Erfolgserlebnissen* kommen. Die Macht dieser Erfahrungen etwa bei *Konzentrationsübungen* (z. B. Memory-Übungen) legt in einem kognitiv leistungsreduzierten Grundschulunterricht die Frage nahe: Wie lässt sich das *Aufblühen* im Unterricht in den Mittelpunkt der pädagogischen Bemühungen stellen? Immer wieder erstaunlich ist, wie Kinder bei entsprechenden Erfolgserlebnissen auch bereit sind, große Anstrengungen auf sich zu nehmen.

Und wie kann gar der Mathematikunterricht dazu beitragen, dass die *natürliche Wissbegierde* der Kinder, das *Lernen-Wollen*, angemessen geweckt und befriedigt wird? Auch hier wirken Erfolgserlebnisse. Wie man beim *Musizieren* nach und nach ein Gehör dafür entwickelt, ob man richtig spielt, so gibt es auch in der Mathematik die Möglichkeit, *selbst die Richtigkeit* seines Denkens zu überprüfen. So lassen sich in der Arithmetik die Lösungen von Rechenaufgaben durch die *Gegenoperation* überprüfen. Man macht „die Probe". Dabei gilt es, die tiefe Befriedigung über die dadurch bestätigte Richtigkeit eines Lösungsweges zum *Erleben* zu bringen. Nicht die kompetente Lehrperson entscheidet über „richtig oder falsch" (möglicherweise sogar nicht durch eigenes Mitrechnen, sondern anhand des Lösungsheftes), sondern die Sache selbst gibt Auskunft über deren Richtigkeit (Wahrheit in der Mathematik). Beide Operationen bilden durch das gegensätzliche Vorgehen, dem auch ein Symmetrie-Erleben – und damit ein strukturiertes Formerleben – zugrunde liegt, zusammen ein abgeschlossenes Ganzes. Damit werden auch noch andere Kompetenzen gefördert als mit einer frühen einseitigen Leistungsorientierung.

Die Waldorfpädagogik zieht aus der Mathematik der sich ergänzenden Operationen (Addition – Subtraktion; Multiplikation – Division) noch einen weiteren Nutzen. Durch die gleichzeitige Erarbeitung von Operation und Gegenoperation ergeben sich zugleich *ökonomische* Vorteile.

Dieses *selbstwirksame* (sich selbst in seiner Richtigkeit bestätigende) Arbeiten kann sich ebenfalls in der *Geometrie* entfalten, z. B. durch die überzeugende Ästhetik einer (wie in einem Vervollständigungserlebnis) gelungenen symmetrischen Form im geometrischen Zeichnen. Mit dem damit verbundenen Vervollständigungserlebnis arbeitet beispielsweise auch die Waldorfpädagogik beim Freihand-Formenzeichnen. Praktische Anregungen zur Anbahnung ästhetischer

Erfahrungen in der frühen mathematischen Bildung enthält der Festschriftbeitrag von Claudia Hruska und Simone Reinhold (Hruska/Reinhold 2017).

## 7. Wertebildung durch Mathematik

Neben der Freude am mathematischen Denken besteht im Mathematikunterricht die Möglichkeit, ein entwicklungspsychologisch grundlegendes Ziel einzulösen: das *Vertrauen* in das eigene Denken durch die Mathematik zu wecken und zu festigen. Im Idealfall kann uns Menschen die Mathematik ein *Urvertrauen* ins *eigene Denken* und eine darüber hinaus gehende lebenslange *Selbstsicherheit* schenken.

Zudem ist die *ethische Dimension* des Mathematikunterrichts für die Entwicklung von *Werten* fundamental: Mathematiker ringen stets nicht nur um Gültigkeit, sondern letzten Endes um *Wahrheit*. Unumstößliche Wahrheiten sind charakteristisch für das Wesen Mathematik. Man möchte fragen: Was ist eigentlich Wahrheit in der Mathematik? Mathematische Lösungen und Sätze werden dann als wahr angesehen, wenn ihre Widerspruchsfreiheit erwiesen ist. Damit können wir Menschen eine unumstößliche Welterfahrung erleben, die – gerade auch in verunsichernden Situationen – höchste Sicherheit im Denken und Empfinden bietet.

Im Bemühen um einen kindgerechten Mathematikunterricht stellt sich damit die Frage: Inwiefern kann der Mathematikunterricht die *Resilienz* von Kindern fördern und zu ihrer *Gesundheit* beitragen? Kinder schätzen Herausforderungen, wenn sie deren *Sinnhaftigkeit* erkennen. Dazu gehört auch der offene Umgang mit Fehlern. Fehler sind Ausdruck individueller Lernwege. Zunehmend werden salutogenetische Ansätze in Pädagogik und Didaktik diskutiert (s. Zdražil 2010).

Dabei ist zu bedenken: Mathematik steht immer noch bei Vielen traditionell als *Metapher für Enge und Einseitigkeit*. Das resultiert aus dem verbreiteten Missverständnis, Mathematik bestünde nur aus dem Rechnen und sei damit nur ein numerisches, emotionsloses Gebiet. Das hat sicher auch ein Stück weit mit der allgemeinen Vorstellung zu tun, in der Grundschule lerne man „Lesen, Schreiben und Rechnen". Auch wenn das Rechnen in der Grundschulmathematik eine wesentliche Grundlage bildet, so umfasst mathematisches Denken bereits in der Grundschule wesentlich mehr. Man denke neben der Geometrie auch an Fragen aus der Lebenswelt, an Sachaufgaben und Größen, an die Vernetzung von Arithmetik und Geometrie, an Grundlagen der Stochastik und kulturell-historische Bezüge. Sie alle können dazu beitragen, das genannte Missverständnis aufzulösen.

Selbst in der Arithmetik muss Mathematik nicht nur für Konsequenz, Strenge und Eindeutigkeit stehen. Will man den Rechenunterricht verlebendigen, so wird man bewusst Probleme mit mehreren Lösungswegen angehen, z. B. durch eine „schöne" additive Aufteilung der Zahl 12. Das Bemühen darum ist nicht neu. 1922 hat der Psychiater und Kunsthistoriker Hans Prinzhorn auf die gesundende Wirkung von Schönheit und Ordnung hingewiesen (Prinzhorn 2011) – eine für die heutige Kunsttherapie grundlegende Erkenntnis.

Ein eindrucksvolles historisches Beispiel für eine Mathematik mit zahlreichen, auch „schönen" Lösungswegen finden wir auf einer Schulbuchseite von 1929: Sie überzeugt durch neun erstaunlich verschiedene sogenannte halbschriftliche Lösungswege zur Aufgabe 38+45 aus der 2. Jahrgangsstufe (Padberg 2011: 171).

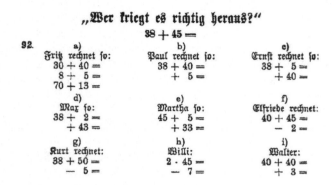

Abb. 2: Schulbuchaufgabe von 1929. Padberg 2011: 171.

Zum lebendigen Umgang mit Mathematik gehört das Erkennen von *Fehlern* ebenso wie das Lernen des Umgangs mit Fehlern. Schüler erfassen die Denkwege von Mitschülern oft schneller als ihre Lehrer. Das kann sie zu Mitgestaltern von Unterrichtsprozessen machen. Zudem hat sich das Besprechen von Fehlern in kleineren Gruppen als überaus vorteilhaft für den Lernprozess erwiesen. Feedbacks bieten hierbei nicht nur persönliche Zuwendungen, sondern können entscheidend zum Lernen beitragen.

Erst in der Sekundarstufe liegt es nahe, dass der Mathematikunterricht auch allmählich die üblichen Standards bedient, hin zur *Leistungsorientierung*, zu den *Problemlösekompetenzen* bzw. den allgemein-mathematischen Kompetenzen, wie sie z. B. in den mathematischen Bildungsstandards der Kultusministerkonferenz formuliert werden (Bildungsstandards 2005: 7f.). Verfolgt man diese grundlegenden Ziele und Entwicklungsrichtungen, so zeigt sich, dass gerade im Fach Mathematik eine konsequente und intensive *Lernbegleitung* erforderlich ist.

Ebenso verlangt die *veränderte Medienwelt* im gegenwärtigen Mathematikunterricht eine erhöhte Lernbegleitung (s. Hübner 2017). Die stete Verfügbarkeit von elektronischen Rechenhilfsmitteln (Smartphones, Taschenrechner u. a.)

wirkt vielfach wie eine bequeme Möglichkeit der maschinellen Auslagerung der Grundrechenarten. Künftig werden sicherlich auch noch verstärkt auf Algorithmen beruhende „handwerkliche mathematische Tätigkeiten" von elektronischen Geräten übernommen werden. Bereits in den Sekundarstufen zeichnet sich ab, dass vielfach als lästig empfundene algebraische Umformungen (ein Kernbereich der Algebra der 7. bis 9. Klasse) zunehmend von Computer-Algebra-Systemen (CAS) ausgeführt werden. Mit der Möglichkeit, handwerklich-mathematische Tätigkeiten auszulagern, wird zuweilen in der Didaktik diskutiert, ob nicht das Erlernen schriftlicher Rechenverfahren im Rahmen der Grundrechenarten oder auch algebraischer Umformungen in der Sekundarstufe infrage zu stellen ist. Das Argument, damit die Kinder zu entlasten und zugleich mehr Freiräume für die eigentliche, lebensvolle, kreative Mathematik zu schaffen, kann durchaus überzeugend wirken. Im Rahmen der Grundrechenarten wäre demgegenüber umso mehr die fundamentale Bedeutung des überschlagenden Rechnens, des *Abschätzens* und des Rundens zu nutzen, wie es z. B. beim Bezahlen an der Kasse bei begrenztem Etat oder bei der Vorratsplanung für einen Geburtstag oder eine Feier in der Klasse angebracht ist. „Wie viele werden kommen?" Und: „Wer wird was gern trinken oder essen?"

Eine veränderte *Medienwelt* verlangt vom Mathematikunterricht zudem eine angemessene Berücksichtigung der Grundlagen der Informatik. Will man Technik selbstbewusst handhaben, schaffen *technische Grundkenntnisse* ein Stück weit Vertrauen und wirken über die Resilienz psychisch stärkend. Diese Grundkenntnisse mögen sich an den Algorithmen der Grundrechenarten, aber auch an physikalisch-elektronischen Mechanismen orientieren und darauf aufbauen. Das legt nahe, wie es vielfach schon in PISA-erfolgreichen Ländern gehandhabt wird, durch einfache Programmierungen den Umgang mit den neuen Medien bewusster und aktiver zu gestalten. Verstehen schafft Vertrauen und Sicherheit. Das führt uns zur Frage nach dem mathematischen Verstehen.

## 8. Mathematisches Verstehen

Worauf beruht eigentlich letzten Endes *mathematisches Verständnis?* Der Mathematiker wird eher die Logik als Grundlage nennen, der Psychologe – aufbauend auf den Fundamenten Piagets – eher ausdifferenzierte entwicklungspsychologische Stufen, die zu mathematischem Verständnis führen. Erfahrene Lehrer, vor allem aus dem Bereich der Waldorfpädagogik, berichten, wie sich im Mathematikunterricht immer wieder zeigt: Verstehen wird weder durch das Nervensystem noch durch die Sinne vermittelt. Der gut gemeinte Appell an die rein kognitiven Fähigkeiten („Jetzt konzentriere dich doch einmal!") reicht oft nicht aus. Das Nerven-Sinnessystem vermittelt nur das Wahrnehmen, wie Sehen und Hören. Verstehen geht über den Kopf hinaus – und ist tiefer verankert. Weiterführende Forschungen legen nahe, dass mathematisches Verständnis durch das *rhythmische System* vermittelt wird und mit *Bewegung* und dem *Fühlen* zu tun hat. Schon 1920 hatte Rudolf Steiner formuliert:

> „Im Grunde genommen müssen wir die *Wahrheit eines Verstandenen fühlen*, wenn wir uns dazu bekennen wollen" (Steiner 1993: 43f.; Hervorhebung durch M.T.).

Das Fühlen mathematischer Wahrheiten ergibt sich in der Regel aus einer logischen Gedankenfolge, an deren Ende ein Urteilsprozess steht. Das damit verbundene Abwägen beruht schließlich auf unserem Gleichgewichtssinn.

Entscheidend ist daher auch im Mathematikunterricht, was das Kind fühlt. Dabei kommen vermittelnd Rhythmen und Bewegungen ins Spiel. Hier sei auf die neuere Embodimentforschung verwiesen, die – im Gegensatz zur traditionellen kognitiven Psychologie – die grundlegenden Beziehungen zwischen psychischen und körperlichen Prozessen untersucht (vgl. Storch 2010).

Doch wodurch werden Gefühle angeregt und geweckt? Durch die Lehrperson. So erstaunlich es erscheinen mag: Nicht *was* die Lehrperson sagt, sondern was sie selbst *fühlt* gegenüber den Lehrinhalten, gehört zu den wesentlichen Erziehungsmitteln:

> „Die *Gefühle*, die der Lehrer hat, sind die *allerwichtigsten Erziehungsmittel*" (Steiner 1993: 28).

Diese Erkenntnis verbreitet sich allerdings erst langsam. Henrike Allmendinger steht dem sehr nahe, wenn sie aktuell in der universitären Lehrerbildung den „Aufbau einer persönlichen Beziehung zum Fach" fordert (Allmendinger 2018: 141).

Zu den Auswirkungen dessen gehören im Unterricht Momente des wechselseitigen Berührens und Berührtwerdens oder des „zündenden Funkens" – typische Elemente der Resonanzpädagogik (Rosa 2016: 16; zum Lernen am anderen Menschen s. a. den Beitrag von Weiss im vorliegenden Band).

Dementsprechend berücksichtigt z. B. die Freie Hochschule Stuttgart in der Waldorflehrerbildung die

> „Einführung der Zahlen und der Grundrechenarten aus bildhaftem Zusammenhang und aus rhythmischen Prozessen in Korrespondenz mit den kognitionspsychologischen Grundlagen für altersgerechte mathematische Begriffsbildung" (FHS 2015: 71).

Verstehen im Mathematikunterricht hängt zudem mit Entspannung und Muße zusammen. Dafür sind die 45-Minuten-Takte der Regelschule, die den wechselnden Lernsituationen kaum gerecht werden, nicht immer vorteilhaft. In den letzten Jahren wurde an den Regelschulen vielerorts die Möglichkeit geschaffen, durch eine sogenannte „Rhythmisierung des Unterrichts" die starren Stundenpläne aufzubrechen, um eine ausgewogenere Verteilung des Unterrichts zu erreichen. Man möchte damit die neurobiologischen und physiologischen Aspekte des Lernens stärker berücksichtigen. Mit einem sogar epochal (d. h. in Epochen) gestalteten Hauptunterricht, der sinnvolle Vertiefungsmöglichkeiten schafft, haben die Waldorfschulen seit 100 Jahren umfangreiche Erfahrungen.

## 9. Mathematische Gedächtnisbildung

Gerade in der Mathematik reicht das *Verstehen* von Zusammenhängen für den konsequenten Aufbau des mathematischen Gebäudes allein nicht aus. Man muss auch Grundlegendes *behalten* können. Ebenso erfordert unsere Kultur, dass fundamentale mathematische Kenntnisse aus dem *Gedächtnis* unmittelbar abrufbar sein müssen. Dazu gehören etwa das Eins-plus-Eins (die automatisierte Fähigkeit zur Addition einstelliger Zahlen, z. B. 7 + 8, und deren Umkehroperation, z. B. 15 − 8) und das Ein-mal-Eins mit seinen Umkehroperationen. Aber auch grundlegende verschiedene halbschriftliche Rechenverfahren (siehe die Abb. 2, das stellenweise oder schrittweise Vorgehen ist dabei am meisten verbreitet) sowie ein Grundverständnis für das Umgehen mit Prozenten gehören zum Kulturgut. Nicht zuletzt aufgrund der erwähnten elektronischen Hilfsmittel verlieren dagegen die Fähigkeiten zur Anwendung der schriftlichen Grundrechenarten (Rechenaufgaben mit Papier und Stift zu lösen) zurzeit an Bedeutung.

Anders als beim Verstandenen, das gefühlt wird, sieht es beim Erinnern aus. Das *Erinnerungsvermögen*, das Behalten-Können, wird durch noch tiefere Schichten des menschlichen Wesens ermöglicht und vermittelt: durch das Stoffwechsel-Gliedmaßen-System. Auch hier gab Rudolf Steiner grundlegende Anregungen:

> „Jene feinsten inneren *Stoffwechselvorgänge*, die im Organismus vor sich gehen, auf die wir wohl zu achten haben, und die uns namentlich als Erzieher bekannt sein müssen, hängen mit dem *Gedächtnis*, mit dem Erinnerungsvermögen zusammen" (Steiner 1993: 44; Hervorhebungen durch M.T.).

Auf diesem Gebiet besteht noch Forschungsbedarf. Zwar gibt es zahlreiche Untersuchungen zu gesunder, vollwertiger Ernährung, doch ist es wesentlich anspruchsvoller, herauszufinden, in welcher Weise bestimmte Nahrungsmittel das

Erinnerungsvermögen – auch das mathematische – hemmen oder fördern. In einem ersten Schritt hat z. B. Lee Berk von der Loma Linda University/USA 2017 in einer Studie die Wirkung verschiedener Nüsse auf das Gehirn nachgewiesen (Berk 2017). Positive Wirkungen auf das Gehirn müssen nicht zwangsläufig zu einem besseren Gedächtnis führen. Dennoch legen diese aktuellen Forschungsergebnisse nahe, die Wirkung von Stoffwechselvorgängen auf das Erinnerungsvermögen weiter zu untersuchen. In Ansätzen scheinen sich auch hier diesbezügliche Anregungen aus der Waldorfpädagogik, die insbesondere auch die biologisch-dynamische Anbauweise unterstützt, zu bestätigen.

Die mit dem Stoffwechsel zusammenhängende volitionale Entwicklung (Willensbildung; z. B. Ausdauer) ist einer der Gründe, weshalb in der Waldorfpädagogik zudem die Beziehungen zwischen emotionalen und volitionalen Elementen auch im Mathematikunterricht bewusst gestaltet wird. Zusammenfassend ergeben sich für die Grundlagen mathematischen Lernens folgende Entsprechungen:

**Grundlagen mathematischen Lernens**

| Nerven | ↔ | Rhythmen | ↔ | Stoffwechsel |
|---|---|---|---|---|
| ↕ | | ↕ | | ↕ |
| Wahrnehmen | ↔ | Verstehen | ↔ | Behalten können (Gedächtnis) |
| (kognitiv) | | (emotional) | | (volitional) |

## 9.1 Ineinandergreifen von Gefühl und Wille

Fragen wir eine erfahrene Lehrperson „Wodurch wird das Erinnerungsvermögen gestärkt?", so wird manch eine bestätigen: Hier ist ein angemessener *Methodenwechsel* zwischen dem bloßen *Zuhören*, dem gemeinsamen Erarbeiten und dem *Selbstarbeiten* des Schülers entscheidend (vgl. auch Steiner 1993: 44). Wille und Stoffwechsel feuern dabei durch die *Bewegung* das Erinnerungsvermögen an. Kreative Gedanken entstehen häufig aus einer Bewegung heraus (vgl. Kap. 4. Mathematische Lern- und Bewegungsprozesse in Toepell 2017). Man weiß: Goethe diktierte seinen „Faust" im Auf-und-Ab-Gehen. Die Psychomotorik setzt auf die persönlichkeitsbildende Wirkung von Bewegungen.

Wie kann nun das Ineinandergreifen von Gefühl und Wille im Mathematikunterricht geweckt und genutzt werden? Auch hier lassen wir den Pädagogen Rudolf Steiner zu Wort kommen:

> „Also Interesse und Aufmerksamkeit für die Umgebung fördert Gemüt und Willen. Stumpfsinn und *Eigensinn* bewirken das Gegenteil. [...] Kinder sollen so spielen, dass ihre *Phantasie bewegt* wird, dass die Selbsttätigkeit ihrer Seele geweckt wird, so dass sie nachdenken müssen über ihr Spiel. Sie sollen nicht nach Vorlagen Bausteine ordnen, dadurch wird nur *Pedanterie* geweckt, aber nicht Sinnigkeit" (Steiner 1995: 130: Hervorhebungen durch M.T.).

Stattdessen schlägt er z. B. vor, „Gegenstände aus aneinandergeketteten Kletten zu machen" (ebd.: 131), was weitaus phantasieanregender sein kann, als vorgegebene Bausteine zu ordnen.

Eindringlich macht er darauf aufmerksam, dass die Schüler im Mathematikunterricht zu wenig „die Wohltat der Willens- und Gemütsbildung erfahren" (Steiner 1990: 180). Über Kinder, die aus der Regelschule an die neu gegründete Stuttgarter Waldorfschule gekommen sind, heißt es diesbezüglich:

> „Wir werden daher bei jeder Gelegenheit den Versuch machen müssen, Wille und Gemüt in das bloß Intellektuelle hineinzubringen, indem wir vieles, was die Kinder rein intellektuell aufgenommen haben, dann in dieser Zeit noch in ein solches umwandeln, das sich an den Willen und ans Gemüt richtet" (Steiner 1990: 180).

Doch welche Gestaltungsmittel stehen den Lehrenden zur Verfügung, um „Wille und Gemüt in das bloß Intellektuelle hineinzubringen"? Eine beispielhafte Anregung dazu bezieht sich auf den Satz des Pythagoras, der mit einer Eigentätigkeit des Schülers und damit mit seiner Willenstätigkeit in Zusammenhang gebracht wird:

> „Ich mache ihm nicht nur die Sache anschaulich, sondern ich mache ihm *die Anschauung* auch noch *genetisch*. Ich lasse ihm die Anschauung auf eine ganz besondere Weise entstehen. Ich sage: Kommt einmal, drei von euch, heraus. Der erste überdeckt diese Fläche hier mit der Kreide: gebt acht, dass er nur so viel Kreide verwendet, als notwendig ist, um die Fläche mit Kreide zu bedecken. Der zweite bedeckt diese Fläche mit Kreide, er nimmt ein anderes Kreidestück; der dritte diese, wiederum mit einem andern Kreidestück. – Und jetzt sage ich dem Jungen oder dem Mädchen, welches das Hypotenusenquadrat bedeckt hat: Sieh einmal, du hast gerade so viel *Kreide gebraucht* wie die beiden andern zusammen. Du hast auf das Quadrat so viel draufgeschmiert, wie die beiden zusammen, weil das Quadrat der Hypote-

nuse gleich ist der Summe der Quadrate der Katheten. – Ich lasse ihm also die Anschauung entstehen durch den Kreideverbrauch. Da legt es sich mit der Seele noch tiefer hinein, wenn es auch noch daran denkt, dass da von der Kreide etwas abgeschunden ist, was nicht mehr an der Kreide ist, was jetzt da auf der Tafel ist" (ebd.: 180f. Hervorhebungen durch M.T.).

Der methodische Trick bei dieser Vorgehensweise: Der Verbrauch von physisch handhabbaren Stoffen (hier: Kreide) hat einen wesentlich höheren Realitäts- und Vorstellungsbezug als die eher abstrakte Berechnung und Verhältnisbildung von Flächeninhalten.

Anstatt den Schülern die Lösung gleich zu verraten, würde man heute möglicherweise eher fragend dazu animieren, über den Kreideverbrauch nachzudenken (Wer hat mehr, wer weniger verbraucht, in welchem Verhältnis zueinander?) – um dann zu einer entsprechenden Vermutung zu gelangen.

Gefühle und Willensäußerungen werden allgemein mit *ästhetischer Bildung* in Zusammenhang gebracht. Dabei unterstützt ästhetische Bildung auch den Bereich der Naturwissenschaften und Mathematik. Christian Rittelmeyer plädiert sogar dafür, dass die MINT-Fächer nur im Zusammenhang mit ästhetischer Bildung kindgemäß entwickelt werden können, und ergänzt:

„Es ist sicher leicht nachvollziehbar, aber auch durch Forschungen belegt, dass ein ästhetisch gestaltetes Schulambiente und eine durch künstlerische Darbietungen belebte Schulkultur ein stärkeres Sympathie- und Beheimatungsgefühl und damit ausgeprägtere Lernbereitschaften erzeugen als eine in dieser Hinsicht eher abstinente Schullandschaft" (Rittelmeyer 2017: 3).

### 9.2 Sozial sinnhafte Tätigkeiten im Mathematikunterricht

Ein weiteres Gestaltungselement auf dem Weg zu einer kindgerechten mathematischen Bildung bezieht sich auf gemeinschaftliche *sinnhafte Tätigkeiten* im Bereich des Sozialen. Wir bleiben beim Beispiel des rechtwinkligen Dreiecks:

„Und jetzt gehe ich noch dazu über, zu sagen: Sieh einmal, ich teile die Quadrate ab, das eine in 16 Quadrate, das andere in 9 Quadrate, das andere in 25. In die Mitte von jedem Quadrat stelle ich jetzt einen von euch hinein, und ihr denkt euch, das ist ein Acker und ihr müsst den *Acker umgraben*. – Die Kinder, welche die 25 kleinen Quadrate auf dieser Fläche bearbeitet haben, haben dann gerade so viel gearbeitet wie die in der Fläche mit 16 Quadraten und die in der Fläche mit 9 Quadraten zusammen. Aber durch eure Arbeit ist das Quadrat über der Hypotenuse umgegraben worden; durch eure Arbeit das über der einen Kathete, und durch eure Arbeit das über der andern Kathete. – So verbinde ich mit dem pythagoräischen Lehrsatz etwas, was wollend ist in dem Kinde, was wenigstens die Vorstellung hervorruft, dass es mit seinem Willen sinnvoll in der äußeren Welt drinnensteht, und ich belebe ihm das, was ziemlich unlebendig in seinen Schädel hineingekommen ist" (Steiner 1990: 181f. Hervorhebung durch M.T.).

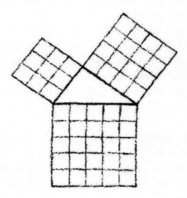

Abb. 3: Satz des Pythagoras. Steiner 1990: 181.

Heute würde man anstatt einen Acker umzugraben eventuell eher an das Rasenmähen oder Laubrechen auf einer Wiese denken. Die Idee liegt im sozial Tätigen. Auch hier hat der eigene Arbeitsaufwand, das Maß für die eigene Anstrengung einen höheren Wirklichkeitsbezug als die Berechnung und Verhältnisbildung von Flächeninhalten.

All dies gilt es, mit „inneren Empfindungen, mit inneren Gefühlen, auch mit inneren Willensregungen, die gewissermaßen in einer unteren Oktave nur mitklingen, die nicht ausgeführt werden" (Steiner 1990: 19), zu begleiten. Durch eine soziale Tätigkeit wird zumeist eine sinnhafte Aufgabe ausgeführt. Hierauf achten wir in der Pädagogik m. E. noch viel zu wenig. Denn:

> „So wenig man es glaubt, durch solche Pflege der *Sinnigkeit* kommt Seelenruhe, Seelenharmonie, Befriedigung in das menschliche Leben" (Steiner 1995: 131; Hervorhebung durch M.T.).

## 10. Anschaulichkeit von Zahlen

Die Sinnigkeit führt uns auf die Frage nach der Rolle der Anschauung im Mathematikunterricht. Denn eng zusammenhängend mit der Haltung, mathematisches Verstehen beruhe auf nervlich-sinnlicher Erfahrung, ist die in der Didaktik verbreitete Ansicht, nur durch die *Anschauung* und durch Anwendungsbezüge in der Lebenswelt sei die Sinnhaftigkeit der Mathematik und des Mathematikunterrichts zu begründen. Die Rolle der Anschauung steht in einer langen Tradition, die vor allem auf Amos Comenius („Orbis Pictus") zurückgeht. Sie hat in weiten Teilen der Geometrie ihre Berechtigung, da Vieles in der Geometrie bis zum Ende des 19. Jahrhunderts auf „anschauliche Tatsachen" zurückgeführt wurde. Und diese „anschaulichen Tatsachen" sind zentral für das Verständnis in der Schulgeometrie, die vorwiegend anschaulich erarbeitet und aufgebaut wird. Punkte, Geraden, Ebenen sind als Stecknadelköpfe, Fäden und Kartons gut darstellbar. Und das erscheint auch angemessen.

Doch legt die Arithmetik nahe: Ist eine *anschauliche* Darstellung auch für *Zahlen* angemessen? Steckt die Zahl drei in drei Äpfeln oder drei Stühlen? Auch die eingangs betrachtete elementarmathematische Definition macht deutlich: Bei den Zahlen handelt es sich vielmehr um *rein geistige Entitäten*, die nur unter bestimmten Aspekten sinnlich darstellbar sind. Hat der Zahlbegriff also nicht vielmehr mit inneren Bewegungen als mit sinnlicher Wahrnehmung von Gegenständen zu tun?

Das führt uns zu der Frage: Wenn es nicht um das Sinnlich-Anschauliche geht, wie können dann Zahlen geistig-anschaulich werden? Schon 1907, zwölf Jahre vor der Gründung der ersten Waldorfschule, hat Rudolf Steiner in seiner Schrift „Die Erziehung des Kindes vom Gesichtspunkte der Geisteswissenschaft" auf die Bedeutung des *Geistig-Anschaulichen* aufmerksam gemacht:

> „Nicht abstrakte Begriffe wirken in der richtigen Weise auf den wachsenden Ätherleib (den Bereich der Lebens- und Bildekräfte; Anm. M.T.), sondern das Anschauliche, nicht das Sinnlich-, sondern das *Geistig-Anschauliche*. Die geistige Anschauung ist das richtige Erziehungsmittel in diesen Jahren. Daher kommt es vor allen Dingen darauf an, dass der junge Mensch in diesen Jahren in seinen Erziehern selbst Persönlichkeiten um sich hat, *durch deren Anschauung* in ihm die wünschenswerten intellektuellen und moralischen Kräfte erweckt werden können" (Steiner 1987: 329; Hervorhebungen durch M.T.).

Zentral ist hiernach die Anschauung der Lehrpersonen selbst. Im Bereich der Zahlen geht es darum, mit Hilfe der sinnlich wahrnehmbaren Arbeitsmittel den geistigen Zusammenhang lebendig werden zu lassen (zu „Auswirkungen von Lernhilfen im Mathematikunterricht" siehe Kap. 10 in Toepell 2017). Kindern die Zahlen nur mit einer sicherlich gut gemeinten sinnlichen Veranschaulichung in „Zahlenhäusern" oder „Zahlenländern" zu erschließen (wie es gelegentlich vorkommt), ist dabei kaum ausreichend. Der Mathematikunterricht erreicht mehr, wenn er nicht beim rein sinnlichen Anschauungsunterricht stehenbleibt:

> „Auch ein zu weitgehender rein sinnlicher Anschauungsunterricht entspringt einer materialistischen Vorstellungsart. Alle Anschauung muss für dieses Lebensalter vergeistigt werden. Man soll sich zum Beispiel nicht damit begnügen, eine Pflanze, ein Samenkorn, eine Blüte bloß in sinnlicher Anschauung vorzuführen. Alles soll zum *Gleichnis des Geistigen* werden" (Steiner 1987: 337; Hervorhebung durch M.T.).

Während Gleichnisse und Fabeln im Deutschunterricht der Grundschule gang und gäbe sind, stellt dieses „zum Gleichnis des Geistigen werden" dem Mathematikunterricht eine anspruchsvolle Aufgabe. Ist damit zumindest eine Ahnung verbunden, im Mathematikunterricht könne ein geistiger Zusammenhang – z. B. In der Begegnung mit den Rechenoperationen aufleuchten? Öffnet man sich für derartige Überlegungen, so wird deutlich, dass man es in der Pädagogik immer wieder auch mit einer gewissen spirituellen Dimension zu tun hat. (Näheres zur Spiritualität in der Pädagogik s. Toepell 2015.)

In der grundsätzlich anschauungsgebundenen Schulgeometrie stellt es eine noch größere Herausforderung dar, sie „zum Gleichnis des Geistigen werden" zu lassen. Hier bietet sich die das Unendliche einbeziehende projektive Geometrie an. (Zur sinnlichkeitsfreien projektiven Geometrie sei auf Toepell 2017, Kap. 6, verwiesen.)

## 11. Das Vom-Ganzen-ins-Einzelne-Gehen

### 11.1 Bei Rechenoperationen

Gerade die Waldorfpädagogik ist bestrebt, die soziale und spirituelle Dimension im Bildungsprozess nicht auszuklammern (s. z. B. Schuberth 2012). So gibt es unterschiedliche Zugänge zum Arithmetikunterricht in der Waldorfpädagogik gegenüber der Regelschulpädagogik. Ein wesentlicher Unterschied besteht darin, die Struktur des Zahlenraums nicht aus den Grundrechenarten selbst, sondern aus deren Umkehroperationen heraus zu entfalten. Ein konkretes Beispiel:

> „Und erst *nachdem* man gezeigt hat, 5 ist 3 plus 2, zeigt man das Umgekehrte: durch Addition von 2 und 3 entsteht 5. Denn man muss starke Vorstellun-

gen im Kinde hervorrufen, dass 5 gleich 3 plus 2 ist, dass 5 aber auch 4 plus 1 ist und so weiter" (Steiner 1984: 167f.; Hervorhebung durch M.T.).

Entsprechend geht es bei der Einführung der Subtraktion zunächst um die Frage: Was muss ich von 8 abziehen, damit 3 als Rest bleibt? Und erst dann rechnet man 8 - 3 bzw. 8 - 5. Hier wird deutlich: Subtrahieren ist zunächst eine Umkehrung der Addition. Anfangs wird nicht nach dem Rest (8 - 5), sondern nach dem Ergänzenden (3 + ? = 8) gefragt, um das Ganze zu erhalten. Erst dann geht man vom Ganzen ins Einzelne (8 - 5). Man geht also vom Ganzen aus, zerlegt dieses (Addition) oder sucht die Unterschiede (Subtraktion). Hat diese völlig andere emotionale Einbindung (gegenüber dem sturen Zusammenzählen oder Abziehen) eine andere entwicklungs- und lernpsychologische Wirkung?

Für die Waldorfpädagogen werden als „Arbeitsmittel" Papierschnitzel vorgeschlagen – allereinfachste Gegenstände ohne jegliche nähere Struktur, in denen zugleich die Kraft der Strukturlosigkeit und leichten Verfügbarkeit liegt.

> „Dieses *Von-dem-Ganzen-ins-Einzelne-Gehen* setzen wir überhaupt durch den *ganzen Unterricht* fort. Wir machen es so, dass wir vielleicht zu einer andern Zeit ein Stück Papier in eine Anzahl von kleinen Papierschnitzeln zerspalten. Wir zählen dann diese Papierschnitzel; sagen wir, es sind 24. Wir sagen dann dem Kinde: Sieh einmal, diese Papierschnitzel bezeichne ich mit dem, was ich da aufgeschrieben habe und nenne es: 24 Papierschnitzel. [...] Jetzt wirst du dir das merken" (Steiner 1990: 13; Hervorhebungen durch M.T.).

Wohlgemerkt, die Lehrperson sagt nicht: „Es sind 24 Papierschnitzel", sondern: „Ich nenne es 24 Papierschnitzel." Der Lernprozess beruht auf der Haltung der Lehrperson und unterstreicht den persönlichen Bezug zum Kind.

> „Nun nehme ich eine Anzahl Papierschnitzel weg, die gebe ich auf ein Häufchen, dort mache ich ein anderes Häufchen, dort ein drittes und hier ein viertes; jetzt habe ich aus den 24 Papierschnitzeln vier Häufchen gemacht. Nun sieh: jetzt zähle ich, [...] und das, was da auf dem einen Häufchen liegt, nenne ich 9, was auf dem zweiten liegt, nenne ich 5 Papierschnitzel, [...] Jetzt sage ich: 24 Papierschnitzel sind zusammen 9 und 5 und 7 und 3. – Jetzt habe ich dem Kinde das Addieren gelehrt. [...] Das Wichtigste daran werden Sie eigentlich erst durch die Praxis durchschauen. Denn Sie werden ein ganz anderes Eingehen in die Sache, eine ganz andere Aufnahmefähigkeit des Kindes bemerken, wenn Sie den gekennzeichneten Weg einschlagen" (ebd.: 13f.).

Man beachte: Die 24 Papierschnitzel sind, anders als 24 Einzelgegenstände (z. B. Bohnen), aus einem Blatt Papier hervorgegangen. Der Hinweis „Das Wichtigste daran werden Sie eigentlich erst durch die Praxis durchschauen." macht klar, dass es an den Lehrpersonen liegt, die Anregungen in der Praxis zu überprüfen und durch die eigenen Erfahrungen zu verbessern.

## 11.2 Beim Zählen

Nicht nur bei der Einführung der Rechenoperationen, sondern bereits bei der *Einführung der Zahlen* verfolgt die Waldorfpädagogik einen Weg, der vom Ganzen ins Einzelne geht. Bemerkenswert ist, dass dieser Weg – der Menschennatur entsprechend – auch der kulturgeschichtlich angemessene ist. Nachdem sich der Mensch früher mehr als Teil einer Sippe fühlte, hat er sich erst allmählich individualisiert.

In der Pädagogik ist der historische Weg oft naheliegend. Schon 1866 hatte Ernst Haeckel die biogenetische Grundregel aufgestellt, nach der die Ontogenese des Einzelmenschen die Phylogenese der Menschheit durch gewisse parallele Entwicklungen rekapituliert. Im zunächst erwähnten üblichen methodischen Rahmen werden die neuen Zahlennamen durch Hinzufügen eines Gegenstands genannt. Würde man sich an der Kulturgeschichte orientieren, würde das zu einem alternativen Weg führen, wie er vielfach auch in der Waldorfpädagogik gewählt wird:

> „Allein bedenken Sie, welche *fremde Betätigung* das für die menschliche Seele ist, dass man eine Erbse zu den anderen hinzufügt, und immer wenn etwas hinzugefügt ist, man wieder einen *neuen Namen* gibt. [...] Aber es gibt eine *andere Möglichkeit*, zu zählen. Wir finden diese Möglichkeit, wenn wir etwas in der menschlichen *Kulturgeschichte* zurückgehen. Denn ursprünglich wurde gar nicht so gezählt, dass man eine Erbse zu der anderen legte, Einheit zu Einheit hinzulegte, und dadurch etwas Neues entstand, was wenigstens zunächst für das Seelenleben außerordentlich wenig mit dem Vorhergehenden zu tun hat. Aber man zählte etwa in der folgenden Weise. Man sagte sich: Was man im **Leben** hat, ist immer ein Ganzes, das man als Ganzes aufzufassen hat, und es kann das Verschiedenste eben eine Einheit sein. Wenn ich einen Volkshaufen vor mir habe, so ist er zunächst eine Einheit. Wenn ich einen einzelnen Menschen vor mir habe, ist er auch eine Einheit. Die *Einheit* ist im Grunde genommen etwas ganz *Relatives*. Das berücksichtige ich, wenn ich nicht zähle 1, 2, 3, 4 und so fort, sondern wenn ich in der folgenden Weise zähle:

und so weiter, wenn ich das Ganze gliedere, weil ich also von der Einheit ausgehe, und in der Einheit als Mannigfaltigkeit die Teile suche. Das ist auch *die ursprüngliche Anschauung vom Zählen*. Die Einheit war immer das Ganze, und in der Einheit suchte man erst die Zahlen. Man dachte sich nicht die Zahlen entstehend als 1 zu 1 hinzugefügt, sondern man dachte sich die Zahlen *alle* als *in einer Einheit darinnen*, aus der Einheit organisch hervorgehend" (Steiner 1991: 110f.; Hervorhebungen durch M.T.).

Manch einer mag sich die Frage stellen, warum dieser Weg kindgerechter sein soll. Man beachte: Auch Kleinkinder erleben die Welt zunächst als geschlossene Einheit und differenzieren erst allmählich. Das Gliedern des Ganzen hat zudem eine geometrisch-motorische Dimension.

Noch wenig erforscht ist die anspruchsvolle Frage, wie bestimmte methodische Vorgehensweisen auf die psychisch-mentale Entwicklung der Kinder wirken. Um hier valide Aussagen treffen zu können, wären umfangreiche Langzeituntersuchungen erforderlich. Da die pädagogischen Angaben Rudolf Steiners bisher zu einer international hohen Wertschätzung geführt haben, möchte man seine Angaben zumindest für prüfenswert halten. Es geht um das Wohl zukünftiger Generationen.

Die derzeitige Bildungsministerin Anja Karliczek appellierte auf dem vom Stifterverband für die Deutsche Wissenschaft e.V. organisierten „Forschungsgipfel 2018" an die Forscherinnen und Forscher, die Arbeit für das Wohl der Menschen in den Fokus zu rücken. Sie plant einen Richtungswechsel in der Bildungspolitik:

> „Daher müssen wir das Gegenteil von Spezialisierung tun. Wir brauchen eine große Grundlagenbildung, um Kinder zu befähigen, Dinge einzuschätzen und zu vernetzen" (www.zeit.de/2018/14/anja-karliczek-bildung-schulen-umbau-deutschland, Zugriff: 10.02.2020).

Ein derartiger Richtungswechsel könnte darin bestehen, die psychisch-mentale Entwicklung der Kinder in der Schule – auch im Mathematikunterricht – angemessener als bisher zu berücksichtigen.

Nach der Einschätzung Rudolf Steiners (1922) hat die Art der Zahleneinführung einen *überraschend starken Einfluss* auf die Psyche des Kindes. Frappierend deshalb, weil der logische Zusammenhang auch in der Gegenwart – knapp hundert Jahre später – noch nicht unbedingt plausibel erscheint, geschweige denn näher erforscht wurde. Im Anschluss an die genannten Praxishinweise wird das Vorgehen reflektiert:

„So ist man in der Lage, das Kind heranzubringen an das Leben in der Art, dass es sich hineinfügt, Ganzheiten zu erfassen, nicht immer von dem Wenigen zu dem Mehr überzugehen. Und das übt einen außerordentlich starken *Einfluss* auf das *ganze Seelenleben* des Kindes. Wenn das Kind daran gewöhnt wird, hinzuzufügen, dann entsteht eben jene *moralische Anlage*, die vorzugsweise ausbildet das nach dem Begehrlichen Hingehen. Wenn von dem Ganzen zu den Teilen übergegangen wird, und wenn entsprechend so auch die Multiplikation ausgebildet wird, so bekommt das Kind die Neigung, nicht das Begehrliche so stark zu entwickeln, sondern es entwickelt dasjenige, was im Sinne der platonischen Weltanschauung genannt werden kann die *Besonnenheit*, die *Mäßigkeit* im edelsten Sinne des Wortes. Und es *hängt innig zusammen* dasjenige, *was* einem im Moralischen gefällt und missfällt, mit der Art und Weise, *wie* man mit den *Zahlen umzugehen gelernt hat*" (Steiner 1991: 112; Hervorhebungen durch M.T.).

Wurde dieser Zusammenhang jemals beachtet und näher erforscht? Demnach könnte ein entsprechend methodisch ausgerichteter Mathematikunterricht unmittelbar zur ethischen Erziehung (s.o. „Wertebildung") und Persönlichkeitsentwicklung beitragen. Und weiter:

„Zwischen dem Umgehen mit den Zahlen und den moralischen Ideen, Impulsen, scheint ja zunächst kein logischer Zusammenhang, so wenig, dass derjenige, der nur intellektualistisch denken will, darüber höhnen kann, wenn man davon spricht. Es kann ihm *lächerlich* vorkommen. Man begreift es auch ganz gut, wenn jemand lachen kann darüber, dass man beim Addieren von der Summe ausgehen soll, und nicht von dem Addenden. Aber wenn man die *wirklichen Zusammenhänge* im Leben ins Auge fasst, dann weiß man, dass die *logisch entferntesten Dinge* im wirklichen Dasein einander *oftmals sehr nahe stehen*" (ebd., Hervorhebungen durch M.T.).

Eine vor einem Jahrhundert geradezu revolutionäre Sichtweise! Die Zusammenhänge scheinbar logisch entfernt liegender Bereiche zu erforschen und verstehen zu wollen, bestimmt heute zu einem guten Teil die wissenschaftlichen Innovationen. Derartige Entwicklungen mögen das Wesen einer unvoreingenommenen Wissenschaft weiterhin prägen.

## Fazit

Die zwölf zentralen Aussagen im Rahmen der Perspektiven einer kindgerechten mathematischen Bildung seien folgendermaßen zusammengefasst:

1. In der frühkindlichen Entwicklung wird bisher kaum auf die Vorbereitung der mathematischen Bildung geachtet.
2. Erwachsene bedauern, als Schüler nicht mehr Energie für das Mathematiklernen aufgebracht zu haben.
3. Zur kindgerechten Bildung gehören Resonanzbeziehungen und die Entwicklung des ganzen Menschen.
4. Die Schulmathematik baut auf Formen- und Zahlenerlebnissen und deren Verknüpfungen auf.
5. Die mathematische Bildung verlangt, auch Empfindungen, Vorstellungen und Willensimpulse einzubeziehen.
6. Die Freude am Denken wird gestärkt durch Konzentrations- und Selbstwirksamkeitsübungen.
7. Die Wertebildung im Mathematikunterricht setzt auf Urvertrauen und Resilienz in einer die inneren Resonanzerlebnisse angreifenden digitalisierten Welt.
8. Mathematisches Verstehen ist kaum möglich ohne angemessene motorische, rhythmische und emotionale Elemente.
9. Innere Stoffwechselvorgänge bilden die Grundlage für die mathematische Willens- und Gedächtnisbildung.
10. Eine genetisch entwickelte Anschauung und sozial sinnhafte Tätigkeiten festigen Verständnis und Erinnerungsvermögen.
11. Nicht die sinnlich gemachte Anschaulichkeit von Zahlen, sondern deren geistige Anschaulichkeit weckt mathematisches Verstehen.
12. Das Vom-Ganzen-ins-Einzelne-Gehen bei Rechenoperationen und beim Zählen ist nicht nur kulturgeschichtlich angemessen, sondern auch individuell psychisch tragfähig.

Wie die vorliegende Untersuchung zeigt, laufen diese Perspektiven vielfach auf Elemente der Waldorfpädagogik hinaus. Kaum eine andere pädagogische Richtung wird dem in diesem Maße gerecht. Die Grundlagen der Waldorfpädagogik werden verständlich, wenn man sich öffnet gegenüber den pädagogischen Zusammenhängen, die ihr Gründer, Rudolf Steiner, in zahlreichen Vorträgen beschrieben hat. Weltweit mehr als 1000 Waldorfschulen in den verschiedensten ethnischen und religiösen Kulturen zeugen von einer ungewöhnlichen Anerkennung und Tragfähigkeit dieser Pädagogik, die von Mitteleuropa ausgegangen ist und 2019 ihr hundertjähriges Bestehen feiert.

# Literatur

Allmendinger, Henrike (2018): Quellenarbeit in der Lehrerbildung. In: Fachgruppe Didaktik der Math. d. Univ. Paderborn (Hrsg.): Beiträge zum Mathematikunterricht. Münster: WTM-Verlag, S. 141–144.

Anderson, Jenny (2017): https://qz.com/1125046/a-stanford-professor-says-we-should-teach-more-math-in-preschool, Zugriff 21.01.2020.

Berk, Lee et al.: Nuts and Brain Health: Nuts Increase EEG Power Spectral Density (µV&[sup2]) for Delta Frequency (1-3Hz) and Gamma Frequency (31-40 Hz) Associated with Deep Meditation, Empathy, Healing, as well as Neural Synchronization, Enhanced Cognitive Processing, Recall, and Memory All Beneficial For Brain Health. The FASEB Journal Vol. 31 (April 2017), No. 1 suppl.

Bildungsstandards (2005): Konferenz der Kultusminister der Länder (KMK) - Bildungsstandards im Fach Mathematik für den Primarbereich. München: Luchterhand.

Cantor, Georg (1895): Beiträge zur Begründung der transfiniten Mengenlehre. In: Mathematische Annalen, Bd. 46, S. 481-512.

Cross, Christopher T., et al. (2009): Mathematics Learning in early Childhood. National Academic Press Washington DC.

Dreißig, Georg (2004): Was Kinder innerlich stark macht: Märchen als Anregung, sich selbst zu entdecken. Stuttgart: Urachhaus.

FHS – Seminar für Waldorfpädagogik (2015): Modulhandbuch Bachelor Waldorfpädagogik. Freie Hochschule Stuttgart (www.freie-hochschule-stuttgart.de).

Fischer, Adolf (2018): Projektive Ansätze in der Geometrie – Geometrie in der Mittelstufe. www.waldorf-ideen-pool.de.

Forsa-Studie (2009): www.derwesten.de/panorama/jeder-dritte-schueler-hat-angst-vor-mathe-id2203957.html Zugriff 21.01.2020

Forsa-Studie (2013): https://www.presseportal.de/pm/77662/2481902, Zugriff 21.01.2020.

Gasteiger, Hedwig (2012): Fostering early Mathematical Competencies in Natural Learning Situations. In: Journal für Mathematik-Didaktik 33, H.2, S. 181–201.

Graß, Karl-Heinz/Krammer, Georg (2018): Direkte und indirekte Einflüsse der Raumvorstellung auf die Rechenleistungen am Ende der Grundschulzeit. In: Journal für Mathematik-Didaktik 39, H.1, S. 43–67.

Hattie, John (2013): Lernen sichtbar machen. Hohengehren: Schneider Verlag GmbH.

Heil, Günther (2004): Zahlen-Struktur-Körper. Mitteilungen der Gesellschaft für Didaktik der Mathematik Nr. 79, S. 119–126.

Hruska, Claudia/Reinhold, Simone (2017): Ästhetische Erfahrungen in der frühen mathematischen Bildung. In: Reinhold, Simone/Liebers, Katrin (Hrsg.): Mensch - Raum - Mathematik. Historische, reformpädagogische und empirische Zugänge zur Mathematik und ihrer Didaktik. Festschrift für Michael Toepell. Münster: WTM-Verlag, S. 149–171.

Hübner, Edwin; Weiss, Leonhard (Hrsg.) (2017): Personalität in Schule und Lehrerbildung. Perspektiven in Zeiten der Ökonomisierung und Digitalisierung. Opladen, Berlin, Toronto: Verlag Barbara Budrich.

Hübner, Edwin (2017): Menschenbilder und ihre Konsequenzen für die Pädagogik: Die Stellung der Lehrerpersönlichkeit im Wandel der Zeiten. In: Hübner, Edwin/Weiss, Leonhard: Opladen, Berlin, Toronto: Verlag Barbara Budrich, S. 27–52.

Kranich, Michael u. a. (2015): Formenzeichnen. Die Entwicklung des Formensinns in der Erziehung. Stuttgart: Freies Geistesleben.

Lutzker, Peter (2017): Gedanken zur Lehrerbildung in einer verunsicherten Zeit. In: Hübner, Edwin/Weiss, Leonhard, S. 375–403.

Maier, Peter Herbert (1994): Räumliches Vorstellungsvermögen - Komponenten, geschlechtsspezifische Differenzen, Relevanz, Entwicklung und Realisierung in der Realschule. Frankfurt a. M.: Peter Lang.

Padberg, Friedhelm (2011): Didaktik der Arithmetik für Lehrerausbildung und Lehrerfortbildung. Heidelberg: Spektrum.

Paschen, Harm (Hrsg.) (2010): Erziehungswissenschaftliche Zugänge zur Waldorfpädagogik. VS Verlag für Sozialwissenschaften.

Prinzhorn, Hans (2011): Bildnerei der Geisteskranken (1922). Heidelberg: Springer.

Riegler, Peter (2018): Die Prüfung steuert Lernverhalten - lassen Sie uns das nutzen! In: Fachgruppe Didaktik der Math. d. Univ. Paderborn (Hrsg.): Beiträge zum Mathematikunterricht 2018. Münster: WTM-Verlag. S. 1491–1494.

Rittelmeyer, Christian (2017): „MINT-Bildung in Deutschland". Stellungnahme vor dem Bundestagsausschuss für Bildung, Forschung und Technikfolgenabschätzung, 8. März 2017.

Rosa, Hartmut; Endres, Wolfgang (22016): Resonanzpädagogik - wenn es im Klassenzimmer knistert. Weinheim: Beltz.

Rosa, Hartmut (2017): Resonanzen im Zeitalter der Digitalisierung. In: Digitale Aufklärung. Herausforderung des Wandels. Medien Journal Nr. 1., S. 15–25.

Schuberth, Ernst (2012): Der Anfangsunterricht in der Mathematik. Aufbau und fachliche Grundlagen. Stuttgart: Freies Geistesleben.

Steiner, Rudolf (1984): Erziehungskunst – Seminarbesprechungen und Lehrplanvorträge (1919). GA 295. Dornach: Rudolf Steiner Verlag.

Steiner, Rudolf (1987): Die Erziehung des Kindes (1907). In: Luzifer-Gnosis (1903–1908). GA 34. Dornach: Rudolfs Steiner Verlag.

Steiner, Rudolf (1990): Erziehungskunst Methodisch-Didaktisches (1919). GA 294. Dornach: Rudolf Steiner Verlag.

Steiner, Rudolf (1991): Die geistig-seelischen Grundkräfte der Erziehungskunst - Spirituelle Werte in Erziehung und sozialem Leben (1922). GA 305. Dornach: Rudolf Steiner Verlag.

Steiner, Rudolf (1993): Erziehung und Unterricht aus Menschenerkenntnis (1920-1923). GA 302a. Dornach: Rudolf Steiner Verlag.

Steiner, Rudolf (1995): Das esoterische Christentum und die geistige Führung der Menschheit (1911f.). GA 130. Dornach: Rudolf Steiner Verlag.

Stern, Elsbeth (1998): Die Entwicklung des mathematischen Verständnisses im Kindesalter. Habilitationsschrift 1994. Lengerich: Pabst Publisher.

Stern, Elsbeth (2008): Je früher, desto besser? Über Lernstrategien von Vorschulkindern. In L. Fried (Hrsg.): Das wissbegierige Kind. Neue Perspektiven in der Früh- und Elementarpädagogik. Weinheim: Juventa, S. 21–28.

Storch, Maja/Cantieni, Benita/Hüther, Gerald/Tschacher, Wolfgang (2010): Embodiment. Die Wechselwirkung von Körper und Psyche verstehen und nutzen. Bern: Huber.

Toepell, Michael (1986): Über die Entstehung von David Hilberts „Grundlagen der Geometrie". Dissertation 1984. Vandenhoeck & Ruprecht Göttingen (Studien zur Wissenschafts-, Sozial- und Bildungsgeschichte der Mathematik 2).

Toepell, Michael (2012): Mathematikunterricht im Spannungsfeld zwischen Normierung und Individualisierung. In: Loebell, Peter/Schuberth, Ernst (Hrsg.): Menschlichkeit in

Pädagogik und Erziehungswissenschaft - eine Herausforderung. Bad Heilbrunn: Klinkhardt-Verlag, S. 186–204.

Toepell, Michael (2015): Wege zu einer spirituellen Dimension der Pädagogik - eine Spurensuche. In: Paschen, Harm/Röhr-Sendlmeier, Una (Hrsg.): Nicht-diskursive pädagogisch relevante Wissensbestände (Themenheft). In: Bildung und Erziehung 68. Jg., H.1. Köln, Weimar, Wien: Böhlau, S. 61–83.

Toepell, Michael (2017): Persönlichkeitsentwicklung im Rahmen mathematischer Bildung. In: Hübner, Edwin/Weiss, Leonhard (Hrsg.): Personalität in Schule und Lehrerbildung. Perspektiven in Zeiten der Ökonomisierung und Digitalisierung. Opladen, Berlin, Toronto: Verlag Barbara Budrich, S. 329–353.

Ullrich, Ringo (2016): Mit Musik zur Mathematik im Unterricht der Grundschule - Entwicklung und kritische Betrachtung des grundschulpädagogischen Konzeptes Mathe klingt gut. Dissertation Universität Leipzig. Leipzig: Erdenfest-Verlag.

Zdražil, Tomáš (2010): Die Bedeutung der Gesundheitswissenschaften für das pädagogische Denken. Der gesundheitsfördernde Ansatz von Waldorfschulen. In: Paschen, Harm (Hrsg.): Erziehungswissenschaftliche Zugänge zur Waldorfpädagogik. VS Verlag für Sozialwissenschaften, S. 245–266.

*Anna-Maria Schirmer*

# In Resonanz mit der sinnlichen Welt – Beiträge der Kunstpädagogik zu einer welthaltigen Erkenntnis angesichts digitaler Distanzierungsbewegungen

### Zur Einleitung: Social Synthetics, ein Ausstellungsbesuch

Die Ausstellungsräume des Museum Brandhorst in München betritt man über einen großzügigen Korridor, der von einer skulptural anmutenden Treppe dominiert wird. Licht und Schatten spielen in feinen Brechungen auf den weißen Wänden, die Hand gleitet über die hölzerne Brüstung. Das Holz ist warm und trocken, ganz fein ist die Maserung zu spüren.

Abb. 1: Ausstellungsansicht, Seth Price, Social Synthetic, Museum Brandhorst, München, 2018. Photo: Simon Vogel.

Im ersten Raum der Überblicksausstellung des zeitgenössischen Künstlers Seth Price (geb. 1973)[1] prallt mein Blick förmlich von den Reliefbildern an der gegenüberliegenden Wand ab. Weiße, goldene, stereotyp gemusterte Polystyrolfelder im großen Format hängen in strenger Reihung an der Wand. Aus den Flächen treten einzelne Körperteile hervor, fragmentiert, wie eingepresst oder durch die undurchdringliche Synthetik-Oberfläche hindurchgezogen, ihrer Lebendigkeit beraubt. „Vacuum-Forms" nennt Price diese Arbeiten, mit welchen er industrielle Konservierungsformen aufgreift und thematisiert. Das Leben hinter aalglatten, industriell hergestellten Oberflächen gefangen, leblos ... ?

Zwei Räume weiter ein anderes, thematisch verwandtes Szenario: Zwei Wände des hohen Raumes sind mit einer starken Acrylfolie bespannt, in der sich der den Raum betretende Betrachter unmittelbar spiegelt. Man begegnet auf dieser synthetischen Oberfläche seinem eigenen Abbild, wird unversehens Teil des Szenarios und bleibt zugleich doch außen vor. Es ist ja doch nur eine Spiegelung auf glatter Oberfläche, die im nächsten Moment wieder verschwindet. Bevor man sich dem eigenen Abbild so nähern könnte, dass es vielleicht greifbar würde, löst es sich wieder auf.

Auf einer der Wände befinden sich scherenschnittartige Objekte. Nach einigem Hinsehen erkenne ich im Negativraum Fragmente menschlicher Figuren. Eine Hand mit Zigarette, eine mit Becher, zwei Hände in Interaktion, Gesichter im Profil. Die Formen sind aus transparentem, industriellem Kunststoff gefertigt und wie kunsthandwerkliche Intarsienarbeiten mit feinsten Holzfurnieren beschichtet. In seiner exquisiten Maserung wirkt das nur wenige Millimeter starke Holz lebendig; Faser neben Faser entwickelt sich ein schwingender Rhythmus, bei dem ein Fragment sich dem anderen ähnelnd anschmiegt, ohne dass sich ein Element stereotyp wiederholen würde. Ein Spiel der Formkräfte, das sich zur höchsten Harmonie und Schönheit entwickelt. Fast meint man, die dynamischen Wellenformen durch den Blick ertasten und spüren zu können. Derart konserviert, werden die Lebensspuren des Baumes im Museumsraum wieder lebendig.

---

1 „Seth Price: Social Synthetics" Ausstellung im Museum Brandhorst, München (21.10.2017 bis 8.4.2018).

Abb. 2: Ausstellungsansicht, Seth Price, Social Synthetic, Museum Brandhorst, München, 2018. Photo: Simon Vogel.

Abb. 3: Ausstellungsansicht, Seth Price, Social Synthetic, Museum Brandhorst, München, 2018. Photo: Simon Vogel.

Diese Materialerfahrung steht im harten Kontrast zur Optik und Haptik des Acrylglases mit seiner harten, synthetischen Oberfläche. Hier erkenne ich im Material keine Abweichungen, keinen Rhythmus, nur sterile Form. Auch die ruppigen Schnittkanten – sie folgen den Umrisslinien stark verpixelter Bilder – lassen sich mit den feinsten Liniengespinsten des Holzes nicht vereinbaren. Und gerade in diesem harten Kontrast wird die Rüdheit industrieller Produktion und die Distanz zur Lebendigkeit spürbar. Dreht man sich um, sieht man sich mit traditionellen Handzeichnungen konfrontiert. Etwas verloren hängen sie der großen Wandarbeit gegenüber, konservativ gerahmt. Die Kohlezeichnungen zeigen Hände in ausdrucksstarker Geste. Sie sind detailliert ausgearbeitet, selbst dem Papier sieht man die feine Haptik an.

Größer kann ein Kontrastfeld in einem Ausstellungsraum kaum sein. Hier werden unterschiedliche Erfahrungen angeboten und viele Fragen provoziert. Fragen nach der Begegnung zwischen Mensch und Mensch, Mensch und Natur, Mensch und Welt. Fragen nach unseren sinnlichen und materiellen Weltbezügen und nach der Rolle des Tuns mit der Hand und des Handwerks.

## Verdinglichung und Distanz

Mit langem Vorlauf haben wir eine Kultur geschaffen, die einer einseitigen Rationalität die Vorherrschaft einräumte (Gorgé 2008: 23f.). Wenn heute etwa von einer rationalen Entscheidung die Rede ist, so erwarten wir, dass jener Entscheidung ein möglichst von Emotionen und Empfindungen freier Abwägungsprozess vorausging, bestenfalls im Rückgriff auf konsensfähiges, objektiviertes Wissen. Verhalten wir uns rational, so entscheiden wir auf der Basis einer Realität, die „für uns in erster Linie die Faktenaußenwelt ist" (Gehlen 1956: 189). Von Fakten erwarten wir wiederum, dass diese einem empirischen Nachweis standhalten. Fakt ist, was Betrachter- und zeitpunktunabhängig ist und sich in wiederholbaren Überprüfungen immer wieder bestätigen lässt. Geht es um jene auf Fakten begründbare Rationalität, sind weder Meinungen noch Ahnungen oder Intuitionen gefragt. Aspekte individueller Bedeutsamkeit und Sinnstiftung werden je nach Couleur mit dem Label emotional, sentimental, irrational, numinos oder gar esoterisch versehen und in eine streng von jener faktischen Außenwelt zu trennende subjektive Innenwelt verschoben. Wir werden tendenziell zu Bürgern zweier Welten: einer objektiven Außenwelt, die wir durch einen distanzierten im obigen Sinne rationalen Zugriff zu erkennen meinen und welche wir uns emotions- (und weitgehend auch mitleidslos) zuhanden machen, und einer intimen Innenwelt der Gefühle, Empfindungen und Emotionen.[2] Vor allem in allen Bereichen, in welchen es um Wissenschaft und Bildung geht, wird jene ungünstige Trennung deutlich:

> „[...] selbst da, wo eine über sich selbst aufgeklärte Wissenschaft mit A. Einstein einräumt, dass es keinen erkenntnistheoretisch privilegierten Weg beim Aufsuchen von Naturgesetzen gibt, ‚sondern nur die auf Einfühlung in die Erfahrung sich stützende Intuition', selbst da, wo die Wissenschaftstheorie mit K.R. Popper eingesehen hat, dass unser gesamtes empirisches Wis-

---

2  Dazu ausführlich Rumpf 1994: 43ff.

sen aus Vermutungen besteht, selbst da ist gleichwohl weder Intuition noch Vermutung an den erkenntnistheoretischen Diskurs angeschlossen worden, [...]" (Hogrebe 1996: 7).

So geht es in den Schulen und Hochschulen immer mehr um Fakten und Datenwissen und um vermeintlich klar fassbare und objektiv überprüfbare Kompetenzen (Steffel 2017: 35). Wir pflegen in unseren Bildungs- und Forschungseinrichtungen spezifische Formen der Realitätszugewandtheit, die andere erkenntnishafte Zugänge wie nachempfindende Einfühlung, Intuition oder Imagination nahezu ausschließen. Der Körper mit all seinen sinnlichen Empfindungsfeldern findet dabei als Erkenntnismedium äußerst selten Beachtung: „Das Heranwachsen in die moderne Zivilisation ist für jedes Kind ein Kurs in einer besonderen Askese: Es muss lernen, seine sinnlichen Welt-Resonanzen auf bestimmte Kanäle zu reduzieren und dort zu kontrollieren" (Rumpf 1994: 43).

Diese über eine lange Kulturentwicklung hinweg tradierte Trennung von Kognition und Emotion, Kopf und Leib, betrifft unser In-der-Welt-Sein ins Mark, denn sie setzt stets ein bestimmtes Vorzeichen vor unser „In-Beziehung-Treten zueinander, zu den Dingen, zum eigenen Körper und zur Welt als Ganzes" (Rosa 2017: 55). Bewegen wir uns im obigen Sinn allzu rational in einer Welt der erkalteten Objekte, so verlieren wir auch unser Personsein, das nun mal auf der Ganzheitlichkeit unterschiedlicher Wesensglieder besteht, aus dem Blick und werden uns selbst fremd. Im Zuge dieser Entwicklungen beurteilen und taxieren wir unsere Umgebung vorwiegend mittels eines distanzierten und distanzierenden Blicks. Äußerst anschaulich beschreibt der Architekt und Architekturtheoretiker Juan Pallasmaa, wie der Sehsinn im Zuge dieser Entwicklungen nicht nur dominant wurde, sondern sich auch gewissermaßen von den anderen Sinnen abkoppelte und dadurch schärfer, aber auch ärmer wurde: „[...] diese Abkoppelung und Reduzierung nimmt der Wahrnehmung ihre natürliche Vielschichtig-, Reichhaltig- und Formbarkeit, fragmentiert sie und verstärkt so ein Gefühl der Distanz und Entfremdung" (Pallasmaa 2012: 52).

## Scharfer Blick statt Verbundenheit?

Nun sind diese Entwicklungen nicht nur nachvollziehbar, sondern geradezu notwendig gewesen. Die Etablierung jenes isolierten, scharfen Sehsinns steht etwa im Zusammenhang mit der Entwicklung der Zentralperspektive und einer damit einhergehenden prinzipiell veränderten Weltsicht (Panofsky 1992/Gebser 1995), die zur unabdingbaren Grundlage der Naturwissenschaften wurde. Einem verständlichen Bedürfnis nach Selbstbestimmung folgend, begannen wir, unsere Weltbezüge zu objektivieren und zu verdinglichen. In einem groß angelegten Programm der „Entzauberung der Welt" (Weber 1988: 593) wurde erklärt, vermessen, analysiert und aus dem Fremden, Sich-Ereignenden der zu be-greifende und berechenbare Gegenstand gemacht. Die abstrakten Kategorien, Begriffe und Formeln, die wir zur Erklärung unseres Daseins entwickelten, schufen eine für die verstandesmäßige Durchdringung der Welt notwendige Distanz, die als Kehrseite eben jenen Verlust an emotionaler Bindung und Resonanzfähigkeit erzeugte. Walter Benjamin sprach von den „Eiswüsten der Abstraktion", in die wir uns hineinbegeben hätten.

Für Adorno und Horkheimer ist es bekanntlich der Geist der Aufklärung, der mit einseitigen Rationalitäts- und Vernunftsmechanismen die belebte Welt zu einem vielfach erstarrten Zweck-Mittel-Gefüge vermeintlicher Eindeutigkeiten zusammenschrumpfen ließ. Die Werkzeuge der Verdinglichung sahen sie unter anderem in Formen des mathematisch-technischen Denkens: „Wenn in mathematischen Verfahren das Unbekannte zum Unbekannten einer Gleichung wird, ist es damit zum Altbekannten gestempelt, ehe noch ein Wert eingesetzt ist. Die Natur ist [...] das mathematisch zu Erfassende; selbst was nicht eingeht, Unauflöslichkeit und Irrationalität, wird von mathematischen Theoremen umstellt" (Horkheimer/Adorno 1969: 25). Obgleich hier die Mathematik in ihren Qualitäten, geistige Ordnung zu erstellen, zu kurz kommt, wird meiner Ansicht nach in dieser Aussage eine Geisteshaltung deutlich, die heute viel Raum einnimmt. Fürchteten Adorno und Horkheimer noch die Umstellung alles Lebendigen durch Zahlen und Formeln, so wird heute vielfach die Macht der Algorithmen beschworen und gefeiert. Etwa unter dem Stichwort „Schule 4.0" wird gefordert, Kinder schon im Grundschulalter vermehrt informatisches respektive algorithmisches Denken zu lehren.[3] So notwendig eine Bildung ist, die Kinder und Jugendliche zu mündigen Gestaltern auch digitaler Zukunft macht, so fragwürdig bleibt per se der Versuch, die Welt mit immer mehr Daten in den Griff zu nehmen, zu optimieren und in die absolute Berechenbarkeit zu führen. Die von Internet-Vordenker Sascha Lobo vorausgesagte „Liebe zu Daten" stellt vielleicht einen grotesken Höhepunkt dieses spätestens mit der Aufklärung gestarteten Verdinglichungsprogramms dar. (Siehe auch den Beitrag von Damberger in diesem Band.)

Auf der einen Seite nutzen wir also die neuen digitalen Möglichkeiten, um den Grad der Beherrschung unseres Lebens permanent zu steigern, indem wir Allem mit stets noch feineren Maßeinheiten zu Leibe rücken und die absolute Program-

---

3 Exemplarisch sei auf ein umfassendes Projekt in Österreich hingewiesen: https://journals.univie.ac.at/index.php/mp/article/view/mi1092/1203, Zugriff 21.01.2020. Die Notwendigkeit, Kinder mit Fähigkeiten auszustatten, auch in der digitalisierten Welt selbstbestimmt teilhaben zu können, ist unbestritten. Fraglich scheint, ob hier nicht ein allgemeiner Trend zur Dataisierung, der versucht die Welt mit Formeln in den Griff zu nehmen, zu optimieren und in die absolute Berechenbarkeit zu überführen, zu viel Raum bekommt.

mierung aller Lebensbezüge in Angriff zu nehmen – die Hoffnungen sind groß, dass Big Data und künstliche Intelligenz schon bald in der Lage sein können, das Unberechenbare des Lebens, Unwägbarkeiten und Unvorhersehbares durch klare Richtungsentscheidungen zu ersetzen –, auf der anderen Seite, lösen sich die Pole, die unseren Erklärungsbemühungen Orientierung und Richtung geben, allmählich auf.

Dem über lange Zeit vehement vertretenen materialistischen Anthropozentrismus, der bisweilen weltvergessen, den einzelnen Menschen – respektive dessen Gehirn – zum Konstrukteur der eigenen hermetischen Wirklichkeit erklärte, steht ein wachsendes, neues Bewusstsein für die Relationalität des Menschseins gegenüber: „Das relationale Selbst entwickelt sich in und aus einem Beziehungsnetz, in das es hineingeboren wird und aus dem es sich nicht heraus entwickelt, sondern in das es sich zugleich (immer weiter) verwickelt" (Künkler 2017: 73). Diesem Verständnis gemäß ist der Mensch nur in der leiblich bedingten und konstituierten Verbundenheit mit der physischen, sozialen und kulturellen Welt zu verstehen. Demnach lässt sich weder die Welt auf eine objektivierbare Ansammlung von Daten reduzieren, noch ist der Mensch als logarithmisch agierender, datenverarbeitender Apparat zu verstehen. Gerade dort, wo wir uns über sinnliche Sensibilitäten unserer Verbundenheit bewusst werden, zeigt sich die Begrenztheit abstrakter dataistischer Konstrukte.

> „Das Gehirn verfügt nicht über geistige Zustände oder über Bewusstsein, denn das Gehirn lebt nicht – es ist nur das Organ eines Lebewesens, einer lebendigen Person. Nicht Neuronenverbände, nicht Gehirne, sondern nur Personen fühlen, denken, nehmen wahr und handeln. Es ist irrig, das Subjekt oder die Person mit dem Gehirn zu identifizieren und nur in ihm das Persönliche zu suchen. Was eine Person wesentlich ausmacht, ist ihr Sein-in-Beziehungen [...]" (Fuchs 2013: 296).

Unsere Zeit ist vielgesichtig und polarisierend. Wir haben es auf der einen Seite mit technisch lancierten Distanzierungsbewegungen zu tun, die die Verdinglichung und damit einhergehend die Trennung von Mensch und Welt vorantreiben. Digitale Formate scheinen diesbezüglich wie Abstandshalter zwischen Mensch und Welt, Geist und Leib zu wirken.

Auf der anderen Seite sind heute dialektische Gegenbewegungen zu beobachten, die auf die immense Entfremdung von Sinnlichkeit und Leiblichkeit und das *erkaltete Denken* (Adorno 1966/1970: 101) reagieren. Ein neues Bewusstsein für das Zusammenspiel von Verstand und Sinnen, Stoff und Geist, Mensch und Welt zeichnet sich allmählich nicht nur in den theoretischen Diskursen ab,[4] sondern bahnt sich auch Wege in unsere alltäglichen Erfahrungsräume. In einem breit angelegten Projekt fragt etwa der Kunstpädagoge Jochen Krautz, wie sich unsere Vorstellungen von Kunst, Ästhetik, Schule, letztlich vom Menschsein verändern, wenn der Mensch in seiner Beziehungshaftigkeit und Bezogenheit erkannt wird.[5]

## Veränderte Umstände – veränderte Kräfte?

Wir befinden uns in einer Zeit derart rascher Umbrüche und Veränderungen, dass ein Überblick, wie sich das Aufwachsen von Kindern und Jugendlichen in einer digitalisierten Welt verändert, kaum noch gelingen mag. Ihrer Grundstruktur nach nicht-linear, lösen die neuen digitalen Systeme kaum überschaubare und noch weniger berechenbare Trends aus. Was heute „in" ist, kann morgen schon wieder „out" sein, was gerade noch als unlösbares Problem gilt, mag in der nächsten Woche schon gelöst sein. Das Feld der Möglichkeiten und Handlungsoptionen wächst täglich und wirkt sich auf Verhalten, Bewusstsein und Haltung aus. In dieser Gemengelage der kaum kalkulierbaren, sich wechselseitig beeinflussenden Tendenzen und Strömungen werden Entwicklungslinien unscharf.

Je schneller sich das digital angetriebene Veränderungsrad – vielmehr Räderwerk – dreht, umso deutlicher treten die Pole in Erscheinung, zwischen welchen sich die vielfältigen Entwicklungsfelder aufspannen. Die Kontraste, die Seth Price so meisterlich zu inszenieren vermag, umgeben uns tagtäglich:

Während sich auf der einen Seite die virtuelle Welt ausdehnt, wächst auf der anderen Seite der Impuls, sich mit der *natürlichen*[6] Welt zu verbinden. Die Beliebtheit von Waldkindergärten und Outdoor-Sportarten, aber auch die großen Auflagen von Magazinen wie „Landlust", mögen als Indiz für ein wachsendes Bedürfnis nach Naturverbundenheit gesehen werden. Auch im Bewusstsein ändert sich hier etwas, wenn sich als Gegengewicht zu einem distanzierten Verhältnis, das die Umwelt als ausbeutbaren Rohstoffpool betrachtet, ein neues Verständnis von Natur Raum sucht. So versucht etwa Peter Wohlleben in seinem zum Bestseller avancierten Buch, Erfahrung und wissenschaftliche Erkenntnis zusammenzubringen, um das Leben der Bäume weit hinter der Oberfläche in den Blick zu nehmen (Wohlleben 2015). Über die romantische Waldliebe hinaus darf man hier wohl von sinn-

---

4 Exemplarisch Fuchs 2013, Rosa 2017.
5 2017 gab Jochen Krautz die bislang umfangreichste Veröffentlichung zur relationalen Pädagogik heraus. Im Band sind Beiträge diverser Autoren unter anderem aus Philosophie, Erziehungswissenschaft, Psychologie, Kulturwissenschaft versammelt, um *Relationalität* für die Pädagogik breit und zugleich tief zu denken (Krautz 2017).
6 Die Künstlichkeit dieser Art Naturbegegnung kann an dieser Stelle nicht thematisiert werden, dazu: Böhme 1992.

lich fundierten, auf das Wesenhafte gerichteten Erkenntnisbemühungen ausgehen. Vielleicht zeigt sich hier eine zeittypische und auch richtungsweisende Tendenz. So vermutet auch Bodo von Plato in einem veröffentlichten Gespräch mit Thomas Steininger, dass sich im Sinn einer dialektischen Bewegung durch die Digitalisierung eine „neue Öffnung für das Wesenhafte" ergeben könne (Plato/Steininger 2017).

Ähnlich dialektisch zeigt sich die Bewegung zwischen Entkörperung und neuem Leibbewusstsein. Den vielen Stunden, die wir uns und der Welt durch die engen Zoll-Formate der Bildschirme gewissermaßen leibfern begegnen, steht ein großes Bedürfnis nach gelebter Körperlichkeit gegenüber. „Womöglich lehrt uns ohnehin eine Zeit, die Existenz als ‚being connected' veräußert und den Menschen in die Immaterialität hinüberladen möchte, insgeheim erst wieder, was es heißt, materiell und von dieser Welt zu sein" (Kaeser 2011: 119).

Und neben dem expandierenden Egokult entstehen neue Chancen des Personseins. Social Media kann auch als unendliches Feld der Identitätsarbeit gesehen werden, in welchem es sich mit einem klaren Standpunkt zu verorten gilt. Für jedes Identitätsfragment finden sich Rollenmodelle, für jeden Gedanken Befürworter, für jedes Bedürfnis Gruppen Gleichgesinnter. Das *Selbst*[7] wird zum Projekt, das es aktiv zu gestalten gilt: „[...] noch nie hat eine so große Zahl von Individuen so viel Zeit zur Selbstreflexion und zur ästhetischen Selbstgestaltung aufgewendet" (Heinzlmaier 2010: 137). Was also zunächst als „unstillbarer Bedarf nach Resonanz und Bestätigung durch die Anderen" (Ziehe 2013: 206) daherkommt, mag hinter der Oberfläche Chancen für ein neues Miteinander, vielleicht auch eine neue Humanität bergen.

In der Vielfalt der Informationen, Meinungen und Anschauungen zersplittern Machtstrukturen und konsistente Weltbilder. Wir stehen tagtäglich vor der Aufgabe, Wahrheiten zu prüfen und uns selbst ein Bild von der Welt zu machen. Es ist deutlich zu beobachten, wie die Verunsicherung angesichts jener in Bewegung geratenen Ordnungsstrukturen den Drang nährt, vermeintlich einfachen Erklärungsmodellen von Despoten und Populisten unterschiedlichster Ausrichtung zu folgen. Angesichts der uns permanent umgebenden Multiperspektivität sind Fähigkeiten zum Umgang mit Unbestimmtheit, Uneindeutigkeit und Kontingenz unabdingbar. Ist von Bildung im Kontext der Digitalisierung die Rede, müssten jenen *Kompetenzen*[8] großer Raum zugesprochen werden.

---

7   Mit der Bezeichnung „Selbst" folge ich einer Terminologie von Georg Herbert Mead. Gemeint ist also zunächst die Arbeit an der äußeren Rollenidentität, die sich in komplexen Entwicklungsgängen auf das Ich auswirkt.
8   Zur Kritik am Kompetenzbegriff, der hier im Bewusstsein der Begriffsproblematik verwendet wird: Aden 2011.

Versteht man Kunst als ein vielschichtiges, durch Bedeutungsoffenheit und Rätselcharakter charakterisierbares Medium (vgl. Schirmer 2015: 177f.), ergeben sich in Bezug auf oben genannte Entwicklungsfelder besondere Bildungsmöglichkeiten. Im bildnerischen Tätigsein und in der Begegnung mit Kunst kann man lernen, Sowohl-als-Auch und Vagheit als besondere Qualität zu erkennen. Bringt man zudem in Anschlag, dass in künstlerischen Prozessen eine besondere sinnlich-leibliche, von der Person ausgehende Fundierungen aufgerufen und Emotion und Kognition in ein dichtes Verhältnis gesetzt werden, vertieft sich das Möglichkeitsspektrum pädagogischen Handelns.

Weit über die Befähigung zum kritischen Umgang mit medialer Wirklichkeit und die Ausstattung mit digitalen Gestaltungsfertigkeiten hinaus, kann die Kunstpädagogik die Rolle eines sinnlichen und sinnhaften Beziehungsstifters zwischen Mensch und Welt einnehmen und damit weit grundständigere und weitreichendere Bildungsziele in den Blick nehmen.

Dieser Aspekt, der sinnlich-leiblichen (auch resonanten) Beziehung zwischen Mensch und Welt, der sich meiner Meinung nach auf besondere Weise im künstlerischen Handeln ansprechen lässt, soll im Folgenden zunächst geklärt und dann auf der Basis eigener bildnerischer Erfahrungen sowie aus der konkreten Unterrichtspraxis aufgezeigt werden.

## Kunst als Beziehungs-Medium mit besonderen Qualitäten

> „So bewährt sich auch an der Kunst das Wort Goethes, dass jeder neue Gegenstand, so recht betrachtet, ein neues Organ in uns aufschließt – dieser Aufschluss neuer Organe des Sehens (nicht neuer Objekte des Sehens): Das ist der reinste und tiefste Sinn der wahrhaft-großen künstlerischen »Gesichte«. Sie sind »Visionen« – aber als solche nicht Ausblicke auf eine gegenständlich-natürliche oder auf eine transzendente Welt – sie sind etwas ganz Anderes – sie sind ein neuer Modus des Sehens, der uns plötzlich [...] erschlossen wird [...] und in diesem Sinn lässt sich auch sagen, dass diese Visionen echte Erkenntnisse in sich schließen – das neue Organ, das in uns aufgeschlossen wird, macht einen Umriss, eine andere Zeichnung und Kontur der Welt deutlich, als sie zuvor gesehen worden war" (Cassirer 1922, 3. Band /2009: 254f.).

Aus dem unmittelbaren Erleben heben wir Dinge heraus, indem wir uns ein Bild von ihnen machen, Begriffe bilden oder sie anhand von Formeln erklären. Die unterschiedlichen Artikulationssysteme, auf welche wir dabei zurückgreifen, bestimmen dabei nicht nur maßgeblich, was und wie wir erkennen, sondern sie modellieren auch unsere Wahrnehmung und unsere Weltbezüge. Ernst Cassirer nannte jene Artikulationssysteme „Symbolische Formen" und untersuchte, inwiefern jede Symbolische Form eigene Beziehungen zwischen Welt und Mensch stiftet. Neben Mythos, Sprache und Wissenschaft untersuchte er auch das Feld der Kunst als spezifische Symbolische Form.

Ist im vorangegangenen Zitat von *reinstem und tiefstem Sehen* die Rede, so spricht Ernst Cassirer nicht nur spezifische Wahrnehmungs-, sondern auch besondere Beziehungsqualitäten an, die er dem Feld der Kunst zuspricht. Für ihn treffen sich im künstlerischen Handeln der Ausdruckston der Dinge und die Ausdrucksfunktion des Geistes, um die „unerschöpfliche Vielfalt von Aspekten an den Dingen zu offenbaren" (Cassirer 1996: 223). Folgt man Cassirers Gedankengang weiter, so bewegt sich der künstlerisch Tätige im „Medium der sinnlichen Formen" (ebd.: 226) und kommt darüber der Welt in ihren Ausdrucksqualitäten und letztlich in ihrem Sein auf individuelle Weise besonders nah. Während andere Symbolische Formen – die Artikulationssysteme der Wissenschaft beispielsweise – um einen distanzierenden, objektivierenden und analysierenden Blick bemüht sind, „ruft die Kunst eine neue Orientierung unseres Denkens, unserer Phantasie und unserer Gefühle auf" (ebd.: 259), so Cassirer.[9]

Auch wenn die Erscheinungsformen der Kunst heute so vielfältig sind, dass es bisweilen schwerfällt, einen gemeinsamen Grund zu erkennen, ist im Aufruf zur Neuorientierung des Wahrnehmens und Denkens ein das pluralistische Feld der Kunst einendes Merkmal zu sehen. Künstlerisches Handeln zielt auf Wahrnehmungsveränderung, sowohl bei dem, der künstlerisch tätig wird, als auch beim Rezipienten. Diese Veränderung in der Wahrnehmung und letztlich dann auch in der Beziehung zur Welt kann je nach künstlerischer Intention freilich ganz unterschiedliche Ebenen betreffen. Während uns der Lichtkünstler James Turrell in ein vielsinniges, ganzheitliches Erleben immaterieller Farbräume führt und dabei vermeintliche Gewissheiten außer Kraft setzt, arbeitet Teresa Margolles mit gezielten, nachhaltige Erschütterung auslösenden Provokationen, um auf soziale Missstände hinzuweisen.[10] Um die ganz real leibliche Erfahrung von Transzendenz geht es auf der einen Seite, um ein Wachrütteln durch ein hochgradig berührendes Erleben auf

---

9 Nun ist es angesichts der Vielfalt der Erscheinungsformen, Intentionen und Strategien, die unter dem Label „Kunst" zu finden sind, kaum noch möglich, von *der* Kunst zu sprechen. Es sei also darauf hingewiesen, dass der Versuch, Kunst als einheitliche Symbolische Form zu betrachten, daher schnell Gefahr läuft, zu pauschalisierend und vereinfachend zu sein. (dazu Gombrich 2002: 15) Aus pragmatischen Gründen ist hier dennoch von *der* Kunst die Rede. In der Annahme, dass die Aspekte, die hier angesprochen sind, große Gültigkeit für viele Bereiche im Feld der Kunst haben, mag eine derartige Reduzierung legitim sein.

10 Eine knappe Zusammenfassung zur künstlerischen Position von Teresa Margolles findet sich online z. B. unter https://archiv2.fridericianum.org/ausstellungen/rckblick/margolles/?L=85629, Zugriff 21.01.2020.

der anderen. Soweit die Zielsetzungen auseinandergehen, gemeinsam ist beiden künstlerischen Positionen doch – und dies mag exemplarisch sein für künstlerische Ausdrucksformen per se –, dass hier das sinnlich Wahrnehmbare und wechselwirksam die Wahrnehmungsfähigkeit gestaltet wird.

Wenn es um Auseinandersetzung mit sinnlicher Weltbegegnung geht, stehen begriffliche und kategoriale Zuweisungen zunächst in der zweiten Reihe und wir dürfen nach wie vor davon ausgehen, dass uns Kunst in die bewegliche lebendige Ordnung der Dinge, die hinter den statischen Konzeptionen verdinglichter Zugriffe aufscheinen mag, versetzen kann. Dies gelingt ihr, indem sie ästhetische Erfahrung aktiviert und sinnliche Erkenntnis aufruft und uns damit in besondere Weise mit der uns umgebenden Welt in Resonanz bringt.[11] Kunst kann also als jene Symbolische Form verstanden werden, die eine besondere Dichte zwischen Mensch und Welt herzustellen vermag.

## Ästhetische Erfahrung

Wie zuvor ausgeführt, basiert künstlerisches Schaffen (auch) auf einem besonderen Zugang zur Gestaltbarkeit des Sinnlichen, verkürzt auf ästhetischer Erfahrung. Da Kunstwerke sinnliche Artikulationen sind, vermögen sie ästhetische Erfahrungen auszulösen. Dennoch kann man nicht behaupten, dass jede ästhetische Erfahrung automatisch ein Kunstwerk hervorbringt. Auch eine Gleichsetzung zwischen ästhetischer Erfahrung und Kunstrezeption griffe deutlich zu kurz. Eine ästhetische Erfahrung mag sich auch einstellen, wenn sich beispielsweise losgelöst von den Routinen des Alltags Momente besonders verdichteter Wahrnehmung eines Naturschauspiels ergeben.

Das Ästhetische beschreibt eine per se vorhandene Seite des Seins, die sich dann zeigt, wenn die Wahrnehmung *hinter* die funktionale Seite der Dinge blickt und sich auf die sinnliche Qualität an sich richtet. Man kann das Rot eines Apfels als Indikator für dessen Reife sehen oder man kann sich der Anmutung der Farbe an sich widmen: „Die ästhetische Wahrnehmung eröffnet, über die physikalische Dimension hinaus, eine weitere Dimension. Sie erhebt sich gewissermaßen über die bloß gegenständliche Ebene und richtet sich auf genuin ästhetische Qualitäten" (Welsch 2016: 80).

---

Einen Einblick in das Werk von James Turrell bietet folgender Link: https://www.youtube.com/watch?v=v2GsgfXStCQ, Zugriff 21.01.2020.

11 Auch Hartmut Rosa geht davon aus, dass Kunst (explizit Musik) „eine ganz spezifische Form der Weltbeziehung zu stiften in der Lage ist, eine solche nämlich, in der das Weltverhältnis als Ganzes spürbar und zugleich modulierbar und modifizierbar wird" (Rosa 2017, 161).

Es bleibt Ursprungsmoment und Privileg der Kunst, jene andere Dimension zu thematisieren und zu artikulieren. Dementsprechend bleibt es im Bildungsgeschehen auch die unverzichtbare Aufgabe künstlerisch-ästhetischer Erziehung, die Fähigkeit, hinter die funktionale Seite der Dinge zu blicken, zu schulen.

Abb. 4: Angeregt durch einen Text von Wolfgang Welsch, in welchem von dem unendlich langsamen Leben der Steine die Rede ist (Welsch 2015: 586), habe ich begonnen, beim Spaziergehen Kieselsteine zu sammeln. Zeichnend, malend, plastizierend versuchte ich dann mich an diese Fremdlinge heranzutasten.

> „Ein von den Wellen rund geschliffener Kieselstein fühlt sich in der Hand nicht nur wegen seiner Wohlgeformtheit so angenehm an, sondern auch weil er perfekter Ausdruck seines eigenen langsamen Formprozesses ist; ein derart vollkommener Kieselstein in der Hand ist Materie gewordene Dauer, ist in Form gebrachte Zeit" (Pallasmaa 2012: 76).

Setzt man sich mit einem Gegenstand wie einem Stein im Modus der ästhetischen Erfahrung auseinander, vollzieht sich ein Wechsel im Wahrnehmen. Statt zielgerichtet nach Funktion und Zweck einer Sache zu suchen, schweift der suchende Blick über das Gegenüber und versucht dessen sinnlicher Qualitäten gewahr zu werden. Beim Zeichnen und Plastizieren von Steinen etwa[12] vollzieht sich ein Wandel in der Beziehung zwischen mir und dem Objekt. Der Stein wird aus der Alltagswahrnehmung herausgelöst und zunächst einfach nur zum sinnlich erfassbaren Gegenüber. Aus dem, was ich schon kenne – Stein, Kiesel, Bruchstelle – wird ein

---

12 Im Zusammenhang mit diesem Text mag meine kurze Erfahrungsschilderung vielleicht etwas sehr persönlich wirken. Ich reagiere mit diesem intimen Einblick auf die vorhandene Schwierigkeit, eine sich Begriffen per se entziehende ästhetische Erfahrung beschreiben zu wollen.

Gebilde mit immer neu zu entdeckenden Qualitäten. Hier eine feine Äderung, dort ein zarter Saum, ein glatte Fläche direkt anschließend an eine weiche Wölbung, ein nur der Imagination zugänglicher Innenraum im Verhältnis zur sichtbaren äußeren Haut, ... Gelingt es mir im Zeichnen mich von einer Zielsetzung – ich möchte eine gute Steinzeichnung produzieren – zu lösen, so greift ein zartes Schwingen zwischen mir und dem Stein Raum. Der Blick wird weich, tastend, suchend, schmiegt sich an. Der Stein beginnt auf eigentümliche Weise zu sprechen, vielmehr zu klingen und mein zum Wahrnehmungsorgan gewordener Körper klingt mit. Ein Gefühl tiefer Verbundenheit mag sich für Momente einstellen.[13]

Dem „Interesselosen Wohlgefallen" – eine Bezeichnung die Kant wählte, um das Wesen ästhetischer Erfahrung zu fassen – ist eine Haltung zu eigen, die eben nicht analysiert, zerlegt, erklärt, zuhanden macht, sondern das Gegenüber jenseits von Zweck- und Funktionszuschreibungen *sein* lässt. Für Kant erzeugt diese Haltung ein reines Wohlgefallen „an dem Absoluten, In-Sich-Bestehenden, Nie-sich-Verändernden" (Balmer 2009: 37). Kurzum, es vermag uns ins Zentrum der lebendigen Ordnung der Dinge zu führen, von welcher wir eben auch (nur) ein Teil sind. Diese Verbundenheitserfahrung kann man wohl auch als Resonanzerfahrung begreifen, versteht man Resonanz Hartmut Rosa folgend als „rhythmisches Aufeinandereinschwingen" (Rosa 2017: 55).

Für den Philosophen Hans Peter Balmer bedeutet ästhetische Erfahrung, „rundweg in Fühlung mit der Welt zu sein und mit ihr kreativen Austausch zu pflegen" (Balmer 2009: 12).

Jenseits begrifflicher und formelhafter Abstraktionen dient die sinnliche Erkenntnis (durch ästhetische Erfahrung transportiert), gleich einer komplementären Kraft, dazu, der logischen Wahrheit eine „ästhetische Wahrheit" (ebd.: 24) zur Seite zu stellen. Man kann wohl behaupten, jene komplementäre Wahrheit, die sich ausschließlich dem ästhetischen Erfahren und Denken erschließt, diene dem Menschen, sich in immer neuer Offenheit der Unerschließbarkeit der Welt zu widmen. Das Moment der Transzendenz besteht dann ganz wortgemäß in der permanenten Überschreitung erworbener Vorstellungen und Kategorien von Welt und wechselwirksam auch von uns selbst.

In der ästhetischen Erfahrung liegen also Qualitäten, die der auf restlose Erschließung und Erklärung zielenden Datafizierung diametral gegenüberstehen. Gerade angesichts eines permanent von weiteren Kürzungen bedrohten Bildungs-

---

[13] Nachdem ich meinen Text fertiggestellt hatte, las ich einen Artikel über das Üben geistigen Schauens von Christoph Hueck. Der Autor beschreibt unter anderem eine einfache Steinmeditation. Von der Meditation befördert, ergebe sich ein anderes Schauen, das „auf eine geheimnisvoll fließende und strömende Weise" eine Verbindung mit dem Stein bewirke (Hueck 2018: 12).

verständnisses gilt es, jene Qualitäten in ihrer bildenden Kraft immer wieder zu beschreiben und zu verteidigen.

## Ein Gegenüber finden und wahrnehmen

In einer mehrstündigen Unterrichtseinheit mit einer achten Klasse ging es um die Auseinandersetzung mit Bäumen. Zunächst entstanden Skizzen und Zeichnungen, dann wurden Holzschnitte angefertigt. Im letzten Schritt ging es um den experimentellen Umgang mit Druckstock, Papier und Farbe. In diesem vielschrittigen Prozess verändert sich der Bezug zum Gegenstand der Auseinandersetzung, „dem Baum", immer wieder.

Abb. 5: Skizzen, Vorzeichnungen und Drucke (8. Klasse)[14]

---

14 Dieses Beispiel aus meinem eigenen Kunstunterricht wurde an anderer Stelle bereits veröffentlicht. (Schirmer 2017).

Zunächst platziert sich der Zeichnende vor dem Baum, den er für seine Arbeit auf dem Schulgelände gewählt hat. Er macht sich buchstäblich zum Gegenüber und isoliert dadurch den Baum aus der alltäglichen Wahrnehmungsroutine heraus, um ihn neu sehen zu können. Aus dem Ding, das eben da ist, ohne dass man ihm spezielle Aufmerksamkeit schenken würde, wird etwas, das es nun neu zu erfassen gilt.

Wird der Stift auf das Papier gesetzt, tritt der Zeichner in einen Dialog mit seinem Gegenüber und beginnt zwischen Vorstellungsbild, entstehender Zeichnung und sichtbarem Ding abzugleichen. Im besten Fall beginnt eine Bewegung zwischen „mimetischer Anähnelung" (Brandstätter 2013: 32) und distanziertem Zurücktreten und Blicken. Zeichnen wir, so versetzen wir uns quasi leiblich nachempfindend in unser Gegenüber hinein und imitieren unmerklich dessen Gestalt.[15] Dieser Prozess kann als „mimetische Anähnelung" oder mimetisches Verstehen charakterisiert werden.

Der leiblichen Einfühlung folgt auf den Schritt der distanzierende Blick, wenn das Auge auf das Papier mit den gezogenen Linien trifft und sich die Aufmerksamkeit an den Differenzen zwischen Skizze und Gegenstand der Skizze einhakt. Eine ständige, kreislaufartige Bewegung zwischen öffnendem Schauen und fixierendem Zeichnen setzt ein. Anders formuliert öffnet sich der Gegenstand in seinem sinnlichen Gehalt im Moment des Schauens – wird Form, Stoff, und Rhythmus – und schließt sich wieder in dem Moment, indem wir versuchen, das festzuhalten, was wir wahrnehmen. Ein Spiel der Erkenntniskräfte beginnt, das „am Bestimmten das Unbestimmte, am Realisierten das Unrealisierte, am Fasslichen das Unfassliche" freisetzt und darin „ein Bewusstsein der Offenheit von Gegenwart" (Seel 2007: 66) herzustellen vermag. Kurzum, es mag sich eine ästhetische Erfahrung einstellen und diese lässt sich gerade dadurch charakterisieren, dass sie die Dinge aus der „Erledigungsmaschinerie" (Picard, zit. nach Wagenschein 1993: 36) der Zweck-Nutzen-Kategorisierungen heraushebt und quasi neu verhandelt. Und eben jene Qualität ist wohl dann – wenn vielleicht auch in kleinsten Spuren – gegeben, wenn es gelingt, SchülerInnen vom identifizierenden Sehen – *das ist ein Baum!* – zum schauenden oder auch sehenden Sehen (Waldenfels 1994: 251) – *was ist die Gestalt, die mir hier begegnet?* – zu bewegen.

Beim Anfertigen der Druckstöcke rücken dann bildkompositorische und handwerkliche Aspekte in den Fokus. Es geht nun darum, Gestaltungsmomente bewusst einzusetzen, um eine prägnante stimmige Form für den intendierten Inhalt zu finden und den handwerklichen Prozess so weit zu beherrschen, dass bildnerische Entscheidungen möglich werden.[16] Beim Experimentieren mit unterschiedlichen

---

15 Dazu Merleau-Ponty 1965: 69.
16 Differenzierte Überlegungen zur Verbindung des Selbermachens mit dem Sich-Selber-Machen formulierte ich an anderer Stelle (Schirmer 2015: 346f.).

Drucken wurde dem Zufall und dem Sich-Ereignenden die Tür geöffnet. Im Zentrum steht dabei, sich auf neue Sichtweisen einlassen zu können, dann aber sich für das Eigene zu entscheiden.

Das leibliche Ergreifen des Gegenstandes im Zeichnen und Drucken verändert nicht nur die Wahrnehmung desselben, sondern wirkt sich, wenn auch minimal, auf die Beziehung zwischen Zeichner und Ding aus.[17] Es geht eben nicht nur um das Abbilden des Baumes, sondern um sinnstiftende Begegnungen:

> „[...] weil das Sichtbare durch die uferlose Reproduzierbarkeit seiner Oberflächen und Außenseiten entwertet ist ins allzeit Verfügbare und damit Gewohnte und Gewöhnliche, bekommt solch tätiges Anschauen und Durchdringen der dinglich-sichtbaren Welt – mit den ältesten, einfachsten und zugleich aktuellsten Mitteln: der sinnlichen Wahrnehmung, dem Sehen und Handeln aus der gesamten Körperintelligenz – einen neuen Wert! Besonders vor dem Hintergrund virtueller Realitäten" (Bast 2003: 17).

## Materialerfahrung und Ausdrucksqualität

Abb. 6: Zeichnungen von Pflanzen mit Tusche, Feder und Pinsel (5. Klasse)

Diese Pflanzenzeichnungen entstanden in einer Unterrichtseinheit mit einer fünften Klasse. Mit den SchülerInnen hatte ich auf dem Schulgelände diverse Pflanzen

---

17 Dort, wo es um Beziehung zwischen Mensch und Welt geht, geht es immer auch um Selbst-Bildung: „Denn das Ich erhält Wesen und Bedeutung von dem, womit es verbunden ist" (Steiner 2005: 44).

gesammelt. Im Kunstraum durfte sich dann jedes Kind aus einem Pool an Zeichenmaterialien ein Werkzeug und Material wählen, das ihm zum Zeichnen seiner Pflanze geeignet erschien. Es wurde mit Feder und Pinsel, Tusche, Kreide, Grafitstaub und Bleistift, später auch mit farbigen Kreiden und Wasserfarben gearbeitet.

Betrachten wir die Abbildungen, so wird die Mühe der Kinder, ihre Pflanze genau zu erfassen, deutlich; es zeigt sich aber auch der Darstellungs- und Ausdruckswert der Formen und Materialien an sich. Im Unterricht ging es mir vor allem darum, die Kinder für jenen letztgenannten „Eigensinn des Materials" (Mersch 2005: 141f.) zu sensibilisieren. Nicht selten versuchen Kinder schon in diesem Alter, gegenstandsadäquate, in einem konventionellen Sinn „richtige" Zeichnungen zu erstellen (Richter 2000: 69), und übersehen dabei das, was sich auf dem Blatt eigentlich ereignet. „Sowohl das Material als auch die Herstellung implizieren bereits Bedeutungen" (Linde 2017: 124) und ästhetisch-künstlerisches Denken und Erkennen beginnen dort, wo jenen feinen stofflichen Bedeutungsspuren nachgegangen wird. Zuvor war diesbezüglich mit Ernst Cassirer vom „Ausdruckston der Dinge" die Rede. Indem die Kinder mit ganz unterschiedlichen Materialien und Zeichenwerkzeugen Erfahrungen machen, die durch gemeinsame Betrachtungen reflektiert werden, können sie aufmerksam werden für die feinen Unterschiede und deren Ausdrucksqualität.[18]

Was der Kunsttheoretiker Richard Shiff für das Arbeiten des Künstlers annimmt, mag auch im pädagogischen Kontext Gültigkeit haben: „Wenn man im Umgang mit Materialien der eigenen sinnlichen Intuition folgt, wird man die herkömmlichen Strukturen, in denen man sich ansonsten bewegt, unterlaufen [...] etwas, das ansonsten unter der kristallinen Reinheit abstrakter Ideen verborgen bleibt, tritt hervor, wenn das Denken in einem Kunstwerk zu stofflicher Präsenz gelangt" (Shiff 2009: 24). Jene sinnliche Intuition gilt es im konkreten bildnerischen Handeln zu schulen, denn wir können nicht (heute angesichts der veränderten Kindheit weniger denn je) davon ausgehen, dass Kinder und Jugendliche per se über Materialsensibilität und Formgefühl verfügen.

Unterrichtsformen, die vielschrittige bildnerische Prozesse initiieren, sind hier besonders gut geeignet. Anstatt auf eine Aufgabenstellung – meist gibt diese den Gestaltungsweg auch schon vor – mit einem Bild zu reagieren, geht es beim prozesshaften Arbeiten darum, über vielfältige Suchbewegungen, Umwege und Sackgassen erst zu eigenen Bildvorstellungen zu kommen. Diese gedehnte Auseinandersetzung öffnet Spielräume für Entdeckungen und zielt darauf, vorhandene Darstellungsnormen zu überschreiten. Lässt man genug Raum, so werden in künst-

---

18 An anderer Stelle veröffentlichte ich Gespräche mit SchülerInnen ähnlichen Alters über formal-ästhetische Momente in Bildern. Es ist erstaunlich, wie intensiv sich die Kinder auf das Nachdenken über Form einließen (Schirmer 2017: 36).

lerischen Prozessen erworbene Kategorien und Vorstellungen mit der Struktur der Materie in einem direkten Sinn konfrontiert. Während wir in anderen Artikulationssystemen gewissermaßen durch unsere Abstraktionen von der Welt zurücktreten können, wird hier das Sinnliche – ganz konkret die verlaufende Tusche, die Kohle, die sich auf dem Papier mal besser mal weniger gut anhaftet, die kratzende Zeichenfeder – zum Widerhaken des Rationalen und reichert die Begegnung mit Ding und Welt nicht nur mit Empfindung und Emotion, sondern mit Welthaltigkeit per se an. Gerade die feinen Abweichungen und Störungsmomente, die sich nun mal in materiellen Gestaltungsprozessen ergeben, können uns dann für die prinzipielle Verwandtschaft zwischen uns und den Dingen wachmachen.[19] Und eben jene Rückversicherung scheint in einer Zeit der sich permanent ausdehnenden virtuellen und scheinbar körperlosen Umgangsweisen unabdingbar zu sein.

## Zum Schluss

Wir benutzen unseren Körper immer seltener im direkten gestaltenden Kontakt mit dem Material. Oft wird „der Bildschirm zum Nadelöhr, durch das sich unsere Welterfahrung und Weltaneignung vollzieht" (Rosa 2017: 157). Der Kunstunterricht kann hier die notwendige Ausnahme darstellen, wenn er materialsensiblen Prozessen und ästhetischer Erfahrung Raum gibt. Das angesichts kostenfreier und beinahe selbsterklärender Gestaltungs-Apps überholt anmutenden Gestalten mit der Hand gilt es daher meiner Ansicht nach zu verteidigen.[20]

Wie zuvor mit dem Begriff der *mimetischen Anähnelung* angesprochen, sind wir in ästhetischen künstlerischen Prozessen mit unserer Leiblichkeit besonders involviert. Beim Zeichnen, Malen oder Drucken, wird nicht nur körperlich gehandelt – das mag bei vielen handlungs- oder erlebnisorientierten Unterrichtsformaten auch der Fall sein – sondern der Leib in seiner jeweiligen Beschaffenheit schreibt sich in die Erkenntnisgestalt mit ein. Es ist *meine* innere Gestalt, die sich unmerklich streckt, wenn sie die Aufrichte des Baumes imitiert und es ist *meine* Hand mit der ihr innewohnenden Geschichte, die den Stift über das Papier lenkt. Die leibliche Empfindung und Tätigkeit formt die Ausdrucksgestalt und bringt sich dadurch in den Be-Deutungs-Prozess ein. In digitalisierten Prozessen verhält sich das anders. Vielfach haben wir es dort mit standardisierten Prozessen zu tun, die wir nur

---

19 „Durch seinen Leib ist er [der Mensch] mit den Dingen verwandt, die sich seinen Sinnen von außen bieten" (Steiner 2005: 25).
20 Zweifelsohne muss der Kunstunterricht auch den Umgang mit aktuellen Medien und Gestaltungsformaten beachten. Stellt man das Selbstverständnis, mit dem sich Kinder und Jugendliche in digitalen Räumen bewegen, beobachtbaren Phänomenen sinnlich-leiblicher Entfremdung gegenüber, so scheint die Schwerpunktsetzung in der hier vorgeschlagenen Weise dennoch legitimierbar.

noch über den Touchscreen steuern. Zwischen das Werkzeug, die Hand und das Material schieben sich glatte, neutrale Glasoberflächen. In unsere symbolisch vermittelten Weltbezüge bringt sich die Digitalisierung nicht nur mit ganz eigenen Bildwelten, sondern vor allem auch mit einer ganz eigenen Haptik und Taktung ein. Schon 1922 vermutete der Kunstwissenschaftler und Psychiater Hans Prinzhorn: „Zumal die Gewöhnung an maschinelle Gleichförmigkeit hat es verschuldet, dass heute die Ansprechbarkeit durch lebendige rhythmische Werte äußerst gering ist" (Prinzhorn 1994: 33). Befassen wir uns mit digitalen Bild- und Gestaltungsformaten, so fällt die Gleichförmigkeit und das Fehlen von Störungen ins Auge. Oft sind die Bildwelten glatt und makellos, eine Linie gleicht exakt der anderen. Es wird kopiert und eingefügt, vektorisiert und geglittert und der Reiz der Abweichung unterliegt dem *schönen*, da vermeintlich perfekten Produkt. Missachten wir die Rhythmik unsere Empfindungen und Gefühle – und letztlich des Lebendigen an sich – wenn wir uns dem Takt digitaler Formatierungen anähneln?

Mit feinen Beschreibungen zur Kunst der griechischen Antike erörtert Christian Rittelmeyer den Unterschied zwischen leblosem Takt und lebendigem Rhythmus. Ob das nun den Bau eines Tempels, Gesang oder Tanz betreffe, stets ist es die Abweichung vom Befolgen exakter Schemata, die die besondere Qualität des Lebendigen hervorbringe: „Das organische Leben ist gekennzeichnet durch Abweichungen von der exakten Regelmäßigkeit, es vollzieht sich nicht nach dem Takt, sondern in rhythmischer Wiederkehr oder in der Erneuerung des Ähnlichen" (Rittelmeyer 2005: 39). Jene durch eine besondere Sensibilität erst wahrnehmbaren Qualitäten des Lebendigen, könnten im Kunstunterricht besonders viel Raum bekommen.

Wir sind welthafte Wesen, um uns mit unserem Denken und Erkennen durch das Materielle hindurchzubewegen. Eine klare Form von uns selbst und der Welt finden wir nur durch diesen Widerstand.

## Literatur

Aden, Maike (2011): Risiken und Nebenwirkungen einer kompetenzorientierten Kunstpädagogik. Ein kritischer Forschungsbericht. Bremen: Universität Bremen. http://elib.suub.uni-bremen.de/edocs/00102369-1.pdf, Zugriff 21.01.2020.
Balmer, Hans Peter (2009): Philosophische Ästhetik. Eine Einladung. Tübingen: Francke.
Bast, Alfred (2003): Von der Entdeckung des offen Sichtlichen oder: Die Sprache der Dinge. In: Hauskeller, Michael (Hrsg.): Die Kunst der Wahrnehmung. Beiträge zu einer Philosophie der sinnlichen Erkenntnis. Kusterdingen: Graue Edition.
Böhme, Gernot (1992): Natürlich Natur: Über Natur im Zeitalter ihrer technischen Reproduzierbarkeit. Frankfurt a. M.: Suhrkamp.

Brandt, Reinhard (2008): Von der ästhetischen und logischen Vorstellung der Zweckmäßigkeit der Natur. In: Höffe, Otfried (Hrsg.): Immanuel Kant. Kritik der Urteilskraft. München: C. H. Beck, S. 41–58.

Brandstätter, Ursula (2013): Erkenntnis durch Kunst. Theorie und Praxis der ästhetischen Transformation. Wien, Köln, Weimar: Böhlau.

Cassirer, Ernst (1996): Versuch über den Menschen. Einführung in eine Philosophie der Kultur. (1944) Hamburg: Meiner.

Ewertowski, Jörg (2007): Die Entdeckung der Bewusstseinsseele. Wegmarken des Geistes. Stuttgart: Freies Geistesleben.

Fuchs, Thomas (2013): Das Gehirn – ein Beziehungsorgan. Eine phänomenologisch-ökologische Konzeption. Stuttgart: Kohlhammer.

Gebser, Jean (1995): Einbruch der Zeit. Herausgegeben von Rudolf Hämmerlin. Schaffhausen: Novalis Verlag.

Gehlen, Arnold (1956): Urmensch und Spätkultur. Bonn: Klostermann.

Ginsborg, Hannah (2008): Interesseloses Wohlgefallen und Allgemeinheit ohne Begriffe. In: Höffe, Otfried (Hrsg.): Immanuel Kant. Kritik der Urteilskraft. München: C.H. Beck, S. 59–78.

Gorgé, Viktor (2007): Über zwei komplementäre Weisen der Welterfahrung. In: Goetz, Rainer/Graupner, Stefan (Hrsg.): Atmosphäre(n) – Annäherungen an einen unscharfen Begriff. München: kopaed, S. 17–31.

Heinzlmaier, Bernhard (2010): Jugendkulturen in der Postmoderne – gesellschaftliche Veränderungen und ihre Auswirkungen auf das ästhetische Verhalten. In: Kirchner, Constanze/Kirschenmann, Johannes/Miller, Monika (Hrsg.): Kinderzeichnung und jugendkultureller Ausdruck: München: kopaed.

Hogrebe, Wolfram (1996): Ahnung und Erkenntnis. Frankfurt a. M.: Akademie Verlag.

Horkheimer, Max/Adorno, Theodor W. (1980): Dialektik der Aufklärung. Frankfurt a. M.: Fischer.

Hueck, Christoph (2018): Geistiges Schauen üben. In: Erziehungskunst 11/2018,S. 11–15.

Kadelbach, Gerd (Hrsg.) (1971): Theodor W. Adorno. Erziehung zur Mündigkeit. Frankfurt a. M.: Suhrkamp.

Kaeser, Eduard (2008): Der Körper im Zeitalter seiner Entbehrlichkeit. Anthropologie in einer Welt der Geräte. Wien: Passagen Verlag.

Kaeser, Eduard (2011): Kopf und Hand. Von der Unteilbarkeit des Menschen. Leipzig: Manuscriptum.

Kant, Immanuel (2014): Kritik der Urteilskraft. (hrsg. v. Wilhelm Weischedel). Wiesbaden: Insel.

Künkler, Tobias (2017): Die Relationalität menschlicher Existenz. In: Krautz, Jochen (Hrsg.): Beziehungsweisen und Bezogenheiten. Relationalität in Pädagogik, Kunst und Kunstpädagogik. München: kopaed.

Seel, Martin (1997): Die Kunst der Entzweiung. Zum Begriff der ästhetischen Rationalität. Frankfurt a. M.: Suhrkamp.

Linde, Almut (2017): Form und Formation. Zur existenziellen Notwendigkeit von Kunst. In: Maset, Pierangelo/Hallmann, Kerstin (Hrsg.): Formate der Kunstvermittlung. Bielefeld: transcript.

Merleau-Ponty, Maurice (1965): Phänomenologie der Wahrnehmung. Berlin: de Gruyter.

Mersch, Dieter (2005): Die Sprache der Materialität: Etwas zeigen, Sichzeigen bei Goodman und Wittgenstein. In: Steinbrenner, Jakob/Scholz, Oliver/Gerhard, Ernst (Hrsg.): Sym-

bole, Systeme, Welten. Studien zur Philosophie von Nelson Goodman. Heidelberg: Synchron, Wiss.-Verl. der Autoren.
Nooteboom, Cees (1995): Die Sohlen der Erinnerung. In: Die Zeit 49/1995.
Palasmaa, Juan (2013): Die Augen der Haut. Los Angeles: Atara Press.
Panofsky, Erwin (1992): Aufsätze zu Grundfragen der Kunstwissenschaft. Berlin: Wissenschaftsverlag Spiess.
Plato, Bodo von/Steininger, Thomas (2017): „Die verwandelte Kraft des Geistes". Thomas Steininger und Bodo von Plato im Gespräch. https://www.evolve-magazin.de/radio/die-verwandelte-kraft-des-geistes/, Zugriff 21.01.2020.
Prinzhorn, Hans (1994): Bildnerei der Geisteskranken. Wien u. a.: Springer.
Richter, Hans-Günther (1997): Die Kinderzeichnung. Entwicklung, Interpretation, Ästhetik. Berlin: Cornelsen.
Rittelmeyer, Christian/Klünker, Heike (2005): Lesen in der Bilderschrift der Empfindungen. Erziehung und Bildung der klassischen griechischen Antike. Stuttgart: Verlag Freies Geistesleben.
Rosa, Hartmut (2017): Resonanz. Eine Soziologie der Weltbezüge. Berlin: Suhrkamp.
Rumpf, Horst (1994): Die übergangene Sinnlichkeit. Weinheim und München: Juventa.
Schirmer, Anna-Maria (2015): ErkenntnisGestalten. Über die allmähliche Verfertigung der Erkenntnisse im bildnerischen Tun. München: kopaed.
Schirmer, Anna-Maria/Werner, Klaus (2017): Rotierende Kalenderblätter. Das Loslassen methodisch unterstützen. In: Kunst + Unterricht Heft 411/412/2017, S. 36–43.
Schirmer, Anna-Maria (2017): Ästhetisch rational? Rational ästhetisch? Reflexionen zu einem vielgesichtigen Begriff. In: Kirschenmann, Johannes/Seydel, Fritz (Hrsg.): Gunter Otto – was war, was bleibt? München: kopaed.
Shiff, Richard (2008): Es erschließt sich nicht. In: Gohr, Sigfried (Hrsg.): Per Kirkeby. Reisen in der Malerei und anderswo. Ostfildern: Hatje Cantz.
Steffel, Hagen (2017): Ex Machina. Bildung und Kompetenz im Zeitalter der Digitalisierung. In: Maset, Pierangelo/Hallmann, Kerstin (Hrsg.): Formate der Kunstvermittlung. Kompetenz – Performanz – Resonanz. Bielefeld: transcript.
Steiner, Rudolf (2005): Theosophie. GA 9 (1904) Dornach: Rudolf Steiner Verlag.
Waldenfels, Bernhard (1994): Ordnungen des Sichtbaren. In: Boehm, Gottfried (Hrsg.): Was ist ein Bild. München: Wilhelm Fink.
Weber, Max (1988): Wissenschaft als Beruf. In: Weber, Max: Gesammelte Aufsätze zur Wissenschaftslehre. Tübingen: Mohr, S. 582–613.
Wohlleben, Peter (2015): Das geheime Leben der Bäume: was sie fühlen, wie sie kommunizieren – die Entdeckung einer verborgenen Welt. München: Verlag Ludwig.
Ziehe, Thomas (2013): Mutmaßungen über die Tiefenwirkung der digitalen Vernetzung. In: Appel, Wolfgang/Mickel-Dittgen, Birgit (Hrsg.): Digital Natives. Wiesbaden, Springer, S. 205–212.
Welsch, Wolfgang (2012): Mensch und Welt. Eine evolutionäre Perspektive der Philosophie. München: C.H. Beck.
Welsch, Wolfgang (2015): Homo Mundanus. Jenseits der anthropischen Denkform der Moderne. Weilerswist-Metternich: Velbrück.
Welsch, Wolfgang (2016): Ästhetische Welterfahrung. Zeitgenössische Kunst zwischen Natur und Kultur. Paderborn: Wilhelm Fink.

*Florian Theilmann*

# Versuch über die Tugenden des Naturwissenschaftlichen Lerners
Bildungsvisionen und Wissenschaftsbild im Spiegel von Physiklehrplänen

> Wir verlangen sehr oft nur deshalb Tugenden von anderen,
> damit unsere Fehler sich bequemer breitmachen können.
> Marie von Ebner-Eschenbach

## Einführung

Bildungs- bzw. Lehrpläne und Curricula fassen – meist gegliedert nach Alterstufen – Lerninhalte und Ziele, manchmal aber auch methodische und pädagogische Inhalte zusammen, die für bestimmte Schultypen jeweils als Vorgaben oder Vorschläge gesetzt werden. Derartige Setzungen existieren als explizite Dokumente seit gut 200 Jahren und regeln konkretes Unterrichtsgeschehen zwar nie in allen Details, lassen sich aber dennoch als Versuch verstehen, Lehrpersonen einen Rahmen zu geben, in dem die *Bildung* ihrer Schüler verbindlich und (im Hinblick auf Anspruch, Verlauf und Ausgang) vergleichbar gestaltet wird. Bildungspläne stellen demnach im Hinblick auf ein individuelles Bildungsgeschehen bei Lernenden eine Weiterentwicklung des informellen Bildungskanons dar, im Hinblick auf ihren allgemeinen Reglementcharakter allerdings einen Gegensatz zum Blick auf individuelle Bildung: Ausgangspunkt für die in den Plänen formulierten Setzungen ist nicht ein pädagogisches Verhältnis zwischen Lehrpersonen und Lernenden oder konkrete Lebens- oder Interessenlagen, sondern Leitbilder davon, was eben *allgemein* von den Lernenden im Rahmen der Schule erworben, was an ihnen bewirkt und erzogen werden soll.

Solche Leitbilder haben, wie wir gleich sehen werden, zwar eine lange Tradition, die Ansichten darüber, was konkret erstrebenswert ist und wie man ihre Realisierung in Bildungsprozessen anstreben sollte, sind aber naturgemäß einem Wandel unterworfen. Wahrscheinlich lässt sich also die Kulturgeschichte des Abendlandes recht gut anhand der jeweiligen Bildungskanons und Bildungspläne nachzeichnen ⊠ bescheidene Ausschnitte davon werden uns unten konkret beschäftigen. Ein dabei immer wieder wirksames Spannungsfeld ist der Gegensatz zwischen materialer und formaler Bildung, also dem Primat der Bildung, die auf Vermittlung bestimmter, unter jeweils zu begründenden Gesichtspunkten wertvoller Bildungs*inhalte* (etwa der Lektüre „klassischer" Texte) abstellt, bzw. der Bildung, die auf Vermittlung bestimmter Methoden oder Fähigkeiten (etwa die des „logischen Denkens") zielen. Es ist wahrscheinlich ebenfalls der Fall, dass die Entwicklung der Bildungskanons und Bildungspläne auch in dieser Hinsicht eine schwankende Geschichte hat. Deutlich ist, dass der Stellenwert formaler Bildung in den letzten zwei bis drei Jahrzehnten zugenommen hat und nun unter dem Label der *Kompetenzorientierung* maßgeblich die Bildungsstandards prägt.

Das Thema ist dabei jedoch nicht bloß schöngeistig, sondern hochpolitisch: Mehr denn je wird Bildung als Schlüssel für Lebenserfolg gesehen (vgl. BMBF o. J.) und Eltern verlangen entsprechend nachdrücklich einen möglichst erfolgreichen Bildungsgang ihrer Kinder – BildungspolitikerInnen stehen entsprechend unter Erfolgsdruck (für ein aktuelles Beispiel siehe KM 2017 und SZ 2018). Die erheblichen Änderungen im Bereich der Schulsteuerung nach 2000 (inklusive der Etablierung bundesweiter Bildungsstandards im föderalen Schulsystem Deutschlands) waren zwar inhaltlich durch die Abstimmungsarbeit der Länder im Hinblick auf die Vergleichbarkeit der Schulabschlüsse schon angelegt, in ihrer Dynamik und Tragweite vermutlich aber nur durch den entsprechenden politischen Schub möglich, den der sogenannte PISA-Schock, also das unerwartet mittelmäßige Abschneiden deutscher Schüler im durch die OECD organisierten internationalen Vergleich, um die Jahrtausendwende ausgelöst hatte (PISA 2000). Und natürlich ist das Interesse der OECD an den Bildungssystemen der maßgeblichen Volkswirtschaften selbst Programm. Insbesondere den Naturwissenschaften wird eine Schlüsselrolle zugewiesen: „For 2015 the goal of PISA was to assess science knowledge and skills that experts in the participating countries and economies consider to be most important for the future success of students in an increasingly science-based world" (PISA FAQ).

Der Verweis auf *success*, also gesellschaftlichen Erfolg und Aufstieg, ist wie Rosa (2016: 115) nachweist, ein Bezug auf die zentrale Verheißung der für die Moderne konstituierenden Idee eines dynamischen sozialen Wandels, der „kinetischen Energie" einer Gesellschaft. Doch damit ist zugleich das Phänomen der sozialen Beschleunigung entfesselt, der Beschleunigung jeglicher technischen Vorgänge im Alltag (kinematografisch verewigt etwa in Jacques Tatis *Jour de fête*), der Beschleunigung sozialen Wandels (kinematografisch verewigt etwa in Charlie Chaplins *Gold Rush*), aber auch des Lebenstempos und der Biografien, die allerdings nie das Versprechen einer Qualitätssteigerung im Leben einlöst, ja zunehmend in Konflikt mit dem anderen zentralen Motive der Moderne gerät, der *Autonomie*.

Für eine Analyse der historischen Entwicklung von Leitbildern für Bildung wird also auch der Aspekt des *Fortschritts* zu berücksichtigen sein, und insofern scheinen gerade Naturwissenschaften also in ihrem Bildungswert besonders kritisch. Was für Leitbilder und Motive formaler Bildung für Lernende lassen sich aber in naturwissenschaftlichen Curricula identifizieren, und wie haben diese sich in den letzten Jahrzehnten entwickelt? Gegenstand dieses Textes wird es sein, baden-württembergische Lehrpläne für das Fach Physik unter diesen Gesichtspunkten zu untersuchen. Wir entwickeln dafür zunächst einen bildungstheoretischen Rahmen und beschreiben kurz die für die Untersuchung angewandte Methode, die Phänomenografie. Die Darstellung der Ergebnisse erfolgt dann durch Rückbezug derselben auf den bildungstheoretischen Rahmen. Maßgeblich für die konkrete Untersuchung sind dabei nicht die in den Lehrplänen genannten Inhalte, sondern die jeweiligen Abschnitte und Präambeln, in denen der jeweilige Bildungswert der Inhalte beschrieben wird.

Der Schlüsselbegriff dieser Untersuchung ist dabei das altehrwürdige Wort für das, was im Hinblick auf formale Bildung die anzustrebende positive Qualität einer Persönlichkeit ausmacht und von Anfang an das in formalen Bildungs- und Selbstbildungsprozessen Anzustrebende bezeichnet hat: die *Tugend*, genauer: die in der jeweiligen Persönlichkeit auszumachenden Tugenden. Als Tugend gelten dabei nicht nur die Elemente der formalen Bildung im engeren Sinn, also auszubildende Fähigkeiten, Fertigkeiten, Handlungsmuster etc., sondern auch Haltungen, die das Verhältnis der Lernenden zur Natur oder deren naturwissenschaftlich geprägtes Weltverhältnis potenziell fördern. Die Verwendung dieses vielleicht antiquiert anmutenden Ausdrucks soll einerseits vermeiden, dass Diskussion und Reflexion der Ergebnisse zu sehr auf das verengt wird, was im Sinn der Steuerung des Bildungssystems heute unter fachspezifischen, sozialen etc. Kompetenzen verstanden wird. Diese Sprechweise ermöglicht aber – wie sich zeigen wird – auch eine Perspektive, unter der die historische Kontinuität und der Bezug zu gesellschaftlichen Werten besser sichtbar wird.

## Eine alte Geschichte

„Kannst du mir wohl sagen, Sokrates, ob die Tugend gelehrt werden kann? Oder ob nicht gelehrt, sondern eingeübt? Oder ob weder eingeübt noch gelernt, sondern von Natur sie den Menschen zuteil wird oder auf irgendeine andere Art?'" Mit diesen Worten, die der junge thessalische Adelige Menon von Pharsalos an den offenbar über die Grenzen seiner Heimatstadt Athen hinaus bekannten Philosophen Sokrates richtet, beginnt im Grunde der abendländische Diskurs über Lernen und Lehren (Menon, 70). Adressiert wird nicht nur die prinzipielle Vermittelbarkeit von „Tugend" (gr. *arete*), sondern auch die Frage, wer ggf. dafür aktiv werden müsste, oder ob das Auftreten von Tugendhaftigkeit ohne Vermittlung oder Aneignung, sondern auf irgendwie natürliche (oder noch andere) Weise geschieht. Das vielzitierte Herzstück der darauf folgenden Überlegungen ist eine Szene, in der Sokrates einen ungebildeten Sklaven durch geschickt angelegte Fragen und Skizzen dazu bringt, die geometrische Konstruktion eines Quadrates mit dem Flächeninhalt 2 (und entsprechender irrationaler Seitenlänge) zumindest nachzuvollziehen (Menon, 82). Das erfolgreiche Lehrstück demonstriert eine praktische Antwort auf das kurz vorher (Menon, 80) formulierte Paradox, dass es unmöglich scheint, als LernerIn sich etwas wirklich Neues anzueignen bzw. „dass nämlich ein Mensch unmöglich suchen kann, weder was er weiß, noch was er nicht weiß. Nämlich weder was er weiß, kann er suchen, denn er weiß es ja, und es bedarf dafür keines Suchens weiter, noch was er nicht weiß, denn er weiß ja dann auch nicht, was er suchen soll."

Platos Ausweg hier ist bekannt: Durch die Unsterblichkeit der Seele und vielfache Erfahrungen des Sich-Inkarnierens und im Nachtodlichen hat die Seele des Menschen „alles erblickt [...], so dass nicht zu verwundern wäre, wenn sie auch von der Tugend und allem andern vermag sich dessen wieder zu erinnern, was sie ja früher gewusst hätte." Das geometrische Lehrstück liegt zwar auf dieser Linie, lässt aber durchaus Fragen offen. So ist die Rolle des Lehrers keineswegs passiv und die des Lerners fragwürdig (der Sklave gibt von sich aus nur unzulängliche Antworten oder pflichtet eben Sokrates bei dessen Entwicklung der Gedankenführung bei), es ist hier zunächst auch unklar, wie sich die vermeintliche Unmöglichkeit, *irgendetwas* zu lernen, und die Erarbeitung eines konkreten Inhalts aufeinander beziehen lassen – und insbesondere auch, was sich hier als „Tugend" darstellt oder für die Aneignung derselben daraus folgt. Verfolgen wir diese Fragen weiter.

## Gut-Sein, die dianoëtischen Tugenden und moderne Adaptionen

Für Menon und Sokrates war der Inhalt der zu erziehenden oder erwerbenden *arete* recht klar: Diese Art Tugend ließ sich in den Worten des Historikers Herodot auf eine den Träger derselben äußerlich und innerlich auszeichnende Charakterisierung als *schön und gut* (gr. *kalós kai agathós*) abbilden, auch wenn die genaue Tradition dieser Haltung, der „Kalokagathia", durchaus diskutiert wird (Wankel 1961, Bourriot 1995). Beide Attribute verweisen aber auf eine zeitgebundene Perspektive – so gilt bei Homer als *agathós*, gut, was sich vielleicht heute mit dem Wort „Führungsstärke" (durchaus im Sinne des Anführens einer brandschatzenden Gruppe Soldaten) bezeichnen ließe (Mooney/Coad 2006). *Arete*, das Hauptwort zu *agathós*, bezeichnet entsprechend das erfolgreiche Ausfüllen der jeweiligen sozialen Rolle, was sich auch auf friedlichere oder weniger verantwortungsvolle Berufe oder andere Situationen anwenden lässt. Spätere Lesarten stellen dann eher auf die aristokratische Konnotation ab, vielleicht in einem ähnlichen Sinn, wie wir heute die „Reichen und Schönen" bewundern: Es geht um sozialen Status, der sich aus Ansehnlichkeit und gesellschaftlichem Ansehen gleichermaßen speist.

Aristoteles systematisiert die im konkreten Leben vielfältigen Arten von Tugend in seiner „Nikomachischen Ethik" (NE Loeb 1923/2003). Bereits Plato stellt fest, dass „das Gute" nur situativ festzustellen ist und darum „Gut-Sein" oder „Tugend" nicht ein bestimmtes, festgelegtes Verhaltensmuster, sondern eher eine Art Stil ist, eine Fähigkeit, die jeweils gegebenen Situationen angemessen handzuhaben. Hier knüpft Aristoteles an, indem er die „rechte Gesinnung", den *orthòs lógos*, als leitend vorgibt. Im sechsten Buch wendet sich der Autor dann den Tugenden des Denkens, der *diánoia*, zu und unterscheidet verschiedene Aspekte des erfolgreichrationalen Umgangs mit Leben und Welt, die sogenannten dianoëtischen Tugenden (Theilmann 2011; Holt 2002): Weisheit (*sophía*), fachliches Können (*techne*), das logische Erschließen (*episteme*), die Fähigkeit, Strukturen zu sehen (*nûs*), und die Fähigkeit, in neuen oder unklaren Erkenntissituationen produktive (Erkenntnis-)Wege zu finden (*phrónesis*). Das Konzept der dianoëtischen Tugenden stellt damit eine Art Kategorisierung der kognitiven Aktivitäten dar, mit denen wir uns vernunftbegabt auf unsere Um- oder Lebenswelt beziehen.

Eine moderne Spielart findet sich bei Wagenschein. In seinem Aufsatz „Zum Problem des Genetischen Lehrens" (Wagenschein 1965: 55) benennt er sein Ziel eines allgemein bildenden Unterrichts mit der neutraleren Bezeichnung „Formatio"und erläutert: „Es ist, zum Glück, für unser Vorhaben nicht nötig, diese Formatio vollständig zu definieren. Es genügt, wenn ich drei notwendige Tugenden nenne, von denen ich meine, dass sie gerade heute von den Gebildeten erwartet werden sollten." Er fährt fort und nennt und erläutert zunächst *Produktive Findigkeit*, dann *Einwurzelung* und zuletzt das *kritische Vermögen*. Ersteres nimmt „Menschen, denen vor neuen Aufgaben etwas Klärendes einfällt, und gerade auch vor Aufgaben, die sie selber entdecken. Anspruchsvoller formuliert: Menschen, die gelernt haben, ‚produktiv' zu denken" in den Blick. Einwurzelung wird im Text nicht wirklich definiert, lässt sich aber vielleicht ohne Verbiegung des Gemeinten als die Fähigkeit, das eigene Wissen explizit und bewusst auf den eigenen, ursprünglichen Erfahrungshintergrund zurückzubeziehen, ansprechen. Kritisches Vermögen schließlich ist die Fähigkeit zur kritischen Überprüfung des eigenen Erkenntnisfortschritts, oder in Wagenscheins Worten „die vom Lernenden immer wieder eingreifende Kontrollinstanz", die einerseits die logische Kohärenz sicherstellt, andererseits aber auch immer wieder fragt, ob man sich selber wirklich und bruchlos von neuen Gedanken überzeugt hat.

Wagenscheins Ziele für den von ihm ins Auge gefassten Unterricht schließen also ganz offensichtlich an antike Vorbilder an – nicht von ungefähr ist für das „Genetische" Unterrichtsverfahren auch das „sokratische" Vorgehen konstituierend. Wagenschein definiert seine Tugenden ähnlich wie Aristoteles als die Erkenntnistugenden *nûs* und *phrónesis* und teilt Platos Optimismus, dass bei geeigneten Bedingungen im Grunde jede oder jeder Lernende diese Tugenden auch ausbilden kann. Zugleich verweist uns Wagenschein aber bereits 1965 auf unsere Gegenwart: Was er da schildert, würden wir heute mit *Kompetenzen* bezeichnen. Mit diesem Begriff werden heute allgemein mehr oder wenige spezifische kognitive und nicht-kognitive Fähigkeiten, Fertigkeiten und Bereitschaften bezeichnet, die dem Einzelnen erfolgreiche Problembewältigung ermöglichen. Die seit PISA 2000 stattfindende Kompetenzorientierung der Bildungspläne ist dabei nicht unwidersprochen (Burchhardt 2013; Krautz 2007, 2009, 2013). Maßgeblich für die deutsche Rezeption innerhalb des Bildungssystems war dabei jedoch die sogenannte Klieme-Expertise (BMBF 2007), die sich als „pragmatische Antwort auf die Konstruktions- und Legitimationsprobleme traditioneller Bildungs- und Lehrplandebatten" verstand. Die Expertise empfiehlt für die Standardisierung des Schulwesens die Festlegung prüfbarer Kompetenzen und damit einhergehend eine grundsätzliche Output-Orientierung des Schulwesens, sodass Steuerung nicht mehr über die Kanonisierung von Inhalten, sondern über die (ständige Überprüfung der) Anforderungen versucht wird. Bildungsstandards mögen aus Sicht eines föderalen Schulsystems einen Paradigmenwechsel darstellen und die Begrifflichkeit der Kompetenzorientierung mag für Lehrer, Schüler und Eltern ungewohnt oder überfordernd sein – *konzeptionell* ist auch die Kontinuität dieser Ansätze zu betonen, die in der Idee der formalen Bildung wurzeln und auf individuelle Tugendentwicklung zielen.

## Tugendsysteme und Tugendwandel

Dennoch: *Tugend* ist ein ungewohnter Begriff, dem etwas Unzeitgemäßes anhaftet und im zeitgenössischen Bildungsdiskurs aus der Mode gekommen ist. Bereits Bollnow (1958) stellt fest, dass für die damalige Jugend ein Streben nach Tugend(haftigkeit) kaum etwas Anziehendes mehr hat. Bollnow liefert dafür auch einen interessanten Erklärungsansatz: Nicht ein nachlassendes Interesse am Streben nach Idealen sei dafür verantwortlich, sondern die Wahrnehmung von Tugend als eher äußerlicher Normierungsrahmen, der einerseits ausschließenden oder negativen Charakter hat, also vor allem vorgibt, dies oder jenes nicht zu tun, nicht zu rauchen oder zu trinken, keinen vorehelichen Sex zu haben, nicht zu schnell zu fahren oder unerlaubt zu parken, keine Steuer zu hinterziehen etc. Andererseits lässt sich aus dem Dem-Anforderungsrahmen-Entsprechen leicht eine moralische, genauer: moralisierende Haltung ableiten, die ihren Träger, ähnlich wie einen neutestamentarischen Pharisäer, zwar in der gesellschaftlichen Rangordnung scheinbar über den untugendhaften Zeitgenossen stellt, ihn zugleich aber höchst unsympathisch erscheinen und in Wahrheit unterlegen sein lässt ... Für ein wahrhaftes Verständnis von Tugend müssen wir uns also dazu aufschwingen, in dieser ein positives Moment, eine Kraft oder Potenz des Menschen zu sehen.

Auf dieser Linie einer positiven Lesart von *Tugend* liegt der Kanon der Kardinal- oder Primärtugenden, wie er sich bei Plato (Politeia) oder in der christlichen Tradition findet. Dieser Kanon umfasst wenige, aber zentrale Eigenschaften, an die sich weitere, weniger wichtige Eigenschaften anschließen können. Diese Eigenschaften sind aber nicht ohne einen Bezug zum Leben oder Lebenswandel ihrer Trägerin bzw. ihres Trägers zu sehen – wer kann sagen, er sei tapfer, standhaft, gerecht oder gläubig, ohne geprüft worden zu sein? Bereits Thomas von Aquin lehrt: „Tugend besagt eine gewisse Vollkommenheit des Vermögens. Eines jeden Dinges Vollkommenheit wird nun hauptsächlich im Hinblick auf das Ziel gesehen. Ziel des Vermögens aber ist der Akt" (Summa Theologiae, I-II 55,1). Tugend erscheint, so gesehen, als ein Konzept, das ambivalent zwischen einer normativen Auszeichnungsfunktion und einer pragmatischen Praxisfunktion steht. Ein auf Ge- oder Verbote abstellendes normierendes Verständnis von Tugend erscheint insofern als Äußerlich-Werden dessen, was ursprünglich eher Ausdruck von Tat- und Gestaltungskraft, Initiative oder Beharrungsvermögen gewesen sein mag.

Die moderne Lesart unter dem Label „Kompetenz" passt dabei gut ins Bild. Der Begriff der Kompetenz wird von Anfang an (McClelland 1973) durch seine Handlungsbezogenheit (und damit auch Erhebbarkeit) von einer abstrakten, unbestimmten „Intelligenz" abgegrenzt, als prinzipiell und unabhängig von Ausbildung und sozialem Status verfügbar angenommen und nach wesentlichen Hauptfähigkeiten oder -merkmalen bündelbar gesehen. Auch das Auszeichnungsmoment wird bei McClelland sichtbar: Seine Ausgangsthese ist, dass Intelligenzquotienten und Schulnoten den gesellschaftlichen Erfolg nicht befriedigend vorhersagen. Kompetenzen dagegen beschreiben eben das Vermögen des Einzelnen, unter konkreten Rahmenbedingungen erfolgreich zu agieren. Sein Vorstoß, die Formen der Chancenverteilung zu hinterfragen und sachgemäßer (und also fairer) zu regeln, ist aber weniger subversiv, als es auf den ersten Blick scheinen mag – Kompetenzen ermöglichen, indem sie festgestellt werden, natürlich wiederum eine dadurch gerechtfertigte Rangverleihung – sei es durch Noten oder Schulabschlüsse, sei es durch Einkommen oder gesellschaftlich-ökonomische Rollenzuweisungen. Eingeschlossen sind dabei auch ausgesprochen nicht-kognitive Leistungsmerkmale, etwa die Fähigkeit zur Zusammenarbeit oder Ausdauer. Ihren Wert erhalten solche

Eigenschaften aus dem, was jeweils sozial erwünscht ist ⊠– leitend ist dann vielleicht das Klischee eines draufgängerischen Anführers, ein demütig-dienstbares Frauenbild oder die Vorstellung eines sich bereitwillig selbst optimierenden Arbeitnehmers bzw. einer solchen Arbeitnehmerin.

Formale Bildung regelt sich also heute nicht mehr über kulturell vermittelte Tugendsysteme, sondern über bildungstheoretisch oder empirisch zu begründende *Kompetenzmodelle*. Beide Arten des Ordnens und Einordnens von Bildungszielen wurzeln aber in den konkreten Lebensbedingungen von Erziehern und Zöglingen, beide stellen auf Motive wie Tüchtigkeit, Eignung etc. ab. Es scheint, dass rund um die *Kompetenzorientierung* zwar ein Sprachgebrauch gepflegt wird, der sich von einem *Tugenddiskurs* samt seiner moralischen Konnotationen abgrenzen lässt, dass aber dafür im Grunde dieselben bildungstheoretischen Konzepte zugrunde gelegt werden und auch im Grunde dieselben oder recht ähnliche soziale Auszeichnungsfunktionen im Blick sind. Im Wandel ist in diesem Sinn nicht der Wert von Tugend als Bildungskonzept, sondern seine Ausprägung.

## Phänomenografie

Für eine Untersuchung dazu, wie sich das Thema „Tugend" in Bildungsplänen darstellt, wurde vor allem die phänomenografische Methode eingesetzt, die ursprünglich als Forschungsinstrument zur Erfassung der Vielfalt der Lernerperspektiven entwickelt wurde (Marton/Booth 2014, Murmann 2009, Kallweit 2018) – hier aber als Werkzeug einer qualitativen Inhaltsanalyse eingesetzt wird. Marton und Booth legen Wert auf die Feststellung, dass es sich nicht um eine bloße Methode handelt, sondern um eine Art, sich dem individuellen Verständnis eines jeweiligen Themas so zu nähern, dass dabei die jeweils individuelle Strukturierung des Gegenstandes ernst genommen und die dabei transportierte Bedeutungszuweisung sichtbar gemacht wird. Ebendies, die individuelle Strukturierung und Bedeutungszuweisung, wird mit dem Wort „Phänomen" bezeichnet – Phänomenografie ist also das systematische Aufzeichnen so verstandener Phänomene. Im didaktischen Kontext wird Phänomenografie eingesetzt, um für ein bestimmtes Thema die Vielfalt von Verstehensformen und -voraussetzungen innerhalb einer Lerngruppe abzubilden, damit die Lehr-Lern-Umgebung auf diese hin optimiert werden kann. In unserem Fall setzen wir diese Methode explorativ ein, um inhaltliche Motive sichtbar zu machen, die in baden-württembergischen Bildungsplänen aus über 60 Jahren wirksam waren, sodass einerseits deren Kontinuität, andererseits deren Entwicklung nachvollziehbar wird.

Die dabei verfolgte Frage war, welche Fähigkeiten, Fertigkeiten, Rollen für die Lernenden der Physik und welche schul- oder unterrichtsrelevanten Merkmale der Naturwissenschaft selbst jeweils durch die Formulierungen der Bildungspläne ausgedrückt werden. Ausgangspunkt ist das in einem Textpool zusammengefasste Textmaterial der Präambeln der vorliegenden Bildungspläne, das in einem ersten Schritt auf Anker- oder Textstellen durchgegangen wird, die sich als Hinweise auf solche Tugenden oder Merkmale lesen lassen.[1] Diese Textstellen werden mit einem kurzen *label* versehen, das die dort gesehenen Motive jeweils umschreibt oder benennt. Diese Labels werden dann wiederum gesichtet und im Hinblick auf erkennbare Verwandtschaften oder übergeordnete Themen gruppiert. Die dabei entstehenden Gruppen werden in einem fließenden Prozess zusammengeführt und erweitert, wobei sich übergeordnete Gruppen bilden, deren Beschreibung zunehmend kategorialen Charakter bekommt.

Generell gilt für Phänomengrafie: Das Ziel der Auswertung ist es, die im Material enthaltenen Varianten eines Phänomens und interessierenden Phänomenaspekte induktiv aus dem vorhandenen Datenmaterial herauszuarbeiten und auf einer kollektiven Ebene zu charakterisieren (Kattweil 2018: 203f.). Das Vorgehen folgt dabei den Arbeitsschritten

*Einarbeitung und Verdichtung* – Material wahrnehmen, prägnante Stellen auswählen
*Vergleich und Gruppierung* – Ähnlichkeiten feststellen, Aussagen bündeln
*Artikulation* – Vorläufige Umschreibungen bilden
*Bezeichnung* – Benamung der Kategorien
*Kontrastierung* – Kritische Beschreibung der Kategorien,

die unter Umständen auch mehrfach durchlaufen werden. Die Beschreibungskategorien sind dabei idealerweise so anzulegen, dass sie einerseits das „Was?", also den Inhalts- oder Bedeutungsaspekt als übergreifenden Gesichtspunkt geltend machen, dabei aber das jeweils unterschiedliche „Wie?" des Ausgestaltens von Bedeutung berücksichtigen. Beschrieben wird, anders gesagt, die jeweils unterschiedliche *Konstitution* des Verständnisses davon, was als Inhalt angesprochen wird (Murmann 2008). Phänomengrafie baut zentral auf das Konzept der Intentionalität, wie sie in der Phänomenologie Husserls theoretisch fundiert worden ist. Damit ist gemeint, dass Bewusstseinsinhalte immer auf etwas gerichtet sind. Der Einsatz phänomenografischer Methoden für kulturwissenschaftliche Probleme ist dabei bereits bei Marton (1988) angelegt.

---

1 Einsehbar unter https://bit.ly/2GIbRzL, Zugriff 21.01.2020.

## Die untersuchten Bildungspläne

Konkret untersucht wurden Bildungspläne aus den Jahren 1952, 1964, 1979, 1984, 1994, 2004 und 2016. Auffallend ist zunächst der stark unterschiedliche Umfang der Präambeln (Abbildung 1). Die beiden modernsten Bildungspläne umfassen bedeutend mehr Text als ihre Vorgänger, was sich auch in der Zahl der jeweils relevanten Ankerstellen spiegelt (Tabelle 1). Dabei ist anzumerken, dass für 2004 die für alle naturwissenschaftlichen Fächer gegebene Präambel untersucht wurde, die damals im Fach „Naturwissenschaftliches Arbeiten" (NWA) zusammengefasst waren. Für die Bemessung des Umfangs wurde nicht der volle Umfang gewertet, sondern Textstellen mit eindeutigem Bezug zu Chemie und Biologie nicht berücksichtigt. Allerdings bezieht der BP 2004 eine Reihe von expliziten inhaltlichen Angaben mit ein, die in der Auswertung der anderen Bildungspläne nicht berücksichtigt sind – hier entsteht also eine Verzerrung des Umfangs nach oben. Der Bildungsplan 2016 enthält dabei eine Reihe von Tabellen, in denen etwa Kurzdefinitionen von Kompetenzen hierarchisch wiedergegeben werden – auch diese wurde für den Umfang nicht gewertet. Für 2004 und 2016 stellen diese Zahlen also nur Schätzungen dar. Die Bildungspläne werden im Folgenden nur noch als „BP 2004" usw. angesprochen.

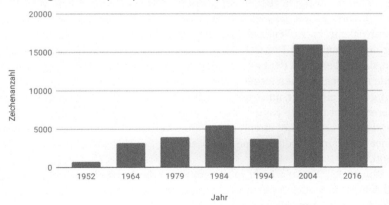

Abb. 1: Der Umfang der Bildungsplanprämbeln im Fach Physik für die untersuchten Lehrpläne (https://bit.ly/2GIbRzL). Der Umfang in den Jahren 2004 und 2016 ist geschätzt, vgl. Text.

Tabelle 1: Die Zahl der Ankerstellen zu den untersuchten Themen „Wachsen an Naturwissenschaften" und „Welches Verhältnis zur Welt soll gestaltet werden?" in den untersuchten BPen folgt grob dem Muster aus Abbildung 1 – die entsprechenden Verweise sind seit der Jahrtausendwende deutlich zahlreicher geworden.

| Jahr des BP | 1952 | 1964 | 1979 | 1984 | 1994 | 2004 | 2016 |
|---|---|---|---|---|---|---|---|
| Ankerstellen „Wachsen an NWS" | 2 | 5 | 8 | 4 | 3 | 14 | 18 |
| Ankerstellen „Gestaltung des Weltverhältnisses" | 3 | 4 | 9 | 5 | 3 | 9 | 10 |

## Sinnerlebnis und emotionales Weltverhältnis

Für eine Bildungswirksamkeit von naturwissenschaftlichem Unterricht liegt es vermutlich nahe, noch vor allen inhaltlichen Gesichtspunkten – im Sinne einer Grundlegung – eine Stärkung oder Entwicklung des emotionalen Weltverhältnisses und des Sinnerlebens anzusprechen. Tatsächlich findet sich dieses Motiv in den BPen, indem nicht Fähigkeiten im engeren Sinn angesprochen werden, sondern *Erlebnisqualitäten* im Verhältnis zur materiellen und geistigen (Um-)Welt. Der BP 1952 ist hier nüchtern: Er nennt (bei einem überschaubaren Gesamtumfang von ohnehin nur 110 Wörtern) nur das Ziel, „die Achtung vor der Arbeit des menschlichen Geistes entwickeln" zu wollen. Der BP 1964 greift das Motiv der *Achtung* auf, ändert aber den Gegenstand: Der Unterricht soll „Achtung vor den Naturgesetzen" wecken, das „Lebenswerk der Bahnbrecher" auf dem Gebiet der Forschung sollen Lernende nur noch „kennen lernen". Er stellt weiter fest: „Je tiefer der Mensch in die Naturgesetze eindringt, umso mehr wächst seine Verantwortung vor dem Schöpfer unserer Weltordnung" – Naturwissenschaft ist mächtig und kann missbraucht werden, sie birgt „ernste Gefahren", die erkannt werden sollen. Die richtende Instanz ist hier offenbar nicht das eigene Gewissen oder Bewusstsein, sondern der Schöpfergott.

Der BP 1979 säkularisiert in diesem Sinne das Motiv der Verantwortung, es „soll dem Schüler auch die Verantwortlichkeit des Menschen für alle seine Eingriffe in die natürliche Umwelt bewusst werden." Ein emotionaler Bezug zum Schaffen bedeutender Forscherinnen und Forscher ist nicht explizit angesprochen. Der BP listet Ziele nach Kategorien auf und erwähnt unter „Ansichten und Einstellungen" noch die „Aufgeschlossenheit gegenüber naturwissenschaftlichen und technischen Fragen und Sachverhalten" – alle anderen Einstellungen lassen sich anderen Bereichen zuordnen, siehe unten.

Im BP 1984 wird zunächst auf ein Erfassen der „Bedeutung physikalische[r] Erkenntnisse für den Menschen" verwiesen. Ähnlich gelagert ist die Wendung vom „Begreifen der Auswirkungen bedeutender Forschungsergebnisse vor dem geschichtlichen Hintergrund", das wiederum eine historische Perspektive mit einschließt. Der naturwissenschaftliche Unterricht soll befähigen, „sich im täglichen Leben mit Naturphänomenen und technischen Fragestellungen sinnvoll zu beschäftigen" – es bleibt offen, ob eine Sinnhaftigkeit aus Sicht der Lernenden oder der Lehrperson gemeint ist. Lernende sollen weiter lernen, „über die Anwendung physikalischer Forschungsergebnisse in vielen Lebensbereichen und über die teilweise gefährdende Wirkung technischer Errungenschaften nachzudenken." Der BP beschreibt für die Lernenden als Ziel eine im Grunde kontemplative Haltung gegenüber der Natur, in der sich auf einer emotionalen Schicht das Weltverhältnis im Wesentlichen durch das Nachdenken über die Welt einstellt.

Der BP 1994 spricht dagegen ausdrücklich davon, dass Lernende an der im Unterricht gepflegten Naturbefragung „Freude gewinnen" sollen, wozu insbesondere auch Schülerexperimente oder -beteiligung an Experimenten gefordert werden. Angestrebt wird eine Erweiterung des „emotionalen Zugang[s] zur Physik" – wir ergänzen: nicht unbedingt hingegen zur Natur oder zum Alltag. Besonders betont wird noch die Notwendigkeit, im Unterricht die „Bedeutung von schulphysikalischen Begriffen und deren Zusammenhänge [zu] klären." Auch hier würde ich eine im Wesentlichen kontemplative, allerdings im Vergleich zum BP 1984 weniger verhaltene Stimmung der Lernenden gegenüber der Wissenschaft angestrebt sehen. Eine Sinnhaftigkeit von Naturwissenschaft im Hinblick auf Alltag oder Lebenswelt oder ein genuines Verhältnis zur Natur scheint weniger mitgedacht.

Dagegen findet der BP 2004, *direkte* Naturbegegnung habe im medialen Zeitalter einen besonderen Stellenwert. Diese Begegnung und die Naturwissenschaften erscheinen gleichberechtigt – aber auch implizit als Gegensatz: „Für das Verständnis unserer Kultur und Lebensweise ist sowohl der emotionale Bezug zur Natur als auch das verstandesmäßige Durchdringen natürlicher und technischer Phänomene wichtig." Eine ähnliche Figur wird im Verhältnis zur Naturwissenschaft selbst in den Blick genommen: „Durch die Begegnung mit faszinierenden Entwicklungen in den Naturwissenschaften sind die Schülerinnen und Schüler zur kritischen Auseinandersetzung mit den Leistungen und Auswirkungen moderner Technologien und naturwissenschaftlicher Erkenntnisse fähig." Hier erscheinen die Faszination der Naturwissenschaft und die Notwendigkeit ihrer kritischen Befragung als Pole des Verhältnisses, das angestrebt wird. Der BP 2016 verzichtet schließlich ganz auf Formulierungen von Lern- oder Unterrichtszielen, die sich hier einordnen ließen.

## Individuelles Wachsen an Naturwissenschaft und individuelle Gestaltung des Weltverhältnisses

Für eine bildende Wirkung von Naturwissenschaften im engeren Sinn machen BPe mehr oder weniger explizite Annahmen und Angaben. In Betracht kommen dabei einerseits Motive der Persönlichkeitsentwicklung – hier zusammengefasst unter dem Label „Wachsen an Naturwissenschaft" – und andererseits Impulse für die (Aus-)Gestaltung des individuellen Weltverhältnisses – oder mit anderen Worten: Es geht um (soziale) *Rollen*, die für die Lernenden ins Auge gefasst werden. Der knappe BP von 1952 nennt hier „scharfe[s] Beobachten und kausale[s] Denken", das *erübt* werden soll. Die Kausalität führt dabei perspektivisch zu einer zu erkennenden Naturgesetzlichkeit, verweist also einerseits auf die Intelligibilität der Natur und andererseits auf die Rationalität des Naturforschens. Er leitet ganz explizit die Relevanz des naturwissenschaftlichen Unterrichts aus dem Alltagsbezug bzw. der Bedeutsamkeit für „die Haus- und Landwirtschaft, das Gewerbe, die Industrie und den Verkehr" ab. Die damit verbundenen Rollenbilder sind offenbar praktisch-tätiger Natur, wobei Haushalt und Erwerbsleben die Aufgabenfelder abgeben.

Der BP von 1964 greift diese Punkte auf und entwickelt sie ein Stück weit: Auch er will, dass Lernende sich „im genauen Beobachten und folgerichtigen Denken üben" und außerdem „zur Klarheit im Ausdruck, zur Sachlichkeit und Wahrheitsliebe erziehen." Hier klingt wieder eine unbestechliche Rationalität des Naturforschens an, aber auch ein neues Motiv: Naturforschen kann und soll auch die Ausdrucksfähigkeit der Lernenden klären. Gefordert wird darüber hinaus ein „Einblick in das Wesen" der Naturgesetzlichkeit (insbesondere statt einer Auseinandersetzung mit Detailwissen), das letztlich eine Ahnung oder einen Eindruck von der Arbeitsteiligkeit, Methodik und Komplexität technisch-naturwissenschaftlicher Prozesse vermitteln soll. Die Rede ist analog von „wichtige[n] physikalische[n] und chemische[n] Vorgänge[n] des praktischen Lebens", es gibt Wendungen wie „Einsicht erschließen" oder „Einblick vermitteln" – gedacht ist offenbar an eine nicht erschöpfende Auseinandersetzung mit den Inhalten, die es aber vielleicht erlaubt, die Beziehung zu einer komplexer und lebensferner werdende Technik und Naturwissenschaft zu bewahren.

Der BP von 1979 sieht die Förderung *rationalen Verhaltens* bei den Lernenden explizit als Ziel des Unterrichts und geht so weit, dies als Hilfestellung zur generellen Lebensorientierung und zum sachgemäßen Handeln in der Lebenswelt anzusprechen. Dieses Verständnis von Rationalität wird durch die Merkmale der „Bereitschaft, falsche Vorstellungen aufgrund experimenteller Erfahrungen und logischer Folgerungen zu korrigieren oder ganz aufzugeben" und der Unvoreingenommenheit weiter konkretisiert. Explizit wird weiter in den Blick genommen, im naturwissenschaftlichen Unterricht an anstrebenswerten Einstellungen und Haltungen der Lernenden zu arbeiten, die wohl eher dem Bereich der Sekundärtugenden zuzuordnen sind: Gewissenhaftigkeit der Arbeit, Sauberkeit der Darstellung, Konzentration und Durchhaltevermögen, die Bereitschaft, verantwortlich und konstruktiv innerhalb einer Gruppe zu kooperieren. Schon der erste Satz gibt den Ton an: Der Unterricht soll „Orientierung" geben und die Lernenden „zum sachgerechten Handeln in [...] [ihrer] von Wissenschaft und Technik geprägten Umwelt" ertüchtigen. Ergebnis des naturwissenschaftlichen Unterrichts sind „Begriffe, Vorstellungen und Denkweisen", die die Lernenden „auf weitere Probleme übertragen" können und dabei „größere Handlungsfähigkeit" erwerben sollen. Folgerichtig wird die Fähigkeit des „Anwenden[s] physikalische[r] Erkenntnis auf Probleme des täglichen Lebens und der Technik" als Ziel genannt. Der Unterricht soll außerdem auch hier „Einsichten" fördern, geübt werden soll das Aufwerfen von Fragen (nach „Grundlagen" oder „Zusammenhängen"), aber auch das Problemlösen (mit Hilfe einer auf experimentelle Prüfung von Hypothesen abstellenden Methodik). Neu erscheint hier für das Rollenbild einerseits das Motiv des *Transfers*, die Lernenden sollen in der Zukunft auf neuartige, vielleicht noch unbekannte Probleme reagieren können. Zum anderen wird diese Zukunft ein Projekt sein, das nur kooperativ zu bewältigen ist.

Der BP 1984 schließt dort an: „Durch den Erwerb von physikalischen Kenntnissen und Denkweisen lernt der Schüler den rational geprägten Umgang mit sachbezogenen Inhalten", der Unterricht „bietet Raum für das Einüben von Fähigkeiten, wie genaues Beobachten, folgerichtiges Denken, klares Formulieren, ordentliches Darstellen" und unterstützt „Entwicklung und Einübung der Bereitschaft zur Übernahme von Verantwortung." Das Motiv des kooperativen Agierens wird andererseits kontrastiert zum selbstständigen Problemlösen. Zudem wird Schülerhandeln als Unterrichtsprinzip adressiert: „Der Unterricht ist handlungsorientiert und entwickelt praktische Fertigkeiten im Umgang mit Materialien und Geräten." Dies soll durchaus kooperativ stattfinden, also in „partnerschaftlicher und mitverantwortlicher Zusammenarbeit". Ziel ist aber auch „die Fähigkeit zu selbstständigem Problemlösen" und Transferfähigkeit, genauer das „Anwenden von Erkenntnissen und Gesetzen auf analoge Sachverhalte". Die Forderung, „Naturgesetze [zu] verstehen" lässt sich hier vielleicht parallel lesen. das dahinter stehende Leitbild scheint wenig von dem des vorherigen BP unterschieden, neu ist höchstens das Motiv der Verantwortungsbereitschaft, das aber noch diffus erscheint.

Im BP 1994 findet sich dann wieder vergleichsweise wenig Material. Hier wird eine zu leistende Berufsorientierung genannt, ebenso das Kennenlernen von „Physik als Methode und Denkgebäude". Letzteres könnte verstanden werden als der Übergang vom bloßen Beobachten von Naturvorgängen zum Stellen von „Fragen an die Natur". Ein neues Moment ist jedoch im Zusammenhang mit dem Unterricht die Forderung: „Der Physikunterricht soll Mädchen und Jungen im gleichen Maße gerecht werden" – was das heißt, bleibt jedoch offen. Geleistet werden soll eine unbestimmt gelassene „Grundbildung", die zumindest eine gewisse Berufsorientierung leistet. Schülerinnen und Schüler sollen außerdem lernen zu kooperieren. Es bleibt fraglich, ob die Zukunftsperspektive hier letztlich ökonomisch oder pädagogisch gedacht wird.

Die BPe nach der Jahrtausendwende sind hier weitaus ausführlicher. Der BP 2004 stellt fest „Naturwissenschaftliches Arbeiten lässt die Schülerinnen und Schüler die Natur erfahren und begreifen" und betont den Wert direkter Naturbegegnung der Lernenden. Fast unmittelbar daneben steht wieder das Motiv der „Motivation für den Eintritt in naturwissenschaftlich- technisch orientierte Bildungsgänge oder Berufe". Immer wieder taucht die Forderung auf, Sachverhalte oder Phänomene seien zu verstehen oder verstandesmäßig zu durchdringen. Hierher gehört vermutlich auch das Ziel, „Kausalitäten [zu] erkennen" und die anzustrebende Fähigkeit, „ein Alltagsproblem so ein[zu]kreisen, dass es mit Messmethoden und Messinstrumenten quantifizierbar wird". Auf dieser Linie formuliert bereits der erste Satz den Anspruch, naturwissenschaftliche Bildung sei Teil einer Allgemeinbildung, die für die Lernenden eine lebenslange Bedeutung hat und beinhaltet, „naturwissenschaftliches Wissen an[zu]wenden, naturwissenschaftliche Fragen [zu] erkennen und aus Belegen Schlussfolgerungen [zu] ziehen". Ziel des Unterrichts ist dabei „ein ausdifferenziertes Verständnis von Begriffen, Prinzipien und Prozessen der Naturwissenschaften aufzubauen". Die im naturwissenschaftlichen Unterricht erworbenen Kompetenzen „ermöglichen [...], an der Kommunikation über technische und gesellschaftliche Innovationen teilzunehmen, Argumente auf ihren sachlichen und ideologischen Anteil zu prüfen und Entscheidungen sachgerecht, selbstbestimmt und in ethischer Verantwortung zu treffen" und motivieren zum Eintritt in entsprechend orientierte Berufe. Als zu entwickelnde Qualitäten wird außerdem Reflexionsfähigkeit genannt, die sich auf die Begrenztheit der naturwissenschaftlichen Methode, auf potenziell problematische Auswirkungen der Naturwissenschaft oder auch die eigene Aktivität richtet. Weiter gehören das erfolgreiche Kommunizieren, Eigenaktivität und Sicherheitsbewusstsein hierher. Das zukünftige Weltverhältnis der Lernenden wird also nicht nur als erfolgreich tätig gesehen, sondern soll auch kommunikativ, (selbst)kritisch und gesellschaftlich engagiert ausgestaltet werden.

Der BP 2016 beginnt mit einem Einstein-Zitat, das auch von Martin Wagenschein stammen könnte. „Wenn jemand die grundlegenden Methoden seines Faches beherrscht und selbständig zu denken und zu arbeiten gelernt hat, so wird er sich schon zurechtfinden und obendrein besser imstande sein, sich Fortschritten und Umwälzungen anzupassen als derjenige, dessen Ausbildung hauptsächlich in der Erwerbung von Detailkenntnissen besteht." So eingestimmt folgt ein Abschnitt zum „Bildungswert" von Physik, der neben dem Anspruch, „wesentlicher Bestandteil der Allgemeinbildung in einer naturwissenschaftlich-technisch geprägten Welt" zu sein, noch das Motiv der Ermöglichung von „Teilhabe an gesellschaftlicher Kommunikation und Meinungsbildung" stellt und an die Interessen der Lernenden anknüpfen soll. Konkret als potenziell verdienstvoll wird aufgezählt, dass die „Schülerinnen und Schüler lernen[,] eigene Wahrnehmungen zu reflektieren" (was auch als Beitrag zur Grundprävention deklariert wird), dass der Unterricht berufsorientierend wirkt, sowie, dass er Lernende befähigt, „sich Informationen zu beschaffen, deren Quellen zu prüfen und deren Darstellungen kritisch zu interpretieren" oder auch Arbeitsergebnisse zu präsentieren und somit medienbildend wirkt. Naturwissenschaftliche Kenntnisse sollen es ermöglichen, „pseudowissenschaftliche Argumentationen [zu] durchschauen" und sich kritisch mit Behauptungen der Werbung etc. auseinanderzusetzen. Generell gilt, „[n]aturwissenschaftliche Bildung zeigt sich in der Fähigkeit, physikalisches Wissen anzuwenden, physikalische Fragestellungen zu erkennen, aus physikalischen Fakten Schlussfolgerungen zu ziehen und Bewertungen aufgrund einer naturwissenschaftlich-rationalen Abwägung vorzunehmen". Gefördert werden soll auch der „Austausch" zwischen Lernenden. Insgesamt wird offenbar weniger die Schulung von bloßer Rationalität betont, sondern mehr Wert auf lebensweltlichen Bezug gelegt, in dem die Auseinandersetzung mit Naturwissenschaft in verschiedener Hinsicht die Kritikfähigkeit und das Verantwortungsbewusstsein stärkt. Das einleitende Einstein-Zitat stellt hier hoffnungsvoll ein Sich-zurecht-Finden in diesem Leben, aber auch die Notwendigkeit, sich „anzupassen" in Aussicht. Die durch Physik mit impulsierte technische Entwicklung birgt dabei neben Chancen auch Risiken bzw. negative Folgen und diese gilt es, „zu erkennen und zu bewerten". Weiter wird festgestellt: „Physikalische Bildung ermöglicht dem Individuum eine aktive Teilhabe an gesellschaftlicher Kommunikation und Meinungsbildung über technische Entwicklung und naturwissenschaftliche Forschung." Hierzu passt auch das Gebot zur Berufsorientierung und zur Medienbildung. Ein lebensweltliches Handeln der Lernenden wird explizit vor dem Hintergrund der Agenda 21 (UNO 1992) gesehen – gehandelt wird also (global) verantwortungsbewusst, aber konkret vor Ort.

Vertiefen wir noch den Umgang mit den wenigstens potenziell problematischen Aspekten von Naturwissenschaft – und was daraus für die Lernenden abgeleitet wird. Naturwissenschaft ist *per definitionem* der Deutungsrahmen für Natur, aber auch der Boden, auf dem Technik, die unser Leben prägt und dabei diese Natur benutzt, ausbeutet und schon lange sogar gefährdet, entwickelt wird. Die frühen BP betonen auf dieser Linie die wahrzunehmende historische Perspektive auf eine genuine kulturelle Errungenschaft (BP 1952 und 1964). Zugleich wird diese Wirksamkeit der Technik zunehmend problematisch: es bestehen „ernste Gefahren", nicht nur bei missbräuchlicher Verwendung von Wissen, sondern auch auch in der „gesetzmäßige[n] Wirkung von Naturkräften" (BP 1964). Diese Abhängigkeitsverhältnisse müssen nachvollzogen werden (BP 1964 und 1979) und dies impliziert Verantwortung (BP 1979). Für den BP 1994 folgt daraus vor allem der Impuls, die engen Fachgrenzen zugunsten fachübergreifender oder fächerverbindender Ansätze (im Sinne einer Öffnung zur Lebenswelt) zu überwinden. Der BP 2004 knüpft hier noch neu den Impuls an, auch weltanschauliche Fragen mit einzubeziehen. Im BP 2016 ist dies in die Kulturwirksamkeit von Physik integriert, der lebensweltliche Bezug der Naturwissenschaft wird aktuell wie historisch wahrgenommen und auf lebensweltliche Aspekte (neben der Technik im Allgemeinen auch insbesondere Medizin) bezogen.

## Naturwissenschaft als Tugendsystem

Bereits Bollnow (1958) weist einerseits die Schwierigkeit einer einigermaßen gehaltvollen, allgemeinen und positiven Definition von Tugend nach, andererseits den Wert einer diachronen Analyse dessen, was jeweils konsensuell für Tugend gehalten wird. Tugend drückt eben einerseits umfassend die allgemein herrschenden Erwartungen in Bezug auf Tun, Lassen und Eigenschaften der Einzelnen, kurz: eine Anthropologie oder ein *Menschenbild* aus und unterliegt aber gerade darum einer Abnutzung oder Verdünnung durch Allgegenwart dieser Ansprüche – andererseits eröffnet der Blick auf den Wandel der Tugenden die Möglichkeit einer „Verjüngung" des Bildes oder der Erwartungen. Methodisch leitet er dabei aus dem Umstand der Nicht-Greifbarkeit von Tugend die Notwendigkeit ab, in der Darstellung zunächst die jeweils vorhandenen Motive wahrzunehmen und „in vorsichtigen Abgrenzungen und Unterscheidungen [...] das Wesen der einzelnen Tugenden ans Licht" zu heben. Tugenden erscheinen dabei als Ausdruck der Fülle des Menschsein, jedoch zugleich als systematisch nicht-systematisierbar, weil Tugendsysteme in ihrem jeweiligen konstruktiven Gesichtspunkt die Fülle des Menschseins regulieren wollen und also notwendig einzelne Aspekte desselben ausschließen, ja unterschlagen oder unterdrücken müssen. Sammeln wir aber dennoch Gesichtspunkte.

Die Tugenden des gelingenden praktischen Lebens werden gemeinhin unter dem Namen der „bürgerlichen Tugenden" zusammengefasst. Eigenschaften wie Ordnungsliebe, Reinlichkeit, Fleiß oder Sparsamkeit sind dabei keineswegs sittlich neutral: Bei Pestalozzi findet sich die Maxime „Von Jugend auf zwei Batzen sparen (ist) ein Mittel wider den Ursprung der Verbrechen, gegen die man sonst Galgen und Rad braucht." Hier äußert sich die Auffassung, dass „die Gründe für die sittliche Verwahrlosung des Menschen in der Unordnung seiner häuslichen wirtschaftlichen Verhältnisse" liegen (Bollnow 1958: 31), und deshalb ist es wichtig, bereits Kinder zu Ordnung und Sauberkeit anzuhalten. Ordnung ist also in diesem Sinn eine „Muttertugend" der Aufklärung (vgl. auch Wickert 2016), dass sie ein im umfassenden Sinn geregeltes Leben ermöglicht, das über die soziale Umgebung sich wohltätig auf das gesamte Gemeinwesen auswirkt. Ordnung wird aber nicht vorgefunden, sondern aktiv gestaltet. Dieses Motiv findet sich in vermutlich jeder noch so einfachen Kulturtätigkeit, sei es das Auftürmen oder Aufrichten von Steinen zu Bauwerken, das Anlegen von Gärten oder die Einrichtung von Arbeitsplätzen. Die Ordnung der Aufklärung gerät so in Opposition zu dem, was nicht kultürlich ist, also der Natur, die von diesem Standpunkt aus wild und gefährlich und in jedem Fall beunruhigend erscheint.[2]

Das Stiften von Ordnung im Verhältnis zur Natur gehört nun zu den Wesenszügen der Naturwissenschaft. Naturwissenschaft erscheint dabei als aufklärerische Praxis, die nicht nur ihren jeweiligen Gegenstand ordnend erschließt – etwa in Form von Taxonomien[3] oder Naturgesetzen, sondern implizit auch der Menschheit einen Platz außerhalb dieser Natur zuweist. Die Nähe so verstandener Wissenschaft zu den bürgerlichen Tugenden zeigt sich in BPen dabei zunächst in deren direkter, ja fast naiver Beschwörung (vgl. die Forderung nach „ordentlich[em] Darstellen" oder der „Sauberkeit der Darstellung"von Ergebnissen), aber auch in dem immer wieder auftauchenden Anspruch, allgemeine oder speziell Berufsorientierung zu vermitteln. Ordnung vermittelt darüber hinaus eben die Begegnung mit den „Gesetzen der Natur", aber auch das Kennenlernen und besser noch die Einübung naturwissenschaftlicher Methoden, wie sie in „Werkstätten, Betrieben und Laboratorien", also den Stätten der kultürlichen Auseinandersetzung mit Natur herrschen. Naturwissenschaft, und speziell Physik, dient dazu, Erlebnisse überschaubar zu machen (Einstein 1921/23). Dies geschieht zuerst auf dem Weg des Quantifizierens, des Messens, des Erfassens von Daten. Das im „genauen Beobachten" der BPe beschworene Erleben ist darum keineswegs unzweckmäßig zu verstehen: Der gewünschte Zugriff auf die Natur ist nicht nur „genau" im Sinn von „wahrheitsgemäß", sondern eben präzise, dem quantitativen Zugriff den Weg bereitend.

Auch in einer zweiten Hinsicht steht Naturwissenschaft für einen recht konkreten Tugendentwurf, nämlich im Hinblick auf Rationalität. Die dianoëtischen

---

2 Vgl. die aktuelle Debatte um den Umgang mit Wölfen in Deutschland, siehe http://dip21.bundestag.de/dip21/btd/19/005/1900584.pdf, Zugriff 21.01.2020 ⊠ die Kulturantwort auf das Aufstreben der Natur ist die Jagd ... Im Antrag der AfD erscheint die Wortwahl dabei frappierend nah an der Terminologie zum Umgang mit Flüchtlingen, siehe http://dip21.bundestag.de/dip21/btd/19/005/1900594.pdf, Zugriff 21.01.2020.
3 Auch im Fremdwort steckt der *nomos*, das griechische Wort für Gesetz.

Tugenden der „Klugheit" (gr. *phronesis* oder lat. *prudentia*) und „Weisheit" (gr. *sophia* oder lat. *sapientia*) haben im klassischen Tugendkanon des Abendlandes ihren festen Platz und bezeichnen ein eher situatives oder selbstbezogenes bzw. ein eher allgemeines oder universelles Vermögen, sich bewusst, begreifend und steuernd auf die Welt zu beziehen. Das moderne Verständnis von Wissenschaft setzt anstelle dieser ggf. dem Wissenschaftler persönlich zukommenden Eigenschaften ein *unpersönliches Verständnis von Wissenschaft*, in dem diese Eigenschaften in Form einer entsprechenden und verbindlichen Methodik realisiert werden (Holt 2002). Diese Methodik erscheint *en miniature* in den für naturwissenschaftliches Lernen oft beschworenen Prozessschritten „beobachten" – „vermuten" (Hypothesen bilden) oder „modellieren" – „prüfen" (durch Experimente) – „formulieren" (z. B. als idealisierte Gesetzmäßigkeit oder wenigstens verbessertes Modell). Ein Phänomen zu *verstehen* heißt darum im Rahmen der Schulphysik oft, es auf ein kanonisches Modell abzubilden und ein *Verständnis* von etwas zu haben, bezieht sich in den BPen auf die Anwendung der Methodik oder auf ein Überschauen mit deren Verfasstheit selbst. Bollnow (1958) bemerkt, dass lat. *ratio* nicht nur die Bedeutung „Verstand" hat, sondern auch das Wortfeld der „Vernunft" abdeckt. Er unterscheidet hier zwischen dem Verstand als „Kunst des begrifflichen Durchkonstruierens", der ein handwerklicher, subalterner Charakter anhaftet, und der Vernunft als der Kunst, das (oft neu) zu finden, was den damit Befassten als das Richtige, Gebotene, Zukunftsfähige oder die problematischen Gegensätze Ausgleichende einleuchtet, womit die Sphäre des *logos* wiederaufscheint – ein Moment, das im Begriff *ratio* verloren gegangen ist.

Die immer wieder betonte Dienstbarkeit der Naturwissenschaft im Verhältnis zur Technik betont in diesem Sinn offenbar die Verstandesseite der Naturwissenschaften. Physik ist Impulsgeber für technische Entwicklung, das zauberhaft anmutende Funktionieren technischer Geräte lässt sich entsprechend durch physikalische Analyse entzaubern. Die Bildungsstandards im Fach Physik schreiben vier „Basiskonzepte" vor, die das Fachwissen insgesamt strukturieren sollen, und erklären: „Als strukturierter Wissensbestand bildet das Fachwissen die Basis zur Bearbeitung physikalischer Probleme und Aufgaben." (KMK 2004: 8) Wissenschaft erscheint hier als wohlsortierter Bau- oder Werkzeugkasten, mit dem in der Lebenswirklichkeit gearbeitet werden kann. Wenn BPe explizit Rationalität im Handeln als Ziel fordern, klingt diese pragmatische Seite an: Dieses wird zum Thema im Hinblick auf technische oder ökologische Probleme (BP 1979) oder pauschal als rationaler Umgang mit sachbezogenen Inhalten (BP 1984). Auf dieser Linie liegt das sich durchziehende Einfordern von Kausalität, die Lesart von „Erklären" oder auch die wiederholte Forderung nach „klarem" Darstellen oder Formulieren.

Der Vernunftaspekt der Naturwissenschaften, also ihre positive zukunftsgestaltende und menschheitsvereinende Potenz, scheint zunächst im Blick auf möglichen Missbrauchs des Wissens auf – die durch Naturwissenschaft entfesselte Technik muss vielleicht durch ethisch-moralische Gesichtspunkte, besser und in jedem Fall aber durch eine naturwissenschaftlich interpretierte „Verantwortlichkeit" (wie sich etwa aus den „Verflechtungen von Naturwissenschaft, Technik und Umwelt" ableiten lässt) oder im Sinne der „Nachhaltigkeit" (im Hinblick auf die „Begrenztheit der Ressourcen der Erde") ausgestaltet werden. Die in den Bildungsstandards verankerte Kompetenz der Bewertung weist entsprechend über den engeren fachlichen Rahmen hinaus: Lernende „vergleichen und bewerten alternativer technischer Lösungen auch unter Berücksichtigung physikalischer, ökonomischer, sozialer und ökologischer Aspekte" und „benennen Auswirkungen physikalischer Erkenntnisse in historischen und gesellschaftlichen Zusammenhängen" (KMK 2005: 12).

## Die Tugenden der LernerInnen der Naturwissenschaften bis 1984 – Ankommen in der Moderne

Der BP 1952 kann im Grunde sein Anliegen an den Physikunterricht noch in einem Satz ausdrücken: „Die Schüler sollen mit den physikalischen und chemischen Vorgängen, die ihnen täglich begegnen oder für die Haus- und Landwirtschaft, das Gewerbe, die Industrie und den Verkehr von Bedeutung sind, vertraut werden." Das Leben selbst erscheint hier noch wohlgeordnet in verschiedene Bereiche, die einerseits von naturwissenschaftlichen „Vorgängen" durchzogen werden, andererseits für die Lernenden selbst einen selbstverständlich vorauszusetzenden Platz bereithalten. Die Rolle des Naturwissenschaftlers oder der Naturwissenschaftlerin ist die eines „Arbeit[ers] des menschlichen Geistes", für den oder die die schon oben erwähnte „Achtung" zu entwickeln ist – auch, weil die Rolle des Arbeiters oder der Arbeiterin in Haus- und Landwirtschaft etc. *implizit* vorgegriffen und das Verhältnis demnach geradezu kameradschaftlich ist. Zu lernen ist in der Auseinandersetzung vor allem Verständigkeit, angesprochen „im scharfen Beobachten und kausalen Denken", aber auch im „[Erkennen der] Gesetze der Natur [...], die sie in ihrem praktischen Verhalten und beim Gebrauch der technischen Geräte beachten müssen" – Ordnung, in welchem Feld auch immer, scheint eben ohnehin selbstverständlich.

Anfang der 60er Jahre scheint diese Situation schon komplexer geworden: Der BP 1964 greift ausdrücklich auf einen die individuelle Verantwortlichkeit begründenden „Schöpfer unserer Weltordnung" zurück, ein „Missbrauch" der Naturwissenschaften scheint ebenso greifbar wie „ernste Gefahren für alles Leben".

Die umfassende Ordentlichkeit der Lebensbereiche scheint ver- oder wenigstens geschwunden, der Bezugspunkt ist aber immer noch das „praktische Leben". Der Verlust an Ordnung beruht dabei auf einer Weitung der Perspektive: „[...] naturwissenschaftliche[] Forschungsergebnisse und ihre technischen Auswertungen [gestalten] das Weltbild sowie das wirtschaftliche soziale und politische Leben der Völker entscheidend mit". Auch wenn „der Weg vom einfachen Versuch bis zur technischen Auswertung" weit ist, gilt es zu erkennen, „wie sehr der Mensch heute vom richtigen Ablauf der Arbeitsprozesse innerhalb der Gemeinschaft abhängt". Entsprechend mehr wird von der oder dem Einzelnen im Hinblick auf Ordentlichkeit und Verständigkeit verlangt, etwa auch „Sachlichkeit und Wahrheitsliebe". Auch die Praxis des naturwissenschaftlichen Ordnens wird nun thematisiert: Der Erkenntnisweg führt über den „Erfahrungsbereich" der Lernenden zu systematischen Versuchen hin zu Begriffen und zu Naturgesetzen und weiter zu „praktische[r] Auswertung und Anwendung der erkannten Gesetze in der Technik". Für „zunehmende Reife" der Lernenden wird dann auch eine mathematisch-formale Darstellung der Ergebnisse ins Auge gefasst.

Der BP 1979 setzt hier an: In einer „von Wissenschaft und Technik geprägten Umwelt" vermittelt naturwissenschaftlicher Unterricht „Hilfen zur Orientierung und zum sachgerechten Handeln". Es ist dann nur konsequent zu fordern, im Unterricht „erworbene Begriffe, Vorstellungen und Denkweisen sollen vom Schüler auf weitere Probleme übertragen werden können". Wegen der „Verantwortlichkeit des Menschen für alle seine Eingriffe in die natürliche Umwelt" gilt es, „Einsichten [zu] fördern und Einstellungen [zu] bewirken, die zu rationalem Verhalten gegenüber technischen ökologischen und gesellschaftlichen Problemen befähigen" – *Rationalität* trägt hier die Merkmale sowohl von Verständigkeit als auch von Vernunft. Die zu pflegende Praxis der Naturwissenschaften wird in umfänglichen Listen von „Fähigkeiten und Fertigkeiten" bzw. „Einstellungen und Haltungen" erläutert. Neue Motive sind hier etwa das Arbeiten mit Hypothesen und Modellen, das Vergleichen von Alltags- und Fachsprachlichkeit, das selbstständige Problemlösen oder die positive Einstellung gegenüber kooperativem Arbeiten oder Lernen. Die Verflechtung von naturwissenschaftlicher Praxis und Rationalität scheint im zentralen Wechselspiel der Theoriebildung und der Überprüfung durch das eigens dafür geplante Experiment auf. Implizit ist hier auch die „Bereitschaft, falsche Vorstellungen aufgrund experimenteller Erfahrungen und logischer Folgerungen zu korrigieren oder ganz aufzugeben".

Der BP 1984 fasst zunächst als Gegenstand des Physikunterrichts nur eine „Untersuchung" der „Zustände und Vorgänge in der Natur" ins Auge. Das Ergebnis einer solchen Untersuchung ist dann allerdings schon ambitionierter: „Die Ergebnisse werden in allgemeingültigen Gesetzen zusammengefasst." Direkt im

Anschluss wird erläutert, warum das anzustreben ist – erlernt wird der „rational geprägte Umgang mit sachbezogenen Inhalten", was zum Erfassen der „Bedeutung physikalischer Erkenntnisse für den Menschen" führt. Diese Bedeutsamkeit wird auch begründet: Aufgerufen wird zunächst das Motiv der wechselseitigen Verflechtung von Wissenschaft und Technik, „auch in der geschichtlichen Entwicklung". Hier kommt auch die Gefährlichkeit dieser Konstellation in den Blick. *Last but not least* führt dieser Umgang zur Möglichkeit einer „sinnvollen Beschäftigung mit Naturphänomenen und technischen Fragestellungen". Rationalität wird hier als Verständigkeit gelesen und das zeigt sich auch konsequent in Auflistungen davon, was Lernende sich hinsichtlich der naturwissenschaftlichen Methodik anzueignen haben. Hier klingen zudem bürgerliche Tugenden an, wenn „ordentliches Darstellen" u. ä. eingefordert wird. Weiter geht höchstens das (allerdings unspezifische) Ziel eines Einblicks „in die Auswirkungen bedeutender Forschungsergebnisse auf die soziale und wirtschaftliche Situation des Menschen". Analog zum Vorgänger-BP wird formuliert, Lernende sollen einerseits selbstständig Probleme lösen, andererseits partnerschaftlich kooperieren. Neu ist hingegen das Motiv, den Fragerahmen der Physik angesichts von Problemstellungen wie Energieversorgung und Umweltauswirkungen zu überschreiten und entsprechend diese Themen auch fächerverbindend zu lehren. Ebenfalls neu ist das Motiv eines geeigneten Computereinsatzes, „z. B. bei Simulationen". Naturwissenschaften erscheinen zuletzt als moderne und mit anderen Wissenschaften vernetzte, umfassende Welterschließungstechnik.

## Kompetenzen für die Zukunft – Bildungspläne seit 1994

In den ersten vier hier untersuchten BPen fallen zwei Entwicklungen ins Auge: Auf der einen Seite werden Verständigkeit und bürgerliche Tugenden zunehmend explizit elaboriert und von den Lernenden auch eingefordert. Das im Unterricht einzusetzende Instrumentarium des naturwissenschaftlichen Arbeitens entwickelt sich dabei vom bloßen Beobachten und Nachdenken über ein methodisch angelegtes Wechselspiel von modellhafter Deutung und systematisch-quantitativem Experimentieren zum Einsatz von Computern. Auf der anderen Seite kommt immer mehr das lebensfeindliche und umweltgefährdende Potenzial der Naturwissenschaften in den Blick, denen gegenüber *Metatugenden* wie Problemlöse- oder Kooperationsfähigkeit aufgerufen werden. Der BP 1994 klammert zwar die problematische Seite der Allianz „Naturwissenschaft und Technik" auffallend aus, betont aber das Motiv der Auseinandersetzung mit der *Komplexität* von naturwissenschaftlicher Weltdeutung und begründet daraus auch die Gebotenheit fächerverbindender Ansätze und der Auseinandersetzung mit der Lebenswirklichkeit, sowie der Einsicht in die Begrenztheit eines solchen Weltverhältnisses. Naturwissenschaft ist nicht mehr eine Art zu erlernendes Handwerk, sondern es gilt, die „Bedeutung von schulphysikalischen Begriffen und deren Zusammenhänge [zu] klären". Kooperativen Arbeitsformen steht hier nicht ein explizites Problemlösen, aber ein deutlich exploratives Moment des „Frage-Stellens an die Natur" an der Seite.

Diese Entwicklung setzt sich im BP 2004 so fort, dass der naturwissenschaftliche Unterricht eine „Basis [...] für die lebenslange Auseinandersetzung mit den Naturwissenschaften und ihren gesellschaftlichen, technischen und philosophischen Auswirkungen" vermitteln soll. Keinesfalls Detailwissen, sondern ein „ausdifferenziertes Verständnis von Begriffen, Prinzipien und Prozessen der Naturwissenschaften" ist zu vermitteln, Lernende „eignen sich [...] eine Vielzahl von fachlichen, personalen, sozialen, kulturellen und methodischen Kompetenzen spezifischer und allgemeiner Art an". Genannt werden hier Kommunikations-, Diskurs- und (rationale) Entscheidungsfähigkeit. Zugleich ist in „direkter Begegnung" mit Natur ein emotionales Verhältnis zu derselben zu gewinnen. Im Unterricht finden „Zusammenschau und Handlungsorientierung" statt und „[d]er Einsatz des PCs als Werkzeug [...] ist [...] eine Selbstverständlichkeit". Es verwundert nicht, dass solchen großen Worten seitenlange Listen von konkreten Nennungen zum Kompetenzerwerb folgen, in denen ein differenziertes Bild des geforderten naturwissenschaftlichen Arbeitens, Problemlösens und Kooperierens gegeben wird. Neue Motive sind das Beachten von Sicherheitsmaßnahmen und der eigenverantwortliche Umgang mit [Gefahr-]Stoffen. Ein eigener Punkt ist die „Beschreibung des Mikrokosmos" unter reflektiertem und sinnvollem Einsatz von Modellen, ein weiterer das Nebeneinander von alltagssprachlicher, modellhafter und quantitativer Darstellung von physikalischen Phänomenen. Weiter „erkennen [Lernende] zyklische Prozesse in einem System und das Prinzip der Nachhaltigkeit in der Natur und verstehen damit die Problematik der Begrenztheit der Ressourcen der Erde" oder „die Problematik menschlicher Eingriffe in ein Ökosystem" und entwickeln sogar Alternativen! Diese umfassende Perspektive wird ergänzt durch eine Mündigkeit im Kleinen: Lernende können „sich auch aus elektronischen Medien Informationen über Substanzen, Verfahren oder Persönlichkeiten der Naturwissenschaften selbstständig beschaffen und in den eigenen Erfahrungshorizont integrieren".

Im BP 2016 wird zunächst der Bildungs*wert* des Fachs Physik verhandelt: Dieser besteht in der Bedeutung der Naturwissenschaften als „Welterklärungsansatz" in der Neuzeit, besonders im Hinblick auf die prinzipielle Überprüfbarkeit von Wissen, und als „Grundlage für technische und medizinische Entwicklungen", die neben „Chancen auch Risiken mit teilweise weitreichenden Folgen für Umwelt, Gesellschaft und Frieden" birgt. Es wird weiter jeweils skizziert, welche Rolle das Fach für die fächerübergreifenden „Leitperspektiven" der BPe, also für *Bildung für nachhaltige Entwicklung*, für *Prävention und Gesundheitsförderung*, für *Berufliche Orien-*

*tierung*, für *Medienbildung* und für *Verbraucherbildung* haben müsste, und weshalb in einer sich rasch wandelnden Welt Kompetenzorientierung geboten ist, denn diese „befähigt Schülerinnen und Schüler, künftig auch solche Problemstellungen bewältigen zu können, die wir heute noch nicht kennen". Vorrangig ist im BP „Verständnis und die Anwendung grundlegender physikalischer Begriffe, Gesetze, Konzepte und Modelle". Einen hohen Stellenwert haben dabei *communication skills*, Diskursfähigkeit im Hinblick auf „Chancen und Risiken" und die Möglichkeit auch kritischer Distanz zu wissenschaftlicher Methodik oder zu Informationsquellen. Es wird zudem differenziert geschildert, wie sich Fachwissen bzw. „inhaltsbezogene Kompetenzen" einerseits und die genannten „prozessbezogenen Kompetenzen" Erkenntnisgewinnung, Kommunikation und Bewertung ergänzen und bedingen. Im Rahmen der didaktischen Hinweise ist wiederholt von „Physikverständnis" die Rede, das beim Staunen und mit Faszination beginnt und „nachhaltig" werden soll. Natürlich ist „[d]er Einsatz von Computern, Smartphones oder vergleichbaren Geräten sowie dem Internet […] im Physikunterricht eine Selbstverständlichkeit", das Motiv des Kooperierens ist allerdings nicht mehr explizit verankert.

Offenbar setzt sich die erste oben genannte Entwicklungslinie ungebrochen fort: Naturwissenschaftliches Arbeiten wird in den drei jüngsten BPen so thematisiert, dass einerseits die Beherrschung des komplexen Wechselspiels von Theorie- oder Modellbildung oder sachgerechtem Datenerfassen und -auswerten, andererseits auch die Stichhaltigkeit, Darstellbarkeit und Relevanz der so zustande kommenden Ergebnisse eingefordert wird. Natur tritt noch als ursprüngliche Unterlage des naturwissenschaftlichen Sich-Betätigens auf (an die man höchstens mit seinen Gefühlen fast sentimental anschließt), nicht aber als eigentliches Erkenntnis-Ziel. So gesehen scheint es fast, als würde die Naturwissenschaft selbst zum Gegenstand, *ja zum Problem* des Unterrichts. Dies wird letztlich als *Sachzwang* dargestellt, weil für das individuelle Bestehen im Leben die naturwissenschaftliche Prägung von Alltag und Gesellschaft dies nicht nur, wie in den 50er und 60er Jahren, wünschenswert, sondern *notwendig* scheinen lässt. Naturwissenschaft findet nicht mehr im Elfenbeinturm statt, sondern entscheidet über Wohl und Wehe der Menschheit, des Planeten und des Lebens auf demselben.

## Gut-Sein heute

Es ist ganz offenbar die Dynamik der technologischen, ökologischen und ökonomischen Entwicklung, die hier spürbar wird. Die dort wurzelnde Grundidee der Kompetenzorientierung, nämlich der Ansatz, Lernenden Fähigkeiten und Haltungen mitzugeben, die ihnen auch dann noch nützen, wenn die Inhalte der BPe längst passé sein werden, wird so umgesetzt, dass Naturwissenschaften als universeller Werkzeugkasten vermittelt werden. Die vermittelten Tugenden umfassen dabei vielfältige methodisch relevante Aspekte und verschiedene Spielarten von Verständigkeit. Auffallend ist, dass das Motiv der Verantwortung (für Umwelt, ungute technische Entwicklungen usw.) im heute gültigen BP nicht auftaucht, ebensowenig wie das Motiv kooperativen Handelns. Beide Motive mögen auch heute noch gesellschaftlich bedeutsame Werte darstellen, der Duktus des BP 2016 ist es aber, den Unterricht auf eine *optimale Vorbereitung des Einzelnen* innerhalb der Gesellschaft abzustellen. Der Vergleich mit den Vorgängern zeigt dabei, dass diese Ausrichtung nicht abrupt auftritt, sondern sich über ein halbes Jahrhundert vorbereitet.

Die Sorge, ob die durch Naturwissenschaften getriebene Entwicklung für Gesellschaft und Ökosystem gut endet, wird im BP 2016 zwar – außerhalb des Bezugs zu den fachübergreifenden „Leitperspektiven" – kaum explizit thematisiert, sie steht aber immer dort zwischen den Zeilen, wo die auch in den Bildungsstandards hinterlegte Fähigkeit zur Bewertung von „Folgen für Umwelt, Gesellschaft und Frieden" adressiert wird. Es ist im allgemeinen Bewusstsein angekommen, dass naturwissenschaftliche Erkenntnisse nicht automatisch in *Fortschritt* münden, der diesen Namen verdient (von Weizsäcker 1976, von Dittfurt 1985). Descartes' Vision, sich durch sachgemäßen Gebrauch der Elemente und Technik „zum Meister und Besitzer der Natur" (Descartes 1637/1902: 62) zu machen, wird, wie Bulthaupt (1973: 24) schreibt, „reduziert auf die Notwendigkeit der Selbsterhaltung" – woraus er im Gegensatz zur OECD allerdings nicht die Notwendigkeit einer kompetenzorientierten Optimierung des Einzelnen ableitet, sondern die der *Politisierung* der Naturwissenschaften im Hinblick auf eine bewusste Änderung der Produktionsverhältnisse!

Digitalisierung ist Teil dieses Bildes, aber verändert oder verschärft das bildungstheoretische Spannungsfeld hier kaum. Auch der Gebrauch digitaler Technik ist mittlerweile wichtiger Teil des naturwissenschaftlichen Werkzeugkastens, er verändert jedoch nicht die prinzipielle Art des Zugriffs auf die Natur oder (abgesehen vom mit anwesenden Motiv der Medienbildung als solcher) den Zuschnitt des Aufgabenprofils der Lernenden. Aber es gibt auch hier eine deutliche diachrone Entwicklung: Digitale Technik erscheint zunächst als *feature*, dann eher als selbstverständlich und zuletzt im Lichte der Notwendigkeit, die unbegrenzte und unkontrollierbare Informationsflut sinnvoll zu filtern und auch kritisch zu bewerten. Insbesondere entfremdet die Digitalisierung des Unterrichts die Lernenden nicht mehr von einer ja doch irgendwie gegebenen Natur, als es das Treiben von Naturwissenschaft mit anderen Mitteln nicht auch täte – Naturerleben mündet so ein in abstrakte Gesetzlichkeit und ein komplexes und dynamisches Netz von Wechselwirkungen innerhalb von und zwischen Systemen. Der erkennende Mensch steht handelnd dort drinnen, als ethische Instanz aber irgendwie außerhalb – und die Lernenden haben diese Situation zu verinnerlichen.

Durch alle BPe ziehen sich dabei gemeinsame Motive: Der Bildungswert der Naturwissenschaften besteht demnach einerseits in einer recht umfassenden *Disziplinierung* der Lernenden hin auf ein recht bürgerlich-utilitaristisch lesbares Ideal von äußerlicher und innerlicher Ordnung, sprich der Fähigkeit zu systematisch-gründlichem Arbeiten und des Verfügens über ähnlich aufgeräumte Begriffssysteme. So angeschaut wird auch die Forderung nach *nachhaltigem* Lernen oder Physikverstehen sprechend: Sie erscheint als Variante der bürgerlichen Urtugend des *Fleißes*, also einer „disziplinierend anhaltenden Aktivität" des Individuums (Bollnow 1958:64), die insgesamt kontinuierliche Produktivität und gesellschaftliche Brauchbarkeit des Einzelnen sichert. Das Erlernen der Naturwissenschaften sichert somit einerseits den allgemeinen Wohlstand, es sichert aber zugleich – und das ist das zweite durchgängige Motiv – *den Bestand eines allgemein verbindlichen Deutungsrahmens*. Die oben angedeutete Ambivalenz des Drinnen- bzw. Draußen-Stehens des modernen Menschen im Bezug auf die Natur erscheint im BP 1964 noch erfrischend naiv und ehrlich im Bezug auf den „Weltenschöpfer". Spätestens für die Autoren des BP 1979 ist klar, dass die Verantwortung ganz nüchtern beim „Menschen" liegt, also letztlich *Selbstverantwortung* ist. Naturwissenschaften deuten nicht nur die Welt, sie geben Lernenden auch Gelegenheit, Rationalität – und insbesondere ihren Aspekt der Verständigkeit zu erlernen und ihre eigene Weltsicht so auszubilden, dass Wesentliches hervor- und Unwesentliches zurücktritt und die eigene Position (innerlich wie lebensmäßig) sich immer besser an den intellektuellen und ökonomischen „Gesamtdiskurs" anschließen lässt.

Es scheint also, die drei Tugenden Ordentlichkeit, Rationalität und Fleiß seien so etwas wie die bildungspolitischen Konstanten, aus der sich konkrete naturwissenschaftliche Bildungspläne ableiten lassen. Die Veränderung der Form, in der sich das jeweils ausgestaltet, spiegelt dabei nicht nur die Veränderung des Lebensgefühls oder Erwartungen an berufliche Werdegänge, sondern auch eine Veränderung des Blicks auf Naturwissenschaft selbst. Natur wird dabei immer weniger Gegenstand des Forschens (oder Nutzens) und immer mehr zu einer zu bewahrenden Grundlage und zum *Sorgenkind*. Daneben ist – ganz auf der oben zitierten Linie Rosas – offenbar auch das Leben als Bürger, Berufstätiger und Konsument komplizierter geworden. Die Bildungspläne spiegeln die schwindelerregende soziale *Beschleunigung* ebenso wie die drohende *Entfremdung*, und entsprechend mehr Worte braucht es, um zu beschreiben, was sich Lernende dafür anzueignen haben. In allen diesen drei Rollen stehen Lernenden aus Sicht eines staatlichen Bildungssystems die drei genannten Tugenden sicher sehr gut – abzuwehren ist jegliche Form romantischer Irrationalität, Verweigerung und Beunruhigung, weil dergleichen Haltungen oder Gesinnungen sehr schnell die bestehenden Ordnungen in Frage stellen.

Die Frage danach, welche Rolle Sinnerleben, eigenständige Klärungsversuche für das Verhältnis Mensch und Welt oder Orientierungswissen für ein gelingendes Leben haben könnten, wird in den BPen dagegen kaum gestellt und sicher nicht weiter entwickelt. Das Potenzial für einen konstruktiven Beitrag des naturwissenschaftlichen Unterrichts – etwa im Sinne von Rosas Resonanzkonzept (Rosa 2018) – zur Lebensqualität der jungen Generation lässt sich so kaum ausschöpfen. Die enormen Investitionen und großen Hoffnungen, die rund um die Einführung digitaler Medien in die Klassenzimmer aufgerufen werden, lassen sich dabei gar nicht curricular begründen, sondern erscheinen eher wie eine grandiose Themaverfehlung: Wir verändern die Modalitäten des Lernens (ob zum Besseren, sei dahingestellt), anstatt die umfassendere Orientierung des Lernens auf ein gesellschaftlich erwünschtes Weltverhältnis hin auf individuelle Lebensgestaltung zu verändern. Das Konzept der Tugend kommt hier vielleicht tatsächlich an Grenzen: Was die BPe formulieren, sind Motive einer erhofften gesellschaftlichen Prägung, die bei allem Wandel das Funktionieren der ökonomischen Prozesse und die Bewahrung des gesellschaftlichen Rahmens addressiert. Ganz statisch ist dieses Bild aber in vielerlei Hinsicht nicht: Nicht nur ist das modern aufgefasste naturwissenschaftliche Arbeiten immer weniger bloßes Deduzieren, sondern von einem spürbaren *explorativen Duktus* durchzogen, die Vielseitigkeit der Anforderungen des modernen Lebens bilden sich im Unterricht auch in immer vielfältigeren und vielseitigeren Praktiken und Zielrollen für die Lernenden ab. Bei allem technokratischen Geschmack der BPe liegt hier ein Moment, das Veränderung nicht nur zugibt, sondern sie letztlich sogar ermutigt. Und, wie es im Film *Briefe eines Toten* von Konstantin Lopuschanski im Schlussbild heißt: „Solange der Mensch sich im Aufbruch befindet, gab es bisher immer eine Hoffnung."

## Literatur

Aristoteles: Nicomachean Ethics. Herausgegeben von Jeffrey Henderson in der Loeb Classical Library, Band XIX, 1926/2003. Cambridge, Massachusetts, London.
Bollnow, Otto Friedrich (1958): Wesen und Wandel der Tugenden. Frankfurt a. M.: Ullstein Taschenbücher Verlag.
Bourriot, Felix(1995): Kalos kagathos – kalokagathia. D'un terme de propagande de sophistes à une notion sociale et philosophique. Hildesheim: Olms.
Bundesministerium für Bildung und Forschung: Aufstieg durch Bildung. Abrufbar unter: https://www.bmbf.de/de/aufstieg-durch-bildung-1240.html, Zugriff 21.01.2020.
Bundesministerium für Bildung und Forschung: Zur Entwicklung nationaler Bildungsstandards – Expertise. Abrufbar unter: https://edudoc.ch/record/33468/files/develop_standards_nat_form_d.pdf, Zugriff 21.01.2020.

Bulthaup, Peter (1973): Zur gesellschaftlichen Funktion der Naturwissenschaften. Frankfurt a. M.: Suhrkamp.

Burchardt, Matthias (2013): Bildung oder Selbstregulation? Zur Ideologie des „selbstständigen Lerners". In: Lehrer nrw 7/2013, S. 13–16.

Descartes, René (1637/1902): Discours de la Méthode Pour bien conduire sa raison, et chercher la vérité dans les sciences. Paris. Abrufbar unter: http://zulu-ebooks.com/download/3-fachbuecher/859-discours-de-la-methode, Zugriff 21.01.2020.

Ditfurth, Hoimar von (1985): So laßt uns denn ein Apfelbäumchen pflanzen. Es ist soweit. Hamburg: Rasch und Röhring.

Einstein, Albert (1921/23): Raum und Zeit in der vorrelativistischen Physik. In: Ders.: Vier Vorlesungen über Relativitätstheorie gehalten im Mai 1921 an der Universität Princeton. Braunschweig.

Holt, Lynn (2002): Apprehension. Reason in the absence of rules. Ashgate: Hants.

Kallweit, Nina (2018): Kindliches Erleben politisch gedeuteter Phänomene – phänomenografisch untersucht an „Krieg" und „Frieden". Konsequenzen für das politische Lernen im Sachunterricht. Dissertation, Humboldt-Universität zu Berlin.

Marton, Ference (1988): Phenomenography: Exploring different conceptions of reality. In: Fetterman, David M. (Hrsg.): Qualitative approaches to evaluating education: A silent revolution. New York, S. 176–298.

Marton, Ference/Booth, Shirley (2014): Lernen und Verstehen. Berlin: Logos Verlag.

McClelland, David (1973): Testing for Competence Rather Than for „Intelligence". In: American Psychologist 28/1, S. 1–14.

Murmann, Lydia (2008): Phänomenografie und Didaktik. In: Meyer, Meinert A./Prenzel, Manfred/Hellekamps, Stephanie (Hrsg.): Perspektiven der Didaktik, S. 187-199. Wiesbaden: VS Verlag für Sozialwissenschaften.

KMK (Beschlüsse der Kultusministerkonferenz, 2004): Bildungsstandards im Fach Physik für den mittleren Schulabschluss. Abrufbar unter: https://www.kmk.org/fileadmin/Dateien/veroeffentlichungen_beschluesse/2004/2004_12_16-Bildungsstandards-Physik-Mittleren-SA.pdf, Zugriff 21.01.2020.

Krautz, Jochen (2007): Ware Bildung. Schule und Universität unter dem Diktat der Ökonomie. Kreuzlingen/München: Diederichs.

Krautz, Jochen (2009): Bildung als Anpassung? Das Kompetenz-Konzept im Kontext einer ökonomisierten Bildung. In: Fromm Forum 13/2009, S. 87–100.

Krautz, Jochen (2013): Bildungsreform und Propaganda. Strategien der Durchsetzung eines ökonomistischen Menschenbildes in Bildung und Bildungswesen. In: Frost, Ursula/Rieger-Ladich, Markus (Hrsg.): Demokratie setzt aus: Gegen die sanfte Liquidation einer politischen Lebensform. Vierteljahrsschrift für wissenschaftliche Pädagogik – Sonderheft 2013, S. 86-128.

Ministerium für Kultus, Jugend und Sport Baden Württemberg: Pressemitteilung vom 13.10.2017. Abrufbar unter: https://www.km-bw.de/,Lde/Startseite/Service/13_10_2017++IQB-Bildungstrend+2016+Analysen+und+Konsequenzen, Zugriff 21.01.2020.

Mooney, Thomas Brian/Coad, Geoffrey (2006): Kalos kai agathos – Homeric Origins. SMU Working Papers 3-2006.

OECD Programme for International Student Assessment (PISA): PISA 2000. Abrufbar unter: https://www.pisa.tum.de/pisa-2000-2015/pisa-2000/, Zugriff 21.01.2020.

The Organisation for Economic Co-operation and Development (OECD): PISA FAQ. Abrufbar unter: http://www.oecd.org/pisa/pisafaq/, Zugriff 21.01.2020.

Plato: Menon. In: Schleiermacher, Friedrich D. E. (1856): Platons Werke, Teil II, Band 1. Berlin 1856.

Plato: Politeia. In: Reclams Universalbibliothek Band 19512. Abrufbar unter: https://www.reclam.de/data/media/978-3-15-019512-3.pdf, Zugriff 21.01.2020.

Rosa, Hartmut (2016): Beschleunigung und Entfremdung. Berlin: Suhrkamp.

Schwäbische Zeitung vom 26.4.2018: Schüler schneiden in Deutsch und Mathe enttäuschend ab. Abrufbar unter: https://www.schwaebische.de/sueden/baden-wuerttemberg_artikel,-sch%C3%BCler-schneiden-in-deutsch-und-mathe-entt%C3%A4uschend-ab-_arid,10859482.html, Zugriff 21.01.2020.

Theilmann, Florian (2011): Die Kunst der naturwissenschaftlichen Untersuchung – eine konstruktive Kritik des Verstehensbegriff bei Wagenschein. In: Ders.: Die Kunst der Untersuchung. Habilitationsschrift. Potsdam. Abrufbar unter: https://publishup.uni-potsdam.de/opus4-ubp/frontdoor/deliver/index/docId/5457/file/theilmann_habil.pdf, Zugriff 21.01.2020.

Thomas von Aquin: Summa Theologiae. Die deutsche Thomas-Ausgabe ist abrufbar unter: http://www.unifr.ch/bkv/summa/kapitel1.htm, Zugriff 21.01.2020.

UNO (1992): AGENDA 21 – Konferenz der Vereinten Nationen für Umwelt und Entwicklung. Abrufbar unter http://www.un.org/Depts/german/conf/agenda21/agenda_21.pdf, Zugriff 21.01.2020.

Wagenschein, Martin (1965): Zum Problem des genetischen Lehrens. In: Ders.: Verstehen lehren. Weinheim: Beltz.

Wankel, Hermann (1961): Kalos kai agathos. Dissertation, Würzburg.

Weizsäcker, Carl Friedrich von (1976): Wege in der Gefahr. Eine Studie über Wirtschaft, Gesellschaft und Kriegsverhütung. München: Hanser.

Wickert, Ulrich (2016): Gauner muss man Gauner nennen: Von der Sehnsucht nach verlässlichen Werten. München/Berlin: Piper.

# Autorenverzeichnis

Prof. Dr. **Ingrid Classen-Bauer**, geb. 1940 in Bolivien, Dolmetscherprüfung am Dolmetscherinstitut München, Studium der Erziehungswissenschaften, Anglistik und Soziologie in Hamburg, San Andres (Bolivien) und Paris, 1971 Promotion in Hamburg. Tätigkeit am UNESCO Institut für Pädagogik, Hamburg. 1983 Ernennung zur Professorin an der pädagogischen Hochschule Lüneburg, später „Leuphana Universität" – dort bis 2005 tätig. 1989 Habilitation an der TU Berlin bei Frau Prof. Dr. Helga Thomas. Arbeitsschwerpunkte: Lehreraus- und fortbildung u. a. in Argentinien, Bolivien, (UNESCO), Pakistan, Bangladesch. Bei der Entwicklungszusammenarbeit der GTZ mit El Salvador im Bildungsministerium für den Wiederaufbau der Lehrerbildung im Rahmen des Vorhabens „Förderung der Grundschullehrerbildung in el Salvador" verantwortlich.

PD Dr. **Thomas Damberger**, Magisterstudium der Pädagogik und Philosophie, Promotion 2012 an der TU Darmstadt, Habilitation 2019 zum Thema Bildung im Digitalzeitalter an der Otto-von-Guericke-Universität Magdeburg. 2016–2018 Vertretungsprofessur an der Goethe Univ. Frankfurt, zwischenzeitlich Gastprof. an der Univ. Wien, 2018–2019 Prof. an der Privaten PH Linz, seit 2019 Vertretungsprof. an der Leuphana Univ. Lüneburg.

Prof. Dr. **Edwin Hübner**, geb. 1955, Studium Mathematik und Physik in Frankfurt/M und Stuttgart. Ab 1985 Lehrer für Mathematik, Physik und Religion an der Freien Waldorfschule Frankfurt/M. Ab 2001 wiss. Mitarbeiter am Institut für Pädagogik, Sinnes- und Medienökologie (IPSUM) in Stuttgart. 2004 Promotion. 2009 Habilitation. Seit 2015 Professor für Medienpädagogik und ab 2017 Inhaber des von Tessin-Lehrstuhls für Medienpädagogik an der Freien Hochschule Stuttgart.

Prof. Dr. **Peter Loebell**, geb. 1955. Studium der Publizistik, Soziologie und Linguistik in Köln und Hamburg. Studium der Waldorfpädagogik in Stuttgart und Tätigkeit als Klassenlehrer ab 1985. Ab 1996 Dozent für Anthropologie, Pädagogik und Klassenlehrermethodik an der Freien Hochschule Stuttgart und dort von 2008 bis 2018 Professor für Lernpsychologie und Schulentwicklung.

Prof. Dr. **Peter Lutzker**, geb. 1957 in New York City, Studium der Musik, Literatur, Linguistik in USA und Deutschland. Von 1986 bis 2011 Lehrer für Englisch und Musik an Waldorfschulen, zuerst in Frankfurt am Main, anschließend in Düsseldorf. Seit 1991 Dozent in der Aus- und Fortbildung von Fremdsprachenlehrern. Promotion 2007 in Didaktik des Englischen als Fremdsprache an der Katholischen Universität Eichstätt zum Thema „The Art of Foreign LanguageTeaching: Improvisation and Drama in Teacher Development and Language Learning." Ab 2010 Professor an der Freien Hochschule Stuttgart mit den Schwerpunkten pädagogische Anthropologie und Fremdsprachendidaktik. Seit 2019 Honorary Professor der National Tsing Hua University in Taiwan.

Prof. Dr. em. **Wolfgang Nieke**, geb. 1948. Studium der Erziehungswissen- schaft, Philosophie, Psychologie, Soziologie und Germanistik in Münster. Lehr- und Forschungstätigkeiten an den Universitäten Münster, Bielefeld und Essen. Von 1993 bis 2013 Gründungsprofessor für allgemeine Pädagogik an der Universität Rostock. Prorektor für Studium und Lehre 1994–1996. Präsident des Erziehungswissenschaftlichen Fakultätentages 2006–2010. 2014 bis 2017 Gastprofessor für Bildungswissenschaft an der Freien Hochschule Stuttgart. Forschungsgebiete: Professionelle pädagogische Handlungskompetenz, Interkulturelle Bildung.

Prof. Dr. **Edeltraud Röbe**, geb. 1945, Studium der Pädagogik, Psychologie, Soziologie sowie Pädagogik und Didaktik der Primarstufe an den Universitäten München und Augsburg. Promotion 1977 mit einer empirischen Arbeit zum Lesenlernen als Enkulturationsprozess. Tätigkeit als Lehrerin, akademische Rätin und Professorin; Leiterin der Abteilung Pädagogik und Didaktik des Elementar- und Primarbereichs an der Pädagogischen Hochschule Ludwigsburg (bis 2010). Arbeits- und Forschungsschwerpunkte: (Grund-)Schule in historischer und systematischer Sicht, Pädagogische Anthropologie, Leistung und Aufgabenkultur, Übergänge im Bildungssystem, Mitglied in Gremien der Weiterentwicklung pädagogischer Institutionen auf Bundes- und Landesebene.

Dr. **Anna-Maria Schirmer**, geb. 1976. Nach der Schulzeit an der Freien Waldorfschule Würzburg, Studium der Kunstpädagogik und Sonderpädagogik und Referendariat für das Lehramt am Gymnasium. Seit 2005 Lehrerin, jüngst auch Seminarlehrerin für das Fach Kunst am Gymnasium. Parallele Lehrtätigkeit an diversen Hochschulen (Seminare zu Kunstdidaktik und-pädagogik, Kinderzeichnung und jugendkultureller Ausdruck, Inklusion und diversitätssensibler Kunstunterricht, Vertretungsprofessur) 2015 Promotion mit dem Thema ErkenntnisGestalten – Über die allmähliche Verfertigung der Erkenntnisse im bildnerischen Tun. Mitherausgeberin der Fachzeitschrift Kunst+Unterricht.

## Autorenverzeichnis

Dr. **Jörg Soetebeer**, geb. 1959, Schüler der Hiberniaschule in Wanne-Eickel, Studium der Germanistik und Philosophie an der Ruhruniversität Bochum, 1. und 2. Staatsexamen. 19 Jahre Oberstufenlehrer an der FWS Eckernförde. Seit 2002 im Vorstand der LAG Schleswig-Holstein, 2003–2006 im großen Bundesvorstand und 2006–2011 Mitglied der Bundeskonferenz im Bund der Freien Waldorfschulen. Seit 2003 Dozent am Waldorflehrerseminar Kiel, Seminarleitung ab 2012. Promotion zur Erkenntnispraxis und Bildungsphilosophie Goethes 2015 an der Universität Rostock; Veröffentlichungen zu Bildung, Philosophie, Germanistik und Pädagogik.

PD Dr. **Sebastian Suggate**, geb. 1981 (Neuseeland), Studium Psychologie (Diplom) und Promotion an der University of Otago. Lectureship University of Otago (2009), Alexander-von-Humboldt Forschungsstipendium Universität Würzburg in der pädagogischen Psychologie (2010–2011), Akademischer Rat am Lehrstuhl für Schulpädagogik an der Universität Regensburg. 2014–2015 Professor für Kindheitspädagogik und Entwicklungspsychologie an der Alanus Hochschule, danach Akademischer Rat auf Lebenszeit an der Universität Regensburg. Habilitation erfolgte 2016 (Regensburg). Forschungsschwerpunkte liegen in der experimentellen Psychologie und umfassen Schriftsprache- und Leseentwicklung, die (fein-)motorische Entwicklung, Waldorfpädagogik sowie Grounded Cognition.

Prof. Dr. **Michael Toepell**, geb. 1951 in Traunstein/Obb., Studium der Mathematik, Physik, Pädagogik und Philosophie an der LMU München. 1975 Seminar für Waldorfpädagogik Dornach/Schweiz. 1977 bis 1986 Lehrer für Mathematik, Physik und Astronomie am Ludwigsgymnasium München und an verschiedenen Waldorfschulen. 1986 Akad. Rat für Didaktik der Mathematik Universität München (LMU). 1984 Promotion und 1992 Habilitation in Geschichte der Mathematik LMU. Seit 1993 Professor für Didaktik Mathematik an der Universität Leipzig. 2004 bis 2012 Leiter des Instituts für Grundschulpädagogik an der Universität Leipzig; seit 2011 Honorary Professor der University of Pecs/Fünfkirchen (Ungarn).

Prof. Mag. Dr. **Leonhard Weiss**, geb. 1979, MA, studierte Philosophie, Politikwissenschaft und Geschichte an der Universität Wien, sowie Waldorfpädagogik an der Donau-Universität Krems; von 2000 bis 2010 (Online-)Redakteur in der Religionsabteilung des Österreichischen Rundfunks; seit 2010 am Zentrum für Kultur und Pädagogik in Wien tätig: Lehrgangsleiter und Dozent des Universitätslehrgangs Waldorfpädagogik an Donau-Universität Krems; seit März 2014 Juniorprofessor für Bildungsphilosophie und Pädagogische Anthropologie an der Alanus Hochschule für Kunst und Gesellschaft; Oberstufenlehrer für die Fächer Geschichte, Politische Bildung und Philosophie an Waldorfschulen.

Edwin Hübner
Leonhard Weiss (Hrsg.)

## Personalität in Schule und Lehrerbildung

Perspektiven in Zeiten der Ökonomisierung und Digitalisierung

2017 • 404 Seiten • Kart. • 39,90 € (D) • 41,10 € (A)
ISBN 978-3-8474-2093-4 • eISBN 978-3-8474-1081-2

Soziale und technologische Veränderungen stellen auch in der Pädagogik scheinbare Sicherheiten in Frage. Welche Bedeutung kommt etwa LehrerInnen in Zeiten digitaler Lernhilfen noch zu? Vor dem Hintergrund von Phänomenen wie sozialer Beschleunigung, Ökonomisierung und Digitalisierung gehen die AutorInnen der Relevanz der Lehrerpersonalität in der pädagogischen Beziehung nach und untersuchen die Voraussetzungen und Möglichkeiten, der Persönlichkeitsentwicklung in der Lehrerbildung.

**www.shop.budrich.de**

Fritz Bohnsack

## Personales Lernen – ernst genommen

*2019. 184 Seiten • Kart. • 21,90 € (D) • 22,60 € (A)*
*ISBN 978-3-8474-2355-3 • eISBN 978-3-8474-1511-4*

Der Autor geht davon aus, dass das Konzept der Person in der gegenwärtigen Diskussion weder begrifflich geklärt und gegen die „Persönlichkeit" abgegrenzt noch in seinen Konsequenzen für jegliches Lernen, Belehren und Erziehen ernstgenommen wird. Er greift die gegenwärtige Diskussion zum „informellen" und „formalen" Lernen auf und beschreibt Gefährdungen und Möglichkeiten von Personalität in der Schule: am Beispiel der Reformschulen, der Leistungsproblematik, der Selbstbestimmung, der Lehrerautorität und der Lehrerhygiene. Schließlich übt er Kritik an den drei Phasen der Lehrerbildung; am Theorie-Praxis-Problem, an den Möglichkeiten der Standardisierung sowie an religiösen Perspektiven.

www.shop.budrich.de

Johannes Schopp

## Eltern Stärken
## Die Dialogische Haltung
## in Seminar und Beratung

Ein Leitfaden für die Praxis
Mit Vorworten von Gerald Hüther
und Sigrid Tschöpe Scheffler

6., vollständig überarbeitete Auflage 2019
296 Seiten • Kart. • 19,90 € (D) • 20,50 € (A)
ISBN 978-3-8474-2346-1 • eISBN 978-3-8474-1503-9

Das zunächst für die Elternbildung konzipierte „Dialogische Konzept" wurde 2005 erstmalig veröffentlicht. Die sich daraus entwickelnde Kraft wirkt spürbar in die angrenzenden gesellschaftlichen Felder hinein. Zentraler Gedanke des Autors: Ob Kindertageseinrichtung, Schule, Gesundheitswesen, Behörden, Rechtswesen, Vereine – das System, in dem um Beziehung und Bildung, Gesundheit und Potenzialentfaltung gerungen wird, braucht statt der wertenden und belehrenden eine Dialogische Kultur. Eine Kultur, die es schafft, dass Erwachsene untereinander und auch Erwachsene und Kinder sich gleichwürdig begegnen, sich bedingungslos schätzen und respektieren. Eine Kultur, die Bildung als Persönlichkeitsbildung versteht.

**www.shop.budrich.de**